존 오웬

개혁주의

성령론

THE HOLY SPIRIT
HIS GIFT AND POWER
John Owen

이근수 옮김

그리스도와 그의 나라를 위하여

차 례

서 론

오웬(Owen) 박사의 수많은 귀한 저서들 가운데 성령에 대한 저서는 매우 중요한 위치를 차지하고 있다. 그래서 어떤 사람들은 말하기를 "만약 그의 저서들이 걸작이 아니라면 하나의 견본이다"[1]라고까지 하였다. 본 주제는 가장 중요한 것이 틀림없다. 본 주제는 깊은 내용이 있는 것이며 딱딱한 논쟁이 있는 것이며 뜨거운 경건이 있는 것이며, 신학적으로는 완숙의 경지에 이르러야 언급할 수 있는 것이다. 오웬은 이러한 경지에 있는 학자이므로 능히 이것을 감당할 줄 믿는다. 따라서 본서는 완벽한 것이며 방대한 것이며 박식한 것이며, 독자들에게는 매우 귀한 책이다. 그러므로 본서는 단축한 듯한 흔적이 없다. 성령에 대한 성경신학과 교회내에서의 성령의 은혜로운 사역은 복음 진리의 전 영역과 그리스도인의 모든 경험의 영역에서 매우 친숙하게 연결되는 것이다. 그러므로 이 좋은 책은 어느 때에든지 꼭 필요한 것이다. 그러나 우리가 하나님의 영향이 인간의 마음을 얼마나 움직이는가 살펴볼 때 어떤 사람들에게는 약간의 영향이 있고, 어떤 사람들은 냉소적으로 생각하고 있다. 그래도 대다수의 사람들이 많은 영향을 받고 있는 것이다.

오웬 박사는 동시대의 사람들과 같이 많은 책을 저술하였다. 그 당시에는 길게 쓰는 것이 유행이었다. 실로 박학하고 깊게 연구하

---

1) Newton's Cordiphonia, Vol. ii. p. 142

6

며 경험이 풍부한 그는 여러 가지 주제를 능히 저술할 수 있었다. 박해로 인하여 설교를 할 수도 없고 들을 수도 없게 되었을 때에 하나님이 주신 재능을 동원하여 이러한 책을 만들어냄으로써 박해 때문에 교회에서 듣는 것이 허락되지 않았던 때에 이러한 책을 통하여 독자들의 갈증을 그나마 해소시켜 줄 수 있었던 것이다. 지난 세기에 종교 서적을 펴내는 출판사가 적지 않게 있었으나 오늘날의 취향으로 볼 때에 그것은 만족할 만한 것은 아니었다. 현대 복음서 교수들은 자주 공적으로 듣는 기회와 시간을 가질 수 있다. 그래서 때로는 쉴 시간도 없다. 독자들은 '적은 시간에 많은 것'을 요구한다.

책은 작게 축소할 때 오히려 그 뜻이 만족하고 분명하게 잘 전달될 때가 있다. 과학 도서에서 이같은 저술이 효과를 볼 때가 많다. 고(故) 허베이(Hervey) 목사는 우리 조상들의 오래된 귀한 책들이 작은 책으로 출간되기를 소원했다. 그래서 그는 친구에게 보낸 편지에서 다음과 같이 말하였다. "나는 오웬 박사의 진수(珍秀)의 작품들이 현명한 사람들에 의해 휴대하기 편리한 포켓용으로, 그리고 기억하기 좋은 크기로 만들어졌으면 좋겠다. 이러한 작업을 오늘날 가장 중요한 본질적인 사업으로 알아서 실천하는 것이 학자를 돕는 길이며 하나님의 일을 수행하는 것이다."[2]고 하였다.

편집자는 이 일을 착수하는 데 오래토록 사양하다가 용기를 내었다. 그래서 그의 저서를 출간하는 데 있어서 예약을 받은 후에 책을 만들자고 제안하였다. 이것은 확실한 판매 수자를 알아보고 동시에 책의 가치도 알아보자는 계산이었다. 결국 이 책은 출판할 만한 가치가 있다는 것이 판단되었고 마침내 책이 출간되었다. 수많

---

2) Letter V., in the Rew. Mr. Ryland's Character of Hervey, 최근판 참조.

은 복음주의 교역자들과 여러 교파에 소속된 현명한 그리스도인들이 귀중한 진리를 배우는 기쁨을 가지게 된 것이다. 오웬의 의도는 책을 읽는 가운데 마음과 마음으로 전달되었다. 책을 저술하는 고된 일 중에서도 이러한 소식은 그에게 큰 용기를 주어 지난 날의 모든 고난을 잊어 버리게 하였다.

저자의 헬라 교부들과 라틴 교부들의 많은 인용 글들이 여기에서는 생략되었다. 지루하고 진부한 내용들과 이탈되는 글들도 빠졌다. 비평적인 내용들은 간단히 발췌하여 작은 활자로 하단 각 주에 실었다. 매우 길고 복잡한 문장들은 조심스럽게 간단한 단어로 축소하여 그 의미를 보존시켰으며, 긴 단락에서 같은 의미로 사용되는 감상적인 단어들도 잘 연구한 끝에 생략하였다. 이렇게 간략한 방법으로 책을 정리하여 지리하고 장황한 책을 알맞은 크기로 줄인 것이다. 이러한 작업은 편집자가 오웬 박사를 존경하여 그의 신실성을 높이 추모하려는 것이었다. 편집자가 저자의 뜻을 저버리게 하려는 자유도 없을 뿐만 아니라 추호라도 그의 견해를 오도(誤導)하려는 의도 또한 여기엔 전혀 없다. 여기서 분명히 밝힐 것은 원래의 작품의 뜻을 그대로 보존시키는 방법을 사용하였다는 점이다.

부록에는 오웬 박사의 다른 저서들 가운데 정선(精選)된 것들을 실었다. 그것은 '기도 가운데 역사하는 성령과 보혜사로서의 성령의 사역'이다.

편집자는 용단있고 예의있게 이 어려운 일을 감당하였다. 그는 너무 많이 또는 너무 적게 생략하며 바꾸며, 공적인 단안을 내려야만 했다. 불완전한 부분들은 비판적인 견지에서 수정도 하였다. 그는 충분한 시간을 가지고 심사숙고하여 실로 유익한 책을 만든 것이다. 그는 지금까지 큰 비중을 두고 정선하는 신실한 노력을 기울인 결과 수백만의 애독자들에게 가장 소중하고 필요한 책을 남기게 된 것이다. 그는 겸손하게 이 책이 하나님의 사람들에게 영적인 자료를 주는 도구가 되기를 바라며 또한 그들에게 교훈과 위로를 주는 책이 되기를 소망하고 있다.

저자 서문

계속되는 글이 있기 때문에 간단히 서문을 언급하여 독자들을 긴 서문으로 붙들지 않으려고 한다. 여기서는 다만 책의 내용과 문제점을 다룬 방법에 관해서 몇 가지 필요한 것들만 언급하려고 한다.

이 책의 전체 주제는 '성령과 그의 사역'이다. 이 중에는 취급하기 어려운 주제도 있고 다루는 데 있어서 즐겁지 않은 문제도 있다. 우리는 지금 이러한 것들과 씨름하고 있는 것이다. 왜냐하면 이것들은 이해하기 어려운 문제들인가 하면 신비스러운 문제들이기 때문이다. 또한 이것들은 난관없이 다룰 수 없는 것들이며 대중의 지탄을 받을 수 있는 것들이며, 변증의 문제에 있어서는 만족함을 약화시킬 수도 있는 것이기 때문이다. 지금 성령에 관해서 생각해 볼 때에 이는 분명히 '하나님에 대한 깊은 문제'이다. 왜냐하면 그것들을 알려고 하면 전적으로 하나님의 계시에 의존해야 하기 때문이다. 그것들은 하늘의 성격을 가지고 있으며 인간의 마음과는 멀리 떨어져 있는 것이며 이성의 훈련으로 생각정도는 할 수 있는 것이다. 이 세상에 미련하고 천박한 것이라고 멸시받는 것은 없다. 단지 많은 사람들이 자신의 명성을 상실하고 있는데, 이는 광신적인 생각을 하여 이성적 행동으로부터 멀어지고 대화가 단절되기 때문이다. 우리는 하나님의 사역에 관심을 갖고 공연해야 하며 또한 변호해야 한다. 왜냐하면 이것들은 간단히 생각할 수 있는 것들이며 실망한 사람들에게 구원의 길을 보여 주어야 하기 때문이다.

여기서 다루고자 하는 문제들은 그 자체가 신비스럽고 이해하기 어려운 것들이다. 이러한 문제를 해결하는 방법은 성경을 찾아보는 길밖에는 없다. 영원히 계시는 하나님, 진리의 샘이며 근원이 되시는 하나님은 우리에게 절대적인 원인이시며 계시의 창시자이시다. 진리는 본래 하나님이시며 또한 하나님 안에 있고 하나이다. 그러나 진리는 여러 종류들과 다양한 것들로부터 구분된다. 진리를 접촉하는 방법과 수단은 특별한 진리마다 다른 성질을 가지고 있다. 자연 사물에 관한 진리는, 이성의 훈련이나 그것을 관찰하는 인간의 이해력에 의해 알도록 하나님이 작정하셨다. '인간의 정신을 알 수 있는 것이 인간 안에 있다.' 그러나 초자연적인 것이나 하나님의 교훈을 받는 것은 또 다른 성질의 것이며 이것을 통하여 사람은 특별한 적응을 하며 살아간다. 외적인 근면으로 유용한 지식을 얻을 수 있는데 이것 또한 없어서는 안될 것이다. 그러나 만일 인간에게 영적인 방법이나 수단이 부여되지 않았다면, 초자연적인 빛이나 하나님의 깊고 오묘한 것을 이해하는 데에 우리의 노력은 아무 소용이 없고 결과 또한 기대할 수 없게 되었을 것이다. 성경의 서신이나 계획들이 똑같이 인간의 이성에 드러난다고 하더라도 영적인 지식은 어떤 교제에 의해 전달되는 것이 아니라 성령의 특별한 역사에 의해 알게 된다. '아무도 하나님에 관해서 알 수 없고 하나님의 영에 의해 알 수 있다.' 즉 계시에 의해서 하나님을 알 수 있는 것이다.

첫번째로 할 일은 성령의 이름과 신성과 인격, 그리고 사역을 알아야 한다. 나는 가톨릭 교회의 믿음을 저지하고 소시니안들을 대항할 것을 촉구한다. 유익하고 분명하게 확실한 것이 무엇인지 유식한 독자는 알고 진리편에 남아 있기로 작정할 것이다.

둘째로 할 일은 창조 때의 성령의 사역을 다루려고 한다. 즉 성령의 창조 사역, 보존, 다스림을 취급하려고 하는 것이다. 옛날이나 지금이나 어떤 다른 저자보다 내가 유리한 조건은 없다. 그러나 내 앞에 있는 길을 개척하고자 하는 것이다. 나는 성경에서 증거를 찾으며 성경을 분석하면서 성경에 나타난 진리를 만족하게 파헤칠 것이다.

동시에 구약성경에서의 성령의 사역(work)과 새 창조를 위한 준비, 여러 종류의 은사들의 상호 관계, 그리고 일반적이며 특별한 은사를 연구하며 성령 안에서 소유하는 모든 재주와 능력들— 자연적인 면, 도덕적인 면, 예술적인 면, 정치적인 면 등을 예의 분석 연구하고자 한다.

그리고 새로운 창조에 대한 성령의 사역과 그리스도의 인격 안에서의 인간의 본성을 온건하고 진지하게 연구하며 보증할 수 없는 사색이나 호기심에 빠지는 일이 없도록 주의할 것이다. 그러므로 나는 성경을 성실하게 연구하여 오류에 빠지는 일이 없도록 할 뿐 아니라 이 문제에 대하여 고대 교회(古代敎會)가 가르치고 믿었던 것이 무엇인가도 연구하여 내가 취할 것과 버릴 것을 확실히 하려고 한다.

더우기 나는 이 주제를 취급하는 데 있어 본래의 취지에서 벗어나는 시도는 삼가할 것이며 난관이 있더라도 군더더기를 붙이지 않으려고 한다. 이 문제를 소화한 뒤에는 더 깊은 문제를 다루어 보려고 한다.

구약 시대에 하나님께서 그의 백성들을 다스리신 모든 일들 가운데서 어려웠던 관계, 무가치한 일들, 무지했던 일들을 살펴보면서 성령의 사역을 연구하고자 한다. 그리고 미래에 대한 약속과 영광스러운 교회의 모습, 그리스도의 재림과 성령의 충만한 교제에 관해서 찾아보고, 따라서 신약 성경에서는 회심, 소명, 교회의 교육, 성화, 신자의 위로, 성령에 알맞는 칭호, 성령의 특별 사역이 없을 때 성령이 기뻐하시지 않는 일 등을 살펴보고자 한다. 그래서 하나님께서 교회의 신앙을 보존하시는 뜻을 주의깊게 살리고 하나님은 이 문제를 영원히 기억하고 계시다는 것을 증거하고자 한다. 이토록 모든 것이 확실한데도 불구하고 교회는 반대편에 서서 거역하는 때도 있었다. 그리고 사람들도 끊임없이 하나님을 거역하였다. 그렇다, 전세대(前世代)에 열렬하고도 떠들썩한 일이 좀 있었고 오늘날 우리들이 지나쳐 버리는 일에 그들이 얼마간 사로잡혀 있기도 하였다. 그렇다고 소시니안이 되거나 병든 상태는 아니었다. 그러나 옛날 포티니아 사람, 마게도니아 사람, 펠라기아 사람들에 의해서 신성과 하나님의 은혜가 손상을 당한 일은 많았다. 그러나 그 가운데 하나님의 위(位)에 적대감정을 가진 사람은 없었다. 그렇다, 교회는 하나님에 관한 신학을 아직 준비단계이기는 하였으나 인정하였다. 그러나 모든 경우에 있어서 하나님의 사역(work)이라는 표현을 싫어했다. 그래서 사람이 하나님을 볼 수 없음에도 하나님의 은혜를 언급하고 하나님의 사역에 관심을 표하는 것을 비난했다. 어떤 사람들은 복음서에서 주님이 표현하신 다양한 일들을 증거하는 일을 고통스럽게 생각했고, 주님의 능력과 은혜의 역사를 말하는 것을 추저분한 열정이나 약한 생각이라고 하며 병든 마음이라고까지 하였다. 주님의 사역에 대해 말하고 은혜를 표명하면 중상과 비난이 끝없이 터져 나왔다. 어떤 사람이라도 성령의 사역에 대해 아는 것같이 변호하면, 계시와 영감에 동참하는 말씀의 법에서 떠난 것으로 즉각 낙인이 찍혔다. 그래서 순종할 필요와 의무가 상실된 사상으로 몰아붙여졌다. 아무리 변명해도 소용없는 일이며 말씀의 법에 참여할 수 없는 사람, 불순종하는 사람으로 간주해 버렸다. 그들은 너무나 약하고 교육도 받지 않았기 때문에 이러한 공모도 하지 못하는데도 저들은 비웃고 빈정대며 그들을 내던져 버렸다. 어떤 사람이 그리스도의 인성을 논할 수도 없지만 만일 뭐라고 언급을 하면 위와 같은 방법으로 신성모독이며 잘못된 일로 지탄을 받았다. 그래서 사람들의 마음은 계속해서 어둡게 되었고 부패하게 되었다. 위대한 일은 어떻게 하든지 저들의 마음에 감명을 주는 일이었다. 이러한 일들 때문에 그들은 기쁨을 얻지 못했고, 다른 사람을 멸시하고 상처를 입혔다. 저들의 기독교는 이러한 문제에 봉착하였던 것이다. 신비한 복음에서 우리의 신앙을 제외시키면 무슨 가치가 있을까? 성령의 시여(施與)와 하나님과 사람 사이의 효과있는 관계를 도모하는 성령의 사역을 제거해 버린다면 — 복음서에서 말하는 성령의 사역에 대하여 얼마나 수치를 돌리는 일인가! 그리고 기독교는 뿌리가 뽑힌 것이 아니겠는가! 그렇다, 실제적으로 성령의 사역을 멸시하는 일은 종교에 대한 말재주 좋은 도전이며 동시에 치명타를 가하는 것이다. 그리고 이것은 신성모독을 앞세워서 무신론을 공공연하게 주장하는 것이다.

이러한 무시무시한 악마들을 물리치고 성령의 교회 안에서의 사역이 진실이며 사실이라는 것을 증명하고, 따라서 성령과 그의 사역에 대한 신앙과 교훈이 표명되어서 성령에 대한 저들의 비방과 부정이 잘못이라는 것이 증거되어져야 하겠고, 신성모독이라고 비웃는 저들의 방향 없는 열성을 제어해야 한다. 저들은 종교가 아닌 종교를 말할 뿐만 아니라 존재하지 않는 종교를 말하고 있다. 이러한 내용은 계속해서 언급할 것이다.

중생시키고 죄인을 회개시키는 복된 성령의 유효적 사역은 성령의 다른 사역에 지장을 주고 나중에는 치명상을 준다고 한다. 이것은 잘 이해하지 못하고 정당하게 설명하지 못하는 가운데, 타락한 상태의 부패한 사람이 깊이 생각해 보지 않은 얕은 생각일 것이다. 나는 이 문제에 관해 넓게 다루어 보려고 한다.

14

아마 어떤 사람은 우리가 다루고 있는 주제가 불필요한 것이며 쓸데없이 길게 썼다고 생각할 것이다. 더군다나 뒤죽박죽 뒤엉켜서 길어졌다고 할 것이다. 그러나 조금만 더 생각한다면, 나의 계획은 이 주제를 논쟁적으로 다루지 않고 진리를 선도하고 확증하여 실제적인 교리를 연구하는 데 있어서 편의를 도모하였다는 것을 발견하게 될 것이다. 그리고 또한, 나는 이것을 신자들의 교육을 증진시킬 목적으로 연구하였다는 것을 밝힌다. 그래서 그들이 내 마음과 나의 실례를 받아주기를 바라는 것이다.

그러나 만일 몇몇 사람들에 의해 이러한 일들이 무시당하고 멸시당한다 하더라도 오히려 이러한 글로 말미암아 다시 생각하게 되고, 거룩한 성도의 의무를 감당하고 용기있게 담대하게 살아가고 있다는 것을 기억해야 한다. 이것은 성령의 하시는 일이 죽어야 할 죄인을 살려주시는 것과 같은 것이다. 성령은 여러 가지 방법으로 역사하여 많은 사람들에게 영향을 주신다. 나는 과연 성경이 무엇을 가르치고 있는가를 찾아보고 정리하여, 성령에 대해 알지 못하고 성령을 경험하지 못한 사람들에게 의심없이 공감할 수 있도록 하려고 한다. 그리고 한편으로는 구원의 본질이 무엇인지 성경적으로 증거하고, 고대 교회가 지지하고 오늘날의 신자들이 경험하는 바를 정리하려고 한다. 물론 다른 생각을 가진 사람들의 비난이 있겠지만 나는 거기에 동요되지 않을 것이다.

이러한 교리가 무슨 필요가 있느냐고 비난하는 것은 자연과 성령의 은혜가 필요치 않다고 하는 것과 같다. 그래서 나는 이것을 생각하게 되었고, 여러 가지 해야 할 의무가 많지만 특별히 이 문제를 다루게 된 것이다. 왜냐하면 이것은 가장 가능성이 있는 것으로 보였기 때문이다. 나는 이것이 완성되리라고 믿는다. 하나님의 은혜와 우리의 필수적인 의무는 일치할 뿐만 아니라 우리가 한 손을 가지고는 온전히 일을 할 수 없는 것과같이 성령의 은혜로우신 역사에 우리의 의무가 종속되어야만 더 큰 효과를 거둘 수 있을 것이라고 믿는다. 단지 몇 사람을 제외하고는 탁월한 은혜를 받은 사람이 드물고 우리들 자신도 그렇다. 하나님은 부지런하라고 우리에게 명령하셨다. 왜 사람들은 근면으로부터 멀어져 하나님의 약속으로부터 멀어져가고 있는지 모른다. 나도 모르겠다. 순종하는 일이란 어려운 것이다. 순종이 그토록 중요한데 사람들은 태만하고 나태에 잠겨 있다. 그래서 하나님은 이들을 도와 주려고 하시다가도 저들의 행동을 보고 오히려 미워하시게 된다. 그들은 기쁨이 무엇인지 모른다. 그러나 나는 사도의 충고를 받고 이 방면에 힘쓰게 되었다. "두렵고 떨림으로 너희 구원을 이루라 너희 안에서 행하시는 이는 하나님이시니 자기의 기쁘신 뜻을 위하여 너희로 소원을 두고 행하게 하시나니…"[3]

성령의 사역에 관한 또 다른 부분에서는 성화(聖化)를 취급하였다. 성령의 모든 사역을 경멸하는 사람들이 좀 있는데—이들의 극

---

3) 오웬 박사는 더 추가해서 다음과 같이 말하고 있다. — "성령의 역사는 기도 속에서 나타난다. 성경말씀 속에서 하나님의 마음을 잘 이해할 수 있는 것은 성령의 조명에 의해서 되는 일이다. —성령께서는 교회에 은사를 전달하시고—믿는 사람들을 위로하시고 다른 의무들을 수행하기 위하여 기다리게 하신다."

편집자는 오웬 박사가 본 주제에 대하여 집필한 후 뒤를 이어 His Συνεσις πνευματικη를 내어 놓았다. 그는 말씀에 계시된 하나님의 마음(the mind of God)을 깨닫는 요인과 방법에 대하여 연구하였는데 이 책은 1678년에 출판되었다. 그는 또 "On the Work of the Spirit in Prayer"를 1682년에 출판하였다. 그는 다른 두 권의 책을 더 출판하려는 계획을 가지고 있는데 하나는 "On the Spirit Of God as a Comforter"이고 다른 하나는 "The author of Spiritual gifts"이다. 이 책들은 1693년 그가 죽은 뒤 Nathaniel Mather 목사에 의해 출판되었다.

독자들은 부록에서 여기에 대한 자료들을 보게 될 것이다. 편집자는 부록이 독자들에게 필요하고 또 그것을 포함하여야만 완전한 책이 될 줄로 믿어서 본서에 첨부하게 되었다.

성으로 복음에 순종해야 하는 신앙의 본질이 품위를 손상당하고 있다. 그리고 이교와 우상에게 순종하려는 움직임이 있다는 것도 잘 알려진 사실이다. 따라서 나는 복음적인 거룩성을 부지런히 추구해야 할 필요성이 있고, 예수 그리스도 안에서 믿는 자들을 창조하시는 하나님을 향한 영적인 생명을 인도해야 할 긴박함이 있다고 생각했다. 여기에는 처음부터 끝까지 성경 말씀대로 살아드려야 한다. 우리의 생활 중에서 도덕적인 생활과 복음을 증거하는 생활에는 차이점이 있다. 그러나 이것을 극복하는 데에 그렇게 큰 노력이 소요되는 것은 아니다.

마지막에는 거룩의 필요성에 관해 언급하고자 한다. 신앙생활을 하는 그리스도인이라고 하면서 우스꽝스럽고 시끄럽고 악의에 찬 무지한 사람들은 하나님의 은혜와 그리스도의 의로우심에 욕을 돌리는 경우가 있다. 그리고 거룩한 생활이 필요없다고 하는 것처럼 행동한다. 왜냐하면 이율배반으로 자신을 속이며 짐을 가중시키며 사는 것은 죄를 더 짓는 것으로 생각하며 괴로와하기 때문에 거룩하게 생활하지 못한다. 그리스도인은 그가 믿는 교리를 신실하게 믿어야 하며, 세상에서 빛을 증거하여야 하며, 하나님을 반대하고 무시하는 사람들과 만나서 대화도 나누어야 한다. 특별히 중요한 것은 오늘날은 계절을 따라 유혹이 가중되고 있으므로 이러한 유혹에서 승리하는 길은 복음으로 거룩하게 되는 길밖에는 없다. "이러한 사실을 안다면 행하여야 행복하게 된다."

우리가 믿는 바를 대항하는 것이 두 가지가 있다. 첫째는 성령의 특별한 사역을 특별히 대항하는 부류와, 둘째는 자기의 행동을 무심코 아무 곳에서나 주의하지 않고 행하여 남에게 나쁜 영향을 주는 부류이다. 여기에서는 후자를 좀 다루어 보려고 한다.

성령의 사역은 이성(reason)의 도전을 받아 종교적인 공격을 받는다. 그래서 그들은 '이성적인 신'을 찾으려고 한다. 그러나 그들은 제롬(Jerome)이 시세로(Cicero)를 비난한 것처럼 대단히 부당한 판단을 받았다. 그러나 그 바닥에는 선한 것이 깔려 있다. 우리가 하나님의 은혜를 이것이다 하면서 현저히 눈으로 볼 수 있도록 보여주지 못하였기 때문에 이성에 의해 약간의 손상을 입는 것이다. 나는 우리가 이 점을 이해할 수 있다고 생각하고, 인간의 이성이 하나님을 기쁘게 해드리고 그를 받아들이도록 하는 방법은 불충분한지 모르지만 종교의 테두리 속에서만 가능하다고 본다. 이것에 동의하지 않는다면 여기서 우리는 이 문제를 논할 수 없을 것이다. 종교란 계시에 의해서 생각되어지는 것이다. 이성도 어느 정도는 알수 있으나 충분하고 완전히 이해하는 길은 계시밖에 없다. 우리는 복음의 신비성을 거부하고는 말을 할 수가 없다. 왜냐하면 복음 자체가 신비한 것이기 때문이다. 이러한 신비를 이성으로 헤아려 본다는 것은 이미 이성의 한계를 넘어서는 것이다. 자연적인 이성은 계시에 의해 나타난 영적인 일을 이해하지 못한다. 인간은 그렇게 만들어졌다. 특별히 성령의 조명을 받지 못하고는 구원에 대해 이해하지 못하게 된다. 만일 이것을 부인하는 사람이 있다면 그는 우리와 의견을 달리하는 것이다. 그래서 우리는 이성에 상처를 입히지 않으려고 한다. 그러므로 믿음 없는 사람이 성령을 비난해도 그 아픔을 감수하며 참는다. 그러나 우리는 이성(reason)이 이 연습을 거듭하면 진보한다는 편견을 생각할 수 없다. 우리는 모든 것이 성령의 사역(work)이라고 말한다. 세상에는 우리가 승인할 만한 것이 없다. 우리의 이성은 다만 성경으로 인출된 제안들에 관한 느낌을 분별할 뿐이고 성경의 제안을 판별할 뿐이다. 우리가 마음으로부터 원하는 것은 모든 사람들이 계속해서 평화롭게 머물러 있었으면 하는 것이다. 그들이 원하든지 원하지 않든지 어떠한 제안이 있더라

18

도 평온하기를 바라는 것이다.

우리의 이성에 계시가 있을 때 신비스러운 우리의 종교에 합리적인 사고가 나타날까 하는 문제가 제기될 경우, 우리가 할 일은 그것을 믿고 순종하는 것이다. 이 문제에 대하여 후에 충분히 고려해 보겠다. 여기에서는 기독교에 관해서 말해 보려고 한다. 기독교는 매우 이성적인 종교다. 왜냐하면 하나님이 이성적인 분이시기 때문이다. 의심할 것 없이 기독교는 이성을 밝게 해주는 요소들이 있다. 인간의 마음을 회복시키는 은혜로운 역사가 있는 종교가 기독교이다. 인간의 마음은 말씀 속에서 성령에 의해 회복된다. 성령은 인간의 마음을 밝게 해주고 영적인 신비함을 분명히 알게 해준다. 그래서 사람들은 빛을 보며 선함과 유익함의 필요성을 경험하며, 가장 선한 것과 최고의 목적을 기대한다. 그래서 우리는 기독교가 얼마나 신비한 종교인가 하는 것을 합리적으로 알기를 원하고 있는데, 우리는 먼저 인간은 부패했다는 것을 알아야 한다. 인간은 죄악에 빠지길 잘하는데 이것을 부인할 수는 없는 것이다. 부패한 인간이 이성적으로 안다는 것은 쉽게 말해서 누구나 가질 수 있는 상태인데 성경에 계시된 교훈을 이러한 이성으로 판단할 수 있겠는가. 그들이 영적으로 매우 성숙하였다고 하더라도 어려운 일인데 함부로 판단(judge)한다는 것은 미련한 짓이라고 비난받아 마땅한 일이다. 따라서 죄가 있거나 이성적으로 비난 받을 것이 확실히 있다고 할진대는 우리의 마음이 먼저 성령으로 회복되어야 한다. 그래야 영적인 방법 가운데서 영적인 것을 이해할 수 있을 것이다. 우리는 우리 자신들의 이러한 행동들이 유죄라는 것을 알아야 한다. 그리고 성령의 효능있는 사역은 이성의 훈련으로는 알 수 없는 것이라는 사실을 명확히 알아야 한다. 앞으로도 이것은 계속해서 확실히 해야 할 일이다.

더욱 조심해야 할 것은 성령의 사역에 대해 함부로 말하지 말라는 것이다. 우리가 사단의 현혹에 잡힌 사람을 놓아 준다고 하거나, 열심있는 마음의 문을 열어 준다고 하거나, 까닭도 모르는 충동과 계시를 받을 수 있다고 하는 것은 미련하고 극악한 일이다. 이러한 일은 좋은 일이 아니다. 그리고 우리의 의무도 아니다. 더우기 하나님이 받으심직한 일도 아니다. 우리는 성경이 증거하고 있는 것 이외의 다른 것을 증거하도록 허가받은 일이 없다. 우리는 성경을 증거하도록 허가받았다. 우리는 저주받는 일도 가르치고 하나님의 영도 가르쳐야 한다. 그래야만 사람들을 위험한 곳으로부터 보호할 수 있다. 우리 가운데는 사단의 속임수를 사용하는 사람도 있고, 악마적 생각을 전하는 사람도 있고, 더러운 열심을 가진 사람도 있으며, 하나님의 영으로부터 기인된 것인양 위장하는 사람들이 있다는 것을 부인할 수 없다. 성경은 이러한 것들을 이길 수 있는 길을 우리에게 주셨다. 그러나 우리가 진정한 하나님의 영을 거부하고 그 사역도 부인하고 하나님도 거부한다면, 이것은 우리 자신이 악마에게 붙잡힌 것이거나 그를 섬기는 자들일 것이다. 이러한 악마에게 누가 붙잡히는지 나는 모른다. 우리가 마땅히 해야 할 의무에 힘을 쏟고 사람에 대하여도 특별한 의무를 다하고 또한 도와준다면, 이러한 일에서는 우리가 거부하거나 조심할 것이 없을 것이다. 다만 기도하면서 은혜 주시는 대로 일하면 될 것이다. 그러나 비이성적인 표현이나 거친 행동으로 일을 한다면, 그것은 의무도 모르고 그것을 잘 수행하지도 못하는 것이며 사람도 제대로 도와주지 못할 뿐만 아니라 어떠한 상황에서도 나쁜 영향을 끼치므로 우리는 이것을 금지시켜야만 한다. 그러므로 성령의 사역을 믿는 우리는 인간의 가식이나 외식으로부터 떠나야 하는 것이다. 우리에게 맡기신 하나님의 일은 하나님께 온전히 순종하는 데에서 이루어 드릴 수 있는 것이다. 하나님의 뜻을 아는 길은 계시를 통하여 알 수 있다. 여기에는 두 가지 종류가 있는데 객관적인 계시와 주관적인 계시가 있다. 객관적인 계시는 성경에 반대되는 교훈이 포함되어 있다. 성경에 더하는 것도 있고 확실하게 보이는 것도 있는데, 이것들은 모든 우주적인 것을 부인하기도 한다. 주관적인 계시는 의도된 것이 아니라 성령의 조명으로 되어지는 사역과 성경에 있는 말씀에서 하나님의 중심(中心)을 식별할 수 있는 것으로, 사도가 기도한 내용의 것들과 같은 것이다(엡 1 : 17-19). 그리고 우리가 충분히 설명할 수 있는 것들이다.

그러나 우리가 성령의 사역을 말할 때에 간단히 입증할 수 있는 말, 별것 아닌 것, 우리가 볼 때에 위선적인 말, 무지한 표현들을 다 포함시키는 것은 주의해야 한다. 우리가 독단적으로 판단할 수는 없지만 거룩한 일을 인간적인 차원에서 속단하지 않도록 해야 할 것이다. 그렇게 하여 권위를 회복해야 하며 성령의 사역을 교묘한 말장난으로 계속되지 않도록 지적으로나 이성적으로 확실히 할 때 허무맹랑한 항변을 하지 못하게 될 것이다.

제 1 부

제 1 장

성령에 대한
일반적인 원리와 그의 사역

이 글은 고린도전서 12 : 1을 서론적으로 설명하
면서 다음의 항목들에 관해서 언급하고자 한다.
성령의 은사 / 예수를 저주할 자로 부르면서 그를
주님으로 알 수 있는가 / 은사를 창조하시는 성령과
은사의 분배 / 은사를 주시는 목적과 은사의 악용 /
성령의 사역에 대한 중요한 다섯 가지 사항

1. 성령의 은사

사도 바울은 고린도전서 12장에서 은사에 대한 문제를 다루었다.
은사는 풍성한 것이며 은사들은 주님을 증거하게 된다고 하였다. 주
님께서는 사도행전 18 : 9, 10에서 사도 바울이 고린도에서 전도할
때에 "이 성 중에 내 백성이 많음이라"고 하시면서 바울을 부르신
하나님의 뜻을 말씀하시며, 용기를 가지고 그들에게 복음을 전하라
고 하셨다. 주님은 말씀으로 승리하게 하셔서 많은 사람들을 회개
시키시고, 기적적인 은사를 주시고 많은 일을 하게 하셨다. 이러한
은사들이 어떤 사람들에게는 부적당하게 사용되어서 다툼과 욕심에
목적을 두어 은사가 악용되기도 하였다. 이러한 소식이 사도 바울
에게 전달되었다. 그는 진리를 사랑하고, 평화하고, 질서를 지키라

고 권면하면서 여러 교회에 편지를 보냈다. 고린도전서 7 : 1에서도 그는 충고하면서 잘못 알고 있는 바를 고치라고 하였다. 그리고 겸손하고 감사하는 마음으로 교훈을 잘 받으면, 뛰어난 은사를 성령님께서 맡기시는 특권을 받는다고 하였다. 사도 바울은 그들이 예수님에게 돌아오기 전의 형편과 처지를 잘 알고 있다. 고린도전서 12 : 2을 보면 "너희도 알거니와 너희가 이방인으로 있을 때 말 못하는 우상에게로 끄는 그대로 끌려갔느니라"고 하면서 악마에게 눌려서 우상에게 절한 사실을 깨우쳐 주고 있다. 이것은 그가 저들을 비난하려는 것이 아니라, 저희들의 옛날의 마음 구조를 일깨워 주는 것이다. 그리고 삶에 열매를 맺어 무엇인가 변화가 있기를 바라는 뜻에서 하는 말이다.

2.예수를 저주할 자로 부르면서 그를 주님으로 알 수 있는가 ?

사도는 변화에 대하여 3절에서 언급하고 있다. "그러므로 내가 너희에게 알게 하노니 하나님의 영으로 말하는 자는 누구든지 예수를 저주할 자라 하지 않고 또 성령으로 아니하고는 누구든지 예수를 주시라 할 수 없느니라". 그 당시에는 예수님을 대단히 거역하고 반대하였다. 악마에게 이끌려다니는 불신자들은 신성모독의 말을 서슴없이 하였다. 그래서 말하기를 '예수는 저주받을 자'라고 하였다. 저들은 예수님을 밉살스러운 사람과 같이 여겼다. 사람들은 예수님을 하나의 우상이라고 비난하였고 싫은 사람이라고 하였다. 그래서 저들은 공공연하게 예수님을 욕하며 '저주받은 예수'라고 말하였고 '예수를 파문하라'고 소리쳤다. 그들은 예수님을 저주하였고 몹시 미워하였으며 죽였다. 고린도에도 이러한 분위기가 만연하였다. 한편 예수님을 믿는 신자들은 예수님을 '주님'(Lord)이라고 불렀고, 신자들은 예수님을 주 여호와[4]로 고백했다. 로마서 9:5에는 예수님을 만물 위에 계신 분이시고 세세토록 찬양을 받으실 하나님이시라고 하였다. 그들은 예수님을 그들의 주님으로 고백하면서 특히 그를 영혼의 주님, 양심의 주님으로 고백하였다. 이것은 마치 도마가 예수님을 '나의 주 나의 하나님'이라고 고백한 것과 같은 것이었다. 고린도 사람들이 이러한 고백을 하도록 대변혁을 일으킨 원동력은 성령이었다. 왜냐하면 "성령으로 아니하고는 누구든지 예수를 주시라 할 수 없기"때문이다. 우리 그리스도인들의 신앙고백은 성령에 의해 되어지는 것이다. 사람이 마음으로 믿는 것과 입으로 신앙을 고백하는 일은 불가분리의 관계이다(롬 10:10). 왜냐하면 사람이 입으로 예수님을 '저주받을 자'라고 부인하면서, 마음으로는 '주님'(Lord)이라고 신앙을 표현할 수는 없기 때문이다. 따라서 예수님을 주님이라고 마음으로 믿고 입으로 시인하는 일은 성령의 사역인 것이다.

3. 은사를 창조하시는 성령과 은사의 분배

초대교회의 형편을 볼 때에 믿음과 신앙고백을 하도록 하시는 분은 성령이시라는 것을 알 수 있다. 그것은 은사를 주시는 분이 성령이시기 때문이다. 은사는 여러 가지나 성령은 같다(고전 12:4). 또한 주님도 같고(고전 12:5) 하나님도 같다(고전 12:6). 따라서 "성령도 같고, 주님도 같고, 하나님도 같은 것이다". 성령이라고 부

---

4) 신약성경에서는 모든 곳에서 여호와(Jehovah)라는 이름을 $K\nu\rho\iota o\varsigma$로 사용하였다.

르는 것은 하나님의 위(位), 즉 인격을 말하고, 주님 또는 하나님이
라고 부르는 것은 성령의 사역에 있어서 절대적인 권위를 나타내는
것이다. 그래서 우리의 마음 속에서부터 당연히 성령을 높이게 되
는 것이다.

4. 은사를 주시는 목적과 은사의 악용

　사도는 여기에서 '은사, 직임, 역사'라는 말을 사용하면서(고전 12
: 4— 6) 성령의 일반적인 목적과 계획을 선포하고 있는 것이다. 성
령은 교회 안에서 서로간의 교제를 도모한다. 성령의 증거와 계시
는 모든 사람에게 유익을 가져다 준다(고전 12 : 7). 그렇게 하므로
교회를 든든히 세우며 돌보게 되며, 성령의 능력과 유효적인 사역으
로 교회가 세워지고 다른 사람들에게 유익과 교화(敎化)를 주게 된
다. 성령은 세속적인 이익이나 영예를 추구하도록 하는 것이 아니
고 영적인 유익을 위하여, 그리고 다른 사람들의 신앙과 신앙고백을
도와주는 일에 역사한다(고전 6 : 12 ; 10 : 23 ; 고후 8 : 10). 그리고
모든 것이 가하지만 모든 것이 유익한 것이 아니기 때문에 유익한
것들만 소유하게 하신다. 은사에는 다음과 같은 다른 이름들이 있
다. 지혜, 지식, 지혜의 말씀, 지식의 말씀, 믿음, 병 고침, 능력 행함,
예언, 영들 분별함, 방언, 방언통역 등이다(고전 12 : 8— 10). 이러한
은사들은 오늘날의 교회와도 밀접한 관계가 있다. 그러나 이와 비
슷하게 생각되어지는 은사들도 더 있다. 지금 이와 같은 여러 가지
은사들은 각각 그들의 하는 일이 다르다. 사람들에게 주어지는 여
러 종류의 은사들을 차단시킬 방법이 있는가? 실제로 고린도 교인
들은 다양한 은사들을 받았다. 어떤 사람은 한 가지 은사를 받았고
다른 사람은 여러 가지 은사들을 받았다. 그래서 어떤 사람은 한 가

지 은사를 달라고 하였고 다른 사람들은 여러 가지 은사들을 달라고 하였다. 결국 여러 가지 은사를 받은 사람들은 이것을 자랑하였고 특별히 자기만 받은 것으로 생각하였다. 이런 사람들은 다른 사람들에게 구별되게 행동하였고, 은사를 받지 못한 이들을 멸시하기까지 했다. 그리하여 대중에게 많이 소용되는 은사는 열광적으로 흠모의 대상이 되기도 했다. 이와같이 하다보니 교회 안에는 분쟁이 생겼고 혼란이 야기되었다. 이러한 말씀이 고린도전서 14장과 1 : 11, 12에 나타나 있다. 사람들의 마음이 얼마나 미련하고 얼마나 거짓된가! 사람들은 은사를 그들의 정욕을 위해 사용하면서 사단에게 유혹당했다. 사람들은 쓴 뿌리처럼 행동하였고, 하나님의 가장 유용하고 유익한 은혜를 남용하고 악용하였다! 앞으로는 이러한 악한 것들을 물리치고 다양한 은사들의 하모니를 증거하고, 은사의 원천과 은사의 경향도 증거해야 하겠다. 사도가 은사의 창시자와 은사를 시여(施輿)하는 법칙을 말한 것처럼 우리도 은사를 증거해야 한다. 고린도전서 12 : 11에서 사도는 은사란 성령께서 그 뜻대로 각 사람에게 나눠주시는 것이라고 증언했다. "이 모든 일은 같은 한 성령이 행하사 그 뜻대로 각 사람에게 나눠주시느니라."

　나는 더 이상 이런 말은 하지 않으려고 한다. 그것은 우리가 진행해야 할 일들을 계속해야만 하기 때문이다. 성령의 위(位), 뜻, 사역과 같은 문제 등을 모두 다루어 보고자 한다. 나는 성령의 이름, 본질, 존재, 모든 사역 등을 연구하면서 하나님의 하시는 일 중 작은 부분을 수종들려고 한다. 물론 성령의 사역을 다루는 것은 내게 너무 크고 어려운 과제이다. 내가 이 문제를 다루어 하나님께 영광을 돌린다는 일이 내게는 역부족이다. 그러나 과연 이러한 일들을 만족하게 다룰 수 있는 합당한 사람이 있을까? 그러나 나는 그토록 연약한 사람이 아니라는 것을 감히 말하면서 지혜 없는 자에게 지혜를 후히 주시고 꾸짖지 아니하시는 하나님께 기도하면서 성령님과 성령님의 사역을 찾아 보고자 한다. 그러므로 우리의 눈은 씨 뿌리는 자에게 씨를 공급하시고, 복 주셔서 번창케 하시는 성령님께 향해 있어야 한다. 이 주제는 현재 필요하고 중요하고 유용한 것이기 때문에 이 주제를 취급하려는 것이다. 그러므로 나는 여기서 몇 가지 생각해야 할 것들에 대해 간단히 언급하고자 한다.

5. 성령의 사역에 대한 중요한 다섯 가지 사항

첫째로, 우리가 주목할 수 있는 것은 하나님의 영(靈)에 대한 교리는 복음 진리들 가운데 두번째로 커다란 제목이다. 하나님의 영광 가운데서 선한 심령들이 중요하게 생각하는 것이 바로 이 주제이다. 진리에 대한 지식이 없이는 성령의 능력은 소용이 없다. 왜냐하면 하나님은 타락한 사람들이 위대하고 영광스러운 하나님의 사역을 알 때에 죄인들을 구원하셔서 은혜의 영광을 찬미하게 하신다. 하나님은 아래의 두 가지 방법을 사용하셔서 절대적 지혜를 가지시고 택하신다. 하나는 사람들에게 그의 아들을 주신 것이고, 다른 하나는 그들에게 성령을 주신 것이다. 여기서 우리는 삼위 하나님께서 영광을 받으시는 증거를 알 수 있는 것이다. 이것(영광을 돌림)이 하나님의 사역 중 최대의 목적이다. 여기에서 성부의 사랑과 은혜와 지혜를 알 수 있고, 성자의 사랑과 은혜와 비하의 모습을 알 수 있으며, 구원의 계획과 성취의 신비를 알 수 있다. 그리고 모든 심령들에게 영광스럽게 적용하시는 성령의 사랑과 은혜와 능력을 알 수 있다. 죄가 처음으로 세상에 들어온 이후 하나님께서는 구원의 약속을 두 가지로 하셨는데, 그 하나는 우리와 같은 모습을 가지신 그의 아들을 우리에게 보내시어 우리를 위해 세상에서 고난을 당하게 하시고, 다른 하나는 그의 영을 세상에 주셔서 그의 아들이 성육신하여 성부께 순종하고 고난당한 결과 이것들이 우리에게 유효하도록 하신 것이다. 구약성경의 최대의 약속과 믿음의 목적과 신자들의 소망은 몸을 입으시고 하나님의 아들이 오시는 것이었고, 마침내 이 약속이 성취된 후 신약성경의 최대의 약속은 성령께서 오신다는 것이다. 신약성경의 독특한 주제는 예수님의 사역과 은혜에 대한 교리와 그리스도인들의 신앙의 대상이 예수님이라는 것이다. 이러한 주장은 우리와 또한 몇몇 사람들에 의해 계속되었는데 이 문제를 세분해서 언급해 보고자 한다.

　1 우리 주 예수 그리스도께서 세상을 떠나실 때가 가까왔을 때 그는 제자들에게 성령을 보내겠다는 약속을 하셨다. 예수님이 그를 보내신 이에게로 가신 후에 그의 성령이 오신다는 것이다. 이때 제자들의 마음은 근심으로 가득하였다(요 16 : 5, 6). 사기가 저하된 제자들에게 예수님은 이러한 약속을 하셨다 ─ "내가 떠나가는 것이 너희에게 유익이라". 예수님께서 떠나시면 보혜사를 제자들에게 보내겠다고 하신 것이다. 예수님은 제자들에게 마지막으로 말씀하셨다. "내가 아버지께 구하겠으니 그가 또 다른 보혜사를 너희에게 주사 영원토록 너희와 함께 있게 하시리니 저는 진리의 영이라 세상은 능히 저를 받지 못하나니 이는 저를 보지도 못하고 알지도 못함이라 그러나 너희는 저를 아나니 저는 너희와 함께 거하심이요 또 너희 속에 계시겠음이라 내가 너희를 고아와같이 버려두지 아니하고 너희에게로 오리라". 또한 이와 같이 성령에 관해서 말씀하셨다. "내가 아직 너희와 함께 있어서 이 말을 너희에게 하였거니와 보혜사 곧 아버지께서 내 이름으로 보내실 성령 그가 너희에게 모든 것을 가르치시고 내가 너희에게 말한 모든 것을 생각나게 하시

리라 지금 내가 나를 보내신 이에게로 가는데 너희 중에서 나더러 어디로 가느냐 묻는 자가 없고 도리어 내가 이 말을 하므로 너희 마음에 근심이 가득하였도다 그러하나 내가 너희에게 실상을 말하노니 내가 떠나가는 것이 너희에게 유익이라 내가 떠나가지 아니하면 보혜사가 너희에게로 오시지 아니할 것이요 가면 내가 그를 너희에게 보내리니 그가 와서 죄에 대하여, 의에 대하여, 심판에 대하여 세상을 책망하시리라. ─그러하나 진리의 성령이 오시면 그가 너희를 모든 진리 가운데로 인도하시리니 그가 자의로 말하지 않고 오직 듣는 것을 말하시며 장래 일을 너희에게 알리시리라. 그가 내 영광을 나타내리니 내 것을 가지고 너희에게 알리겠음이니라". (요 14 : 16─ 26 ; 15 : 26 ; 16 : 5─ 14)

이것은 예수님이 슬픔에 잠겨 있는 제자들에게 유언으로 후세에 남기신 매우 귀중한 유산(遺産)이다. 그렇기 때문에 예수님은 반복적으로 말씀하시면서 중요하다는 사실을 일깨워 주셨다. 또한 성령을 받으면 유익하게 된다는 것도 가르쳐 주셨다. 예수님이 부활하신 후 제자들은 그가 인성으로 부활하신 것을 기뻐하였다. 그러나 예수님은 마리아에게 "나를 만지지 말라"고 말씀하셨다. 예수님을 육체적으로만 생각하는 마리아를 떼어 놓으시고 약속하신 성령을 구할 것을 교훈하신 것이다. 그래서 제자들은 예수님을 더 이상 "육체대로 알지 아니하였다"(고후 5 : 16). 왜냐하면 이제는 예수님이 제자들에게 성령을 주셔서 큰 기쁨을 더하게 하시기 때문이다. 성령에 대한 약속을 생각하는 사람들은 제자들과 소수의 그리스도인들 뿐이었다. 이것은 다른 사람들에 비하면 독특한 태도였다. 그러나 믿는 자들이 전세계적으로 확장되고 세상 끝날까지 성령의 역사는 계속될 것이다. 이것은 은혜스러운 사역이며 그리스도께서 원하시는 바이며, 그리스도께서 제자들에게 뿐만 아니라 계속해서 믿는 자들을 위하여 "내가 비옵는 것은 이 사람들만 위함이 아니요 또 저희 말을 인하여 나를 믿는 사람들도 위함이니"(요 17 : 20) 라고 기도하셨다. 그리고 예수님은 "내가 세상 끝 날까지 너희와 항상 함께 있으리라"(마 28 : 20)고 약속하셨다. 그리고 "두 세 사람이 내 이름으로 모인 곳에는 나도 그들 중에 있느니라"(마 18 : 20)고 하셨다. 이것은 매우 중요한 교리이다. 그렇다고 해서 그리스도인들이 게으르고 태만하고 현재와 미래의 안일만을 위하여 부주의한 가운데 행복만을 추구한다면, 그리스도께서 우리에게 남겨주신 바를 그가 계시지 않는 동안 충분히 이루어 드릴 수 있겠는가 ? 우리는 주님께서 주신 일을 다 이루어 드려야 한다. 이러한 일들을 무시하는 사람은 그리스도 안에 있지 않은 것이다. "누구든지 그리스도의 영이 없으면 그리스도의 사람이 아니라". (롬 8 : 9)

2 복음을 전파하는 일이나 성령의 위대한 사역은 그 목적에 있어서는 동일한 것이다. 그렇기 때문에 복음 자체를 '성령의 직무'라고도 하는 것이다. 성령의 사역은 율법과 반대되는 것이다. 그러므로 "의문(letter)은 죽이는 것이요 영은 살리는 것임이니라"(고후 3 : 6—8)고 바울은 증거하였다. '성령의 사역'이란 성령의 효과적인 직무이며 은사(gifts)와 은혜(graces)를 사람들에게 나누어주어 성령과 사람이 교통(交通)하게 하는 것을 말한다. 이것은 복음에 영광을 돌리는 일이며 복음을 유익하고 효과있게 하는 일이다. 복음에서 만일 영이 떠나가면 그것은 '죽은 문서'에 지나지 않는다. 그래서 유대인들에게보다도 그리스도인들에게 구약은 아무 쓸모 없는 책이 되고 마는 것이다. 그러나 복음에서 영이 떠날 수 있는가 ? 복음에서 영이 떠나간다는 생각은 무지와 불신의 소치에서 나온 해로운 발상이다. 진리의 선포가 없는 교리는 더 이상 복음이 아닌

것이다. 사람이 이성(reason)의 연습으로 책을 만들 수 있는데 이것은 재능에 의해서 얼마든지 개선되어질 수 있는 성질의 것이다. 이러한 일은 성령과는 구별되는 일이다. 잘못된 이성의 작용은 진리를 파괴하고 하나님의 언약을 거부하기도 한다. 하나님의 언약이란 "네 위에 있는 나의 신(Spirit)과 네 입에 둔 나의 말이 이제부터 영영토록 네 입에서와 네 후손의 입에서와 네 후손의 후손의 입에서 떠나지 아니하리라 하시니라 여호와의 말씀이니라"(사 50 : 21)고 하신 하나님의 말씀이다. 그러므로 우리가 복음을 전할 때에는 성령의 연합적인 약속을 기억하면서 효과적으로 사역에 참여하여야 한다. 만일 우리가 복음 안에서 어떠한 일에 관여한다면, 우리는 이러한 주제를 기억하면서 효과적으로 우리의 소임을 다해야 할 것이다.

③ 우리와 교제하는 사람들 가운데 영적으로 선한 사람이란 없다. 그러나 성령의 계시와 성령의 수여가 있을 때에 그 사람은 선(good)해진다. 영의 특별한 사역을 전혀 경험해 보지 않은 사람이나 하나님의 특별한 긍휼을 받아 보지 못한 사람은 선해질 수 없다. 어떻게 가능해질 수 있겠는가? 우리 마음 속에서 역사하시는 하나님의 역사는 성령님의 역사(work)이다. 그러므로 마음 속에 성령의 사역이 없는 사람은 하나님으로부터 긍휼과 은혜를 받을 수 없다. 그러므로 성령의 사역을 부정하는 사람은 하나님의 긍휼과 은혜 안에서 누릴 모든 유익을 잃어 버리게 된다.

④ 우리는 하나님께서 거룩하게 받으실 만한 일을 행할 수 없는 무능한 존재이다. 그러나 성령의 역사로 인하여서는 그 효과를 거둘 수 있다. "나를 떠나서는 너희가 아무것도 할 수 없음이라"(요

15 : 5)고 예수님이 말씀하신 것과같이 그리스도를 떠나서 우리는 아무것도 할 수 없는 존재이다. 그러나 그리스도의 은혜가 있을 때에야 우리는 무엇인가를 조금 할 수 있을 것이다. 그리고 성령에 의해 거듭나고, 거룩하게 되며, 깨끗하게 되며, 모든 선한 사업을 도울 수 있게 된다. 그래서 우리는 선한 일을 행하려는 요구와 충동이 일어나게 되는 것이다.

5 하나님은 우리들에게 용서받지 못하는 죄가 하나 있다고 하셨다. 죄는 성령을 거스리고 대항한다. 하나님은 우리들에게 죄에서 구원을 받아야 한다는 것을 확신시켜 주시며 또한 교훈도 많이 하셨다. 우리 주님께서 말씀하시기를 "내가 진실로 너희에게 이르노니 사람의 모든 죄와 무릇 훼방하는 훼방은 사하심을 얻되 누구든지 성령을 훼방하는 자는 사하심을 영원히 얻지 못하고 영원한 죄에 처하느니라"(막 3 : 28, 29)고 하셨고, 또한 "누구든지 말로 인자를 거역하면 사하심을 얻되 누구든지 말로 성령을 거역하면 이 세상과 오는 세상에도 사하심을 얻지 못하리라"(마 12 : 32)고 하셨다. 그리고 히브리서 기자는 "우리가 진리를 아는 지식을 받은 후 짐짓 죄를 범한즉 다시 속죄하는 제사가 없고 오직 무서운 마음으로 심판을 기다리는 것과 대적하는 자를 소멸할 불만 있으리라"(히 10 : 26, 27)고 말하였다. 이것을 요한은 "사망에 이르는 죄"(요일 5 : 16)라고 하였으며, 이 죄에 대해 기도도 하지 말라고 하였다. ― "이에 대하여 나는 구하라 하지 않노라"(요일 5 : 16). 예수님의 피 안에 있는 사람은 치료를 받고 죄 용서를 받는다. 그러나 만일 그가 사역을 행하는 것에 대해 쓸데없이 경멸하거나 신성을 모독한다면 그 죄는 사유함이나 용서를 받지 못한다. 왜냐하면 하나님은 이러한 죄를 위하여 희생할 다른 아들이 없으시기 때문이다. 그러므

로 그리스도의 희생을 경멸하는 자는 그의 자비하심을 받지 못한다. 성령을 경멸하고 거부한 자는 우리를 향하신 유효한 그리스도의 희생이 무효가 되어 버린다. 우리는 성령의 계시와 사역에 대하여 구하는 바가 적었다. 그리고 성령을 거스리는 자는 결국 치명적인 실패를 하게 될 것이다. 인간은 이토록 불가능성이 많은 것이다.

이러한 내용들이 첫번째 논지이고, 그 다음으로는 이 주제의 중요성과 당위성에 대하여 언급하려고 한다.

둘째로, 언제든지 교회 안에는 성령의 이름(name)과 사역(work)을 가장한 거짓과 악습들이 많이 있어왔다. 그래서 우리는 성령에 대하여 무엇을 연구하고 가르쳐야 하는가에 대해 필요한 노력을 기울였다. 그런데 여기에 뛰어난 사람이 없었다. 가짜는 아니더라도 많은 그리스도인들이 성령에 대하여 알고 있었다. 사람들은 단편적인 지식으로 짜맞추려고도 하지 않았고, 상식 이하의 모욕적인 것을 가지고 뽐내지도 않았다. 가치를 부여해 본다면 이러한 폐단에 대하여 그들은 책임을 져야 한다. 뛰어난 일은 치명적인 일인데, 그것은 폐단이나 악습이라고 규탄받았던 일이다. 이 세상이 그토록 비열한 것만은 아닌데 하나님을 향해 위선적으로 행한다는 것이다. 이것은 아무 소용도 없는 것이다. 그렇다고 치명적인 악습도 아니다. 나는 여기에서 구약성경과 신약성경의 예를 살펴보며 설명해 보고자 한다.

구약성경에서 탁월한 성령의 은사는 예언이다. 예언의 은사는 커다란 명성을 가졌으며, 예언의 배후에는 하나님의 권위가 있었고 영향력도 대단히 컸다. 또한 사람들과도 밀접한 관계를 가지고 있었다. 그밖에도 선지자들은 사람들의 마음이나 양심에 행할 수 있는 가치를 주었다. 왜냐하면 선지자들이 주님의 이름으로 말하였고 주님의 권위로 사람들을 인도하였기 때문이다. 한편으로는 성령에 의해 감동되지 않은 거짓된 은사가 출현하여 어지럽게 하였다. 더럽고 거짓된 영에 의해 움직이는 자들이 실로 존재하는 것이었다. 사람들은 그럴싸하게 거짓되고 위장된 방법으로 하나님의 영감인양 나타나 마귀의 공작대로 사용되며 마귀의 열정에 선도적인 역할까지 하였다. 하나님의 엄위하신 판단과 공의로우신 심판을 무시하도록 현혹시켜, 하나님의 성령을 떠나 거짓되고 깨끗지 않은 영에 사로잡히게 하였던 것이다.[5] 그러나 이러한 거짓되고 헛되고 위선적인 예언의 영이 진정한 성령의 은사를 모독하고 사라지게 할 수는 없었다. 오히려 참된 은사, 진정한 성령의 은사가 찬란히 빛을 발하게

---

5) 거짓 선지자는 두 종류가 있다. (신 18 : 20)

　　① 다른 우상들을 섬기는 자들이다. (왕상 18 : 26) 저들은 우상들에게 소리치며 자기들의 소원을 이루어 달라고 한다. "바알이여, 우리에게 응답하소서." 우상숭배자들은 태양을 숭배하고 몹시 악하고 신비스러운 행위들을 연출해낸다. 저들은 귀신을 섬기며, 귀신의 마음에 사로잡혀 있고 다른 사람들은 알지 못하는 것들을 자기들은 알고 있고, 무엇인가를 행한다고 선언한다. 저들은 우월한 능력을 행사하면서 이것을 우상의 능력이라고 말한다. 저들은 자기들도 이러한 능력을 가지고 있다고 주장한다. 저들은 귀신을 섬기는 자들이다. "대저 이방인의 제사하는 것은 귀신에게 하는 것이요 하나님께 제사하는 것이 아니니 나는 너희가 귀신과 교제하는 자 되기를 원치 아니하노라."(고전 10 : 20) 참 하나님을 떠난 자들은 누구든지 귀신에게(Devil) 가서 귀신을 섬기게 된다. 이 세상 신(god)은 이 세상 사람들의 마음을 혼미하게 하여 그리스도의 영광의 복음을 광채가 나지 못하게 한다. (고후 4 : 4) 여기에 속아서 넘어가는 사람들이 많이 있다.

　　② 다른 사람들은 하나님 성령(God the Spirit)의 감동에 의하여 말한다고 하면서 거짓되게 신앙을 고백하는 자들이 있다. 이러한 자들에 관해서는 예레미야서, 에스겔서 및 그밖의 책에 많이 기록되어 있다. 이들은 배교자가 되어 자기들의 이익만 추구하는 자들이다. 이들은 진실한 선지자들을 대항하고, 예언을 거스리고 참된 선지자들을 거짓된 선지자들인양 중상과 비방을 한다.

되었던 것이다. 왜냐하면 하나님께서는 거짓된 많은 선지자들에게 보다 당신의 참된 선지자들에게 더욱 영예가 돌아가게 하셨기 때문이다. 진정한 성령의 은사는 거짓되게 위장할 수 없고 신자들을 넘어지도록 하시지 않으시고 교회 안에서 그의 은사를 사용하실 때 축소하시지도 않으신다.

신약성경에도 이러한 사상이 있다. 복음서에 처음으로 영의 계시가 즉시 선포되었다. 성령으로 가르쳤고 성령의 능력으로 유용하게 되었고 때때로 능력들이 나타났었다. 이러한 일들은 모든 사람들이 다 알았고, 잘못된 편견을 가진 사람들에 의해 상처를 받았다. 영의 계시인양 위장하는 사람들은 목적도 없는 계시와 은사들을 궁리하게 되었다. 그래서 베드로는 구약시대의 거짓 선지자들과 신약시대의 거짓 선생들을 비교하면서 가르치기를 "그러나 민간에 또한 거짓 선지자들이 일어났었나니 이와 같이 너희 중에도 거짓 선생들이 있으리라 저희는 멸망케 할 이단을 가만히 끌어들여 자기들을 사신 주를 부인하고 임박한 멸망을 스스로 자취하는 자들이라"(벧후 2 : 1)고 하였다.

그래서 사도 요한은 교회 안에 위장된 거짓 선지자들이 있어 그들의 위험이 큰 것을 알고, 복된 것이지만 주의할 것을 가르쳤다. "사랑하는 자들아 영을 다 믿지 말고 오직 영들이 하나님께 속하였나 시험하라 많은 거짓 선지자가 세상에 나왔음이니라 하나님의 영은 이것으로 알지니 곧 예수 그리스도께서 육체로 오신 것을 시인하는 영마다 하나님께 속한 것이요 예수를 시인하지 아니하는 영마

그리고 심판에 대하여 호언장담한다. 성경에서는 이런 자들을 거짓 선지자, 회칠한 자들로 말하고 있다. (렘 28 : 2 ; 왕상 22 : 26 ; 겔 13 : 14) 이러한 자들은 사회적으로 위태로운 때에나 하나님의 심판이 임박한 때에 출현한다. 이러한 자들은 귀신의 충동과 선동을 받은 자들이다. 그리고 공허한 희망과 육체적인 안전만 꾀하는 자들이다.

다 하나님께 속한 것이 아니니 이것이 곧 적 그리스도의 영이니라 (요일 4:1—3). 그리스도인들이 주의해야 할 것은 '영들을 다 믿지 말라'는 것이다. 계시받았다고 떠들어대는 거짓된 가르침을 믿지 말아야 한다. '진리의 영인지 미혹의 영인지' 분별해야 한다. 거짓 선생들이 거짓 선지자이고 거짓된 영들이다. 옛날의 거짓 선지자들이 있었던 것같이 지금도 거짓된 영들과 하나님의 영으로 가장한 악한 영들이 있다는 것을 기억해야 한다. "거짓 그리스도들과 거짓 선지자들이 일어나 큰 표적과 기사를 보여 할 수만 있으면 택하신 자들도 미혹하게 하리라"(마 24:24). 그래서 우리는 그들의 거짓된 술수를 직접 시험해 보아야 하고 그들의 사역(works)을 확인해야 하는데, 보통 그리스도인들은 이것을 쉽게 탐지하지 못한다. 그러나 하나님은 우리들에게 축복하셔서 이러한 것들에게 실패하지 않도록 지켜 주신다. 그러나 저들의 가르침이 무엇인지 주의해서 시험해 보아야 하는데, 성경에 비추어 보고 저들의 교훈이 틀리면 즉시 거절할 것이요, 간혹 성경에 합당한 가르침이 있을 경우에는 조심해서 받아들이도록 해야 한다. 그래서 우리가 확실히 해둘 것이 있을 때에는 분명히 짚고 넘어가야 하는 것이다. 그리고 고집할 것은 고집을 세워서라도 근본적인 원리를 그릇되게 하는 일이 있게 해서는 안될 것이다. 이와 같이 하면서 오늘날 팽배해 가는 그리스도의 인격과 중보(仲保)에 대하여 이상하게 생각하는 사람들의 주장에 걸려 넘어져서는 안될 것이다. 그래서 사도는 신자들에게 영들을 분별하라고 하였다. 한 가지 예를 들면, 이른바 "예수 그리스도는 몸을 입고 오셨다"는 근본적인 진리를 고백할 때에는 그가 인격과 중보로 오셨다는 사실도 겸하여 고백해야 한다. 사람들은 모든 면에 있어서 새로운 선생들을 찾고 있다. 당신은 예수 그리스도께서 몸을 입고 오셨다고 고백하는가? 만일 사람들이 이 질문에 대하여 고백하지 않는다면 그들은 허위 속에 서있는 것이고 생각 없이 서있는 것이다. 그러나 여기에서 돌이켜서 하나님께로 달려나와야 한다.[6] 이것이 모든 그리스도인들의 의무이다. 그리스도인들은 영들을 시험해 보고 분별하여야 한다. 그리스도인들에게서 자유를 빼앗아 가는 자들은 그리스도인들을 이성 없는 짐승과 같이 만들려고 한다. 무엇인지도 모르고 믿으려고 하는 사람도 없고 이유도 모르고 순종하려는 사람도 없다. 이러한 사람은 그리스도인이 될 수 없다. 그래서 오늘날에는 이러한 일에 대해 특별히 주의(caution)가 요청된다. 진정한 영의 유로(流露)가 있는데, 이 길은 복음 사역자들을 통한 또는 그리스도의 제자들을 통한 역사이다. 이러한 경우 성령의 은사가 유용하게 주어져 크게 역사하게 되는데, 이때에 사단이 모략과 속임수로 성령의 역사를 가로막고 훼방한다. 이같은 일은 천주교로부터 개혁할 때에 있었다. 사단은 자기의 방법과 수단으로 집요하고도 적극적으로 속임수를 나타내었으나 하나님께서는 은사를 강화시켜 주시고 성령의 은혜를 증가시켜 주심으로써 교회들을 굳게 세워 주셨다.

　　세째, 오늘날 하나님의 영을 대항하는 반(反) 영(靈) 운동이 일고

---

6) 소시너스(Socinus), 그로티우스(Grotius) 그밖의 사람들이 그리스도의 성육신을 설명하였다. 그리고 그리스도의 성육신의 의미와 방법을 설명하였다. 이들이 그리스도의 성육신에 대해서 언급한 것은 세상적인 왕(King)으로 오신 그리스도가 아니고, 부패한 세상에 오신 구세주로서의 그리스도에 대한 것이다. 그리스도는 "말씀이 육신이 되어"(요1:14)라고 말씀하신 것같이 몸을 입으시고 강림하셨다. 그리스도는 "육신으로 나타난바 되시고"(딤전3:16)라고 하신 말씀처럼 육체적으로 이 땅에 오셨다. 이단들은 여기에 정면으로 반대하고 있다. 이단자들은 예수 그리스도께서 하나님의 아들로 실제적으로 성육신한 것이 아니라, 하나님의 사랑과 능력을 증거하기 위한 환상(幻像, phantasm)으로 단지 존재한다고 주장하고 있다.

있다. 이들은 하나님의 영의 존재와 그의 사역을 거부한다. 이러한 새로운 영적 운동은 선하신 하나님의 영에 의해 유효적으로 약속된 모든 약속을 감히 자기의 것으로 가로채려고 하는 것이다. 이것을 가리켜서 어떤 사람들은 '빛'이라고도 부르고 있다. 이것은 사람들의 생각에 사단이 만들어준 흑암의 산물에 불과한 것이다. 또는 양심의 자연적인 빛이고 최선의 것이라고는 하지만 이교도들이 말하는 귀신의 영에 불과한 것이다. 이런 것들이 사람들을 가르치고 교훈하고 격려하고 있어 사람들은 이러한 것에 모여들고 있다. 마치 사마리아인들이 사이먼 메이거스(Simon Magus)에게 모여든 것같이 모여든다. 그들은 말하기를 '복종하라'고 한다. 우리는 여기에서 뛰쳐나와 열매를 맺어야 한다. 그리고 하나님을 받아들이고 의롭게 되어 축복을 받아야 한다. 악이 관영하며 팽배해지면 질수록 그리스도를 향한 우리의 의무와 사람들을 향한 뜨거운 사랑이 더욱 요구된다. 우리는 이러한 악한 영들을 제거해야 하고 물리쳐야 한다. 어떤 사람들이 한 것같이 철책을 세우고 압력을 가하지 않는다 하더라고 성령의 본체와 사역을 성경적으로 충분히 증거하고 알기 쉽게 가르쳐야 하는 것이다. 이렇게 하여 저들이 부인할 수 없는 증거를 확실히 보여줌으로써 빛이라고 위장한 이상스러운 것들을 근절시켜야 하며 참된 그리스도의 영을 가르쳐야 한다. 성령으로부터 멀리 떠난 사람들이 많고, 성령을 반대하고 그의 사역을 반대하려고 하는 악한 무리들이 얼마나 많은지 모른다.

네째, 이 세상에는 성령에 대한 매우 많은 해로운 견해들이 있다. 그들은 위험한 주장으로 재미를 보기도 하고 사람들이 이미 고백한 신앙을 전복시키기도 한다. 그래서 저들은 성령의 신성(神性)과 위(位)를 부인하게 하였다. 따라서 논쟁이 많이 일어났다. 드디어는 위험한 주장들이 만연하게 번져나가게 되었다. 한편에서 진리를 변호하였지만 신자들의 마음은 거의 교화(教化)되지 않았다. 그래서 대다수의 사람들이 생소한 말싸움에 휘말려들게 되었다. 약싹빠른 사람은 다른 사람들의 신앙을 지도하기보다는 성령을 부정하는 자들에게 침묵하는 경우가 더 많게 되었다. 그 외에도 우리들의 일반적인 지식은 저들의 본성에서보다는 그들의 전략과 결과에 더 많은 영향을 받게 되었다. 그러나 우리가 하나님을 섬기는 데에는 특별하였다. 당신의 영광 가운데 계시고 아무도 가까이할 수 없는 빛 가운데 계시면서 당신의 뜻을 유효적(有效的)으로 말씀의 계시와 사역(works)을 통해 나타내시고, 우리로 하여금 하나님을 찾게 하시는 주님은 우리들이 하나님을 깊이 생각하기보다는 더 많이 알기를 원하신다. 성령과 그의 인격에 대하여서도 마찬가지다. 성령님은 우리들에게 성경을 통하여 그의 소유, 사역, 능력을 보여 주시고, 우리들이 그에게 행해야 할 의무를 가르치시고, 그를 거스리는 일이 어떤 것인지도 가르치신다. 그러므로 간단히 설명하자면, 성경(Scripture)은 성령님의 신성과 인격을 증거한다고 하겠다. 그리고 내가 주장하는 핵심은, 성경은 성령님의 통치와 사역을 증거한다는 것이다. 성경은 우리들에게 확실한 지식을 가르쳐 주고 있는데, 그것은 성령님은 존재(being)하시고 살아계시다는 것이다. 그리고 성령님은 우리들의 믿음을 관리하시고 우리를 순종하게 하시며 우리의 구원을 위한 하나님의 모든 경륜을 밝게 비추어 주신다.

다섯째, 오늘날 중대한 사건의 하나는 공개적이며 끔찍할 정도로 하나님의 영과 그의 사역을 거부하는 것이다. 성령의 모든 것이 조롱을 당하고, 성령의 모든 일에 사람들은 감정을 폭발시키고 그의 신성을 모독하고 있다. 바로 그 영(Spirit)의 이름이 비난을 받았다. 실로 이것은 내가 가끔 우려했던 것이고 놀랐던 점이다. 왜냐하면 복음서에 보면 모든 일에 선하고 거룩하고 찬송을 받으실 만한 대상은 영이라고 하지 않았던가! 성령이 없는 사람의 상태는 그리스도가 계시지 않는 사람이며 하나님이 내어버린 사람이다. 아직도 복음을 믿는 척하는 사람들이 많다. 이들은 성령을 모셔들이기에는 아직도 거리가 먼 사람들이다. 그들은 성령 안에서 어떤 생각도 하지 않고 성령을 믿고 그의 사역을 시인하는 사람들을 감히 조롱하며 경멸하는 자들이다. 이러한 일은 성령께서 이 세상에 처음 오셨을(effusion) 때에도 "세상은 그를 받아들이지 않았다." 이것은 사실이다. 예수 그리스도께서 약속하신 성령은 주님께서 교회를 세우시기 위하여 남겨주신 기본적인 약속이다. 또한 이 약속은 예수님이 몸으로 이 세상에 계속해서 계시기를 소원하는 성도들을 지지하시기 위한 것이며, 동시에 주님의 사역을 효과적으로 중재·조정하시기 위하여 주신 것이다. 그러나 이것이 어떤 사람들에게는 확실치 않게 여겨지는 것이며, 하나님의 영이 과연 교회 안에서 어떻게 일하시는지(use)에 대하여서도 확신하지 못하고 있는 것이다. 그들은 두려움 없이 말한다. 분명한 사실은 성경이 평이하게 성령님에 대하여 설명하고 있다는 것이다. 사람들이 거침없이 말하는 것이 곧 "이 세상의 모든 혼란과 어려움의 원인이다." 사람들은 말씀과 전통과 하나님의 뜻을 외관적으로 받았다(유대인들이 오늘날 받은 것같이).[7] 이러한 것들은 사람들의 이성에 의하여, 그리고 자연적인 능력에 의하여 사용되고 개선되어 사람을 온전하게 되도록 한다. 이 모

---

7) 유대인들은 하나님의 말씀을 받았다. 여러 세대를 통하여 하나님은 유대인들에게 말씀을 주셨다. 그들이 말씀을 원해서 받은 것은 아니다. 그러나 그들은 부지런하였다. 이 점은 성경에 잘 나타나 있다. 저들은 지금도 유대인(Jews)이다. 나는 주저하지 않고 말하는데 우리가 만일

든 것은 하나님이 받으심직한 사람들이 의무를 수행하는 데 필요한 것들이다. 그렇다면 하나님의 영은 무엇에 필요한가?(what use) 하나님의 영은 무슨 일을 하시는가? 확실히는 모르지만 사람들이 말하기를 "성령님은 세상을 시끄럽게(noise) 만드시고 이해할 수 없는 생각(notion)을 사람들의 마음 속에 채워 주신다"고 한다. 이러한 말은 지금까지 말해지지 않았던 말이며 나도 반복해서 말할 수 없는 말이다. 왜냐하면 죽음이 임박했기 때문이다. 사람들은 성령을 모른다. 그래서 그들은 성령 없이 기도하려고 하며, 성령 없이 가르치며, 성령 없이 하나님께도 가며, 성령 없이 모든 일을 수행하며 '모든 일이 잘 되었다!(well enough)'고 큰소리친다. 그리고 이러한 사람들을 귀중한 그리스도인이라고 한다.

이러한 잘못이 지금도 개별적으로 자행되는 경우가 많이 있다. 이들은 교회에 의해 환영을 받고도 치명적으로 배교(背敎)를 하는 경우가 있다. 태초부터 하나님은 천지를 창조하실 때, 그리고 중대한 계시를 하실 때 모든 피조물 위에 하나님의 성품과 위엄을 나타내셨다. 또한 여기에는 아버지의 위(位)가 즉시 나타나셨고 그의 능력과 권세가 나타났다. 이러한 상황하에서 교회는 다신론과 우상숭배 등 배교(背敎) 운동이 일어났다. 더우기 이스라엘 백성들은 계속해서 하나님이 몹시 싫어하시는 일을 자행하였고 따라서 하나님으로부터 징벌을 계속해서 받았다. 드디어 하나님께서는 최종적으로 그들의 우상을 모두 쓸어버리셨고 바벨론으로 포로가 되어 끌려

신약성경을 가지고 있다면 저들은 다만 구약성경만을 가지고 있다고 하겠다. 구약성경은 이론을 세우는 책이다. 거기에는 하나님의 영께서 우리들에게 주신 구원의 빛(light)이 없다. 그들은 스스로 유대인이라고 부른다. 오늘날의 위선적인 그리스도인은 저희들 보다 나은 점이 없다.

가게 하셨다. 다시 그들은 새로운 시여(施與)를 받았다. 하나님의 아들이 몸을 입으시고 그들에게 보내심을 받으신 것이다. 아들을 영접하고 순종하는 것이 가장 중요한 일이었고 이것이 그들의 믿음을 시험하는 것이었다. 여기에서 또한 큰 일이 일어났는데 그것은 불신앙 운동이 일어나 사람들을 쓰러뜨린 것이었다. 하나님을 떠나 변절하게 되었고, 마침내 그들은 교회도 아니요 하나님의 백성들도 아닌 멸망받는 자들이 되고 말았다(요 8 : 24). 유대인들은 하나님의 아들을 거부하였고 결국 하나님의 아들은 다른 사람들을 불러내어 모아서 교회를 세우셨다. 교회 위에 하나님의 아들의 위(位)가 나타났고 믿음이 생겼으며 그곳에서 신앙고백이 나왔다(마 16 : 18, 19). 이 새로운 교회에서 기초가 세워진 것이다. "하나님의 아들 예수 그리스도는 우리가 아버지를 영화롭게 하는 것처럼 영화롭게 높임을 받으셔야 한다." 부름받은 그리스도인이라면 여기에 전적으로 동의해야 한다. 그러나 이제는 그리스도께서 아버지에게로 올라가셨다. 그리고 그의 모든 일을 성령께 다 맡기셨다(요 16 : 7 이하). 이러한 계획에 의하여 성령께서는 교회 안에서 찬양을 받으시게 되었다. 지금 교회의 의무(duty)는 하나님의 영을 높이고 아버지의 이름과 아들의 이름을 높이는 것이다. 지금도 교회 안에서 성령을 높이면서도 하나님을 배신하는 일은 일어날 수 있다. 어디에서나 하나님의 본질이 발견되는데도 사람들은 하나님의 인격을 경멸하는 죄를 짓고 지금도 그의 사역(work)을 거부하고 하나님을 우상과 동등히 여기고 우상을 섬긴다. 지금도 유대인들이 하나님의 아들을 거부하는 것과 같이 성령을 거부하는 사람들이 있다.

　아마도 어떤 사람들은 성신, 은사, 은혜, 사역이라고 말해지는 것 등은 복음의 초기에만 있었던 것으로 제한해야 한다고 주장하는 것 같다. 복음의 초기에는 이런 것들이 분명히 눈에 보였고 놀라울 정도로 효과가 있었기 때문이라는 것이다. 따라서 다른 기록을 생각지 않고 옛날 복음 진리의 기록을 볼 때는 그렇게 생각할 수도 있을 것이다. 그것은 사실이다. 복음서에는 특별하고도 신비한 역사들이 많았다. 그렇다고 성령의 사역을 제한하는 것은 그리스도께서 약속하신 진리를 거부하는 것이요 교회를 쓰러뜨리는 행위이다. 왜냐하면 우리에게는 부정할 수 없는 확실한 증거가 있기 때문이다. 아무도 성령에 의하지 않고는 그리스도를 믿을 수 없고 순종할 수 없으며, 하나님을 섬길 수 없기 때문이다. 그러므로 만일 성령의 교통이 중단된다면 믿음도 끝나고 기독교도 역시 끝장이 나게 될 것이다.

　사람의 마음 속에 있는 죄를 자각하게 하고 경건한 슬픔과 겸손케 하는 일은 성령께서 하시는 일이다. 성령께서는 중생케 하시고, 성화시키시고, 은혜를 공급하시고, 기도를 하게 하시고, 세상에 복음이 전파되게 하신다. 사람은 큰 평안, 위로, 확신, 거룩한 영향을 성령에 의해 받고 배운다. 사람들은 이러한 것들을 경험을 통해 알게 된다. 그래서 사람들은 신성한 확신을 하게 된다. 사람들의 마음에 유효적인 성령의 사역이 없다면 "사람들은 하나님 나라에 들어가지 못한다." 수세기 동안 이것은 거룩한 진리로 받아들여졌다. 그리고 많은 지지를 받았다. 그리고 실제로 이러한 경험은 사람들 가운데에서 실현되어져 발견이 되었다. 그러나 이러한 일은 몇몇 사람들에 의해 의문이 제기되기도 하였다. 이들은 이를 '교활하게 궁리해 낸 이야기'라고 하였고 믿을 수 없는 일이요, 비이성적이요, 비지성적인 생각이라고 하였다. 따라서 이것이 "성경적으로 맞는 말인지 틀린 말인지 찾아보는 일"이 불가피하게 되었다. 나는 대부분의 신자들이 자기가 믿고 있는 진리가 성경적으로 사실이라면, 다른 사람들이 반대하거나 냉소한다고 해도 동요되지 않을 것이라고 생각한다. 왜냐하면 "하나님의 아들을 믿는 자는 자기 안에 증거가 있기" 때문이다 (요일 1 : 10). 우리의 의무는 진리를 거스려 시끄럽게 하는 자들의 영향을 교회가 받지 않도록 힘쓰는 것이며, 더 나아가서는 부지런히 성경을 연구하여 더욱 든든히 진리를 파수하는 것이다. 그리고 나는 옛날에 엘리야가 말한 것처럼 독자에게 말하고 싶다. "여호와가 만일 하나님이면 그를 좇고 바알이 만일 하나님이면 그를 좇을지니라." 만일 신학 교수들이 하나님의 영(Spirit of God)을 믿는다면 거룩한 신앙고백을 하여 성도들을 위로해 주어야 한다. 그러나 만일 그들이 '교활하게 말을 꾸며댄다'면, 그들은 헛되고 쓸모없는 생각에 잡혀 있는 것이고 사람들의 마음을 텅 비게 할 것이다.

제 2 장

성령의 이름과 명칭

영(靈)이라는 말이 나타내는 뜻 / 왜 성령이라고
부르게 되었는가 / 선한 영 / 하나님의 영 / 아들의
영, 그리스도의 영

우리는 여기에서 삼위(三位) 하나님 중 제 삼위 하나님의 사역을
살펴보기 전에 성경에서 독특하게 구별하여 사용된 몇 가지 이름에
대해 고찰하는 것이 필요할 줄 안다. 그 이름은 영(Spirit), 또는 성
령(The Holy Spirit), 또는 성신(The Holy Ghost)인데 이 이름들은
우리가 보통 말하는 명칭들이다.

1. 영(靈)이라는 말이 나타내는 뜻

영(Spirit)이라고 하는 말은 히브리말과 헬라어를 번역한 것이다.
이 뜻은 공기의 흐름, 바람, 숨, 호흡으로 눈에는 보이지 않으나 움직
이는 것을 말한다. 이 단어는 구약성경과 신약성경에서 대단히 다
양한 방면에 사용되었다. 그것은 이 단어가 일반적인 개념에도 사
용되었기 때문이다. 그러나 그 단어가 뜻하는 바를 완전히 아는 데
에는 약간의 어려움이 있다. 이 단어는 계획과 상황과 문맥에서의
뜻이 각기 다르게 사용되기도 한다.[8] 이 단어가 사용될 때에 그 용

도가 모호함에도 불구하고 성경에서 사용될 때에는 하나님의 영(靈)에 대하여 충분하고도 온전한 계시가 단수 또는 여러 가지 다른 방법으로 잘 쓰여지고 있다. 성령을 확실히 의미하면서 사용될 때에는 그의 위(位)와 사역의 관계를 분명히 표기하므로 잘 알 수 있는 것이다. 때로는 '영'(Spirit)으로 쓰여지고, 때로는 '성령'(the Holy Spirit)으로 쓰여지고, 때로는 '선한 영'(the Good Spirit)으로 쓰여지고, 때로는 '진리의 영'(the Spirit of Truth)으로 쓰여지고, 때로는 '거룩한 영'(the Spirit of Holiness)으로 쓰여지고, 때로는 '그리스도의 영'(the Spirit of Christ)으로 쓰여지고 또는 '아들의 영'(the Spirit of Son)으로 쓰여진다. 첫째로 그의 위(位)를 절대적으로 사용할 때는 그의 성격과 다른 위(位)들과의 관계를 연관해서 쓰인다.

영(Spirit)이라는 이름은 그의 성격과 실재(實在)를 나타낼 때에 쓰인다.[9] 그는 순결하시며 영적이시며, 비물질적인 본체(substance)이시다. 그래서 요한복음 4:24에 '하나님은 영(靈)'이시라고 하였다. ─그는 순결하시며 영적이시며, 비물질적인 성격을 가지고 계신

---

8) 공기는 매우 힘이 세다. 공기가 비록 눈에 보이지 않고 붙잡기 힘들지만 공기는 매우 다양하게 쓰인다. 공기가 보이지 않고 만져볼 수 없는 것처럼 영혼도 볼 수 없고 만질 수 없다. (전3:21) 영적인 본질은 육인 것과 물질적인 것과는 정반대의 것이다. (사31:3, 왕상21:21, 22) 영혼은 영(Spirit) 또는 육(Soul)으로 말할 때가 많다. 영혼은 열정도 가지고 있다. 형용사로서는 악신(삼상16:14, 18:10)(evil spirit)에게도 사용하였다. 예수님께서는 니고데모(Nicodemus)와의 대화에서 영에 대한 말씀을 가르쳐 주셨다. "바람이 임의로 불매 네가 그 소리를 들어도 어디서 오며 어디로 가는지 알지 못하나니 성령으로 난 사람은 다 이러하니라."(요3:8) 예수님은 영적인 세계에서 성령의 움직임을 자연적인 세계에서 바람의 움직임을 비유해서 설명하셨다.
　　Parkurst's Heb. Lex. (E.)를 참조할 것.
9) 이 이름은 공기 또는 바람을 암시하는 것 같이 그의 사역(Operations)을 의미한다. 성령의 사역은 바람과 닮은 점이 많이 있다. 그러나 그의 이름은 그의 본체(Substance) 또는 존재(Being)를 나타낸다.

다. 그는 장소의 제한을 받지 않으며 절대적인 경외를 받고 계시는 분으로 성경은 말하고 있다. 그러므로 제 삼위(第三位)라는 이름은 특유의 명칭이 아니라 하나님의 성격을 추상적으로 기술하는 명칭이다. 영이라는 이름은, 첫째로 제 삼위의 특징을 나타내는 명칭이 아니라 그를 독특하고도 지속적으로 표현하는 이름으로서 그의 특별한 존재의 방식과 순서를 선언하는 것이다. 그러므로 성령이라고 쓰일 때에는 그의 아버지와의 관계와 아들과의 관계를 나타낼 경우이다. 왜냐하면 그는 하나님의 영이기 때문이다. 그리고 그 이름 속에는 사람의 호흡(breath of man)을 시사하는 뜻도 담겨 있다. 왜냐하면 하나님의 영은 인간의 생명적인 호흡과 같이 계속적으로 하나님에게서 나오기 때문이다(emanation). 그러나 이것은 그의 인격과는 별다른 것이다. 아버지의 영(The Spirit of the Father)과 아들의 영(the Spirit of the Son)으로부터 계속적으로 거룩하신 영이 나온다(proceedeth). 이 세 분은 계속해서 함께 하나(one)로 머물러(abiding) 계시다. 우리의 구세주께서 그의 제자들에게 영에 대하여 말씀하실 때 제자들에게 숨을 내쉬며(breathing on them) 성령을 받으라고(요 20 : 22) 하셨다. 실로 이러한 언급들은 부족하고 약한 것이며 본질적으로는 무한하고 유한한 것, 영원한 것과 순간적인 것을 비교하는 것과 같아서 연약한 언급에 지나지 않으므로 우리는 교육을 통해서 더 많은 지식을 얻어야 한다.

2. 왜 성령이라고 부르게 되었는가

다시 말하면 성령(the Holy Spirit)이란 명칭은 매우 탁월한 방법에 의해서 그 이름을 부르게 되었다. 성령이라는 명칭이 구약성경과 신약성경에 매우 빈번히 언급되었는데 그는 우리를 깨끗하게 하며 거룩하게 만드신다(making). 이것은 그의 독특한 사역(peculiar work)이다. 그래서 성령은 이단적으로 신성을 모독하는 자와 보통 사람을 구분하시며, 거룩하게 사용될 것과 거룩한 예배를 구분하신다. 그리고 사람들 속에 들어 있는 진실성과 거룩함을 구분하신다. 이러한 사역으로 말미암아 성령은 하나님이심이 증명되는 것이다. 왜냐하면 이런 일들을 하나님 외에는 할 수 없기 때문이며 그의 백성을 거룩하게 하시기 때문이다(레 21 : 8). 그러나 이런 것이 이러한 명칭을 갖게 되는 전체적인 이유만은 아니다. 그는 '거룩한 하나님의 영'(시 5 : 11 ; 사 63 : 10, 11)이시며 전적으로 '거룩한 영'(롬 1 : 4)이시다. 이것은 그의 본성에 의한 것이며 그의 사역에 의한 것은 아니다. 그래서 하나님을 본성적으로 서술할 때는 영광스러운 이름을 사용하는데, 그것은 '거룩하심, 거룩한 자, 이스라엘의 거룩한 자, 거룩한 가운데 영광스러운 분'이다. 따라서 영(Spirit)이 본성적으로 영원히 영광스럽고 거룩하심으로 나타날 때는 '거룩한 분'으로 부른다. 이것에 반대되는 말은 깨끗지 않고 거룩하지 않은 영이다(막 3 : 29, 30). "누구든지 성령을 훼방하는 자는 사하심을 영원히 얻지 못하고 영원한 죄에 처하느니라 하시니 이는 저희가 말하기를 더러운 귀신(unclean Spirit)이 들렸다 함이더라." 여기에서 성령의 개성과 인격을 찾아볼 수 있다. 더러운 귀신도 인격이 있다. 만일 하나님의 영이 다만 성질이나 우발적인 성품만 가지고 있다면 어떤 사람의 꿈과 같이 성령님과 더러운 귀신 사이에 구별될 것이 없다. 성령과 악한 영은 서로 적대하고 있다. 성령은 거룩하나 더러운 귀신은 더럽고 사악하다. 성령은 그의 사역(operations)에 따라 일컬어지기도 한다. 성령의 독특한 사역은 중생(regeneration)과 성화(sanctification)이다. 성령의 거룩한 사역에 의해 성도들은 모두 거룩하게 된다(being all holy). 그리하여 사람들은 그를

'성령'(The Holy Spirit)이라고 불렀다. 물론 그는 이렇게 불려져야 한다. 성령께서 하나님의 모든 사역(all the works of God)을 증명하고 증거하시는 일은 거룩하시다. 인간들의 부패한 이성(理性)으로 하나님의 사역을 본다 하더라도 이것은 위대하고 무서운 일이다. 왜냐하면 성령의 사역은 고집세고 완악한 죄인에게도 보이셔서 그들을 부르시고 거룩하게 하시기 때문이다. 성령께서 임하셔서 놀랍고 두려운 일을 하셔도 유대인들은 끝까지 고집세게 거절하게 될 것이고 가장 무서운 하나님의 유효적(effects)인 섭리인 사역(work)을 나타내 보여도 저희들은 여전히 믿지 않을 것이다. "보라 멸시하는 사람들아 너희는 놀라고 망하라 내가 너희 때를 당하여 한 일을 행할 것이니 사람이 너희에게 이를지라도 도무지 믿지 못할 일이라"(행 13 : 41 ; 사 6 : 3, 10, 11 ; 요 12 : 40 ; 행 28 : 26). 이 모든 일에 우리는 묵종(默從)해야 한다. 그 중에 거하신(in the midst of us) 여호와는 의로우사 불의를 행치 아니하신다…."(습 3 : 5)[10]

---

10) 사람의 행위에 대하여 하나님은 의로운 재판을 하신다. 악령에 의하여 조종을 받는 사람은 성령의 일을 거스린다. "여호와의 신이 사울에게서 떠나고 여호와의 부리신 악신이(evil spirit) 그를 번뇌케 한지라 사울의 신하들이 그에게 이르되 보소서 하나님이 부리신 악신이 왕을 번뇌케 하온즉"(삼상16 : 14, 15, 23 ; 18 : 10 ; 19 : 9 등) 악신이 사울 왕에게 들어가 그를 벌벌떨게 하였고 겁나게 하였다. 여호와의 신(Spirit)이 떠나자 사울왕은 왕의 직무를 수행할 수 없게 되었고 전혀 다른 사람 같이 되었다. 처음에 사울은 여호와의 신(The Spirit of the Lord)이 크게 임하여 예언까지 하였었다. (삼상10 : 6, 10) 그러나 악신이 사울 왕에게 임하자 그는 우울해 하였고, 신경질을 냈고, 불만을 터뜨렸고, 죄책을 가지게 되었고, 무서워하였다. (삼상16 : 14) 이와 같은 사역은 간혹 하나님께서 당신의 거룩한 천사들을 부리시는 것과 같은 것이다. 왜냐하면 이 일은 하나님의 공의로우신 판단에 의하여 되어지는 일이기 때문이다. 이와같은 일은 "한 순찰자 한 거룩한 자"가 하늘에서 내려온 것과 같은 것이다."(단4 : 13, 14)

3. 선한 영

더 나아가 그는 하나님의 선한 영(The Good Spirit of God)이시다. "주의 신이 선하시니(The Spirit is good) 나를 공평한 땅에 인도하소서"(시 143:10). 그는 본래 선하시기 때문에 이렇게 부르는 것이다. "어찌하여 선한 일을 내게 묻느냐 선한 이는 오직 한 분이시니라(but one, that is God)"(마 19:17). 또한 그의 사역이 모두 선하시다. 그래서 모든 신자들에게 그의 사역은 선한 영향을 끼치고 있다.

4. 하나님의 영

다시 말하면, 일반적으로 그를 하나님의 영(the Spirit of God)이라고 칭하며 주의 영(the Spirit of Lord)이라고도 칭한다. 이 단어가 처음 사용된 곳은 창세기 1:2이다. "하나님의 신(the Spirit of God)은 수면에 운행하시니라." 여기서 복수형으로 엘로힘(אֱלֹהֵי)이라고 사용한 것은 창조를 기술함에 있어서 성령이 하나님의 본질상(nature) 똑같다는 것이라는 사실을 나는 의심하지 않는다. 여호와(יְהוָה)라는 이름이 창세기 2:4에 언급되는데, 그 이전에 언급된 엘로힘(Elohim)이라는 단어 속에는 성령이 포함된 복수명사로 생각된다. '여호와'라는 이름은 창조를 기술할 때는 사용되지 않았다는 이것은 하나님의 실재적 일치(the unity of the essence of God)를 존중하는 것이다. 즉 엘로힘(אֱלֹהִים)이란 말은 삼위 하나님의 존재적 일치(unity)를 나타내는 말이란 뜻이다. 그래서 성령을 '하나님의 영'(the Spirit of God)이라고 하는 것이다. 주로 성자(聖子)를 부를 때에는 '하나님의 아들'(the Son of God)이라고 하는데 이는 영원토록 이렇게 부르는 것이다. 아들은 영원토록 아들이기 때문이다. 영(the Spirit)은 '하나님의 영'(the Spirit of God)이라고 하는데 이는 계속해서 하나님에게서 나오고(procession) 또는 발(發, emanation)하기 때문이다. 그는 다른 어떤 영과도 구별되는 이름을 가지고 있는데 이는 약속을 받았고 하나님의 보내심을 받았기 때문이다(Sent of God). 그는 하나님의 뜻(will)을 수행하며 우리에게 기쁨을 충만케 하신다.

5. 아들의 영, 그리스도의 영

같은 설명을 한다면, 본질적으로 그는 성자의 영(the Spirit of Son)이시며 또한 그리스도의 영(the Spirit of Christ)이시다. "너희가 아들인고로 하나님이 그 아들의 영(the Spirit of his Son)을 우리 마음 가운데 보내사"(갈 4:6), "만일 너희 속에 하나님의 영이 거하시면 너희가 육신에 있지 아니하고 영에 있나니 누구든지 그리스도의 영(the Spirit of Christ)이 없으면 그리스도의 사람이 아니라"(롬 8:9, 11; 벧전 1:11). 그러므로 '하나님의 영'이나 '그리스도의 영'은 하나(one)이며 같은 분(the same)이시다. 그러므로 같은 의미에서 그는 아버지(Father)로부터 오신 '하나님의 영'(the Spirit of God)이시며 아들(the Son)로부터 나오신(proceedeth) '아들의 영'(the Spirit of the Son)이시다. 그를 또한 '그리스도의 영'(the Spirit of Christ)이라고 칭해도 된다고 나는 고백한다. 왜냐하면 그는 그리스도에 의해 약속되고(promised) 보내심(sent)을 받았기 때문이며 그의 백성에게 유효적으로 중재하시기 때문이다. '그리스도의 영'도 그리스도, 즉 아들로부터 나오신(proceedeth) 영이시다. '아들의 영'이 앞서거나 '그리스도의 영'이 뒤서는 일 없이 '같은 영'이시다. 사도 베드로는 믿음으로 말미암아 구원받는 문제를 언급하면서, 이는 "너희에게 임할 은혜를 예언하던 선지자들이 연구하고 부지런히 살펴서 자기 속에 계신 그리스도의 영(the Spirit of Christ)이 그 받으실 고난과 후에 얻으실 영광을 미리 증거하여 어느 시, 어떠한 때를 지시하시는지 상고"하였다고 했다(벧전 1 : 10, 11). 여기에서 볼 때 구약시대의 선지자들은, 하나님의 아들이 몸을 입고 세상에 오시기 전에도 '영'을 말할 때 '그리스도의 영'(the Spirit of Christ)이라고 칭한 것이다. 이것은 그가 성령에 의해 기름부음을 받았기 때문이 아니며 또는 그후 그의 제자들에게 보냈기 때문도 아니고 그가 사람의 모습으로 계시지 않았기(did not then exist) 때문이다. 무엇 때문에 성령을 '아들의 영'(the Spirit of the Son) 또는 '그리스도의 영'(the Spirit of Christ)이라고 불렀는지에 대한 주된 이유는 예수님의 위(位, person)로부터 나왔고(procession) 발하였기(emanation) 때문이다. 이러한 사실을 제거하고서는 '영'을 '그리스도의 영'이라고 칭할 수 없다. 이러한 가정에 의해서 '영'에 대한 명명(命名)이 이루어진 것이다. 이와같이 영에 대한 이름을 성경적으로 고찰하였다. 이상의 이름을 볼 때 성령은 삼위일체에 있어서 세번째의 위(位, the Third Person)이시다. 성령을 이렇게 지칭한 것은 그의 임무(offices)와 사역(operations)을 고려하였기 때문이며, 더 자세한 것은 계속해서 증거하고자 한다.

제 3 장

성령의 신성과
인격에 대한 증명과 입증

하나님의 계시에 대한 직접적인 목적 : 하나님의 본
성 - 모든 종교의 근거 ; 종교적 경배의 계시적 법칙
; 하나님은 삼위일체로서 자신을 계시하신다 ; 삼위
에 대한 독특한 사역의 서술 ; 성령은 신성을 가지
고 계신다 / 어떤 사람들은 영의 인격과 신성을 부인
한다—세례의 형식으로 증거되는 성령 ; 비둘기 모
양으로 임하신 성령 ; 불의 모양으로 임하신 성령 ;
영의 인격적 성질—지혜, 의지, 능력 / 성령의 신적인
사역 / 성령의 신적인 속성

1. 하나님의 계시에 대한 직접적인 목적

우리는 지금 매우 중요한 문제—즉 교회에게 주신 하나님의 영
에 대하여 살펴 보아야 한다. 이 문제는 내가 열심을 가지고 연구
하고 하나님께 드려야만 할 것이며 특유한 법칙으로 온전한 교리를
확립하려는 것이다. 이러한 태도를 갖는 것은 우리의 믿음이 얼마
나 순종을 잘하며, 하나님을 경배하는가 하는 것과 관계가 있는 것
이다. 이러한 연구는 모든 하나님의 계시에 대한 직접적인 목적을
찾아보는 것이며, 우리 구세주의 가장 거룩하심을 따라 찾아보는 것
이다. "너희가 이것을 안다면 너희는 행복한 자들이고, 그것들을 행

한다면 너희는 더욱 행복한 자들이다." 이러한 목적을 가지고 다음 문제들을 살펴보자.

(1) 하나님의 본성 - 모든 종교의 근거

하나님의 본성과 존재는 이 세상의 모든 진정한 종교와 종교적인 숭배에 그 근거가 있다. 하나님께서 우리들을 만드신 최대의 목적 (End)은 우리로 하여금 하나님을 섬기고 하나님께 영광을 돌리도록 하는 데 있는 것이다(잠 16:4). 우리가 하나님의 본성과 존재를 인식하고 그를 섬기는 것은 피할 수 없는 의무(duty)이다. 우리가 하나님을 섬기는 참된 행위의 근거는 하나님께서 우리에게 하신 일과 우리를 위하여 이루어 놓으신 일 때문이다. 그러나 하나님을 섬기는 주요하고도 분명한 이유는 하나님께서 우리 안에 계시다는 것이다(What God is). 즉 하나님이 계시기 때문에 그분은 절대적으로 영광스러운 분이시고, 선하시고, 지혜로우시며, 거룩하시며, 전능하시며, 의로우시며, 스스로 계시며, 자족하시는 존재(Being)이시다. 그는 모든 존재와 선의 근원이시며, 창조자이시며, 제일 첫번째 이유(cause)이시며, 최후의 이유이시며, 모든 것 위에 뛰어나시고, 모든 것을 다스리시는 주(Lord)님이시다. 그러므로 그는 경배를 받으신다: 그렇기 때문에 우리는 그를 숭배하고 경배하고 사랑하며 그를 찬양하며 믿고 경외하는 것이다. 이것이 하나님께 영광을 돌리는 것이다. "이는 만물이 주에게서 나오고 주로 말미암고 주에게로 돌아감이라 영광이 그에게 세세에 있으리로다 아멘."(롬 11:36)

(2) 종교적 경배의 계시적 법칙

하나님께서 스스로 만드신 계시에는 모든 종교적 경배와 순종의 법칙이 있다. 절대적으로 존재하시는 하나님은 우리가 경배를 드려야 할 절대적인 이유이다. 그러나 이러한 경배는 하나님께서 우리에게 계시하신 방법에 의해 인도받는다. 그리고 하나님의 계시의 주된 목적은 우리로 하여금 하나님의 본성에 존경을 드리도록 하는 데 있는 것이다.

(3)하나님은 삼위일체로서 자신을 계시하신다

하나님은 우리에게 삼위일체 자신을 계시하신다. 다시 말하면 삼위 인격(persons)은 나눌 수 없는 똑같은 실재(實在)이시다. 그러므로 그는 경배를 받으시고 영광을 받으셔야 한다. 이 사실을 여기에서 자세히 언급함과 동시에 확실히 하고자 한다(그러나 나는 이것을 어디에선가 언급한 바 있다). 전체적으로 계속되는 글에 이 사상이 나타날 것이며 이미 언급한 것에 의존하게 될 것이다. 실로 나는 어떤 사람들의 잘못된 신앙고백을 생각할 때에 두렵고 떨린다. 또 다시 이 글이 그들의 고백과 같이 잘못되어 없어질까봐 걱정되기 때문이다. 잘못된 고백을 한 치명적인 사람들을 우리는 퀘이커 교도라고 부른다. 나는 그러한 잘못이 그들을 마지막으로 단 한 번만 있기를 바란다. 왜냐하면 많은 사람들이 삼위일체를 거부하고, 잘못된 삼위일체를 주장하고, 삼위일체를 무지로 인하여 경멸하고, 삼위일체가 필요없다고 부인하는 자들이 있기 때문이다. 나는 이러한 병이 많은 사람들의 마음 속에 있다는 것을 알고 있다. 그래서 이것이 마침내는 온 몸에 퍼져서 그를 죽이는 것같이 모든 사람들에게 이러한 병폐가 번져서 타락시키게 될 것이다. 이러한 것들은 예수 그리스도의 돌보심에 의존할 수밖에 없다. 이러한 가정(supposition)은 오늘날 내가 단언하여 말할 수 있다. 하나님은 삼위가 계심을 스스로 계시(reveal)하셨다. 그분은 우리의 경배를 받으시기에 합당한 분이시다. 그러므로 우리는 처음부터 하나님을 경배할 때에는 복음을 따라서 실제적이며 고백적으로 경배해야 한다. 우리가 세례를 받을 때 "아버지의 이름과 아들의 이름과 성령의 이름"으로 받지 않는가! (마 28 : 19, 20) 이것은 그리스도께서 우리에게 명령하신 것이다. 이것은 하나님을 섬길 때에는 '아버지, 아들, 성령'을 공히 섬기라는 것이다. 우리는 이 사실을 엄숙히 수납해야 한다. 그리고 각각의 위(位)는 똑같은 신성(divine nature)을 공(共)히 가지신 분이라는 것을 수납해야 한다.

(4)삼위에 대한 독특한 사역의 서술

삼위(三位) 하나님은 그들의 존재 방식이 너무나 독특하기 때문에 그들의 서로 다른 움직임이나 사역(事役)으로 구별하여 기술한다. 때때로 이러한 움직임들은 내적(內的)이며 상호조직적으로 나타난다. 그래서 아버지는 "아들을 아시고 또 그를 사랑하신다." 그리고 아들은 아버지를 "보시고" "아시고" "사랑하신다"(요 5 : 20 ; 6 : 46 ; 3 : 15 ; 마 11 : 27 ; 잠 8 : 22). 그리고 성령은 아버지와 아들로부터 공히 사랑을 받으시고 사랑하신다. 성령님은 아버지와 아들을 아시는데 "하나님의 깊으신 것까지 감찰하신다." 그래서 아버지는 그의 아들을 비하(卑下)의 신분을 주셔서 사람으로 또한 중보자로서 우리들에게 "주시고"(give) "보내시고"(send) "명령하신다"(command). 아버지와 아들은 '성령을 보내신다'고 말씀하셨고 그는 교회를 거룩하게 하시고 위로하시기 위해 오셨다. 삼위 하나님은 또한 피조물에 대하여 특별하고도 구별되는 행사를 하신다. 이것은 성경이 분명하게 말하고 있는 사실이다. 그래서 예를 들자면 끝없이 많다. "기독론에 관한 교리를 첫번째로" 공부한 사람은 누구든지 아버지에 대하여, 아들에 대하여, 성령에 대하여 특별히 묘사한 글들을 잘 알 것이다. 그리고 그밖에 성령의 분명한 행동이 충분히 나타난 사실도 알 것이다.

(5)성령은 신성을 가지고 계신다

이런 이유에서 불가피하게 다음의 사실을 연구하게 된다. 성령은 하나님 안에(in) 계시고(is), 한 개체이시고, 살아계시고, 전능하시며, 전지하시며, 하나님의 인격(person)을 가지고 계시다. 성령을 기술할 때 그 누구도 성령의 내적(內的), 외적(外的) 사역을 조작할 수 없다. 이러한 기초 위에 우리의 작업이 진행되어야 한다. 그렇기 때문에 '한 분이신 영'을 우리가 요구할 필요가 있는 것이며, 성령의 뜻에 모든 것을 의존해야 하는 것이다. 왜냐하면 만일 사람들이 강력하게 성령의 인격을 거부한다면 성령의 사역과 우리들과는 아무 상관이 없게 되기 때문이다. 만일 어떤 건물의 기초 구조물을 허물어 버린다면 그 상부의 건물이 무너지게 될 것이다. 이와같이 성령의 존재를 거부한다면 성령의 사역과 그의 사실이 무너져 버리고 말 것이다.

2.어떤 사람들은 영의 인격과 신성을 부인한다

하나님의 영에 대해서 강력하게 반대하고 대항하는 논리는 두 가지로 축소해서 생각할 수 있는데, 어떤 사람들은 그의 인격은 인정하지만 그의 신성(deity)은 부인한다. 저들은 말하기를, 성령은 유한한 영(finite spirit)으로 창조되었다(creeted)고 주장하면서 그는 모든 피조물들의 영들(spirits)의 우두머리(chief)라고 한다. 그리고 모든 천사들의 두목(head)이라고 한다. 그래서 그를 성신(Holy Ghost)이라고 부르는데, 이 이름은 그의 사역(work)에 의한 것이라는 것이다. 이러한 견해는 마게도니아 이단들(Machedonian Heretics)의

견해인데, 이 교리는 마호메트(Mahometans)에서 나온 것이다. 최근 우리들 가운데에서도 일부에서 이러한 견해(opinion)를 피력하고 있다. 그러나 이러한 생각은 어리석은 것이며 일반에게도 공격을 받고 있다. 분명히 성경에 근거한 성신(Holy Ghost)에 대하여 그의 인격은 받아들여지고 다른 한편으로 그의 신성(deity)이 거부되어진다는 것은 정신병적인 상태에서만 가능할 것이다. 그러므로 오늘날 삼위일체 교리의 가장 큰 적(enemies)인 소시니안(Socinians)들은 교회를 파괴하고 있는데 우리는 이것을 물리쳐야 한다. 저들의 생각은 파괴적이고 해로운 것이다. 저들은 하나님의 영이라고 부르는 것에는 하나님의 유효적인 능력은 있으나 인격(personality)은 단적으로 부인하고 있는데, 이것은 신성(divine nature)만을 인정하는 것이다. 그리고 하나님은 특별한 목적을 위해서 능력을 행사하신다고 주장하고 있다. 나는 여기에서 이러한 문제에 대하여 전체적으로 만족할 만한 고백을 제시하지 않겠다. 이 문제는 매우 중요한 것인 만큼 계속 진행하면서 논쟁을 전개하고자 한다. 여기에서는 영(Spirit)의 신적인 인격(divine personality)에 대하여 밝히려고 한다. 어떤 사람도 이 문제에 대해 해답을 준 사람이 없었다(나는 사람의 기지와 요령으로 교활하게 꼬불꼬불하게 만들 생각은 없다). 그러나 나는 담대하게 말하려고 한다. 이 길은 지옥문을 대항하는 것이며, 믿는 사람들의 마음에 믿음을 확고하게 세우는 것이다. 이것이 나의 주된 계획이다. 만일 여기에서 편견 없는 모든 독자들에게 영의 인격을 밝히 보여주지 못한다면, 모든 신자들에게 분명한 확신은 주어야 한다고 생각한다. 그래서 성경을 바로 이해하지 못했던 사람들에게 가능한 한 깨달음을 주어야 한다고 믿는 것이다.

전제로서 밝혀두어야 할 한 가지는 우리의 논쟁이 애매모호한 주제이지만 자유롭게 토론을 하자는 것이다. 영이라는 단어는 때로는 하나님의 영(the Spirit of God) 자신을 가리켜 사용될 때도 있고, 때로는 그의 은사(gifts)와 은혜(graces)를 사람들에게 주실 때에도 사용된다. 허락된 일이기는 하지만 아버지의 인격(person)이 있다는 사실을 증거하는 일과 그 외의 다른 방법으로 성령도 인격이 있다는 사실을 증거하는 일은 불가능하다. 왜냐하면 그들의 모든 개별적 특징, 속성, 부가적인 것, 사역들이 기록은 되었지만 그들의 인격이나 인격에 부속된 기록은 없기 때문이다. 그래도 우리는 성령이 계시다는 것을 믿으라고 배웠다. 그리고 인격이 계시다는 것도 배웠다. 그래서 우리는 아버지가 인격이 있으시다는 것을 알고 아들도 인격이 있으시다는 것을 안다. 왜냐하면 사물에 대한 우리의 지식은 그들이 존재하는 형식에 의한 것보다 그들의 성질에 의해서 더 잘 알기 때문이다. 나는 이제 이러한 논쟁을 확실히 정립하려고 한다. 나는 어떤 특별한 증거나 또는 성령에 대한 인격적 성질에 의거하여 확증하기보다는, 성령에 관한 모든 성질을 기술한 성경의 분명하고도 한결같은 근거에 의지하려고 한다. 성령은 신성(神性)에 예속된 개별적 소유물이 아니며 어떤 한 장소에 국한해서 계시는 분이 아니시고 다른 어떤 것에 의지하여 계시는 분도 아니시다.

만일 지혜스럽고 정직한 사람이 와서 여러분들에게 다음과 같이 말한다면 어떻겠는가? 어느 곳에 매우 훌륭한 정치가가 있었다. 그는 그의 공무를 지혜스럽게 잘 수행하고, 어떤 일의 원인과 이유를 잘 청취하고, 옳고 그른 것을 잘 분별하며, 정의를 앞장 세워 생각하며, 가난한 자를 구제하며, 억눌린 자를 위로하며, 지혜롭고 근면하고 의롭고 현명하게 일을 잘 한다면 사람들이 그를 믿지 않겠는가? 또 한 사람이 있는데 그는 이상한 성격과 의심받는 행동을 하기 때문에 신용이 없는 사람이라고 한다면 사람들은 그를 믿어줄 것인가? 태양이나 바람이 따뜻하고 온화한 기온을 유지할 때 과실

나무는 열매를 맺고 동리 사람들은 서로 친절하고 사랑스럽게 살지 않겠는가? 이것은 비유적인 예이지만 이렇게 꼭 닮은 사람이 있겠는가? 그러나 우리가 이러한 사람들 중 누가 더 훌륭한 사람이라는 것은 다 알 수 있다. 이러한 경우가 우리에게도 있을 수 있다. 성경은 성령께서 교회를 다스리신다고 가르치고 있다. 그리고 성령은 교회의 감독자를 세우셔서 모든 것을 감독하신다. 성령님은 모든 것을 분별하시고 심판하신다. 성령님은 낙심한 자를 위로하시고 악한 자를 강하게 하신다. 성령님은 사람들이 죄 짓는 것을 슬퍼하시고 죄 짓는 것을 노여워하신다. 그밖에도 성령님은 많은 일을 하시며 명령하시며 모든 것들을 자기의 뜻대로 질서있게 정돈하신다. 거룩하고 지혜롭고 지식이 있는 사람이라면 성령에 대한 이러한 증거를 믿을 것이다. 반면에 이러한 이해에 대한 그릇된 세력들이 있는데 그들은 소시니안파(Socinians)와 퀘이커파(Quakers)들이다. 이들은 거짓되고 잘못된 주장을 하고 있다.[11] 그들은 성경에서 가르치고 있는 성령이 계시다는 것은 사실이지만 인격(person)은 없다고 주장한다. 이 주장은 성경의 표현에서 발견하였다고 하는데 이것은 성경의 비유적인 표현, 즉 하나님의 능력에 대한 비유적이며 상징적인 표현을 오해한 데서 기인된 것이다. 이것은 분명히 죄가 되는 것이다. 어떤 사람도 영적인 빛이나 자연적인 이성(reason)을 빼앗을 수는 없는 것이다. 그러나 성경은 예정된 사실을 치명적으로 그르치거나 그릇된 사상을 사람들에게 주입시켜서 사람들의 믿음을 빼앗고 그들의 안정을 뒤흔들어서 부패하도록 유혹하는 일이 있어서

---

11) 이것을 때때로 사람들에게서 볼 수 있다. 사랑(Charity)이라고 하는 것은 희망과 믿음을 가지고 참으면서 사는 것이다. (고전13장) 성경은 하나님의 영은 인격을 가지고 계시다고 증거하고 있다. 그리고 인격적으로 특징을 가지고 계시다. 그러므로 우리는 성경에 있는 용어를 비난할 수 없는 것이다.

는 안되는 것이다. 이런 자들의 마지막이 어떠하겠는가? 나는 이러한 논쟁에 대하여 다음과 같이 단호하게 제안한다.

(1) 세례의 형식으로 증거되는 성령

이러한 결심이 필요하게 된 것은 그리스도인의 세례(baptism)에서 기인된 것이다. 우리 주님께서 제자들에게 명령하시기를 "너희는 가서 모든 족속으로 제자를 삼아 아버지와 아들과 성령의 이름으로 세례를 주고"라고 하셨다. 여기에서 볼 때 아버지와 아들은 그 위(位)에 있어서 차이가 있다. 어떤 사람들은 아들이 하나님(Son is God)이라는 사실을 부정하지만, 그러나 어떤 사람이라도 그의 위(位)가 아버지의 위(位)와 다르다고 하는 사실을 부정할 수는 없다. 그러나 사람들은 아버지의 위(位)와 아들의 위(位)를 동일하게 보는데, 어떤 사람들은 성령은 인격이 없다고 하여 우리의 믿음 생활과 순종하는 생활에 적지 않은 혼란을 야기시키고 있다. 만일 성령께서 인격(person)은 있으시고 신성이 없다면 하나님으로서 피조물들에게 영광을 받으실 수가 있겠는가? 이렇게 된다면 성령에 대하여 우상숭배가 되지 않겠는가? 만일 성령께서 인격은 없으시고 하나님의 성품과 성격만 가지고 계시다면 말이 되는가, 누가 이러한 말을 만들어낼 수 있겠는가?

그 외에도 다른 위(位)에 대하여 언급할 때 성령의 위(位)를 동일하게(equally) 언급한다. 아버지의 이름과 아들의 이름을 언급할 때에도 성령의 이름은 동일하게(equally) 언급된다. 아버지라는 이름과 아들이라는 이름이 없어도 그분들은 하나님(God)이시다. 하나님의 이름 속에는 그의 존재와 그의 권위가 포함되어 있는 것이다. 성령의 이름을 처음에 써도 아버지와 똑같은 하나님이시며 나중에 써도 아버지와 똑같은 권위를 가지신다. 성령은 그 이름에서

하나님의 권위를 가지시며 그리고 하나님이시며 인격을 가지신 분
이시다.[12]

　다시 말해서, 그의 이름으로 세례를 받는다($\varepsilon\iota\varsigma\ \tau o\ o\nu o\mu\alpha$)고 말할
때 그의 인격이 포함된 말이라고 덧붙여 생각할 필요는 없다. 아버
지와 아들과 성령이란 이름은 우리의 신앙의 대상이요 순종의 대상
이신 하나님이심을 의미하는 것이다. 이들의 이름으로 세례를 받는
다는 것은 그들의 권위에 동일하게 굴복하고, 그들의 이름에 동일
하게 신앙을 고백하며, 그들을 동일하게 섬기라는 것이다. 그들의 신
성과 인성을 나누어 어느 분은 인성만 있고 신성은 없다고 하거나,
삼위 하나님을 신성과 인성에서 각기 다르게 정의한다면, 이것은 기
독교를 파괴시키는 것이며 다신교로 기울게 하는 행위가 되는 것이
다.

(2)비둘기 모양으로 임하신 성령

　성령께서 눈에 보이는 현상으로 강림하셨기 때문에 그의 인격적
존재에 대하여 논란이 일어난 것이다. 성령께서는 눈에 보이는 비
둘기 모양으로 임하셨다.[13] 눈에 보이는 증거를 나타내시면서 강림하
신 것은 약속하신 대로 메시야의 영이 강림하신다는 증표를 분명히
보여 주시기 위한 것이다. 그래서 하나님은 예수님으로 하여금 성

---

12) 아버지와 아들은 함께 계시다. 어떤 목적들을 위해서 그리고 창조의 목
　　적을 위해서 그렇게 계신다. 아버지(Father)와 아들(Son)의 신성과 권
　　위는 똑같다.
13) 마3:16, 눅3:22, 요1:32, 이 단어는 여러가지 뜻으로 해석이 된다.
　　성령께서는 비둘기(dove) 같이 강림하셨다. 이것은 성령의 현현을 말
　　하는 것이다. 이 사상은 성경이 증거하는 것이고 여러 복음주의자들도
　　인정하는 것이다. 성령께서 비둘기처럼 강림하셨다는 것은 어떤 모습
　　(Shape)을 가지시고 오셨다는 것이고 눈으로 볼 수 있게 오셨다는 의
　　미이다.

령님에 대하여 자세히 먼저 알게 하셨고, 또한 말씀하신 대로 성령님이 강림하신 것이다. 태초에 하나님의 영은 수면에 운행하셨다(창 1 : 2). 성령님은 모든 피조 세계를 사랑하시며 운행하셨고, 풍부한 교제를 하셨으며 생생한 교통을 하셨다. 마치 비둘기가 따뜻한 온도에 의하여 그의 알에서 깨어나와 그 알 껍질 위를 서서히 움직이며 다니는 것처럼 성령께서는 비둘기 모양으로 자신을 보내신 예수님 위에 직접 나타나셔서 우리에게 성령의 임재를 보여 주셨다. 비둘기는 노아 홍수 때에, 홍수가 그치고 물이 마를 때 노아(Noah)에게 좋은 소식을 전해준 것으로 성경은 시사하고 있다. 비둘기는 가련하고 길을 잃은 인생들에게 좋은 소식, 희망의 소식을 전해 주었다. 성령께서는 길을 잃고 저주받아야 할 인간들에게 하나님께로 돌아오라고, 그리고 하나님과 화목하라고 하신다. 성령은 위대하게 평화를 조성하시는 분이시다. 성령님은 이 일을 예수님에게 강림하심으로 이룩하신 것이다. 그 외에도 우리가 잘 아는 대로 비둘기는 특별한 성질을 가지고 있는데, 그것은 깨끗하고 흠이 없고 순결하다는 것으로서 예수님에게 임하신 성령도 깨끗하시고 흠이 없으시고 순결하시다는 것을 의미한다.

(3) 불의 모양으로 임하신 성령

예수님 위에 강림하신 것은 세상적인 비둘기(dove)는 아니다. 그것은 하늘의 신령한 본체(substance)이시며 무엇인가 뜨거운 성질의 것이다. 비둘기 모양으로 성령께서 강림하셨다는 것은 눈에 보이는 것 이상, 하늘의 신령한 것 이상, 그리고 영광스러운 것 이상의 뜻이 있다고 나는 생각한다. 때때로 성령은 불(fire)로 비유되기도 하신다. 왜냐하면 옛날에 불의 역사가 많이 있었기 때문이다. 여러 차례 하늘에서 불이 내려와 제단의 제물을 태우고 열납하셨고, 불이 내려오지 않으면 하나님께서 받으시지 않는 제사로 믿었기 때문이다. 믿음이란 성령에 의해 신자의 마음에 불을 붙이는 것이다. 그리고 성령은 불로도 표현되었다. "불의 혀같이 갈라지는 것이 저희에게 보여 각 사람 위에 임하여 있더니"(행 2:3). 이 말씀은 오순절 날에 모여 있는 사람들에게 임하신(coming) 성령이 눈에 보이는(visible) 증거가 있었다는 것인데, 불(fire)의 혀같이 갈라진 모습(cloven tongues)으로 보였다는 것이다. 또한 주 그리스도께서는 "성령과 불로 세례"를 주신다고 하였는데(마 3:11) 이 말씀은 성령을 불로 비유하면서 깨끗하고 순결한 은혜를 주시는 분이라는 뜻이다.

3. 영의 인격적 성질 — 지혜, 의지, 능력

지금 성령께서 존재하신다는 증거는 그 자신이 한 본체로(a substance) 계시다는 사실을 알 수 있다. 왜냐하면 성령은 어떤 물질이 아니시고 전능하신 하나님의 효과있는 영향력으로 그의 임재하심이 나타나기 때문이다. 우리가 성령을 이해하는 것은 교육을 받음으로 되는 일이 아니라 효과있는 영향력으로 알게 되는 것이다. 이와같은 증거로 우리는 성령의 신적 인격(divine personality)을 이해하게 되는 것이다. 다음으로 나는 성령에 대한 인격적 특성들(personal properties)을 고찰해 보고자 한다.

첫째, 성령은 총명 또는 지혜를 가지고 계신데, 이것은 지적인 존재로서의 성령의 불가분의 특성을 묘사하는 말이다. 성령은 이것으로 행하시고(acts) 영향력을 행사하신다. "오직 하나님의 성령으로 이것을 우리에게 보이셨으니 성령은 모든 것 곧 하나님의 깊은 것이라도 통찰하시느니라"(고전 2:10). 여기서 살펴보는 대로 성령은 이해력이 있으시고 아시는 분이시기 때문에 통찰(to search)하신다는 것이다. 어떠한 사람도 사람의 일을 알지 못하고 사람의 영(spirit of man)이 아는 것처럼 하나님의 일을 사람은 모르고 하나님의 영(spirit of God)만이 아신다. 이와같이 성령께서 아시는 재능을 부여받으신 것은 그에게 인격이 있으시기 때문이다. 그래서 성령은 '하나님의 깊은 것'까지 통찰하시고 계신다. 하나님의 깊은 것이란 그의 신비한 뜻, 계획, 은혜 등을 말한다. 그러므로 성령의 신적 인격(divine person)은 무한한(infinite) 지식을 가지고 계시다. 따라서 성령은 다른 여러 가지 일에 있어서도 지혜와 이해력의 조성자이시다(고전 12:8). 그러므로 우리는 그를 "지혜의 영, 지식의 영, 총명의 영, 모략과 재능의 영"이라고 부른다.(사 11:2)

둘째, 성령께서는 뜻을 가지고 계시다. 이것으로 그의 인격적 특징을 뚜렷하게 구별할 수 있다. 성령의 인격에 지적인 뜻(intelligent will)은 무엇이든지 가지고 계시다. 이성(reason)의 평범하고도 분명한 은유가 아니라면 성령의 뜻은 무엇이든지 서로 일치한다(congruity).[14] 이러한 성령의 특성을 고린도전서 12:11은 잘 설명하고 있다. "이 모든 일은 같은 한 성령이 행하사 그 뜻대로 각 사람에게 나눠 주시느니라." 성령께서는 충만한 지적인 인격을 가지시고 무엇이든지 말씀하신 바를 자발적으로 자유스럽고 평안하게 행하신다. 그외의 일은 나는 모른다. 그리고 한 가지 덧붙일 말은 성령께서는 그의 뜻하시는 바와 그의 법칙대로 모든 영적인 은사들을 모든 사람들에게 분배하셔서(disposal) "하나님의 축복을 모든 사람들

---

14) "바람이 임의로 불매 네가 그 소리를 들어도 어디서 오며 어디로 가는지 알지 못하나니"(요3:8) 바람은 우리들이 원하는 방향으로 마음대로 불게 할 수 없다. 또 그렇게 어리석게 생각하는 사람도 없다.

에게 영원히 주신다 "는 것이다.

　세째, 성령의 또 다른 특징은 살아계신 인격을 가지시며, 능력을
가지고 계시다는 것이다. 인격을 가지신 성령께서는 그의 총명하심
을 따라 행하시는 능력이 있으시며, 그의 뜻대로 결정하심을 따라
역사하시는 능력(power)이 있으시다.[15] 욥은 말하기를 "하나님의 신
(the Spirit of God)이 나를 지으셨고 전능자의 기운(the breath of
almighty)이 나를 살리시느니라"(욥 33 : 4)고 하였다. 창조는 하나
님의 능력의 역사이다. 아무리 높은 일이라고 할지라도 우리는 이
것을 알 수 있다. 그를 지혜의 영, 총명의 영이라고 부르는 것은 "전
능하심, 또는 능력"이 있다는 말이다(사 11 : 2). 이러한 것들을 고
찰해 볼 때 우리는 성령의 유효적인 사역에서 그의 본래적인 특성
그 이상을 알 수 있다. 그는 지혜와 능력을 행하신다. 이것은 첫번
째 고찰해본 문제이다. 그런데 우리가 "여호와의 신이 편급하시다"
고 할 수 있겠는가? (미 2 : 7) 즉 성령께서 장차 교회에서 그의 능
력을 행하실 때 성급하게 하실 수 있으시겠느냐는 말이다. 사람이
하나님의 선한 대우를 받지 못하는 원인은 자기 자신에게 달린 것
이다. 선지자 미가는 단언하기를 "오직 나는 여호와의 신으로 말미
암아 권능과 공의와 재능으로 채움을 얻고 야곱의 허물과 이스라엘

---

15) 어떤 사람들은 능력(power)을 기계적인 것으로 생각한다. 그러나 여기
　　에서는 "영혼을 구원할 수 있는" 하나님의 말씀과 "우리를 세워 주시
　　는" 하나님의 유효한 말씀을 의미한다. 하나님의 능력은 사람에게 임
　　한다. 하나님의 능력은 하나님의 말씀을 깨닫고 하나님의 뜻을 분별하
　　는 경건한 연습에 의하여 주어진다. 능력을 받은 사람은 성령님에 대
　　하여 증거하는데 특별히 그의 신적 인격을 증거한다. 이러한 진리를 적
　　대하는 자들은 교묘한 방법과 세상적인 힘을 가지고 흠을 잡고 트집을
　　잡는다. 그리고 거짓되게 말하고 싸움을 하려고 한다. 저들은 성경의
　　계시를 무시한다. 그러므로 저들에게는 소망이 없다.

의 죄를 그들에게 보이리라"(미 3:8)고 하였다. 사도는 "그의 성령으로 말미암아 너희 속 사람을 능력으로 강건하게 해달라고"(엡 3:16) 기도하였다. 성령은 자신도 역사하시며 성도들에게도 능력을 주시는 분이다.[16]

4. 성령의 신적인 사역

이 논쟁을 종결지으면서 나는 성령의 역사(works)와 그 효율에 대하여 생각나는 바를 첨부하고자 한다. 성령을 묘사할 때 그를 신비한 능력과 총명을 가지신 인격으로 묘사한다는 것은 그렇게 좋은 표현은 못된다고 본다. 다시 반복하지만 그것은 그에 대한 단편적인 견해이며 은유적으로(metaphorically) 언급한 것이지 알맞은 표현은 아니라는 것이다. 이러한 증거는 그의 인격을 증명한 것도 아니며, 오히려 그를 해롭게 하는 적대행위가 될 수도 있는 것이다. 그러나 성령에 대하여 성령에 약속하지 않은 바를 논한다는 것은 어려운 일이다. 성경이 성령의 사역에 대하여 설명하고 있는 본성은 다음과 같다.

첫째, 우리를 가르치신다(to teach us). "마땅히 할 말을 성령이 곧

---

16) 누가복음 1장 35절에 성령을 "지극히 높으신 이의 능력"이라고 칭하였다. 이 말씀은 그리스도의 성육신은 특별히 성령께서 하나님의 직접적인 대리자로서 역사하시므로 되어졌다는 것이다. 성령께서는 아버지와 아들과 함께 지극히 큰 능력을 가지고 계시며 그 능력을 행사하신다. 성령님의 지극히 크신 능력은 우상들의 능력과는 탁월한 차이가 있는 것이다. 신적인 능력이라고 할 때 이것은 성령의 능력을 말하는 것이다. "성령의 능력으로 소망이 넘치게 하시기를 원하노라."(롬15:13) "그리스도께서 이방인들을 순종케 하기 위하여 나로 말미암아 말과 일이며 표적과 기사의 능력이며 성령의 능력으로 역사하신 것 외에는 내가 감히 말하지 아니하노라. (롬15:19)

그때에 너희에게 가르치시리라"(눅 12 : 12), "보혜사, 곧 아버지께서 내 이름으로 보내실 성령 그가 너희에게 모든 것을 가르치시고 내가 너희에게 말한 모든 것을 생각나게 하시리라"(요 14 : 26), "너희는 주께 받은 바 기름 부음이 너희 안에 거하나니 아무도 너희를 가르칠 필요가 없고 오직 그의 기름 부음(untion)이 모든 것을 너희에게 가르치며 또 참되고 거짓이 없으니 너희를 가르치신 그대로 주 안에 거하라"(요일 2 : 27). 성령은 교회의 가장 위대하신 스승이시며 하나님의 큰 약속을 이루시는 분이시다. "저희가 다 하나님의 가르치심을 받으리라"(요 6 : 45). 하나님의 교회에 슬픈 일이 있겠는데, 그것은 '선생들이 물러간다'는 것이다. 그리고 교회는 그들을 보지 못할 것이다. 위대한 선생 한 사람을 잃는 것보다 많은 선생을 잃게 될 것이다. 그는 기쁨으로 그들을 가르칠 것이며 사람들은 그가 없이는 가르치지를 못하고 영적인 진보도 일어나지 않는다. 선생이라고 자처하는 자들은 그의 교훈이 멸시를 받을 것이며 계속해서 그 일을 수행하지 못할 것이다.

어떤 사람도 우리 주님께서 그의 제자들을 훈련하실 때 하나님의 영의 본질과 역사 안에서 분명한 목적을 가지시고 사역하신 말씀은 어떠한 편견이나 선입견을 가지고 읽어서는 안된다. 그는 보혜사(comforter)이시다. 이 이름은 인격을 가지신 성령님의 이름이다. 그리고 그의 직임이기도 하다. '다른 보혜사'라고 하신 것은 그리스도와 성령을 구별하시기 위한 것이다. 그리스도께서도 위로자로서 역사하셨고 인격을 가지고 계셨고 모든 것을 가지신 분이시다. 예수님은 아버지께서 성령을 보내셔서 그가 오시며, 그는 사람들을 가르치시고 인도하시고 안내하시며, 모든 것을 생각나게 하신다. 그래서 그는 증거하시며 전도하시며 세상을 꾸짖으시며 그리스도에 대하여 듣게 하시며, 그리스도에 대하여 말하게 하시며, 그리스도를 영접하게 하신다. 이러한 일들은 우연히 되어지는 것이 아니며 순서에 따라 질서있게 의도적으로 되어지는 일이다. 성령께서는 제자들을 세워 이와 같은 일을 행하신다. 성경은 이와 같은 사실을 증거하고 있으며 선입견을 가진 사람들에게 성령은 하나님이시며 인격을 가지신 분이시라는 것을 확신시키고 있다.[17]

같은 의도를 다르게 언급한 본문이 성경에 두 곳 있다. 첫번째는 사도행전 13 : 2, 4이다. "주를 섬겨 금식할 때에 성령이 가라사대 내가 불러 시키는 일을 위하여 바나바와 사울을 따로 세우라 하시니"(헬라어로는 αφορισατε μοι, seperate unto me) 여기에서 볼 때 성령께서는 바나바와 사울을 따로 떼어서 헌신하도록 말씀으로 명령하셨다는 것이다. 어떤 사람들은 여기에서 주목하여야 할 것은 대명사 '나에게'(me)에 있다고 하였다. 성령께서 의심할 것 없이 인격을 가지시고 명령하시는데 요구되는 의무의 대상은 '나'(me) 즉 성령이시라는 것이다. 사람들을 부르신 것은 선교의 사역(the work)을 위하신 것이다. 이것은 자유스러운 권위와 선택과 지혜로우신 행사이며 인격적인 적용의 역사이시다. 아버지와 아들만 인격적인 옷을 입으신 것이 아니라 성령께서도 인격적인 특성이 있으시다는 것이다. 4절 말씀에 "두 사람이 성령의 보내심을 받아'라고 하였다. 성령께서는 일을 하도록 하시기 위하여 그들을 부르셨다. 그리고 그들에게 능력과 권위를 입히신 다음에 그들을 보내라고 명령하셔서

---

17) 고린도전서 2 : 11, 로마서 8 : 15, 16, 26을 더 참고하여 보라. 성령은 겸손하시다. 성령을 인격적으로 표현한 것은 성령님이 인성을 가졌다는 의미가 아니고 비유적으로 표현한 것으로 지·정·의를 가지고 계시다는 의미이다. (이러한 표현은 비유인 것이다.) 아바 아버지라고 부르게 하시는 분은 성령이시다. 성령께서 우리에게 양자의 영을 주셨다. 이것은 사도들의 교훈이다.

그들은 보내심을 받아 임지로 떠났다. 그들은 그들의 마음에 성령의 권위를 가득 담아 가지고 떠났다.

또 다른 곳의 말씀은 사도행전 20 : 28이다. "너희는 자기를 위하여 또는 온 양떼를 위하여 삼가라 성령이 저들 가운데 너희로 감독자를 삼고 하나님이 자기 피로 사신 교회를 치게 하셨느니라." 사실 앞에 언급한 성경 구절과는 다른 경우이기는 하지만 성령의 지혜와 권위로 그들을 교회의 감독자로 세우셨다는 것이다. 만일 성령께서 그때에 그렇게 하셨다면 지금도 그는 그렇게 하실 것이다. 그들은 교회에서 특별하게 영감을 받은 사람들이 아니라 교회의 일반적인 직분을 받은 사람들이다. 오늘날에도 목사들이 요구된다. 성령께서 말씀하신 바를 이루어 드리기 위한 사람들이 필요하다. 그러나 성령의 은사도 없고, 능력도 없고 세속적인 이익만 추구하던 자들이 이러한 요구에 응한다면 그들은 쉽게 만족도 얻지 못할 것이고 끝내는 파산하고 말것이다.

같은 의도로서 또 다른 종류의 증거를 찾아볼 수 있다. 성령은 간혹 사람들의 행동에 대한 대상으로서 언급될 때도 있고, 어떤 사람에게 적용이 될 때도 있다. 성령께서 어떤 사람에 의하여 시험(to be tempted)을 받으신 적이 있다. "너희가 어찌 함께 꾀하여 주의 영을 시험하려 하느냐"(행 5 : 9). 어떻게 이렇게 특성적으로 성령을 시험하는 사건이 일어날 수 있을까? 웬만한 결심이 아니고서는 의도적으로 이러한 시험을 할 만한 그리스도인은 없을 것이다. 그러나 사단(Satan)이 우리들의 첫번째 조상에게 시험을 하였듯이 사람들은 그들의 정욕에 의하여 시험을 당한다. 그래서 소위 우리는 '하나님을 시험'하는 것이다. 우리가 믿음이 없을 때 하나님을 비난하고 또는 그의 능력을 부당하게 시험한다. 이와같이 하여 아나니아와 삽비라가 성령을 시험하였다. 그들은 성령께서 그들의 죄도 모르고 죄를 발견할 수도 없을 줄 알고 하나님의 전지(omniscience)하심에 대해 모험심을 가지고 시험을 하였다. 그리고 그들은 성령의 거룩하심을 모르고 그들의 더러운 속임수를 눈감아 주시는 줄 알고 성령을 시험하였다. 그래서 아나니아는 "성령을 속이고 땅값 얼마를 감추었던" 것이다(행 5:3). 이것은 사람에게 거짓말한 것이 아니라 하나님께 거짓말을 한 것이다. 이와 정반대로 나타난 일이 있는데 그것은 사도행전 7:59이다. 여기에 보면 하나님 앞에 진실한 한 사람이 거짓된 사람들에 의하여 반대를 받고 핍박을 받아 순교하는 것이다. 우리는 성령을 근심시키지 말라는 명령을 받았다(엡 4:30). 옛날에도 사람들은 "반역하여 성령을 근심케 하였으므로 그가 돌이켜 그들의 대적이 되사 친히 그들을 치셨다."(사 63:10)

이와같은 일이 우리 주님에게도 있었다. 마태복음 12:24에 보면 성령을 훼방하는 죄에 대하여 언급하고 있다. 영과 아들은 분명히 다르고 구별이 된다. 저들은 성령과 아들을 같은 물건같이 생각하였다. 만일 성령이 하나님의 능력으로 그리스도와 함께 계시다면, 그리스도와 그 능력은 분명히 다른 것이다. 바리새인들은 신성을 모독하며 말하기를 "이가 귀신의 왕 바알세불을 힘입지 않고는 귀신을 쫓아내지 못하느니라"(마 12:24)고 하였다. 그들은 고의적으로 그의 이름과 본성과 직임을 묘사함에 있어 귀신의 왕이라고 하였다. 여기에 대하여 예수님은 하나님의 성령을 힘입어 귀신을 쫓아내셨다고 대답하셨다. 하나님의 인격은 귀신을 대적하는 것이다. 따라서 성령을 거스리고 성령의 사역을 귀신의 일이라고 말하는 것은 참람한 말인 것이다. 이것은 성령을 훼방하는 죄이며 이 죄는 용서받지 못한다고 하셨다. 참람한 죄는 아버지의 인격을 대항하는 것이다. 레위기 24 : 11에 보면 아들이 여호와의 이름을 훼방하며 저주하면 모세에게 끌고 가서 돌로 쳐서 죽이라고 하였다. 그러므로 성령은 신적 인격이 없다고 말하는 사람은 눈을 뜨고도 꿈을 꾸는 자와 같은 것이다.

5. 성령의 신적인 속성

나는 증거한다. 성령은 거룩하시고 지적으로 존재하시고 인격을 가지셨다. 성령은 하나님이시며 자존하시며 자족하시는 인격이시며, 아버지와 아들과 함께 계시며 신적인 본성에 있어서 성부와 성자가 동등하시다. 이와같은 증거는 다음과 같이 살펴볼 수 있다.

첫째로, 그는 하나님이시다.

성령은 본래적이며 직접적으로 하나님의 칭호를 가지고 계시다. 그는 영적으로 존재하시며 하나님에게 특별하신 분이시며 하나님의 본성을 가지고 계시다. 아나니아는 "성령을 속였다"(행 5 : 3)는 말을 들었다. 이 말은 4절에서도 반복적으로 언급된다. "사람에게 거짓말한 것이 아니요 하나님께로다." 아나니아의 죄를 지적함에 있어 똑같은 인격과 대상을 말하는 것으로 우리는 성령은 하나님이시라는 결론에 도달하게 된다.

또한 그를 주(Lord)라고 부른다.

성령은 주님이시며 하나님이시다. "주는 영이시니 주의 영이 계신 곳에는 자유함이 있느니라. 우리가 다 수건을 벗은 얼굴로 거울을 보는 것같이 주의 영광을 보매 저와 같은 형상으로 화하여 영광으로 영광에 이르니 곧 주의 영으로 말미암음이라"(고후 3:17, 18). 하나님께서 하신 말씀이 있다. "내가 내 장막을 너희 중에 세우리니 내 마음이 너희를 싫어하지 아니할 것이며 나는 너희 중에 행하여 너희 하나님이 되고 너희는 나의 백성이 될 것이니라"(레 26:11, 12). 이 약속이 이루어진 말씀을 사도가 선언하고 있다. "우리는 살아 계신 하나님의 성전이라 이와같이 하나님께서 가라사대 내가 저희 가운데 거하며 두루 행하여 나는 저희 하나님이 되고 저희는 나의 백성이 되리라"(고후 6:16). 그러면 이 일은 어떻게 누구에 의해서 이루어지는가? "너희가 하나님의 성전인 것과 하나님의 성령이 너희 안에 거하시는 것을 알지 못하느뇨 누구든지 하나님의 성전을 더럽히면 하나님이 그 사람을 멸하시리라 하나님의 성전은 거룩하니 너희도 그러하니라"(고전 3:16, 17). 만일 하나님께서 그의 백성 가운데 계시겠다고 옛날에 약속을 하셨다면 그것은 성전 가운데 하나님이 계셨다는 것이다. 그러나 지금은 그 약속이 이루어져서 하나님의 영이 그의 백성들 안에 거하신다는 것이다. 이와같은 말씀은 하나님께서 광야에서 그 백성에게 하신 말씀이다. "여호와께서 홀로 그들을 인도하셨고 함께 한 다른 신이 없었도다"(신 32:12)고 하셨다. 같은 뜻으로 다른 성경에서는 성령께서 그의 백성을 편히 쉬게 하셨다고 말씀하고 있다. "여호와의 신(the Spirit of the Lord)이 그들로 골짜기로 내려가는 가축같이 편히 쉬게 하셨도다 주께서 이같이 주의 백성을 인도하사 이름을 영화롭게 하셨나이다"(사 63:14). 그러므로 이스라엘 백성을 여호와 하나님 홀로 인도하신 것이 아니라 여호와의 신, 즉 성령께서도 함께 인도하셨다는 것이다. 그런데도 그 백성들은 황야에서 여호와께 범죄하였고 지존자를 배반하였고 하나님을 시험하였다(시 78:17, 18). 또한 하

나님의 백성들은 반역하여 성신(the Holy Spirit)을 근심케 하였다
(사 63 : 10, 11). 이와 유사한 말씀은 더 많이 찾아볼 수 있다.

　　마지막으로 살펴볼 것은 성령은 신적인 특징으로서 '영원성'을
가지고 계시다.

　　성령은 '영원한 영'(etemal Spirit)이시며(히 9 : 14), '광대하시다'
(immensity). 그래서 사람이 주의 신(영)을 떠나 어디로든지 피할
수 없다(시 139 : 7). 또한 성령께서는 '전능하시며' '전지하시다'
(미 2 : 8 ; 사 40 : 28). 성령은 전지하셔서 하나님의 깊은 것이라도
통달하시며(고전 2 : 10, 11), 모르시는 것이 없으시다. 성령께서는
다윗의 입을 통해 말씀하신 성경을 다 응하게 하신다(행 1 : 16).
성령의 신적인 사역은 언제나 같은 목적을 가지고 역사하신다. 성
령은 만족한 은혜를 주시며 충족한 사역을 하신다.

제 4 장

첫번째 또는 창조때의 성령의 특수 사역(事役)

> 때때로 신적(神的)인 사역은 전적으로 하나님에게만 돌리거나, 각각의 위(位)에게도 개별적으로 돌릴 경우가 있다. 옛날 창조때의 성령의 사역은 독특한 것이었다. 사람을 만들 때에도 특별하였다. 그리고 모든 만물을 창조하셨을 때 본성적이며 도덕적으로 그것을 보존하시려고 성령은 역사하셨다.

여기에서는 성령의 독특한 사역을 의도적으로 다루려고 한다. 먼저 일반적으로 하나님의 사역들에 관해서 언급하고자 한다. 모든 신적인 사역은 본성적으로, 또는 은혜면에서 살펴볼 때 전적으로 하나님에게 돌려진다. 왜냐하면 몇몇 사람들이 삼위 하나님의 사역을 따로 따로 나누지 않고 같은 뜻(the same will), 같은 지혜, 같은 능력에 의하여 행하여졌다고 주장하였기 때문이다. 그러므로 각각의 위(位)는 하나님의 모든 사역의 창시자 (author)이시다. 그리고 각 위는 모두 하나님이시다. 원리적으로 하나님의 사역을 똑같이 나눌 수는 없는 일이다. 삼위 신의 인격들은 본질적으로 하나(one)이다. 그러나 그들의 존재하는 방식은 구별이 있고, 연관이 있고, 질서가 있다. 그래서 각각의 위의 신적인 사역은 분명히 다르다. 그러나 하나가 되도록 탁월하게 역사하신다. 창조의 사역은 분명히 아버지에게 돌린다(행 4 : 24). 또한 아들에게도 돌린다(요 1 : 3). 그리고 성령에게도 돌린다(욥 33 : 4). 그러나 탁월한 방편은 아버지(Father)에게 돌린다. 그리고 전적으로 하나님(God)에게 돌릴 때에는 아버지(Father), 아들(Son), 영(Spirit)에게 각각 돌리는 것이다.

하나님의 사역은 특별히 한 위(位)에게 돌려진다. 삼위 인격 중 특별히 구별되는 위(位)는 그의 사역을 통해 나타나는데, 그것은 창조때에는 성부(聖父)의 능력과 권위로 돌려졌고, 신약 시대에는 성자(聖子)의 은혜와 지혜로 돌려졌다. 그는 그의 사역을 위해서 독특하게 비하(卑下)의 신분으로 오셨으나, 다른 위(位)들과 동일한 위(位)를 가지셨다. 그가 인성을 입고 오셨으나 다른 위들과 같으신 인격으로 인정과 동의를 받으셨다. 이와같이 그는 성령께서 그의 직임을 위해서 이 세상에 임하실 것을 말씀하셨다. 성령께서는 예수님의 말씀이 계신 후에 약속대로 오셔서 그의 사역을 탁월하게 감당하셨다.

삼위(三位)는 존재(存在)의 순서에 의해 사역의 순서도 분명히 구별된다. 모든 것이 포함되며, 온전하며, 완전하게 행하시는 분은 성령이시다. 그러나 성령의 일들은 지극히 은밀하고 신비한 것들이다. 태초에 있었던 하나님의 역사는 성부(聖父)에게 돌려진다. "이는 만물이 주에게서 나오고 주로 말미암고 주에게로 돌아감이라"(롬 11 : 36). 그리고 만물을 존재하게 하시고, 붙드시고, 세우시는 일은 성자(聖子)에게 돌려진다. "그는 몸인 교회의 머리라 그가 근본이요 죽은 자들 가운데서 먼저 나신 자니 이는 친히 만물의 으뜸이 되려 하심이요"(골 1 : 17). "그의 능력의 말씀으로 만물을 붙드시며 죄를 정결케 하는 일을 하시고 높은 곳에 계신 위엄의 우편에

앉으셨느니라”(히 1 : 3). 그리고 이 모든 일을 끝맺으시는 것은 성령께로 돌려진다. 이것은 앞으로 진행해 나가면서 더욱 잘 알게 될 것이다.

이러한 것들은 우리들을 도와주며 바른 믿음을 가지고 신앙생활하는 데 매우 소중한 깨달음들이다. 하나님과 하나님의 말씀과 사역을 알고 특별히 성령의 사역을 안다고 하는 것은 본성적으로나 은혜적으로 볼 때 중요한 것이다. 이것은 옛날이나 오늘날이나 귀중한 것이다.

하나님이 창조하신 커다란 부분들은 “하늘과 땅과 하늘 위의 군대”[18]이다. 특별히 하나님의 영은 피조물의 모양을 형성하고 온전하게 하는 일을 하였다. 하늘에서 “성령은 하늘을 장식하였고 그의 손으로 구부러진 뱀의 모양을 만들었다.”[19]이렇게 ‘신비스럽게 만들어진’ 달과 별들을 하늘에 배열하였고 또한 장식하였다. 그래서 사람들은 곱고, 아름답고 영광스럽게 보이는 것들을 보고 그의 능력과 지혜를 찬양하였다.

이와같은 일이 지상에도 있었다. 하나님이 지구를 처음 창조하셨을 때에 지상에는 아무것도 없었다. 그래서 텅 빈 둥근 공모양이었다. 다만 땅과 물이 뒤섞여 있었다. 지구덩이가 모양을 이루고 물

---

18) 하늘의 군대들은(The host of Heaven)은 해·달·별 등이고(신 4 : 19) 천사들이다. (왕상 22 : 19) 땅의 군대는 사람, 짐승, 살아있는 모든 피조물들이다. (사 37 : 36 ; 욜 2 : 11) 이들을 하늘과 땅의 군대라고 부르는 이유는 그들이 질서있고 아름답게 배치되어 있기 때문이고, 그들이 하나님의 군대(God's armies)이기 때문이다. 그리고 하나님의 뜻과 기쁘신 일들을 이루어 드리기 때문이다.

19) 구부러진 뱀(Crooked Serpent)을 히브리 사람들은 은하수(Galaxy or Milky Way)라고 이해한다. 은하수의 모습이 구부러진 뱀과 같이 보이기 때문이다.

이 섞일 때 "하나님의 신은 수면에 운행"(창 1 : 2)하셨다. '운행하셨다'(merachepheth)는 말의 뜻은 비둘기가 그의 둥지 안에서 그의 알을 따뜻하게 품고 새끼를 탄생시키려는 것과같이 부드럽고 온화하게 알 위를 움직이는 것과 같은 동작을 뜻한다. 성령이 없으면 모든 바다는 사해(死海)일 수밖에 없고, 원시적이고 혼란할 수밖에 없고, 어두움으로 뒤덮여 어리둥절할 수밖에 없는 세상이 되고 말 것이다. 그러나 하나님의 영이 운행하시므로 모든 것이 생명을 가지게 되었고 좋게 되었다. 모든 종류의 요소들과 모든 물질의 형태들이 생각할 수도 없는 다양한 종류들로 조직되었고 광채를 더해주면서 서로서로 조화를 이루게 되었다. 그래서 옛날이나 오늘날이나 어떤 철학자가 우리에게 준 그 어떤 것보다 더 좋은 원형(原型)이 창조된 것이다. 처음 천지를 창조하시고 섭리하시는 사역은 성령에게 돌려야 할 일이다. "주의 영을 보내어 저희를 창조하사 지면을 새롭게 하시나이다"(시 104 : 30). "주께서 낮을 숨기신즉 저희가 떨고 주께서 저희 호흡을 취하신즉 저희가 죽어 본 흙으로 돌아가나이다"(시 104 : 29). 모든 피조물은 썩고 죽는다. 지구는 전체적으로 그대로 있고 대부분의 것들은 배양되고 매년 사용되고 목적을 이루고는 소멸된다. 필경 생명체는 죽음을 맛보아야 한다. 그러나 하나님의 영은 피조물을 보존시키는 직임을 가지시고 있다. 성령은 나무에서 낙엽이 떨어져 흙이 되고 낙엽이 떨어진 그 자리에 다시 새 잎이 나는 것처럼 새로운 피조물들을 만든다. 성령의 영향과 협력으로 만물은 싱싱하게 싹이 나고 자연의 얼굴은 새롭게 되고 아름답게 꾸며진다. 그러나 우리가 생각해야 할 것은 사람의 창조 사역과 함께 성령의 역사가 있다는 것이다.

인간은 본래적으로 성령의 주요 부분의 존재 요소와 도덕적으로 주요한 본질로 구성되었다고 생각할 수 있다. 그래서 인간은 율법을 받고 약속도 받아서 순종하고 보답을 한다. 인간 창조의 제일 첫번째 기록을 보면 "여호와 하나님이 흙으로 사람을 지으시고 생기를 그 코에 불어 넣으시니 사람이 생령이(living soul) 된지라"(창 2:7)고 하였다.[20]

사람을 만드신 재료는 흙이었다. 이와같은 천하고 혼해빠진 흙을 가지고 탁월하시고 전능하시고 지혜로우신 위대한 창조주 하나님께서는 감탄할 정도의 인간의 몸을 만드셨다. 그리고 인간을 겸손하게 만드셨다.

흙으로 사람을 만들어 "생기를 그 코에 불어 넣으시니"(divine particulam) 사람이 불멸의 생명을 소유한 영을 소유하게 되었다. 그리하여 인간은 즉시 하나님의 소유가 되었다. 이렇게 해서 인간은 위로는 천사를, 아래로는 동물을 만드신 그 중간에 창조되었다. 그의 몸은 동물들과 물질로 조성되었지만 그의 영은 천사들과 마찬가지로 하나님의 능력으로 직접 주입되어 '생령'(a living soul)이 되었다.

이것은 성령의 사역이었다. 하나님의 영이나 하나님의 생기(Breath of God)는 같다(the same). 앞의 표현은 올바른 표현이고 뒤의 표현은 은유적인(metaphorical) 표현이다. 인간의 몸과 영을 창조하신 일은 모두 성령께 돌려야 할 일이다. "하나님의 신이 나를 지으셨고 전능자의 기운이 나를 살리시느니라"(The Spirit of God hath made me, and the breath of the almighty hath given me life"(욥 33:

---

20) 이와같이 아브라함(Abraham)은 여호와 앞에 몸을 숙이고 엎드렸다. (창 18:27)—"아브라함이 말씀하여 가로되 티끌과 같은 나(I)라도 감히 주께 고하나이다."

4). 이와같이 사람은 성령에 의해 조성되었고(formed) 온전히 창조되었다. 그러므로 사람은 모든 하나님의 일에 전적으로 헌신하여야 한다.

우리는 여기에서 또한 사람의 도덕적 상태(moral condition)에 대해서도 생각해 보아야 한다. 성경 말씀을 살펴보면 "하나님이 가라사대 우리의 형상을 따라 우리의 모양대로(in our own image, after our likeness) 우리가 사람을 만들고 그로 바다의 고기와 공중의 새와 육축과 온 땅과 땅에 기는 모든 것을 다스리게 하자 하시고 하나님이 자기 형상 곧 하나님의 형상대로 사람을 창조하시되(God created man in his own image) 남자와 여자를 창조하시고."(창 1 : 26, 27) — 사람은 본성적으로 의롭게 창조되었다— 사람은 하나님의 뜻(will)을 그 마음으로 분간할 수 있는 능력과 하나님에게 대한 자신의 의무를 이행하여야 한다는 사실을 알도록 창조되었다. 사람은 하나님의 사랑에 순종하도록 마음과 의무를 수행하도록 창조되었다. 그리고 모든 것을 다 실행할 수 있도록 범사에 능력을 부여받고 창조되었다. 지금도 성령은 위와 같은 여러 가지 일들을 유효적절하게 역사하신다. 성령은 우리를 중생(重生)시키시고 우리의 심령을 회복시키신다. 그래서 능력있는 삶을 살도록 하신다(엡 4 : 24 ; 골 3 : 10). 아담도 처음에는 이러한 흠 없는 하나님의 영을 소유하였을 것이다. 모든 사람은 성령 안에서 모든 착함과 의로움과 진실한 열매를 맺게 된다. (엡 5 : 9)

이와같이 하여 하나님의 사역은 끝이 났지만 성령의 사역은 끝난 것이 아니다. 성령은 능력있는 영향력으로 우주를 다스리시고 섭리(providence)하셔서 우주를 보존시키신다. 만물 위에 역사하시는 성령의 사역은 자연과 동물, 이성(理性)과 도덕에까지 영향력을 행사하신다. 앞에서도 살펴본 대로 피조물들은 언제든지 성령에 의하여 새롭게 회복된다. 성령의 사역은 부차적인 원인에 의한 것이 아니라 인과관계를 초월해서 독자적으로 역사하신다. 이성과 도덕적인 행사도 특별히 성령의 효과있는 사역에 의하여 전 세계에까지 영향을 받는다. 성령은 지혜, 용기, 인내심 등을 특별히 우리들에게 주신다. "하나님의 신이 옷니엘에게 임하셨으므로"(삿 3 : 10) 그는 지혜로 이스라엘을 다스렸고 용기를 가지고 전쟁을 한 끝에 승리하게 되었다. 이와같이 하나님께서는 그의 영을 기름 붓듯이 우리들에게 주신다. 스룹바벨은 성령의 부으심을 받고 성전을 건축하게 되었다. 성전을 짓지 못하도록 반대하고 방해하는 자들이 있었다. 그러나 성령의 능력으로 성전은 마침내 완공되었다. "힘으로 되지 아니하며 능으로 되지 아니하고 오직 나의 신으로 되느니라."(슥 4 : 6)

제 5 장

성령의 시여(施與) 방법

성부 하나님에 의한 성령의 통치 : 하나님은 성령
을 주심 ; 성령을 보내심 ; 성령을 다스리심 ; 성령을
우리에게 두심 ; 성령을 부으심 / 성령 자신에 의한 사
역 : 성령의 나오심 ; 성령의 오심 ; 사람에게 임하심 ;
성령의 머무심 ; 성령의 떠나심이다.

새로운 창조에 있어서 성령의 사역을 취급하기 전에 하나님께서
성령을 주시는 일반적인 방법과 이러한 방법에 자신을 순종시키시
는 성령의 일반적 본성을 먼저 생각함이 글의 순서로서 타당하다고
본다. 이 모든 주제에 대하여 우리는 법칙이나 지침이 없다. 즉 성
경 외에는 어떠한 자료도 제공되어질 수 없다. 그러므로 우리는 부
지런히 성경에 주목하여야 한다. 위의 주제에 대하여 내가 제공할
수 있는 것이란 이러한 내용이 계시된 성경 본문을 논리적으로 분
석하고 해석하는 것이다. 그러므로 우리는 첫째로는 성령과 그의 사
역에 관한 성부 하나님의 역할을 연구할 것이며, 둘째로는 이것을
즉각적으로 성령 자신과의 관계를 연구할 것이다.

1. 성부 하나님에 의한 성령의 통치

성령을 주시는 성부의 사역은 다섯 가지로 나눌 수 있다. —성령

을 주심, 성령을 보내심, 성령을 다스리심, 성령을 부어주심, 성령을 우리들에게 두심이다.

(1) 하나님은 성령을 주심

"너희 천부께서 구하는 자에게 성령을 주시지 않겠느냐"(눅 11 : 13). "그가 우리에게 성령을 주셨다."(요일 3 : 24 ; 요 14 : 16, 26등). 그리고 여러 곳에 이러한 기록이 많이 있다. 이렇게 성령을 주시는 것은 하나님의 권위와 자유와 관대함을 나타낸다. 이것이 권위를 나타낸다는 뜻은 무엇이든지 사람에게 마음대로 주신다는 데에서 그 의미를 찾아볼 수 있다. 누구도 자신의 것이 아닌 한 아무것도 줄 수 없다. 이것은 또한 자유를 나타낸다. 왜냐하면 주어지는 것이 보류될 수도 있기 때문이다. 이것은 또한 하나님의 선물인데 우리의 노력에 의한 구매나 공적의 대가가 아니기 때문이다. 은혜와 영광만은 노력해서 획득할 수 있다고 어떤 사람은 말한다. 그러나 은혜와 영광도 '돈 없이 그리고 값 없이' 사는 것이다. 성경은 인간이 스스로 노력해서 얻을 수 있는 것이란 없다고 말하며, 죽음이 있을 따름이라고 말한다. 그러므로 영생은 하나님의 선물인 것이다. 다음은 위의 생각과 일치한다. 신자들은 성령을 받는다. "이는 그를 믿는 자의 받을 성령을 가리켜 말씀하신 것이라"(요 7 : 39). 또한 "우리가 하나님께로 온 영을 받았다"(고전 2 : 12). 다음 구절들을 참고하라. (요 14 : 17 ; 20 : 22 ; 행 8 : 15, 19 ; 고후 11 : 4 ; 갈 3 : 2)

주는 것과 받는 것은 서로 관계있는 말이다. 후자는 전자를 전제로 한다. 그리고 주는 것은 역시 주는 자 편에서의 자유를 포함하고 있는 있는 것과같이, 받는 것은 우리편의 특권과 이익을 포함하고 있다. 받는 자는 누구든지 그 자신의 유익을 위해서 받기 때문이다.

성령을 주시는 것은 또한 관대함을 나타낸다. 선물이란 하나님의 관대하심(bounty)으로부터 주어지는 것이다. 왜냐하면 하나님이 우리에게 성령을 '풍성히'(딛 3:6) 주신다고 말씀하셨기 때문이다. 선물의 고귀함과 주는 분의 아낌없는 마음과 받는 자의 자격부족—이 모든 것은 하나님의 관대하심이 우리에게 선물을 주시고자 하시는 근원이며 원천임을 선언하시는 것이다. 이 모든 일은 하늘에서 하나님이 성령을 주실 때에 동시적으로 나타난다.

그러면 이 선물을 받는 자들에게는 이것이 얼마나 큰 특권이며 이익인가! 그러나 실제적으로 어떤 사람들은 어떤 특별한 목적을 위해서는 성령을 받았으나 결국에 가서 그들의 영혼에는 이익이 없었다. 그들은 그들의 인격과 은사를 성화시킬 수 있는 하나님의 은혜는 없이 단지 하나님의 은사만을 받았다. 그들은 이전에 선지자 노릇을 한 자들이었고 귀신을 쫓아낸 자들이었다. 그러나 그들은 계속해서 불법을 자행하는 자들이었다. 그들은 마지막 날에 주님으로부터 거절을 받을 자들이다.(마 7:22, 23)

그러나 본질상 선하지 않으며, 좋은 목적도 없고, 받는 자의 유익에 적합치 않은 성령의 선물이란 없다. 왜냐하면 비록 몇몇 은사들의 직접적인 목적은 받는 자의 영적 유익이 아니라 다른 이들의 교화에 있다 할지라도 은사 자체의 장점과 은사의 사용은 은사를 받은 자에게 큰 유익을 줄 수 있기 때문이다. 비록 은사는 은혜가 아니지만 은사는 은혜를 일으키고 활동시키며 활력을 일으킨다. 그 결과 은혜는 강화되어지고 증가되어진다. 그리고 은사는 영광을 드러나게 한다. 왜냐하면 어떤 이들이 지혜롭게 되고 효과적인 일군이 되는 것은 은사로 말미암기 때문이다. 그들은 "많은 사람을 옳은 데로 돌아오게 해서 궁창의 빛과같이 빛날 것이며 별과같이 영원토록 비칠 것이다"(단 12:3). 그러나 사람들의 불신과 감사치 않음과 정욕은 아무리 선한 것이라도 망쳐놓을 수 있게 된다. 일반적으로 성령을 받는 것은 헤아릴 수 없을 만큼의 특권이요, 이익인 것이다.

(2)하나님은 성령을 보내신다

"아버지께서 내 이름으로 성령을 보내실 것이다"(요 14:7). 또한 예수님께서 말씀하시기를 "내가 아버지께로서 너희에게 보낼 보혜사 곧 아버지께로서 나오시는 진리의 성령이 오실 때에 그가 나를 증거하실 것이요"(요 15:26)라고 하셨다. 이와같은 의미의 말씀이 시편 104:30, 요한복음 16:7, 갈라디아서 4:6에도 있다. 그러므로 '성녕을 보내심'은 '성령을 주심'과 동일한 권위와 자유와 관대함을 나타내는 것이다. '보낸다'는 단어가 장소적인 이동을 자연스럽게 의미할 때는 보내는 사람이 한 장소에서 다른 장소로 옮길 때 쓰는 말이다. 그러나 장소적 변화란 성령님의 무소부재(無所不在)와는 잘 조화되지 않는다(시 139:7, 8). 그럼에도 불구하고 '보낸다'는 말과 같은 표현이 성경에 종종 사용되었다. 즉 하나님께서 '그의 처소로부터 나타나신다', 또는 '하늘을 드리우고 강림히신다', '땅에서 일어난 일을 와 보신다' 등이다. 그러나 앞의 표현들은 하나님의 장소적인 이동이 의도된 것은 아니다. 이것은 단지 인간에게 암시(allusion)를 주는 표현이다. 왜냐하면 인간은 그가 계시지 않는 곳에서는 어떠한 영향도 누구에게든지 끼칠 수 없기 때문이다. 그러므로 '성령을 보내심'(sending of the Holy Ghost)은 하나님이 성령을 주시고, 성령을 보내신 사람들 안에서 또한 이러한 사람들에 대해서만 하나님의 권능과 은혜의 축복된 결과들을 낳게 할 수 있다고 암시하는 것이다. 특별한 사역과 목적을 위해서 하나님에 의해 성령이 보내지기 전에는 성령은 사람들 안에 혹은 사람들과 함께 있지 않았다.

그리고 다른 각도에서 볼 때 '성령을 보내신다'는 말은 그의 은사들과 은혜들을 모든 사람들에게 일반적으로 주시지 않는다는 것을 시사한다. 다른 말로 하면 사람들이 은사나 은혜를 받기 원한다고 해서 모두 받는 것이 아니라는 것이다. 왜냐하면 성령을 받을 대상을 하나님이 선택하시고 구별하셔서 성령을 보내시는 특별한 주권을 가지고 계시기 때문이다.

(3) 하나님은 성령을 다스리심

"너희에게 성령을 주시고 너희 가운데서 능력을 행하시는 이의 일이 율법의 행위에서냐 듣고 믿음에서냐"(갈 3:5). 하나님은 사람들에게 성령을 계속적으로 주시고 또한 풍성하게 공급하신다. 그래서 빌립보서 1:19에는 "이것이 너희 간구와 예수 그리스도의 성령의 도우심으로 내 구원에 이르게 할 줄 아는고로"라고 하였다. 여기에서 도우심이란 예수 그리스도의 성령의 추가적인 공급을 의미한다. $\epsilon\pi\iota\chi o\rho\eta\gamma\iota\alpha$ 는 당신의 "믿음에 덕을 더하는 것"처럼 동일한 것끼리 더하거나 다른 종류의 것을 더하는 데 사용되었다. 성령을 받은 사람들은 매일 더 많은 성령의 공급이 필요하다. 이럴 때에 하나님은 신자들에게 성령이 공급되도록 성령을 다스리신다.

(4) 하나님은 그의 성령을 사람들 안에 또는 위에 두신다.

"내가 나의 성령을 그에게 두었다"(사 42:1)고 본문은 말한다. 이 말씀의 뜻은 하나님이 그의 사역을 효과적으로 하신다는 것이다. 하나님은 그의 백성에게 그의 성령을 주시고 보내실 뿐만 아니라, 그의 성령을 참으로 백성들 위에 머무르게 하신다. 그 결과로 그의 백성들은 성령과 함께 하는 것이다. 하나님은 유효적으로 사람들의 마음과 지성에 성령을 주신다. 왜냐하면 하나님이 계획하신 사역과 목적을 이루어 드리기 위한 것이기 때문이다.

(5) 하나님은 성령을 신자들에게 부어 주신다

"보라 내가 나의 성령을 너희에게 부어줄 것이다"(잠 1 : 23) 고 하였다. 다음 구절들을 참고하라(시 72 : 2 ; 145 : 7 ; 사 32 : 15). 일반적으로 이러한 중대한 표현이 어느 곳에서 사용되었든지 간에 이것이 복음시대와 직접적인 관계가 있다는 것을 알 수 있다. 왜냐하면 복음시대 이전에는 하나님이 성령을 조금(Some measure) 주셨지만, 복음시대에는 성령을 부어 주셨기 때문이다. 이 표현에는 세 가지 뜻이 포함되어 있다.

① 관대하신 하나님의 놀라운 사역의 뜻이 있다. 부어 주신다는 말은 완전히 족한 충만을 나타내는 말이다. 구름이 많아야 비가 많이 내리고 밭 고랑을 충분히 적실 수 있는 것과같이 성령을 충족히 부어 주신다는 의미이다. 그러므로 "성령으로 새롭게 되었다"는 말은 "우리에게 풍성히 (richly) 부어주시는 것(poured on us)" (딛 3 : 6)을 뜻한다. 사람은 성령의 충만한 역사에 의해서 그의 옛 성품이 변화된다. 그러므로 어떤 사람들이 위선적으로 행한다 하더라도 성도는 계속해서 변화되어야 한다. 그렇지 않으면 그들은 자신의 죄 가운데서 죽고 만다.

② 붓는다는 뜻은 성령의 은사와 은혜에 대하여 하는 말이다. 그러나 이 말이 성령의 위(位)와는 무관하다. 성령을 부어 주실 때에는 풍성하게 주신다. 그리고 그의 은혜와 은사는 여러 사람이 아니고 한 사람이라 할지라도 풍부하게 주신다. 동일한 사람에게 수차례에 걸쳐 주시는 것이 아니라 단 한번만으로도 풍성하게 주신다.

③ 이 표현은 성령이 정결케 하시고, 거룩케 하시고, 위로하시고,

새롭게 하시는 사역과 관계가 있다. 성령은 종종 물(water)로 비유되었다. "내가 맑은 물로 너희에게 뿌릴 것이며 너희가 정결케 되리라"(겔 36:35). 그래서 우리 주님은 성령을 "물이 풍부한 강"(사 32:2)으로 부르셨다. 성령을 붓는다는 것은 성령께서 부은 바 된 사람을 위로하시고 새롭게 하시는 것과 관계가 있다. 성령은 비(rain)로도 비유된다. "내가 갈한 자에게 물을 부어 줄 것이며, 마른 땅에 시내가 흐르게 할 것이다." 다시 말하면 "내가 나의 신을 네 자손에게 부어 줄 것이며 나의 복을 네 후손에게 부어 줄 것이니"(사 44:3)라고 하는 말씀이다. 성령은 메마르고 열매를 맺지 못하고 타서 갈라진 땅과 같은 인간의 심령에 부어 주셔서 사람의 심령이 샘이 되게 하시며 거룩하고 의로운 열매들을 맺게 하신다는 것이다(히 6:7). 이와같이 성령에 의해서 그리스도께서도 "벤 풀에 내리는 비같이 땅을 적시는 소낙비같이 임하신다"(시 72:6). 선하신 주님은 우리들에게 이러한 물들과 새롭게 하시는 소낙비를 항상 주신다!

2. 성령 자신에 의한 사역

우리가 생각해야 할 것은 성령은 그 자신이 스스로 사역을 한다는 것이다. 이것은 성령께서 자발적인 동인(動因)으로서 행하신다는 것을 명백히 보여주는 것이다.

(1) 성령의 나오심

성령은 성부로부터 나오신다(proceedeth). 성자의 영 역시 같은 방법으로 성자로부터 나오신다. "아버지께로서 나오시는 진리의 성령이 오실 때에 그가 나를 증거하실 것이요."(요 15:26)

① 성령의 나오심(procession)은 자연적(natural) 이거나 인격적(personal)이다.

이는 성령의 아버지와 아들의 위(位)가 영원한 관계가 있음을 나타낸다. 성령은 성부와 성자로부터 영원히 발산, 또는 보내심을 받으므로 그들의 것이다. 이 방법은 우리들의 생애에서는 이해할 수 없는 일이다.

② 성령의 나오심은 시여적(施與的)이다(dispensatory). 성령의 나오심은 그의 사역을 위하여 스스로 청원한 일이며 자발적으로 그의 뜻을 행하기 위함이지 그의 위(位)의 특징상 필요해서 나오신 것은 아니다. 이와같이 성령은 아버지로부터 나와서 자기를 보내신 분과 한 가지 목적에서 일치되고, 따라서 자기의 뜻을 유효적(effectual)으로 성취하고 은혜를 공급한다.

(2)성령의 오심

성령은 같은 목적(the same purpose)을 위하여 오신다(왕상 12 : 18 ; 행 19 : 6 ; 요 16 : 7). "내가 떠나가지 아니하면 보혜사가 너희에게로 오시지 아니할 것이요." 이 말씀은 우리에게 주님께서 장소적으로 움직이실 것을 암시하는 표현이다. 하나님께서는 하나님의 행위(actions)들을 나타내실 때 이와같은 표현을 사용하셨는데 이것은 우리의 이해를 돕기 위한 것이다. 이 의미는 주께서 자신의 뜻과 계획 가운데 전에는 역사(work)하지 않았던 장소나 대상에 대하여 이제는 성부의 뜻과 동의에 따라서 성령께서 역사하신다는 것이다. 이와같이 우리의 믿음은 성령에 의해 좌우된다. 왜냐하면 우리는 자신의 약속을 따라 우리에게 성령을 주시고 보내시는 성부에게 뿐만 아니라 자신의 사역과 직무에 따라 우리를 성화시키며 위로하도록 우리에게 오실 것을 성령에게, 즉 성부와 성령께 기도할 수 있기 때문이다.

(3) 사람에게 임하심

성령은 사람에게 임하신다. "베드로가 이 말할 때에 성령이 말씀 듣는 모든 사람에게 내려 오시니"(행 10:44). (참고, 행 15:15) 이 말씀 속에는 놀라움과 돌연함이 내포되어 있다. 이것은 불(성령의 모습)이 엘리야의 제단과 제물에 내려왔을 때 구경군들이 놀라서 "여호와 그는 하나님이시로다"(왕상 18:38, 39) 라고 소리지른 것과 같다. 이 단어가 쓰여진 곳마다 하나님의 임재와 더불어 권능의 증거가 되는 어떤 특별한 결과들이 언급되었다. 이와같은 축복이 기대되지 않았던 때에는 그 놀라움이 더욱 뚜렷하게 나타났다. (행 2:4 ; 8:16)

(4) 성령의 머무심

성령님은 임하셔서 주어지고 보내어진 사람에게 머무신다(to rest) (요 1:32, 33). 이와같이 주의 성령이 장로들에게 머무셨다(민 11:25). 그래서 "엘리야에게 임하셨던 성령이 엘리사에게도 임했고"(왕하 2:9), 또한 "영광의 영 곧 하나님의 영이 너희 위에 계심이라"(벧전 4:14)고 하였다. 이 단어는 만족함과 영속성을 포함하고 있는데 하나님은 당신의 사역에서 "기쁨을 이기지 못하여 하시며" 하나님은 "즐거이 부르며 기뻐하시면서"(습 3:17) 자신의 사랑이 베풀어진 곳에 머무신다. 그리고 하나님은 머무시고 싶은 곳에 계신다. "그가 영원토록 너희와 함께 있을 것이다"(요 14:16) 라고 우리 주님께서 말씀하셨다. 성령께서는 어떤 특별한 일을 위하여 사람들을 움직이실 목적으로만 오셨다. 또한 성령께서는 어떤 사람들의 마음을 감동시키시려고 오신다. 그러나 성화에 위로뿐만 아니라 이와같은 종류의 사역을 위해 성령이 머무시는 곳에서는 성령께서 만족함과 기쁨으로 계속해서 거하신다.

(5)성령의 떠나심

성령은 어떤 사람들로부터는 떠나신다. 이와같이 "여호와의 신이 사울에게서 떠나갔다"(삼상 16 : 14). 그러므로 다윗은 "주의 성신을 내게서 거두지 마소서"(시 51 : 11)라고 기도하였다. 사람으로부터 성령이 떠난다는 것은 본래 사람 안에서 또한 사람에게서 성령의 역사를 중지하신다는 것이다. 그러나 이것이 형벌일 경우에는 성령이 떠난다고 말하고 있다. 이와같이 성령이 사울의 왕적 통치의 능력을 더이상 도와줄 필요가 없었을 때 성령은 사울로부터 떠나셨으며, 또한 하나님은 성령을 거두어 가셨다. 성령의 떠나심은 전체적(total)이거나 부분적(partial)이다. 어떤 사람들은 성령의 은사를 많이 받았고, 그 은사들이 계발되어졌으며 또한 확신 가운데 복음을 소유해 왔고, 많은 직무들을 행해왔다. 그러나 그가 시험에 빠져들게 되고 자신의 정욕에 정복당하게 되고 자신이 시작했던 선한 일들을 포기하고 어리석음으로 다시 돌아간다면, 그와같은 사람들로부터 성령은 완전히 떠나신다. 성령은 그들을 포기하시며 그들 자신의 마음을 정욕대로 내버려 두신다. 그래서 그들의 모든 은사들은 고갈되며 시들게 된다. 그들의 빛은 사라지며 그들은 미래에 대한 꿈(vision) 대신에 어두움을 가지게 된다. 이와같은 경우는 참으로 비참할 때 일어난다. 만일 그들이 은혜의 성령에게 분노를 더하여 성령의 전체적인 일에 경멸을 더한다면 그들의 경우는 일반적으로 회복할 수 없는 것이다.(히 6 : 4, 6 ; 10 : 26 등)

성도로부터도 성령께서는 역시 떠나실 수 있다. 그러나 그것은 단지 부분적이며 일시적이다. 왜냐하면 은혜의 언약 안에서 성령이 성도들에게 주어졌기 때문에 성령께서 성도들로부터 완전히 그리고 전적으로는 결코 떠나시지 않으실 것이라고 그 약속들은 성경에 표시되어 있기 때문이다(사 59 : 21 ; 렘 31 : 33 ; 32 : 39, 40 ; 겔11 : 19). 축복을 주시는 우리의 주님께서 우리에게 보증하시기를 내가 주는 물을 먹는 자는 영원히 목마르지 아니하리니"(요 4 : 14)라고 말씀하셨다. 이 말씀은 또한 완전한 영적 고갈로도 성도는 결코 고통당하지 않을 것을 말씀하신 것이다. 이것은 "영생하도록 솟아나는 샘물"인 것이다(요 4 : 14 ; 7 : 37, 38). 그러나 하나님의 은혜와 조명과 위로의 크기와 이와같은 것들을 느낄 수 있는 효과면에 있어서는 성령께서 얼마 동안은 이러한 사역을 중지하실 수도 있다. 성도는 영적 고갈과 심한 연약함에 내버려질 수 있다. "남아 있는 일이란 죽는 것뿐이다." 성령은 얼마 동안 그의 백성을 돌보지 않으시며 내버릴 수도 있다. 이때부터 성도들은 자신들이 철저히 내버려지고 기억되지 않음을 깨닫게 된다(사 40 : 27 ; 54 : 7). 그러나 이와같은 성도로부터 성령은 절대적으로나 완전히 결단코 떠나시지 않으신다.

히브리서 2 : 4에는 우리들의 주의를 요하는 말씀이 있는데, 성령을 주시는 하나의 일반적 특성이 언급되어 있다.[21] "하나님도 표적들과 기사들과 여러 가지 능력과 및 자기 뜻을 따라 성령의 나눠 주신 것으로써 저희와 함께 증거하셨느니라"(히 2 : 4). 이 본문 중에서 $\mu\epsilon\rho\iota\sigma\mu o\iota$라는 단어는 성령을 분배하는 것을 의미한다. 그러므로 어떤 이들은 성령께서 수동적으로 취해지며 부분들로 나누어져

---

21) 이와같이 성령을 모독하는 자들이 있다. 저들은 사람의 마음속에 전적으로 역사하시는 성령을 모독하고 경멸하므로 영적인 버림(desertions)을 받는다. 그리하여 저들의 마음은 죄책으로 떨게 되고, 어두움과, 불

서 그 결과 이 사람은 이 부분을, 저 사람은 저 부분을 갖는다고 주장한다. 그러나 이 해석은 왜곡되었고 또한 어리석은 해석이다. 왜냐하면 전후 문맥은 성령이 이 본문에서 능동적으로 취해졌음을 말하고 있으며, 또한 분배의 주최자로서 언급하고 있기 때문이다. '이 분배들'은 그의 능력의 결과인 표적들과 기사들과 마찬가지로 성령으로 주어진다. '자기의 뜻을 따라' 다양하게 분할하시며 분할해서 분배된 것들이 효과있도록 분배된 것에 권능을 주신다. 즉 '이 분배들'이라는 말에는, 이 말 자체 안에 성령께서 '이 모든 분배들'을 어떻게 산출하셨는지에 대한 함축된 의미가 유일하게 더 추가되어 있다. 이러한 견해가 매우 직접적이고도 완전하게 고린도전서 12 : 7 등에 설명되어 있다(이것은 이 강화체 성경본문의 시작에서부터 드러난다). 이 본문은 지극히 억지가 센 사람들을 제외하고는 반대의 여지를 남겨 놓고 있지 않다. 위와같은 성령의 사역이 이사야 11 : 2, 3에 서술되어 있다. "여호와의 신, 곧 지혜와 총명의 신이요 모략과 재능의 신이요 지식과 여호와를 경외하는 신이 그 위에 강림하실 것이다." 성도들이 사모해야 할 다양한 은사들과 은혜들은 성령께서 "분배하시는 것"(나누어 주시는 것)들이다. 그래서 사도 요한은 아시아의 교회들에게 인사하면서 "성부 하나님과 전부터 보좌

안함 속에서 살게 된다. 그리고 하나님께서는 저들에게서 하나님의 놀라운 은혜와 사랑과 평화와 위로와 기쁨을 모두 거두어 가신다. 하나님은 그들의 마음속에 있는 당신의 사랑을 거두어 가시고 그대신 게으른 생각, 불안한 생각을 갖게 하시고 몸도 무질서하게 되도록 하신다. 그리하여 하나님과 깊은 교제를 하지 못하고 오히려 하나님을 헐뜯고 비방한다. 종교적인 외양적 모습이나 모양은 있으나 무신론주의보다 나은 점이라곤 없다. 성경에 이러한 사람들이 많이 있다. 그 예로 욥기에 나오는 사람들, 다윗, 헤만 등이 있다. 그러나 이들이 믿음을 회복하므로 그들의 영혼의 고통은 끝이 나고 하나님의 위로를 받고 온전히 그리고 풍성하게 되었다.

앞에 있는 일곱 영들로부터”(계 1 : 4) 성도들을 위한 은혜들을 간구했다. 즉 교회에 탁월한 은사들과 은혜들을 주시는 바로 그분이시며 교회를 돌보시는 것을 중히 여기시는 성령께 요한은 간구한 것이다. 그러므로 교회의 기초가 되시는 우리 주 예수 그리스도께서도 성령의 모든 완전한 은사들과 은혜들로 기름 부음 받은 것과 같이 모든 은사들과 은혜들을 주시는 분은 “한 돌에 일곱 눈이 있느니라”(슥 3 : 9)는 이 말씀 속에 표현된 하나님의 일곱 영, 성령인 것이다.

제 2 부

제 1 장

새로운 창조를 준비하기 위한 구약성경에서의 성령의 특수 사역

본질상 전적으로 특별한 것일 수밖에 없는 성령의 사역들—예언, 그 특성과 용도와 목적 — 영감의 특성과 효과—분명한 음성 및 꿈과 환상을 통해 하나님께서 자신의 마음을 선지자들에게 전달하는 특정한 방식들—상징적인 행위들의 사용과 지역적인 이동 / 성경의 기록—성경의 기록에 필요한 세 가지 요소 / 기적들 / 정치적 및 도덕적, 지적, 인위적인 문제들에서 나타난 인간 능력의 고양과 증진.

인간들 사이에서는 아무것도 뛰어난 것이 없다. 그러나 성령은 그와 같은 뛰어난 일의 동인(動因)이 될 수 있다. 성령께서 동인이 되어 하시는 일은 때로 완전히 통상적인 기준을 넘어선 것이어서 일반적인 자연법칙과 가능성들을 초월하거나 아니면 적어도 그 법칙과 가능성들이 특별한 방식으로 향상된 상태에서나 가능한 일들이다. 성령의 사역과 관련하여 기억해야 할 또 한 가지 사실이 있다. 즉, 구약 성경에서 특출한 방식으로 행하신 성령의 모든 사역들이 대개는—항상 그런 것은 아닐지라도—그리스도와 복음에 관련되어 있으며, 따라서 그것들은 인류의 재 창조라는 위대한 일의 완성에 앞서온 준비 작업들이었다는 사실이다.

　성령의 사역들 가운데서 본질상 일반적인 자연 법칙들을 초월하는 것으로는 예언, 성경의 기록과 기적들이 있다. 반면에 인생의 여러 문제 해결과 교회의 봉사에 필요한 것으로서 자연적인 가능성들이 특별한 방식으로 증진된 상태에서 볼 수 있는 성령의 사역들로는 다음과 같은 것들이 있다. 정치적인 문제에서의 통치에 대한 재능, 도덕적인 문제에 있어서의 자신감과 용기, 일상적인 일에 있어서의 육체적 능력의 증가, 하나님의 말씀을 전파하는 성스러운 일이나, 브사렐과 오홀리압의 경우와 같은 인위적인 문제 등에서 모두 볼 수 있는 지적인 은사 등이 그것이다.

1. 예언

　구약에서 볼 수 있는 첫번째 성령의 사역이자 은사로서 예수 그리스도에 대해 가장 직접적인 관련을 가지는 것은 예언의 은사인데 그 주된 목적은 예수 그리스도와 그가 받을 고난 및 그가 얻을 영광을 예표하고, 아울러 성스러운 예배에 있어서 그리스도의 상징과 표상으로 사용될 만한 것들을 지정하는 것이었다. 말하자면 구약 시대의 교회가 가졌던 가장 큰 특권은 단지 현재 우리가 누리고 있는 축복에 대한 소식만을 듣는 것이었다. 마치 모세가 비스가 산의 정상에서 가나안의 땅을 바라보고 영으로 그곳에 세워질 거룩하고도 아름다운 모습을 보았듯이(그것은 그가 가질 수 있었던 가장 큰 성취였다) 구약 시대의 성도들이 가졌던 가장 큰 기쁨도 역시 아직도 그들로부터 멀리 떨어진 땅에서 나타나실 성도들의 왕을 보게 될 것이다(사 33 : 17 ; 요 8 : 56 참조). "이 구원에 대하여는 너희에게 임할 은혜를 예언하던 선지자들이 연구하고 부지런히 살펴서 자기 속에 계신 그리스도의 영이 그 받으실 고난과 후에 얻으실 영광을 미리 증거하여 어느 시, 어떠한 때를 지시하시는지 상고하니라 이 섬긴 바가 자기를 위한 것이 아니요 너희를 위한 것임이 계시로 알게 되었으니 이것은 하늘로부터 보내진 성령을 힘입어 복음을 전하는 자들로 이제 너희에게 고한 것이요"(벧전 1:10-12). 이 말씀에는 예언적인 사역의 요지와 골자가 예언자 자신들의 계시와 의도와 섬김과 함께 선포되어 있다. 하나님께서는 손수 교회의 기초가 되시는 그리스도에 대한 최초의 약속을 주셨다. 그리고는 때때로 선지자들에게 계시를 주시어 그리스도의 인격과, 받으실 고난과, 후에 얻으실 영광에 대해 조금씩 발견하게 하심으로써 그 약속을 확증해 주셨다. 선지자들은 그들 나름대로 장래에 있을 일의 특성과 효력에 대하여 알려고 노력하였다. 그러나 생각해 보라. 정작 실제로 그 일이 드러나고 그 효력을 누리게 된 것은 후대의 세대들이었던 것이다. 선지자들은 또한 그들에게 주어지는 모든 암시를 총동원하여 그 일이 성취될 때, 즉 그것이 어느날 어느 시에 이루어질 것인가와 그때에 있게 될 교회의 상황과 조건이 어떠할 것인가에 대해서도 연구하였던 것이다.

이 예언의 은사의 교통은 아주 알맞은 때에 시작되어 교회의 전체 준비 기간 동안에 끊이지 않고 계속되었다.[22] 하나님께서는, "세상이 시작된 이래로부터 줄곧 거룩한 선지자들의 입을 통하여 말씀하셨다"(눅 1:70). 하나님은 아담 자신에게도 많은 것들을 계시해 주

---

22) 구약성경의 정경(Cannon)이 끝이 난 후 유대 교회도 끝이 났다. 그리고 세례 요한이 등장하여 회개를 촉구하였다. 그는 그 이전에 있었던 선지자들보다 더 위대한 인물이었다. 그는 그리스도의 길을 준비하였고 또 그리스도를 분명히 발견하였다. 그리고 그의 모든 예언은 끝이 났다. (the end of all prophecy)

셨는데, 그것이 없었더라면 그는 하나님을 올바로 섬길 수 없었을 것이다. 왜냐하면 그가 본래부터 가지고 있던 빛이 비록 창조의 법칙이 요구하는 종교적 예배라는 형식으로 그를 인도해 주기에 충분할지 모르지만, 죄가 들어온 후에는 하나님께서 주신 약속에 의해 그가 처하게 된 상황에서까지도 그가 해야 할 부를 알 수 없었기 때문이다. 결국 그는 하나님의 계시를 따라 그에게 필요한 여러 가지 예배의 율례들로 인도함을 받게 되었고, 그 결과 그는 하나님의 인정을 받고 희생제물을 드리게 되었던 것이다. 이뿐 아니라, 에녹의 예언도 사도 유다에 의해 기록되어 있다. 이러한 사실들로 미루어 볼 때 노아 홍수 이전의 모든 이스라엘의 조상들이 성스러운 혈통을 이어 그들을 계승할 그들의 자녀들의 이름을 지음에 있어서 예언의 영에 의해 인도함을 받았다는 사실은 그다지 의문스러운 것도 아니고 또 증명하기에 어려운 것도 아니다. 아브라함 역시 하나님 자신에 의해서 선지자로 불린 것은 명백한 사실이다.(창 20 : 7)

이제 이러한 예언의 은사는 항상 성령의 직접적인 역사의 결과라는 사실을 살펴보기로 하자. 이러한 생각은 성도들 사이에서는 이미 인정되어 있는 것으로서 그들의 믿음을 의지할 수 있는 중요한 사실이다. 따라서 사도 베드로도 다음과 같이 증거하고 있다. "먼저 알 것은 경의 모든 예언은 사사로이 풀 것이 아니니 예언은 언제든지 사람의 뜻으로 낸 것이 아니요 오직 성령의 감동하심을 입은 사람들이 하나님께 받아 말한 것임이니라"(벧후 1 : 20 , 21). 즉 예언은 인간들의 사사로운 생각으로 만들어진 것이 아닐 뿐만 아니라, 인간들의 뜻에 따라 그들 자신들의 능력으로 성취하거나 실행할 수도 없는 것이라는 말이다. 그것은 "하나님의 감동"(딤후 3 : 16), 즉 인간들의 마음을 감동시키시고 움직이시며 인도하시는, 성령님에 의해 주어지는 것이다. 하나님이 선지자들을 통해 말씀하셨다거나,

하나님의 말씀이 그들에게 임하였다고 말할 때는 언제나 성령의 직접적인 역사가 개재되어 있는 것이다. 따라서 선지자 미가는, "오직 나는 여호와의 신으로 말미암아 권능으로 채움을 얻었다"(미 3 : 8)고 말하고 있으며, 다윗 또한 사무엘하 23 : 2에서, "여호와의 신이 나를 빙자하여 말씀하심이여 그 말씀이 내 혀에 있도다"라고 말하고 있다. 하나님께서는 성령의 감동을 통해 선지자들에게 말씀하시거나 혹은 그들 속에서 말씀하신다. 또한 하나님은 선지자들을 사용하셔서 말씀하시기도 하는데, 이 경우는 그의 효과적이고도 확실한 인도를 따라 선지자들로 하여금 그들이 하나님으로부터 받은 말씀을 실수나 고침이 없이 정확하게 선포하고 기록하게 하는 것을 말한다.

예언은 그 실행에 있어서 두 가지로 생각된다. 즉 엄밀하게 말하면 그것은 예언, 곧 다가올 일들을 미리 알리는 것을 말하지만, 넓은 의미에서 그것은 다른 사람의 마음이나 말을 대변하고 해석하고 선포하는 것을 의미한다. 이러한 뜻에서 하나님은 모세에게, "내가 너로 바로에게 신이 되게 하고 네 형 아론은 네 대언자가 되게 하리라"고 말씀하셨다. 이것은 곧 모세로 하여금 하나님을 대신하여 하나님의 이름과 권능으로 바로를 대하게 하실 것과, 모세의 형 아론으로는 모세의 말을 바로에게 선포하고 그 의미를 풀게 할 것을 말씀하신 것인데 이것은 자신의 말이 능치 못하다는 모세의 불평에 따라 취하신 조치였다. 이와 마찬가지로 신약에서도 성경 말씀을 성도들에게 풀어 설명해 주는 사람들을 예언하는 사람이라고 부르고 있으며, 그들이 하는 일을 예언이라고 부르고 있다(롬 12 : 6 ; 고전 14 : 31, 32). 이는 바로 그들이 하나님의 마음과 뜻과 말을 다른 사람들에게 해석해 주고 선포해 주기 때문이다. 이렇게 볼 때 예언은 장래에 다가올 일을 알리는 것이라는 좁은 의미로 제한되어서도 안되고, 그렇다고 하나님의 마음을 선포해 주는 모든 진실된 설명이라고 확장하여 이해할 것도 아니다. 그것은 오직 하나님의 직접적인 계시에 의해서 알려지는 사실들만을 가리키는 것이다.

성령의 특별한 은사인 이 예언은 그 일반적인 특성이 영감을 통한 감화, 즉 무엇인가를 불어넣어 준다는 데 있다. 영감이란 말 자체도 성령의 특성과 이름으로부터 생겨난 말이다. 우리에게 계시된 하나님의 영의 이름인 성령은 호흡을 의미하며, 따라서 우리 주님께서도 그의 제자들에게 성령을 주실 때에 그들을 향하여 "숨을 내쉬었던 것이다"(요 20 : 22). 아울러 이 표현은 주님께서 그의 제자들의 마음을 움직이실 때에 볼 수 있는 부드러움과 능숙함을 말한 것이기도 하다. 이 능숙함과 부드러움으로 주님은 그들에게 성스러운 사실들에 대한 지식을 불어넣어 주셨던 것이다. [23]

이러한 영감의 직접적인 효과는 영감을 받은 사람들이 "성령의 감동을 받아 행동했다"는 사실이다(벧후 1 : 21). 즉, ① 성령님께서는 자신이 전하는 거룩한 생각들을 인간들이 잘 받아 유지할 수 있도록 그들의 지적인 능력들을 준비시키고 고양시키셨다는 말이다. 이것은 마치 어떤 사람이 자기의 손가락의 감각을 적절하게 받아들여 자기가 의도하는 대로의 소리를 낼 수 있도록 악기의 현을 조율

---

23) 사람이 하나님의 마음으로 감동을 받는다는 것은 사실이다. 예레미야는 "내가 다시는 여호와를 선포하지 아니하며 그 이름으로 말하지 아니하리라 하면 나의 중심이 불붙는 것 같아서 골수에 사무치니 답답하여 견딜 수 없나이다"(렘22 : 9)고 하였다. 즉 하나님의 감동이 끊어지고 또한 여호와를 증거하지 못한다는 것은 답답하고 참을 수 없는 일이라는 것이다. 선지자가 깜짝 놀라는 일이 있는데 그것은 놀라운 환상을 받을 때에나 또는 커다란 계시를 받을 때이다. 특히 무섭고 파괴적인 내용의 계시를 받을 때에는 두려워 하였다. (단7 : 15, 28 ; 사21 : 2, 3, 4) 그러나 하나님의 감동은 고요하고 온화한 것이다.

하는 것과 마찬가지다. 이 경우 성령은 인간들 속에서 말씀하시거나 인간들을 통해서 말씀하신 것이 아니며 그렇다고 인간들 스스로가 타고난 본성의 능력에 맡겨 그들 나름의 마음과 기억력을 사용하여 그들 자신이 말한 것을 이해하고 기억하여 보고하도록 내버려두신 것도 아니다. 그는 손수 그들을 자신의 발성기관으로 사용하여 그들이 자기들의 생각이 아닌 성령의 생각을 표현할 수 있도록 그들의 능력을 움직이신 것이다. 이를 행하실 때 성령은 인간들이 정말 그들의 마음이 성령의 영향을 받은 것인지 아닌지에 관하여 의심에 빠지지 않도록 항상 자기 자신과 자기의 권능 및 진리와 거룩함에 대한 증거를 함께 계시하셨다. 인간들은 종종 자기들 자신의 상상에 굴복되기가 쉽고 사단은 가끔씩 이런 사람들의 마음을 이용하여 그것을 초자연적인 계시로 오해하도록 만들기 때문이다. 성령은 영감을 주실 때에 그 영감을 받는 사람들에게 그들을 움직이는 것이 성령님이시라는 분명한 확신을 함께 주셨다(렘 23 : 28). 만일 어떤 사람들이 그 분명한 표적이 어떤 것들이었느냐고 묻는다면 필자는 알 수 없다고 솔직히 말할 수밖에 없다. 그것은 우리가 경험해 보지 않은 일이기 때문이다. 뿐만 아니라 이러한 성질의 일은 보통 흔히 있을 수 있는, 성령의 은혜스러운 영향력들을 경험했다고 고백하는 사람들에 의해 설명될 수 있는 종류의 것도 아니다. 여하튼 필자는 분명히 말할 수 있다. 보통 이상의 특별한 영감을 받은 사람들에게 그들의 임무를 수행하기에 충분한 확신, 즉 그들을 움직이는 것은 오직 성령님뿐이라는 확신을 주는 것은 성령님의 의도였다는 말이다. 성령의 영감을 받은 사람들은 때로 여러 가지 위험에 직면하기도 하였으며 또 어떤 때는 그들 자신의 생명을 내어놓을 때도 있었다. 따라서 그들은 그들이 받은 영감에 대해 모든 종류의 사단의 기만으로부터 그들을 지켜주기에 충분한, 가능한 한 최대의 증거가 없었더라면 그 일들을 수행할 수 없었을 것이다. 실로 그들이 전했던 말씀에는 신성한 진리와 거룩함과 권능이 내포되어 있어 그 말씀을 믿을 만한 가치가 있도록 만들었으며, 그 말씀을 거부하는 것은 가장 큰 죄악이라는 생각이 들도록 만들었던 것이다. 그들이 전했던 말씀도 이와 같을진대 그 말씀을 전하도록 영감을 받은 사람들 자신에게는 얼마나 더 큰 증거가 있었겠는가! 아브라함의 경우를 보아서도 이는 확실한 사실이다. ② 성령은 인간들의 육체의 기관 자체를 움직이고 인도하여 그들로 하여금 자기의 계시를 표현하도록 하기도 했다. 그는 마치 글을 쓸 때에 사람의 마음이 손을 움직이게 하듯이 인간들의 혀를 움직이셨다. 따라서 다윗도 말하기를, "내 혀는 필객의 붓과 같도다"(시 45 : 1)라고 말하고 있으며, 마찬가지로 성전의 모양은 물론 그곳에서 드릴 전체 제사와 관련하여서도, "이 위의 모든 것의 식양을 여호와의 손이 내게 임하여 그려 나로 알게 하셨느니라"(대상 28 : 19)고 말하고 있다. 성령이 그를 도와 그 모든 것을 기록하였던 것이다. 다시 말해, 성령이 마치 모든 구체적인 사항들이 하나님의 손에 의해 씌어진 것처럼 분명하게 모든 내용을 그에게 알려 주었던 것이다. 따라서 성령이 "거룩한 선지자들의 입을 통해" 말씀하신다고 하는 것이다. 선지자들은 모두 하나의 입을 가지고 있었다. 다시 말해 그들은 동일한 예언에서는 모두 일치하였다. 그들은 다만 그들 자신들의 연약함과 결점들을 조금도 섞음이 없이 계시의 물을 전달하는 파이프의 역할을 하였던 것이다.

이제 성령이 자신의 마음을 선지자들에게 전달할 때에 사용하는 방법과 수단들이 무엇인지에 대해 고찰해 보아야 하는 문제가 남아 있다. 주로 음성과 꿈과 환상이 그것들인데, 때로 이것들은 여러 상

징적인 행위들을 수반하여 또 지역에 따라서 약간씩 변화하기도 한
다.

① 분명한 음성

하나님께서는 때로 분명한 음성을 사용하셨다. 그리하여 모세에
게 자신을 계시하셨을 때, 그분은 마치 "사람이 그 친구와 이야기함
같이 대면하여 말씀하셨다"(출 33 : 11 ; 민 12 : 8). 추측컨대 모세에
게 계시된 전체 계시가 아마도 모두 이러한 방식이었을 것으로 생
각된다. 이와 마찬가지로 하나님께서는 엘리야(왕상 19 : 12)와 사
무엘과 예레미야 및 모든 선지자들에 대하여서도 그들을 처음 부르
시고 각자의 사역을 시작하게 하실 때에 역시 분명한 음성으로 말
씀하셨다. 이렇게 기적적인 방식으로 형성되고 분명하게 귀에 전달
되었던 하나님의 말씀은 그 속에 커다란 위엄과 권능을 함께 내포
하고 있었다. 그러나 이것은 하나님께서 자신의 생각을 계시하실
때 흔히 사용하시는 방식은 아니었다. 뿐만 아니라, "여호와의 말씀
이 내게 임하였다"라는 구절이 반드시 위의 방법을 통한 하나님의
말씀의 전달을 의미하는 것은 아니다. 그 구절은 다만 말씀이 전달
된 방식이 어떤 것이었건 간에, 그것이 하나님의 직접적인 계시에 의
한 것이라는 사실을 암시해 줄 뿐인 것이다. 하나님의 음성은 대개
는 마음에 주어지는 은밀하고도 강렬한 깊은 감명에 의해 전달되었
다. 이러한 하나님의 음성은 하나님 자신에 의해서 직접 주어지거
나(특별한 사명을 지시받았던 모세의 경우처럼), 아니면 천사들의
활동에 의해 전달되었다. 그러나 어느 경우이건 간에 그 음성을 들
은 사람들의 마음에 있었던 깊은 확신은 성령의 직접적인 내적 역
사로부터 오는 것이었다. 아마도 그러한 확신이 없었다면 그들은
외부적으로 들려오는 소리에만 의하여 속임을 당할 수도 있었을 것
이다.

② 꿈

하나님의 생각을 선지자들에게 전함에 있어 구약에서 사용되었던 또 하나의 방법으로 꿈이 있다. 필자가 꿈이라고 말할 때는 비록 꿈으로 불리우지는 않았지만 선지자들이 그들의 잠에서 받았던 환상들까지를 포함하는 것이다. 이와 관련하여 성경에는, "말세에 내가 내 영으로 모든 육체에게 부어 주리니 너희의 젊은이들은 환상을 보고 너희의 늙은이들은 꿈을 꾸리라"(행 2 : 17)는 약속이 기록되어 있다. 이 약속은 하나님께서 신약 시대에 와서 꿈을 더 많이 사용하시기로 의도하셨다는 말은 아니다. 그것은 구약 시대에 여러 가지 다양한 방법들을 통하여 활동하셨던 성령이 이제 각 사람에게 풍부하게 부어질 것을 뜻하는 약속이다. 물론 신약 시대에 와서도 꿈은 여전히 가끔씩 사용되었다. 바울이 밤에 환상을 보았던 사실 (행 16 : 10)을 예로 들 수 있다. 그러나 구약 시대에는 훨씬 더 자주 이 꿈이 사용되었던 것이다. 하나님은 아브람이 "깊이 잠든 중 캄캄함이 임하여 심히 두려워할 때", 그에게 중요한 계시를 주셨다 (창 15 : 12). 다니엘 역시 "깊이 잠든 중에 음성과 말씀을" 들었다 (단 10 : 9). 마찬가지로 아담도 깊은 잠에 빠졌었다(창 2 : 21). 그러나 이 모든 잠은 보통의 잠이 아니다. 필자가 생각컨대 그것은 하나님께서 야기하셨던 특별한 잠으로서 그를 통해 하나님은 나타날 일의 모습을 인간들의 상상력 속에 표현해 주셨던 것이다. 그런데 이러한 계시의 방법은 너무나도 잘 알려진 방법이었기 때문에 여호와의 이름으로 거짓을 예언하던 선지자들도, "내가 몽사를 얻었다, 내가 몽사를 얻었다"라고 외쳐댔던 것을 볼 수 있다.(렘 23 : 25)

③ 환상

하나님은 환상을 통해서도 선지자들에게 자신을 계시하였다. 이것은 너무나도 흔히 있는 일이어서 그 환상을 보는 사람들은 선견자라고 불리우기까지 하였다. 선지자 이사야는 자기의 영광스러운 예언 전체를, "이사야가 본 이상(異像)"이라 부르고 있는데 이는 부분적으로는 그에게 보여졌던 광경(6 : 1)에 기인하는 것이고, 또 부분적으로는 마치 그가 눈으로 조사해 본 것처럼 분명하게 그의 마음에 계시된 여러 가지 일들의 증거에 기인하는 것이었다. 환상에는 외적으로 나타나 육신의 눈에 보여지는 경우와 내적으로 마음에 보여지는 경우의 두 가지가 있다는 사실이다. 첫째는, 때때로 선지자들의 외적인 감각기관에 직접 사람이나 사물의 모습이 현시(顯示)되었는데, 이 경우 하나님은 천사들을 통하여 그 일을 수행하셨다. 그리하여 아브라함에게는 세 사람이 나타났는데(창 18 : 2), 그 중 한 사람은 성자 하나님이었고, 나머지 둘은 섬기는 천사들이었다. 모세가 보았던 불타는 떨기나무와, 여리고 성을 정복하였을 때 여호수아가 보았던 사람, 그리고 예레미야가 보았던 끓는 가마와 살구나무 가지 및 무화과 두 광주리 등도 역시 사물이 직접 눈에 현시(顯示)된 경우라 하겠다. 둘째로는, 환상은 때로 마음에만 주어지는 경우도 있었다. 베드로가 하늘로부터 내려오는 보자기의 환상을 본 것은 비몽사몽간이었다고 기록되어 있다(행 10 : 10, 11). 즉, 그는 잠시 동안 육신의 감각기관을 사용할 수 있는 능력을 빼앗겼던 것이다. 다니엘이 보았던 환상과 여러 묵시적인 환상들, 그리고 특히 열왕기상 22 : 19, 이사야 6 : 1, 에스겔 1 : 3 등에서 보는 바, 하나님 자신과 그의 영광스러운 보좌를 묘사한 모든 환상들도 역시 이 경우에 해당한다. 이 모든 경우에 있어 선지자들은 그들의 육체적인 감각을 사용하지 않았다. 다만 그들의 마음이 여러 생각과 사물의 모습들로 깊은 인상을 받게 되는 것이었다. 그러나 그것은 너무나도 강렬한 것이어서 그들은 그것을 봄에 있어서 그들이 그들의 시각 능력을 사용하고 있지 않다고 생각할 수는 없는 그런 것이었다. 따라서 베드로도 그가 실제로 옥으로부터 구출되었음에도 불구하고 잠시 환상을 보는 줄로 생각하였다(행 12 : 9). 그는 마음이 얼마나 곧잘 천사들에 의해 영향을 받게 되는가를 잘 알고 있었기 때문이었다.

이러한 환상이 선지자들에게 주어졌던 것은 그들의 정신을 확고하게 하고 그들의 마음에 영향을 주어 그들이 전달해야 할 일을 분명하고도 확실하게 이해하도록 하기 위한 것이었다. 그러나 이러한 환상이 직접적이고도 완전한 하나님의 계시의 부분들이 되기 위해서는 다음과 같은 사항들이 필요했다. 즉, 먼저는 선지자들의 마음이 그러한 환상을 받기에 합당하도록 성령에 의해 특정한 방식으로 고양되어야 하며, 이어서 그렇게 하여 받은 바를 충실하게 보전하고 유지할 뿐만 아니라 정확하게 선포할 수 있도록 그들에게 능력이 주어져야 한다는 것이다.[24]

④ 상징적인 행위

선지자들이 받은 계시에는 때로 상징적인 행위들이 수반되었다. 이사야는 벗은 몸과 벗은 발로 행하도록 명령받았으며, 예레미야는 베띠를 썩게 하도록 명령받았다. 또한 에스겔은 예루살렘과 유다를 에워싼 공격에서 좌편과 우편으로 눕도록 명령받았고, 호세아는 음란한 아내를 취하도록 명령받았다. 이것들 중 몇 가지 경우는 우리가 타고나는 자연의 빛은 물론 하나님의 법칙과도 부합되지 않으므

---

24) 에스겔(Ezekiel) 선지자는 영광스러운 성전의 환상을 보았다. 그리고 영적으로 영광스럽고 복음적으로 아름다운 예배를 드리는 교회에 관해서 교훈을 받았다. 사람의 마음이 성전의 조화적인 구조, 규모, 짜임새에 대해서 단번에 알아보고 기억한다고 하는 것은 불가능하다. 그러나 성령의 사역은 생각을 정착시키고 유지한다. 그리고 빈틈없이 생각을 실제적으로 가능하게 한다.

로 그것이 실제 이행되었다고 보기가 어렵다. 다만 선지자들에게 더욱 더 강한 인상을 주기 위해 환상 속에서만 이루어진 것이라고 보아야 할 것이다. 그러나 하나님의 법칙에 위배되지 않는 나머지 대부분의 경우 그 행위들은 환상 속에서만 아니라 실제로 이행되었을 수도 있는 것이다.[25]

⑤ 지역적인 이동

하나님의 계시는 때로 지역적인 이동을 동반한다. 즉, 에스겔이 그랬던 것처럼 한 장소에서 다른 장소로 옮겨진다는 말이다(겔 8 : 3 ; 11 : 24). 그런데 성경에는 그것이 하나님의 이상(異像) 가운데서라고 명백히 언급되어 있다. 외적인 감각의 활동이 일시 정지되는 몽환의 경지 속으로 빠져듦으로써 선지자들의 마음은 하나님의 영광 가운데서 한 장소로부터 다른 장소로 옮겨졌던 것이다. 이러한 현상은 오직 하나님께서 보여주는 광경에 의해서만 결과되어지는 것으로, 그 일이 일어나는 곳은 실제로는 그들이 있지 않은 장소에서인 것이다. 지금까지 언급한 여러 가지 방법들이 모두 히브리서 1:10 이 말하는, 여러 가지 모양으로 나타난 하나님의 계시에 속하는 것들이다.[26]

---

25) 예를 들어서 에스겔은 백성들 앞에서 그들의 확신을 위해서 몇가지 일들을 행하였다. (겔 12 : 4,　24 : 19)

26) 여기에는 지금 생각하기 어려운 점이 있다. 우리는 사도 베드로에게 거룩한 사람에 대하여 들었다. "거룩한 사람은—성령에 의해서 감동을 받은 사람이다." 그리고 악한 사람에 의해서도 진정한 예언과 커다란 예언이 있었던 것을 우리는 안다. —마법사 발람(Balaam)은 "하나님의 말씀을 들었고 전능하신 하나님의 환상을 보았다." 그밖에 사울, 가야바 등과 같은 사람이 있다. 그러면 하나님께서는 악한 사람(wicked men)에게도 거룩한 영감을 주시는가 ? 그리고 성령께서는 악한 예언자와 함께 당신의 영감을 혼합해서(mix) 사람들에게 주신다고 우리가 생각할 수 있는가 ? 아니면 귀신(Devil)이 진실되고 중대한 예언의 창시자인가 ?
　이러한 난제와 견해를 해결하는 길은 무엇인가 ? 사도의 표현을 빌

2. 성경의 기록

　성경의 기록은 또 하나의 성령의 역사의 결과였다. 사도 바울은
말하기를, "성경, 그것의 기록 자체($\eta\ \gamma\rho\alpha\varphi\eta$)는 하나님의 감동으

린다면 예언이란 보편적인 것이 아니라 개인적이라고 하는 것이다. 그
러나 대부분 성경을 보면 성경의 필자(penmen)들이 독특하게 영감을
받은 것을 볼 수 있다. 이 필자들은 분명히 성화된 사람들이라고 나는
확신한다. 성령께서는 예언자들의 직임을 거룩하게 하여 주시고 하나
님에게 구별되게 하신다. 하나님은 결코 사람을 선천적으로 거룩하게
하시지 않으신다. 왜냐하면 예언의 은사는 성화시키는 은혜가 아니기
때문이다. 예언의 은사는 숨겨진 것들의 빛을 일시적으로 비치는 것이
다. 예언의 은사가 믿음과 사랑과 거룩한 마음을 만들어 내는 것은 아
니다. 그러므로 하나님께서 악한 사람들에게 직접적으로 감동을 주시
는 것은 모순된 일이 아니다.
　처음부터 선지자로 부르심을 받고 전 생애를 선지자로 온전히 살아
드린 사람들은 사무엘, 엘리야, 엘리사 등이다. 이들은 하나님의 영으
로 참으로 성화된 사람들이라고 나는 확신한다. 그러나 사울과 가야바
등과 같이 황홀하게 등장한 사람들은 의심할 것 없이 악한 사람들이다.
그러나 이들도 하나님의 영에 의하여 움직였다. (요11：51) 발람이 크
게 된 것은 난제이다. 그러나 몇가지 증거로 이 난제는 해결이 된다.
그도 하나님의 선지자였다. 그는 점성가였고 자연 현상을 보고 미래를
추측하였다. 그럼에도 그의 계시들은 신적인 것이었다. 그의 마음(mi-
nd)은 사색적이었다. 그러나 그의 중심은 영향력이 없었고 부패해 있
었다. 그는 사람들을 매혹시킬 수 있는 것을 추구하였다. 그래서 그의
전 생애를 볼 때 그는 저주받은 마법사(Sorcerer)였다. (민24：1, 수13：
22) 사람들이 그의 말을 들을 때에는 하나님의 음성과 같았다. 그래서
그는 존경을 받았다. 그러나 그의 말은 극악무도한 악마적인 주문(di-
abolical incantations)이었다. 그러나 하나님께서는 그의 명성을 이용하
셔서 백성들에게 메시야에 대한 영광스러운 증거를 하게 하셨다. 이것
은 그 당시에는 사람들이 거의 잃어버렸던 것이었다. 이와같이 하나님
의 선하신 영께서는 귀신의 힘 위에 역사하셔서 귀신을 다스리셨다. 그
리하여 발람(Balaam)의 마음에서 악마의 생각을 뽑아내시고 거룩하고
진실된 감동을 주셔서 거룩한 일도 하도록 하신 것이다. 이것은 하나
님께서 사단의 손을 기계로 사용하시는 것이다. 이는 아마도 이방 예
언자 시빌(Sibyls)과 같은 것이다. 시빌은 아폴로 신을 섬기는 여자 무
당으로서 악신이 들린 자였다. (행16：16) 하나님의 영이 하시는 일에
사람들의 공모나 악마의 음모가 가세할 수 없다. 성령께서는 다만 그
들을 다스리시고 당신의 영광을 위하여 이들을 사용(employing)하신다.

로 된 것"이라고 말하고 있다(딤후 3 : 16). 이 성령의 사역이 최초로 시작된 것은 모세에게서였는데 그는 다섯 개의 율법서 외에도 욥기를 기록한 것으로 추정되고 있다. 그 이전에도 많은 선지자들이 있었지만 그가 하나님의 뜻을 받아 성경을 기록한 최초의 사람이었다. 그 시기는 하나님께서 손수 두 돌판에 율법을 쓰신 직후부터였는데 이 돌판은 곧 성경의 시초요 모범이 되었던 것이다. 구약의 역사서의 저자가 누구인지는 밝혀지지 않고 있다. 그러나 그들이, "성령의 감동을 받아 말하고 기록했던 거룩한 사람들"이었다는 사실은 확실하다. 따라서 그들은 선지자라고 불리워진다. 비록 그들이 역사의 전개를 따라 성경을 기록했지만, 그것은 그들 자신의 기억으로부터 나온 것도 아니었고 또한 전통이나 역사의 기록으로부터 나온 것도 아니었다. 그것은 오직 성령의 인도와 지시에 따라 기록된 것이다. 따라서 그들은 하나님의 감동을 받은 사람, 즉 하나님으로부터 직접적인 계시를 받은 사람이라는 의미에서 선지자라고 불리우는 것이다.

　성경을 기록하는 이 일에는 세 가지의 요소가 합치되어야 했다. ① 선지자들이 받아야 할 마음의 감동과, 그들이 전달해야 할 일에 대한 확실한 지식과 이해 ② 선지자들의 마음에 있는 생각을 적절히 표현해낼 단어의 제시 ③ 제시된 단어를 적어 내려감에 있어서 필요한 선지자들의 손에 대한 인도가 그것이다. 만일 이 셋 중 어느 하나가 빠졌다면 성경은 절대적으로 신성하고 무오한 것이 될 수 없었을 것이다. 사실 어떤 사람들은 성경에서 볼 수 있는 문체의 다양성을 이유로 들어 성경은 그 내용만이 하나님으로부터 주어진 것이고 그 씌어진 단어는 기록하는 사람의 손에 맡겨진 것이라고 생각한다. 이와 같은 생각에 대하여, 필자는 다만 그와 같은 다양성은 주로 취급된 주제의 다양성에 기인하는 것이라는 사실과,

따라서 그것이 그와 같은 신성모독적인 생각에 대한 근거를 제공해 주지 않는다는 사실을 말해두고자 한다. 성령은 인간들의 마음에 어떤 강제력을 행사하지는 않는다. 그분은 인간들에게 작용하시되 그들이 본래 타고난 성품과 천부의 재능 및 후천적 능력들과 조화되도록 역사하신다. 따라서 성령이 제시하셔서 인간들로 하여금 사용하게 하시는 단어들은 인간들 스스로에게 너무나도 잘 알려진 것들이다. 인간들이 그들 나름대로의 능력을 사용하여 단어들을 선택한다고 인정한다. 그러나 그것은 인간들이 그들 자신들에 대해서 아는 것보다 훨씬 더 친숙하게 그들의 마음과 재능을 아시는 성령에 의해 인도함을 받은 선택인 것이다. 그리하여 그들이 선택한 단어들은 마치 그들이 귀에 들리는 음성에 의해 전해들은 것처럼 직접적이고도 분명하게 하나님으로부터 전해받은 것들이었다. 만일 그렇지 않았더라면 그들은 성령에 의해 감동되었다고 말할 수 없었을 것이며, 그들이 기록한 성경도 하나님의 영감으로 된 것이라고 말할 수 없었을 것이다. 이리하여 첫번째 성경 창세기에서는 아브람의 이름이 아브라함으로 바뀐 것에서 볼 수 있는 바와 같이 단 하나의 글자에 종종 굉장한 의미와 중요성이 의존되어 있는 것을 볼 수 있다. 뿐만 아니라 우리 구주께서도 확언하시고 있듯이, 율법은 그 일점 일획이라도 모두 하나님의 보호 아래 있음은 확실한 사실이다. (마 5 : 18)

3. 기적들

성령의 직접적이고도 기이한 사역의 세번째 종류는 기적이다. 이 기적은 모세, 여호수아, 엘리야, 엘리사 등, 많은 사람들에 의해 일으켜졌던 바 구약에서는 자주 볼 수 있었던 일인데, 만일 유대인들이 오해하지 않는다면 모세에 의해 일어났던 것들이 가장 뛰어난 것이었다고 말할 수 있다. 이 기적들은 모두 성령을 통해 나타난 하나님의 권능의 직접적인 결과들이었다. 왜냐하면 우리가 기적이라고 말할 때 우리는 그것이 어떤 방법으로 적용되었건 간에 자연력(自然力)의 범위를 넘어서 나타나는 결과들을 의미하기 때문이다. 그리스도 자신에 대해서도 성경은 그가 성령을 힘입어 기적들(예를 들어 귀신을 쫓아내는 일 등)을 행하셨다고 명백히 기록하고 있다. 이와 같이 만일 그리스도께서 행하신 기적들도 성자 하나님의 인성 안에 내재해 계시던 성령의 권능에 의한 것이었다면, 그리스도와는 달리 신성에 대해 아무런 관계도 갖지 못한 일반 선지자들이 행한 기적이야말로 더욱 더 성령에 의한 것이었음이 분명한 것이다. 따라서 하나님의 손, 혹은 손가락을 통해 기적이 일어났다고 말할 때, 그것은 엄밀하게 말하여 성령 하나님에 의해 일어난 기적을 뜻하는 것이다. 이렇게 볼 때, 결국 기적을 일으켰던 사람들은 비록 그들 속에 그와 같은 힘이 내재하는 것처럼 보였지만 결코 그 기적을 일으킨 힘의 진정한 주체가 사람들은 아니었다(행 3 : 12, 16). 다만 그들은 성령에 의해 확실하게 인도되어 말이나 행동으로 기적의 작용을 예표할 뿐이었다. 따라서 여호수아가 해와 달에게 멈춰 서라고 명령하였을 때(수 10 : 12) 그에게 그처럼 전체 자연의 질서에 영향을 주어 그렇게도 엄청난 변화를 일으킬 만한 힘이 있었던 것도 아니었고 또한 예외적인 경로를 통해 그런 힘이 그에게 주어졌던 것도 아니었다. 다만 그는 하나님의 권능을 받아 하나님 자신이 하실 일을 말할 수 있는 권한을 가졌던 것이다. 때문에 성경에도, "여호와께서 사람의 목소리를 들으셨다"고 기록되어 있는 것이다.[27]

---

27) 유대의 몇몇 저자들은 이 부분을 단순히 여호수아가 그 날에 원수를 물

이것은 다른 모든 기적적인 성령의 사역들, 특히 방언의 은사와 같
이 몸의 지체가 기적의 수단으로 사용되는 경우에서조차도 마찬가
지 사실이다. 방언의 은사를 받은 사람이 방언한 것은 그들 자신들
의 어떤 재주나 능력으로 한 것이 아니었다. 그들은 다만 성령의
발성 기관이었고, 그 발성 기관을 성령께서는 자기가 원하는 대로
움직이셨던 것이다. 이 모든 성령의 사역의 목적은 하나님의 계시
를 받는 사람들로 하여금 신망을 얻게 하고 대중들 앞에서 그들이
수행할 임무를 확증해 주기 위한 것이었다. 따라서 하나님께서 모
세를 보내어 이스라엘 민족에게 자기의 뜻을 선포하라고 하셨을 때,
하나님은 그에게 기적을 행하여 그가 하나님으로부터 보냄을 받았
다는 사실을 백성들이 믿도록 하라고 하셨다(출 4 : 8). 특히 이 기
적들은 표징이라고 불리웠는데, 그것은 그 기적들이 하나님의 임재
에 대한 징표로서 그분의 뜻을 계시하는 거대한 사업의 일환으로
사용되었기 때문이다. 지금까지 살펴본 것들이 모두 인력과 자연력
을 능가하는 성령의 특별한 사역들이다.

리친 것만 기록하고 있다. 그리고 여호수아가 모세보다 큰 일을 한 것
으로 생각하지 않는 사람도 있다. 오늘날 그리스도인들과 저작자들은
이 사건을 그저 꾸며낸 이야기나 만든 이야기 정도로 본다. 그리고 눈
에 뜨이는 이 사건을 난제로 생각하여 성경에서 빼버리려고 하는 사람
도 있다. 어떤 사람은 성경의 편집이 잘못된 것이 아니냐고 의심을 하
기도 한다. 여기에서는 태양이 움직이는 것으로 나타나 있는데 사실은
지구가 움직이는 것이다. 여호수아는 "태양아 머물라." 하고 말한 것
이 아니라 "태양아 너는 기브온 위에 머무르라, 달아 너도 아얄론 골
짜기에 그리할지어라." 라고 하였다. 나는 여기에서 묻고 싶은 것이 있
다. 그것은 해와 달이 같은 시각에 기브온 골짜기와 아얄론 골짜기 위
에 떠 있을 수 있는가 하는 문제이다. 그럴 수 없다고 본다. 태양의 빛
에 반사되어 보이는 것이 달인데 달이 해와 동시에 떠 있을 수는 없다
고 보는 것이다. 여기에서 여호수아가 의미하는 것은 해와 달 자체가
아니라 해와 달의 빛을 의미한다고 본다. 이것도 기적이다. 기적적인
능력으로 햇빛과 달빛이 공존할 수 있는 것이다. 히브리 말의 Shemesh
와 Yarah는 해와 달의 빛(light)을 의미한다.

4. 특별한 목적하에 인간의 재능·능력을 향상시키는 성령의 사역

　그러나 이 외에 또 다른 성령의 사역이 있었는데, 그것은 특별한 목적을 위해 인간의 본래의 재능과 능력을 향상시키고 고양시키는 일이었다. 이 일은 이미 암시한 대로 정치적 및 정신적, 지적, 일상적 문제들과 관련이 있는데 때로는 여러 가지 요소들이 혼합되어 있는 경우도 있다.

(1) 정치적인 은사

　정치적인 은사들이 사람들에게 부여됨으로써 통치와 민간 정부의 형성이 가능했다. 인간들 사이에서 정부는 하나님의 영광과 사회의 복지라는 측면에서 커다란 관심의 대상이다. 정부가 없다면 전세계는 폭력과 악과 혼란의 수라장이 될 것이다. 따라서 현대에 사는 모든 사람들은 그와같은 통치의 목적을 위해서 특별한 재능과 정신력이 요구된다는 사실을 인정할 것이다. 현재 권력을 잡고 있는 사람들은 부지런히 그러한 재능들을 개발하여야 할 것이다. 그렇게 하지 않는다면 세계는 곧 그러한 재능들을 무시하는 데서 오는 결과를 맛보게 될 것이다. 그러나 때로는 인간들이 평상적인 방법으로 도달할 수 있는 최고의 능력이 하나님께서 그들의 정부를 통해 인도하셨던 특별한 목적들을 수행하기에 충분치 못했기 때문에 성령은 가끔씩 자신의 직접적인 사역으로 그들의 정신적인 능력들을 이례적으로 향상시켜 주셨는데 이러한 성령의 역사는 종종 외부적으로 보이는 표적들에 의해 명백하게 나타날 때도 있었다. 백성을 짐 지는 일에 있어 모세를 돕도록 하기 위해 최초로 산헤드린 공회가 엄명되던 당시, 성경은 "여호와께서 모세에게 이르시되 이스라엘 노인 중 백성의 장로와 유사 되는 줄을 네가 아는 자 70인을 모아 데리고 회막 내 앞에 이르러 거기서 너와 함께 서게 하라 내가 강림하여 거기서 너와 말하고 네게 임한 신을 그들에게도 임하게 하리니 그들이 너와 함께 백성의 짐을 담당하고 너 혼자 지지 아니하리라 여호와께서 모세에게 말씀하시고 그에게 임한 신을 70 장로에게도 임하게 하시니 신이 그들에게 임하였더라"고 기록하고 있다 (민 11 : 16, 17, 25). 70인의 장로들은 이전에는 열등한 관리들이었다. 그러나 그들이 부름을 받고 지고한 권능 앞에 함께 섰을 때, 그들에게는 모세에게 임하였던 신과 똑같은 신이 주어졌던 것이다. 다시 말해 하나님의 신은 그들 속에 모세의 것과 똑같은 통치력을 부어 넣어 주셨던 것이다. 이는 곧 율법을 현명하고 공정하게 집행할 수 있도록 하기 위하여 그들에게도 똑같은 지혜와 정의감 및 부지런함과 용기를 더해 주셨다는 말이다. 마찬가지로, 하나님께서 이스라엘 민족 가운데에 새로운 종류의 정부, 곧 왕국을 세우시고 사울로 하여금 그들의 왕이 되도록 하셨을 때 그분은 그에게 "새 마음"을 주셨다. 이는 곧 다시 말하여, 그가 낮은 위치로부터 왕이라는 높은 지위로 부름을 받았기 때문에 하나님의 신이 그의 높은 직책에 합당한 지혜와 아량을 그에게 부여해 주셨다는 말이다. 아울러 이 일은 눈에 보이는 징조와 특별한 영감들을 동반하였는데 (삼상 10 : 9등), 그것은 백성들로 하여금 사울을 왕으로 임명하는 일에 잠자코 순종하게 하기 위한 것이었다. 왕들의 취임때 그들의 머리에 기름을 바르는 예식을 제정하신 것도 이와 꼭 같은 이유에서였다. 말하자면 그것은 성령의 은사의 교통하심이 그 왕들과 함께 한다는 증거였다. 그러나 사실 공정하고 유익한 정부가 책임져야 할 짐이 무거운 만큼, 그들이 소유하게 되는 부와 권력으로부터 일어나는 유혹 또한 큰 것이다. 그리하여 만일 특별한 도움이 없다면 인간들은 그 무게에 짓눌리게 되거나 아니면 일을 잘못 처리해 나가게 될 것이다. 바로 이러한 까닭에서 솔로몬은 다른 어떤 축복보다도 먼저 지혜와 지식을 간구하였던 것이다(대하 1:10). 마찬가지로, 만일 이 세상의 통치자들이 솔로몬의 모범을 따라 성령을 통한 지혜의 공급을 간절히 기도한다면 그들 자신은 물론 이 세상은 지금보다 훨씬 더 나아질 것이다. 하나님은 때로 교회의 영역을 넘어서까지도 통치에 대한 간섭을 수행하셨다. 그리고 필자는 하나님께서 지금도 그렇게 하고 계신다는 사실을 의심치 않는다. 때문에 하나님께서는 고레스에게 기름부어 주셨는데(사 45:1), 그는 하나님을 위해 큰 일을 행할 사람이었다. 즉, 그는 바벨론에 대해 하나님의 심판을 집행하고 아울러 하나님의 백성을 구출해 내는 일을 할 사람이었다. 그 두 가지의 목적을 수행키 위해 그는 하나님의 신으로부터 특별한 도움을 필요로 했고 또 받았던 것이다. 그러나 만일 하나님의 간섭이 없었다면 그는 다만 열국을 파괴하는 "독수리"(사 46:11)에 그쳤을 것이다. 하지만 이러한 정치적인 재능을 부여받은 사람들 중 얼마나 많은 사람들이 그 재능을 주신 분을 생각지 않고 그들 나름대로의 모략을 사용하며 스스로를 마치 그들의 모든 지혜와 능력의 원천인 것으로 생각하고 있는가! 교회 자체에 대해 행하신 성령의 전체 사역이 공개적으로 조롱받게 될 때, 국가 정부에 있어서의 성령의 은사에 대한 모든 관련도 역시 무시되게 된다는 사실은 전혀 놀라운 것이 아니다.

(2) 도덕성

두번째로 우리는 특별한 목적의 성취를 위해 특정한 사람들에게 주어졌던 도덕성이 있었다는 사실을 알아야 한다. 여호와의 신이 기드온과 입다에게 임하셨던 것도 바로 이런 까닭으로서 그들에게 여호와의 백성을 전쟁의 적들로부터 구출해 내는 데 필요한, 정신적 자질을 부여하기 위한 것이었다(삿 6 : 34; 11 : 29). 그 두 사람에 관하여 성경은 그들이 "큰 용사"였다고 기록하고 있다(6 : 12; 11 : 1). 따라서 여호와의 신이 그들에게 임했다는 것은 이미 가진 그들의 용기를 자극하여 위험에 대해 그들의 마음을 강하게 만드신 것을 뜻한다. 이를 행함에 있어 여호와의 신은 자기의 권능에 대한 강한 인상을 남겨 줌으로써 부름을 받은 사람들로는 그들의 소명에 대한 충분한 확신을 갖게 하셨고 나머지 백성들로는 하나님의 임재를 확실히 분간할 수 있도록 하셨다. 따라서 성경은, "여호와의 신이 그들을 입히셨다"고 기록하고 있다. 즉 그들은 성령의 은사 및 그 은사의 작용으로 옷 입음으로써 그들 스스로는 마음에 용기를 받았고, 남들에 대해서는 그들이 하나님의 부르심을 입은 사람들이라는 것을 알게 하였던 것이다.

(3)육체적인 힘

정신적인 능력에 더하여 육체적인 힘까지도 인간들의 임무 수행을 위해 필요한 경우 성령에 의해 주어졌다. 바로 이 육체적인 힘이 성령께서 삼손에게 주신 은사였다. 삼손의 힘은 초자연적인 것이었다. 즉, 그것은 오직 하나님의 신에 의해서만 나타날 수 있는 힘이었다. 따라서 그가 그 힘을 발했을 때, 성경은 기록하기를, "여호와의 신의 권능이 그에게 임했다"고 한다(삿 14 : 6; 15 : 14). 이 힘은 하나의 규례의 형식으로 주어진 것으로서 머리칼이 자라나는 것이 그 징표요 보증이었다. 따라서 삼손이 그 규례를 주의치 않았을 때 그는 잠시 동안 그 힘 자체를 잃어버렸던 것이다.

(4)지적인 은사

지적인 은사 또한 특정한 사람들에게 주어져 자연적인 문제는 물론 인위적인 문제에서 모두 사용되었다. 성막을 만들고 아름답게 꾸미기 위해 하나님께서는 브사렐과 오홀리압에게 모든 지혜와 공교한 재조를 부여하셨다(출 31 : 2, 3). 브사렐이 과거에 그와 같은 재주와 기술을 획득하려고 열심히 노력했는지 아닌지는 분명치 않다. 그러나 현재 그가 가지고 있는 재능은 확실히 이례적인 것이었다. 하나님의 신이 그가 본래 가지고 있던 능력들을 향상시키고 강화하여 그로 하여금 그 정교한 일을 잘 파악하고 이해할 뿐만 아니라 하나님께서 손수 제정하신 순서를 따라 그것을 만들고 배열할 수 있도록 하신 것이다.

(5) 말씀의 전파를 위한 도움

여기서 우리는 하나님의 말씀의 전파를 위해 구약 시대의 거룩한 사람들에게 주어졌던 성령의 도움에 대하여 살펴볼 수 있다. 노아에 대해서는, "오직 의를 전파하는" 사람이었다고 기록하고 있다(벤후 2 : 5). 세상의 뉘우침과 선택된 자들의 개심에 대해, "하나님의 신이 인간들과 다투었다"고 한다(창 6 : 3). 또한, "순종치 아니하던 자들에게 전파하셨다"고 하고 있다(벤전 3 : 19, 20). 그러나 이 특별한 문제에 있어서의 성령의 전체 사역에 대한 설명은 차후 적당한 장소에서 논의하기로 하자.

지금까지 필자는 구약에 나타난 성령의 사역들을 간략하게 개관하였다. 물론 필자가 의도했던 것은 그의 사역 전체를 모두 열거하려는 것은 아니었다. 만일 그렇게 하려면 교회 내에서 찬양할 가치가 있다고 생각하는 것 모두를 하나하나 전부 검토해 보아야 할 것이다. 왜냐하면 성령이 없이는 모든 것이 죽음이고 어둠이고 죄이기 때문이다. 모든 빛과 생명과 능력은 오직 그로부터만 나오는 것이다. 그러나 필자가 논의했던 사례들은 교회의 전체 존립 및 복지가 오로지 성령의 뜻과 역사에 달려 있다는 사실을 증명하기에는 충분한 것이었다. 그분으로부터 약속의 말씀이 나왔던 것이다. 종교적 예배에 필요한 모든 규례에 대한 계시와 제정도 그분으로부터 나온 것이었다. 뿐만 아니라, 교회의 교육과 통치 및 보호와 구원을 위해 일한 사람들이 받았던 여러 은사와 특별한 능력들도 역시 그분으로부터 나온 것이었다. 만일 구약에서의 일의 상황이 이러하였다면 이로부터 우리는 신약에서의 상황에 대한 판단을 내릴 수가 있다. 즉, 그리스도께서 오신 일 다음으로 신약 시대가 누리는 가장 큰 이점은 이전보다는 훨씬 더 큰 규모로 성령이 부어졌다는 사실이다. 그럼에도 불구하고 여전히 성령은 물론 성령의 사역이 우리와는 아무런 중요한 관계가 없다고 생각하는 사람들이 있다. 이제까지 우리는 구약에서까지도 모든 선한 일의 직접적인 동인은 성령이었다는 사실을 살펴보았다. 하지만 지금도 성령께서는 우리에게 유익이 되는 일들을 계속하고 있다는 사실을 믿지 않는 일부의 사람들을 설득하기란 매우 어려운 일이다. 그렇다, 이 문제에 있어서 하나님의 생각과 인간의 생각은 너무나도 반대적이다. 즉, 우리의 생각은 아직도 믿음의 순종에 이르지 못하고 있는 것이다.

제 2 장

새로운 창조에 관한 성령의 일반적 시여(施與)

성령의 공급과 관련된 교리의 중요성을 다음의 6 가지 측면에서 고찰하려고 한다. ①성령의 풍부한 유출에 대한 약속. ②성령에 대한 약속에 기초를 둔 복음의 사역. ③성령에 대한 약속과 전체 신자와의 관계. ④성령의 간구에 대한 권고. ⑤성령을 보내 주시겠다는 그리스도의 엄숙한 약속과 그 약속의 목적. ⑥하나님의 영광을 드러내는 가장 중요한 수단, 곧 만물에 대한 새로운 창조 사업.

우리는 이제 우리 의도의 중요한 일부였던 문제로서 그리스도를 통한 만물의 새로운 창조, 곧 복음과 관련하여 시행된 성령의 공급이라는 문제에 도달하게 되었다. 이 문제는 우리의 가장 부지런한 탐구와 명상을 필요로 한다. 기독교에 있어서 이보다 더 중요한 원리는 없기 때문이다. 하나님의 존재와 일체성에 대한 교리는 우리 모두에게 잘 알려져 있다. 삼위일체의 교리 또한 구약 시대에서까지도 하나님의 계시를 받아 누린 모든 사람들에게 알려져 있었으며, 인자의 성육신도 최초로 죄가 개입해 들어왔던 때부터 약속되고 기대되던 것이었다. 그러나 성령의 공급이라는 이 문제는 너무나도 독특하게 신약 시대에만 해당되는 것이어서 복음서 기자도 그에 관하여 말하기를, "예수께서 아직 영광을 받지 못하신고로 성령이 아직 저희에게 계시지 아니하시더라"고 기록하고 있다(요 7 : 39). 뿐만 아니라 세례 요한의 제자들은 "성령이 있음도 듣지 못하였다"고 한다(행 19 : 2). 이로부터 우리가 알 수 있는 것은 이 말들이 모두 성령을 예수님께서 공급하여 주시는 것으로 간주하고 있다는 사실이다. 실상, 제자들이 성령의 영원한 동행에 대하여 모르는 것은 아니었지만 당시는 아직 성령이 임하시지 않았던 것이다. 이제 이 문제에 대한 부지런한 탐구를 자극하기 위하여 위에서 말한 여섯 가지의 측면에 대해 간단히 살펴보기로 하겠다.

1. 성령의 풍성한 유출에 대한 약속

풍성한 성령의 유출은 복음 시대의 교회가 가지는 커다란 특권이며 장점이다. 그것은 곧 모든 선지자들이 증거하고 있는 바, "마지막까지 보존된 좋은 술"인 것이다(사 35 : 7 ; 44 : 3 ; 욜 2 : 28 ; 겔 11 : 19 ; 36 : 27) 그리스도께서 육체로 오신다는 것이 구약 시대의 커다란 약속이었다. 그러나 그리스도께서 육체로 오신 것은 그가 오실 것을 기대하던 전체 교회 시대를 끝내기 위한 것이었다. 그러나 이 성령에 대한 약속은 또 하나의 교회 시대의 기초가 되는 동시에 그 시대를 계속하여 지속하게 하는 수단이 되는 것이다. 따라서 만일 우리가 복음에 대하여 진정한 관심이 있다면 우리는 성령의 공급과 관련된 이 문제들에 주의를 집중시켜야 할 것이다. 이성적이라고 하는 사람들이 마치 '성령의 일'을 미치광이의 일이나 비합리적인 것처럼 취급할지라도 "우리는 아무든지 헛된 말로 우리를 속이지 못하게 하여야 한다." 비록 "세상은 그 지혜와" 이성으로 "그를 알지 못하였으나", 믿는 자들은 그를 아나니 이는 "그가 저희와 함께 거하심이요 또 저희 속에 계시겠음이라"(요 14 : 17). 현재 행해지고 있는 대로 세상이 성령과 그의 행하시는 일을 경시하고 있는 사실 자체가 우리 구주께서 하신 말씀에 대한 증거를 제공해 주고 있다. 즉, "세상은 성령을 받지 못하는데", 그 이유는 "세상이 그를 알지 못하기 때문이다." 다시 말하여 세상은 그의 권능과 은혜를 체험하지 못하기 때문인 것이다. 그러나 이같이 성령이 행하신 일에서 그분을 인정하지 않는 것은 곧 복음과 그리스도의 약속을 부끄러워하는 것과 다를 바가 없다. 그것은 마치 성령이 세상에 의해 소유될 수 없는 것과 마찬가지 이치이다.

2. 성령에 대한 약속에 기초를 둔 복음 사역

우리를 중생케 한 복음의 사역은 성령께서 그 복음과 함께 하며 그 안에서 역사하시겠다고 하신 약속으로 인하여 영의 직분이라고 불리운다(고후 3 : 6). 이것은 '의문(law)의 직분'과 대조적으로 사용된 말인데, 영의 직분에 성령의 역사가 수반되는 것과는 달리 의문(儀文)의 직분에는 수많은 율례와 영광스러운 예식들이 수반된다. 이러한 의문과 및 그 의문의 실행에 대해서만 주목하고, 복음의 사역에 대해서 모르는 사람은 영의 직분에 대해서는 아무것도 알 수가 없다. 여기서 우리가 어떤 특별한 계시를 주장하려는 것이 아니다. 다만 복음의 사역에는 성령의 임재가 동반된다는 사실을 말하려는 것뿐이다. 그분의 권능과 도우심, 및 안내와 인도, 그리고 은사와 능력들을 나누어 주심이 없다면 복음은 쓸모없고 무익한 것이 될 것이다.

3. 성령에 대한 약속과 전체 신자와의 관계

복음에 약속된 성령과 그의 은사는 어떤 특정한 종류의 사람들에게만 허락되는 것이 아니라 각각의 상황과 조건에 따라 모든 신자들에게 주어지는 것이다. 교황제 신봉자들은 이 약속을 교황과 공회에만 국한시키려고 하겠지만 그같은 일은 성경 어디에도 언급되어 있지 않은 일이다. 그 약속은 지위와 계급에 상관없이 모든 신자들의 공통된 관심사인 것이다. 즉, 그것은 교파와 직위에 관계없이 모든 교회와 모든 성직자들의 공통된 관심사라는 말이다. 물론, 초대교회의 기초를 놓는 데 필요했던 성령의 특별한 권능의 발휘가 그쳤다는 것은 사실이다. 그러나 그분의 전체적인 은혜의 역사는 오늘도 하나님의 택하신 백성들 가운데서 오순절 때와 조금도 다름없이 수행되고 있으며, 교회를 가르치는 데 필요한 성령의 은사 역시 계속해서 부여되고 있는 것이다(엡 4 : 10 이하). 그러므로 성령의 역사를 인정하는 일이야말로 오늘날의 모든 신자들이 해야할 중요한 일 중 하나인 것이다.

4. 성령의 간구에 대한 권고

우리는 다음과 같이 기도하도록 가르침을 받는다. 즉, 하나님께서 우리에게 성령을 주셔서 성령의 도움을 통해 우리가 하나님을 위해 살고 그분이 요구하시는 거룩한 순종에 들어갈 수 있게 해달라고 말이다. 우리 구주께서는 성령을 간구하는 우리에게 강청(强請)하라고 명령하고 계시며, 이어 우리가 곧 그 일에 성공할 것이라고 격려하고 계신다. "너희 천부께서 구하는 자에게 성령을 주시지 않겠느냐"(눅 11 : 9절 이하). 따라서 성령은 우리의 모든 기도의 커다란 중심 주제가 되어야 하며, 보혜사를 보내어 영원토록 우리와 함께 있게 하시겠다는 우리 주님의 약속은 모든 시대의 교회가 기억해야 할 기도의 지침이 되어야 하는 것이다. 만일 교회가 그들의 공공집회에서, 성령을 간구함에 있어 옛 조상들이 보여 주었던 믿음과 실행에 대해 증거하지 않는다면 오늘날과 같이 전체적으로 타락한 세상에서 살아 남을 교회는 하나도 없을 것이다. 사도 바울도 자기가 살던 시대의 교회들을 위해 진지하게 기도할 때에 하나님께서 그들에게 성령의 은사와 은혜를 더해 주실 것을 가장 크게 간구하였다(엡 1:17; 3:16; 골 2:2). 이 사실은 곧 성령과 그의 사역에 대한 고려가 우리에게 굉장히 중요한 의미를 가진다는 것을 말해 주는 충분한 증거가 된다.

5. 성령을 보내 주시겠다는 그리스도의 엄숙한 약속과 그 약속의 목적

예수 그리스도께서는 죽음으로 인해 세상을 떠나시기 직전 엄숙한 약속을 함으로써 유언을 행하셨고(히 9:15), 그 유산으로 제자들에게 자신의 영을 남겨 주셨다. 이 유언의 약속은 제자들이 받을 장래의 유산, 곧 그들이 이 세상에서 의존하여 살아갈 유산에 대한 훌륭한 보증이 되었다(고후 1:22). 만일 어떤 사람들이 우리 구주께서 육체로 살아 계실 때 그에게 속하였던 물건을 유물로 소유하게 된다면, 비록 그것이 그들에게 아무런 실제적인 소용이나 유익이 없다고 하더라도 그들은 굉장히 기뻐할 것이다. 뿐만 아니라 우리는 부름받은 그리스도인들 중에서도 많은 사람들이 주님의 것이라고 주장되는 십자가의 조각들을 가지고 자랑하는 것을 볼 수 있다. 이러한 허영의 밑바닥에는 미신에 의해 기만된 사랑이 깔려 있는 것이다. 그들은 아마 죽어가는 구세주가 남기는 것이라면 무엇이든지 붙잡아 가지려고 했을 것이다. 그러나 주님은 아무것도 그러한 것을 남기시지 않았을 뿐만 아니라, 그러한 것을 축복하고 성화하여 어떤 거룩한 목적에 사용하도록 하시지도 않았다. 그러나 다음의 사실이 성경에 명백히 증거되어 있다. 즉, 제자들이 처하게 될 환경과, 해야 할 일들, 그리고 세상에서 받게 될 유혹을 생각하시면서 주님의 마음이 그들을 향한 사랑과 근심으로 넘치게 되었을 때, 주님은 그들이 필요로 하게 될 모든 것을 제공해 주셨다는 말이다. 다시 말하여, 주님은 성령을 주셔서 영원토록 우리와 함께 하게 하셨고, 모든 위로와 필요한 것의 공급에서 우리로 하여금 그를 의지하도록 하셨다는 뜻이다. 따라서 우리가 얼마나 우리 주님의 사랑과 보호와 지혜를 존중하는가의 여부는 우리가 성령을 어떻게 평가하고 있으며, 그 안에서 얼마나 만족하고 있는가에 따라서 측정되어야 하는 것이다. 실로 우리는 오직 하나님의 말씀과 그분의 영의 가르침에 따라서만 우리의 구세주를 경배할 수도 있고 멸시할 수도 있다. 다시 말하여, 구세주는 그 자신의 인격으로서는 무한히 존귀한 분이시기 때문에 우리가 가진 아무것도 그의 위치에 영향을 줄 수 없다. 곧, 하나님께서 우리의 믿음과 사랑과 순종을 시험하시는 것은 바로 이 말씀과 성령에 대한 우리의 태도를 통해서 하신다. 이러한 성령과 그의 사역에 대해 경멸하는 사람들이 있다는 것은 실로 슬픈 사실이다. 성령에 대한 경멸은 곧 그를 보내신 아버지와 아들에 대한 경멸도 포함한다는 사실을 알아야 한다. "나름대로의 방식으로 하나님을 섬긴다"는 구실도 그와같은 사람들을 신성모독이라는 혐오스러운 죄로부터 지켜주지는 못할 것이다. 왜냐하면, 그렇게 나름대로 섬기는 하나님은 하나님이 아니라 우상이기 때문이다. 우리 주 예수 그리스도의 아버지 하나님은 그 백성을 부르심에 있어 성령을 통해 역사하시는 것이다.

이제 만일 우리가 성령에 대한 약속을 그 목적에 따라 고찰해 본다면 우리는 다음의 사실을 발견하게 될 것이다. 즉, 성령이 우리에게 약속되고 주어진 것은 우리가 이 세상에서 누릴 수 있는 모든 선한 것을 만드시는 유일한 근원으로서였다는 사실이다. 성령을 통하지 않았다면 아무런 선도 우리에게 전달되지 않았을 것이며, 아울러 아무런 은사나 은혜나 자비나 특권이나 위안도 우리에게 부여되지 않았을 것이다. 뿐만 아니라 성령께서, 오로지 성령께서 우리 속에서 역사하시지 않았다면 우리 속에 하나님을 향한 어떤 선한 양심이나 믿음, 혹은 사랑이나 순종이 있을 수 없는 것이다.

6. 하나님의 영광을 드러내는 가장 중요한 수단, 곧 만물에 대한 새로운 창조 사업

하나님께서 이 세상에서 최종적으로 자신을 영화롭게 하시기 위해 계획하신 거대한 사업은 곧 만물을 새롭게 창조하시는 일이었다. 따라서 이 일은 하나님 자신은 물론 그분의 성품과 능력의 뛰어나심에 대한 가장 완전하고도 절대적인 계시를 포함하여야만 했다. 왜냐하면 그와같은 능력과 성품이 발견되고 나타남으로써, 그에 따라 이성을 가진 피조물들이 그들의 의무를 깨닫게 되는 데에 하나님의 영광이 기인하기 때문이다. 따라서 이 일에 있어서 중보적인 역할을 하신 예수 그리스도는 곧 "보이지 아니하시는 하나님의 형상"이다. 다시 말하여, 그는 "하나님의 영광의 광채시며 그 본체의 형상"인데, 이는 그의 안에서, 그리고 그를 통해서 첫번째 창조때와는 비교도 할 수 없을 정도로 확실하게 하나님의 성품의 모든 속성들이 계시되어졌기 때문이다. 특별히 이 일에 있어서 하나님은 자신을 삼위일체의 하나님으로 계시하셨다. 그리고 이 성 삼위일체의 영광스러운 신비는 새로운 창조 사업에서 각별하게 드러나게 되었다. 그것은 어떤 명백한 진술이나 말로 된 증거에 의해 드러난 것이 아니라, 삼위의 하나님이 서로 간에 하시는 상호행위와, 그분들이 외부적으로 우리를 향해 우리 속에서 행하시는 여러 행위들에 대한 언급을 통해 드러난 것이다. 그리고 그것조차도 우리의 마음을 하나님에 대한 지식으로 가득 채우기 위함이 아니라, 우리로 하여금 그분을 신뢰하고 순종하며 그분을 위해 삶으로써 우리가 그분의 즐거움에 동참하게 될 때까지 우리로 그분과 동행하도록 하기 위한 것이다.

이 새로운 창조 사업에 있어서 우리는 우리의 믿음에 세 가지의 사실을 받아들여야 한다.

①이 사업의 전체적인 계획은 절대적으로 성부 하나님의 뜻과 생각과 사랑과 은혜에 기인하는 것이다(사 42:1이하;시 40:6;사 53:10이하;엡 1:4이하). 그리고 아버지께서 계획하신 것을 아들로 하여금 실제로 이루도록 하기 위하여 아버지께서 아들을 위해 행하신 여러 가지 일이 있다. 아들을 세상에 보내시고 그에게 한 육체를 마련해 주시며, 그를 도우시고 보상해 주시며, 그에게 사람들을 보내 주신 일 등은 그 속에서 볼 수 있는 권능과 사랑과 지혜로 보아 아버지께 속한 일이 분명하다. 이러한 일들에서 아버지의 인격이 우리에게 나타나 알려지는 것이며, 그로 인해 우리는 아버지를 경배해야 하는 것이다.

②이제 위에서 말한 전체적인 계획을 실제로 실행하여, 인류를 구속하고 치료하는 일은 성자 하나님께 속한 일이다. 그는 자신의 전 인격을 바쳐 복종하셨으며 아버지의 지혜와 생각으로 그에게 맡겨진 일을 모두 완수하였다(빌 2:5이하). 바로 이런 거룩한 행동에서 성자 하나님의 인격이 우리에게 계시되는 것이며, 그로 인해 우리는 "아버지를 공경하는 것같이 아들도 공경하여야" 하는 것이다.

③마지막으로, 전체 계획에 대한 적용, 즉 그것을 실제적으로 수행하여 결과로 나타나게 하는 일은 성령 하나님께 속한 일이다. 그분은 아버지의 생각과 아들의 일이 그 본래의 목적대로 이루어질 수 있게 하기 위하여, 아들의 인격은 물론 인자들과 관련하여 행해져야 할 모든 일들을 행하시고 열매 맺는다. 이로 인하여 그분은 우리에게 알려지게 되며, 그 결과 우리의 믿음은 방향을 잡게 되는 것이다. 이처럼, 만물의 새로운 창조라는 거대한 사업에서 하나님께서는 그의 모든 영광을 우리 앞으로 지나게 하심으로써 그를 바로 알고 바로 섬길 수 있도록 하신 것이다. 이제 우리는 이 거대한 사업에서 성령께서 담당하시는 독특한 일이 무엇인지에 대하여 살펴보게 될 것이다.

제 3 장

새로운 창조의 머리가 되시는 그리스도의 인성과 관련하여 살펴본 성령의 사역

그리스도의 인성과 관련된 성령의 사역 / 성령에 의해 잉태되고 처녀의 몸을 통해 출생하신 그리스도 / 마리아와 요셉의 정혼 이유 / 기적적인 수태를 통해 태어나신 그리스도의 영혼과 육체의 순결성과 거룩성 / 성령에 의해 이루어진 그리스도의 성화(聖化) / 세례때 받은 권능과 은사들 / 성령을 통해 자신을 희생제물로 드리심 / 성령에 의한 부활과 영화(glorification) / 그리스도를 증거하시는 성령 / 그리스도를 올바로 알고 사랑할 수 있게 하는 방법과 수단으로서의 성령

1. 그리스도의 인성과 관련하여 살펴본 성령의 사역

새로운 창조에 있어서의 성령의 공급과 그 활동은 첫째 교회의 머리이신 주 예수 그리스도와 관련이 있고, 둘째로는 그의 신비스러운 몸의 지체들과 관련이 있다. 따라서 우리는 맨 먼저 그리스도의 인성과 관련하여 활동하신 성령의 사역에 대해 조사해볼 필요가 있다.[28]

(1)성령에 의해 잉태되고 처녀의 몸을 통해 출생하신 그리스도

　동정녀의 자궁 속에 그리스도의 몸이 형성되고 기적적으로 수태
되었던 것은 성령의 독특한 사역이었다. 물론 그 일을 제정하신 것
은 성부 하나님이셨다. 그리스도 자신도 말하고 있듯이, 하나님께서
는 그분의 영원하신 생각과 사랑으로, "오직 그를 위하여 한 몸을
예비하셨던 것이다." 그리고 이러한 하나님의 뜻을 따라 예비된 몸
을 수락한 것은 성자 자신이었다. "자녀들이 혈육에 함께 속하였으
매 그도 또한 한 모양으로 혈육에 함께 속하셔야" 했던 것이다. 그
러나 이러한 하나님의 계획과 그에 대한 수락을 실제로 이루어낸

----

28) 그리스도의 인성(human nature)과 하나님의 아들의 위(位, person)는
　　일치한다. 그리스도의 인성은 하나님의 아들이 구체적이고 객관적인 모
　　습으로 나타난 것이라 할 수 있다. 이것은 물론 성령의 사역이다. 성령
　　의 도우심 없이 그리스도께서 몸을 입으시고, 지원을 받으시고 거룩하
　　게 되시고 그의 본성을 유지 보존하실 수 있겠는가? —여기에 대하여
　　고찰해 보기로 하자.
　　　① 그리스도의 인성(human nature)을 떠맡아 직접 행(act)하시는 분
　　은 아들(Son)이시다.
　　　② 아들이 떠맡은 일은 필요하고 모순이 없다. 아들과 그리스도는 인
　　격적으로 연합된 한 분이시다. 또한 아들의 위(person)의 본질로 볼 때
　　나눌 수 없는 본체(Substance)이시다. 이것은 확고하고 흔들리지 않는
　　것이다. 영혼과 육신의 연합으로 인하여 그리스도의 인성이 형성된 것
　　은 아니다. 그러므로 영혼과 육신의 분리에 의해서 결코 그리스도의 인
　　성이 깨어지지 않는다. 왜냐하면 그는 하나님의 아들이시기 때문이다.
　　비록 그가 영혼과 육신의 분리로 말미암아 그의 본성이 일시 붕괴된다
　　고 하더라도 그의 지위나 신분이 흔들리거나 없어지는 것은 아니다.
　　　③ 아들의 인성에 대한 하나님의 모든 일은 자발적으로 되어지는 것
　　이나 계속해서 필연적으로 되어지는 일은 아니다. 왜냐하면 하나의 본
　　질적인 특징이 다른 본질적인 특징으로 전달이 되지 않기 때문이다. 그
　　리고 하나님의 신성에 육체적인 요소가 없고, 탁월하신 신성의 본질이
　　인성과 똑같지 않기 때문이다. 그래서 그리스도는 몸을 입으시고 일정
　　기간 동안 이 땅에 보내심을 받았고 하나님에 의하여 내어줌이 되고 유
　　기(dereliction)됨으로 인성(人性)은 큰 고난을 일순간 받게 되었다. (마

것은 성령 하나님의 독특한 사역이었다. 이에 대하여 우리는 성경에서 다음과 같은 기록들을 살펴볼 수 있다. "그 모친 마리아가 요셉과 정혼하고 동거하기 전에 성령으로 잉태된 것이 나타났더라"(마 1：18), "저에게 잉태된 자는 성령으로 된 것이라"(마 1：20), "천사가 대답하여 가로되 성령이 네게 임하시고 지극히 높으신 이의 능력이 너를 덮으시리니 이러므로 나실 바 거룩한 자는 하나님의 아들이라 일컬으리라"(눅 1：35). 성령의 이 행위는 하나의 창조 행위(act)였다. 물론 그것은 최초의 창조 행위처럼 무에서 모든 만물의 물질을 만들어낸 것은 아니었다. 그것은 이후 계속된 창조 행위와같이 이미 준비된 물질로부터 이전에는 있지 않았던 어떤 무엇을 만들어내는 것이었으며, 그에 참여하는 물질은 그 창조 행위에 대해 어떤 능동적인 영향을 미치거나 그 행위에 동참하여 협력

27：46) 이러한 버리심을 받으심으로 인성적으로는 연합되지 않으셨지만 빛과 위로로 말미암아 자유롭게 교통하시게 되었다. 인성은 전지 전능하신 본체가 거주하시는 곳이 아니다. 예수님의 인성에도 유한한 것이 있는데 그것은 마지막 날을 모르시는 것이다. 그 날은 아버지 외에는 아는 자가 없다고 하셨다. 예수님은 자발적으로 아버지와 교제할 수 있으시다. 그러나 예수님에게는 신성과 인성이 함께 하신다. (참고, 계 1：1)

④ 성령은 모든 외적인 하나님의 사역의 직접적이고 유효한 동인(動因)이시다. 왜냐하면 하나님께서는 성령에 의하여 일하시고 신적인 탁월한 능력을 성령으로 말미암아 역사하도록 적용을 하시기 때문이다.

⑤ 성령은 아버지의 영이시며 아들의 영이시다. 그러므로 아들의 모든 역사는 성령의 역사이며 아버지의 역사이다.

⑥ 성령의 직접적인 역사라도 전적으로 자신에게만 돌릴 수 없고 다른 위(位)에게도 돌려야 한다. 왜냐하면 삼위는 서로 일치하시기 때문이다. 하나님의 본질에서 모든 하나님의 역사와 원리가 시작되는 것이다. 삼위 하나님의 본질(nature)을 하나로(one) 또는 똑같이(the same) 나눌 수(divid)는 없다. 성령은 아버지의 영이시고 아들의 영이시다. 그러므로 모든 신적인 역사에 있어서 아버지는 권위를 가지고 계시고, 아들은 사랑과 지혜를 가지고 계시고, 성령께서는 직접적으로 유효한 일을 하신다고 생각할 수 있다.

한 것이 아니었다. 이렇게 하여 남자는 땅의 흙으로부터 지으심을 받았고, 여자는 남자로부터 취한 갈빗대로 만들어졌다. 마찬가지로, 비록 무한한 능력의 창조 행위에 의해 결과되어진 것이기는 하였지만, 그리스도의 몸 역시 동정녀의 몸으로부터 만들어진 것이었다. 그런데 이것은 다음의 여러 가지 이유들로 인해 필요한 일이었다. ① 그것은, "여자의 후손이 뱀의 머리를 상하게 할 것이니라"는 최초의 약속 때문에 필요하였다. 즉, 말씀은 "육신이 되어야" 했는데, 그 육신은 "여자로부터 만들어져야" 했던 것이다. ②그것은 또한 아브라함과 다윗에게 행한 약속의 성취를 위해 필요하였다. 왜냐하면 그들의 후손들에게서 메시야가 날 것이기 때문이었다. 즉, 나타날 메시야는 "아브라함의 씨"이어야 했고, "육으로는 다윗의 혈통" 가운데서 나셔야 했다. ③이 진리를 확증해 주기 위해 육체의 혈통에 따른 그리스도의 족보가 두 복음서 기자에 의해 기록되어 있는데, 만일 그리스도께서 동정녀의 몸으로부터 나시지 않았더라면 그 기록은 진리일 수도 없었고 타당한 것이 될 수도 없었다. ④이 외에도, 우리가 범죄했던 것과 똑같은 성정으로 고난을 받으셨기 때문에 그리스도께서 우리의 구세주가 되시기에 합당하다는 우리의 믿음 역시 그가 인간이 몸으로부터 태어나셨다는 사실에 기초를 두고 있는 것이다. 왜냐하면, 만일 그가 우리와 같이 되시지 않았더라면, 즉 만일 그가 우리의 성정에 참여한 자가 아니었다면, 그가 행하시고 고난받으신 것이 우리에게 전가될 수 있는 아무런 근거가 없기 때문이다(롬 8:3). 이렇게 그리스도께서 육체로 오시고 고난받으신 것은 모두 우리를 위한 것이었다. 그것은 천사들을 위한 것이 아니었다. 그리스도는 천사들의 성정을 취하시지 않았던 것이다(히 2:16). 이제 우리는 다음의 사실들을 추론해 낼 수 있다.

　1 이제까지 언급한 모든 사실에도 불구하고 주 예수 그리스도는

그 인성과 관련하여 볼 때 "성령의 아들"이라고 말할 수는 없다. 비록 성령께서 아버지의 위치를 담당하셨던 것은 사실이지만, 부모와 자식이라는 관계는 오직 완전한 생식과 출생이라는 관계로부터 일어날 수 있는 것이지, 그 출생의 동인(動因)이 되는 어떤 영향력에 기인하는 것이 아니기 때문이다. 하나의 촛불을 다른 촛불로부터 옮겨 붙일 때 우리는 그것을 그 다른 촛불의 아들이라고 말하지 않는다. 더우기 어떤 사람이 집을 한 채 지을 때 우리는 그 집을 그의 아들이라고 말하지 않는다. 따라서 성령의 인격과 그리스도의 인성 사이에는 창조주와 피조물의 관계 외에 다른 아무런 관계가 없었다.

② 그리스도의 몸을 형성함에 있어서 성령께서 담당하셨던 행위는 그러한 인성을 받아들여 자신과 인격적인 결합을 이루신 아들의 행위와 다른 것이다. 후자의 행위, 즉 아들의 행위는 창조의 행위가 아니었다. 그것은 이루 말로 다할 수 없는 사랑과 지혜의 행위였다. 자신의 몸이 형성되는 순간에 자기를 위하여 준비되고 마련된 인성을 자기 자신의 것으로 취하심으로써, 그는 그 인성이 그 자체로서 개별적으로 존속하는 것을 방지하셨던 것이다.

③ 따라서 우리는 이와 관련하여 다음의 사실을 알아야 한다. 즉, 성령의 창조 행위의 결과로서 그리스도가 동정녀에 의해 수태된 것은 연속적인 시간에 따라 점진적으로 되어진 것이 아니라 한순간에 완성되었다는 사실이다. 왜냐하면 비록 서로 다른 일들을 이루어내는 무한한 능력의 창조 행위들이 그것들 나름대로는 어떤 순서를 가질 수 있을지 모르지만(마치 세상 만물이 6일 동안 차례로 창조되었듯이), 그 각각의 부분들, 곧 특정한 목적을 수행하는 특정한 창조 행위 하나하나는 순간적으로 이루어지기 때문이다. 그리스도의 몸의 형성도 이와 마찬가지였다. 그의 몸은 비록 형성된 이후에는

태어날 때까지 동정녀의 자궁 속에서 성장해갔지만 그 형성 자체는 그 몸을 움직이게 하는 이성을 가진 영혼의 주입과 함께 모두 순간적으로 이루어진 것이었다. 그리고 그리스도의 몸이 수태된 즉시 천사들의 문안이 있었던 것으로 보이기 때문에 그리스도의 인성은 그것이 인자와 결합되기 이전에 그 자체로서 독립적으로 존재할 수 없었음이 분명하다. 왜냐하면 몸이 형성되는 바로 그 순간에 "말씀이 육신이 되었고," 인자가 "한 여자로부터 만들어졌기" 때문이다.

이제 다만 남은 문제는 어떻게 하여서 그리스도의 수태가 성령과 동정녀에게 함께 기인하는 것으로 생각되는지에 대해 살펴보는 것이다. 우리는 다음과 같은 구절들을 성경에서 찾아 볼 수 있다. "보라 처녀가 잉태하여 아들을 낳을 것이요"(사 7:14), "보라 네가 수태하여 아들을 낳으리니…"(눅 1:31). 그러나 또한 우리가 보통 사도신경이라고 부르는 고대의 신조는, "그리스도께서 성령에 의해 잉태되셨고," 다만 "동정녀 마리아에게 나셨다"고 기록하고 있다. 여기서 우리는 다음의 사실을 알아야 한다. 즉, 그리스도께서 수태된 일은 그 능동적이고 효과적인 원인으로서는 성령에 기인하는 것으로 간주되며, 그 수동적이고 물질적인 원인으로서는 동정녀 마리아에게 기인하는 것으로 간주된다는 사실이다. 곧, 전능하신 권능으로 그 일을 실행하신 것은 성령이었지만, 그리스도의 몸이 형성될 수 있는 물질적 바탕이 되었던 것은 동정녀 마리아였다는 말이다.

(2) 마리아와 요셉과 정혼 이유

그리고 이 일이 이루어진 것은 마리아가 요셉과 정혼한 이후였는데 이에는 몇 가지의 이유가 있었다. ①요셉과의 결혼을 통해서 마리아는 그녀의 무흠한 순결을 보호받을 수 있었다. ②하나님께서 마리아와 그녀의 어린 아기를 돌볼 사람을 마련해 주신 것이었다. ③ 그렇게 함으로써 우리의 복된 구세주는 서출(庶出)이라는 오명을 가지지 않고 자라날 수 있었으며, 드디어는 자신의 여러 기사(奇事)를 통해 자기의 기적적인 수태를 증거할 수 있었던 것이다. 그렇게 하지 않았더라면 그의 어머니가 기적적인 수태를 하였다는 사실은 결코 믿어질 수 없었을 것이다. ④마리아가 요셉과 정혼함으로써만, 하나님께서 아브라함과 다윗에게 하신 약속이 성취되었다는 것을 보여주는 그리스도의 족보가 기록될 수 있었다. 왜냐하면 족보의 혈통은 어머니만에 의해서는 합법적으로 연계될 수 없기 때문이다. 따라서 마태가 우리에게 전해주고 있는 족보도 그리스도의 어머니가 합법적으로 정혼하였던 남편 요셉의 족보인 것이다. 뿐만 아니라, 정작 동정녀의 조상들의 혈통을 따라 그리스도의 족보를 전해 주고 있는 누가 역시 동정녀의 이름을 열거하지 않고 다만 그녀가 요셉과 정혼한 것을 말한 다음, 그녀의 아버지 헬리(Heli)로부터 족보를 시작하고 있는 것이다.(눅 3 : 23)

(3)기적적인 수태를 통해 태어나신 그리스도의 영혼과 육체의 순결성과 거룩성

이렇게 그리스도의 몸은 성령의 직접적인 권능에 의해 기적적으로 창조되었기 때문에 그의 거룩한 영혼이 거주하기에 알맞은 곳이 되었다. 우리는 모두 일반적으로 부패된 본성과 함께, 분쟁을 일으키는 여러 가지 악한 성질들을 가지고 있다. 그리하여 어떤 사람은 화내기를 잘하고 어떤 사람은 변덕부리기를 잘하며, 또 어떤 사람들은 호색하고 어떤 사람들은 게으름을 피운다. 그러나 그리스도의 몸은 완전히 순결하고 올바르기 때문에 그의 성질 속에는 완전한 거룩함으로부터 이탈하려는 성향이 조금도 없었다. 그의 타고난 기질들은 완전히 조화되어 있었기 때문에 그는 사랑과 온유와 관용과 자비와 양선을 행할 수 있었는데, 이와 반대되는 경향을 가지는 아무런 행동도 할 수 없었던 그에게 이것은 당연한 것이었다. 마찬가지의 이유로, 그는 인간 본성에 속하고 그 본성이 영화롭게 될 때까지 그 본성으로부터 분리될 수 없는 여러 가지 약점들은 가지고 있었지만, 우리의 악한 성질로 인해 우리의 인격에 붙어 있는 특정한 약점들과 우리가 육신을 사용함에 있어서 나타내는 비정상적인 것은 하나도 가지지 않으셨다. 슬픔이나 비탄과 같이 고통거리가 될 수 있는 우리 마음의 본래적인 격정들은 그에게도 있었다. 또한, 배고픔과 목마름, 그리고 곤고함과 같이 육체에 고통을 주는 여러 가지 신체적인 약점들도 역시 그에게 있었다(그렇다, 그의 거룩한 성질의 순결함으로 인해 그는 다른 어떤 인간의 아이들보다도 더욱 그러한 고통들에 대해 민감하였을 것이다). 그러나 우리에게 개인적으로 붙어 있는 우리의 육체적인 질병이나 혼란된 성격 같은 것은 그에게 전혀 있지 않았던 것이다.

(4)성령에 의해 이루어진 그리스도의 성화

이와 같이 기적적으로 형성된 그리스도의 인성은 수태되는 순간 성화되었으며, 또한 성장하는 각 단계에 따라 그에 알맞는 은혜로 채워졌다. 자연적인 출생에 의해 태어나지 않았기 때문에 그리스도의 인성은 아담으로부터 내려오는 원죄의 흔적을 조금도 가지지 않았다. 즉, 그것은 아무런 죄의 지배도 받을 수 없었으며, 마치 창조되던 날의 아담과 같이 절대적으로 무죄하고 무흠하였다. 그러나 이것이 전부가 아니다. 그리스도의 인성은 또한 성령에 의해 모든 은혜로 채워졌던 것이다. 이것은 그리스도가 어떤 새로운 종류의 인품을 부여받았다는 것을 말하는 것이 아니라, 종전에 인간들이 가지고 있던 것을 훨씬 더 높은 정도로 실행할 수 있었다는 것을 뜻하는 것이다. "이새의 줄기에서 한 싹이 나며 그 뿌리에서 한 가지가 나서 결실할 것이요"(이 말은 명백히 그리스도의 성육신을 말하는 것이다), "여호와의 신 곧 지혜와 총명의 신이요 모략과 재능의 신이요 지식과 여호와를 경외하는 신이 그 위에 강림하시리니 그가 여호와를 경외함으로 즐거움을 삼을 것이라"(사 11:1, 2, 3). 이 약속의 말씀은 분명히 성령이 그리스도에게 임하시어 행하실 여러 활동들을 내포하고 있다. 그러나 그 안에서 일차적으로 의도되고 있는 것은 바로 성령께서 동정녀의 자궁 속에서 행하실 최초의 일, 곧 성화의 작업인 것이다. 비록 몸의 각 기관들이 합당한 여건을 갖출 때까지 실제적으로 은혜의 행동들을 실행하지는 않았지만, 그리스도의 영혼은 그것이 주입되던 최초의 순간부터 그러한 은혜를 충만히 이룰 수 있는 그의 몸의 주체였던 것이다. 이와같이, 그리스도의 몸이 그 주체로서의 영혼을 부여받았던 것은 성령의 최초의 성화 작업에 의해서였던 것이다.[29]

계속하여 수행된 성령의 성화 작업에서, 우리는 다음의 두 가지 사실을 주목해야 한다. ①예수 그리스도께서 인간으로서 행하신 모든 은혜의 미덕들은 그의 영혼이 가진 이성의 힘과 분별력 및 그의 의지와 애정으로 행한 것이었다. 즉, 그는 "여자에게서 나시고, 율법 아래서 나신" 한 인간으로서 그 모든 미덕을 행하였던 것이다. 그의 신성은 결코 그의 인간적인 영혼의 지위를 대신하지도 않았으며

---

29) 요한복음 3:34 참조.
　　오웬 박사는 히브리서 1:1을 강해하면서 그 목적을 설명하였다. 여기에 대해서는 에드워드 윌리암스(Dr. Edward Williams) 박사가 4권의 책을 출판하였다. 이 책은 매우 값진 것이며 복음적인 교수나 학생들에게 희망을 주었다.

(몇몇 고대의 학자들이 허황되이 상상하였던 대로), 그가 행하였던 일들의 직접적인 원인으로서 작용하지도 않았다. 죄를 제외하고 모든 것에서 우리와 꼭 같은 하나의 완전한 인간이었던 그에게 있어서 모든 도덕적인 행위들이 직접적인 원칙이 되었던 것은 바로 그의 이성을 가진 영혼이었던 것이다. 그러한 도덕적인 행위들의 개선과 실행에 있어서 그는 다른 사람과 똑같이 점진적인 발전을 이루었으며, 이러한 발전은 아울러 은혜에 있어서의 진보를 함께 수반하였다(눅 2:40). "아기가 자라며 강하여졌다"는 말은 곧 그 키가 자라고 그 마음의 능력들이 강하여졌다는 말이다(52절). 그는 그의 마음의 능력들이 자라감에 따라 계속적으로 새로운 정도의 지혜를 채우고 또 채움을 받았던 것이다($\pi\lambda\eta\rho o\upsilon\mu\epsilon\nu o s\ \delta o\varphi\iota\alpha s$). 그런데 은혜와 지혜에 있어서의 이같은 성장은 성령의 특별한 사역이었다. 말하자면, 아기가 자라서 그 마음의 능력들이 점차적으로 확대됨에 따라 성령께서 그 마음을 실제적인 순종에 필요한 은혜로 채웠던 것이다. ②그리스도의 인성은 이전에는 단순히 무지하였던 것으로 새로이 제시되는 대상들을 가질 수 있었다. 그리고 이러한 무지는 피곤함이나 배고픔과 같이 인간의 본성으로부터 분리될 수 없는 것이기는 하지만 결코 악이나 비난받을 결점은 아니다. 꼭 알아야 할 것이나 의무 이행에 필요한 것을 모르는 일은 확실히 도덕적인 결함이며, 이러한 일이 그리스도에게 있을 수 없다. 그러나 단순히 어떤 일을 모르는 것이기 때문에, 새로이 제시되는 대상을 모르는 일은 다만 무한한 전지(全知)에 대한 부정에 지나지 않으며, 지극히 거룩한 인성과도 모순되지 않는다. 따라서 우리 주님께서는 자신에 관하여 말하면서, 자기는 "만물의 마지막이 이르는 날과 때를 알지 못한다"고 하였으며, 히브리서의 기자 역시 그에 관하여, 그가 "받으신 고난으로 순종함을 배웠다"(히 5:8)고 말하고 있다. 자신의 인

성에 대해 새로이 제시되는 사물들을 설명함에 있어서 보여준 그리스도의 지혜는 객관적으로 증가된 것이었으며, 그는 계속해서 새로운 시련들을 통해 새로운 은혜의 실행을 경험적으로 배워갔던 것이다. 그리고 이 모든 것은 전부가 그의 안에 충만히 거하셨던 성령의 지속적인 역사였다. 말하자면, 그리스도는 성령의 역사로 인해 언제나 거룩하였을 뿐만 아니라 전체적이고도 보편적으로 거룩함을 실행하셨던 것이다.

(5) 세례때 받은 권능과 은사들

성령은 그리스도에게 모든 비범한 권능과 은사들을 부어 주셨는데, 그것들은 모두가 그의 임무 수행에 필요한 것이었다. "여호와의 신이 내게 임하셨으니 이는 여호와께서 내게 기름을 부으사 가난한 자에게 아름다운 소식을 전하게 하려 하심이라 나를 보내사 마음 상한 자를 고치며 포로된 자에게 자유를, 갇힌 자에게 놓임을 전파하게 하려 하심이니라"(사 61 : 1). 여기서 의도되고 있는 것은 그리스도의 선지자적인 임무인데, 이 임무는 그가 지상에 있을 때 가장 중요하게 여기고 수행하였던 것일 뿐만 아니라, 그것에 의해서 그는 그의 다른 임무들의 성격과 목적을 사람들에게 가르칠 수 있었던 것이다. 그런데 그가 이러한 일을 할 수 있었던 것은 그가 세례 때 받은 바, 성령의 기름부음이 있었기 때문이었다. 왜냐하면, 그 때에서야 비로소 그는 그가 선지자적인 임무에 대해 하나님의 부르심을 받았다는 사실을 확신하고 또한 그것을 남들에게 증거해줄 수 있고 눈에 보이는 증거를 가질 수 있었기 때문이다. "예수께서 세례를 받으시고 곧 물에서 올라 오실새 하늘이 열리고 하나님의 성령이 비둘기같이 내려 자기 위에 임하심을 보시더니 하늘로서 소리가 있어 말씀하시되 이는 내 사랑하는 아들이요 내 기뻐하는 자라

하시니라"(마 3 : 16, 17). 이렇게 함으로써 그의 사역에 대한 하늘의 위대한 인치심이 이루어졌던 것이다(요 6 : 27). 이제 그는 완전하게 자신의 공적인 사역을 시작하였고, 전적으로 그 일에 자기 자신을 헌신하였다. 이 일이 있기 전에는 그는 다만 이따금씩만 하나님께서 그와 함께 하심을 나타내 보일 뿐이었는데, 이것은 자신의 사역에 대해 인간들의 마음을 준비시키기 위한 것이었다. 이의 한 예로 우리는 성전에서 선생들과 강론함으로써 사람들을 놀라게 했던 일을 들 수 있다(눅 2 : 47). 그러나 비록 그가 그의 사적인 생애 동안 많은 그와같은 기이한 행동들을 보였을 수 있긴 하지만, 세례를 받을 때까지 그는 결코 자신의 일에 필요한 은사들을 충만히 받은 것이 아니었다. 이 문제에 대하여 성경도 이내 언급하기를, "예수께서 성령의 충만함을 입어…"라고 기록하고 있다(눅 4 : 1). 즉, 그는 이전에는 계속해서 성령으로 채워지고 있었으나, 이제는 "성령으로 충만하게" 되었다는 것이다($\pi\lambda\eta\rho\eta\varsigma\ \pi\nu\epsilon\upsilon\mu\alpha\tau o\varsigma\ \acute\alpha\gamma\iota\varsigma$). 말하자면, 그는 이제 그가 필요로 했던, 아니 그의 인성이 받아들일 수 있었던 가능한 한 모든 영적인 은사들을 충만히 소유하게 되었다는 말이다. 이와 관련하여 복음서 기자는, "하나님께서 그에게 성령을 한량없이 주셨나"고 말하고 있다(요 3 : 34). "우리 각 사람에게는 그리스도의 선물의 분량대로 은혜를 주셨다"(엡 4 : 7). 즉, 우리에게는 그리스도께서 나누어 주고 싶으신 분량의 은혜가 주어졌다는 말이다. 그러나 주 예수 그리스도에게는 성령이 한량없이 주어졌던 것이며, 이를 통하여 하나님께서는 자신의 뜻을 성취하셨던 것이다. 곧, 아버지께서는 "모든 충만으로 예수 안에 거하게 하시고 그로 하여금 친히 모든 만물의 으뜸이 되게 하셨던 것이다."(골 1 : 19)

이처럼 그리스도께서 자신의 사역을 확증하기 위해 행하셨던 여러 가지 위대한 이적들은 성령의 권능에 의한 것이었다. 따라서 성경은, "하나님께서 나사렛 예수로 큰 권능과 기사와 표적을 너희 가운데서 베푸사 너희 앞에서 그를 증거하셨느니라"고 기록하고 있다(행 2:22). 마찬가지로, 그가 귀신을 쫓아냈을 때에도 그것은 "하나님의 손을 힘입어" 행한 것이라고 되어 있다(눅 11:20). 말하자면, 그것은 성령에 의해 발휘된 하나님의 무한한 권능으로 되어진 것이었다. 따라서 유대인들이 그 일을 바알세불에 기인하는 것이라고 말하자, 예수께서는 그들에게 그들이 성령을 훼방하였다고 말하고 있다(마 12:28, 3). 이렇게 하여 이같은 위대한 이적들은 그 안에 나타난 성령의 능력으로 인해 권능(powers, $\delta\upsilon\nu\alpha\mu\epsilon\iota\varsigma$) 이라고 불리운다(막 6:5;9:39;눅 4:36;5:17;6:19;8:46;9:1). 이러한 권능의 시행은 곧 그리스도가 하나님의 아들이라는 성령의 증거를 확증해 주는 것이었으며, 따라서 유대인들의 확신을 위해 꼭 필요한 일이었다.

그리스도께서는 그 자신의 모든 사역과 받으신 시험과 순종과 고난을 통해, 성령에 의해 인도되고 위로받고 도움받았다. 이에 대해서는 몇 가지 경우를 살펴보는 것으로 충분할 것이다. 세례를 받으신 직후 예수께서는, "성령에게 이끌리어 마귀에게 시험을 받으러 광야로 가셨다." 그렇게 하심으로써 그는 자기의 사역을 시작하셨던 것이다. 그런데 여기에서 우리는 만일 우리가 그리스도를 좇아 복음을 전파하는 일에 참여하려 할 때 우리가 알아야 할 것이 무엇인지를 배울 수 있다. 즉, 그리스도께서는 성령의 도움을 통해 그의 모든 시험에서 승리하였으며, 그때는 물론 그 이후로도 모든 수단과 방법을 동원하여 그의 일을 방해하려고 노력하였던 그의 대적들로부터 완전한 승리를 거두었다는 사실이다. 이제 시험을 마치신 그리스도는 광야로부터 돌아와, "성령의 권능으로" 복음을 전파하셨다

(눅 4 : 14). 그리고 그 이후, 나사렛에서 행한 첫번째 설교에서도 그는 다음과 같은 선지자 이사야의 글을 자기의 설교의 본문으로 사용하셨다. "주의 성령이 내게 임하셨으니 이는 가난한 자에게 복음을 전하게 하시려고 내게 기름을 부으셨음이라"(눅 4 : 18). 이 설교의 결과로서 성경은 "저희가 다 그를 증거하고 그 입으로 나오는 바 은혜로운 말을 기이히 여겼다"고 기록하고 있다(22절). 이처럼 성령의 권능으로 자신의 사역을 시작하셨던 그리스도는 그 이후로도 계속하여 모든 사람들이 놀랄 만한 지혜와 능력과, 은혜와 지식을 발휘할 수 있었으며, 이러한 그의 능력은 광란과 불신을 일삼는 그의 대적들의 입을 다물게 하였던 것이다. 그의 전 생애에서, 그의 모든 시험과 고통과 고난에서, 그리스도는 처음부터 끝까지 오직 성령에 의해서 인도되고, 힘을 얻고, 위로를 받았던 것이다. 실로 우리는 그의 모든 생애나 사역에서 그와 같은 성령의 도움과 위로를 발견할 수 있는데, 그가 우리를 위해 담당하셨던 수치의 대부분도 이 범주에 속하는 것이다. 이것은 하나님께서 그에게 약속한 것이었고, 그도 또한 예견했던 것이었다(사 50 : 7, 8 ; 42 : 4, 6 ; 49 : 5, 8). 이제 알 수 있는 대로, 인성을 가진 그리스도에게 전달되었던 거룩한 성품은 모두가 나 성령의 역사에 기인하는 것이었다.

(6) 성령을 통해 자신을 희생 제물로 드리심

그리스도께서는 영원하신 성령으로 말미암아 자기를 하나님께 드렸다(히 9 : 14). 그리스도의 죽음의 외적인 부분만을 주목하는 사람들은 그 죽음에서 고난 외에는 아무것도 볼 수가 없다. 말하자면, 유대인들이 그를 잡아 군병들과 함께 그를 채찍질하고 십자가에 매달아 죽였던 것이다. 그러나 그 사건에서 중요하게 관찰되어야 할 것은 그가 죄인들을 속하기 위하여 스스로 그 자신을 하나님께 희생제물로 드렸다는 측면이다. 바로 이러한 측면이 그 사건에서 볼 수 있는 외부적인 광포한 행위들에 가리워 세상에 드러나지 않았던 것이다. 그런데 이렇게 그리스도께서 자기를 희생제물로 드렸던 것은 영원하신 성령으로 말미암은 것이었다. 여기에서 우리는 다음의 사항들을 알 수 있다.

①그리스도께서는 "그에게 주신 자들을 위하여"(즉, 하나님의 택하신 자들을 위하여), 자신을 성화하고 헌신하여 하나님께 희생제물로 드리셨다(요 17 : 9). 그는 이전에 이미 자신의 모든 내재적인 거룩함에 대하여 완전하게 성화되었다. 그러나 이제 그는 하나의 희생제물이 되기 위하여 자신을 헌신하였던 것이다. 이것은 마치 구약 시대에 있어 꼭 같은 목적을 위해 희생으로 드릴 짐승을 성별하였던 것과 마찬가지이다. 그가 자신을 성화하고 그 몸을 단번에 드리심으로 우리가 거룩함을 얻게 된 것이다(히 10 : 10). 이것은 그의 최초의 제사장으로서의 행동이었는데, 그는 이것을 그의 안에 계시는 영원하신 성령의 역사를 통해 이루셨던 것이다.

②그리스도는 자원하여 희생의 뜰로 나아갔는데, 이것은 율법에 따라 희생물을 성막 앞으로 끌어 오던 일에 상응하는 것이었다. 말하자면 그는 그곳에서 그의 피를 흘리게 할 사람들의 손에 자신을 내어 주었을 뿐만 아니라, 동시에 실제적으로는 그러한 고통 가운데서 자신을 하나님께 희생제물로 드렸던 것이다. 그때 그는 "심한 통곡과 눈물로 간구와 소원을 올렸다"고 기록되어 있는데(히 5 : 7), 이것은 그가 드린 제물의 내용을 말하는 것이 아니라, 그 방식을 말하는 것이다.

③뒤이어 계속된 일의 모든 과정에서도 그리스도께서는 자기의 영혼이 떠나는 순간까지 자신을 하나님께 드렸는데, 이것도 역시 마지막까지 그와 동행하며 그의 안에서 역사하셨던 성령의 은혜의 행

위들에 의한 것이었다. 이러한 성령의 은혜의 행위들은 부지런히 연구할 필요가 있는데, 그 이유는 죽음을 통한 그리스도의 속죄의 효험과 공로가 그 은혜의 행위들에 의존하고 있기 때문이다. 따라서 우리는 그리스도의 존엄하신 인격에 의해 더욱 더 신장되고 훌륭하게 되었던 이 은혜들이 무엇이었는지에 대하여 물음을 제기해 볼 수 있다.

1 그것은 인류를 향한 사랑과 죄인들을 향한 사랑이었다. 이 사실은 그리스도의 희생이 언급되는 곳에서 빈번하게 거론되고 있다. "이제 내가 육체 가운데 사는 것은 나를 사랑하사 나를 위하여 자기 몸을 버리신…"(갈 2 : 20), "우리를 사랑하사 그의 피로 우리 죄에서 우리를 해방하시고…"(계 1 : 5). 뿐만 아니라, 사랑은 대제사장에게 요구되는 가장 큰 덕목이었다(히 5 : 2). 사랑은 주 예수 그리스도의 거룩한 영혼 속에서 당시 최고조에 달해 있었으며, 가장 믿을 수 없을 만큼 진보해 있었다. 그리고 그러한 강렬한 사랑이 모든 그의 고난을 통하여 그를 지탱해 주었던 것이다. 마치 야곱이 라헬을 연모하는 까닭에 7년의 봉사를 수일같이 여겼듯이, 그리스도께서도 그의 택하신 자들을 구원한다는 기쁨에 "십자가를 참으시고 부끄러움을 개의치 않았던 것이다."

2 그리스도의 마음을 전체적으로 움직였던 가장 중요한 요인은 하나님의 영광을 위한 그의 말로 다할 수 없는 열정과 애정이었다. 이 열정은 바로 격렬한 불꽃으로 그의 희생을 불살랐던 석탄이었다. 이러한 열정으로 그가 의도하였던 것은 두 가지였다. ① 하나님의 의로우심과 거룩하심 및 죄에 대하여 단호하심을 드러내려고 하였다. 이것은 곧 죄에 의하여 손상된 하나님의 영광을 회복하는 것이었고, 죄에 대하여 하나님의 공의를 만족시키는 것이었으며, 하나님의 의를 선포하기 위해 그리스도 자신이 화목제물이 되는 것이었

다. 그리스도께서는 지극한 열정과 열심있는 마음으로 이 일을 행하시기 위해 오셨던 것이다. 그는 말하기를, "보시옵소서 두루마리 책에 나를 가리켜 기록한 것과 같이 하나님의 뜻을 행하러 왔나이다"고 하였다. 그리고 고난받으실 준비를 하시면서 그는 또한, "내가 고난을 받기 전에 너희와 함께 이 유월절 먹기를 원하고 원하였노라"고 말하였으며(눅 22:15), 또 어떤 때는, "나는 받을 세례가 있으니 그 이루기까지 나의 답답함이 어떠하겠느냐"고 하였다 (눅 12:50). 말하자면, 그의 열정은 실제로 그가 그 위대한 일에 참여하게 될 때까지 조금도 그를 쉬지 못하게 하였던 것이다. ②예수 그리스도는 또한 자신의 은혜와 사랑의 실행을 의도하셨다. 그는 그렇게 하는 것이 곧 은혜와 사랑을 죄인들에게 부어주어 그들로 하여금 하나님의 영광에 이르게 하는 길이라는 사실을 알고 있었다. 왜냐하면, 그것은 바로 하나님의 전체적인 계획이었기 때문이다(롬 3:24이하). 하나님의 영광의 의와 은혜를 향한 이러한 열정과 애정은 영원하신 성령에 의해 그리스도의 마음 속에 새겨졌던 것인데, 그것이 곧 그리스도께서 자신을 하나님께 바쳐 드릴 수 있었던 중요한 요인이 되었다.

③ 하나님의 뜻에 대한 그리스도의 거룩한 복종과 순종은 (당시 그리스도의 하나님에 대한 순종은 최고조에 달해 있었으며, 그에 따라 은혜도 최고로 충만해 있었다) 그가 자신을 하나님께 바쳐 드렸던 일의 또 다른 특별한 부분이었다. "그는 자기를 낮추시고 죽기까지 복종하셨으니 곧 십자가에 죽으심이라"(빌 2:8), "그가 아들이시라도 받으신 고난으로 순종함을 배우셨다"(히 5:8). 이것은 곧 그가 고난 가운데서 순종을 체험하였다는 말이다. 물론, 그가 전 생애를 통하여 항상 하나님께 복종하였던 것은 사실이다. 그러나 이제 그는 아버지의 특별한 명령, 즉 목숨을 버리고 그의 영혼을 속건

제물로 드리라는 명령과 관련하여 순종에 대한 커다란 시험에 직면하게 되었던 것이다(사 53:10). 그것은 그때까지 없었고 그 이후로도 영원토록 다시 없을, 최고의 순종의 행위였다. 따라서 하나님께서도 그에 대하여 최고의 만족을 표명하셨던 것이다(사 53:11, 12;빌 2:9, 10). 이러한 거룩한 순종도 역시 영원하신 성령에 의해 그리스도의 마음에 새겨진 것이었기 때문에 그리스도는 성령에 의해 자신을 하나님께 드렸다고 말할 수 있다.

④ 하나님과 그분의 약속에 따라 보여주었던 믿음과 신뢰 역시 그리스도가 드린 희생의 일부였다. 그런데, 이런 믿음은 ①그리스도 자신과 관계되는 것이었다. 즉, 그는 자신의 임무를 수행하여 복된 결과를 가져올 수 있도록 도움과 협조를 받아야 했다는 말이다. "내가 그를 의지하리라"(히 2:13). 그런데 그리스도께서, "내 하나님이여 내 하나님이여 어찌 나를 버리셨나이까"(시 22:1) 라고 부르짖으셨을 때까지 그는 이 믿음의 문제에 있어서 사단으로부터 처참한 공격을 받았다는 사실을 필자는 고백하지 않을 수 없다. 그러나 결국에 가서, 그리고 모든 무시무시한 시험들을 통해 그의 믿음은 승리를 거두었던 것이다(시 22:9, 10, 11;마 27:43;사 50:7, 8, 9). ②이러한 그의 믿음은 약속과 관계되는 것이었다. 이제 흘린 바 그의 피는 언약의 피였다. 즉, 그것은 교회를 위하여 흘린 피로서, 약속의 축복들이 그들에게 전달되도록 하기 위한 것이었다(갈 3:13, 14). 이렇게 언약과 관련하여 보여 주었던 그리스도의 믿음은 그의 기도에서도 역력히 나타나고 있다.(요 17장)

그리스도의 영혼의 이러한 은혜로운 행위들은 그로 하여금 죽음을 통해 자원하여 자신을 죄에 대한 희생제물로 드릴 수 있게 하였던 수단이었다(그의 죽음은 그에 사용된 외적인 도구들로 볼 때는 하나의 광포한 사건이었고, 율법의 판결로 볼 때는 하나의 형벌이었다). 또한 그러한 은혜의 행위들은 그의 존엄한 인격으로 인해 그 효력을 발할 수 있었던 것들이었는데, 만일 그것들이 없었다면 그의 죽음은 제물로 인정될 수가 없었을 것이다. 그러한 행위들이 있었기 때문에 그의 희생은 하나님께 향기로운 제물이 될 수 있었다(엡 5 : 2). 하나님께서는 그의 그러한 높고도 영광스러운 은혜와 순종의 행위들에 대해 절대적으로 만족하고 기뻐했기 때문에 인간들을 위하여 그 향기를 흠향하셨던 것이다. 말하자면 그는 아담의 범죄로 인하여 노하셨던 것보다 훨씬 더 그리스도의 순종에 대하여 기뻐하셨던 것이다. 이 모든 것들이 전부 성령에 의해 그리스도의 인성 안에서 이루어진 것이었기 때문에 그는 영원하신 성령을 통해 자신을 하나님께 드렸다고 할 수 있는 것이다.

(7)성령에 의한 부활과 영화

예수 그리스도께서 죽은 자의 상태로 있을 동안 성령께서 그를 위하여 행하신 특별한 사역이 있었다. 예수께서는 그의 거룩한 영혼을 아버지 하나님의 손에 맡기셨는데(시 31 : 5 ; 눅 23 : 46), 그에 따라 하나님께서는 죽음에서까지 그를 보호하셨으며, 또한 다시 그에게 "생명의 길"(시 16 : 11)을 보여 주셨던 것이다. 또한, 무덤에 있었던 그의 거룩한 몸 역시 성령의 특별한 보호 아래 있었는데, 이것은, "내 영혼을 음부에 버리지 아니하시며 주의 거룩한 자로 썩지 않게 하실 것이라"는 위대한 약속의 말씀을 이루기 위한 것이었다(시 16 : 10 ; 행 2 : 31). 여기서 주의 거룩한 자란 곧 그리스도의 몸을 말하는 것이다. 그 몸은 성령의 권능에 의해 수태됨으로써 거룩한 것이 되었다. 그것은 그의 영혼과 구별되는 것이며, 베드로가 지적했듯이 "썩음을 당하였던" 다윗의 죽은 몸과도 다른 것이다. 이러한 순결하고 거룩한 몸체가 성령의 권능에 의해 순전하게 보존되었기 때문에 여타의 죽은 몸체가 받게 되는 아무런 변화도 받지 않을 수 있었던 것이다.

　그리스도의 부활에서도 성령의 독특한 사역을 볼 수 있다.[30] "육체로는 죽임을 당하시고 영으로는 살리심을 받으셨으니"($\zeta\omega\sigma\pi\iota\eta\theta\varepsilon\iota\varsigma\ \tau\omega\ \pi\nu\varepsilon\upsilon\mu\alpha\tau\iota$), 곧 그는 성령에 의해 다시 살게 되었던 것이다(벧전 3 : 18, 19, 20). 이 영은 태초부터 선지자들에게 있었던 것이다. 또한 그리스도는 영으로 노아 시대의 순종치 않던 세대들에게 전파하셨다(벧전 1 : 11, 12 ; 벧후 2 : 5). 다음과 같은 바울 사도의 가르침 역시 같은 의미이다. "예수를 죽은 자 가운데서 살리신 이의 영이 너희 안에 거하시면 그리스도 예수를 죽은 자 가운데서 살리신 이가 너희 안에 거하시는 그의 영으로 말미암아 너희 죽을 몸도 살리시리라"(롬 8 : 11). 하나님께서는 그리스도를 죽은 자 가운데서 일으켰던 것과 똑 같은 영으로 우리의 죽을 몸을 살리실 것이라는 말이다. 또다른 곳에서 사도 바울은 또한, 에베소 교인들 가운

---

30) 그리스도의 부활은 아버지(Father)께서 하신 사역이다. "하나님께서 사망의 고통을 풀어 살리셨으니 이는 그가 사망에게 매여 있을 수 없음이라."(행 2 : 24) 하나님은 그리스도에게 고통스러우 아픔을 주시고 죽음으로 그 고통을 종식시키셨나. 여기에서 우리는 그리스도의 아픔을 헤아릴 수 있다. 그리고 사망의 권세 아래 계셨던 주님을 볼 수 있다. 하나님께서 아들을 죽음에 두신 것은 율법을 만족하게 이루신 것이다. 그리스도께서는 친히 당신의 몸으로 아버지의 뜻을 이루어 드렸다. 이 일은 성부께서 행하신 일이었고 갇힌자들을 구원하신 것이었고 율법을 응하게 하신 일이었다.
　여기에 대하여 예수님께서 다음과 같이 말씀하셨다, "아버지께서 나를 사랑하시는 것은 내가 다시 목숨을 얻기 위하여 목숨을 버리노라. 이를 내게서 빼앗는 자가 있는 것이 아니라 내가 스스로 버리노라 나는 버릴 권세도 있고 다시 얻을 권세도 있으니 이 계명은 내 아버지에게서 받았노라 하시니라."(요 10 : 17, 18) 예수님은 이 말씀과 같이 다시 생명을 가지셨다. 이것은 아버지의 사랑과 권세로 말미암은 일이다. 비록 그의 인성이 죽으셨으나 다시 살아 나셨다. 그리스도의 영혼과 몸이 다시 결합된 것은 성령의 특별하신 역사로 된 일이다.

데서 성령이 역사하시어 그들이 그리스도를 죽은 자들 가운데서 다시 살리신 그 능력의 크심이 어떠한 것인가를 체험할 수 있게 해달라고 기도하고 있다(엡 1:17 이하). 뿐만 아니라 그리스도께서 부활하시어 하나님의 아들로 인정되신 것도 "성결의 영", 곧 성령을 따라 된 것이다(롬 1:4). "영으로 의롭다 하심을 입으시고"(딤전 3:16) 라는 표현도 역시 이와 같은 의미이다. 곧, 하나님께서는 성육신과 그에 따르는 고통을 통해서 육신으로 나타난 바 되셨고, 성령의 전능하신 역사를 통해 죽은 자들 가운데서 부활하시어 사망의 형벌로부터 면죄된 것을 선포하심으로써, 영으로 의롭다 하심을 입으신 바 되었던 것이다.

성령은 그리스도의 인성을 영화롭게 하여 그것을 모든 면에서 하나님의 우편에 영원토록 거하기에 적합하도록 만들었으며, 따라서 모든 믿는 자들의 육체가 영화롭게 될 수 있는 모범이 되게 하셨다. 처음에 그리스도의 인성을 거룩하게 만들었던 그분이 이제 그것을 또 한 번 영화롭게 만드신 것이다. 우리가 성령에 의해 우리의 영혼에서 그리스도의 형상을 따라 새롭게 되었듯이, 이제 그리스도의 몸이 영화롭게 된 것도 우리가 같은 성령을 통해 우리의 죽을 몸으로 받게 될 영광에 대한 모범과 본보기가 되기 위한 것이었다. (빌 3:21)

2. 그리스도를 증거하시는 성령

이제까지 살펴본 것들이 교회의 머리이신 그리스도의 인성과 관련하여 역사하셨던 중요한 성령의 사역들이었다. 이 문제에 대해 우리는 거의 조금밖에 살펴보지 못했다는 것을 필자는 고백한다. 우리는 다만 명백하게 드러난 것만을 받아 간직하기를 원한다. 오직 확실한 것은, 만일 우리가 그분의 것이라면 우리는 모든 것에 있어 그분과 같이 되도록 예정되어 있다는 사실이며, 그것도 똑같은 성령의 강한 역사를 통해서 그렇게 될 것이라는 사실이다. 하나님의 사랑과 은혜를 부어 주심으로써 성령께서 우리의 본성에 대해 이루셨던·놀라운 역사를 상고해 보면 우리는 말할 수 없는 위로를 받게 된다. 마찬가지로, 성령께서 우리의 믿음과 기도를 인도하시어 우리로 하여금 그리스도를 닮아가게 한다는 사실 또한 우리에게는 굉장한 유익을 주는 것이다. 따라서 우리는 이 문제에 있어서 우리가 이해할 수 있는 것을 우리의 마음 속에 간직하여야 한다. 그것의 놀라운 깊이야말로 우리의 경탄과 찬양의 대상인 것이다.

　그러나 성령에 또 하나의 사역이 있다. 직접적으로 그리스도의 인격에 대해 행하신 것이 아니라 그를 위해서 행하신 이 사역은 바로 그리스도가 메시야, 곧 하나님의 아들이라는 사실을 증거하는 일이었다. 우리 주님께서 이 세상에서 어떠한 비난을 받았으며, 또 죽음에 의해 얼마나 굴욕적으로 이 세상 밖으로 쫓겨났는지에 대해 우리는 잘 알고 있다. 따라서 그의 죽음 후에는 지옥과 천국이 깊이 관여되는 굉장한 싸움이 뒤따랐던 것이다. 세상은 모두, 그 통치자들은 물론 그 지혜있는 사들과 함께 그리스도가 사기꾼이요 유혹자요 악인으로서 정당하게 벌을 받았다고 주장하였다. 반면, 그리스도는 열 두 사도들을 택하시어, 그의 거룩한 생(生)과 그가 전파했던 순전한 말씀, 및 그와 관련된 예언들의 성취에 대하여 증거하게 하셨다. 그러나 과연 무엇이, 비록 정직하긴 했지만 연약하였던 열 두 사람의 증거로 하여금 세상의 주장과 맞서 싸워 이기도록 할 수 있었는가? 그것은 곧, 그리스도를 증거하는 그 일이 모든 것 위에 뛰어나시며 자신의 증거를 승하게 하실 수 있는 성령의 손에 맡겨졌기 때문이었다. "보혜사 곧 아버지께로서 나오시는 진리의 성령이

오실 때에 그가 나를 증거하실 것이요"(요 15 : 26). 따라서 사도들
도 "우리는 이 일에 증인이요…성령도 그러하니라"고 주장하였다.
그리고 성령의 증거의 방법에 대해 성경은, "하나님도 표적들과 기
사들과 여러 가지 능력과 및 자기 뜻을 따라 성령의 나눠 주신 것
으로써 저희와 함께 증거하셨느니라"고 기록하고 있다(히 2 : 4). 즉,
하나님께서 여러 가지 기적들을 계획하신 것은 예수의 인격, 곧 그
가 실로 하나님의 아들로서 하나님에 의해 소유되고 높여졌다는 사
실을 증거하기 위한 것이었다. 따라서 이러한 성령의 증거와 아울
러 복음과 함께 동반하였던 능력에 의해 모든 인류는 믿음의 순종
에 굴복하게 되었던 것이다.

3. 그리스도를 올바로 알고 사랑할 수 있게 하는 방법과 수단으로서의 성령

이러한 고찰들을 통해 우리는 예수 그리스도에 대한 지식으로 들
어갈 수 있다. 이러한 예수 그리스도에 대한 지식은 너무나도 필요
하고 유용한 것이며, 성경에서 누차 우리에게 권고하고 있는 것이다.
이러한 지식을 전적으로 무시하는 것은 물론이거니와, 부당한 수단
들을 통해 그러한 지식을 배우는 것도(마치 교황 예찬자들이 환상
과 그림을 사용하는 것처럼), 모두가 다 인간의 영혼에 유해한 일들
이다. 그것은 인간에게 해를 끼칠 뿐만 아니라, 하나님에 의해서도
금지된 것들로서 아무런 유익이 없는 것이다. 그러한 일들은 타락
하고 미신에 사로잡힌 마음들에서 볼 수 있는 바, 비천하고 육신적
인 생각에 알맞는 것이다. 그것은 기껏해야 "육체를 따라" 그리스
도를 아는 것에 지나지 않는다. 그러나 그리스도의 인성의 영광은,
오로지 현저하고도 독특하게 하나님의 영이 그에게 전달되었던 일,

곧 그의 안에 계셨던 성령의 강한 역사에 기인하는 것이다. 이것은 곧 복음의 거울에 나타난 것으로서, 우리는 믿음을 통해서 우리도 같은 성령에 의해 같은 형상으로 변하게 될 것을 알 수 있다. (고후 3:18)

우리 주님께서는 그 자신이 벌써 자기에 대한 연구와 함께 많은 속임수가 있을 것을 예언하셨다. 그는 말하기를, "그러면 사람들이 너희에게 말하되 보라 그리스도가 광야에 있다 하여도", 곧 환상과 환영을 통해 그와 교통하려고 하는 의로운 수도승들과 은둔자들 가운데 있다 하여도, "나가지 말고," 또한 그들이 말하되 "보라 그리스도가 골방에 있다 하여도," 곧 수도승들의 기적적인 성체가 보존되어 있는 골방에 있다 하여도 "믿지 말라"고 하셨다(마 24:26). 이러한 것들은 모두 어떤 사람들이 그리스도를 가르치고 배우려 했던 그릇된 방법들로서, 그들을 그리스도에게로 이끌어 주었던 것이 아니라 오히려 상처를 주는 올무와 파멸로 이끌었던 것이다.

그러나 지금까지 우리가 살펴보았던 사항들은, 만일 올바르게 받아들이기만 한다면 그리스도에 대한 유용한 영적인 지식으로 우리를 인도해줄 것이다. 그리고 그 결과 우리는 그를 알게 될 것이다. ①우리는 순수한 사랑으로 그를 사랑할 수 있게 된다. 신이요 인간으로서의 그리스도의 인격이 우리가 사랑해야 할 합당하고도 궁극적인 목표인 것은 사실이다. 그러나 그의 성품과 그 성품들의 우수성에 대한 분명하고도 확실한 고찰이 그를 향한 우리의 사랑을 이끌어내 주는 데 효과적이라는 것 또한 사실인 것이다. "나의 사랑하는 자는 희고도 붉어 만 사람에 뛰어난다"(아 5:10). 즉, 그는 성령이 주신 은혜들의 아름다움에 있어 완전하시고, 그것이 그를 뛰어나게 하였다는 말이다. 따라서 우리는 그리스도를 우리의 애정 가운데 받아들여서 그를 향한 우리의 사랑이 신실한 것이 되도록 해야 할 뿐만 아니라, 그것이 그릇된 대상, 곧 우리가 자의적으로 상상해낸 것에 의해 낭비되지 않도록 해야 한다. 그리스도와 관련하여 언급된 사실들을 잘 고찰해 보라. 곧 같은 인격 안에서 이루어진 그의 두 가지 성품의 복된 결합, 그의 신성의 창조되지 않은 영광들, 그의 인성에 거하였던 은혜의 완전함 등에 대하여 살펴보라. 만일 이 모든 점들에서 당신이 그를 기뻐하고 사랑할 수 있다면 그를 향한 당신의 사랑은 참된 것이고 영적인 것이다. ② 우리는 그리스도를 닮아가기 위해서도 그를 알아야 한다. 이렇게 그를 닮아가는 것은 그에게 충만하게 거하였던 은혜에 참여함으로써 가능하다. 그리고 그렇게 할 경우에도 우리는 그것을 규칙적으로 찍어낼 수 있는 것이 아니라, 그의 인성과 관련하여 역사하였던 성령의 사역에 대해 알아감으로써 그 일을 이룰 수 있는 것이다. 따라서 우리는 성령의 사역에 대하여 부지런히 연구해야만 한다. 바로 이러한 뜻에서 우리는 지금까지 교회의 머리이신 그리스도의 인성과 관련하여 역사하신 성령의 사역에 대해 살펴보았던 것이다. 이제 다음으로 우리는 성령께서 그리스도를 위하여 한 신비적인 몸을 예비하였던 일과, 하나님의 택하신 자들에게 행하신 그의 은혜로운 사역들에 대해 고찰해 보게 될 것이다.

제 4 장

그리스도의 신비스러운 몸의 지체들에 대한 성령의 일반적 사역

새 창조의 머리이신 그리스도 / 성령의 사역을 전제로 한 만물 / 교회를 설립하기 위한 모든 사역은 성령에게 속해 있다 / 그리스도는 그리스도의 사역을 수행하는 그의 성령으로서만 그의 교회를 나타낸다 / 모든 은혜의 주 되신 성령은 자신의 사역의 다양한 정도와 종류에 있어서 자신의 뜻과 기쁘심을 따라 역사하신다 / 어떻게 성령의 사역을 거절할 수 있는가? / 신자의 의무와 열심에 따라 주시는 성령의 효과적 은혜

우리는 성령의 사역, 즉 교회의 머리가 되시는 우리 주 예수 그리스도를 위한 성령의 사역에 의해 신약 교회의 기초가 놓여진 것을 지금까지 생각했다.

예수 그리스도는 일곱 눈을 가지신 분으로서 교회의 초석이시다. 또한 그는 절대적으로 완전한 성령의 모든 은사와 은혜로 이 교회를 채우신다(슥 3:9). 이 기초를 놓았던 그분이 역시 이 교회를 완성케 할 것이다. 그리스도에게는 분량대로 주어지지 않았으나(역자 주 : 그리스도에게는 넘치게 주어졌음), 그리스도에게 주어진 동일한

성령이 "그리스도의 선물의 분량대로 우리 각 사람에게 은혜를 주신다"(엡 4 : 7). 교회의 머리 되신 그리스도의 인성을 준비했고 성화시키시며 영화롭게 하셨던 성령께서는, 아버지에 의해서 그리스도에게 주어진 모든 택자들에게 그리스도의 신비스러운 몸을 준비하고 성화시키며 영화롭게 하신다. 우리가 특별한 예들을 고려하기 전에 다음의 것들이 일반적으로 전제되어야만 한다.

1.성령의 사역을 전제로 한 만물

위와같은 성령의 사역은 본래적 사역이 아니며 완성적 사역이다. 이 사역은 하나님의 사랑과 은혜와 뜻과 영원하신 목적을 전제로 한다. 또한 예수 그리스도의 전체적인 중보를 필요조건으로 하는데, 설명하자면 그리스도의 중보는 하나님의 은혜의 영광을 택자들이 찬미하게 하도록 그들에게 영향을 끼치는 그리스도의 특별한 사역인 것이다. 첫번째 창조때에는, 하나님은 자신의 본질과 자신의 능력과 선함과 지혜 등과 같은 기본적인 속성들을 나타내시고자 주로 의도하셨던 것 같다. 그러므로 하나님은 자신이 보이신 속성들을 지닌 통일성있는 존재이심을, 또한 자신의 사역에 있어서 삼위의 구별에 대한 분명히 감지할 수 없는 어떤 느낌만을 남겨 놓으셨다. 그러나 새 창조 때에는 하나님께서 자신의 특별하고 독특한 사역들을 통해서 삼위의 각각의 위를 구별하여 특별히 계시하시고자 하셨다. 하나님은 구약때 나타내셨던 것보다 훨씬 뛰어난 계시로써 성삼위의 유기적 관계를 완전히 나타내셨다. 우리는 구약에서 성도들이 하나님께 나아갈 때 믿음의 담대한 행동과 뜨거운 열정을 갖고 있음을 발견한다. 그러나 그들이 하나님께 나아가는 것은 성령에 의해서(by), 성자를 통해서(through), 명백하게 성부에게(to) 나아가는 것은 아니다(엡 2 : 18). — 이 말씀에는 하나님과 성도의 영적 교제의 삶이 담겨 있다. 이에 비추어 보아, 그러므로 모든 것의 기초는 하나님의 계획 속에 놓여 있음을 하나님께서 명백히 선언한 것이다(엡 1 : 3, 4, 5, 6). 그 계획의 성취는 성자의 중보에 의해서이다. 하나님은 모든 사람들이 성부를 공경하는 것같이 성자도 공경해야만 하도록 작정하셨다(요 5 : 23). 그리고 위의 모든 것이 사람들에게 실제적으로 이루어지게 하는 것은 성령에 의해 적용되어지도록 하셨다. 또한 사람들이 성부의 계획 속에서 의도된, 그리고 성자의 중보 속에서 준비된 그 은혜에 참여하는 자가 되도록 하셨다. 그리고 이러한 사실 속에서 성령은 영광을 받으시며 성부와 성자와 함께 성령께서는 알려지고 찬미되며 경배를 받으시도록 하셨다.

2. 성령에게 속한 교회 설립의 사역

하나님의 이러한 사역의 본질과 순서로 보아서, 성자께서 실제로 성육신하신 후에, 성자 자신의 위(person) 안에서 성자가 하셔야 할 것을 성취해 오셨다. 그리고 구원의 사역을 완성하시면서 지대한 언약을 하셨는데, 그것은 성령을 보내신다는 것이었다. 성령 역시도 위임 맡은 일을 하시기 위해 오셨다. 우리 주님께서 하늘로 승천하실 때에 사도 베드로를 통해서 우리에게 다음과 같이 말씀하셨다. "하나님이 오른손으로 예수를 높이시매 그가 약속하신 성령을 아버지께 받아서 너희 보고 듣는 이것을 부어 주셨느니라"(행 2 : 33). 즉 그리스도는 약속된 것을 받았다. 그러나 그 약속 자체는 그리스도에게 처음으로 주어진 것이 아니다. 왜냐하면 그리스도가 사람을 구원하는 일을 떠맡았을 때 그리스도는 언약 안에서 약속된 것을 받았기 때문이다. 그리스도는 스스로의 힘으로 성령을 받지 않았다.

왜냐하면 그리스도는 그의 성육신 이후 성령의 충만을 받았기 때문이다. 그러므로 그리스도는 약속된 축복을 받았다. 그래서 그는 그의 제자들에게 그의 성령을 부어주실 수 있었다. 사도 베드로가 "약속하신 것을 받아서"라고 함과 같이 그리스도께서 "너희 보고 듣는 이것을 부어 주셨다." 즉 이적적인 사역들과 효과들을 나타내신 것이다.

여기에 기독교 교회의 기초가 놓여 있다. 주 되신 그리스도께서는 세상에 그의 교회를 세우시고 복음이 전파되도록 그의 사도들을 이 위대한 사역에 부르셨다. 이러한 일들을 위한 모든 필요한 자질들이 사도들에게는 분명히 결핍되었다. 그러나 사도들에게 필요로 되는 것은 무엇이나―지혜, 말하는 능력, 용기 등―주님이 공급하기로 약속하셨다. 주님은 이것을 행하시는데, 성령으로만 하신다. 사도들의 사역의 전체적인 성취는 성령의 도우심에 의존되었다. 그러므로 주께서 부활하신 후 승천하시려고 할 때에 성령의 약속하신 것이 실제로 성취되기 전까지는 그들이 활동하지 말며, 교회를 세우는 공적 사역을 하지 말 것을 그들에게 명하셨다. "사도와 같이 모이사 저희에게 분부하여 가라사대 예루살렘을 떠나지 말고 내게 들은 바 아버지의 약속하신 것을 기다리라―오직 성령이 너희에게 임하시면 너희가 권능을 받고 예루살렘과 온 유대와 사마리아와 땅 끝까지 이르러 내 증인이 되리라 하시니라"(행 1:4, 8). 주께서는 이 약속 안에 교회 자체의 기초를 두셨고, 이 약속에 따라서 주는 교회를 완성해가신다. 이 약속이 교회를 오늘날까지 이르게 한 요점인 것이다. 이 약속을 제거해 보라! 또한 이 약속이 그쳤다고 상상해 보라! 그러면 교회의 실제적인 완성에 있어서, 이 세상에서 그리스도의 교회는 없어질 것이다. 성령의 역사하심 없이는 교회도 없다. 말씀으로부터 성령을 완전히 분리시키는 사람은 자신의 성경을 단지 하나의 좋은 땔감으로 갖고 있는 것이다. 유대인들에게 있어서 구약의 의문(儀文)과 마찬가지로, 이러한 사람들에게는 신약의 드러난 말씀이 믿음과 순종을 더 이상 불러일으키지 못할 것이다(고후 3:6, 8). 그러나 하나님을 찬송할 것은 그분께서 영원한 언약을 지키셔서 이 둘(말씀과 성령)을 하나로 엮으셨다(사 59:21). 그리스도의 왕국은 영적이며, 또한 왕국의 생명있는 원리들은 불가견적이다. 만일 우리가 단지 외적인 질서에만 우리의 마음을 고정시킨다면, 우리는 전체적인 능력과 향상을 잃게 된다. 그리스도의 왕국은 인간에 의한 외적이고 눈에 보이는 계율이 아니다(비록 규칙과 교훈이 필요되지만). 그러나 그리스도께서 그의 성령과 교통하심은 그의 사역에 존재와 생명과 유용함과 성취를 준다. 만일 어떤 사람이 매우 어리석어서 일을 하는 데 필요한 도움과 힘을 성령을 제쳐놓고 기대했다고 하자, 혹은 그들 스스로의 노력으로 하나님께서 받으실 만한 일을 했다고 하자. 그러나 이 모든 것은 그들 자신이나 다른 사람들을 속이고 있는 것이다. 그러므로 사람들이 자신이 좋아하는 규례에 파묻히고, 그들 자신이 생각한 예배의 형태와 교회 정치를 실시한다면, 즉 성령의 사역이 부인되고 거절된다면, 그들 중에는 교회국가(Church-State) 즉 그리스도의 왕국이란 없는 것이다.

3. 성령을 통해서만 교회를 나타내는 그리스도

그리스도께서 육체로 거하지 않는 것을 보충하시는 분은 바로 성령이시다. 그러므로 초대교회 시대의 어떤 이들은 성령을 그리스도의 대리자(Vicarium Christi)라고 불렀다. 성령은 그리스도의 위격을 대표하며, 그리스도께서 약속한 일을 이행한다. 그리스도께서 승천하실 때, 그는 그의 제자들에게 복음을 전파하며 세상 사람으로 제자 삼을 것을 명하셨다(마 28 : 18, 19). 그리고 제자들을 격려하기 위해서 그들의 모든 일 중에 그들과 함께 계실 것을 약속하셨다. 그리스도의 복음이 땅에서 전파되어져야 하는 동안은 그들 중 누가 어느 곳에서 이 일에 부름을 받든지 이 약속이 주어진다. "보라, 내가 세상 끝날까지 너희와 항상 함께 있으리라." 그러나 이 말씀을 마치신 직후 "저희 보는 데서 올리워가시니 구름이 저를 가리워 보이지 않게 되었다"(행 1 : 9). 자, 그렇다면 이 약속의 성취는 어느 곳에서 이루어지는가? 교회 자체에 대한 또 다른 약속에 대하여 생각해 보자. 즉 "두 세 사람이 내 이름으로 모인 곳에는 나도 그들 중에 있느니라"(마 18 : 20). 이러한 약속들은 그리스도께서 성령을 보내심으로 완전하게 성취되었다고 나는 대답한다. 설명하자면 다음과 같다. 성령 안에서, 그리고 성령에 의해서 그리스도는 제자들의 사역과 모임에서 제자들에게 임재하신다. 그러므로 성령은 그리스도의 위격을 대표하며, 그리스도께서 육체로 거하지 않는 것을 보충한다. 그러므로 교회의 존재와 교화(敎化)와 사역의 성취는 절대적으로 그리스도의 임재에 의존된다. 그렇다면 그리스도에 대한 열정을 가지고 있는 사람이라면 그리스도의 육체적 임재가 그리스도에게 말할 수 없이 큰 유익을 가져올 것이라는 생각을 하지 않겠는가? 그러므로 이와같은 일이 의심의 여지가 없다면, 이와같은 일은 하나님의 지혜와 사랑 속에서 생각되어져야 한다. 그러나 어쩌랴! 성경은 다음과 같이 가르치고 있다. 그리스도께서 성령에 의해서 우리에게 영적으로 임재하는 것이 더 유익되고 더 이익된다고 말씀하고 있다. 영적 임재가 우리에게 더 낫고, 더 편리하다. 그러므로 우리에게 의무로서 지워지는 것은, 이에 관하여 우리가 갖고 있는 가치를 알아보고 또한 이에 의하여 우리가 갖고 있는 이익을 확인하는 것이다. 왜냐하면 만일 우리가 그리스도의 임재로부터 은혜와 도움과 위로를 실제로 받지 못한다면, 그리스도에 의해서나 그리스도로부터 전혀 이익을 얻지 못하기 때문이다. 왜냐하면 그리스도께서는 지금 어떤 사람과도 육체로 계시지 않고 오직 성령으로 함께 하시기 때문이다. 이것을 사람들이 언젠가는 깨닫게 될 것이다. 그런데 이들의 현재 고백은 어리석은 사람의 모순과도 같은 것이다. 이들의 고백은, 예수 그리스도에 대한 존경은 인정하나 아직도 그리스도의 모든 거룩한 사역 속에서 역사하시는 그리스도의 성령에 대해서는 불경스러운 말을 하는 것이다.

4. 자신의 뜻과 기쁘심을 따라 역사하는 성령

성령께서 그리스도의 위격을 대신하고 또한 그리스도의 지위를 대신한 것과 똑같이, 성령은 그리스도께서 맡아서 성취해야 할 모든 것에 대하여 역사하시고 또한 완수하신다. 왜냐하면 성자의 사역은 자신의 일이 아닌 오히려 그를 보내신 성부의 일인 것과 마찬가지로 성령의 사역도 성령 자신의 일이 아닌 성령을 보내신 성자의 일을 하며 성령은 성자의 이름으로 일을 수행하시기 때문이다(요 16: 13-15). "진리의 성령이 오시면 그가 너희를 모든 진리 가운데로 인도하실 것이다." 성령은 진리를 가르치시기 위해서 오신다. 그것은 절대적으로 새로운 진리를 가르쳐 주시는 것도 아니며 그리스도 자신께서 선포하신 것과 다른 것도 아니다. 오히려 그리스도께서 세우신 기초 위에 더 쌓아 올리는 진리이다.[31] "그는 자의로 말하지 않을 것이다. 성령은 다른 진리를 나타내지 않을 것이며 다른 은혜를

____

31) 이러한 법칙에서 우리는 모든 영들을 분별해야 한다. 하나님의 영인지

전달하지 않을 것이다. 오직 그리스도 안에서 그리스도로부터, 또한 그리스도에 의한 진리만을 나타낼 것이다. 그러므로 "성령은 오직 듣는 것을 말하게 될 것이다"는 것이 추가 기록되어 있다. 즉 교회의 구원에 관한 성부와 성자의 계획만을 말할 것이다. 여기서 성령께서 '듣는다'고 말한다는 것은 마치 성령이 신적 위(位)가 없고 또한 성부와 성자의 계획에 동등하게 참여한 분이 아닌 것처럼 보인다. 그러나 듣는다고 하는 외적인 행동은 성령의 무한한 지식의 표시로써 언급되었지, 지식을 얻는 수단으로 언급된 것은 아니다. 성령의 위대한 사역은 "그가 나를 영화롭게 할 것이다"라는 말에 추가되었다. 사람들은 다음을 항상 기억해야 한다. 교회 안에서 성도들의 사역과 직무를 성령이 돕도록 그리스도께서 기도하신다는 것이다. 즉 성령이 성도들에게 주어졌는데 그것은 성도들이 그리스도에게 영광을 돌리게 하기 위함이다. 성령이 그리스도를 영화롭게 하는 그 방법이란 "내 것을 가지고 너희에게 알릴 것이다"라는 말에 추가되어 있다. 그리스도의 것들($\tau\alpha\ \epsilon\mu\alpha$)이란 그의 "은혜와 진리"이다. 성령께서는 이것들을 받는다고 하신다. 이것은 마치 성령께서 전에는 이것들을 갖고 있지 않았다는 것과 같다. 하나님께서 필요로 인해 무엇을 받으실 수 있는가? 성령이 우리에게 그리스도의 것들을 주신다고 했을 때에는, 그것들이 독특하게 그리스도의 것들이기 때문에 성령이 그것들을 받는다고 하신다. 그러므로 "그가 너희에게 그것들을 보일 것이다"라는 말이 추가된다. 성령이 즉각적인 계시로 사도들에게 그리스도의 진리를 보이셨다. 또한 사도들이

아닌지를 살펴 보아야 한다. 거짓된 영도 계시를 하는척 위장하고 어떤 교훈을 만들어서 가장하고, 은혜가 있는척 속이고, 진리인양 허세를 부린다. 거짓된 영은 그리스도의 교훈과 은혜와 진리와 상치되며 일치되지 않는다. 거짓된 영은 하나님의 영이 아니다. 〔Try the Swedenborgian system by this rule. —E.〕

하나님의 모든 계획을 받고, 이해하고, 선포하는 데 무오(無誤)가 가능하게 하셨다. 지금도 성령은 쓰여진 말씀과 설교된 말씀으로 그리스도의 진리를 모든 믿는 자에게 계속해서 보이신다. 진리로 우리를 가르치시며, 하나님의 마음을 영적으로, 또한 구원에 이르게 깨닫도록 우리의 마음을 조명하신다. 성령께서 보이신 그리스도의 은혜는 그의 첫번째 제자들에게 성화의 은혜들과 특별한 은사들을 풍성하게 부어주신 것이었다. 지금도 성령은 성도들에게 그리스도의 은혜를 계속해서 보여 주신다. 이것은 성령께서 성도들에게 성화와 위로와 영적 은사들의 은혜를 나누어주는 것과 같다. 이와같은 확신의 이유는 다음과 같이 우리에게 주어진다. "무릇 아버지께 있는 것은 다 내것이라 그러므로 내가 말하기를 그가 내것을 가지고 너희에게 알리리라 하였노라". 우리에게 선포되고 또한 주어진 것들은 본래는 성부의 것들이다. 성부는 이 모든 것들의 원천이시다. 성부의 사랑, 지혜, 선하심, 계획 그리고 뜻이 은혜에 대한 최고의 원인이며 또한 원천인 것이다. 이것들은 그리스도의 중보적 희생 때문에 성자의 것들이 되었다. 왜냐하면 그리스도의 중보에 의해서 이것들이 우리를 위해 준비되었고, 또한 우리에게 주어졌기 때문이다. 그래서 이것들은 성령에 의해서 우리에게 실제적으로 전달된다. "그가 내것을 취해서 너희에게 알릴 것이다." 성령은 성부로부터 즉각적으로 받아서 우리에게 이것들을 전달하지 않는다. 그러므로 우리는 성부로부터 어떤 은혜도 받지 않는다. 또한 성부에게 직접적으로 어떤 찬미도 하지 않는다. 우리는 성부와 직접적으로 관계가 없다. 성자에 의해서만 우리는 성부께 나아갈 수 있다. 또한 성자에 의해서만 성부는 우리에게 은혜를 주신다("아들이 없는 자는 아버지도 없느니라"). 하늘에 속한 모든 것의 최고 책임자가 되는 그리스도에게 모든 은혜와 긍휼이 위임되었다. 그러므로 성령은 우리에게 그것들을 주실 수 있다. 그것들은 그리스도의 중보적 사역의 열매이지, 성부의 신적 관대함의 단순한 결과가 아니다. 이와같이 성령은 예수 그리스도의 육체적 부재(不在)를 보충하며, 그리스도가 세상에서 성취해야만 하는 것을 이행하신다. 그러므로 성령에 의해서 이루어지는 것은 무엇이나 그리스도 자신이 그의 위력 안에서 즉각적으로 행한 것과 동일하게 여겨진다. 이러한 방법으로 그리스도의 약속은 신자들에게 성취된다.

이것은 또한 우리에게 복음으로 하나님과 교제하는 방법과 방향을 가르친다(복음 안에 신자들의 삶과 능력과 자유가 존재한다). 성부의 위격은 모든 은혜와 영광의 근원이다. 그러나 이것들이 성부로부터 직접적으로 우리에게 전달되지 않는다. 성부께서 사랑하시며 또한 모든 것을 주신 분은 바로 성자이다. 성자는 이것들을 우리에게 전달하기 위한 길을 만드셨다. 성자는 성령으로 이것을 즉각 이루신다. 사랑과 은혜 속에서 하나님이 우리에게 강림하신 것이 결국 우리에 대한 성령의 사역에까지 이른 것같이 하나님을 향하여 우리가 가고자 하는 것은 성령의 사역에서부터 시작한다. 만일 우리의 믿음과 사랑과 순종이 복음적이 되기를 원한다면 우리는 이러한 것들에 분명히 주목해야만 한다. 복음을 다음과 같이 고백하는 자에게는 화있을진저! 이들은 "하나님과 관계된 모든 것은 도덕에 주의를 집중시킨다"고 믿도록 부추기는 자들이다. 이것은 어리석은 사람들과 같은 무지이며 또한 불신앙이다. 이들은 복음에는 하나님과 우리 사이에 교제가 없다고 전제하며, 단지 하나님편에서 율법과 계명과 약속들이 주어졌으며, 우리편에서는 우리의 힘을 다하여 단지 순종할 따름이라는 것이다. 그러므로 우리는 기독교를 진저리나는 것으로 생각하는 자와 사람의 마음을 이방인과 같게 하는 자들을 정죄받도록 해야 한다. 그러나 성경은 성령으로 "우리의 사귐은 아버지와 그 아들 예수 그리스도와 함께 함이라"고 기록하고 있다. 그러므로 성령의 약속된 사역들을 조사해서 우리 자신을 지키는 일이 무엇보다도 중요하다고 하겠다.

5. 성령의 사역에 대한 거절

　성령은 은혜의 영이시다. 성령은 모든 은혜의 즉각적인 결과를 일으키는 원인이시며 사람들 속에 은혜로운 결과를 만드신다. 그러므로 이러한 은혜들 중 어떤 하나라도 언급되어진 곳에서는 비록 성령이 명백하게 드러나 있지 않고 혹은 이러한 은혜들이 성령에 의한 것이라고 특별히 알려지지 않더라도 우리는 이러한 은혜들을 성령의 사역 중의 한 부분으로 간주하고 있다. 어떤 사람들이 도덕에 대하여 이야기하는 것을 나는 이해할 수 없다. 그들에게는 어떤 목적이 있는 듯하다. 만일 그들이 이전의 펠라기안(Pelagian)의 애매한 표현을 버린다면 그들은 이제는 지성적으로 말할 것이다. 그들은 자신의 힘으로 살 수 있다고 하며 그래서 결과적으로 모든 사람들도 자신의 힘으로 살 수 있다는 것이다. 적어도 그들 자신의 노력에 대한 축복은 있다는 것이다. 그러나 은혜에 관해서는 홀로 성령께만 속한 것이라고 모든 사람들이 시인하게 될 것을 나는 생각한다. 우리가 우리를 향한 하나님의 무상의 사랑과 호의를 은혜로써 이해하든지 혹은 우리 안에서 하나님께서 자유롭고 효과적인 사역을 하시는 것을 은혜로써 이해하든지 이 모든 것의 주체자는 성령이시다. 전자의 의미는 은혜의 나타남과 적용에 대한 것이다. 후자의 의미는 은혜의 사역, 그 자체에 대한 것이다. 그러므로 인간 안에서 혹은 인간을 향한 하나님의 모든 은혜로운 사역들은 어떤 곳에 언급되어 있든지 성령이 관련되어 있음을 의심없이 받아들일 수 있다.

6. 신자에게 주어지는 성령의 효과적 은혜

성령이 자신의 전 사역에서 행하시는 것은 무엇이든지 자기 자신의 뜻을 따라서 행하시는 것이다. 몇 가지 대단히 중요한 것들이 이것에 의존되어 있다. ①성령의 기쁘심과 뜻은 성령이 우리에게 전달하고 혹은 우리 안에서 역사하시는 모든 선하심과 은혜 속에 있다. 성령은 자신과 관련이 없고 또한 자신의 주권 영역이 아닌 것을 담당하는 단순한 도구나 종이 아니다. 다시 말하자면 모든 일에 있어서 성령은 자신의 뜻대로 역사하신다. 그러므로 우리가 성령으로부터 받는 사랑과 자비와 주권적 은혜는 성부와 성자로부터 받는 것과 동일한 것임을 인식해야만 한다. ②성령은 자연적인 동인(動因)으로서 그의 능력을 최상으로 행사하지 않는다. 또한 그의 모든 사역에서 자신이 할 수 있는 것을 행한 것같이 하지도 않는다. 왜냐하면 성령은 자신의 뜻과 지혜로 그의 모든 일들을 주관하시기 때문이다. 그러므로 어떤 사람들이 "성령을 거스렸다"(행 7: 51)고 말을 할 때 그들이 완전히 그렇게 할 수 있다고 이해되어질 수는 없고 단지 성령의 사역에 대한 몇 가지 방법과 종류와 정도라고 생각할 수는 있다. 성령께서 일부 특별한 목적을 위해 행하시는 방법들을 사람들이 거절할 수도 있다. 그러나 사람들은 성령께서 계획한 궁극적인 목적만은 결코 거절할 수 없다. 왜냐하면 성령은 하나님이시기 때문이다. 그러므로 "누가 그 뜻을 대적할 수 있느뇨?"(롬 9:19) 따라서 우리는 하나님께서 사용하시는 방법 자체와 또한 여러 가지 방법들을 사용하셔서 이루시고자 하시는 하나님의 의도를 분명히 구분해서 생각해야만 한다. 전자는 거절될 수도 있고 또한 무효화될 수도 있다. 그러나 후자는 절대로 그렇게 될 수 없다. 때때로 성령은 죄인들을 강팍하게 하시지만 이것은 그들을 회개시키실 의도가 있으심을 나타낸다(사 6 : 9, 10 ; 요 12 : 40, 41 ; 행 28 : 26 ; 롬 11 : 8). 성령이 기뻐하실 때에는 모든 것들의 도전을 물리치실 능력과 효력을 행사하실 수 있다. 성령께서 말씀을 주시는 사역은 성령 자신을 드러내시는 사역이다(행 13 : 2). 사람들은 성령을 저항할 수 있고 그들에 대한 성령의 계획을 거절할 수도 있다. 그러나 성령께서는 그의 말씀 안에서(in), 말씀에 의해서(by) 그 능력을 행사하신다. 이로 말미암아 성령은 소경의 눈을 열어 주시고 새로운 마음도 창조하신다. 그래서 성령은 모든 저항의 요소들을 옮겨버리심으로 그는 그 누구에게도 저항을 받지 않으신다.

③그러므로 성령의 사역은 다양한 방법으로 이루어지며 똑같은 사역이라도 다양한 정도(degrees)로 성취된다. 모든 자발적인 동인(動因)으로서의 성령의 사역은 자신의 선택과 판단에 의해서 이루어진다. 성령의 자발적인 사역은 한 가지 일만 하시도록, 또한 같은 종류의 결과만을 가져오도록 제한받지 않으신다. 또한 성령은 반드시 하실 일(to do)을 하시며 그 기쁘신 뜻대로, 그리고 정도에 맞도록 알맞게 역사하신다. 이와같이 하여 우리들은 성령의 사역들 가운데서 그 종류가 완벽하다고 하는 사실을 발견하게 될 것이다. 그리고 사람들을 이것들의 온전한 목적과 의도에 함께 참여하도록 하신다는 사실도 발견하게 될 것이다. 성령의 사역들 속에 구원의 은혜가 있는 것은 아니다. 구원의 은혜는 성령의 내적 조명이나 확신 등과 같은 사역으로 받을 수 있다. 사람들은 그들의 마음 가운데 성령의 사역을 받을 수 있으나 하나님 앞에서 거룩하게 되어지거나 회심이 일어나지 않을 수 있다. 왜냐하면 성령의 사역들의 본질과

종류는 성령 자신의 뜻과 목적에 의해서 통제되기 때문이다. 만일 성령이 단지 내적 조명과 확신만을 의도하였다면 그 이상의 역사는 일어나지 않을 것이다. 이와같이 성령이 사람의 영혼에 같은 결과를 낳도록 역사하는 것이 있는데 그것은 중생(重生)의 사역이다. 그러나 중생시키는 원리(principle)를 강화함과 중생과 더불어 오는 거룩의 열매를 증가함에 있어서 성령은 다양한 방법으로 역사하시며 다양한 정도(degree)로 수행하신다. 그러므로 동일하게 중생의 은혜에 같이 참여하였다고 하더라도 우리는 여러 성도들 가운데서 그를 각각의 교화(敎化)의 정도나 거룩함이나 열매에 있어서는 대단한 차이가 있음을 발견하게 된다. 성령은 자기 자신의 뜻에 따라서 이 모든 것들을 역사하신다. 성령 자신의 무한한 지혜 이외에 그의 뜻을 행하는 다른 법칙(rule)은 없다.

그렇다면 다음과 같이 말해질 수도 있겠다. 만일 우리 안에 모든 은혜들, 즉 모든 은혜의 정도들과 결과들이 성령과 그의 뜻에 기인된다면 우리 스스로 할 수 있는 것이란 아무것도 없다는 것을 알게 된다. 우리 자신의 노력과 성실한 것은 소용없다. 더 거룩해져야 함과 순종의 의무들을 수행하기 위해 수고할 필요가 없다. 그러면 우리 자신이 노력할 것을 명백히 의도한 성경의 모든 명령과 경고와 약속과 권고들은 어떤 목적으로 주어진 것인가? 나는 다음과 같이 대답하고자 한다.

□1 우리도 불신자와 똑같이 우리의 성경에서 손을 떼려고 하지 않는 한 우리 안에 있는 영적으로 선한 모든 것을 창조하신 분은 하나님의 영이시라는 사실을 부인할 수 없다. 이것은 진리이다. 그러나 사람들로 하여금 그들이 좋아하는, 터무니없는 결과들을 만들어내는 것을 생각해 보라. 세상 사람들은 자기들의 기쁨을 위해서

는 무엇이든지 행하지 않는가 ! 왜냐하면 그들 안에는 다음과 같은 것이 없다. 우리는 이 사실을 배워서 익히 아는 것이다. "우리 속에(즉 우리의 육신 속에) 선한 것이 거하지 않는다"(롬 7 : 18), "우리는 무슨 일이든지 우리에게서 난 것같이 생각하여 스스로 만족하지 않는다. 우리의 만족은 오직 하나님께로서 난다"(고후 3 : 5), "하나님이 능히 모든 은혜를 너희에게 넘치게 하신다. 이는 너희로 모든 일에 항상 모든 것이 넉넉하여 모든 착한 일을 넘치게 하려 하심이라"(고후 9 : 8). 하나님의 영에 의해서 주어지지 않은 영적인 선함이 우리들 안에 어느 정도라도 있다고 하는 것은 복음의 은혜를 무너뜨리는 행동이다. 또한 이것은 최초와 최상과 으뜸의 선이 되시며 모든 선의 직접적인 원인이 되시는 하나님을 부인하는 것이다. 이것은 실제에 있어서 하나님의 존재를 부정하는 것이다. 그러므로 다음과 같은 것이 확실해지는 것이다. 즉 사람이 가장하는 것에서는 아무것도 나타나지 않지만, 진리는 사람에게 참되고 선하고 필요한 것을 가져오게 한다.

[2] 우리가 우리 자신의 의무를 나태하고 소홀하게 해도 된다는 것을 성령의 유효한 사역으로 입증하려는 것은 야만적인 무지이다. 하나님께서는 은혜의 한 방편으로 우리 안에서 역사하시겠다고 약속 하셨다. 이와 동시에 하나님께서는 우리들에게 의무의 한 방편으로서 요구하시는 것이 있다. 이 양면을 알지 못하는 사람은 성경을 결코 읽지 않았거나 성경을 믿지 않고 있는 것이다. 그는 결코 기도를 하나님께 드린 일도 없고, 기도를 하였다고 하더라도 자신이 기도한 제목조차 잊어버린 사람이다. 그는 이방인과 같은 사람이다. 그 사람 속에는 그리스도인의 요소가 전혀 없다. 그는 하나님이 그에게 역사해 주실 것을 위해, 또한 하나님이 그에게 요구하시는 것을 위해 기도하지 않는 사람이다. 그러므로 우리는 다음과 같은 사

실을 알아야 한다. 우리가 우리의 영혼과 영원한 복지를 소중히 여기듯이 우리는 우리의 모든 근면과 성실로써 하나님의 명하신 것을 순종해야만 한다. 우리가 또 알아야 할 것이 있다. 하나님은 무엇이든지 약속하신 것은 하나님 자신이 그것을 우리 안에서 이루신다는 것이다. 하나님께서 이상의 모든 내용과 같이 분명히 이루실 것을 믿는 것이 우리가 할 일이다. 이러한 일들 가운데 논리적인 모순이 있다고 생각하는 것은 어리석은 사람이요, 하나님께 오류가 있다고 하는 사람이다.

③ 만일 이러한 사실들 사이에 대립이 있다면 그것은 인간의 본성이 하나님의 명령을 만족시켜 드리지 못하기 때문이다. 또한 인간이 본성적으로 하나님을 보좌할 필요도 없기 때문이다. 바로 앞의 진술들과 같이 지정하는 것은 무익하고 어리석은 것이다. 왜냐하면 성령께서는 우리 안에서(in) 역사하는 것과 마찬가지로 성령께서는 우리를 통하여(by) 역사하시기 때문이다. 우리들의 의무는 하나님의 명령들을 열심히 순종하는 것이다. 그리고 우리로 하여금 하나님의 명령들을 순종할 수 있도록 하는 것은 성령의 사역인 것이다.

④ 성령의 약속된 사역을 이유로 해서 스스로 나태함과 소홀함에 빠지는 사람이 있다. 이러한 사람은 성령의 약속에 무관심한 사람이다. 왜냐하면 그가 그의 조력들을 제공할 수 있는 곳이란 일반적으로 그의 의무 가운데 부지런함 밖에 없기 때문이다. 그리고 사람들의 마음 속에 있는 힘에 의해서 다만 일하려고 할 때 이것은 우스꽝스러운 것이고 모순을 드러낼 뿐이다. 왜냐하면 사람이 아무것도 스스로 할 수 없다고 고백할 때 성령께서 모든 것을 하시기 때문이다. 그러나 성령께서는 사람이 일하는 곳에서 역사하시고 사람이 아무것도 하지 않는 곳에서는 성령께서도 아무것도 하시지 않으

신다. 이와같은 내용은 아래에서 더 다루어 보려고 한다.

　⑤ 은혜를 주시는 정도(degrees)는 모든 신자들에게 각기 독특하게 나타난다. 여기에서 신자들은 그들의 의무들을 실행할 수 있는 능력과 권능을 공급받는다. 또한 은혜와 거룩함의 향상은 대부분 신자의 의무 수행에 달려 있다. 왜냐하면 비록 신자들 안에 현 시점에서 은혜가 전혀 없다고 할지라도 과거에 성령께서 신자들 안에서 역사하셨다면, 머지 않아 일반적이고도 규칙적으로 은혜의 증가와 성장, 그리고 거룩함과 의로움의 번성이 있을 것이기 때문이다. 그런데 이것은 우리에게 요구된 순종해야 할 모든 의무들에 대하여 우리가 부지런히 주의를 기울여 우리가 받은 은혜를 사용하고 증진시킬 때에만 가능하다(벧후 1:7-7). 성령의 효과있는 조력을 빙자하여, 종교적인 의무를 사람이 나태하여 행하지 않는 것은 세상에서 가장 이치에 맞지 않는 일이며, 또한 어리석은 짓이라고 나는 생각한다. 왜냐하면 사람의 영적 성장은 종교적 의무 수행에 의존되어 있고 사람의 영원한 행복도 이것과 관계가 있기 때문이다. 성령을 빙자하는 사람은 아무것도 하지 않으며, 아무것도 할 수 없으며, 아무것도 가지고 있지 않고, 아무것도 가질 수 없는 사람이다.

　그러므로 여기에 특별히 성령을 향해 갖는 우리의 믿음과 기도와 찬양과 생활의 근거가 있는 것이다. 성령의 신성은 우리가 그에게 종교적으로 경배를 표시하는 이유가 된다. 성령의 절대적인 주권에 따라서 우리에게 주시는 성령의 은총은 우리가 성령에게 대하여 독특하게 경배를 드리게 된 특별한 이유가 된다. 왜냐하면 우리는 성령의 이름으로 또한 세례를 받았기 때문이다.

　이 모든 것들은 본질적으로 성령의 사역에 대하여 몇 가지 통찰력을 얻는 데 필연적인 전제들이다. 그리고 교회를 부르시고 세우시고 완전하게 하시는 성령의 특별한 사역들을 생각함에 있어서 우리는 이처럼 평이하게 논할 수 있다.

제 3 부

제 1 장

새 창조에 있어서
중생 시키는 성령의 사역

새 창조의 완성 / 성령의 특별 사역으로서의 중생
: 구약성경에서의 성령의 사역 그러나 신약 성경에
서 더욱 명백한 성령의 사역은 중생이다. 이 중생
은 모두 동일하다. 중생은 세례에 의해서만 되어지
는 것이 아니며, 생활이 변화된다고 중생하는 것도
아니다. 새로운 피조물이 되어야 변혁이 일어나고
중생하게 되는 것이다. 중생은 열광적인 황홀경을
동반하지 않는다. 중생의 교리는 중요하다.

1. 새 창조의 완성

우리는 이미 그리스도의 몸이 준비되고 형성될 때 성령의 사역이 있었다는 사실을 선포하였다. 이것이 새로운 창조의 시작이었고 복음 국가와 교회의 기본이었다. 그러나 이것이 성령께서 하신 일의 전부는 아니다. 성령께서는 그리스도의 성육신을 준비하셨던 것같이 그의 신비스러운 몸을 준비하셨고 이로 말미암아 새로운 창조를 완전하고 온전하게 이룩하셨다. 성령께서는 옛날 창조하실 때에 역사하신 것같이 새로운 창조 때에도 역사하셨다. 첫번 창조 때의 모든 만물은 흑암과 생명이 없었다. 모든 만물에는 생명도, 생명의 근원도, 생명의 기미도 없었다. 이러한 상황 가운데 성령께서는 준비된 물질 위를 운행하시며 생명이 필요하고 생명을 가져야 할 모든 것들에게 생명의 요소를 주시어서 그것들로 하여금 활기를 띠게 하셨다. 이것도 새로운 창조에서 일어났던 일이다. 그러나 죄로 말미암아 모든 인간에게 영적인 어두움과 죽음이 들어왔다. 그래서 그어떤 사람에게도 영적인 생명의 요소와 그 기미까지 없어지게 되었다. 이런 상태하에서 성령께서는 새로운 세상을 창조하게 되었다. 즉 의로운 사람들이 거할 새 하늘과 새 땅을 창조하시게 된 것이다. 그리고 성령께서는 하나님의 선민들과 유효적으로 교통하시기 위하여 영적인 생명의 요소를 그 선민들에게 부어 주셨다. 이것은 하나님의 계획에 의하여 되어진 일이다. 그래서 성령께서는 하나님의 선민들의 중생(重生)을 위한 사역을 수행하셨다. 이제 성령께서 행하신 중생의 사역을 살펴보자.

2. 성령의 특별 사역으로서의 중생

(1) 중생의 성격

중생은 언제나 성령의 사역이라고 성경은 가르쳐 주고 있다. "예수께서 대답하여 가라사대 진실로 진실로 네게 이르노니 사람이 거듭나지 아니하면 하나님 나라를 볼 수 없느니라 니고데모가 가로되 사람이 늙으면 어떻게 날 수 있삽나이까 두번째 모태에 들어갔다가 날 수 있삽나이까 예수께서 대답하시되 진실로 진실로 네게 이르노니 사람이 물과 성령으로 나지 아니하면 하나님 나라에 들어갈 수 없느니라 육으로 난 것은 육이요 성령으로 난 것은 영이니"(요 3:3-6). 여기에서 우리 주님의 교훈을 받은 사람은 고대(古代) 유대 교회의 교사이며 책임자로서 유식한 사람이었다. 왜냐하면 그는 예수님이 행하신 표적에 대하여 언급하면서, 이러한 일은

"하나님이 예수님과 함께 하셔야" 행할 수 있는 것이라고 하였기 때문이다. 그래서 그는 예수님에게 와서 거듭나는 문제와 하나님 나라에 대하여 질문을 하게 되었던 것이다. 우리 주님은 우리 모두의 믿음과 순종을 알고 계신다. 그리고 우리가 중생하기 위한 요소들을 받아들이는 믿음도 아신다. 그뿐 아니라 우리에게 중생이 필요한 것도 잘 알고 계신다. 니고데모와의 만남과 중생에 대한 교훈은 제일 첫번째 있었던 놀라운 일이었다. 그래서 우리 주님은 중생에 대한 성격을 가르치셨다. 여기서 주님은 중생의 이유와 중생의 효과에 대하여 말씀하셨다. 예수님은 니고데모에게 중생은 물과 성령에 의하여 된다고 하셨다. 제일 주요하고 유효한 요인으로서의 성령과, 중생의 증거와 표시와 보증으로서의 물로서 중생한다고 예수님은 말씀하셨다. 이것은 맨 처음에 하신 약속의 증표이기도 하였다. 물로 씻는 예식, 즉 세례는 세례 요한에 의해 사람들에게 이미 가르쳤던 교리이다. 예수님이 여기에서 다시 말씀하신 것은 배로 증가시켜서 표현하시고자 하는 의도가 계신 것이다. 예수님은 성령을 물로 말씀하셨고 종종 그렇게 약속하셨다.

중생의 사역에서 성령은 유효적인 원인이 된다. 따라서 중생은 "성령으로 난 것"이라고 예수님은 말씀하셨다(요 3 : 8). 똑같은 목적에 대한 말씀이 또 있는데 그 말씀은 "이는 혈통으로나 육정으로나 사람의 뜻으로 나지 아니하고 오직 하나님께로서 나느니라"(요 1 : 13)이다. 중생은 피나 육이라고 하는 자연적이고 육적(肉的)인 방법이나 사람의 뜻으로 되는 것이 아니다. 이러한 것들은 온전히 거부되고 다만 하나님에 의하여 유효적으로 새롭게 태어난다고 하는 것이다. 이러한 비교를 한 것은 육적인 방법으로 태어나는 것과 성령에 의해 태어나는 것이 비슷하기 때문이다. 그러나 태어난다는 점에서는 비슷하지만, 새롭게 태어나는 중생은 영적인 문제이며 새로운 문제이기 때문에 독특한 것이다. 그래서 중생, 즉 다시 태어난다고 부르는 것이다. "육으로 난 것은 육이요 성령으로 난 것은 영"이라고 분명히 성경은 언급하고 있다(요 3 : 6). 이것은 비슷한 언급인 동시에 정반대의 언급이기도 하다. 영으로 났다는 것은 영적으로 새롭게 되었다는 것이며, 새로운 피조물이 되었다는 것이며, 새로운 삶을 산다는 것이다. 그래서 이 사람은 어느 곳에서나 활동적이며 활기차게 살게 된다. 왜냐하면 허물과 죄로 죽었던 사람이 새롭게 살아났기 때문이다(엡 2 : 1, 5). 그래서 지난 날과는 다르게 살게 되는 것이다. 사람을 "살리는 것은 영이기" 때문이다. (요 6 : 63 ; 롬 8 : 9, 10)

　같은 진리를 주장하는 성경 말씀이 있다. "우리 구주 하나님의 자비와 사람 사랑하심을 나타내실 때에 우리를 구원하시되 우리의 행한 바 의로운 행위로 말미암지 아니하고 오직 그의 긍휼하심을 좇아 중생의 씻음과 성령의 새롭게 하심으로 하셨나니 성령을 우리 구주 예수 그리스도로 말미암아 우리에게 풍성히 부어 주사 우리로 저의 은혜를 힘입어 의롭다 하심을 얻어 영생의 소망을 따라 후사가 되게 하려 하심이라"(딛 3 : 4 - 7). 이러한 말씀들을 살펴볼 때 우리를 구원하시는 사역은 삼위 하나님의 사역 중에서도 분명히 구별이 된다는 것을 알 수 있다. 우리를 구원하시는 근거는 하나님 아버지의 인자하심과 사랑에 있다. 이러한 인자하심과 사랑이 우리 주 예수 그리스도에게 적용되어, 우리에 오신 바 되시고 중보자가 되신 것이다. 아버지의 사랑과 아들의 중보를 연결시키시는 유효적이며 직접적인 요인은 성령이시다. 성령의 사역으로 말미암아 우리의 본성이 유효적으로 회복되고 중생의 씻음이 되어, 우리의 죄를 깨끗이 씻어 주시고 정화하여 하나님 앞에 거룩하게 되는 것이다.

　따라서 성령은 우리를 중생시키시는 분이시요 중생의 창시자이시다. 이것은 매우 중요한 진리이다(고대 사람들은 성령의 신성을 증거하기 위해 힘찬 논쟁들이 있었고 그 사역의 위대성과 권위에 대한 격론들이 있었다). 온전한 기독신자라고 한다면 대체적으로 이 말씀을 위대한 진리로 수납하게 되었다. 어떤 사람들에 의해 이러한 진리가 조롱을 받고 파괴되었지만 그럴수록 우리는 이 진리를 더욱 입증하고 옹호하여야 한다. 나는 여기에서 실제적으로 중생의 교리를 완전하게 전면적으로 다루지 않겠다. 중생에 관해서는 이미 다른 사람들이 다루었으므로 지금 내가 다루고자 하는 점은 성령께서 역사하시는 여러 가지 진리에 대한 근본적인 원리를 확고히 세우려는 것이다. 특히 성령의 사역에 대해서 격렬한 공격과 독성을 내뿜는 주장에 대하여 변증하고자 한다. 나는 이러한 문제들에 대하여 다음과 같이 간단하게 나의 견해를 피력하고자 한다.

1 세상이 처음 창조될 때 어떤 사람들이 중생하였다는 구약 성경의 중생에 대한 교리, 또는 중생에 관한 계시는 그렇게 선명하지 못하다. 선명하지 못하다는 말은 중생에 관해서 언급된 복음서의 밝고 분명한 내용을 비교해 볼 때 그렇다는 것이다. 분명한 복음서의 언급은 그리스도와 니고데모의 대화에서 찾아볼 수 있다. 예수님께서 중생의 교리를 니고데모에게 말씀하실 때에 니고데모는 감탄과 놀라움으로, "어찌 이러한 일이 있을 수 있나이까?"(요 3:9) 라고 소리치며 질문하였다. 여기에 대하여 예수님은 대답하시기를 "너는 이스라엘의 선생으로서 이러한 일을 알지 못하느냐?"(요 3:10)고 하셨다. 이 말씀을 보면 중생의 교리가 이미 알려졌는데 어찌하여 선생 된 사람이 모르고 있느냐는 것이다. 물론 중생의 교리는 성경 말씀으로 알 수 있는 것이다. 그러니까 예수님의 이 말씀은 니고데모가 사람들에게 성경을 가르치는 선생(master)으로서 그렇게 중요

하고 기본적인 교리에 무식하니 그 자신이 먼저 성경을 배워야 한다는 말씀을 하시는 것이다. 다른 사람에게 의무와 교리를 가르치지만 말고 자신의 무식함을 깨닫고 자신이 먼저 성경을 배우라는 것이다. 니고데모와 예수님의 만남과 대화가 없었더라면 중생에 대한 교리와 그의 무지를 알 수 없었을 것이다. 그러므로 이 교리는 이미 구약 성경에 언급되었고 약속된 것이라는 것이다. 여기에 대한 약속은 하나님께서 그의 백성들에게 할례는 마음에 해야 한다는 말씀에서 찾아볼 수 있다. 하나님은 돌같은 마음을 버리고 마음에 할례를 받아야 한다고 말씀하셨고 그 외에도 다양한 방법으로 약속하셨다.

2 그러나 우리가 보는 대로 중생의 교리는 그렇게 밝고 선명하게는 선언되지 않은 것 같다. 왜냐하면 백성들을 가르치는 당시 최고의 교사였던 니고데모 자신도 중생에 대하여 아는 바가 없었던 것으로 보이기 때문이다. 어떤 사람들은 중생이란 단지 삶을 개혁(reformation)하는 것이라고 하였고 말씀에 따라 다스림을 받는 것이라고 하였다. 니고데모도 만일 모세와 선지자들의 책을 읽었다면, 분명히 그의 삶에 개혁이 필요하다는 것을 알았을 것이다. 우리 주님께서 그에게 제안하신 것은 그가 분명히 알고 있는 것을 말씀하신 것으로 생각할 수 있다. 그러나 그가 전에는 그러한 이름을 전혀 들어보지 못했던 것이며 새로운 이름으로 들은 것이다. 그래서 그는 무지했던 것이고 신성모독이라 생각했던 것이다. 그러나 나는 모르지만 은유적(隱喩的)으로 삶을 고쳐야 한다는 표현에서 중생을 기대한다고 하는 것은 얼마나 자유로운 일인지 모른다. 만일 중생이 도덕적으로 새로운 사람으로 되는 것 이상이 아니라면 그들이 말하기를 좋아하는 것같이 유대인이나 이방인이나 모든 사람이 이해하였

을 것이다. 그러므로 그리스도께서 중생에 관해서 가르치신 것은 유대의 선생들에게서, 이방의 철학에 의해 구원받을 수 없는 혹암과 모호한 곳에 있는 사람들에게 밝은 빛을 던지신 것이다. 비록 복음을 가르치는 선생들이 분명하고도 실제적으로 사람들에게 도덕적 의무를 가르쳤다고 하더라도 중생의 교리는 전에 그들이 알고 있던 것보다 우월한 것이다. 그러나 만일 중생이 도덕적으로 의무를 다하는 것 정도로 이해하였다면 그것은 어둡고 무지한 가운데 있다고 보겠다. 신약 성경을 기록하는 데 의도되어진 사람들의 영혼 위에 역사하시는 성령의 신비함과 은밀함은, 삶을 개혁시키고 도덕적인 훈련을 통하여 인간의 본성적인 기능을 증진시키는 일이다. 그래서 바울 서신과 같이 세상에 이미 출간된 모든 책 속에는 중생의 교리가 보다 선명하게 나타나 있다.[32] 우리는 중생의 교리를 하나님의 말씀에서 얻을 수 있고 또한 진실한 사람들에게서도 전달받아 알 수 있다. 우리는 이처럼 밝고 분명하게 나타난 사실을 본 그대로 믿어 의심치 않는다.

　　③ 중생과 중생의 교리는 구약성경에도 있다. 하나님의 모든 선민들은 그들 당대에 하나님의 영에 의해 중생했다. 그러나 예수 그리스도께서 오신 이후 복음서를 보면 중생에 관한 교리는 더 크게 확장되어 옛날 사람들보다 더 많은 사람들이 중생하게 된 것을 볼

---

32) 오늘날에도 성경을 쓰는 사람들이 있는데 이것은 불경한 일이고 극도로 경솔한 일이 아닌가? 교회의 고귀함은 사도 바울이 말한 바와 같이 말씀에 있다. 그렇다고 오늘날에도 성경을 기록할 수 있는가! 사도는 다방면으로 서신을 기록함으로 우리들에게 좋은 교훈을 주었다. 사도라 기록된 글 가운데에서 실수를 하였거나 잘못된 결과를 가져온 일이 있는가? 예수 그리스도께서 실수를 하시거나 죄를 지으실 수 있겠는가? ―〔Ed.〕

수 있다. 그래서 중생의 사역은 더욱 분명하고도 독특하게 나타났
다. 왜냐하면 중생은 영혼의 의사 되신 예수님께서 오셔서 이 교리
를 가르치시고 우리를 고치시되 우리의 병든 인성을 내적으로 치료
하셨기 때문이다. 예수님께서 우리의 본성을 싸매 주시고 부패한
본성을 보여주시고 우리를 교정시켜 주신 것을 우리는 감사해야 한
다. 복음서에 더 이상의 충분하고도 평이하게 선포된 중생의 교리
는 없다. 그것은 우리의 타락한 슬픈 본성들은 진리의 빛과 증거를
거부하고 성령의 위대하고 거룩한 사역을 멸시하고 적대하기 때문
이다.[33]

(2) 중생은 모두 동일하다

중생이란 지금까지 존재하여 있었고 앞으로 있을, 또는 세상 처
음부터 마지막까지 존재할 모든 사람들이 성령의 능력에 의하여ー
똑같은 사역에 의하여ー다시 태어나는 것을 말한다. 중생의 역사
는 외적으로 매우 다양한 방법으로 적용되어 일어난다. 그 어떤 명

---

33) 몇몇 사람들이 중생이라는 말을 정면으로 반대하였다. 처음에 이것을
뒤집어 엎으려고 한 사람은 펠라기우스(Pelagius)이다. 그는 일반적이
고도 널리 이 교리를 흐리게 하고 넘어뜨리려고 책략을 썼다. 그리하
여 오랫동안 그의 신성을 모독하는 죄가 계속되었다. 이와같이 하여 많
은 사람들을 속였다. 그는 합법적으로 사제들의 회의에 참여하게 되었
다. 그리하여 그는 모든 교회를 그의 잘못되고 독소가 있는 견해로 병
들게 하려고 하였다. 만일 하나님께서 경건하고 교육받은 사람들을 세
우시지 않으셨다면 펠라기우스의 주장이 우세할뻔 하였다. 그러나 어
거스틴(Augustine)이 등장하여 그의 잘못을 만천하에 드러내므로 그의
괴변은 꺾여 버리게 되었다. 처음에는 저들이 우세하였으나 뒤에는 저
들이 패하게 되었다. 그리하여 저들의 주장은 휴지처럼 찢겨져 버렸고
저들의 어두운 열매들은 모두 떨어져 버렸다. 그래도 이러한 주장은 완
전히 박멸되지 않은 채 오늘날까지 남아있어서 사람들을 미혹한다. 비
록 펠라기안파들이 지금도 펠라기우스를 추종하면서 배우고 경건하게
살려고 한다고 하나 결국 저들은 애매모호한 속으로 떨어져 헤매이는
것 뿐이다.

령도 이 방법을 제한할 수는 없다. 하나님께서는 중생이란 '썩지 않게 하는 씨'라고 말씀하셨다. 때때로 어린 아이들에게는 말씀이 없이도 중생이 나타나기도 한다. 바울의 경우와 같이 특별한 역사도 있고 일반적인 방법으로 나타나는 경우도 있다. 이 모든 방법의 목적은 하나님께서 사람들을 거룩하게 하시려는 제도이다.

중생의 사역은 그 역사에 따라서 눈에 보이는(지각) 다양한 면이 있는가 하면 은밀하여 외적으로 나타나지 않아 우리가 알 수 없는 경우도 있다(요 3 : 8). 어떤 사람에게는 마음에서, 또는 양심 가운데서 분명한 증거와 표시로 나타나기도 한다. 사도 바울은 그리스도께서 그 마음 속에 "나타내셨다"고 하였다(갈 1 : 16). 그러므로 그는 "누구든지 그리스도 예수 안에 있는 자는 새로운 피조물이라"고 선언하였다(고후 5 : 17). 즉 '거듭난다'는 것이다. 사람들은 그 자신이 거듭났는지 거듭나지 못했는지 안다. 많은 사람들이 흑암 가운데에 살고 있다. 이들은 "여호와의 말씀을 들어야"한다(사 1 : 10). 그러나 그들은 어두움 속에서 행하고 있다.

새로운 피조물은 다양한 방면에서 성장하고 온전을 향해 역사한다. 어떤 사람은 속도가 빠르지만, 또 어떤 사람은 늦다. 뿐만 아니라 열매도 적은 것을 맺게 된다. 성령의 사역은 본성적으로 한 분의 사역이요 같은 사역이지만 나타나는 모양은 다양하다. 구약 성경 가운데 있는 하나님의 선민들의 중생이 다르고 신약 성경 속에 있는 성도들의 중생이 다르다. 중생하는 사람들은 바울(Paul)과 같이 (한 사람) 기적적으로 회심하는 경우도 있고, 초대 교회 성도들이 신비한 은사를 받아 일시에 수천 명씩 회개하는 경우도 있다. 오늘날이라고 해서 색다른 방법의 중생이 또 있는 것은 아니다. 신비한 성령의 사역에 의해서 중생하는데, 여기에 대하여 반대하는 사람들이 있다. 저들은 성령에 의해 중생하지 못한다고 주장한다. 결단코 중생은 성령의 사역이 아니라고 고집한다. 이것은 대단히 무식한 생각의 결과이며 잘못 믿는 것이다. 저들은 성령의 사역을 낡아빠진 옛날의 기적으로 취급하고, 이제는 이성적(理性的)인 법칙으로 중생을 이해하고, 이성적인 방법에 의해 중생한다고 주장한다. 중생한 모든 사람들이 성령의 유효한 사역으로 중생을 경험하였음에도 헛된 말을 하는 것은 믿음 없는 소치인 것이다. 중생의 사역이 성령의 역사라는 것은 분명하다. 여기에 대하여 생각해 보자.

1 중생하지 못한 모든 사람들은 그 상태가 모두 똑같다고 볼 수 있다. 중생하지 못한 사람은 이 사람이나 저 사람이나 그 이상의 것은 없다. 중생하지 못한 사람들의 사악함에는 그 차이가 있으나, 그들의 상태(state)에는 다를 바가 없다. 그들은 모두 하나님을 멀리하고 한 가지로 저주 아래 있다 (시 51 : 5 ; 요 3 : 5, 36 ; 롬 3 : 19 ; 5 : 15 ; 엡 2 : 3 ; 딛 3 : 3, 4). 본질상 성령의 사역은 같은 것이다. 이러한 형편에서 사람을 구원하는 길과 사망에서 생명으로 옮기는 방법은 성령의 역사밖에는 없다.

2 중생한 사람의 상태는 모두 같다. 중생의 정도는 구별이 있을지 모르나 중생하지 못한 사람과는 판이하게 다르다. 중생한 사람은 하나님으로부터 다시 태어난 것이다. 그래서 중생하지 못한 사람보다 더욱 아름답다. 그리고 하늘 아버지의 형상(image)을 소유했고 아버지의 영향 아래 있게 되었다. 사람들 사이에 거룩한(holy) 정도의 차이나 성화(sanctify)의 정도의 차이는 있어도 중생(regenerate)의 차이는 없는 것이다.

3 중생의 유효한 사역은 성령의 은혜와 능력에 의한 역사이다. 중

생의 사역은 우리들의 내적인 부분을 성령의 은혜로 다스리시고 내적으로 성령의 은혜와 교통하는 것이다. 동시에 외적으로는 성령의 은혜를 선포하는 것이다. 이러한 표준에서 볼 때 모든 사람들이 여기에 도달해야만 하는 것이다. 때로 사람들은 자기 자신이 가장 높은 체하고 성령의 사역을 멸시하고 그들의 생각을 고집할 때가 있다. 그리고 사람들은 이것을 시도해 보려고 무던히 애를 쓴다. 그리고 하나님의 나라에 대한 갈망보다는 자기의 관심거리에 더 많은 신경을 쓰며 살고 있다. 그들은 위장된 기쁨을 소유하며, 거듭나야 하는 진리를 그들의 이성으로 경멸하고 새 생명을 질시하며 산다. 하나님을 따라 인내하며 살지 못하는 사람을, 하나님께서는 참지 못하시고 벌하신다. 그러나 우리는 성경이 요구하고 가르치는 대로 증거하고 선포해야 한다. 그래서 거짓된 것이 무엇이며 참된 것이 무엇인지 드러나게 해야 한다.

(3) 중생은 세례에 의해서 되어지는 것이 아니다

중생이란 세례 의식에 참여함으로 인해 이루어지는 것이 아니다. 어떤 사람들은 그리스도의 은혜를 부정하면서 세례 의식이 중생하는 데 요긴한 것으로 주장한다. 그러나 이러한 생각은 허황되고 미련스럽고 주제넘은 것이다. 세례를 받아야만 중생한다는 생각은 죄 용서를 받고 거듭나는 것은 세례를 받음으로 창조적으로 중생한다는 것이다. 그러나 중생이란 죄인이 하나님에게로 돌아서는 것이다(turning to God). 그리고 인간의 본성이 성령의 사역에 의해 하나님을 향하여 열려진 상태를 말한다. 그런 다음에 현재 이성적으로 하나님을 따르며 섬기는 것을 말한다.

중생이란 단지 외적인 표시(outward signs)에 의해서 이루어지는 것이 아니다. 또한 제도나 방법에 의해서 중생하는 것도 아니다.

이러한 외적(外的)인 것들은 본질적으로 수단(means)과 표시(pled-ges)인 것이다. 세례란 믿음의 교리(doctrine)에 대한 고백이 있어야 베풀어지는 것이다. 사도 베드로는 이러한 경우를 다음과 같이 가르치고 있다. "물은 예수 그리스도의 부활하심으로 말미암아 이제 너희를 구원하는 표니 곧 세례라 육체의 더러운 것을 제하여 버림이 아니요 오직 선한 양심이 하나님을 향하여 찾아가는 것이라(벧전 3:21). 세례 의식의 외적인 시행은 물질적인 요소로 이루어진다. 물로 씻는다는 것은 육체의 더러운 것을 씻어버리는 그 이상의 의미가 있다. 세례는 양심을 씻어 선하게 하는 표이다. 죄로부터 양심을 깨끗하게 하는 것이며 도덕적으로 그리스도의 부활에 참여하고 거룩한 순종을 하며 하나님을 향해 나아가는 것이다(히 9:14;롬 6:3-7). 사도 바울은 외적인 의식과 중생을 평이하게 구별하여 가르치고 있다. "그리스도 예수 안에서는 할례나 무할례가 아무것도 아니로되 오직 새로 지으심을 받는 자뿐이니라"(In Christ Jesus neither circumcision availeth any thing, nor uncircumcision, but a new creature, 갈 6:15). 사도 바울이 말하는 할례라는 것은 모세 율법의 의식 전체(whole system)를 가리키는 것이고, 무할례라는 것은 이방인들에게 선포된 복음에 참예하는 것을 의미하는 것이다. 사도 바울이 말하는 '새로 지으심을 받은 자'라고 구별하여 언급한 것은 새로 지으심을 받은 자, 즉 중생한 자가 구원에 참예한다는 말이다. 다시 말해서 만일 세례받는 것이 중생하는 것이라면, 모든 세례받은 사람은 반드시 중생이 필요한 사람들일 것이다. 그러나 우리가 알고 있는 바로는 그렇지 않다. 예를 들자면, 마술사 시몬(Simon)이 전도자 빌립(Philip)에게 세례를 받았다. 그러나 그는 중생하지 못했다. 왜냐하면 그 자신이 중생하지 못했다는 증거가 성경에 있기 때문이다(행 8:12—24). 그가 빌립에게 세례를 받았지만 중생하지 못한 것을 베드로와 요한이 보고 그들에게 안수하매 성령을 받았다(행 8:17). 시몬의 경우를 볼 때 분명히 그는 세례를 받았지만 새롭게 중생은 하지 못한 기록을 볼 수 있다.

(4) 중생은 생활의 변화로 되어지지 않는다

중생했다고 해서 도덕적인 면에서 삶의 개혁(reformation of life)이 일어나는 것은 아니다. 중생하면 광범위한 방면에서 개혁이 일어난다고 생각하고, 모든 것을 즉시 안다고 생각한다. 즉 음란하던 사람이 절제하게 되고, 도둑질하던 사람이 의롭게 되고, 교만한 사람이 겸손하게 되고, 노를 잘 띠던 사람이 온유하게 된다고 생각한다. 그리고 엄격한 도덕주의자처럼 정확하고 엄하게 규율에 따라서 변화된다고 생각한다. 또한 복음을 전파한다고 생각한다. 그러나 세례를 받고 신앙을 고백하고 회개하였다고 중생하는 것은 아니다. 그리고 위의 모든 것을 소유하는 것도 아니다.(벧후 2:20)

그러나 우리는 잠시 멈추어 서야만 한다. 이러한 우리들의 주장이 어떤 사람들에 의하여 거부되기도 하고 조롱받기도 하였다. 우리의 주장을 거부하는 자들은 윤리와 도덕적인 면에서 우리의 적이라고 불리운다. 우리는 교리에 의해서, 또는 다른 사람들에 의해서 도덕적으로 반대받고 배척받는다. 그러므로 이후에 그리스도께서는 이러한 일들을 심판하시고 선언하실 것이다. 만일 저들이 관심을 가지고 시종일관 진리에 대하여 신앙을 고백한다면 양심적으로 의심할 것이 없다. 그러나 그 어떤 법령을 범할 자유를 소유하지 못했으면서도 저들은 우리가 가지고 있는 원리나 주장보다도 부패하지 않은 그 어떤 자유를 소유한 것처럼 행동하는 것이 문제인 것이다. 실제적으로 우리는 우리들의 열매(결과)에 의해서 우리들의 교회는 심판을 받게 될 것이며, 우리들의 교리를 부인한 자들도 심판을 받게 될 것이다. 우리가 단언하는 것은 우리들이 윤리나 도덕적인 측면에 대해서 계획이 없다 하더라도 기독교 윤리와 도덕은 앞으로 개선된다고 하는 것이다. 윤리와 도덕은 올바른 기초 위에 정착되어 무성하게 성장할 것이며 하나님께는 영광을 돌리고 사람들에게는 선을 행하는 선한 사람이 또한 증가될 것이다. 무지하거나 타락한 사람들의 소동과 소요에 의해서 이러한 계획은 요동하지 않을 것이다. 이러한 주장을 내려 놓고 경멸하고 거부하고 논쟁만을 일삼으려고 하는 사람은 성공의 자리에서 너무 멀리 있는 사람이다.

만일 중생한 사람이 있다면, 그의 영혼에는 새롭고 참된 영적 요소가 그 안에 들어간 것이다. 그래서 중생이란 단순히 삶의 변혁만 일어나는 것이 아니라 전 인격이 새롭게 변화되는 것이다. 이러한 주장은 이미 증거하고 확증하였으나 다시 살펴보면 아래와 같다.

1 삶의 개혁을 우리는 중생이라고 하지 않는다. 삶의 개혁은 모든 사람들이 독립적인 의무를 행하기 위해 필요한 것이다.

2 분명하고 확실한 개혁이 어떤 사람에게는 완전하게 일어나고 또 어떤 사람에게는 불완전하게 일어나는데, 개혁의 요소는 분명히 신실한 것이다.

3 그러므로 개혁에는 차이가 있다. 중생이란 우리의 본성이 영적으로 혁신되는 것이다. 현대 소시니안(Socinian)들은 중생이란 도덕적 삶의 개혁이 포함된다고 말한다. 따라서 중생이란 인간의 본성에 영적인 혁신(spiritual renovation)이 일어나며 오류가 없는 도덕적 삶의 개혁이 일어나는 것이라고 하겠다. 그래서 만일 도덕적인

삶의 개혁이, 우리의 본성이 영적으로 혁신된 뒤에 오는 것이라면 그 차이는 종국에 가서야 있게 될 것이다.

중생이 영적으로 새로운 요소, 즉 성령의 산물(production)이라고 하는 성경적인 증거는 매우 많이 있다. "그런즉 누구든지 그리스도 안에 있으면 새로운 피조물이라"(고후 5 : 17). 새로운 피조물(새 사람)이 되는 것은 하나님의 창조적 능력의 역사이다. 그렇다고 하나님이 처음 창조한 것과 같은 피조물이란 뜻은 아니다. 새로운 피조물이 된다는 것은 우리의 영혼에 초자연적인 능력이 주입된다는 말이다. 새로운 피조물이란 새롭게 창조된다는 말도 아니다. 새로운 피조물이란 영혼의 문제인 것이며 인간의 본성(being)과 생활(subsistence)이 변화되는 것을 말한다. 새로운 피조물이란 사람이 새롭게(new) 되거나 다시 창조되는 것이 아니다. 따라서 중생은 전능하신 하나님의 능력과 창조적인 사역에 의하여 만들어지는 것이다. 이 사실을 성경은 증거하고 있다(시 51 : 10 ; 엡 2 : 10). 중생은 하나님의 영에 의해서 우리들 속에 새로운 영적 요소가 만들어지는 것이다. 어떤 사람들은 '아니다'라고 말한다. 그들은 "새로운 피조물이란 단지 변화된 사람(changed man)"이라고 주장한다. 그것은 사실이다. 그러나 변화는 또한 내적인 변화인 것이다. "그렇다, 변화라는 것은 마음의 경향이 바꾸어지는 것을 말하는 것이다." 중생이란 영적인 삶에 새로운 요소가 주입되는 것이다. "중생이란 말씨가 바꾸어지는 것이고 이 표현은—새로운 피조물— 은유적인 것이다. 그리고 도덕적인 사람으로 바뀌어지는 것이다. 만일 사람이 언제든지 도적이라면 그는 언제나 새로운 피조물이다."라고 주장하며 중생의 참 의미를 부정하는 사람들도 있다. 중생의 소식은 복된 소식이라! 원죄는 일순간에 우리 주 예수 그리스도의 은혜로 모두 사라졌다. 나는 이 교리를 나의 아버지에게 배우지 않았지만 확신한다. 그리고 다른 사람들에게 자랑스럽게 말하고 싶다. 이러한 영적인 일들이 성경에 여러 가지 방법으로 묘사되어 있다. 은유적으로 묘사된 곳도 있고 우화적으로 묘사된 곳도 있다. 그리고 세상에서는 잘 사용하지 않는 어려운 방법으로 복음이 증거된 곳도 있다.

그러므로 새로운 피조물이란 새로운 행동 방식으로 이루어지는 것이 아니라 새로운 기질, 새로운 능력, 새로운 힘으로 새롭게 된 기능을 수행하는(renewed faculties) 사람이 된 것이다. 이것을 '신의 성품'(divine nature)이라고 부른다(벧후 1 : 4). 이 신의 성품($\theta\epsilon\iota\alpha$ $\phi\upsilon\sigma\iota\varsigma$)이란 하나님의 성품(the nature of God)을 말하는 것이 아니다. 그리고 우리의 성품 가운데 주관적으로 하나님의 성품을 나누어 가졌다는 뜻도 아니다. 신의 성품이라고 하는 것은 사역의 요소이며 신적이며 영적인 요소이다. — 습관적으로 거룩한 요소가 하나님에 의하여 우리들 속에 만들어지는 것이며 하나님의 형상을 지니는 것을 말한다.

우리가 이미 언급한 것들이 성경에 잘 나타나 있다. "너희는 유혹의 욕심을 따라 썩어져 가는 구습을 좇는 옛 사람을 벗어 버리고 오직 심령으로 새롭게 되어 하나님을 따라 의와 진리의 거룩함으로 지으심을 받은 새 사람을 입으라"(엡 4 : 22— 24). 여기에 보면 중생의 사역(work)이 잘 나타나 있다. 중생의 기초는 우리의 심령(spirit)으로부터 새롭게(be renewed) 되어져야 하는 것이며 또는 우리의 마음(mind)이 새롭게 변화를 받아야 하는 것이다(롬12 : 2). 중생의 요소가 우리들 가운데 주입될 때 우리는 그를 새 사람(new man)이라고 부른다. 왜냐하면 중생의 요소는 우리들의 심령을 전면적으로 변화를 시키기 때문이다. 중생의 요소(principle)는 모든 영적인 행동과 도덕적인 행동의 요소가 된다. 그러므로 중생의 요소는 옛 사람(old man)을 싫어하고 부패한 우리의 본성을 용납하지 않는다. 따라서 중생의 요소는 모든 행동의 원리가 되는 것이다(롬 6:6). 중생의 요소는 누추한 사람들의 언어를 사용하지 않게 하며 우리의 말씨를 근원적으로 새롭게 구사하도록 이끈다. 왜냐하면 중생의 요소는 사람의 말씨까지도 다르게 변화시키기 때문이다. 그래서 이 사람을 새 사람(new man)이라고 부른다. 이것은 새로운 창조이며(new creation) 유효적인 하나님의 능력에 의해서 되어지는 일이다. 창조의 역사는 즉각적으로 나타난다. 중생을 위하여 준비된 사람은 누구든지 새로운 창조력에 의해서 새 사람이 되는 것인데 중생은 즉각적으로 되어진다. 그러므로 중생은 단지 삶의 개혁만 일어나는 것이 아니다. "우리는 그의 만드신 바라 그리스도 예수 안에서 선한 일을 위하여 지으심을 받은 자니 이 일은 하나님이 전에 예비하사 우리로 그 가운데서 행하게 하려 하심이니라"(엡 2:10). 하나님은 우리들 속에 하나님을 따라서 선행을 하게 하신다. 그래서 우리는 착한 일을 할 수 있는 것이다. 우리 속에 선한 일을 할 수 있는 요소가 주어져야 착한 일을 할 수 있다는 것이다. 영적으로 우리는 이러한 착한 일을 하는 것이다. 다시 말해서 새 사람이 된다는 말이다. 새 사람(new man)이란 "의(義) 안에서 창조된 사람이며 진실한 거룩함 속에서 창조된 사람"을 뜻한다. 이 사람은 천진난만함 속에서 창조된 사람이라고 할 수 있다. 이 사람은 이미 하나님의 형상으로 창조된 것이다. 하나님의 형상을 지닌 사람이란 삶이 개혁되었다는 것이 아니다. 그리고 덕스러운 행동을 한다는 말도 아니다. 하나님의 형상(image of God) 으로 창조되었다고 하더라도 사람은 결코 선행을 할 수 없는 존재이다. 사람은 그의 전 인격이 의롭고 바르게 되어야만 하나님의 요구에 순종하게 된다. 그러므로 먼저 우리가 중생(복음적으로 인생이 개혁됨)하여야만 하나님의 뜻(the will of God)에 따라서 살게 되고 하나님의 뜻에 맞게(fitting) 살게 되는 것이다.

그래서 우리 주님은 이렇게 말씀하셨다. "못된 열매 맺는 좋은 나무가 없고 또 좋은 열매 맺는 못된 나무가 없느니라"(눅 6 : 43). 나무가 존재하는 본질은 열매를 맺는 데 있다. 열매가 나무의 본질을 바꾸는 것이 아니라 나무가 열매의 본질(품질)을 바꾸는 것이다. 나무의 형편에 따라 그 열매가 결정된다는 말이다. 그리고 "좋은 열매 맺지 아니하는 나무마다 찍혀 불에 던지우리라"(마 3 : 10)는 말씀처럼 좋은 열매(결과)를 거두지 못하는 사람은 좋은 사람이 아니라는 것이고 그 본성이 변화되지 않은 사람이라는 뜻이다. 즉 중생하지 못했다는 것이다. 성경은 중생의 은혜와 택함받은 자들의 순종과 거룩함을 구별하고 있다(겔 36 : 25 ; 렘 31 : 33 ; 32 : 39). 즉, 좋은 열매를 맺으려면 먼저 우리의 본성(nature)이 변화되어야 한다는 것이다. 하나님의 방법은 먼저 우리들의 본성을 씻고 깨끗하게 하시는 것이다. "돌같은 마음을 제하여 버리시고 살(flesh) 같은 마음을 주시는 것이다." 그리고 그의 법을 우리들의 마음에 새기시는 것이고, 우리들 속에 영(spirit)을 주시는 것이다. 이러한 유효한 결과에 의해서 우리는 새 생명 가운데서 행하게(walk) 되고 하나님의 법을 지키고 준수하게 되는 것이다. 즉 우리의 삶이 바뀌어지고 하나님께 순히 복종하게 되는 것이다. 이러한 원인과 결과에 대한 말씀들이 성경에 많이 언급되어 있다. (롬 6 : 3-6 ; 골 3 : 1, 5 ; 엡 2 : 10 ; 4 : 23 등)

더 나아가서 이러한 사역이 성경에 다음과 같이 언급되어 있다. "평강의 하나님이 친히 너희로 온전히 거룩하게 하시고 또 너희 온 영과 혼과 몸이 우리 주 예수 그리스도 강림하실 때에 흠 없게 보존되기를 원하노라"(살전 5 : 23). 만일 어떤 사람의 삶에 변화가 있는데 도덕(moral)적인 부분에서만 변화가 있다면 온전한 성화가 이루어진 것이 아니며, 영적인 교훈이 분명하게 성취되지 않은 것이다. 왜냐하면 그는 도덕적인 범위에서만 영향을 받은 것이지 온전히 거룩하게(the sanctification of the whole) 된 것은 아니기 때문이다. 신자는 성령에 의해서 온 영과 몸이 완전히(whole) 성화되어야 하는 것이다. 그러나 성경에서 중생이란 본질적으로, 원인적으로, 유효적으로 변화하는 것이라고 언급하지는 않는다고 주장하고, 중생이란 명칭도 없고, 약속도 없고, 의미도 없고, 능력도 없고, 모순이 있다고 주장하는 무례한 펠라기안(Pelagian)들이 있다. 이들은 예수 그리스도의 은혜를 파괴시키는 자들이다.

　이러한 무모한 발상들은 원죄(original sin)를 부인하는 데서 기인된 것이다. 만일 사람이 본래적으로 타락하지 않았다면 영적으로나 내적으로(inward) 복구될 필요가 없는 것이다. 죄 짓는 습관을 버리고 삶의 변화가 있을 때 언어가 바뀌고 만족한 삶을 살게 된다. 그러나 이미 앞에서 살펴본 대로 중생이란 우리 마음 속에 있는 어두움을 몰아내고 영적인 빛을 받아들이는 것이며, 우리들의 완악한 고집을 내버리고 새 생명의 원리를 받아들이는 것이고, 우리들의 무질서한 기질들이 고침을 받는 것이다. 그래서 성경을 정면으로 반대하던 견해가 바뀌어져서 초대 교회의 믿음으로 돌아가고 경험 많은 신자들의 체험을 하게 되어 무지한 자리에서 확신의 자리로 옮기게 되는 것이다.

(5) 중생은 열광적인 황홀경이 아니다

　성령의 사역인 중생은 열광적인 황홀경이나 광희, 또는 음성 비슷한 소리를 동반하지 않는다. 이러한 것들은 일부 연약한 사람들에 의해 가장된(pretended)적이 있었고 잘못 생각한 사람들에 의해 위장된 것 같다. 그러나 이러한 발상들이나 이러한 것들을 기대하도록 가르치는 교훈들이 묵인된 것도 사실이다. 그리고 이러한 것들을 하나님 앞에서 회심(conversion)하는 것같이 중시한 것도 사실이다. 반면에 거룩하게 되는 것을 등한시하게 되었고, 성화(聖化)를 중상하고 잘못된 것인양 비방도 하였다. 물론 우리들의 글이나 가르침이 충분히 증거되었지만, 그래서 우리들의 견해가 부정적인 원리처럼 여겨졌었고 성령은 다만 그의 능력을 사용하는 방법에서 역사하였고, 사람들의 본질에 동의하는 정도에서 역사하는 것으로 이해되었다. 성령은 사람들에게 무의식적인 황홀경을 가져오지 않는다. 성령은 사람들의 지적인 능력(mental powers)을 사용하신다. 악한 영(evil spirit)이 사람들의 몸과 씨름하는 것같이, 성령은 성경을 믿는 사람들의 이성을 사용하셔서 합리적으로(rationally) 역사하신다. 그리스도인은 세상 사람들이 받을 수 없는 진리의 영(the spirit of truth)을 받는다. 실로 성령의 역사는 우리들의 심령을 일깨운다〔고대 사람들은 이것을 항상 은혜의 영감(inspiration of grace)이라고 하였다〕. 다른 한편으로는 우리가 이해할 수 없는 창조적인 능력 이상의 것을 부여하신다. "바람이 임의로 불매 네가 그 소리를 들어도 어디서 오며 어디로 가는지 알지 못하나니 성령으로 난 사람은 다 이러하니라"(요 3 : 8). 이와같이 성령은 기록된 말씀과 같이 역사하신다. 그리고 성령은 우리들의 영혼의 능력 위에 강압적인 힘(force)을 가하시는 것이 아니라 우리들의 본성에 알맞게 우리들의 능력 안에서(in) 능력에 따라서 역사하신다. 그러나 이미 지난 일이지만 중생했다고 하는 많은 사람들을 세상은 이미 보았다(모르는 사람은 없다). 그들은 광적이며 열광적이며 열정적인 모습을 보여주었다. 이러한 예는 예후에게서도 볼 수 있다(왕하 9 : 11). 물론 예수님도 미친 사람으로 오해를 받은 적이 계셨다. 특히 예수님의 친속들이 예수님을 미쳤다고 하여 붙들러 나갔다는 기록이 있다(막 3 : 21). 또한 복음을 전하는 바울에게 베스도(Festus)가 미쳤다고 하였다. "바울아 네가 미쳤도다 네 많은 학문이 너를 미치게 한다 하니 바울이 가로되 베스도 각하여 내가 미친 것이 아니요 참되고 정신 차린 말을 하나이다"(행 26 : 24, 25). 지혜서 저자들도 이러한 표현을 하였다.

성령의 사역인 중생은 복음을 전하고 듣는 자들에게서 많이 언급되었고 생각하게 되었다. 복음 전파자들은 특별한 이유에서 중생에 대하여 주목하였다. 왜냐하면 그들이 사역을 할 때에 실제적으로 하나님의 영에 의해서 중생의 역사가 나타나기 때문이며 이것은 유효한 것이기 때문이었다. 그래서 사도 바울은 자신이 아버지라고 하였다. "그리스도 안에서 일만 스승이 있으되 아비는 많지 아니하니 그리스도 예수 안에서 복음으로써 내가 너희를 낳았음이라"(고전 4 : 15). 바울은 성도들이 회심하고 믿게 될 때 자신을 그들의 영적인 아버지라고 하였다. 그래서 바울은 오네시모(Onesimus)를 말할 때 그를 자기의 아들(son)이라고 불렀다(몬 10). 주님께서는 바울을 부르신 목적을 다음과 같이 말씀하셨다. "이스라엘과 이방인들에게서 내가 너를 구원하여 저희에게 보내어 그 눈을 뜨게 하여 어두움에서 빛으로 사단의 권세에서 하나님께로 돌아가게 하고 죄 사함과 나를 믿어 거룩케 된 무리 가운데서 기업을 얻게 하리라"(행 26 : 17, 18). 이것은 또한 우리들의 목회 사역의 목표이기도 하다. 이제 분명히 알아야 할 것은 목회자들이 그들의 의무와 사역을 이해하는 것이다. 영적으로 중생의 교리에 대하여 알아야 하겠고, 중생의 성질, 원인, 효과, 그리고 확증 등은 목회 사역에 있어서 매우 중요한 도구라는 것을 깨달아야 한다. 그러므로 "말씀을 옳게 구분하지 못하는" 사역자는 부끄러운 일군일 수밖에 없는 것이다. 그러나 중생한 사람은 성령을 격노케 하고, 경멸하고, 비방하고, 모욕하는 일은 하지 않는다. 어떤 사람들은 "회심(conversion)은 지루한 기차와 같다고 말하고, 중생은 파악하기 어려운 과정이라고 말하면서 사람들의 머리를 미신적인 두려움으로 유인하고, 경건한 슬픔으로 의심을 불러일으키고 굴욕적인 징조가 있다"고 중상모략한다. 저들은 특별한 사람들에 대하여 성경적인 근거도 없이 도전을 일삼는다. 그렇다고 우리가 섣불리 이러한 자들을 반격하는 것은 좋지 않다. 그러나 이러한 글들을 통하여 하나님의 사역을 비난하는 자들에게 분명한 증거를 보여주어야 한다. 그래서 나는 진리로부터 멀어져간 자들과, 종교의 힘에 떨어져 나간 자들과, 복음의 원리에 대하여 무지한 자들과, 그리스도의 은혜를 내버리고자 하는 자들은 우리들의 개혁교회(Reformed Church)의 온전한 지위에 이르지 못하고 슬프고도 불길한 조짐 속에 있다고 믿는다. 그들이 자신을 바로잡고 억제하지 않는 한 소망이 없는 것이다. 내가 단언하는 것은 저들의 본성을 바로잡는 길은 모든 복음 전파자들의 의무이며 책임인 것이다. 이것은 피할 수 없는 일이며 저들에 알려야만 하는 것이다. 그리고 성령의 사역—중생—의 본질을 알려 주어야 하는 것이다. 저들이 더 이상 도전하거나 중상하지 못하도록 복음 전파자들은 그들의 직임을 잘 감당하여야 한다. 복음 전파자들의 말을 만일 저들이 듣는다면 "죄와 허물로 죽은" 상태에서 다시 태어나는 것이다. 만일 저들이 하나님의 약속된 자들이라면 저들은 중생의 과정을 경험하게 될 것이다. 이와같은 중대한 사역을 게을리하고 소홀히 여기기는 것은 정신이 잘못된 사람일 것이다. 중생의 교리에 대해 무지하고, 하찮게 여기고, 중생의 경험을 그 심령에 사모하지 않는 자는 생명이 없는(lifeless) 자이며, 우리들 가운데 중생의 능력을 맛보지 못한 사역자는 무익한 사역(unprofitable ministry)을 한 자인 것이다.

이러한 사실은 가르칠 필요가 있는 것이고 또 들을 의무가 있다. 그리고 요구할 권리가 있다. 사도는 다음과 같이 가르치고 있다. "너희가 믿음에 있는가 너희 자신을 시험하고 너희 자신을 확증하라. 예수 그리스도께서 너희 안에 계신 줄을 너희가 스스로 알지 못하느냐 그렇지 않으면 너희가 버리운 자니라"(고후 13 : 5). 이러한 일은 하나님의 영의 사역이 저 사람들의 마음에 어떻게 역사하셨는가 하는 점을 모든 기독교 교수들이 개인별로 연구하여야 한다. 그래서 성령의 사역이 저들로 하여금 방해받지 않도록 하여야 한다. 저들에게 눈가림을 하고 속이는 자들은 지옥으로 갈 자들이다. 이러한 교리는 우리들에게 이미 평범하고도 충분히 계시되고 가르쳐졌다. 그리고 우리의 모든 의무와 권면이 중요함을 알았고 우리의 본성과 관심이 무엇인가도 깨달았다. 그러므로 우리는 더 이상 어리석고 정신나간 사람처럼 행할 수 없고 나태하고 태만할 수 없는 것이다. 이외에도 이러한 문제에 속아 넘어갈 사람들이 있다는 큰 위험성이 있고, 이 일로 인하여 영원한 상태로 떨어질 요인도 있다는 것이다. 분명한 것은 많은 사람들이 이러한 것에 스스로 속아 넘어간다는 것이다. 이것은 저들이 치명적인 오류에 빠져서 살기 때문이다. 사람들은 거듭났든지 거듭나지 못했든지 간에(요 3 : 6) 아직도 죄 가운데 살고 있는 것이다.

제 2 장

중생을 준비시키는
성령의 사역

중생을 준비시키는 몇 가지 일들 / 우리의 의무를
수행하는 데 요청되는 본래적인 능력 / 조명—말씀
에 의하여 인간 영혼에 내적인 영향을 주는 사역 :
죄의 자각 : 개혁 / 불완전함과 참된 회심과의 차이
점.

1. 중생을 준비시키는 몇 가지 일들

중생의 사역에 관하여 적극적으로 생각해야 할 점이 있는데 그것
은 중생에 앞서 인간의 영혼에 분명히 예비적인 사역들(preparatory
operations)이 일반적으로 있다는 것이다. 그러나 성인(adult)의 경
우 하나님의 은혜가 아니고는 회개도 못한다. 마찬가지로 중생은
예비적인 사역들로 되는 것이 아니고 또한 예비적인 사역들이 이끌
어내는 것도 아니다.[34]

____

34) 중생의 교리 문제로 영국교회는 도르트(Dort) 회의에서 두 사람의 비
   숍이 사형을 당했다. 그리고 많은 사람들은 이단으로 정죄되었다. 중
   생의 문제를 오도하는 자들은 재와 같이 짓밟힌 것을 볼 수 있다. 나는
   이러한 사실을 조심성 있게 상기시키고자 하는 것이다.

2. 우리의 의무를 수행하는 데 요청되는 본래적인 능력

여기에는 인간적으로 수행해야 할 의무가 필요하다. 이러한 의무 수행의 능력은 본래적으로 주어진 재능인 것이다. 그러나 인간은 부패한 편견과 습관으로 인하여 죄악 속에서 이러한 것들을 행하고 있다. 이것들을 살펴보면 다음과 같다.

1 하나님의 말씀은 우리에게 외부적으로 드러나게 주어진 것이며 또한 은혜의 외적 방편으로 주어진 것이다. "믿음은 들음에서 나며 들음은 그리스도의 말씀으로 말미암았느니라"(롬 10：17). 그러나 말씀을 듣는다고 모두 믿음이 생기는 것은 아니다. 믿음은 복음을 필요로 한다. 복음은 들을 때에 정중한 행동이 일어난다. 인간은 믿음을 소유할 수 없고 말씀을 멀리하고 멸시하게 되어 있다. 인간은 게으르고 나태하고 현실적인 안전만 추구하고 하나님을 모욕하는 일을 서슴지 않는다. 여기에 대해 저들은 무엇이라고 대답을 해야 할 것이다.

2 근면한 마음을 가진 사람은 하나님의 마음과 뜻이 계시되고 선포될 때 그것을 깨닫고 받아들이는 은혜의 자리에 참여하게 된다. 왜냐하면 하나님은 사람들에게 이성(理性)을 주셨고, 그들은 이것을 사용하여 하나님을 향한 의무가 무엇인지 알도록 하셨으며, 하나님은 사람들에게 성경을 주셨기 때문이다. 다시 말해 하나님은 성경을 따라 살도록 사람들에게 이성(reason)을 주셨다는 것이다. 거기에는 우리의 이성적인 능력 이하의 것은 없다. 하나님은 일반적으로 사람들에게 하나님을 섬길 수 있는 요인을 주셨다. 이것에 의하여 인간은 날마다 대단히 유익한 것을 소유하게 된다. 이성적인 능력들을 부지런히 영적인 문제에 적용시키는 사람들은 이 세상에

서 외적인 하나님의 계시와 교훈을 받는 유익을 얻는다. 이러한 사람은 바울이 가말리엘(Gamaliel)에게서 배워 다른 사람들을 능가한 것처럼 탁월하게 된다. 목적을 가지고 부지런히 예술이나 과학을 공부한 사람이 훌륭하게 되는 것같이 영적인 것들을 열심히 추구하고 배우는 사람은 다른 사람보다 많은 성장이 있게 된다. 이러한 의무를 이행하지 않는 사람은 복음이 전파되어도 중요한 원인이나 기회가 되지 못하고 많은 사람들이 영원히 파멸되는 것같이 멸망받는다. "그 정죄는 이것이니 곧 빛이 세상에 왔으되 사람들이 자기 행위가 악하므로 빛보다 어두움을 더 사랑한 것이니라"(요 3:19). 말씀에 대하여 열심이 있는 사람은 자신이 할 수 있는 일과 해야만 할 일과 할 수 없는 일이 무엇인지를 안다. 허위된 모든 무능에 대한 변명은 있을 수 없다. 저들은 단순한 것을 아는 것뿐이고, 아는 바를 고백해야 하는 것뿐이다. 사람들은 게으름, 음란, 세상을 사랑하는 것, 죄를 사랑하는 것, 하나님을 경멸하는 것, 회개할 수 있는 기회로부터 돌아서는 것, 자신에 대하여 불평을 터뜨리는 것 등을 자행하도록 강요받고 있다.

이것은 사실이다. 그러나 외적으로(outward) 부지런하다고 중생하는 것은 아니다. 특별히 내적인(internal) 성령의 사역이 없이는 사람의 심령이 중생하지 못하는 것이다. 그러나 일반적으로 하나님은 사람들이 외적으로 자신이 할 수 있는 방법에 부지런히 참여하는 경우 그들에게 유효한(effectual) 은혜를 주신다. 일반적으로 내가 언급하는 대상은 은혜를 경멸하는 자들과 은혜받기를 게을리하는 자들을 비교하는 것이다. 때때로 탈선하여 사울(Saul)처럼 핍박과 포행을 자행하는 죄를 짓는 것은 은혜에 참여할 기회를 잃어 버리는 것이다. 주님은 우리에게 당신의 명령과 제도에 순종하기를 원하신다. 이로 말미암아 주님은 영광을 받으신다.

3. 말씀에 의하여 인간영혼에 내적인 영향을 주는 사역

　말씀은 사람의 영혼에 내적으로 역사하여 중생의 길로 인도 한다. 여기에는 조명(illumination), 자각(conviction), 개혁(reformation)이 있는데, 첫번째로 이러한 사실이 마음 속에 일어난다. 둘째로는 양심과 사랑이 새롭게 마음 속에 자리잡게 되고, 세째로는 인생이 새롭게 되며 회심이 일어난다.

(1) 조명(illumination)

　이 명칭하에서의 우리가 소유하는 모든 빛(light)과 지식(knowledge)은 영적인 것(spiritual things)이다. 여기에는 몇 개의 단계가 있다. 조명은 이성적인 기능에 의하여 계시의 교리를 알고(know) 이해하고(perceive) 깨닫는 것(understand)인데 이것은 이성의 부단 없는 기능에 의하여 얻어진다. 빛(light)이라고 하는 것은 하나님의 계시가 없는, 인간의 개념과 타고난 이해력에 무엇인가가 더해지는 (superadded) 것이다. 본래 타고난 인간은 영적인 것을 이해할 수 없는 것이다. 인간의 이성은 지극히 적은 노력으로 이러한 지식을 얻는다는 것은 육체적인 적의(enmity)와 마음의 적의 때문에 저들의 마음으로는 계시와 같은 영적인 것을 알지 못한다. 다시 말해서 조명이라고 하는 것은 우리 마음에 임하는 성령의 특별한 영향(effect)이다. 성령은 말씀에 의하여(by) 역사한다. 조명이란 인간의 단순한 본성에 커다란(a great) 것을 더해주는 것이다. 또한 조명이란 우리의 본래적인 능력에 간단한 활용으로 얻어질 수 있는 것이다. 왜냐하면 조명이란 인간의 본성에 분명하게 더해 주는 것이기 때문이다. 그래서 어떤 사람들은 사람의 "의(義)의 도를 안다"(벧후 2

: 21)고 하였다. 죄인이 의롭게 되는 길은 믿음의 길뿐인데 오직 의인은 믿음으로 말미암아 사는 것이다(롬 1 : 17). 그리고 조명은 본래적인 단순한 이성으로 얻을 수 있는 것 이상의 진리에 대하여 강력하게 찬성하도록 해준다. 따라서 조명을 받은 사람은 믿음을 가지게 된다고 몇몇 사람들은 말한다. 저들의 믿음이란 다만 계시된 진리에 대하여서만 외적으로 지지를 하는 정도이다.³⁵⁾ 그리고 조명은 사람들에게 어떤 종류의 기쁨도 준다. 이 기쁨은 기쁨을 주는 말씀을 받을 때 온다. 때를 따라서 조명의 빛 속에는 기쁨이 있어서 우리들이 받을 수 있다. 그러나 조명의 근원은 결코 사람들 자신에게 있는 것이 아니다(눅 18 : 13 ; 요 5 : 35). 이와같이 조명을 받아 밝아진 사람들은 말씀과 함께 다양한 결과를 얻는다. 이것은 성령의 영향이 아니고서는 얻을 수 없는 것이다. 즉 자연적인 인간의 소양을 가지고서는 결코 얻을 수 없다는 말이다. 때때로 조명은 대단히 다양한 은사들을 또한 더하여 준다. 따라서 조명이 있는 곳에는 향상이 있고, 이것은 더욱 활용되어 마음에 놀라운 영향력과 결과를 얻게 해준다. 그래서 조명은 영적인 것들을 잘 이해하도록 도와준다. 그렇다고 조명이 중생케 하는 데는 만족하지 못하다. 조명 뒤에는 중생을 위한 일들이 계속해서 일어나야 중생을 하게 되는 것이다. 따라서 많은 사람들이 교화(enlightened)되었지만 회개가 일어나지 않고 있다. 인간의 본성에 먼저 중생이 일어나야 회심(conversion)이 일어나는 것이다. 이러한 준비와 계단이 있을 때 빛을 받은 영혼이 구원의 은혜(saving grace) 안으로 들어가게 되는 것이다. 그러므로 하나님의 은사(a gift of God)를 받은 사람은 자기가

---

35) 마술사 시몬(Simon)이 있고(행 8 : 12) 그리고 많은 유대인들이 있다.(요 2 : 23, 24)

해야 할 의무를 감당해야 한다. 그럼에도 불구하고 어떤 사람들에 의해서 하나님의 은사는 악용이 되기도 한다.

(2) 자각(conviction)

죄의 자각(conviction of sin)은 말씀에 의한 또 다른 결과이다. 이 일로 참된 회심이 일어나는 것이다. 사도는 이것을 다음과 같이 언급하였다. “그러나 다 예언을 하면 믿지 아니하는 자들이나 무식한 자들이 들어와서 모든 사람에게 책망을 들으며 모든 사람에게 판단을 받고 그 마음의 숨은 일이 드러나게 되므로 엎드리어 하나님께 경배하며 하나님이 참으로 너희 가운데 계시다 전파하리라”(고전 14 : 24, 25). 여기에는 다음의 내용들이 포함되어 있다.

1 하나님의 율법과 위엄과 심판을 생각할 때 죄책감은 불안한 감정을 가지게 한다. 전에는 경시하고 조롱하던 것을 이제는 심령의 무거운 짐으로 여기게 되었다. 여기에서부터 사람의 마음은 정도의 차이가 있기는 하지만 두려워하는 마음과 고통을 갖도록 영향을 받게 된다. 그리고 말씀에 의하여 감동을 받고, 말씀에 따라서 살려고 한다. 이에 준한 필요성은 규정하지 않았지만 그 방향과 안전한 정도는 성경에 언급되어 있다.

2 자연인은 죄와 그 비참함 때문에 슬퍼하거나 비탄에 빠지는 일이 없으나 조명을 받은 뒤에 사람은 자신의 죄로 인하여 슬퍼하고 비통해 한다. 세상적인 근심은 사망을 가져오지만(고후 7 : 10), 하나님의 뜻대로 하는 근심은 구원에 이르게 하는 회개를 가져온다 (고후 7 : 10). 세상 사람은 무서워하는 종의 영을 받은 사람들이지만(롬 8 : 15), 그리스도인은 양자의 영을 받아 두려워하지 않는 것이다.

3 죄로 인한 부끄러운 마음은 외적으로 슬픔과 두려움, 그리고

죄의 고백(confession)으로 나타난다. 그리고 기도와 금식 등으로도 표현된다. 이것은 죄에 대한 적법한 수치심에 대한 진정한 표현이다. (왕상 21 : 29)

④ 이러한 일로 심령이 낙심만 하지 아니한다면 이 심령은 죄의 형편과 상황에서 그의 생각과 요구와 질문과 계획이 오직 죄에서 구원받기를 원한다면 희망이 있는 것이다. (행 2 : 37 ; 16 : 30)

(3) 개혁(Reformation)

가끔 계속해서 삶의 개혁이 일어난다. 더러운 귀신이(unclean spirit) 자기가 나온 집으로 다시 돌아가고자 하여 다시 돌아갔다. 그 결과 더 악한 귀신을 데리고 들어가서 거하니 그 사람의 형편이 그 전보다 더욱 심하게 되었다(마 12 : 43 — 45). 사도 베드로도 다음과 같이 말하였다. "만일 저희가 우리 주 되신 구주 예수 그리스도를 앎으로 세상의 더러움을 피한 후에 다시 그 중에 얽매이고 지면 그 나중 형편이 처음보다 더 심하리니."(벧후 2 : 20)

사람의 마음은 하나님의 말씀으로 변혁된다. 그렇다고 중생의 사역이 이 사람 속에 완전하게 이루어진 것은 아니다. 비록 사람들 속에 선한 심정이 있고 하나님의 사랑이 효과가 있다고 하더라도 사람들은 결과적으로는 유익한 것들을 잃고 손실도 보고 더 큰 죄악에 빠져 병들게 되는 일이 허다하다. 이러한 경우를 살펴보자 — 어떤 사람은 삶의 목적과 계획을 위한 빛과 확신에 대하여 개선이 되지 않고, 자신감도 잃고 그리스도에게로 나온다. 주님께 나와서도 참여도가 약하고 믿음이 약해지고 심령이 부패하게 되고 나중에는 흔적도 자취도 남지 않고 만다. 또한 다른 사람들은 육체의 정욕에 압도당하여서 정욕에 지고 격렬한 유혹에 패하고 죄짓고 그들의 심령은 초창기보다 열 배 이상 더 악한 상태로 떨어진다. 그 외에 다른 사람들의 경우 하나님의 사역이 그들에게 분명히 나타나, 현저하게 삶에 개혁(reformation)이 일어나고 예배에 참석도 한다. 그러나 이 사람이 육욕적인 마음으로 기울어져서 악습을 시작하게 될 때 그의 마음은 선하고 하나님의 은혜를 받기 위한 마음으로 준비되지 못한다.

4. 불완전함과 참된 회심과의 차이점

중생의 도구는 하나님의 말씀과 하나님의 영이다. 이 도구의 영향으로 인해 중생하는 것이다. 말씀(the word)은 사람의 마음에 적나라하게 역사하여 전달되지만 사람의 마음에 영향을 주지 못하는 경우도 있다. 이러한 가르침이 선지자들의 글에 나타나 있다(겔 33 : 31 ; 사 49 : 4). 예수님도 이러한 말씀을 하셨고 (요 8 : 59), 사도들의 글에서도 찾아볼 수 있다(행 13 : 41, 45, 46). 오늘날에도 우리들이 사람들에게 복음을 전하지만 효과가 나타나지 않을 경우가 있다. 반면에 복음을 듣고 참으로 영향을 받고, 확신하여 회개하는 사람들도 있다. 그러므로 성령의 사역이 말씀 안에서(in), 그리고 말씀에 의해서(by) 나타날 때 이러한 유효한 결과를 가져오는 것이다.

이러한 사역을 성령의 사역으로 돌리지 않고 대항하거나 반대하는 자들이 있다. 사람들의 마음이 모두 이렇게 성령의 사역에 대해서 거부반응을 가진다면 하나님의 은혜는 단절될 것이다. 어떻게 사람들이 성령의 사역에 대하여 이러한 생각을 할 수 있을까?

이러한 예비적 영향을 받은 대부분의 사람들 중 대다수는 그래도 하나님을 향해서 계속해서 참된 회개를 한다고 나는 생각한다. 새로운 영적인 삶을 시작하기 위한 이와같은 예비적 사역이 있어야 된다고 생각한다. 그래서 사람들에게 이러한 종류의 사역이 일어남으로 말미암아 온전한 사람이 되는 것이다. 사람은 자신의 본래적인 경향으로, 본성적인 경향으로 된다고 하더라도 완전해지는 것이 아니라 죄인 그대로 있는 것이다. 예를 들면 일반적인 조명(illumination)이나 죄의 자각은 회심으로 인도하는 경향이 있다. 회심은 최종적으로 사람의 의지나 완고함으로부터 얻어지는 것이 아니다. 성령의 사역에 대한 의도적이며 적극적인 반항은 하나님을 기쁘시게 할 수 없다. 그래서 하나님의 주권적인 은혜는 옮겨지고 인간은 죄를 그대로 가지고 있는 죄인이 되는 것이다. 반면에 우리가 앞에서 살펴본 바와같이 성령의 사역은 자발적인 동인(動因)으로 일하신다. 성령께서는 그의 기쁘신 뜻대로 무엇이든지, 언제든지, 어떻게 든지 역사하신다. 그의 사역은 오류 없이 계획과 목적에 맞게 완성된다. 성령은 사람들에게 희망을 주고, 확신을 주고, 겸손하게 하고, 삶을 개혁시킨다. 여기에는 실수가 없다. 이러한 일은 성령께서 기쁘신 뜻대로 사람들을 다스리시는 법칙(law)에 의한 것이다. 이러므로 영혼은 성령의 인도하심 속으로 들어가게 되는 것이다. 이 속에서 인간의 영혼은 구원을 받게 된다. 그러므로 이 사람은 "무서워하는 종의 영을 받지 않은"(롬 8 : 15) 사람이라 불리우게 된다. 더 나아가서 이런 사람은 말씀을 들으나 세상의 염려와 재리의 유혹에 말씀이 막혀 결실치 못하는 사람(마 13 : 22)과는 전혀 다른 사람이 되는 것이다. 그러므로 중생한 사람은 세상(world)과 교회에서 구별이 되고 대단히 중요한 사람이 되며 복음을 위해서 위대한 전도자가 되는 것이다. 이 사람은 부지런하게 되며 다른 사람들이 경험하는 영적인 체험을 하기도 하고 체험하지 못하는 경우도 있다. 왜냐 하면 비록 이러한 사람들이 좋은 일을(good work) 하고 중생에 필요한 일을 하지만 더 이상의 영적인 소양을 받지 못하면 영원히 멸망을 받을 수도 있기 때문이다. 그러므로 나는 여기에서 몇 가지, 예를 들어서 성령이 없이 행하는 예비적 사역과 영적인 향상, 효과 없는 진전이 어떻게 심판을 받는가에 대하여 살펴보고자 한다.

① 먼저 사람들의 마음, 양심, 사랑하는 마음, 대화 속에 있는 유효한 모든 성령의 사역에 대하여 살펴보고자 한다. 우리의 영혼을 통치하고 다스리는 사람의 의지(will)는 우리를 변화시키거나 내적으로 새롭게 할 수 없다. 왜냐하면 죄의 세력(power)과 통치(reign)가 계속 우리에게 영향을 주기 때문이다. 이것은 사실이다. 사람의 의지는 마음의 빛과 양심의 반성으로부터 많은 조사와 제동을 받는다. 그래서 자유와 안전을 위해 마음은 죄를 짓지 않는다. 그러나 죄를 지으려고 하는 마음의 맹렬한 욕심은 주님의 능하신 팔에 의하여 제지를 받는다. 그래서 한편으로 영원한 안식의 기쁨을 얻게 되는 것이다. 그러나 아직까지도 사람의 마음은(의지) 죄를 지으려는 성향과 경향이 계속해서 남아 있다. 사람의 의지는 하나님의 빛과 하나님을 경외하는 마음으로 인도를 받고 자기 만족의 죄의 요소가 사라질 때 죄를 이길 수 있다.

② 사람의 마음에 대한 이와같은 유효한 사역은 영적인 본진에 있어서 기쁨과 만족을 주기에는 흡족하지 않고 계시적으로 볼 때에도 완전한 것이 아니다. 진정으로 우리를 구원하는 성령의 조명은 우리의 마음 속에 영적인 요소를 직접적으로, 그리고 직관적으로 주입하여 준다. 그래서 우리의 마음은 기쁨과 만족을 얻게 된다. 그리고 부패한 마음은 버리게 되고 의롭게 되어 주 안에서 쉬게(rest)되는 것이다(롬 6:17; 12:2; 고전 2:13, 14; 고후 3:18; 6:6). 이와같은 사역은 복음의 빛과 복음의 유익한 효과에 의해서 주의 자비하심과 구원의 길이 우리에게 열리는 것이다. 이것은 그리스도

예수에 의한 하나님의 신비하고 영적인 은혜가 우리의 심령 속에 직접적으로 주어질 때에 임하는 것이며, 우리편에서는 이것을 흠모하고 기뻐하고 증거할 때에 영적인 위로와 새로운 피조물로 우리편에서는 이것을 흠모하고 기뻐하고 증거할 때에 영적인 위로와 새로운 피조물로 발견되게 될 것이다.

3 이 사역은 또한 양심 위에 역사한다. "영원하신 성령으로 말미암아 흠없는 자기를 하나님께 드린 그리스도의 피가 어찌 너희 양심으로 죽은 행실에서 깨끗하게 하고 살아 계신 하나님을 섬기게 못하겠느뇨"(히 9:14). 성령은 죄로 비난받고 저주를 받기 전에 빠르고 분명하게 준비시켜서 양심을 깨끗하게 하신다. 그러므로 저주받아야 할 많은 사람들을 도와주시므로 구원을 받게 하신다. 이는 심판의 세력을 성령의 빛으로 비추어서 심판을 면하게 해주시기 때문이다. 그래서 양심은 죄 짓는 것을 싫어하게 하고 계속적으로 그리스도의 피로 심령을 깨끗하게 해줄 뿐 아니라 죄악을 깨끗하게 도말하게 한다.

4 이 사역은 사랑의 역사이다. 그렇다고 사랑이 은사를 고정시키거나 충만하게 한다는 것은 아니다. 이 사랑은 우리의 관심을 하늘의 신령한 것에 고정시키기를 요구한다. 진정한 은혜는 이렇게 되도록 효력을 발생한다. 그러므로 우리는 "위엣 것을 생각하고 땅엣 것을 생각지 말라"(골 3:2)고 한 말씀을 잊지 말아야 한다. 앞에서도 언급한 바와같이 기쁨, 하나님을 경외하는 마음, 희망, 슬픔 등은 불분명하고 불확실한 것들이다. 때때로 이것들은 강물과같이 범람하여 넘칠 때도 있으나 강물이 말라버리듯이 사라질 때도 있다. 때때로 이것들은 뜨겁기도 하나 또한 차가울 때도 있다. 때때로 이것들은 올라갈 때도(up) 있으나 내려갈 때도(down) 있다. 때때로 이것들은 천국을 이루다가도 세상적으로 전락하기도 한나. 그러나 참된

은혜는 이렇게 변화무쌍하지 않은 것이다. 은혜는 대단히 다양한 것이다. 그렇다고 은혜가 분명치 않은 것은 아니다. 은혜는 확고한 사랑을 주고 신령한 면으로 향하도록 우리를 인도해 준다. 그러나 이 사역은 사랑을 충만케 하지는 않는다. 이러한 사랑은 많은 사람이 투숙했다가는 텅텅 빌 때가 있는 여인숙과 같은 것이다. 가족들이 모여 사는 집은 식구들의 이동이 없다. 계속해서 한 집에서 사는 것이다. 그래서 빛과 확신은 우리들 마음 속에 있는 죄와 자아를 모두 몰아내고 우리들 심령 속에 자리를 잡게 된다. 반대로 참된 은혜는 영적인 요인들과 함께 사랑을 충만케 한다. 은혜는 율법적인 요소들에 대하여 한치의 여지가 없다. 그리고 자연적인 것뿐만 아니라 율법적인 관계, 소유물, 기쁨 등의 여지도 허락지 않는다. 다만 하나님에게 속해야만 만족이 있는 것이다. 만일 사람들이 육적인 사람이 되거나 무질서하게 되거나 우월감에 사로잡힌 사람이 된다면 그들은 버림을 당하게 될 것이다.

⑤이 사역은 때때로 삶의 개혁(reformation of life)과는 거리감이 있고 경건의 모양(form of godliness)으로 표현될 경우가 있다. 그러나 여기에도 결함이 없는 것은 아니다. 왜냐하면 이 사역은 무지한 죄를 다스리는 것이 포함되어 있기 때문이다. 이 사역은 모든 죄와 상반되는 곳으로는 인도하지 않고 또한 그리스도에게 전적으로 일치되는 곳으로 인도하여 소망을 갖도록 하지도 않는다. 그러나 생각지 않은 커다란 죄는 남아 있다. 그래서 바울이 회개하기 전에 많은 사람을 핍박하고 미워한 것 같은 욕망의 죄가 있다. 오늘날에도 이러한 핍박과 시기가 있다. 그 외에도 삶의 개혁이 전면적으로 일어나지 않고 죄에 대해서만 아는 정도로 끝나고, 때를 분간하지 못하고, 자신의 의(義)를 추구하는 바람직하지 못한 심령이 되는 경우가 있다. 처음의 유효한 감동이 사라지게 될 때 육체적인 욕망

은 특별한 방법으로 발산이 된다. 더우기 회개한 사람이라 할지라도 신앙을 잃고 부패하게 된다. 그래서 냉담해지고, 나태해지고, 세상을 사랑하게 되고, 육적인 지혜가 살아나고, 육적인 안락을 추구하고 매일같이 이것들을 반복하게 된다. 이와같이 하여 정욕을 절제하지 못하고 만다. 이들이 버림받은 상태는 아니지만 그러나 종교는 해골을 가지고 걸어가는 상태요 뼈다귀만 이야기하는 것밖에는 없는 것이다. 이들은 메마르고 활력도 없고 쓸모없는 속물들이 되고 마는 것이다. 그러나 심령에 참된 은혜가 새겨질 때 계속해서 성장하게 되고 이러한 사람은 힘 위에 힘을 가지게 되고, 은혜 위에 은혜를 맛보게 되고, 영광 위에 영광을 돌리게 되고, 날이 가면 갈수록 심령이 살찌고 번창하게 된다. 이러한 것은 우리가 배움으로 구별하게 될 것이며 성령의 예비적 사역과 진심으로 하나님을 향해서 회개하는 구원에 대해서도 배우게 될 것이다.

제 3 장

죄로 인한 마음의 부패,
또는 타락

모든 사람은 중생(重生)한 사람과 중생하지 못한 사람으로 나눌 수 있다 / 중생하지 못한 사람은 마음이 부패한 사람이다 / 이 사람은 주관적으로 보나 객관적으로 보나 영적으로 어두운 본성을 가지고 있다(엡 4 : 18) / 이런 사람의 마음은 하나님의 생명(the life of God)을 소홀히 여긴다 / 본성적으로 사람의 힘이나 도덕적인 능력은 하나님의 일들에 대해서 의심을 한다. 자연인(naturalman)의 이성(理性)을 가지고서는 하나님의 일들(the thing of God)을 수행할 수도 없고 또한 받아들일 수도 없다 / 사람의 마음 속에 있는 영적으로 어두워진 세력이나 그 여파가 이미 드러났기 때문이다

1. 중생하시 못한 사람의 마음의 상태

나는 하나님께서 택하신 백성들의 심령을 중생시키시는 성령의 놀라운 사역을 생각하던 중 이렇게 쉬운 글로 당면한 문제를 기술하게 된 것을 기쁘게 생각한다. 이것은 내가 소망하던 문제이기도 하다. 하나님께서는 택하신 백성들을 그리스도의 신비스러운 몸의 지체들로 조성하셨고, 살아 계신 하나님이 거하시는(dwell) 전을 세우시기 위해서 산 돌(living stones)을 준비하셨다.

하나님 앞에서 인간을 살펴볼 때 두 종류로 나눌 수 있다. 이 지구상의 모든 사람은 중생하지 못한 사람과 중생한 사람으로 구성되어 있다. 이것은 성경적으로 명백한 사실이다. 모든 사람은 중생하지 않은 상태(unregenerato condition)로 태어난다. 이 사실은 예수님께서도 분명히 언급하셨다(요 3:3). 이것은 부인할 수 없는 사실이다. 현재 중생한 사람은 중생하지 못한 상태와 조건에서부터 구원받은 사람이다. 우리는 죄에서부터 구원받아 중생하게 되는 길을 완전히 이해하지 못한다. 그러나 첫단계로 알 수 있는 것은 하나님의 원시적인 은혜(original grace)를 상실하고 타락한 상태에 있는 사람이 대단히 많다는 것이다. 여기에서 우리는 실제적으로 그리스도인들을 가르치고 먹이므로 중생의 길로 인도하게 되는데 그렇다고 학교에서 공부를 시키듯이 한다는 것은 아니다.

본성적으로 사람이 부패하였다고 선언하는데 성경에서는 다음과 같이 세 가지로 주장하고 있다.

[1] 사람의 마음(mind)이 부패하여져서 마음이 캄캄해졌고 소경이 되었다. 그 결과 허무와 무지와 어리석음에 빠지게 되었다.

[2] 사람의 의지(will)가 부패해졌고 사랑이 부패해졌다. 그리하여 의지가 나약해졌고 무력해졌고 쓸데없이 고집이 세어졌고 완고하게 되었다.

[3] 심령이 죽은 상태이다(death). 살았다고는 하나 실상은 전 영혼의 상태가 죽었다.

2. 중생하지 못한 사람의 영적인 상태

본성적으로 모든 사람은 하나님에 관해, 영적인 것에 대해 어둡고 캄캄한 상태에 있다. 그래서 사람들은 자기의 즐거움만 추구하며 산다. 그리고 사람들은 배우고, 알고, 지혜를 동원해서 기술을 습득한다. 성령에 의해서 "심령으로 새롭게 되지 못하고" 영적으로 어둡고 무지하고 답답한 상태에 머물러 있는 것이다. 이것은 사실이다. 세상은 참을성있게 하나님의 말씀을 듣지 못하고 소요와 떠들썩한 일에 떨어지려고 한다. 사람들은 자기보다 연약한 사람들을 택하여 교묘한 술책으로 그들보다 자신이 더 지혜로운 사람인 것처럼 속여 영향력을 행사한다. 바리새인처럼 교만하여 주님을 향하여 방자한 질문까지 한다. "우리도 소경이란 말인가?" 사실 바리새인들은 예수님께서 세상을 심판하시기 위해 오신 것을 알지 못하는 소경들이었다. 예수님이 누구신지 알아보지 못한 소경들이었다. 예수님은 보지 못하는 자들은 보게 하고 보는 자들은 소경되게 하신다고 하셨다. 바리새인들은 예수님의 음성을 듣고 예수님의 모습을 보았으나 예수님이 누구신지를 알아보지 못했다. 그래서 예수님은 말씀하시기를 "너희가 소경 되었더면 죄가 없으려니와 본다고 하니 너희 죄가 그저 있느니라"고 하셨다. (요 9 : 37, 40, 41)

어떤 사람들은 우리 인간들의 지적인 능력을 과장해서 말한다. 사람들은 비록 자신이 손상을 받지 않은 것처럼, 그리고 타락하지 않은 것처럼 말도 한다. 우리가 죄에 빠져서 우리의 본성에 큰 손해를 입은 것같이 우리의 사랑도 커다란 무질서에 빠지게 되었다. ─ 따라서 우리의 심령은 저속한 정욕에 빠지게 되었고, 순수하고 깨끗한 마음의 빛은 강탈을 당하게 되었다. 이러한 일이 일어난다는 것이 그렇게 어려운 일은 아니다. 본성적으로 타락한 마음은 이러한 일을 서슴없이 자행한다. 본성적으로 타락한 인간은 영적인 예의에 있어서 신령한 것에 대한 인식이 둔감해진다. 그래서 교만해지고 무뚝뚝한 반응을 하여 신령한 일들을 그르치게 한다. 우리가 아는 것은 고대 가톨릭 교회의 교부들이 교리를 확립하여 펠라기안파(Pelagians)들을 대항해서 싸우며 저들의 잘못과 이단성을 후세 사람들에게 알려주었건만, 우리들 시대에는 소시니안적 알미니안파(Arminians)들이 일어나 우리에게 도전해 오고 있지 않은가!

　이러한 목적을 가지고 우리는 먼저 전체적으로 성경적인 증거를 확립하여 근거있는 주장을 해야 한다. 그리하여 이 세상에 말씀을 증거해야 한다. "흑암에 앉은 백성이 큰 빛을 보았고 사망의 땅과 그늘에 앉은 자들에게 빛이 비취도다"(마 4:16). 복음이 증거되기 전에 백성들은 흑암에 앉아 있었고 흑암의 세력 아래 살았다. 다시 말하자면 그리스도께서 복음을 증거하실 때 "빛이 어두움에 비취되 어두움이 깨닫지 못하더라"(요 1:5)고 하였다. 진리의 빛이 예수님 자신에 의하여 선포되었으나 사람들은 받아들이려고 하지 않았다. 예수님은 복음 전할 사명을 바울에게 주셔서 빛을 증거하게 하셨다. "사람들의 눈을 뜨게 하여 어두움에서 빛으로 돌아오게" 하였다(행 26:18). 이와같은 말을 사도는 에베소서에도 언급하였다. "너희가 전에는 어두움이더니 이제는 주 안에서 빛이라 빛의 자녀들처럼 행하라"(엡 5:8). 그리고 골로새서에도 다시 언급하였다. "그가 우리를 흑암의 권세에서 건져내사 그의 사랑의 아들의 나라로 옮기셨으니 그 아들 안에서 우리가 구속 곧 죄 사함을 얻었도다"(골 1:13, 14). 베드로도 이와같은 말을 하였다. "오직 너희는 택하신 족속이요 왕 같은 제사장들이요 거룩한 나라요 그의 소유된 백성이니 이는 너희를 어두운 데서 불러내어 그의 기이한 빛에 들어가게 하신 자의 아름다운 덕을 선전하게 하려 하심이라"(벧전 2:9). 바울이 언급한, 중생하지 못한 사람의 어두운 상태는 태초에 빛을 창조하기 전의 상태와 같다. "땅이 혼돈하고 공허하며 흑암이 깊음 위에" 있었다(darkness was upon the face of the deep), (창 1:2). 이 때에는 눈에 보이는 피조물이라고는 하나도 없었다. 다만 흑암뿐이었다. 볼 수 있는 빛이란 없었다. 모든 것은 흑암에 잠겨 있었다. 이러한 상황하에서 하나님은 당신의 전능하신 능력으로 빛을 창조하셨다(created light). "하나님이 가라사대 빛이 있으라 하시매 빛이 있었다"(창 1 : 3). 이와같이 하여 처음으로 빛을 창조하셨다. 이와같이 하여 하나님은 또한 새로운 창조(new creation)를 하셨다. "어두운 데서 빛이 비취리라 하시던 그 하나님께서 예수 그리스도의 얼굴에 있는 하나님의 영광을 아는 빛을 우리 마음에 비취셨느니라"(고후 4 : 6). 즉 영적으로 어두움 가운데 있는 모든 사람에게 전능하신 하나님께서 유효한 성령의 빛을 사람들에게 비취셨다. 성령의 사역으로 사람들 속에(in) 빛을 창조하신 것이다. 이 어두움은 빛을 가지게 되었고 자신과 다른 사람들에게 비취게 되었다.

여기에서 분명하게 하여야 할 일이 있는데 그것은 첫째는 어두움의 성격에 관해서 생각해야 할 것이고, 둘째는 어두움이 사람의 마음 속에서 어떠한 일을 하며 그 세력은 어떤 정도인가 생각하여야 한다.

(1) 어두움의 성격과 영향

어두움이란 말은 은유적(隱喩的)인 말이다. 그리고 이 말은 자연적인 것에서 빌려온 말이다. 자연적인 어두움이 어떤 것인지 사람들은 잘 안다. 만일 사람들이 빛의 원인과 빛의 효과를 모른다면 빛을 가지고 설명할 수 없다. 사람들은 빛이 있으면 어떠한 일이라도 할 수 있다는 것을 안다.

① 빛이 없으면 아무것도 보지 못한다. 애굽에 흑암이 3일간 덮였을 때 사람이 서로 볼 수 없었으며, 자기 처소에서 일어나는 자가 없었다. (출 10 : 23)

② 빛이 없으면 실제적으로 사람들은 소경이 되고 만다. 흑암 중

에 눈이 무슨 소용이 있겠는가. 혹암 중에 태어나는 사람은 소경이 태어날 것이고 사람들은 모두 소경이 될 것이다. 천사들이 소돔성을 멸할 때 사람들의 눈을 어둡게 하였더니 아무것도 보지 못하였다(창 19:11). 사도 바울도 마술사의 눈을 어둡게 하여 얼마 동안 해를 보지 못하게 하였다(행 13:11). 해가 밝게 비취고 있는 낮 시간이었지만 소경이 되어 보지를 못했던 것이다.

이와같이 영적으로 혹암 중에 있는 것도 비슷하다. 혹암이라고 하는 것은 객관적인 것이 있고 주관적인 것이 있다. 객관적이라고 하는 것은 하나님을 알고 말씀을 알고 교훈을 받아 밝아질 수 있는 것을 말한다. 즉 이것을 "빛"이라고 부르고(시 119:105), "눈을 밝게 하는 것"(시 19:8), 또는 "어두운 데를 비취는 등불"(벧후 1:19)이라고 성경은 말한다.

성령의 사역은 혹암을 쫓아내는 일을 한다. 성령께서는 복음이 말씀을 나라와 민족, 도시, 또는 어떠한 장소에까지도 기쁘신 뜻대로 보내셔서 혹암을 몰아내는 일을 한다. 왜냐하면 복음은 어느곳에서나 좌초되지 않으며, 어떠한 사람들로부터도 제지를 받지 않기 때문이다. 어떠한 사고에 의해서든지 사람의 힘에 의해 복음이 단절되거나 억압을 받지 않는다. 복음은 전해지고 하나님의 뜻을 따라 그리고 하나님의 영의 기쁘신 뜻을 따라 복음이 증거되어진다. 성령께서는 복음 전파자들을 모으고 보낸다. 성령께서는 복음이 전해져야 할 장소로 그들을 보낸다. 성령께서는 전파자들에게 계시를 보여 주셔서 신비스러운 사역을 이루어 드리도록 복음 전파자들을 섭리하신다(행 16:6). 그러므로 우리들이 어떠한 장소에 가서 복음을 전하려고 조심스럽고도 신중하게 계속해서 기도한다고 하더라도 우리가 염려하고 근심할 필요가 없는 것이다. 왜냐하면 성령께서는 복음 사역을 하나님의 계획을 따라 이루시고 이 세상에 그리스도의 왕국을 세우시기 때문이다.

우리가 더욱 생각해야 할 것은 주관적인 혹암에 대한 문제이다. 본성적으로 사람들의 마음은 타락하였고 신령한 것들에 있어서는 더욱 캄캄한 사람들이다. 나는 여기에서 자연적인 문제, 문화적인 문제, 정치 도덕적인 문제를 다루려고 하는 것은 아니다. 다만 성경에서 쉽게 증거할 수 있고 신앙생활에서 경험할 수 있고, 관찰할 수 있는 것을 증거하고자 하는 것이다. 죄로 인해 전체 이성은 약해졌다. 그래서 영혼은 무능해졌다. 이것은 매우 중대한 문제이다. 사람의 마음이 타락했다고 하는 말은 그의 영적인 소양에서도 마찬가지의 의미가 있다. 우리는 이 점을 잘 살펴보아야 한다.

사람들의 마음이 타락하고 어두워진 결과 중생하지 못한 사람은 전적으로 무능하게 되었다. 그들은 이성과 깨닫는 데에도 무능력하게 되었다. 그러므로 그들에게는 창조적인 성령의 유효한 사역이 없이 또는 새로운 구원의 빛(new saving light)이 그들 가운데 비춰짐이 없이도 계시된 영적 요소들을 식별할 수 있는 능력이 향상되어야 한다. 사람의 마음이 개인의 단점에 의해서 상처를 받는다고 할 수 있겠는가? 또는 사람의 마음이 악습으로부터 완전히 떠나 있을 수 있겠는가? 그렇다고 편견에 사로잡혀서 마음을 빼앗길 수 있겠는가? 사람의 마음은 복음의 신비나 교리가 분명한 진리임이 증명되고 실증이 되어도 자력(自力)으로는 깨닫지도 못하고 받아들이지도 못한다. 성령의 특별한 도우심이(aid) 없이는 영적인 양식(manner)을 이해하지 못하고 또한 그것을 받아들이지도(receive) 못한다. 우리들의 마음에 분명한 진리를 증거하는 말씀을 생각해 보자. "그러므로 내가 이것을 말하며 주 안에서 증거하노니 이제부터는 이방인이 그 마음의 허망한 것으로 행함같이 너희는 행하지 말라 저희 총명이 어두워지고 저희 가운데 있는 무지함과 저희 마음의 굳어짐으로 말미암아 하나님의 생명에서 떠나있도다"(엡 4:17, 18). 사도는 여기에서 이방인을 예로 들면서 이방인들같이 행하지 말라고 한다. 이방인들의 우상숭배나 악습을 말하거나 위선적인 행동을 말하는 것이 아니라 그들의 영적인 상태나 조건이나 기능에 대하여 말하는 것이다. 사람은 본래적으로 별 차이가 없기 때문에 특별히 당부하는 것이다. 사도는 여기에서 영혼의 능력에 대하여 세 단어를 사용하면서 설명하고 있는데 그것은 마음(the mind)과 총명(understanding)과 마음(the heart)이다. 이 세 가지가 모두 어두움의 영향을 받았다고 사도는 말하고 있다.

[1] 마음(the mind, ὁ νοῦς)

마음은 영혼의 기능(faculty)을 선도(leading)한다. 마음은 그의 의지와 감정으로 받아들이고 포용할 적당한 대상을 살핀다. 여기에서 모든 사물에 대한 이해를 먼저 하게 된다. 그래서 시행하게 되고 추론하게 된다. 여기에서 헛된 일도 결정한다. "사람들은 마음의 공허 속에서 행한다." 헛되다고 하는 것은 쓸모없고 무가치한 것을 말한다. 그래서 사도는 이방인들의 우상숭배와 종교 의식을 헛된 일이라고 하였다. "이 헛된 일을 버리라"(행 14:15), "헛된 것을 숭상하는 자는 자기에게 베푸신 은혜를 버린 것이다"(욘 2:8), "돌이켜 유익하게도 못하며 구원하지도 못하는 헛된 것을 좇지 말라 그들은 헛되니라"(삼상 12:21). 헛된 마음을 가진 사람은 헛된 일에 몰두하는 경향이 있는 것이다. 이런 마음은 변하기도 잘한다. 헛된 마음은 영혼의 안일과 만족만을 추구하고 언제나 헛된 일(vain things)을 찾아 헤멘다. 그래서 죄 짓고 세상 열락을 찾고, 인생을 자랑하려고 하고, 헛된 생각을 바다의 모래와 같이 많이 한다. 이러한 마음은 노아 때의 사람들에게서 찾아 볼 수 있다. "여호와께서 사람의 죄악이 세상에 관영함과 그 마음의 생각의 모든 계획이 항상 악할 뿐임을 보시고…한탄하사 마음에 근심하시고"(창 6 : 5, 6). 이러한 마음은 땅 위에 풀이 자라나듯이 거짓을 많이 짜내고 고안해 내서는 많은 구름이 많은 비를 내리듯이 죄악을 많이 자행하는 것이다. 이것들은 불안정한 것이다. 헛된 마음은 변화가 많고 지속성이 없고 안전성이 없으므로 혼란하고 무질서한 지옥(hell)과 같다. 이러한 마음은 창조될 때의 정상적인 마음을 상실한 마음이며 불안정한 마음이며 비정상적인 마음인 것이다. 창조될 때 사람의 본래 마음 상태는 깨끗하였고 생각하는 능력도 똑같았다(the same). 그래서 그때의 사람의 행동은 질서가 있었고 정상적이었다. 마음은 정당한 목적(end)을 설정해 놓고 똑바로 행할 수 있었다. 하나님은 저들의 제일 되는 대상이셨으며 모든 것은 하나님을 위해 존재하였다. 그러나 마음이 하나님에게서 돌아서자 사람들의 태도는 혼란에 빠지게 되었다. 그리고 사람들이 하는 일이란 모두 실망을 주는 것뿐이었다. 하나님을 향한 저들의 마음이 처음에는 만족한 것이었으나, 나중에는 거절을 당하는 마음과 응답받지 못하는 위선으로 하나님을 섬기려고 하였다. 계속해서 사람들은 이러한 일을 자행하였다. 그래서 저들의 영혼은 영원히 실망을 당할 수밖에 없었다. 따라서 사람의 마음은 신앙적으로 볼 때 상식적인 수준에도 미치지 못하고 타락하였고 신앙을 거부하기까지 이르게 되었다.

2 총명(understanding, *διανοια*)

총명이란 말은 영혼의 지도하는 능력, 식별하는 능력, 판단하는 능력을 의미한다. 이것은 연습을 통하여 발전하게 된다. 총명은 마음으로 받아들일 것을 선택할 수 있도록 인도해 준다. 총명이 마음보다 더 부패할 수도 있다. 왜냐하면 사람이 무엇이든지 가까이 두고 자주 그것을 행하면 나중에는 습관이 되는데, 죄도 또한 가까이 옆에 두고 행하면 습관이 될 가능성이 있다. 그래서 총명이 "어두 워지는 것"이다. 그리고 총명이 많은 것처럼 위장하는 것도 헛된 일이다. 그리고 영적인 것을 분별하는 능력이 있는 것처럼 가장하 는 것도 그릇된 일이다. 성령의 초자연적인 조명이 없이 영적인 문 제를 깨닫는다는 것은 불가능한 것이다. 복음의 빛(light)이 어두 워진 총명 위에 비칠 때 참된 총명이 회복되는 것이다. 복음의 빛 이 없이 총명 또한 있을 수 없는 것이다. (요일 1 : 5)

③ 마음(heart, $\kappa\alpha\rho\delta\iota\alpha$)

마음($\kappa\alpha\rho\delta\iota\alpha$)은 실제적으로 사람이 움직이고 행동하는 본질이며 본체(本體)이다. 그래서 마음에는 의지(the will)가 포함되어 있다. 빛(light)은 마음(the mind)에 의해서 받아들여지고(received) 빛은 총명(understanding)이라는 것으로 적용되어(applied) 나타나고, 마 음(the heart)은 그 빛을 사용한다(used). 사도는 사람들의 마음이 굳어졌다(blindness)고 말하고 있다(엡 4 : 18). 이것은 단순히 저들 이 무식하다는 뜻이 아니라 빛(light)에 대해서 완강하게 반항한다 는 것이며 확신에 대해서 고집세게 저항을 한다는 뜻이다. 그리고 진리에(truth) 대한 강한 인상(impression)을 거부하고 냉정하고도 무정하게 진리를 대한다는 것이다.

또한 사도는 사람들의 총명(understanding)이 '어두워졌다'(dark- ness)고 하였다(엡 4 : 18). 어두워졌다고 하는 것은 사람들의 도덕 성이 결핍되어 있다는 말인데 여기에서는 추상적으로 표현한 것이 다. 이것은 전적이며(total) 절대적인(absolute) 표현이다. 어두워진 사람이 빛을 받아들인다는 것은, 자연인(natural man)이 구원받는 진 리를 알고 받아들이는 것과 같다. 마음은(the mind) 빛을 받아들일 수 있는 주체(swbject)가 있다. 그러나 빛을 향해서 적극적이며 능동적인 힘이나 성질은 없다. 그러므로 하나님께서는 영적인 것을 바르게 깨달을 수 있는 새로운 능력을 우리들에게 주시기를 기뻐하셨다. 왜냐하면 우리들의 마음으로는 그것을 받아들일 수 있는 능력이 본래부터 없기 때문이다 (요일 5 : 20). 하나님께서 우리들에게 지각을 주셔야 진리를 알게 되는 것이다. 사람들은 종교를 그들의 이성적인(rationel) 사고(思考)를 통하여 아는 것처럼 헛된 자랑과 교만을 자행한다. 그러므로 사람들은 심판대 앞에 서서 이것에 대하여 심판을 받게 되는 것이다.

　설명하는 길에 실제적인 것을 계속해서 논하고자 한다. 성경을 읽어 볼 것 같으면 하나님께서는 우리에게 세상을 주셨다고 하는 사실을 알 수 있다. 그런데 우리들 마음은 헛된 것을 추구하고 있다는 사실도 알 수 있다. 결국 세상은 헛된 것을 추구하게 되었고 세상은 헛된 것으로 채워지게(filled) 되었다. 우리들이 보고 듣는 것이 모두 헛된 것뿐이다. 세상의 모든 것들은 너무나도 소란스럽고 쇼(show)가 너무 많다. 모든 사람들 가운데서 볼 수 있는 것이란 헛된 것(vanity)뿐이다. 사람도, 세대(世代)도, 성(性)도, 환경도 모두 폐허가 되어가고 있다. 실생활에서 사람들이 가지고 있는 것은 모두 헛된 것(a kind of vanity)뿐이다. 사람들이 쓸모있다고 하고, 좋다고 하고, 심지어 관심이 없는 것조차도 헛된 것들이다. 이와같이 하여 사람들은 관습을 타락시켰고, 상거래 질서를 문란케 하였고, 대화(conversation)를 추하게 만들었고, 부(wealth)를 더럽게 추구하였고, 권력(power)을 부패케 하였고, 대인관계를 무너뜨렸다. 사람들은 이루 헤아릴 수 없는 모든 것들을 만나고 접하는 대로 쓸모없게 만들었다. 그리고 몹시 싫은 것으로, 그리고 천박한 것으로 변질시켰다. 그뿐만이 아니다. 사람들은 많은 물건을 만들었다(create). 사람들은 자신들에게 유용하도록 물건을 만들었고 그들의 용모를 돋보이려고 헛된 것들을 가지고 꾸미기도 하였다. 그리고 종교행사에서는 위풍당당하고 육욕적인 의식을 많이 행하였는데, 이런 것들은 로마 교회에서 찾아 볼 수 있다. 이런 모든 일들은 공허한 마음을 채워 보려고 하는 계산에서 비롯된 것들이다. 이것은 마치 가면 무도회에서 가면을 쓰고 춤을 추는 것과 같은 것이며, 육체적인 즐거움이나 추구해 보자는 것 외에는 아무것도 없는 것이다. 이러한 세상은 거짓된 행동을 자행하는 극장무대와 같은 것이다. 이러한 헛된 일들은 세상에서 끝없이 일어나고 있다. 그것은 인간의 마음이 전적으로 공허하기(wholly vain) 때문이다. 인간의 마음은 괴물같은 것을 탄생시키는 자궁과 같다. 세상이 창조되고 죄가 처음 이 세상에 들어온 날부터 지금까지 헛된 욕망의 샘은 마르지 않고 있다. 새로운 죄(new sins), 새로운 악(new vices), 새로운 공허가 계속해서 나타나고 있다. 이러한 것들을 근절시킬 방도(way)가 없는 것이다. 그러나 성령의 새롭게 하시는 영향력에 의해서는 이것들을 막을 수(prevent) 있다. 성령께서는 세상을 변화시키실 수 있다(alter). 성령께서는 세상의 모습을 바꿔놓으실 수 있다(change). 그리고 사람들의 모습을 바꾸어 놓으실 수 있고 사람들의 습관까지도 바꾸어 주실 수 있다. 그러나 사람들의 마음 속에 본래적이고 고침받지 못한 헛된 것들이 남아 있어 마음을 더욱 압도적으로 지배하고 있다면 그들의 마음은 여전히 공허함 속에 있을 수밖에 없다.

더우기 그리스도인들의 마음 속에 남아 있는 공허한 감정을 주의해서 살펴보는 것은 모든 그리스도인들이 해야 할 중대한 의무이다. 이러한 우리들의 본래적인 병(distemper)은 짧은 시간에 완전하게 치료되는 것이 아니다. 그러나 시간이 흐르고 나이가 들어가면서 점차적으로 본래적인 병은 어느 정도 호전이 되는 것이다. 참된 그리스도인이라면 민감하게 몇 가지 효과를 생각할 것이다. 그래서 그리스도인들은 거룩한 의무 가운데서 심리적인 불안감을 발견하게 되고 묵상과 기도와 말씀을 들을 때에도 심리적으로 불안정하고 마음이 잘 변하는 것을 느끼게 될 것이다. 사람의 마음은 얼마나 방황을 잘 하는지 모른다. 그래서 헛된 것을 즐기고 바보스러운 생각을 할 때가 있는 것이다! 영적인 훈련을 받으며 그 중심을 꼭 지킨다고 하는 일이 얼마나 어렵고 힘드는 일인가! 숨을 내쉴 때마다 사람들은 얼마나 쉽게 그들의 의도를 멈추고 포기하고 있는가! 이러한 것들은 모두 우리들의 고침받지 못한 본성의 헛된 유물(relics)들로부터 기인된 것들이다. 더욱 슬픈 또 다른 일이 있는데 그것은 복음을 가르치는 교수들이 세상과(world) 부정하고도 과도하게(undue) 일치가 된다는 점이다. 그들의 습관, 의상, 대화 속에서 이 점은 잘 맞아 떨어지고 있다. 그리고 저들은 너무나도 유행에 민감하여 많은 경우 헛된 일을 잘한다. 그래서 세상 사람들과 저들은 구별되는 점이라고는 거의 없게 되었다. 더 나아가서 그들에게서 미련한 생각(foolish imagination)까지 발견이 되는데 그것은 그들이 "육체적이며 정욕적인 것을 위하여 준비한다"는 것이다. 이러한 것들이 곧 체크되지 않는다면 그들은 정도가 지나쳐서 영혼은 완전히 타락하고 말 것이다. 따라서 이러한 위험한 병을 부지런히 근면하게 막는 일이 매우 중요한 것이다.

(2) 어두움의 성질

둘째로는 어두움의 성질(nature)에 대하여 생각해 보기로 하겠다. 특히 어두운 상태에 있는 마음의 기질(disposition)과 영적인 것을 대하는 행동과 세력(power)에 대하여 생각해 보려고 한다.

① 어두움의 성질과 성향

어두움의 성질과 성향은 너무나도 사악하고 부패하여서 "하나님의 생명에서 떠나 있는 것"(엡 4 : 18)이다. 중생하지 못한 사람들은 하나님에게서 "악한 행실로 멀리 떠나 마음으로 원수가 된"(골 1 : 21) 사람들이다. 여기에서 우리는 이들의 인생이 어떤 것이며 어느 정도 저들의 마음이 타락했나 하는 것을 알 수 있다.

모든 생명은 하나님께로부터 온 것이다. 모든 피조물과 같이 우리 모든 인간은 하나님께로부터 온 피조물이다 (행 17 : 28 ; 시 104 : 30). 특별히 사람은 흙과 영으로 지음을 받았다(창 2 : 7 ; 욥 10 : 12). 우리 사람들은 하나님에게 나아가야 한다. 이것은 하나님께서 우리들에게 요구하시는 바이다. 우리는 하나님을 기쁘시게 해야 하며 하나님을 좋아해야 한다. 예수 그리스도를 믿어야 하며 순종하며 살아야 한다(롬 1 : 17). 하나님은 생명의 주인이시며, 생명의 원인이시며 행동의 원리까지 주신 분이시다(엡 2 : 1, 5). 성령에 의해서 우리 가운데 계시는 하나님과 우리는 함께 살아야 하며 예수 그리스도로 말미암아 살아야 한다(갈 2 : 20). 우리는 믿음으로 하나님과 함께 살아서 의롭다 함을 얻어야 한다(롬 6 : 7). 그리고 하나님을 최고로 모셔야 하며, 하나님이 최고의 목적이어야 하며, 또한 최고의 원인이어야 한다. 복음으로 사는 삶은 복음이 법칙이며 규율이다. 주님에게는 영생의 말씀이 있기 때문에 다른 곳으로는 갈 데가 없다(요 6 : 68 ; 행 5 : 20). 믿음으로 사는 생명은 열매를 맺게 되는데, 그것은 거룩한 열매로서 영적으로 복음적으로 순종하는 가운데 맺게 된다(롬 6 : 22). 이 열매는 영생이라는 열매이다. 이 생명은 결단코 죽지 않고 영원히 사는 생명이다. (요 17 : 2, 3)

육적인 마음을 가진 사람은 참된 생명에서 제외되어 있다. 육적인 마음의 소유자는 참 생명으로 향하는 경향이 없는 사람이다. 그래서 영혼이 싫어하는 반대 방향으로 나아간다. 이것은 다음과 같이 나타난다.

１ 이들의 마음은 준비 없이 살고 정당하지 못한 교훈을 받아들이려고 한다. 그래서 이들은 "마음에 더디 믿는 자들"(눅 24:25)이며 "듣는 것이 둔한 자들"(히 5:11)이며 듣는 것에 대한 이해가 늦은 자들이다. 그래서 모든 사람들은 싫어하는 것이 무엇인지도 안다.

２ 따라서 이들은 색다른 삶을 좋아한다. 본래적으로 타고난 마음은 죄를 짓는 성향이 있고 쾌락만 추구한다. 사람들은 쾌락을 좋아한다. 고뇌와 자각의 삶을 내버리고 도덕적으로 변화되지 않고 자기 자신이 찬양을 받으려고까지 한다. 율법 안에(in), 율법에 의해서(by), 율법 아래에서(under) 적어도 지난 날보다는 나은 삶을 살아야 함에도 불구하고 더욱 쾌락만 추구한다. 마침내 이것은 지난 날보다도 더욱 무익한 삶이라고 하는 것을 알게 될 것이며, 결국은 여기에서 떠나게 될 것이다. 그리고 떠나도록 강요를 받게 될 것이다. 영적인 삶을 사는 사람의 생각은 이러한 것과는 결단코 함께 할 수 없는 것이다. 저들의 생각은 소름끼치는 것이며, 무지한 사람이며, 미련한 짓을 거듭하는 것은 밉살스럽고 싫은 사람이며 어리석은 사람이다. 그리고 쓸모없는 미신(superstition)에 사로잡힌 사람이다.

②영적인 것을 생각하는 마음의 능력

이번에는 영적인 것(spiritual things)을 생각하는 마음의 능력(power)에 대해서 살펴고자 한다. 이것은 결코 간단한 일은 아니다. 왜냐하면 자연적인 사람(natural man)의 마음으로는 아무리 영적인 것에 대하여 흥미가 있고 그 마음이 진보하였다 하더라도 성령에 의해서 새롭게(renewed) 되지 않고서는 영적인 것을 받아들이거나 포용할 수 없기 때문이다. 이것을 사도는 단호하게 주장하고 있다. "육에 속한 사람은 하나님의 성령의 일을 받지 아니하나니 저희에게는 미련하게 보임이요 또 깨닫지도 못하나니 이런 일은 영적으로라야 분변함(discerned)이니라."(고전 2:14)

여기서 말하려고 하는 논제는 육에 속한 사람($\psi\upsilon\chi\iota\chi o\varsigma$ $\alpha\nu\theta\rho\omega$-$\pi o\varsigma$, natural man)이다. 여기에 반대되는 성경적인 용어는 영적인($\pi\nu\epsilon\upsilon\mu\alpha\tau\iota\chi o\varsigma$, spiritual) 사람이다(고전 15:44, 45). 즉 육의 몸과 신령한 몸으로 비교하여 설명하고 있다. 유다(Jude)도 여기에 대해 설명하고 있는데 그는 "경건치 않은 죄인"(15절)이라고 표현하고 있다. 이는 또한 첫번째 아담(Adam)에게서부터 온 자라고 하겠다. 또한 이 사람은 이성적인 영혼(rational soul)을 부여받아 그것을 사용하고 연습할 수 있는 이성적인 능력을 가진 사람이다.[36]

성경 말씀이 자연적인 사람에게 어떠한 제한을 하는데 그것은 "하나님의 영의 것들"이다. 본장에서는 이것을 다음과 같이 말한다.— "비밀한 가운데 있는 하나님의 지혜"(고전 2:7), "우리가 세상의 영을 받지 아니하고 오직 하나님께로 온 영을 받았으니 이는 우리로 하여금 하나님께서 우리에게 은혜로 주신 것들을 알게 하려 하심이라"(고전 2:12), "누가 주의 마음을 알아서 주를 가르치겠느냐

---

36) 몇몇 사람들이 우리들에게 자연적인 사람(natural man)에 대하여 다음과 같이 말해 주었다. "사람은 성적인 기쁨이나 짐승같은 성욕을 내버릴 수 있다. 그리고 이성의 명령에 지배를 받지 않는다." 그러나 바울 사도가 분명하게 언급하였지만 자연적인 사람과 영적인 사람(Spiritual man)은 차이가 있다. 영적인 요소를 소유하지 않은 자연적인 사람에게 있어서 최고의 가치를 부여하는 방법은 합리성이다. 자연적인 사람은 합리주의에다 그의 가치를 설정하여 놓는다는 말이다. 중생하지 못한 사람은 중생의 이름과 뜻도 모른다. 그러나 중생의 이름과 그 의미가 성경 안에 잘 나타나 있다.

그러나 우리가 그리스도의 마음(the mind of Christ)을 가졌느니라”(고전 2 : 16), “내가 너희 중에서 예수 그리스도와 그의 십자가에 못 박히신 것 외에는 아무것도 알지 아니하기로 작정하였음이라”(고전 2 : 2). 여기에서 볼 때 하나님은 자연적인 사람에게 “하나님의 지혜”, “하나님의 영”, “그리스도의 마음”, “예수 그리스도와 그의 십자가” 등을 알게 해주신다.

그러나 자연적인 사람은 이러한 것들을 ‘받아들이지 않고’(he receiveth them not), ‘깨닫지도 못한다’(he cannot know him). 저들이 받아들이지 않는다는 말은 하나님의 영의 일들을(the things of the spirit of God) 부정하고(denied) 거절한다(rejecting)는 뜻이 내포되어 있다. 저들은 이러한 주장들을 반대하고 진리나 교리에 의도된 바 사실이나 제안을 단순히 문자적인 측면에서 거절한다. 예를 들면 예수 그리스도께서 십자가에 못 박히셨다는 사실을 제안하면 자연적인 사람들은 이것을 이해하고 동의는 할는지 모른다. 더 나아가 이 사실을 인정한다고 말도 할는지 모른다. 모든 복음 진리를 배우게 되면 그것을 이해한다고도 할는지 모른다. 그러나 그것을 자신의 문제로 받아들이라고 하면 이 때에는 그것을 거부하고 만다. 왜냐하면 이러한 진리를 받아들이려고 하는 마음과 그들이 지금까지 배운 것들과는 너무나 큰 차이가 있기 때문이다.

실로 우리들에게 필요한 것은 영적인 사실들을 받아들이는 일이다. 우리는 하나님의 지혜와 거룩하심과 의로우심이 전적으로 일치한다는 사실을 이해하고(apprehension) 하나님의 일들을(things) 받아들여야 한다. 사람들이 왜 복음에서 가르치는 대로 그리스도께서 십자가에 죽으신 사실을 받아들이지 않는가 하면 그것은 사람의 이성(reason)이 하나님의 완전하심(perfections)과 하나님의 조화를 보지 못하기 때문이다. 이러한 사람들은 하나님의 능력과 지혜를 하

나님의 온전하심 속에서 발견하기까지는 하나님도, 하나님의 일들
(things)도 받아들이지 못한다.

  우리에게 필요한 것은 성령의 일들(things of spirit)을 바르게 식
별하는 일이다. 그리고 성령의 일들이 뜻하는 바 그 위대한 목적을
바르게 구별하는 일이다. 만일 우리가 이러한 것들을 분명하고 명
확하게 알지 못한다면 우리는 이러한 것들을 한낱 연약하고 미련한
것으로 속단하게 된다. 이러한 것들의 궁극적인 목적은 그리스도
안에서 하나님의 영광을 드러내는 것이다. 그리고 우리를 죄와 비
참한 상태(state)에서 구원해 내어서 은혜와 영광스러운 상태로 변
화시키는 것이다. 우리가 성령의 일들을 바르게 이해하지(perceive)
못하는 한 성령의 일들을 바르게 받아들인다는 것은 불가능한 일이
다.

  사람들이 마음으로 영적인 일들을 받아들이고 깨닫게 되는 가능
성과 그 역량에 대해서 두 가지 측면에서 살펴보고자 한다.

  1 사람의 마음 속에는(in the mind of man) 본래적으로 능력이
있다. 사람의 마음은 우리들에게 제기된 그들을 수납할 수 있는 적
당한 기능이 있다. 사람의 영혼은 복음에서 권고를 받고 약속을 받
고 명령을 받고 경계를 받는다. 왜냐하면 공허한 마음 속에 이러한
것들이 필요하기 때문이다. 만일 우리들이 이성적인 마음으로 이러
한 것들을 이해하지 못하고, 사용할 줄 모르고 중요성을 인식하지
못한다면 우리는 여전히 공허함 속에(in vain) 있는 것이다. 사람들
이 자신의 회심(回心)을 하나님 앞에서 가장할 수 없다. 왜냐하면
하나님은 이성 없는 나무 그루터기나 돌멩이 같은 존재가 아니시기
때문이다. 만일 우리가 하나님을 오해한다면, 하나님의 지혜로우신
유효한 사역을 또한 오해하게 된다.[37]

  2 사람의 마음 속에는 영적인 것들을 식별할 수 있는 능력이

있거나 또는 있을 수 있다. 사람이 영적인 것들을 식별하는 능력은 즉각적인 활동에 의해서 얻어질 수 있는데, 이것은 사물이 그의 앞에 나타날 때 시각의 능력에 의해 그것을 식별해 내는 것과 같다. 이러한 능력은 영적이며 초자연적인 것임에 틀림없다.

이와같은 주장이 성립되고 설명될 수 있는 것은 사도가 우리들에게 아래의 두 가지 이유를 주었기 때문이다.

첫째, 본성적인 마음을 빼앗긴 사람의 마음은 미련한(foolishness) 마음이다. 사람들은 "하나님의 지혜", "숨겨진 하나님의 지혜", "신비한 하나님의 지혜" 가운데 있었고 또는 충만하고도 깊은 신비스러운 지혜 속에 있었다. 사람은 하나님이 주신 지혜를 가지고 있을 뿐 아니라 그 지혜를 행사하기도 한다. 그러나 육적인 사람의 마음(carnal mind)은 하나님을 대적한다. 이들은 어리석은 것들을 더 중요하게 생각한다. 어리석은 것이란 연약하고 주제넘고 건방진 것을 말한다. 그리고 계획된 목적에 어울리지 않는 생각을 하거나 다른 것들과 달갑지 않은 비교까지 한다. 그리고 알맞지 않은 말을 사용한다. 자연적인 사람은 영적인 것들을 미련한 것으로 생각하거나 또는 그렇게 간주한다. 이러한 것들을 우리는 몇 가지 예를 들어서 설명할 수 있다. 사도도 복음을 증거할 때 옛날의 철학을 배워 이것을 사용하고 있다(고전 1 : 22— 28). 초대교회 역사에서부터 복음을 전할 때 철학자들의 방법이 사용되었다. 영적인 요소들은

---

37) 위선자들은 우리들에게 우리의 의무가 무엇이냐고 묻는다. 그리고 의무를 이행하라고 요구한다. 우리는 우리들의 의무들을 힘있게 수행한다. 이것은 자연적인 능력에 의하여 수행하는 것이 아니라 하나님께서 자유스럽게 우리들의 의무를 감당하게 하기 위하여 주신 적극적인 능력에 의하여 할 수 있는 것이다. 저들은 우리들의 본성이 부패하였다는 것을 부인한다. 그리고 그리스도의 은혜를 소용없는 것으로 간주한다.

세상 사람들의 마음을 사로잡았고 그들의 마음을 증진 개발시켰다.
그리고 그들의 이성적(理性的) 능력을 매우 높은 수준까지 훈련을
통해 향상시켰다. 그리고 가난하고 무식한 사람들에게까지 복음은
더욱 널리 전파되었다. 왜냐하면 사람들은 먼저 지혜와 지식에 의
해서 가치관이 확립되고 증진되기 때문이다. 그러나 여기에서는 다
른 것을 생각하고자 한다. 사람들이 세상적으로 지혜롭고 이성적이
고 학식이 많으면 많을수록 영적인 것에 대하여 더 많이, 그리고 더
강력하게 반대를 한다. 그것도 직선적이고 공공연히 반발을 한다.
왜냐하면 영적인 것들이 그들 자신들이 볼 때 미련하게 생각되기
때문이다. 이것은 앞에서도 언급한 바 있다. 저들의 반대는 교만에
서 오는 것이며 냉소의 태도에서 오는 것이며 멸시하는 마음에서 기
인된 것이다. 그들이 미련하게 생각하는 그대로 저들은 미련하게 행
하고 그렇게 영적인 것들을 취급하는 것이다. [38]

신비하고 주요한 복음이 많은 사람들에 의해서 미련한 것으로 취
급되고 거절되는 것은 저들이 미련하게 생각하고 진실하지 않은 것
으로 생각하기 때문이다. 비록 저들이 복음을 미련한 것으로밖에
생각할 수 없는 이성(理性)을 가졌다고 하더라도 저들은 복음을 미
련한 것으로 간주하기 때문에 복음을 향해 거짓되게 행동하고 복음
을 어리석은 것(folly)으로 판단해 버린다. 하나님의 아들이 성육신
하셔서 탄생하셨고, 죄와 죄인들을 위하여 만족한 속죄를 하여 주셨
고, 믿는 자들에게는 그의 의(義)를 주셨고, 그의 은혜로 유효한 사

---

38) 복음을 받아들이고 포용하는 것은 교육을 받고, 합리적이고, 지혜로운
사람이라고 단언하는 것은 무식하고 맹신적인 사람이라고 할 수 있다.
무지와 맹신으로 일관하는 사람은 방황하게 되고 또한 경멸을 받게 된
다. 이 사람들은 신약성경이 무엇인지 생각하고 교회역사에 대해서도
생각하고 있으나 그들은 이러한 어리석은 일로 부끄러움을 당할 것이
다.

역을 하신다는 사실을 증거하여도 많은 사람들은 이것을 거부하고 미련한 것으로 판단해 버린다. 그리고 자기들의 견해대로 이러한 사실들을 미련한 것으로 결정을 해버린다. 그리고 이것들은 자기들의 이성적 원리에 불합리한 것이라고 하면서 부정한다.

많은 사람들이 이러한 것들을 비웃고 경멸한다. 그것도 세상에서 가장 멸시받을 것인양 취급한다. 예를 들면 사도 베드로가 베드로후서 3 : 3, 4에서 언급한 바와 같이 말세에는 사람들이 자기의 정욕을 좇아 행하며 성경의 예언이나 교훈을 받아들이지 않는다. 그래서 세상은 온통 신령한 것들을 비웃는 사람들로 꽉 차있고 신령하고, 고상하고 이성적인 것들을 받아들이고 복종하지 않는 사람들이 많다. 그들은 이러한 것들을 부적당하고 맞지 않는 것이며 너무 너무 어리석은 것이라고 한다. 그러나 사실은 저들이 너무도 미련하기 때문에 신령한 것들을 부적당한 것과 맞지 않는 것으로 여기는 것이다. 그러나 앞에서도 언급한 바와 같이 이러한 것들 때문에 우리가 흔들리고 난처해지는 것은 없다. 무신론이라는 것은 다른 것을 믿는 수단이 되기 때문이다.

복음을 향해서 공개적으로 도전하는 사람의 수자는 그렇게 많지 않다. 왜냐하면 대다수의 사람들이 믿고 순종하기 때문이다. 그래서 확실히 믿는 신자들 가운데는 도덕적으로 그 행동이 정립되어 있고, 그 방향이 분명하며, 그 수준이 향상된 사람들이 많고 자연법칙을 받아들이는 사람들도 많다. 이들은 하나님을 지극히 찬송하며 찬양을 한다. 이들은 자신의 이성에 동의하는 방법을 알고 있으며 고대 철인들 가운데서 찾아낸 알맞는 방법으로 자기들의 대사를 표현할 줄 안다. 이러한 것들이 복음에 적당하게 예속되는 것과같이, 초자연적인 계시에도 잘 예속된다. 예를 들면, 그리스도의 사역에 대하여 잘 예속된 사람은 성령의 보내심에도 속하게 된다. 그리하여 복음적인 순수한 은혜를 받게 되고 의무도 완수하게 되는 것이다. 자연적인 사람들은 이러한 사람들을 미련하게 여긴다. 그리고 저들은 위선적인 말과 어리석은 말로 사람들을 교사한다. 이런 자들은 로마에 있는 수도사들에게는 가지 않는다. 그들은 "사도 바울은 이 일에 너무 광분한 자"라고 하며 교사한다. 그리고는 감히 바울의 글을 어둡고 침침한 글이라고 비난한다. 그러나 내가 본대로 바울은 영적인 신비함을 선언하고 있는 것이지 광분자는 아니다.

저들은 복음을 주신 사실—즉 영적인 것들을 증거하는 사실 자체를 가장 어리석은 것으로 여긴다. 그리고 그것을 거부한다. 예를들면 이사야 53 : 1—3을 증거하면 이것을 거부한다. 지혜와 진리에 대하여 선한 명성을 얻고자 하는 사람은 이웃 사람들에게 가야만 한다. 가되 그들에게 근면과 사랑을 가지고 가야만 한다. 그리고 확신있는 방법과 제안을 가지고 나가야만 한다. 사람들은 왕의 부(wealth)만큼 될 때까지 세상적인 물질을 추구한다. 여기에 우리는 적절한 충고를 해주어야 하며 그들의 목적과 수단에 대한 방법이 적합하지 않다고 하더라도 그들을 정죄하고 속단하지 말아야 한다. 왜냐하면 이것은 미련한 방법이기 때문이다. 우리는 다만 복음의 신비만 전하면 된다. 사람들은 복음이 얼마나 신비하고 영광스러운 것인가를 알게 될 것이다. 그러면 그들은 복을 받은 것이며 그리스도의 아름다움과 탁월한 위대성을 받아들이고 그리스도를 따라갈 것이다. 그리고 저들은 헤아릴 수 없는 양자의 특권, 위대하고 고귀한 약속들, 다시 올 영광스러운 세계, 아름답고 꼭 필요한 거룩함 등에 대하여 배우게 될 것이다. 그리고 그들을 고무시킬 것이다. 또한 신적인 권위와 지혜에 대하여 이야기할 것이고 이것들을 충만케 하려고 할 것이다. 그리고 결국에 가서 우리는 그들 자신을 헌신하려고 하는 사람들을 발견하게 될 것이다. 그러나 어두워진 마음은 이러한 것들을 어리석은 것으로 생각할 것이다. 그래서 반대적으로 행동할 것이다.

　앞에서도 언급한 것같이 자연인(自然人)은 성령의 일을 받아들일 수 없다. 그래서 사도는 저들이 받아들이지 못하는 이유를 밝히고 있다. 저들은 생활 주변에 있는 유용한 것들은 받아들이지만 "영적인 것들은 식별하지 못하므로" 영적인 것들을 받아들이지 못하는 것이다. 자연인은 빛(natural light)에 의하여 자연적인 것을 식별한다. "사람의 일을 사람의 영이 알 수 있다." 영적인 사람은 영의 빛에 의하여(Spiritual light) 영적인 것을 식별한다. "아무도 하나님의 일을 알지 못하나 하나님의 영은 아신다. 하나님께서는 예수 그리스도의 얼굴에 있는 하나님의 영광을 아는 빛을 우리 마음에 비취셨다." 이러한 능력이 자연인에게는 없다고 사도는 주장하는 것이다. 사도가 증거하는 요지는 다음과 같다.

　①영적인 일은 하나님의 영(the Spirit of God)의 일이기 때문에 하나님께서 사람의 마음 속에 이것을 주셔야 능력있는 사람이 되며, 영적인 것을 식별할 수 있는 사람이 된다.

　②영적인 것들(Spiritual things)을 식별할 수 있는 빛(light)은 하나님의 능력으로 우리에게 주어지는 것이다. 이것은 유효한 것이며 창조적인 것이다. (고후 4 : 6)

　이러한 진술에 의하여 분명히 알 수 있는 것은 자연인의 마음은 본성적으로 무능하고 도덕적으로 무능하다는 것이다. 그래서 하나님의 일들(the things of God)을 자연인은 받아들일 수 없는 것이다. 하나님의 일들은 사람들의 마음에 즉각적으로 영향을 주며 그 다음에는 의지(意志)와 사랑을 갖게 한다. 그러나 사람의 이성(reason)으로는 이것을 받아들일 수 없고, 사람의 의지(will)를 가지고도 이것을 받아들이지 못한다. 그리고 이것을 원하지도(want) 못한다. 왜냐하면 사람들이 미련하기 때문이다.

자연인은 본래적으로 무능하다. 이것은 마음의 타락에서 기인된 것이며, 깨달음의 능력이 마비된 데에 그 원인이 있다. 따라서 자연인(natural man)은 전적으로 무능하다. 자연인은 성령에 의한 특별하신 회복(renovation)하심이 없이는 구원함에 이르는 영적인 일들을 식별하지 못한다. 자연인은 영적인 일들을 거부하는 죄를 짓고도 잘못한 줄을 모르므로 용서를 구할 줄 모른다. 그래서 형벌을 받게 되고 비참하게 되는 것이다. 이것은 또한 우리들의 죄이기도 한 것이다. 이것은 우리 인간들의 비참함이기도 한 것이며 우리 본성의 죄악이기도 한 것이다. 그 누구도 자기의 죄를 변명할 수 있는 사람은 없다. 그 누구도 자기의 허물을 변호할 자도 없다. 다만 한 가지 죄를 가려보려고 또 다른 죄를 더 지을 뿐이다. 이러한 무능은 본래적인 것이다. 왜냐하면 인간은 본래부터 타락(depravation)하였기 때문이다. 이것은 영적인 것들을 받아들이기 전의 마음 상태와 같은 것이다. 우리의 본래적인 마음으로 할 수 있는 능력의 역량(capacity)은 영적인 일에 대하여 무능하고 부패한 그 자체인 것이다.

본래적인 사람은 도덕적으로도 무능하다. 사람의 마음은 영적인 것을 받아들이지 않을 뿐 아니라 변함없이 그것을 거절하고 부인하려고 한다. 왜냐하면 사람은 다양한 측면에서 타락하였고 부패하였고 고정된 편견에 사로잡혀 있기 때문이다. 그리고 영적인 것들을 미련한 것으로 보기 때문이다. 따라서 사람들은 마지막 심판날에 심판을 받고 형벌을 받게 되는 것이다. 단순히 본래적인 무능 때문에 형벌을 받는 것이다. 이 사람들에게 복음이 전파되고, 그들의 마음 속에 적극적인 활동을 확신시켜 주고, 자신을 사랑하고, 죄를 사랑하고, 세상을 사랑하는 마음을 제거시켜야 한다. "나를 보내신 아버지께서 이끌지 아니하면 아무라도 내게 올 수 없으니 오는 그를 내가 마지막 날에 다시 살리리라"(요 6 : 44)라고 예수님께서 유대인들에게 말씀하신 바와같이 사람들은 본래적으로 무능하여서 그들은 스스로 예수님께로 나아올 수 없다. 하나님께서 이끌어 주셔야 되는 것이다. 예수께서 또 다음과 같이 말씀하셨다. "너희가 영생을 얻기 위하여 내게 오기를 원하지 아니하는도다"(요 5 : 40). 여기에서 말씀하시는 것은 사람들의 마음은 능력이 없고 무능하며 그들의 의지와 관심이 완고하고 고집이 세다는 것이다. 그래서 마지막 날에 저들은 심판을 받게 될 것이다. "그 정죄는 이것이니 곧 빛이 세상에 왔으되 사람들이 자기 행위가 악하므로 빛보다 어두움을 더 사랑한 것이니라"(요 3 : 19). 그래서 다음과 같은 일이 일어나게 되는 것이다.

사람의 의지와 성정(affections)은 깨닫는 것보다 더 부패해져서 하나님의 최상의 능력을 받아들일 수 있는 마음을 가지고 있지 않은 것이다. 그래서 본래적인 능력의 역량이 향상되지 못한다. 따라서 하나님에 대한 자기의 의무를 다하지 않게 되는 것이다.

그리고 사람들의 마음에는 어두움의 세력과 어두움의 영향이 남아 있기 때문에 자연인은 하나님께서 싫어하시는 것을 자행하고 복음에 역행하는 것을 계속 추구하게 된다. 여기에 대하여 성경적인 근거를 좀 찾아보고자 한다.

우리가 말하는 것처럼 "그가 우리를 흑암의 권세에서 건져내사 그의 사랑의 아들의 나라로 옮기셨으니"(골 1 : 13)라고 할 때 '권세'라는 말은 ἐξυσιας인데, 이 말의 뜻은 '권위(authority), 또는 '지배'(rule)이다. 이 말은 '지배하다', '통치하다'에서 온 말이다. 또한 죄 짓는 사람을 가리켜서 "어두움의 일"(works of darkness)에 참여하는 자라고 한다(엡 5 : 11). 이 말은 보통 어두움 가운데서 죄를 범하는 사람에게 쓰였으며, 본질적으로 사람의 마음이 어두움으로 기울어지는 경향이 있을 때에도 사용되었다. 이것은 또한 "사단의 권세"(the power of Satan, 행 26 : 18)라고도 한다. 사람의 마음 속에는 내적으로 계획된 어두움(darkness)이 있다. 그리고 사단과 세상에 의해서 사람들은 전적으로 어두운 상태(state of darkness)에 머물러 있게 되었다. 그러나 이 모든 것은 내적으로 해결이 되어야 한다. 사단은 사람들 위에 능력과 권세를 행사하여 하나님의 자녀들을 불순종하도록 한다. 이것이 사단이 하는 일이다. 사단은 하나님의 자녀들을 속이고 나쁜 길로 인도하며, 부패하게 한다. 그리고 사단은 사람들을 복음에 대항하게 하여 사람들의 마음을 완강하게 하고 굳게 하여 사람들을 더욱 흑암으로 빠져들어가게 한다.[39] 어두움의 세력과 효과는 아래의 경우와 같이 나타난다.

(3) 어둠의 세력

---

39) 어두움의 무서운 세력은 분명히 마귀들 속에 있다. 베드로 사도는 말하기를 마귀는 "어두움 가운데 묶여 심판을 받을 자"라고 하였다. 가증스러운 죄인들도 여기에서 함께 심판을 받을 것이라고 베드로는 넌지시 말하였다. 사람들은 이것을 모르고 자행자지하지만 심판날에는 엄숙히 서서 심판을 받게 될 것이다. 결단코 준엄한 심판을 피할 길이 없다. 이와같이 하나님은 타락한 천사들과 함께 죄인들과 마귀를 큰 날에(the great day) 심판하셔서 저들이 피할 수 없도록 형벌을 집행하신다. 저들은 저들이 지혜와, 경험과, 오랫 동안 저질러온 죄악으로 말미암아 장차 임할 영원한 비참함에 빠지게 되는 것이다. 자기의 죄악으로 말미암아 받는 형벌을 그 누구도 경감해 줄 수는 없다. 그리고 형벌에서 건져줄 자도 없다. 이러한 때에 하나님의 뜻을 따르고 순종하면 구원을 받을 수 있는가? 이들은 어두움에 빠져있고 쇠사슬에 묶여있기 때문에 영원히 멸망받을 수 밖에 없고 하나님의 징벌하심에 떨지 않을 수 없다. 저들은 계속해서 실수하였고 불순종하였고 반항한 것이 전부였고 그외에 한 일이라곤 전혀 없다. 자연적인 사람들은 무정하지는 않지만 구원을 받지 못한다. 어두움의 세력은 사람을 죄의 상태에 묶어놓고 있고 성령의 조명하는 능력을 차단하므로 마귀에게 붙잡히게 한다.

1️⃣ 어두움의 세력은 사람의 마음에 하나님에게 대항하는 절대 감정을 가득채운다. 그리고 하나님의 모든 일들을 대항하고 거스리도록 한다. 그래서 사람을 하나님과 "마음으로 원수가 되게 한다"(골 1 : 21). "육신의 생각(mind, 마음)은 하나님과 원수가 되나니 이는 하나님의 법에 굴복지 아니할 뿐 아니라 할 수도 없음이라"(롬 8 : 7). 여기에서 말하는 육신적인 생각이란 세상 사람들이 가지고 있는 마음으로서 하나님의 영을 받아들이지 않는 마음이다. 이 마음에 대하여 사도는 여러 번 증거하고 있다(롬 8 : 5. 6, 9, 10, 11). 그러므로 위장된 마음은 공허한 마음이며 사도를 거스리는 마음이다. 육신의 생각은 육적인 사람의 마음이며, 음란한 마음이며 중생하지 못한 마음이다. 그러나 그 마음 속에 하나님이 계신 마음은 좋은 마음이며 바람직한 마음이다."그의 선하심은 얼마나 위대하며 그의 아름다움은 얼마나 위대한가 ! "이 세상에서 영혼을 기쁘고 만족하게 해줄 만한 것은 없다. 하나님을 알 때에만 비로소 기쁨과 평안과 만족이 있다. 그러면 언제 사람의 마음이 하나님을 대적하는가? 사람이 완벽하고 절대적으로 선하신 하나님에게 적의를 가지는 것은 우리의 본성(nature)이 부패하여 어두운 마음이 일어날 때이다.[40]

이러한 적의(enmity)를 가깝게, 또는 공개적으로 행한다. 사람은

---

40) 하나님의 선하심에 대해서 염려하고 불안해하는 사람이 있다. 자연의 빛에 의해서 단순히 눈에 보이는 피사물이 있는 것처럼 하나님의 선하심이 있는 것으로 위선적으로 생각하는 사람이 있다. 사람은 하나님을 최고로 사랑하여야 하고 그를 받아들여야 한다. 복음과 그리스도도 마찬가지로 우리는 최고로 사랑하고 받아들여야 한다. 그리스도와 복음을 증거하여도 그것을 소용없는 것으로 간주해 버리면 그에게 주어지시 않는 것이다. 나는 하나님을 향해서 증오심을 가지고 있는 사람들은 도대체 어떤 사람들인지 알고 싶다. 자연적인 사람도 감동을 받아 무엇보다도 하나님을 사랑하여야 하고 극도로 화해하지 못하는 일이 있어서는 안되겠다. 하나님을 사랑하게 되는 것은 사람의 마음에 하나님의 유효적인 사역에 의하여 되는 것이고 사람의 마음에 있는 능력에 의

말씀을 듣고 앉아 있을 때에도 적의를 가지며 은혜를 받을 때에도 하나님을 대항한다. 하나님에 관한 교리적인 진리와 개념을 배울 때에도 적대행위를 하고, 진리를 적용할 때에도 적의를 갖는다. 왜냐하면 "그들의 마음이 항상 잘못되어 있기 때문이다." 하나님에 관해서 실제적인 교훈을 받으면서도 그 마음은 하나님에게서 멀어지고 폭력을 행하려고 시도하고 또한 폭력을 행사하기도 한다. "그들은 하나님을 자기들 같은 사람으로 생각한다." 하나님이 그들을 영접하셨다는 것을 알면서도 그들은 죄를 짓는다. 그리고 하나님을 대적하는 열매만 맺는다. 하나님의 가장 선하신 것을 가식된 것으로 전락시키고 하나님을 우상 중의 하나로 생각하여 사람의 모양이나 짐승의 모양에서 하나님의 신성을 찾으려고 한다. 이 얼마나 큰 죄인가! 저들은 하나님을 짐승같은 사람으로 생각하고 죄를 짓는 것이다. 이러한 경우가 어디에 또 있겠는가! 어두워진 인간의 마음은 하나님을 이토록 오해하는 것이다. 하나님은 불과 같은 분이시며 무섭고 공의로우신 하나님이시다. (사 33 : 14 ; 창 4 : 13)

　다시 말하면, 이 어두움은 사람의 마음 속에 하나님이 하시고자 하는 모든 방법을 대항하는 적대감으로 가득 채운다. 그래서 육적인 마음이 하나님을 적대하는 것처럼 "하나님의 법에 복종하지 못하게

하여 되는 것이다. 사도는 사람이 하나님을 사랑하게 되는 때는 하나님의 선하심과 본질 그리고 율법과 복음안에서 하나님을 만나는 경우이다. 자연적인 사람은 하나님을 싫어한다. 미움이 있는 곳에는 사랑이 존재하지 못한다. 하나님을 발견할때 사람은 그의 선하심을 경험하게 되고 그를 사랑하게 된다. 그리스도와 성령과 교통이 없는 사람은 헛되고 공허한 일에 머물러 있게 된다. 이단자들은 하나님을 기뻐한다는 것을 잘못된 것으로 생각한다. 이단자들은 우상을 섬기며 하나님을 싫어한다. 그리하여 참되신 하나님을 모르고 산다. 하나님께서 자신을 저들에게 선포하시고 하나님의 선하심과 사랑을 나타내어도 저들은 더욱 하나님을 계속적으로 반대한다.

한다." 그래서 총명이 어두워지고 무지함과 마음의 굳어짐으로 말미암아 하나님의 생명에서 떠나게 한다(엡 4 : 18). 이것은 어리석게 되는 극치이며 하나님을 따라서 살아드리지 못하며 하나님의 사역을 싫어하게 하는 것이다.

２ 어두움의 세력은 사람의 마음 속에 고집과 사악한 정욕을 집어넣어 하나님의 뜻(the will of God)을 정면으로 대항하고 거스리게 한다. 이것은 육체의 욕심, 또는 육체와 마음이 원하는 것($\theta\epsilon\lambda\eta\mu\alpha\tau\alpha$ $\delta\iota\alpha\nu o\omega\nu$)을 행하는 것을 말한다(엡 2 : 3). 다시 말하면 이것을 습관적으로 성적인 목적을 위해서 달려가는 것을 말한다. 이것은 "땅의 일을 생각하는 것"(빌 3 : 19)이요 "육체의 마음을 좇아가는"(골 2 : 18) 것이다. 이 마음은 다만 육적이며 성적이며 헛된 것을 추구하고 좋아하는 것이다. 그리고 이 마음은 호기심만을 만족시키고자 하며 필요없는 것에 정신을 잃고 미신, 또는 세상적인 것에 더욱 애착과 집착을 한다. 따라서 "헛되고 헛된 것"을 행한다. 이들은 전 생애를 이러한 헛된 것들에 의해 압도적으로 악영향을 받으며 산다. 사상과 생각이 항상 헛되고 육적인 명성에만 치우쳐 결국 음란한 곳에 목적을 두고 이러한 것을 준비하고 산다. 그래서 "그 마음의 생각의 모든 계획이 항상 악할 뿐이다"(창 6 : 5). 악한 마음은 이러한 경로를 통하여 더욱 악해지고 헛되고 망령된 일만 자행한다. 이러한 마음은 헛되고 정욕적인 만족에만 그 목적을 두고 집요하게 달려간다. 그리고 이 마음은 어리석고 음탕한 일에 몰두하고 육체적 쾌락만 찾아 다닌다. 그래서 더욱 더욱 악하게 되어 "모든 푸른 나무 아래서 음욕을 피우게 된다"(사 57 : 5). 특별히 마음과 생각이 음란한 곳으로 구부러져 있으므로 말할 것도 없이 음란한 일에 지배를 받고 사는 것이다.

③어두움의 세력은 복음 가운데서 제기된 영적인 것들을 대항하도록 사람의 마음 속에 잘못된 편견을 가지게 한다. 이러한 편견은 자신을 구출할 수 있는 빛도 없고 능력도 없는 것이다. 타락한 마음은 편견에 휩싸이기를 잘한다. 그리고 고집스럽게 자신의 편견을 고수하려고 한다. 이러한 편견에 대하여 예를 들어 보고자 한다.

(4) 어둠의 효과

① 어두움에서 나온 마음은 영적인 것들을 이해할 수 있다. 그리고 이 마음은 참된 만족과 모순이 무엇인지도 안다. 이 마음은 사람들이 추구하고자 하는 수천 가지의 방법들을 알고 있고 이것들을 통해서 사람들은 그들이 추구하고 있는 욕망을 이룩할 수 있고 이로 말미암아 마음의 만족을 얻고 그 외에도 무엇인가를 얻을 수 있다. 이 마음은 복음이 제안하는 내용을 알고 스스로 복음이 요구하는 것을 따르려고 한다. 그래서 기쁨을 맛보고 즐거워하게 된다. 그러나 이러한 처음의 희망이 더 진전되지 못하는 경우도 있다. "네가 길이 멀어서 피곤할지라도 헛되다 아니함은 네 힘이 소성되었으므로 쇠약하여가지 아니함이니이다"(사 57:10). 때때로 사람들은 그들의 정욕을 따라가다가 영적인 힘을 잃는 경우가 있다. 그들은 자신이 저지른 죄를 발견하고는 실망을 한다. 여기에서 저들이 돌아선다 하더라도 결국에 가서는 "영적으로 헛되고 헛된 것"을 알게 되지만 그것을 모르는체 기만하며 지나치려고 하게 된다. 그러나 저들은 이러한 추적을 떨쳐 버릴 수 없게 된다. 그리고 하는 말이 "소망이 없다"고 한다. 또한 이성(reason)은 말하기를 "인생의 의미는 손(hand)에서 찾을 수 있다."고 한다. 즉 인생은 매일의 생활 속에서 찾을 수 있고 사업과 직장, 그리고 미래의 희망이 자신들을 유지해줄 줄 알고 살아가고 있다는 말이다. 그리고 현실은

변화하지 않는 것으로 생각한다. 그래서 그들은 그들의 최상(the best)이 무엇인지 발견하지 못한다. 그리고 더 좋은 것(the better)도 생각하지 못한다. 그들은 더 좋은 환희, 부(wealth), 힘, 건강, 능력, 명예, 생의 확신, 그리고 성적인 욕구의 만족을 위해 대상을 찾는다. 그들은 현실보다 더 좋은 것을 추구하지만 기쁨을 누릴 수 없다. 이러한 마음 상태는 복음으로 인한 영적 축복이 저들 앞에 열려져 있으나 저들은 단번에 이것을 속단해 버리고 육체적인 흥미에만 관심을 가지고 이것을 추구하려고 한다. 그리고 자기들의 판단이 옳을 것으로 생각한다. 그러나 인간의 정욕적인 욕구가 장려를 받고 도움을 받지는 못한다. 그렇다. 아무리 사람이 육체적인 것으로만 치달려간다 하더라도 그것을 완전히 정복하지는 못하는 것이다. 그러나 복음의 능력은 우리를 새롭게 한다. 복음은 위엣 것을 생각하고, 땅엣 것을 죽이고, 그것을 생각하지도 말라고 한다. 그래서 음란과 부정과 사욕과 악한 정욕과 탐심을 물리치라고 하는 것이다(골 3:1—5). 그리하여 근신함과 의로움과 경건함으로 이 세상을 살아야 한다고 가르치고 있다 (딛 2:11,12). 이것은 솔직한 말이다. 사람들이 합법적으로 부(wealth), 명성, 명예를 특별한 경우 소유했다고 하더라도 이것이 부패의 뿌리가 된다면 이것을 근절시키고 막아야 한다. 왜냐 하면 마음과 이러한 것들 사이에는 언제든지 혼돈이 일어나기 때문이다. 사람들은 제일 좋은 것을 보고 싶어한다. 그러나 만족을 줄 만한 것은 이 세상 어디에나 없다. 그렇기 때문에 이들에게 우리는 보이지 않고(unseen), 영원하고, 영적인 것을 주어야 한다. 그리고 은밀하게 스며들어오는 육적인 마음과 편견을 대항하여 이길 수 있는 마음을 주어야 한다. 또한 현실에 만족하고 여기에 빠져 있는, 영혼의 모든 조건을 위협하는 것들을 뽑아버리도록 해야 한다. 왜냐하면 어두움의 세력은 하늘의 놀라운 것들을 식별하지 못하게 하고 그것들에 대한 흠모의 정도 갖지 못하게 하기 때문이다. 이렇게 볼 때 편견이라고 하는 것은 이겨내기 어려운 것이며 실제로 사람들은 이편 것을 극복하지 못하고 편견에 치우쳐 육체적인 안목으로 볼 때에도 모순 속에서 허덕이고 있는 것이다.

２ 어두움에 의해 작용되는 마음은 특별한 방법으로 되어진 복음의 신비에 대해서 편견을 가진다. 자연적인 사람들이 하나님의 지혜를 멸시하고 받아들이지 않는 것같이 어두운 마음은 하나님의 교훈을 공허하고 무지한 것으로 본다. 이러한 편견은 사람의 마음 속에 어두움의 세력이 우세할 경우에 나타나는데, 유식하고 교육을 받았다고 하는 사람에게서도 이러한 마음은 얼마든지 볼 수 있다. 또한 나이를 좀 먹은 사람에게서도 발견된다. 하나님의 거룩하고 신비하고 영적인 지혜가 세상적으로 지혜있다고 하는 사람들에게 전달될 때 저들은 이것을 어둡고, 광적이고, 괴물같은 것이고, 미련한 것으로 간주해 버린다. 여기에 대해서 사도는 강력하게 언급하고 있다(고전 1～2장). 사도는 복음에 나타난 하나님의 지혜를 이 세상의 지혜로는 알지 못한다고 하였다. 세상의 지혜로는 하나님의 지혜를 구별하지도 못한다고 하였다. 그리고 그리스도의 영을 받아들이지도 못한다고 하였다. 그래서 저들은 하나님의 지혜를 연약하고 미련한 것으로 간주하고 이것을 멸시하는 것이다. 그렇다! 미련한 자는 지혜있는 것을 미련한 것으로 평가하게 되어 있는 것이다! 그래서 우리는 저들의 교만과 비웃음, 그리고 깨끗하고 단순하고 신비스러운 복음을 경멸하는 오만불손한 태도를 보게 되는 것이다. 이러한 편견의 본질은 명백하게 드러나게 되어 있다.

복음에는 두 가지 종류의 일들이 선포되어 있다. 첫째는, 율법에서나 자연의 빛 가운데서 절대적인 것으로 선포되는 경우이다. 그것은 그리스도 예수 안에 있는 하나님의 사랑이다. 예수 그리스도의 신비스러운 성육신, 그의 사역들, 그의 중보사역, 성령을 보내심, 성령 안에서의 교제, 그리스도와의 연합, 양자, 칭의, 성화 등이다. 간단히 말해서 이 모든 것은 구원의 은혜로 말미암아 피로 값주고 산 것인데 이것들이 모두 절대적으로(absolutely) 이루어졌다는 말이다. 이것들을 간단히 말해서 복음적(evangelical)이라고도 한다. 사도 바울은 이 사실들을 전파하였다고 말하고 있다.(고전 2 : 2 ; 엡 3 ; 7 - 11)

또한 복음에는 자연의 법칙과 자연의 빛의 근거가 있다. 여기에는 우리들이 배운 바 도덕적 의무에 대한 모든 것이 들어 있다. 이러한 것들은 자연의 빛(the light of nature)에 의해서 알게 되는 것들이다. 사람들은 자기들이 하는 행위에 대해서 선하고 악한 것이 무엇인지 판단할 수 있다(롬 2 : 14, 15). 복음이 이들에게 전해지기 전에도 그 양심이 증거가 되어 선악을 알 수 있게 되는 것이다. 그러나 하나님의 말씀은 우리들에게 우리의 의무를 바르게 수행하도록 직접 그리고 정확한 원리를 따라서 바른 목적(end)과 바른 법칙(rule)에 의해서 가르쳐 준다. 말씀은 사람들에게 새로운 성품(new nature)을 심어 주고 복음적인 의무를 수행하기 위해 순종하는 도덕적인 사람으로 변화시켜 준다. 복음은 성령의 후원을 받아 힘있는 약속으로 역사하여 우리들의 의무를 온전히 수행하도록 한다.

다음은 복음 전파의 방법(method)이다. 첫째로 복음은 복음 자체가 가지고 있는 것을 독특하게 제안하고 선포한다. 즉 복음은 믿음과 순종의 근거로서 신비한 것들을 나타내고 있다. 그리고 이것을 사람들의 마음에 새겨 넣는다(inlay). 그러므로 참된 성령은 이것들을 실천하게 되는 것이다. 그래서 복음은 그리스도 안에 있는 믿음의 뿌리 위에 모든 도덕적 순종을 접붙이게 되는 것이다. 사도 바울은 그의 서신에서 이러한 방법을 설명하였다. 그는 먼저 믿음의 신비는 독특한 복음에 있다고 선언하였다. 그리하여 도덕적 의무들(moral duties)이 조절되는 것이라고 하였다.

그러나 우리가 말하는 편견은 이러한 일들의 순서를 거꾸로 만들어 버린다. 이러한 세력의 영향을 받는 사람들은 먼저 그들의 마음을 굳게 잡고 자연 법칙과 빛의 근거 위에 이것들을 중요한 자리에 놓아야 한다. 사람들은 적당한 곳에서나 알맞는 목적에 맞지 않게 찬양을 한다. 세상의 법에 따라서 사는 사람은 복음의 법에 근거를 두고 살아야 한다. 이렇게 할 때에 탁월한 도덕적 의무를 감당할 수 있게 된다. 사람들은 종종 복음의 독특한 교훈을 멸시한다. 그래서 복음에 필요없다고 하고 시비를 가리게 될 때 복음을 피하려고 하고 무지한 사람같이 또는 필요치 않은 사람같이 복음을 거부한다. 그 외에도 복음을 해석한다면서 그 정신을 약화시키고, 복음의 신비함을 이용하여 복음을 곡해시킨다. 사람들은 복음을 육적으로 이해하여 그것을 자신의 육적인 생각과 일치시키려고 하고 또한 그렇게 굳히려고 하는 것이다. 그들은 복음의 빛을 퇴색시키고 사람들이 하는 것처럼 자기의 이성(理性)과 다른 사람의 이성과 철학에 맞추어 복음의 본래의 의미를 바꾸어 버리고 만다. 복음의 신비와 은혜 위에 도덕적 진보가 있는 것이다. 그러나 사람들은 복음을 거부하여 도덕을 부패하게 하였다. 그리하여 도덕(moral)의 터전을 상실하게 되었다. 결국 도덕은 땅에 떨어지고 말았다. 이러한 사람들에 관해서는 증명할 것조차 없다.

이와같은 일은 옛날에도 있었다. 하나님께서 에브라임(Ephraim)에게 다음과 같이 말씀하셨다. "내가 저를 위하여 내 율법을 만 가지로 기록하였으나 저희가 관계 없는 것으로 여기도다"(호 8:12). 율법(the law)은 하나님께서 당신의 마음과 뜻을 그의 백성들에게 나타내시는 완벽한 수단이다. 율법은 하나님의 계획(counsel)이 우리들에게 계시된 것이다. 이것이 복음(Gospel)이다. 하나님께서는 이것을 쉽고도 평이하게 기록하셨다. 그래서 사람들은 이것을 중요하게 여기게 되었다. 현대 사람들은 복음을 이국적이고 낯선 것으로 생각하는 것 같다. 그러나 복음에는 도덕적으로 선한 것이 무엇이고, 악한 것이 무엇인지 그것들의 본질을 가르치고 있다. 복음에 감추어져 있는 하나님의 지혜는 놀라운 것이며 특별한 것이다.

　혹암의 세력은 마음의 본성과 마음을 쓰는(use of mind) 데에 영향을 준다. 마음은 자기에게 제안되어 있는 문제에 대하여 이론적인 논리를 가지며, 또한 깊이 생각을 하기도 한다. 그리고 이것이 무엇인지 식별할 줄도 알고 판단하기도 한다. 그뿐 아니라 마음은 도덕적이고 영적인 일들을 실제적이고도 직접적으로 결단하여 행하도록 한다. 그러나 선한 일에 대하여 사랑하는 마음이나 집착하기 싫은 마음도 있다. 자신에게 주어진 사랑하는 마음이 무엇인지조차도 모르는 사람도 있다. 마음은 영혼의 눈이다(the eye of the soul). 그래서 만일 "눈이 나쁘면(evil) 온 몸이(whole soul) 어두울 것"이다(마 6 : 23). 이러한 영혼이 그 어떤 일도 할 수 없는 것같이 이러한 마음도 선한 것을 받아들이거나 포용할 수 없다. 그래서 마음이 편견에 사로잡히면 실제적으로 이 마음은 남을 속이고 미혹하는 일을 하게 된다. 그리고 자기의 의지나 관심을 가지는 것을 마음대로 허락하여 악한 것으로부터 자신을 구해내지 못하게 된다. 마음은 선악을 구별해서 비난할 수 있다. 그러나 세상 사람들은 악하고 선하고를 떠나 그 마음에 하나님 모시기를 싫어하므로 하나님 앞에 합당치 못한 일을 한다. 그래서 불의, 추악, 탐욕, 악의, 시기, 살인, 분쟁, 사기, 악독을 행하게 된다(롬 1 : 28, 29). 이러한 마음은 아담의 마음이며(딤전 2 : 14), 모든 죄의 근원이 되는 것이다. (히 3

: 12, 13 ; 고후 11 : 3)

이것은 인간의 마음을 간단하게 서술한 것으로 중생하지 못한 마음이며, 하나님의 일을 생각지 못하는 마음이며, 타락한 마음이다. 그리고 더럽고 부패한 마음이며 복음이 가르치는 바 신령한 일에 관한 제안을 받아들이거나 깨닫거나 포용할 수 없는 상실한 마음이다. 그래서 내적으로나 초자연적으로 베풀어 주시는 성령의 감화와 영향을 받지 못하고 구원받지 못하는 마음이다.

제 4 장

생명과 사망, 영적인 것과 자연적인 것에 대한 비교

중생하지 못한 모든 사람은 영적으로 죽은 사람이다. / 자연적인 생명, 이 속에는 자연적인 사망이 포함되어 있다. / 초자연적인 아담의 생명은 순결한 것이었다. / 죽음의 본질은 영적인 것이다. / 죽음은 사람에게 반드시 오는 것이며 인간들에게 교훈을 주는 것이다.

1. 중생하지 못한 모든 사람은 영적으로 죽은 사람이다

또 다른 성경적 교훈을 보면 중생하지 못한 사람은 영적으로 죽은 사람이라(spiritually dead)고 하였다. 그렇기 때문에 사람은 내적으로, 그리고 그의 심령 위에 성령의 능력있고 유효한 사역에 의한 역사가 필요하다. 그리하여야 중생하고, 그뿐만 아니라 영적으로 죽은 상태에서 구원을 받을 수 있다. 중생하지 못한 사람의 의지와 기호는 어둡고 깜깜한 것에 기울어져 있고 그 마음 상태는 진리를 깨닫지 못하고 헤메이고 있다. 그러나 하나님을 향해서 살아 드리고 있는 사람은 영적으로 살아 있는 사람이다. 반면에 영적으로 죽은 사람은 하나님을 향해서 살아드리는 것을 멀리하고 이러한 것을 이상스럽게 생각한다. 성경은 이상과 같은 사실을 직접적으로 단호하게 선포하고 있다. 이것은 매우 중대한 일이다. 여기에 대한 성경적인 증거는 대단히 많다. "너희의 허물과 죄로 죽었던 너희를 살리셨도다."…"허물로 죽은 우리를 그리스도와 함께 살리셨고(너희가 은혜로 구원을 얻은 것이라)"(엡 2 : 1, 5), "또 너희의 범죄와 육체의 무할례로 죽었던 너희를 하나님이 그와 함께 살리시고 우리에게 모든 죄를 사하시고"(골 2 : 13), "그리스도의 사랑이 우리를 강권하시는도다 우리가 생각컨대 한 사람이 모든 사람을 대신하여 죽었은즉 모든 사람이 죽은 것이라"(고후 5 : 14). 그 다음 성경의 주장은 그리스도의 은혜로 말미암아 사람들이 부르심을 받고 그 생명이 회복되고 힘을 얻고 새 생명(new life)을 얻게 되었다는 것이다.(엡 2 : 5 ; 요 5 : 21 ; 6 : 63)

중생하지 못한 사람은 법적으로 죽은 사람이다. 거룩한 법조문의 말씀을 살펴볼 때 그는 확실히 죽은 사람이다. 성경 말씀에 정녕 죽으리라(that man should die)고 선언하였기 때문이다(창 2 : 17 ; 롬 5 : 12). 그러나 그리스도 예수 안에 있는 자에게는 결코 정죄함이 없게 된다. 그것은 그리스도 예수 안에 있는 생명의 법이 죄와 사망의 법에서 해방하였기 때문이다(롬 8 : 1, 2). 우리가 구원받는 것은 중생에 의한 것이 아니라 의롭게 되었기 때문이다. 영적인 죽음(spiritual death)과 자연적인 죽음(natural death)은 유사한 것 같으나 차이가 있다. 자연적인 사람, 중생하지 못한 사람의 죽음은 자연적인 죽음이다. 따라서 자연적인 죽음은 중생하지 못한 사람의 죽음을 시사하는 것이다.

2. 자연적인 생명 속에는 자연적인 사망이 포함되어 있다

일반적으로 우리가 알기로 생명이란 움직이는 원리에 의하여 활기를 띠는 주체를 말한다. 움직이는 주체는 덕(德)에 의하여 움직이게 된다. 덕과 움직이는 주체가 연합할 때 생명이 되는 것이다.[41] 여기에는 다음과 같은 것들이 포함되어 있다.

① 생명의 원리는 사람 안에 있는 것인데 합리적으로 움직이는 영혼을 말한다. 이것을 성경에서는 생령(living soul)이라고 하였다. "여호와 하나님이 흙으로 사람을 지으시고 생기를 그 코에 불어 넣으시니 사람이 생령이 된지라"(창 2 : 7). 땅 위의 흙으로 사람의 몸을 만드신 하나님께서는 사람이 받아들일 수 있는 준비를 모두 해주신 뒤에 그 속에 구별되고, 명백하고, 생기있는 영을 불어 넣어 주시므로 사람을 창조하신 것이다. 이렇게 하여 하나님은 처음으로 인간을 만드신 것이다. 그리고 하나님은 인간을 정상적인 방법에 의해여 섭리하셨다. 하나님이 사람의 코에 생기를 불어 넣으시자마자 그는 생령(living soul)이 되었고 숨을 쉬는 사람이 되었다. (the breath of life)

② 살아있는 사람의 원리는 행동하게 되어 있다.[42] 덕과 결합된 인간의 주체는 움직이는 것이다. 그러므로 인간이 생령이 된 것이고 활기있는 원리에 의하여 사람은 활동하게 된 것이다. 그래서 사람은 모든 활동을 하게 된 것이다.

③ 생명은 활동하는 것이다. 인간은 느끼고, 움직이고, 음식을 먹는 것 같은 행동을 한다. 생명의 활동이 인생이다. 생명과 활동은 불가분의 것이다. 생명은 활동을 하게 하고 활동은 생명을 튼튼하게 해준다. 생명의 활동과 움직임은 살아 있는 개체의 특별한 성

---

41) actus vivificantis in vivificatum per unionem utriusque.
42) Actus primus.

질이다. 인간의 깨달음과 의지에 의해서 생명체는 자발적이면서 합리적으로 활동을 하는 것이다.

그러면 죽음이란 무엇인지 생각해 보기로 하자.

첫째, 자연적인 죽음이란(natural death) 영과 육이 분리되는 것이다. 둘째, 모든 생명의 활동이 중단되는 것이다. 그리고 몸은 부숴지고 소진되는 것이다. 세째, 그러므로 활동에 있어서 그토록 중요하던 몸은 더 이상 소용이 없게 된다.

3. 아담에 있어서의 생명

이렇게 볼 때 영적인 생명과 영적인 사망은 매우 비슷하게 연관이 있는 것으로 생각된다. 이 시점에서 우리는 먼저 아담(Adam)에 관해 살펴보아야만 하겠다. 아담의 본래적인 생명은 무흠한 상태로 창조 되었다. 그는 초자연적인 생명(Supernatural Life)의 소유자로 창조되었고 하나님을 향해(to God) 살아드리도록 창조되었다. 그러나 그는 이성적으로 창조되었고 그를 창조하신 하나님의 목적에 부합되도록 완전하게 창조되었다. 그가 이성(理性)을 가진 자로 창조되었는데, 이것(이성)은 자연적으로 흘러들어온 것이 아니다. 그리고 이것은 아담에게 불가분의 요소가 되는 것이다. 아담의 초자연적인 생명이 소유한 것은 무엇인가?

(1) 그는 하나님의 형상대로 지음을 받았다. 그는 활동할 수 있는 요소를 가지고 있다. 그의 마음과 뜻이 습관적으로 일치하도록 지음을 받았다.

(2) 활동과 덕에 의해서 계속적으로 행하도록 지음받았다. 그리고 하나님의 커다란 도덕적인 목적에 종속하여 살도록 지음을 받았다. 이것은 결국 살아 계신 하나님에게 복종하며 사는 것이다.

(3) 그는 적절한 행동을 할 수 있는 생명의 요소를 가지고 있다. 그리고 능력과 재능을 부여받았다. 그는 하나님께 순종하도록 지음을 받았고, 모든 약속을 수행하고 지키기 위한 충분한 능력을 소유하였다.

이상의 세 가지는 아담이 가지고 있는 초자연적인 생명의 무흠한 요소이다. 이와같은 생명의 요소를 우리들이 가지려면 그리스도에 의하여 이와같은 생명이 회복되어야 한다.[43]

4. 영적인 죽음의 본질

이제는 영적인 죽음(spiritual death)의 본질을 살펴보기로 하겠다. 여기에는 다음과 같은 내용이 포함되어 있다.

(1) 영적인 생명의 요소가 결핍되어 있다(또는 제거되어 있다). 하나님을 향해 살아드릴 수 있는 힘이 결여되어 있다.

(2) 모든 영적인 것과 영적인 활동을 부정한다.(배타적이거나 결핍되어 있다)

(3) 영적인 활동을 위한 능력이 전혀 없다.

[1] 중생하지 못한 사람들 속에는 영적인 생명의 요소가 없다. 하나님을 향해 살아드리고자 하는 능력도 없다 약속을 따라 받은 바 의무도 감당할 수 있는 힘도 없다. 사람은 영적인 생명의 목적

---

43) 차이점을 살펴보면 다음과 같다.
　① 아담의 영적인 생명은 자기 자신안에 있었고 우리들의 영적인 생명은 그리스도 안에 있다.
　② 행동의 대상에도 차이가 있다. 이제는 그리스도 안에서 하나님의 계시가 있고 동시에 새롭게 순종을 하여야 할 의무가 그리스도인들에게 있다.

을 위해 행할 수도 있고, 자연적인 생명의 목적을 위해 행할 수도 있다. 이것은 영혼이 떠날 때 현저히 나타난다. 사람이 무엇을 하든지 그리고 그들이 무엇을 행하도록 소명을 받았든지 간에 활동하는 은혜스러운 요소가 결여된 이상 그들은 영적으로 생명력있는 일을 행할 수 없는 것이다. "육신의 생각은 하나님과 원수가 되나니 이는 하나님의 법에 굴복치 아니할 뿐 아니라 할 수도 없음이라"(롬 8 : 7), "육신에 있는 자들은 하나님을 기쁘시게 할 수 없느니라"(롬 8 : 8). 주님께서도 "나를 보내신 아버지께서 이끌지 아니하면 아무라도 내게 올 수 없으니…"(요 6 : 44)라고 말씀하셨다. 비유적으로 말해서 자연적인 사람은 나쁜 나무로 비교가 되었는데 나쁜 나무는 좋은 열매를 맺을 수 없는 나무이다. 나쁜 나무의 본성이 좋은 나무로 바꾸어지기 전에는 좋은 열매를 맺을 수 없는 것이다. (마 7 : 18 ; 12 : 33 ; 렘 13 : 23)

　본래 사람은 자기에게 부여된 단순한 임무도 감당할 수 있는 능력이 없다. 그리고 하나님께서 받으심직한 일을 파악하거나 알아서 행할 수 있는 알맞는 동기도 결여되어 있다. 하나님께서 이와 같은 모든 일을 할 수 있는 새롭고 은혜스러운 습관을 주셔야만 사람이 그 무엇인가를 할 수 있는 것이다.[44]

───────────────

44) 사람들은 모든 권고, 명령, 약속, 경고 등을 반대하고 헛되고 쓸모없는 것으로 여긴다. 또한 소경이 보게되고 죽은 사람이 살아나는 목적은 무엇인가? 여기에 대해서 나는 다음과 같이 대답을 하고자 한다.
　① 목적을 위한 수단으로 필요한 적용은 없다. 권고는 신앙의 효과를 가져오게 하고 순종하게 되는 도덕적 교훈으로 알맞은 것이다. 영혼의 특성은 깨닫는데 있고, 의지를 가지도록 하는데 있고 사랑을 가지게 하는데 있다.
　② 권고는 우리들의 의무에 관계되는 문제이지 능력에 관계되는 것이 아니다. ― 우리들이 할 수 있는 문제가 아니라 우리들이 하여야만 하는 문제이다.

2 중생하지 못한 사람은 모든 활발한 행동이 실제적으로 중지되어 있어서 죽은 사람과 같다. 자연적인 사람은 능력의 결함으로 인하여 영적인 면에서 순종할 수 있는 실제적인 행동을 하지 못한다. 이런 사람들의 일은 모두 '죽은 행실(dead works) 밖에 할 수 없는 것이다(히 9:14). 이들에게는 생명의 요소가 결여되어 있기 때문에 열매 없는 어두움의 일에만 참여하게 된다(엡 5:11). 결국 사망이 이들을 지배하고 마는 것이다. (약 1:15)

그러면 영적인 생명은 어떻게 우리들에게 전달되는가? 영적인 생명의 근원은 하나님이시다. 영적인 생명의 샘은 하나님이시며 그 기초 또한 하나님이시다. "대저 생명의 원천이 주께 있사오니 주

---

③ 하나님은 이것들(vehicula gratia)을 만드시는 일을 기뻐하신다. 하나님께서는 이 목적을 위해 사람들을 지명하셨다. 그리고 사람들에게 지적인 능력들을 주셨다. 이것들은 말씀으로 주셨고 말씀은 성령으로 말미암아 실재적으로 주셨다. (약 1:18 ; 벧전 1:23) 우리들이 거듭난 것은 바로 이 말씀에 의하여 된 것이다. 더 나아가서 사람은 하나님 앞에서 살아갈때에 전혀 무능한 사람이다. 사람은 의(義)가 없고 영원히 멸망을 받아야 할 사람들이다.

그러면 사람이 할 수 있는 일은 무엇인가? 여기에 대하여 나는 다음과 같이 말하고자 한다.

① 사람의 무능력은 그의 죄에 그 원인이 있다. 사람의 본성에 죄가 들어왔다. 우리 조상에게 처음 죄가 들어간 후 그 결과로 우리들도 죄에 빠지게 되었고 비참하게 되었다. (롬 5:12) 창조의 법에 의해서 우리는 죄인이 된 것이다. 그리고 죄책을 가지게 되었다.

② 사람은 잡다한 능력을 가지고 있다. 마음으로 순종할 수 있고, 구원 받을 수 있고, 동의할 수도 있다. 자발적으로 부지런할 수도 있고 게으를 수도 있다. 영원히 멸망받을 길에서 잘 견디어 헤어날 수도 있다.

③ 그 누구도 하나님을 위해서 그 어떤 일을 할 수 없다. 그러나 하나님을 반대하는 일은 어떤 일이라도 할 줄 안다. 이것이 타락한 인간의 특성이다. 명령을 받지도 않았는데도 사람은 하나님을 의지적으로 반대하면서 적극적으로 행동을 한다. 이러한 사람을 성경은 미련하고 어리석다고 말하고 있다. 그리스도께서도 여기에 대하여 말씀하시면서 어리석은 사람을 책망하셨다.

의 광명 중에 우리가 광명을 보리이다"(시 36:9). 또한 우리의 생명은 "그리스도와 함께 하나님 안에 감취어져"(골 3:3) 있다. 다시 말해서 영적인 생명은 하나님에게서 나오며 하나님의 보호를 받는다는 말이다. 이러한 생명은 그 어떤 다른 생명과는 다른 것이다. 이 생명은 중보자 예수님 안에 충만히 있는 것이다(골 1:19). 우리는 예수님의 충만한 가운데서 받아 누리게 되는 것이다. (요 1:16). "우리의 생명"(our life)이신 그리스도께서 나타나서 그때에 너희도 그와 함께 영광 중에 나타나게 된다고 하였다(골 3:4). 그리스도께서 내 안에 살아 계신 것처럼 우리는 살아 드려야 한다(갈 2:20). 하나님 안에서는 생명의 근거를 찾을 수 있고 그리스도 안에서는 우리에게 충만하게 주신 생명을 발견할 수 있다. 그리스도께서는 생명의 요소가 되시며 능력이 되신다. 이러한 능력은 성령께서 우리들에게 주시는 것이라(롬 8:2). 생명의 능력은 새로운 약속의 목적을 따라서 우리들에게 주어지는 것이다. 이러한 약속은 하나님께서 첫째는 "우리들의 마음 속에 그의 법을 써 주신 것이며" 그 다음에는 우리들에게 "그 안에서 행하게"하신 것이다. 그러므로 생명의 요소는 반드시 모든 활기있는 행동으로 나타나게 된 것이다. 순종의 행위가 없는 곳에는 하나님의 생명이 없는 것이다. 우리가 경험해서 아는 바와 같이 선한 생각을 많이 하는 사람이 좋은 일을 많이 하는 것같이, 순종을 잘 하는 사람이 능력과 재능이 있게 되는 것이다. 우리는 복음을 떠나 잘못된 신앙을 수세기 동안 지켜오다가 마침내 이것을 내던졌는데 곧 가톨릭 교회의 믿음인 것이다.[45]

---

45) 중생하지 못한 사람은 종교적으로 순종을 거부한다. 그리고 다양한 의무를 수행하여야 할 것도 거부한다. 그들 속에는 영적인 생명이 없기

3 영적으로 죽은 사람은 영적인 생명이 있는 방향으로 향하고자 하는 그 어떤 성향도 없다. 다만 자연적인 생명으로 짐승처럼 살다가 짐승처럼 죽는 것 외에는 아는 것이 없다. 이러한 사람에게는 생명의 요소가 밖에서부터 그 속으로 들어가야 한다. 죽은 나사로의 시체 속에 영혼이 들어갈 때 살아난 것처럼 영적으로 죽은 사람에게도 생명이 그 안으로 들어가야 살 수 있다. 죽은 사람은 그

때문에 그들은 모두 죄 가운데 살고 있다. 이것으로 말미암아 받는 저들의 고통은 무엇인가? 저들이 정욕과, 쾌락과, 눈에 보는 대로 행하려고 하는 이유는 무엇인가? 저들에게 행하여야 할 의무를 주신 목적은 무엇인가? 여기에 대하여 나는 다음과 같이 대답하고자 한다.

① 죄 가운데 있는 사람도 그들이 실천하여야 할 의무가 있다.(Splendida Peccata, Says, Austin) "믿음이 없이는 기쁘시게 못하나니"(히 11 : 6) —믿지 않는 자, 더럽혀진 모든 것들은 깨끗지 않다. "더럽고 믿지 아니하는 자들에게는 아무것도 깨끗한 것이 없고 오직 저희 마음과 양심이 더러운 지라."(딛 1 : 15) 믿지 않는 자들의 하는 일과 계획하는 일은 죄짓는 일이다. 저들은 실제적으로 물질적으로 죄를 짓는다. 그들에게 선한것도 있다. 그러나 저들은 죄짓는 것을 더 좋아한다. 저들이 의무를 이행할때 그들은 악하기 때문에 선을 행하는 데에는 결함이 있다. 이처럼 저들의 선에는 결함이 있기 때문에 온전한 선을 행하지 못하고 도리어 악을 자행한다.

② 선이라고 하는 것은 어떠한 장소에서든지 증명이 된다. 그러나 선이 손상을 입을 때가 있다. 그때는 위선적으로 할때이다. 그리고 하나님을 몹시 싫어할 때이다. 현재의 빛과 확신을 따라서 성실하게 의무를 행할때 선이 증명이 되는 것이다.

③ 하나님의 뜻은 사람이 순종함으로 이루어진다. 이것은 깊이 생각하여야 할 일이다. 하나님의 명령은 거룩하고 의롭다. 하나님은 당신의 명령을 잃어버리셨다. 왜냐하면 사람들이 하나님의 명령을 이루어 드리지 못하고 무능하기 때문이다.

④ 그러므로 설교자들은 모든 사람들에게 믿음으로 자신들의 의무를 실행하여야 한다는 점을 충분히 권고하여야 한다. 그래야만 하나님의 뜻이 실행된다. 그리고 경화된 죄악을 막을 수 있고 하나님이 약속하신 대로 회심이 일어나게 되는 것이다. 이렇게 될 때 실행되는 의무는 손상을 입지 않고 중생하지 못한 사람에게 유익을 준다. 이렇게 하므로 많은 죄를 짓지 않게 되며, 다른 사람들에게 유익한 일을 하게 되고 하나님을 따라가게 되는 것이다. 그리하여 참되게 회개한 사람이 되는 것이다.

자신이 자기 자신에게 그 어떠한 일도 할 수가 없다. 죄와 허물로 죽은 인간도 이 점에 있어서는 마찬가지이다. 본성적으로 죽은 사람은 아무런 능력이 없다. 하나님의 영과 하나님의 은혜에 의해서만 무엇인가 할 수 있게 되는 것이다. 하나님의 능력에 의하여 영적인 능력을 부여받을 때에만 사람은 영적인 행동을 할 수 있는 것이다. 이것은 이성(理性)으로 되어지는 것이 결코 아니다. 본래적으로 타락하고 상한 심령은 움직일 수 없는 확고한 습관으로 인하여 계속해서 악한 곳으로 달려가게 되어 있다. 이들에게는 영적으로 선한 기질이 없다. 어떤 사람은 이것을 다음과 같이 번역하였다. 이런 사람은 "육적으로 죄를 짓는 몸이다"(the body of the sins of the flesh)라고 하였다. 죄를 씻고 새롭게 되는 길은 할례를 육적으로 받음으로 되는 것이 아니고, 그리스도와 함께 죽고 그리스도와 함께 일으킴을 받아야 하는 것이다(골 2 : 11, 12). 그러므로 우리가 살게 된 것이고 구원을 받게 된 것이다. 이 사실을 우리는 자랑해야 한다. 죄로 말미암아 사람이 "멸망받을 짐승과 같이" 되었고, 마음은 미련하고 야수같이 사납게 되었다. 그러나 예수 그리스도께서 우리들의 영혼을 싸매시고 고치시고 믿음을 주시고 의롭게 만들어 주실 때에는 '하나님의 형상'(the image of God)을 다시 회복할 수 있는 것이다.

제 5 장

중생의 성격, 원인, 방법

중생은 도덕(moral)에 의하여 되는 것이아니다. /
도덕을 가지고는 중생하지 못한다는 몇 가지 논쟁
/ 중생에 있어서 성령의 적극적인 사역, 영혼의 독
특한 능력들에 대하여, 즉 마음과 의지와 정(情)
과 관련하여 살펴본 성령의 역사

1. 중생에 대한 이해

중생(regeneration)과 관련하여 있었던 고대와 현대의 모든 오해들
의 중요한 원인은 인간의 타락된 본성이 정확히 어떠한 상태인지를
모르는 데 있었다. 따라서 우리가 지금까지 타락된 본성을 가진 인
간의 상황에 대하여 강조적으로 설명해 왔던 것은 중생에 대해 올
바른 지식을 습득하기 위한 것이었고, 아울러 그러한 상황으로부터
우리를 구원하시는 성령의 사역에 대한 탐구에서 올바른 인도를 받
기 위한 것이었다.

본성이 타락된 상태로 살고 있거나 죽어가고 있는 사람들이 구원
을 받을 수 없다는 사실은 분명하며, 또 더 이상의 확증을 필요로
하지도 않는다. 기독교를 조금이라도 진지하게 생각하는 모든 사람
들 사이에서 다음의 사실보다 더 공인된 것은 아무것도 없다 즉,

인간의 죄악된 상태로부터의 구원이 없이는 인간이 처하고 있는 비참한 상황으로부터의 구원도 있을 수 없다는 것이다. 왜냐하면, 만일 우리가 우리의 본성이 새롭게 되지 않고도 구원을 받을 수가 있다면, 예수 그리스도에 의해 만물이 새롭게 창조될 필요가 없었기 때문이다. 말하자면, 만일 우리가 타락에 의해 야기된 모든 죄악들을 그대로 지니고도 구원받을 수가 있다면 그리스도는 헛되이 죽으신 것이 된다는 말이다. 뿐만 아니라 그것은 하나님의 성품, 즉 그분의 거룩하심 및 공의로우심과도 일치되지 않으며, 율법은 물론 복음과도 모순이 된다. 더구나 타락된 본성을 가진 죄인들이 영광의 소유자가 되고 하나님과 함께 휴식을 얻게 된다는 것은 일의 성질상 불가능한 것이기도 하다. 따라서 그와 같은 죄악된 상황으로부터의 구원은 우리를 "성도의 영광의 기업을 받기에" 합당하도록 만드는 필수불가결의 요소인 것이다.

이러한 구원은 중생에 의해 이루어지며 또한 마땅히 그래야만 한다. 우리 구세주의 결정은 단호한 것이었다. "사람이 거듭나지 아니하면 하나님 나라를 볼 수 없느니라"(요 3 : 3). '하나님 나라'가 어떤 의미로 간주되든지 간에 즉, 그것이 현재의 은혜의 의미로 간주되건, 아니면 이후에 있을 영광의 의미로 간주되건 간에 우리가 말하려는 것에는 차이가 없다. 말하자면 사람이 거듭나지 않는 한, 그 나라에 대한 관심도 있을 수 없으며 그 나라가 주는 유익에 대한 참여도 있을 수 없다는 말이다. 이러한 주님의 결정은 절대적인 것일 뿐만 아니라 또한 보편적인 것이어서 개개인의 인류 모두에게 해당되는 것이다. 그리고 비록 사람들이 중생에 대하여 잘못 이해할 수는 있어도 필자가 아는 한에 있어서 모든 그리스도인들은 그 중생이 우리의 죄된 상황, 곧 타락된 본성으로부터 구원해 주는 수단─혹은 그 구원 자체가 된다는 사실에 동의한다.

성령은 이러한 중생의 일을 담당하시는 직접적인 원인이 되시는데, 이 또한 이미 널리 인정된 사실이다. 즉, 하나님의 택하신 모든 자들은 성령에 의해 성화된다는 사실과, 그러한 성화의 근원과 시작이 곧 중생이라는 사실보다 더 널리 인정되어진 것은 아무것도 없다. 성경도 이를 명백히 증거해 주고 있다. 우리 구세주께서 거듭나야 한다고 하신 말씀(요 3 : 3)은 곧 성령으로 나는 것을 의미하는 것이었다(요 3 : 5, 6). 왜냐하면 '살리는 것은 영 이기 때문이다(요 6 : 63 ; 롬 8 : 11). 뿐만 아니라, 하나님께서 우리를 구원하신 것도 "오직 그의 긍휼하심을 좇아 중생의 씻음과 성령의 새롭게 하심으로 하신" 것이기 때문이다. (딛 3 : 5)

이러한 사실을 받아들인다면 이제 우리의 질문은 그 중생의 방식과 성격에 대해 던져져야 한다. 왜냐하면 중생의 성격은 곧 그것을 위해 일하시는 성령의 역사의 방식에 달려 있기 때문이다. 필자는 고백하지만, 이것은 예로부터 여러 가지 다양한 방식으로 논쟁되어 왔던 문제이며, 그에 관한 참된 진리는 교회사의 어느 시대를 막론하고 거의 공개적인 반대를 모면하지 못했던 것이 사실이다. 그러나 그 진리가 지금만큼 우리들 가운데 몇몇 사람들의 무능과 무지에 의해 욕설과 비난을 받았던 적은 결코 없었다. 이 문제를 가장 부지런히 그리고 성공적으로 살펴보았던 고대의 교회 저술가들, 즉 오스틴(Austin), 힐라리(Hilary), 프로스페르(Prosper), 폴겐티우스(Fulgentius) 등은 종교개혁 이후 우리에게 전파되었던 것과 꼭 같은 교리—비록 그 표현은 다양하였지만—를 가르쳤다. 그런데도 어떤 사람들은 그것이 새로운 교리라고 비난하였던 것이다. 그 교리 전체가 오스틴에 의해 그의 신앙고백서(confessions)에 고상하고도 우아하게 표현되었는데, 그곳에서 그는 그가 가르쳤던 진리에 대한 그 자신의 영혼의 체험을 이야기하고 있다. 필자도 여기서 그들의 경로를 따라 중생의 성격과 방식에 대해 이야기할 수 있다. 그러나 그들이 사용하였던 어휘들과 여러 가지 구별들에 대하여 너무도 많은 해석들이 있어왔기 때문에, 그 해석들 간의 미묘한 차이들을 다 언급하면서 그 진리를 설명해 가는 것은 필자의 원래의 의도와는 너무 거리가 멀어지게 될 것이다. 따라서 필자는 죄인들의 중생과 관련된 성령의 전체 사역을 두 가지의 중요한 항목으로 나누어 설명하고자 한다. 그 첫째는 중생에 앞서서 있는 일들에 관한 것이고, 두번째는 중생의 결과로서 오는 일들에 관한 것이다. 중생에 앞서 있어야 할 일은 곧 죄의 확신인데, 현재의 우리의 의도와 관련하여 그에 대한 논의는 이미 충분히 진행되었다고 본다. 따라서 여기서의 우리의 주된 연구는 그 중생이라는 일 자체에 관한 것이며, 이는 소극적인 관점과 적극적인 관점에서 모두 고찰되어야할 것이다.

2. 중생에 있어서의 성령의 사역

첫째, 중생에 있어서의 성령의 사역은 도덕적인 권고, 즉 효력을 발할 수도 있고 그렇지 않을 수도 있는 설득을 하는 데 있는 것이 아니다. 정확하게 말한다고 하더라도 그러한 권고는 다만 사람을 설득할 수 있는 것에 지나지 않는다. 이러한 도덕적 권고의 수단이요 도구이며 내용이 되는 것은 율법과 복음을 포함하여 성경에 담겨 있는 하나님의 말씀이다. 왜냐하면 하나님의 말씀에 의해 우리는 명령과 압력을 받고 결국 우리의 삶의 방향을 바꾸어 하나님을 위해 살도록 설득되기 때문이다. 이렇게 도덕적인 권고의 수단이 되는 하나님의 말씀은 인간들의 영혼에 대해 그 효과를 발생키 위해서 교회의 사역을 필요로 한다. 이 교회의 사역은 성인(成人)의 중생을 위해 하나님께서 사용하시는 평상적인 방편인데, 그것은 하나의 외적인 수단으로서 모든 면에서 그 자체로 충분한 것이다.

　이러한 도덕적 사역의 효력과 관련하여 우리는 다음의 사실에 주목해야 한다. 첫째, 인간들의 회심을 위해 말씀의 수단을 사용함에 있어서 먼저는 하나님의 뜻과, 그분을 향한 의무에 대해 마음의 가르침을 받게 된다는 사실이다. 만일 이것이 없다면 하나님의 말씀은 설득력이 있을 여지가 없다. 왜냐하면 말씀은 이미 알려진 어떤 것에 대한 그 말씀 자체의 관심을 통해 인간들의 마음에 영향을 주어야 하기 때문이다. 둘째, 인간이 하나님의 뜻에 대한 지식을 가르침 받는다고 가정할 때, 하나님의 말씀의 공급에는 또한 그 말씀에 순응하도록 하는 강력한 설득의 효력이 포함되어 있다는 것을 인정해야 한다. 예를 들어, 어떤 한 사람이 있어 하나님의 말씀에 의해 죄의 성격은 물론, 그 자신의 죄인된 상황과 그에 따른 위험성을 알고 그가 하나님에게로 돌아갈 수 있을 뿐만 아니라 또한 돌아가야 한다는 것을 확신하였다고 가정해 보자. 이 경우, 그가 읽은 여러 가지 교훈과 약속과 징계의 말씀에는 그의 마음에 영향을 주어 그로 하여금 구원을 갈망하게 하는 강력한 동기와 논증(arguments)들이 포함되어 있는 것이다. 물론 어떤 사람들은 그러한 동기와 논증들을 주의하지 않는다. 그들은 그것들에 의해 감동을 받지도 않고, 그것들을 경멸할 뿐만 아니라, 빛에 대항하는 반역 가운데서 살다가 죽는다. 그러나 이러한 사실이 곧 그 동기와 논증들 자체가 충분치 못하다는 증거가 될 수는 없는 것이다. 그것은 다만 성령께서 그 동기와 논증들을 기쁘게 사용하시지 않는 한, 그것들이 그 자체만으로서는 충분치 못하다는 것을 입증해 주는 것에 지나지 않는다. 이러한 동기와 논증들은 다음과 같은 근거들―모두가 하나님 자신에게로 귀결되는 것들―로부터 그 효력을 발생한다.

(1) 중생은 도덕에 의해 되는 것이 아니다

1 그것은 복음에 선포된 진리의 증거로부터 그 효력을 발생한다. 즉, 복음의 진리는 '교묘하게 만들어낸 꾸민 이야기가 아닌' 것이다. 이 사실이 받아들여지지 않는다면 복음의 진리 속에는 아무런 설득의 효력도 있을 수 없다. 반면 그 사실이 받아들여질 때, 마음은 복음에 의해 제시되는 여러 가지 사실들에 대하여 설득될 수 있는 준비가 된다. 이와 같이 말씀이 가지는 전체의 효력은 하나님의 진리와 신실성에 귀결되는 것이다.

2 인간이 마음으로 동의한 복음의 사실들에는 인간들의 의지와 성정(性情)에 대해 제시되는 제안이 있다. 한편으로 그 사실들이 선하고 온건하고 우수한 것일 때는 그것들을 추구하고 성취하라는 제안이 있게 되고, 다른 한편으로 그것이 악하고 무시무시한 것일 때는 그것을 피하라는 제안이 있게 되는 것이다. 이것은 복음을 통해 다음의 사실들이 인간들에게 촉구되기 때문이다. 즉, 복음을 따라 하나님의 뜻에 순응하는 것이 어느모로 보나 인간에게 유익하며, 그렇게 할 때에 반드시 현재의 평화와 미래의 영광이 수반된다는 사실이다. 아울러 그들은 또한 복음으로부터 죄가 인간 본성에 대한 가장 큰 불명예와 인간 영혼에 대한 치명적인 파멸자가 된다는 것과, 복음을 거부하고 계속 그러한 죄 가운데 거하는 것은 어리석고 비이성적이며 파멸적인 것이라는 사실에 대하여 서로 이야기를 듣게 된다. 결국 이성을 가진 인간이라면 누구라도 세상적인 것에 앞서 영적인 것을 택해야 하고 순간적인 것보다는 영원한 것을 추구해야 한다는 것을 판단해내야 하는 것이다. 영적인 것과 영원한 것은 무한한 선과 사랑과 지혜의 성향을 가지기 때문에 확실히 인간들의 의지에 영향을 주어 그들의 마음을 움직일 수 있는 특질을

가졌음이 분명하다. 이렇게 볼 때, 말씀이 가진 효력은 또한 하나님의 권위에 귀결되는 것이라 할 수 있다. 왜냐하면 그와 같은 교훈과 약속과 징계의 말씀은 곧 그러한 말씀을 줄 권한을 가졌을 뿐만 아니라 그 말씀을 실행할 권능을 가지신 하나님의 것이기 때문이다.

3이에 더하여 말씀을 전파할 때에 위에 말한 동기를 적절히 사용한다면 더욱 더 큰 효력을 낼 수가 있을 것이다. 어떤 설교가들은 우아하게 표현된 설득력있는 논증들을 가지고 능변을 통해 감정에 호소함으로써 듣는 이들의 마음에 강한 인상을 남기며, 그리고 어떤 이들은 바로 이것이 목회자들의 사역의 첫째가는 임무요 효력이라고 말한다. 그러나 필자에게 있어서 그러한 생각은 일고의 가치도 없다. 우리의 사도가 그것을 전적으로 부인하고 있기 때문이다. "내 말과 내 전도함이 지혜의 권하는 말로 하지 아니하고 다만 성령의 나타남과 능력으로 하여 너희 믿음이 사람의 지혜에 있지 아니하고 다만 하나님의 능력에 있게 하였노라."

4따라서 우리는 말씀이 가지 하나의 동기로서의 힘이 그 말씀을 전파하는 사람들의 능력에 따라 저절로 작용하는 것이라고 생각해서는 안된다. 그와 같은 동기마저도 인간들의 영혼에 대해 효력을 발생키 위해서는 하나님의 축복은 물론 성령의 권능이 함께 수반되어야 하는 것이다. 이 경우 성령이 끼치는 영향은 인간들의 마음에 동기와 논증과 이성과 생각을 제시해 줌으로써 그들의 의지와 성정(性情)에 영향을 주는 것 이상을 넘어서지 않는다.

이제 이러한 도덕적인 권고와 관련하여 필자는 다음의 사실을 인정한다. 즉, 성인(成人)들의 중생이나 회심에 있어서 성령께서는 전파된 말씀이나 그 말씀으로부터 이끌어내어진 빛과 진리의 적용을 통해 그와 같은 도덕적인 권고를 사용하신다는 사실이다. 왜냐하면, 말씀이 가져다 주는 근거와, 동기와, 설득력있는 논증들에 의해 우리의 마음과 영혼이 영향을 받게 되고, 결국 하나님께로 돌아가는 것이 우리가 해야 할 마땅한 일이라는 것을 알게 되기 때문이다. 뿐만 아니라, 회심한 대부분의 사람들 역시 그들을 압도하였던 설명 가능한 동기들을 가지고 있는 것을 볼 수가 있다. 그러나 우리는 또한 우리의 중생에 있어서의 성령의 전체 사역이 이러한 도덕적인 권고에만 있지 않다는 것을 말하지 않을 수 없다. 즉, 중생과 관련된 성령의 사역에는, 참으로 중생된 모든 자들의 영혼 속에 은혜로운 영적 생명의 원리를 주입하여 주는 성령의 실제적인 작업이 있다는 말이다. 이제 우리는 이것을 다음과 같은 사실들에 의해 입증하고자 한다.

(2) 중생은 은총에 기인한다

１ 만일 성령께서는 단지 인간들에게 목표를 제시하고, 여러 가지 논증과 근거와 동기들을 통해 그 목표에 대한 관심을 촉구함으로써만 인간에게 역사하신다고 가정해 보자. 그렇게 된다면 결국 인간의 의지는 그와 같은 목표를 인정하느냐 않느냐에 관하여, 또 자신의 의지 자체를 하나님께로 전향하느냐 않느냐에 관하여 무관심한 채로 남을 수밖에 없을 것이다. 실로 우리는 성령에 의한 목표 제시와 그에 대한 관심의 촉구가 하나님께 드리는 간구의 전부인 것을 많은 사람들을 통해 볼 수가 있다. 물론, 성령을 통해 전달된 은총에도 불구하고 인간의 의지는 그것을 거부하고 계속하여 죄 가운데 머무를 수 있다는 것은 사실이다. 그러나 그렇게 거부될 수도 있는 은총 외에 다른 더 이상의 은총이 우리 속에 주어지는 것은 아니라는 주장이나, 의지로 하여금 회심케 하는 은총과 의지에 의해 거부될 수도 있는 은총이 같은 것이라는 주장은 틀린 것이다. 왜냐하면, 그것은 우리의 중생과 회심의 모든 영광을 하나님의 은총으

로 돌리는 것이 아니라 전적으로 우리들 자신에게로 돌리게 되는 결과를 가져오기 때문이다. 즉, 그러한 주장들에 따른다면 하나님을 향해 회심하는 우리의 의지의 행위는 하나님의 은총의 결과가 아니라 단순히 우리 자신들의 행위에 지나지 않게 되는 것이다. 뿐만 아니라 그렇게 된다면 하나님의 목적과 그리스도의 구속 사업에도 불구하고 세상의 어느누구도 그가 확실히 회심을 하게 될 것인지 아닌지에 대해 전혀 확신을 가질 수 없게 될 것이다. 이것은 하나님의 약속과 배치되는 것일 뿐만 아니라 성경의 수많은 명백한 증거들과도 모순되는 것이다. 성경에는 분명히 하나님께로의 실제적인 회심이 그분의 은총에 기인하는 것으로 되어 있다. 예를 들어 빌립보서 2:13에는 "하나님께서 우리로 소원을 두고 행하게 하신다"고 기록되어 있다. 소원을 일으키는 행위는 하나님께서 하시는 행위이다. 즉, 우리는 스스로 소원을 가지지만, 자기의 기쁘신 뜻을 위하여 그러한 소원을 일으키시고 또한 행하게 하시는 이는 하나님인 것이다.

② 도덕적인 설득은 그것이 아무리 진보되고 발전된 것일지라도 인간의 영혼에 대해 새롭고 진정한 초자연적인 힘을 제공해 주지는 못한다. 왜냐하면, 그것은 오직 이성적인 근거와 동기와 논증들을 통해 그 효력을 발생하기 때문에 다만 우리가 가지고 있는 힘을 자극하고 유도해낼 수 있는 것에 지나지 않는다. 즉, 그것은 우리의 마음과 성정으로부터 편견들과 그밖의 도덕적인 장애물들을 제거해줄 수 있을 뿐인 것이다. 진정한 도움과 및 내부적인 영적 능력은 그러한 도덕적인 설득에 의해 주어지지도 않고 또 주어질 수도 없다. 따라서 만일 중생에 있어서 어떤 내부적인 영적 능력이 우리에게 전달된다는 것을 인정한다면, 그와 아울러 도덕적인 권고에 의해서 결과되어질 수 있는 것 이상의 다른 어떤 성령의 역사가 있다는 사

실도 함께 인정되어야 할 것이다.

3 실로 어떤 사람들은 다음과 같이 주장한다. 즉, 말씀의 전파를 통해 은총은 실제적이고도 효과적인 작용을 하는데, 특히 그것은 마음과 성정(性情)을 자극하고 조명해 준다는 것이다. 그들에 따를 것 같으면, 그렇게 하여 만일 의지가 스스로의 힘으로 선한 것을 선택한다면, 그때에 비로소 은총은 그 의지와 연합하게 되고 그것을 도와 그것의 행위를 완전하게 하여, 따라서 모든 일은 곧 은총으로 되어진다는 것이다. 이것은 곧 반(半)펠라기우스주의자들(semi-Pelagian)의 주장이었으며, 아직도 그와 같은 주장을 하는 사람들이 있다. 그러나 그같은 주장은 결과적으로 예수 그리스도의 은총 전체를 뒤집어 엎는 것이며, 그것을 쓸모없는 것으로 간주하게 하는 것이다. 왜냐하면 그것은 인간의 회심의 주 원인을 인간 자신의 의지로 봄으로써 회심의 영광을 인간에게로 돌리기 때문이다. 말하자면 인간은 스스로를 새롭게 낳아 혼자의 힘으로 다시 태어날 수 있으며, 그렇게 함으로써 외부로부터 부여받지 않은 특별한 방식으로 자신을 남들과 다르게 만들 수 있다는 것이다.

그러나 우리가 우리들 자신이나 남들을 위해 하나님의 은총을 간구할 때, 우리는 그 은총의 외적인 효과만을 위해서 기도하지는 않는다. 실로 하나님께서, 자기 자신이나 남들을 믿고 순종하도록 설득하여 결국 회심되거나 스스로 회심할 수 있도록 해주시기만을 기도하는 사람은 이 문제에 별 관심이 없을 것이다. 하나님의 교회가 항상 기도해온 것은 하나님께서 우리를 설득해 주시는 것이 아니라 그분께서 직접 우리 안에서 그 일을 이루어 주시는 것이었다. 이 문제에 대해 참된 관심을 가진 사람들은 하나님께서 그들의 마음 속에서 그 일을 실제적으로 이루어주실 것을 위해 부단히 기도하는 것이다. 즉, 하나님께서 그들을 회심시키고 깨끗한 마음을 창조하시어 그들 속에 올바른 성령을 새롭게 부어주실 것과, 그들에게 믿음을 주시고 그 믿음이 자라가게 하여 주실 것은 물론, 그 모든 일에 있어서 하나님께서 자기의 기쁘신 뜻을 따라 의지는 물론 행위에 대해서까지 위대한 권능으로 역사해 주실 것을 위해 기도한다는 말이다. 이것이 바로 펠라기우스주의자들(Pelagians)에 대항한 교부들의 가르침이었다. 실로, 자신에게는 능력이 없음을 인정하고 하나님의 은총과 도움을 진지하게 간구하였던 펠라기우스주의자는 세상에 한 사람도 없었다. 그들의 기도는 그들의 신앙고백과 일치되지 않았던 것이다. 만일 어떤 사람이 자기 자신의 능력이 아니고서는 결코 이루어질 수 없는 일을 위해 열심히 그리고 끈질기게 기도하기를 계속한다면, 그는 어리석고 우스꽝스러운 사람임에 분명하다. 따라서 스스로의 힘으로 할 수 있고, 또 스스로 선택하기 전에는 하나님이 하실 수도 없는 일을 하나님께 하여 달라고 기도하는 사람은 그분을 조롱하는 것밖에 되지 않는다. 그런데 오히려 요즈음 어떤 사람들은 바로 기독교인들의 기도가 그렇다고 하면서 비난과 조롱을 퍼붓기 시작하고 있다.

4 위에 설명한 것과 같은 생각을 가진 사람들에게 있어서 도덕적 설득은 그것만으로는 중생이나 회심의 일을 이루어내는 데 충분할 수가 없다. 가장 효과적인 설득이라 할지라도 그러한 사람들을 스스로 회심하도록 설복시킬 수 없다. 그것은 마치 아무리 훌륭한 논증이라도 장님을 보게 하거나 죽은 사람을 무덤으로부터 일으킬 수 없음은 물론, 절름발이로 하여금 똑바로 걸을 수 있게 하지 못하는 것과 같은 것이다. 그러므로 그러한 도덕적 설득이 중생의 목적을 이루는 데 충분한 것으로 생각될 수 있으려면, 그에 앞서서 우리가 앞에 설명하였던 인간의 타락된 본성에 대한 성경의 모든 설명이 먼저 반증되거나 제거되어야 할 것이다.

필자는 이제 좀더 적극적인 측면에서 중생과 관련된 성령의 사역
이 무엇이며, 그것의 진정한 성격이 어떤 것인가를 보이기로 하겠다.
우선 말할 것은 인간들의 영혼이 중생되는 데 있어서는 도덕적인
권고만이 아니라, 능력과 은총을 따라 역사하시는 성령의 실제적이
고도 직접적인 작용이 있다는 사실이다. 이러한 사실과 관련하여
성경도 다음과 같이 기록하고 있다. "그의 힘의 강력으로 역사하심
을 따라 믿는 우리에게 베푸신 능력의 지극히 크심이 어떠한 것을
너희로 알게 하시기를 구하노라 그 능력이 그리스도 안에서 역사하
사 죽은 자들 가운데서 다시 살리셨느니라"(엡 1 : 19, 20). 여기서
말하고 있는 능력은 그 효과와 관련하여 지극히 크다고 언급되어
있다. 하나님의 능력은 그것이 행하는 모든 행위와 관련하여 똑같
이 위대하시고 무한하시다. 그러나 어떤 결과들은 다른 것들보다
더 위대하여 그 속에 하나님의 능력에 대한 깊은 인상을 지니고 있
다. 하나님께서 사람들을 믿게 하시고 그 믿음 속에서 보전하시는
능력이 바로 그러한 능력이다. 그리고 하나님의 이러한 행위에는 그
분의 전능하신 능력이 실제로 작용하고 있는 것이다. 그 능력의 성
격과 관련하여 성경은 기록하기를, 그것이 그리스도를 죽은 자들 가
운데서 다시 살리셨던 것과 같은 것이라고 말하고 있다. 이제, 믿는
자들을 향한 하나님의 역사는 곧 그분의 능력이 하나의 실제적이고
내적인 효과로서 작용하는 것을 의미한다는 사실이 입증된 셈이다.
따라서 기록되기를, "하나님이 우리를 그 부르심에 합당한 자로 여
기시고 모든 선을 기뻐함과 믿음의 역사를 능력으로 이루신다"고
되어 있는 것이다(살후 1 : 11 ; 벧후 1 : 3). 그리고 이러한 까닭에 회
심에 있어서의 은총의 역사가 항상 하나의 실제적이고 내적인 효과
를 의미하는 말들에 의해 표현되고 있다. 새로운 마음을 창조하시
고 소생시키고 형성시키고 주신다는 등의 말들이 바로 그 예이다.

회심의 역사가 그 실제적인 **효과와** 관련하여 이야기될 때, 그것은 언제나 하나님께 기인하는 것으로 간주되고 있다. 하나님께서 우리를 새롭게 창조하시며, 하나님께서 우리를 소생시키시며, 하나님께서 우리를 거듭나게 하시는 것이다. 그러나 그것이 우리와 연관되어 이야기될 때, 그것은 수동적으로 표현된다. 즉 우리는 그리스도 예수 안에서 새로운 피조물로 창조되고, 거듭나게 되는 것이다. 이러한 사실은 그 하나만으로도 알미니우스파(Arminian)의 은총에 대한 가설 전체를 뒤집어 엎기에 **충분한** 것이다. 회심의 문제에 있어 실제적이고 내적인 하나님의 능력의 역사가 인정되지 않는 한, 그같은 일은 가능한 것으로 생각될 수도 없으며 말로 설명될 수도 없는 것이다. 따라서, 중생에 있어 성령께서는 인간들의 마음에 대해 내적이고 직접적이며 효과적인 역사를 수행하신다는 사실은 **명백한** 것이다.

인간들의 마음에 대해 역사하시는 성령의 이러한 내적인 효력은 인간들을 중생시키는 일과 관련하여 절대로 실수나 실패함이 없으며 항상 유효하게 작용한다. 그러나 이러한 주장을 함에 있어서 우리는 그러한 은총의 효력의 크기와 그에 의해 성취되는 결과는 하나님의 뜻에 의해 결정되는 것이라고 생각한다. 하나님이 의도하신 목적과 관련하여 **은총**은 항상 유효하며, 또한 거부될 수가 없다. 즉, 그것은 항상 하나님이 의도하신 것을 효과적으로 이루어낸다. 왜냐하면, 하나님께서 하려고 하시면 막을 자가 없으며 그 뜻을 대적할 자가 없기 때문이다. 물론, 믿는 사람들의 마음에조차도 어느 시점까지는 거부되는 은총들이 많이 있다. 그 때문에 그러한 은총들은 본질적으로 가지고 있는 효력을 발휘할 수가 없다(만일 그렇지 않다면 모든 믿는 자들은 완전할 것이다). 그러나 그러한 은총들도 결국은 효력을 발하게 되고 소기의 모든 목적들을 이루게 되는데, 그것은 하나님의 뜻에 따라 그렇게 의도되었기 때문이다. 그리하여, 만일 어떤 은총이 효력을 발생하지 않았을 때, 그것은 결코 하나님께서 그렇게 되도록 의도하신 것도 아니며 또한 그렇게 되도록 영향력을 행사하신 것도 아니다. 그러나 만일 성령께서 중생을 위해 자신의 권능을 발휘하실 때, 그것은 언제나 모든 장애물들을 제거하시고, 모든 반대를 극복하시며, 틀림없이 의도된 결과를 이루어내는 것이다. 이러한 사실은 하나님의 은총의 영광에 대해 대단히 중요한 의미를 가지는 것일 뿐만 아니라, 자유의지를 주장하는 사람들에 의해 두드러지게 반대를 받았던 것이기 때문에 정확하게 설명되고 확증되어야 할 문제이다. 따라서 우리는 이와 관련하여 다음의 사실들을 말하려고 한다.

3. 중생에 있어 성령은 인간의 본성에 적합하게 사역한다.

(1) 우리들의 중생에 있어서의 하나님의 권능의 작용은 우리의 본성, 곧 우리의 마음과 의지와 성정(性情)에 적합한 것이다. 그분은 '사람의 줄'(the cords of a man)로 우리를 이끄시며, 그분이 하시는 일 자체도 설득의 행위에 의해 표현된다. "하나님께서 야벳을 설득하리라." 결론적으로 말해서, 중생에서의 하나님의 권능의 작용은 우리의 정신 능력에 대해 어떤 훌륭한 설득이 일으키는 반감 이상을 자극하지 않는다.

(2) 하나님은 인간의 마음을 어떤 열정적인 감명깊은 인상으로 사로잡지 않으신다. 뿐만 아니라 그분은 우리에게 절대적으로 역사하시지도 않는다. 즉, 예외적인 예언적 영감을 주실 때처럼 우리의 몸과 마음을 단순히 수동적인 도구로 만들지 않으신다는 말이다. 그

분은 자신의 능력에 대한 직접적인 설득을 통하여 인간들 자신의
자연스러운 행위를 따라 그들의 마음에 역사하시는 것이다.

 (3) 따라서 그분은 의지에 대해 아무런 반감을 제기하지 않으신다.
의지라는 우리의 정신 능력은 강제를 받을 수 없다. 만일 그것이
강제를 받는다면 그것은 파괴되고 만다.[46] 성령의 권능은 내적으로
비밀스럽게 작용하여 우리의 마음 속에서 하나님을 향해 돌아서려
는 의지를 창조해 내신다. 다시 말하여, 그것은 우리의 의지가 스스
로 자유로이 행동하게끔 우리의 의지를 움직이시는 것이다. 사실상,
우리의 영혼 자체보다 더 우리 영혼의 원리들에 대해 친숙하신 성
령은 그 원리들을 그대로 보존하심은 물론 우리의 의지의 자유를
사용케 하시어, 하나님을 향한 우리의 회심과 중생을 효과적으로 이
루어 내시는 것이다. 이것이 바로 우리가 주장하려는 내용인데, 이
는 곧 중생의 성격, 즉 중생이 내적이며 영적인 일이라는 사실을 선
포해 준다. 따라서 필자는 성경의 명백한 증거들은 물론, 그에 포함
되어 있거나 그로부터 추론된 근거들을 사용하여 이 진리를 확증하
고자 한다.

(1) 중생은 인간에게 주어지는 것이다

1 회심의 일 자체, 특히 믿음의 행위나 믿음 그 자체는 명백
히 하나님으로부터 오는 것, 즉 그분에 의해 우리 속에서 생성되고
우리에게 주어지는 것이라고 이야기되고 있다. 성경은 하나님께서
우리에게 단지 믿을 수 있는 힘 혹은 능력, 즉 만일 우리가 원한다
면 사용할 수도 있고 그렇지 않으면 아무 소용도 없는 그러한 힘을

---

46) 성경에서 강제적(그들로 하여금 들어오도록 강요함)인 데 대하여 말씀
　　하신 것은 사건의 확실성에 관한 진술이지 그들에 대하여 시행하시는
　　방법을 이름이 아니다.

주신다고 말하지 않는다. 믿음과 회개와 회심 자체가 하나님의 역사면 사용할 수도 있고 그렇지 않으면 아무 소용도 없는 그러한 힘을 주신다고 말하지 않는다. 믿음과 회개와 회심 자체가 하나님의 역사라고 말하고 있다. 따라서 사도 바울도, "그리스도를 위하여 너희에게 은혜를 주신 것은 다만 그를 믿을 뿐 아니라 또한 그를 위하여 고난도 받게 하심이라"고 말하고 있다(빌 1 : 29). 그리스도를 믿는 것이 곧 믿음 자체를 지키는 것을 의미한다. 믿음은 우리에게 주어지는 것이다. 그러면 그것은 어떻게 우리에게 주어지는가? 그것은 바로 우리 안에서, "자기의 기쁘신 뜻을 위하여 우리로 소원을 두고 행하게 하시는" 하나님의 능력에 의해 주어지는 것이다(빌 2 : 13). 우리의 믿음은 곧 우리가 그리스도께로 나아가는 것이다. 이와 관련하여 그리스도는, "내 아버지께서 오게 하여 주지 아니하시면 누구든지 내게 올 수 없다"고 하셨다(요 6 : 65). 우리들 스스로는 전혀 그리스도께 나아갈 힘이 없는 것이다. 다시 한번 언급하지만, "누구든지 내게 올 수 없다"고 그리스도는 말씀하시고 있다. 인간들이 아무리 하고 싶어하고 준비되어 있다 하더라도, 그들이 어떠한 논증들을 사용한다고 하더라도, 믿음 자체가 그들에게 주어지지 않는 한, 그들은 아무도 스스로의 힘으로 믿거나 그리스도께로 나아갈 수 없다. 즉, 그를 위해서는 하나님 아버지의 은총에 의해 믿음이 그들 속에 생성되어야 하는 것이다(골 2 : 11). 이는 다시 부정적인 면과 긍정적인 면에서 동시에 언급되기를, "너희가 그 은혜를 인하여 믿음으로 말미암아 구원을 얻었나니 이것이 너희에게서 난 것이 아니요 하나님의 선물이라"고 기록되어 있다(엡 2 : 8).

　이와 같이 여러 부분의 말씀에서 보아 알 수 있듯이 우리들 자신의 능력은 아무리 고양된다고 하더라도 하나님의 선물과는 구별되는 것이다. 만일 구원이 우리들 자신에게서 난 것이라면 그것은 하나님의 선물이 아니다. 그러나 만일 그것이 하나님의 선물이라면 그것은 우리들에게서 난 것이 아닌 것이다. 그리고 하나님께서 그러한 선물을 우리들에게 부여해 주시는 방법과 관련하여 성경은, "우리는 그의 만드신바라 그리스도 예수 안에서 선한 일을 위하여 지으심을 받았다"고 선포하고 있다(엡 2 : 10). 또한 같은 방법으로 하나님께서는 우리에게 회개함을 주신다고 한다(딤후 2 : 25 ; 행 11 : 28). 이 모든 것이 우리가 하나님께 간구해야 할 것들이다. 하나님께서는 그분의 능력의 지극히 크심으로 우리 안에서 실제적으로 믿음과 회개를 이루어 내시는 것이다. 하나님이 그러한 믿음과 회개를 우리에게 부여해 주시기 때문에 그것들은 오직 그분의 은총의 결과들인 것이다. 우리들 내부에서 이루어지는 이같은 하나님의 역사는 언제나 실수함이 없이 의도된 결과들을 완성해 낸다. 그것은 하나님의 역사가 단순히 믿을 수 있는 능력을 부여해 주는 것이 아니라, 실제적인 믿음 자체를 부여해 주는 것이기 때문이다. 말하자면 그것은 우리가 마음대로 취사선택할 수 있는 것이 아닌 것이다.

2 하나님께서 우리 안에 믿음과 회개를 주시고 움직이신다는 사실과 마찬가지로, 그분이 그것을 하시는 방식, 즉 그분이 우리 안에서 믿음과 회개를 이루는 방식 또한 다음의 사실을 분명히 해준다. 곧, 그분은 절대로 틀림이 없는 효과적인 능력을 통해 그 일을 이루시며, 그것은 인간의 의지에 의해 결코 거부될 수 없다는 사실이다. 이러한 방식으로 하나님은 모든 반감과 저항과 반대, 즉 의도하신 결과를 이루는 데 방해가 되는 모든 것들을 제거하신다. "네 하나님 여호와께서 네 마음과 네 자손의 마음에 할례를 베푸사 너로 마음을 다하여 성품을 다하여 네 하나님 여호와를 사랑하게 하사 너로 생명을 얻게 하실 것이라"(신 30 : 6). 마음에 할례를 받는

것이 무엇인지에 관하여 사도 바울은 그것은 "곧 육적 몸을 벗는 것이요 그리스도의 할례니라"고 선포하고 있다(골 2 : 11). 말하자면 그것은 하나님을 향한 우리의 회심을 뜻하는 것이다. 그것은 "깨닫는 마음과 보는 눈과 듣는 귀를" 주시는 것이며(신 29 : 4), 모든 장애물들과 방해물들을 제거함으로써 주시는 영적인 빛과 순종인 것이다. 이것은 모두가 성령의 직접적인 사역인 것이다. 어떤 인간도 자신의 마음에 할례를 행할 수 없다. 어느 누구도 그 일을 스스로의 의지력에 의해 시작하였고, 그리고 난 후 하나님께서 은총으로 도와 주셨다고 말할 수 없다. 어린 아이의 몸에 행하여지는 외적인 할례가 그 아이 자신의 행위가 아니라 다른 사람의 행위이듯이 마음에 행하는 영적인 할례도 마찬가지인 것이다. 즉, 외적인 할례에 있어 아이는 다만 수동적인 위치에 서게 되고 단지 그 결과를 받는 주체가 될 뿐이듯이, 영적인 할례도 그 행위 자체는 하나님의 것이고 우리의 마음은 다만 그 행위를 받는 주체가 될 뿐인 것이다. 그리고 우리가 우리 속에 본래부터 가지고 있는 것이 우리의 마음을 사로잡아 하나님께로의 회심을 방해하는 여러 가지 편견들과 함께, 죄 가운데 포함되어 있는 무지와 완고함과 강퍅함이기 때문에 우리가 마음의 할례를 받음으로써 그 모든 요소들은 전부 제거되게 되는 것이다. 이와같이, 하나님의 은총의 역사를 거부하는 모든 요소들이 효과적으로 제거된다면 어떻게 우리의 마음이 그러한 은총의 역사를 거역할 수가 있단 말인가?

이와 일치되는 견해를 가진 성경의 많은 증거들을 볼 수 있다. "또 새 영을 너희 속에 두고 새 마음을 너희에게 주되 너희 육신에서 굳은 마음을 제하고 부드러운 마음을 줄 것이며 또 내 신을 너희 속에 두어 너희로 내 율례를 지켜 행하게 하리라"(겔 36 : 26, 27). 이에 더하여 다음과 같은 구절도 있다. "내가 여호와인 줄 아는 마음을 그들에게 주어서 그들로 전심으로 내게 돌아오게 하리니 그들은 내 백성이 되겠고 나는 그들의 하나님이 되리라"(렘 24 : 7). 또한 다음의 말씀도 역시 같은 의미이다. "대저 내가 갈한 자에게 물을 주며 마른 땅에 시내가 흐르게 하며 나의 신을 네 자손에게, 나의 복을 네 후손에게 내리리니 그들이 풀 가운데서 솟아나기를 시냇가의 버들같이 할 것이라"(사 44 : 3, 4), "내가 나의 법을 그들의 속에 두며 그 마음에 기록하리라". (렘 31 : 33)

이러한 약속의 말씀들에서 이야기되고 있는 주체는 마음(heart)이다. 그것은 우리의 모든 도덕적, 영적 작용의 원리로서 우리의 이성적인 영혼 전체를 말하는 것이다. 그런데 그 마음이 돌같이 '굳은 마음'이라고 묘사되어 있다. 우리의 마음은 본질상 하나님을 위해 사는 일이나 하나님을 두려워하는 일에 대해 돌같이 굳어 있는 것이다. 이 세상의 어느 누구가 아직도 자기 속에 남아 있는 옛 사람의 잔재로부터 그러한 마음을 경험해 보지 못한 사람이 있단 말인가? 우리의 마음이 돌과같이 굳어 있다는 이 표현 속에는 두 가지의 의미가 포함되어 있다. 첫째로는 그것은 우리의 마음이 어떠한 영적인 행위를 하기에도 적당치 않다는 것을 의미한다. 우리의 마음이 할 수 있는 일이 무엇이든지 간에 하나님을 위해서 산다는 커다란 관심사에 있어서는 우리의 마음은 돌 이상의 관심을 보일 수 없다는 말이다. 둘째로는, 그것은 우리의 마음이 가진 하나님의 은총에 대한 완고하고도 고집스러운 반대와 반감을 의미한다. 따라서 그것은 육신의 마음이 가진 유순함에 반대되는 것이라 할 수 있다.

이러한 마음, 즉 우리의 본성이 가지고 있는 무기력과 적대감을 하나님께서는 "제하여 버리겠다"고 말씀하시는 것이다. 그분은 그것을 제거하기 위해 노력하겠다거나, 그것을 제거하기 위해 어떠어떠한 방법을 사용하겠다고 말씀하시지 않는다. 뿐만 아니라 그분은 인간이 그것을 제거하도록 설득하거나 돕겠다고 말씀하시지도 않는다. 그분은 절대적이고도 적극적으로 그 일을 손수 하시겠다고 말씀하시는 것이다. 하나님의 약속이 이러할진대 어떻게 그 일에 실수가 있을 수 있으며, 어떻게 인간이 그 일을 저항할 수가 있단 말인가?

　하나님이 제거하여 주시는 것과 함께 그분이 우리에게 부여하여 주시는 것도 명백하다. 그것은 곧 새로운 마음과 새로운 영이다. 새로운 마음을 받음으로써 오게 되는 유익 또한 성경에 명백히 선포되어 있다. 즉, 새로운 마음을 가진 사람들은 실제적으로 그 새로운 마음을 통하여 행위를 한다. 그들은 "여호와를 경외하여 그 모든 도를 행하게" 되는 것이다. 따라서 이러한 새로운 마음 속에는 하나님께 대한 거룩한 복종의 원리가 들어 있음이 분명하며, 이 거룩한 복종의 원리가 우리 속에서 생성되는 것은 우리의 회심을 통해서인 것이다. 기록된 대로, 그분은 "우리를 이끌어 돌이키시며, 우리는 돌이킴을 받는" 것이다(렘 31 : 18). 그러면 이러한 새로운 마음은 어떠한 방식으로 우리에게 전달되는가? 하나님께서는 말씀하신다. "내가 그들에게 새 마음을 주리라", "내가 새 영을 그들 속에 두리라". 또한 더욱 더 명백히는 율법이 실제로 새겨졌던 돌판을 암시하시면서, "내가 나의 법을 그들의 마음 속에 기록하리라"고 말씀하신다. 말하자면 하나님께서는 율법의 내용 하나하나를 우리의 마음 속에 기록하시는 것이며, 이렇게 율법을 마음 속에 기록하는 이 일을 하나님께서는 우리 속에 실제로 생성된 복종의 원리를 통해서 수행하시는 것이다.

(2) 인간의 이성적인 사고와는 무관한 은총

인간이 타고나는 상황 및 조건과 관련하여서 일어나는 또다른 논쟁들이 있다. 그러나 만일 인간들이 처하고 있는 상황이 앞서 우리가 묘사했던 것처럼 비참한 것이 사실이라면, 아무도 그러한 비참한 상황이 치료될 수 있다거나, 단순한 이성적인 사고의 도움으로 그러한 상황으로부터 구원받을 수 있다고 생각하지는 않을 것이다. 따라서 우리는 그처럼 암담한 상황으로부터 우리를 구원해 주는 은총이 과연 어떠한 것이며, 또 어떠한 것이어야만 하는지에 대해 살펴보아야 할 것이다.

1 우리를 구원해 주는 은총은 우리를 소생시키고 살리는 것이라고 불리운다. 우리는 본질상 "죄와 허물로 죽어 있는" 것이다. 이렇게 죽어 있는 상황으로부터 구출될 때 우리는 살리심을 받는다고 말해진다(엡 2 : 5). "죽은 자들이 하나님의 아들의 음성을 들을 때가 오나니 듣는 자들은 살아나리라"(요 5 : 25). 우리가 죄된 상황으로부터 구출될 때, 우리는 "그리스도 예수 안에서 하나님을 대하여 살리움을" 받는 것이다(롬 6 : 11). 이제 말하자면, 영적인 생활의 원리가 효과적으로 전달되지 않고서는 이같은 일이 우리 속에서 일어날 수 없는 것이다. 말하자면 영적인 생활의 원리가 우리에게 전달되는 것 외에 다른 아무것도 우리를 구원해 줄 수 없다는 말이다. 어떤 사람들은 위에 말한 성경의 모든 표현들은 은유적인 것이기 때문에 그로부터 유출된 모든 주장들은 다만 어리석은 은유에 지나지 않는 것이라고 함으로써 우리가 말하려는 사실을 회피하려고 한다. 실로 그들에게는 성경 전체가 은유가 아닌 것이 다행인 것이다. 만일 죽은 사람이 산 사람의 생활의 모든 행위를 할 수 없는 것처럼 본질상 우리가 영적인 생활의 모든 행위에 대해 무능하다는 것이 사실이 아니라면, 다시 말하여 우리가 처하고 있는 비참한 상황으로부터 구출됨에 있어 우리는 죽은 몸이 부활하는 데 필

요한 것과 꼭같은 하나님의 능력을 필요로 한다는 것이 사실이 아니라면, 성경이 진실을 말하지 않고 다만 은유적으로만 말한다는 그들의 말은 정당한 것이 될 것이다. 그러나 죽어 있는 우리를 살리는 데 있어서 절대적으로 필요한 것은 지극히 크신 하나님의 능력, 곧 그분의 전능하신 능력이라는 사실을 우리는 이미 에베소서 1:18, 19, 골로새서 2:12, 13, 데살로니가후서 1:11, 베드로후서 1:3 등의 구절로부터 입증한 바 있다. 그렇다면, 성경이 은유를 말한다고 주장하는 사람들은 과연 우리를 죽은 자들 가운데서 일으키시고 살리신다는 말씀을 어떤 의미로 받아들이려고 하는 것인가? 그들은 단지 이성적인 동기들에 의해 우리를 설득함으로써 그 일이 가능하다고 생각하는 것인가? 만일 그들의 말대로 그 말씀 속에 이성적인 동기에 의한 설득 외에 다른 아무런 의미도 들어 있지 않다면 누가 그 말씀을 들으려고 하겠는가? 만일 사실이 그렇다면 거룩한 성경의 기록자들이 우리를 구원하시는 이 일을 두고 "지극히 크신 능력으로 죄로 죽은 자들을 살리셨다"고 말함으로써 의도한 것은 다만 무의미한 말의 시끄러운 소리를 통해 우리로 하여금 그 말씀 속에 의도된 것을 올바로 이해하지 못하게 하려는 것이었다는 말인가? 실로 이러한 생각들은 잘못된 생각들인 것이다.

❷ 하나님의 은총을 통해 이루어지는 일은 곧 우리의 중생이다. 필자는 앞서 중생은 하나의 새롭고도 영적이며 초자연적인 역동적 은총의 원리가 성령의 권능을 통해 각 사람의 영혼 속에 주입됨으로써 사람들의 영적이고 초자연적이며 역동적인 믿음과 순종의 행위를 할 수 있게 되는 것이라는 사실을 입증하였다. 그러나 어떤 사람들은 이와같은 모든 은총의 원리를 부인한다. 그리고 그러한 가정에 따라 사람은 신자가 되는 것이 아니라 다만 믿음을 연습하는 것 뿐이라고 생각한다. 그러나 이것은 명백히 은총의 약속과 그에

따르는 모든 은혜를 뒤집어 엎는 생각이다. 또 어떤 사람들은 은혜스럽고 초자연적인 원리가 주입된다는 사실은 부인하지만 빈번한 은혜의 행위를 통해 일정한 원리가 획득된다는 사실은 인정한다. 그러나 중생에 대한 성경의 설명은 이와는 다르다. 중생의 핵심은 우리 속에서 하나님의 형상이 회복된다는 데 있다. "오직 심령으로 새롭게 되어 하나님을 따라 의와 진리의 거룩함으로 지으심을 받은 새 사람을 입으라." 범죄하기 이전의 아담은 하나님 안에 계속적으로 거하면서 그분의 모든 명령을 지킬 수 있는 초자연적인 능력을 가졌었다는 사실과, 그것이 바로 그의 안에 있었던 하나님의 형상이었다는 사실은 일반적으로 인정되고 있는 사실이다. 이러한 하나님의 형상이 타락으로 인해 상실되었던 것이다. 그런데 이 상실된 하나님의 형상이 중생을 통해 우리 안에서 회복된다는 말이다. 이것은 곧 우리가 "심령에 있어 새롭게 된다"는 말인데, 심령이 새롭게 되는 이 일은 전능하신 하나님의 창조적인 행위에 의해 이루어지는 것이다. 그것은 곧 성경에 기록된 대로 "하나님을 따라", 즉 다시 말하여 하나님의 형상을 따라 "의와 진리의 거룩함으로 지으심을 받는" 것이다. 따라서 중생이라는 사건 속에는 영으로 불리우는 새로운 영적 생활의 원리가 이식(移植)되는 과정이 있는 것이다. 성경의 말씀과 같이, "성령으로 난 것은 영"이다. 그것은 곧 우리를 중생시키는 하나님의 영이며, 그러한 하나님의 영을 통해 난 것은 영인 것이다. 말하자면 그것은 우리의 영혼이 가진 본래적인 능력이 아니라는 말이다. 우리의 본래적인 능력들은 일단 창조되고 한 번 태어나면 그만이다. 성령을 통해 새로이 나는 것은 우리로 하여금 하나님을 위해 살 수 있게 하는 하나의 새로운 영적 순종의 원리인 것이다. 거듭하여 강조한 바 있지만, 이러한 일이 이루어질 수 있는 것은 내적이고도 직접적인 성령의 역사가 있기 때문인 것이다.

(3) 인간의 능력들에 대한 성령의 역사

만일 우리가 영혼의 능력들이 어떤 것인가를 자세히 고찰해 보고, 그러한 각각의 능력들에 대한 성령의 역사가 무엇인지를 살펴본다면 위의 사실은 더욱 더 명백해질 것이다.

[1] 영혼이 가진 능력 중 주도적인 역할을 담당하는 것은 마음, 즉 지각(understanding)이다. 그런데 이 지각이 타락으로 인해 부패되었다. 그러나 중생을 통해 그와 같은 부패성은 제거되고 우리는 영적인 사물들을 영적인 방식으로 볼 수 있게 되며, 그 결과 예수 그리스도 안에서 계시된 대로 하나님과 그분의 뜻을 알게 되는 것이다. 따라서 우리는 다음과 같은 사실들을 살펴볼 수 있다.

첫째, 예수 그리스도는 우리에게 지각을 주신다고 기록되어 있다. "하나님의 아들이 이르러 우리에게 지각을 주사 우리로 참된 자를 알게 하신다"(요일 5 : 20)고 되어 있는데, 예수 그리스도는 이 일을 성령을 통해 하시는 것이다. 인간은 죄로 말미암아 "지각을 갖지 않은 멸망하는 짐승과 같이" 되는 것이다(시 49 : 12, 20). 인간들이 그들의 본래적인 이성을 완전히 잃어버린 것은 아니다. 그것은 (비록 손상되긴 하였지만) 여전히 남아 있으면서 자연적인 일에서는 물론 사회적인 문제에서 자유로이 활용된다. 뿐만 아니라 죄를 행하는 면에 있어서 우리의 이성은 오히려 진보되어 있다고도 볼 수가 있다. 그러나 하나님을 알아가는 특별한 일에 있어서 그것은 본래의 기능을 잃어버린 것이다. 말하자면 인간들은, "악을 행하기에는 지각이 있으나 선을 행하기에는 무지한" 것이다(렘 4 : 22). 이렇게 하여 결국 인간들 가운데는 "깨닫는 자도 없고 하나님을 찾는 자도" 없게 된 것이다(롬 3 : 11). 우리의 지각은 그 행동 원리에 있어서만 아니라 그것이 가진 고유의 목적과 목표에 있어서도 부패되었다. 그러므로 우리에게 지각을 주시는 일은 비록 우리의 영혼의 능력을 새롭게 창조하는 일은 아닐지라도 우리로 하여금 하나님을 올바로 알 수 있게 해주는 은혜로운 사역인 것이다. 다시 말하여 우리에게 지각을 주시는 일은 우리의 지각으로 하여금 올바로 지각할 수 있게 해주는 일인 것이다. 바로 이러한 이유로 다윗도 기도하기를, "나로 깨닫게 하소서 내가 주의 법을 준행하며 전심으로 지키리이다"고 하였다(시 119 : 34). 뿐만 아니라, 사도 바울도 다음과 같이 전체적으로 표현하였다. "내가 기도할 때에 너희를 말하노라 우리 주 예수 그리스도의 하나님, 영광의 아버지께서 지혜와 계시의 정신을 너희에게 주사 하나님을 알게 하시고 너희 마음 눈을 밝히사 그의 부르심의 소망이 무엇인지를 너희로 알게 하시기를 구하노라"(엡 1 : 16— 18). 여기서 말하는 계시는 주관적인 것으로서 우리로 하여금 계시된 것을 깨닫을 수 있게 해주는 것을 말한다는 사실은 명백하다. 말하자면 그것은 객관적인 새로운 계시를 말하는 것이 아니다. 이러한 사실은 "마음 눈을 밝히사"라는 뒷말을 보면 더욱 분명해진다. 사람의 지각에 눈이 있다는 말이다. 다시 말하여 사람의 지각은 영적인 사물을 분별할 수 있는 본래적인 힘과 능력을 가졌다는 뜻이다. 그런데 이 지각의 눈은 때로 어둡거나 멀었다고 말하여지며, 때로는 닫혀져 있다고 이야기된다. 이와 같은 보지 못하는 지각의 눈을 열어 주는 것이 바로 성령의 은총의 역사인 것이다(눅 4 : 18 ; 행 26 : 18). 이것은 성령의 권능이 앞서 우리가 설명하였던 우리 마음의 부패성과 그로 인한 모든 결과들을 효과적으로 제거해 주기 때문에 가능한 것이다. 그러면 우리는 어떻게 이러한 성령의 역사에 대한 참여자가 될 수 있는가? 그것은 하나님의 선물로서 값없이 효과적으로 이루어지는 것이다. 그러한 목적을 위해 하나님께서 "우리에게 지혜와 계시의 영을 주시기 때문이다." 또한 하나님은 그 일이 우리 속에서 저절로 이루어지게 역사하신다. 다시 말하여 그분은 우리에게 "자기를 알게 하는 마음을 주시는 것이다."(렘 24 : 7)

둘째, 성령의 이러한 역사는 우리의 마음을 새롭게 하는 것으로 설명된다. "오직 심령으로 새롭게 되어"(엡 4 : 23)라는 말씀은 "지식에까지 새롭게 하심을 받아"(골 3 : 10)와 같은 말씀이다. 이렇게 우리의 마음을 새롭게 하는 성령의 역사는 우리의 전체 영혼을 변화시켜 하나님께 복종하도록 하는 능력이 있다(롬 12 : 2). 그런데 이러한 새로운 변화의 역사는 특별히 성령에 기인하는 것으로 묘사된다. "우리를 구원하시되 우리의 행한 바 의로운 행위로 말미암지 아니하고 오직 그의 긍휼하심을 좇아 중생의 씻음과 성령의 새롭게 하심으로 하셨나니"(딛 3 : 5). 여기서 볼 수 있는 대로 하나님께서는 우리의 마음에 빛을 주시어 우리로 하여금 복음을 통해 우리에게 제시되는 여러 가지 목표들을 올바로 보고 깨닫게 하시는 것이다. "어두운 데서 빛이 비취리라 하시던 그 하나님께서 예수 그리스도의 얼굴에 있는 하나님의 영광을 아는 빛을 우리 마음에 비취셨느니라"(고후 4 : 6). 만일 하나님께서 인간들에게 진리를 외부적으로 제시하는 일 외에 다른 아무런 일을 그들의 마음에 대해 행하시지 않은 것이 사실이라면 사도 바울은 과연 무슨 목적으로 자연의 빛을 최초로 만들어냈던 전능하신 창조의 행위를 여기서 언급하고 있는 것인가? 그러한 창조의 행위와 인간의 마음에 진리를 교리적으로 제시하는 일 사이에 무슨 연관되는 암시점이 있단 말인가? 우리의 마음에 영적인 조명을 비추어 주시는 하나님의 행위와 그분께서 최초의 빛을 창조하셨던 행위가 같은 성질의 것이라는 사실을 부인하는 것은 실로 용서할 수 없는 인간에 대한 신뢰의 태도인 것이다. 하나님의 창조 행위에 의해 우리 속에서 만들어지는 것이 빛으로 불리우기 때문에 그 행위 자체는 비추이시는 것으로 묘사되며, 그렇게 하여 우리에게 전달되는 빛은(조금의 은유도 없이) 실제로 "예수 그리스도의 얼굴에 있는 하나님의 영광에 대한 지식", 즉 복음을 통해 그리스도 안에 나타난 하나님을 말하는 것이다. 정확히 이러한 방식으로 '어두움'이었던 우리는 "여호와 안에서 빛"이 되며, 또한 그렇게 함으로써 우리의 모든 다른 정신적인 능력들도 믿음의 순종으로 인도되는 것이다.

2 우리가 죄로 인하여 죽어 있다는 말은 일차적으로 우리의 의지 및 그것의 본질적인 부패성과 관련된 것이다. 부패된 의지 속에 인간의 독특한 완고함이 자리잡고 있기 때문에 중생치 않은 사람은 그 자신의 확신에 따라 행동할 수도 없으며, 마음의 빛을 따라 순종의 길을 걸을 수도 없다. 이제 우리가 하나님을 향해 회심함으로써 우리의 가장 중요한 이성적 능력인 의지는 영적 생활의 원리를 효과적으로 심어 주시는 성령의 역사에 의해 새롭게 변화되는 것이다. 그 결과, 의지의 모든 행위는 성령의 강력한 작용에 의하여 결정되지만 우리가 이미 입증한 바와 같이 그 의지의 자유성은 조금도 손상되지 않는다. 만일 사실이 이러하다는 것을 인정하지 않는다면 우리는 우리의 회심의 모든 영광을 우리들 자신에게로 돌리게 되는 것이며 그 결과 우리는 스스로의 힘으로 우리 자신을 "님들과 구별되게" 만들어야만 한다. 이것은 사도 바울에 의해 분명하게 부인되고 있다(고전 4:7). 회심을 위해 이루시는 모든 일에도 불구하고 결단치 않고 남아 있는 의지는 회심되지 않을 수 있다는 사실을 내세워서 어느 한 영혼의 회심과 관련된 하나님의 뜻을 확실하고 결정적인 것으로 보지 않는 것은 우리 주님의 증거에 반대되는 것이다(롬 8:28;마 11:25, 26;요 6:37). 만일 회심을 하고, 안하고가 인간의 의지의 자유에 달려 있어서 사람들 마음대로 할 수 있는

것이라면, 예수 그리스도를 믿게 될 많은 사람들과 관련하여 하나님께서 그리스도께 하신 약속은 절대로 확실한 것이 될 수 없을 것이다. 만일 사실이 그렇다면 구원은 반드시 "원하는 자로 말미암음이요 달음박질하는 자로 말미암음이며 긍휼히 여기시는 하나님으로 말미암음이 아닌 것이다"(롬 9 : 15, 16). 이렇게 되면 하나님의 은총의 모든 효력은 인간의 의지에 의존되게 되는데, 이것은 우리가 "그의 만드신 바요 그리스도 안에서 선한 일을 위하여 지으심을 받았다"(엡 2 : 10)는 말씀과 일치되지 않는다. 그러므로 회심을 위해서는 앞서 이야기한 대로 우리의 의지의 부패성을 치료하여 우리를 영적인 죽음의 상태로부터 구원해 내고 우리로 하여금 하나님을 위해 살 수 있게 만드는 성령의 역사가 있어야만 하는 것이다. 결론적으로 말하여 하나님은 우리를 새로운 피조물로 만드시는 것이다. 그분은 우리에게 새 마음을 주시어서 불순종하고 완고하던 우리를 자발적이고 유순하게 만드시는데 이것은 그분의 선택에 의하여 값없이 이루어지는 것이다.

③ 비슷한 방식으로 은총의 성령은 우리의 성정(性情)에 강력한 사랑을 심어 주시어서 우리의 영혼이 기쁘고도 즐거이 하나님과 그분의 길을 지켜 떠나지 않을 수 있게 하여 주신다. 이렇게 함으로써 앞서 설명했던 우리 마음의 적대감은 효과적으로 제거되는 것이다. "네 하나님 여호와께서 네 마음과 네 자손의 마음에 할례를 베푸사 너로 마음을 다하며 성품을 다하여 네 하나님 여호와를 사랑하게 하사 너로 생명을 얻게 하실 것이라"(신 30 : 6). 여기서 말하는 마음의 할례는 "죄된 육신의 몸을" 벗는 것이다(골 2 : 11). 하나님은 육체와 함께 그 정과 욕심을 십자가에 못 박으신다. 어떤 사람들은 우리의 본성의 모든 부패된 모습들이 영혼의 가장 감각적인 부문, 즉 우리의 정(情)의 부패성에 기인하는 것으로 생각하는 경향이 있

다. 이러한 견해의 허영과 어리석음은 이미 앞에서 지적한 바 있다. 그러나 우리의 정이 몹시 부패되어 있다는 사실은 부인할 수 없다. 그리하여 그러한 부패된 정에 의하여 주로 마음과 의지는 그 속에 자리잡고 있는 여러 가지 욕심들을 행사하거나 그것의 왜곡되고 타락된 성향에 따라 행동하게 되는 것이다(갈 5 : 24 ; 약 1 : 14, 15). 그러나 마음의 할례를 받음으로써 그러한 타락된 정은 성령에 의해 십자가에 못 박히게 된다. 그분은 우리의 타락된 정으로부터 그것의 적대감과 육신적인 편견 및 부패된 성향들을 완전하게는 아닐지라도 실제적으로 제거하여 주시며, 그 대신 우리를 거룩한 영적인 사랑과 기쁨과 두려움과 즐거움으로 채움으로써 우리의 정 자체를 변화시키지는 않지만 앞서 설명한 구원의 빛의 원리에 의해 그것을 성화시키고 인도하여 그것의 고유의 목적을 수행할 수 있도록 해주시는 것이다.

이제까지 설명한 모든 것으로 보아 우리의 중생이 우리 자신의 어떤 행위가 아니라 성령의 역사인 것이 분명하다. 우리의 중생이 우리들 자신의 공로가 아니라는 필자의 말은 우리의 본성의 원리로부터 벗어나는 그 일이 어떤 외적인 도움이나 협조로 가능한 것이 아니라는 말이다. 이 점에 있어 성경은 명백하다. 왜냐하면 이 일을 그것의 원인과 관련하여 직접적으로 언급하면서 성경은 그것이 하나님, 혹은 하나님의 영의 역사라고 단호하게 말하고 있기 때문이다. "그가 그 조물 중에 우리로 한 첫 열매가 되게 하시려고 자기의 뜻을 좇아 진리의 말씀으로 우리를 낳으셨느니라"(약 1 : 18), "예수 그리스도의 아버지 하나님이 그 많으신 긍휼대로 우리를 거듭나게 하셨느니라"(벧전 1 : 3). 반면에 성경은 중생에 대한 어떠한 능동적인 참여로부터도 인간의 의지를 배제하고 있다. "너희가 거듭난 것이 썩어질 씨로 된 것이 아니요 썩지 아니할 씨로 된 것이니 하나님의 살아 있고 항상 있는 말씀으로 되었느니라"(벧전 1 : 23), "이는 혈통으로나 육정으로나 사람의 뜻으로 나지 아니하고 오직 하나님께로서 난 것이라"(요 1 : 13). 이밖에 마태복음 16 : 17, 디도서 3 : 5, 에베소서 2 : 9, 10 등도 역시 같은 의미이다. 그러므로 중생에서의 인간 의지의 능동적인 참여를 주장하는 사람들은 마땅히 인간의 의지와 중생이 원인과 결과로서 언급되어 있는 성경의 증거들을 찾아 내야만 할 것이다. 성경의 어느곳에 인간이 스스로의 힘으로 다시 태어난다거나 자기 자신을 새롭게 낳는다고 기록되어 있는가? 만일 성경은 물론 인간의 이성에 대해 억지를 부리지 않는다면, 중생에 있어서의 우리의 의무와 능력이 무엇이든 간에, 위에 언급한 성경의 표현들이 우리의 행위가 아니라 하나님의 행위를 말한다는 사실은 인정되어야 하며 이어서 우리가 주장한 모든 사실들도 함께 인정되어야 할 것이다. 하나님께서 우리에게 "마음의 할례를 받아 새롭게" 하라고 명령하시는 것은 사실이다. 그러나 그러한 명령을 통해 하나님께서 선포하시는 것은 우리의 능력이 아니라 우리의 의무인 것이다. 왜냐하면 그분은 스스로 그분이 우리에게 요구하시는 것을 우리 속에서 이루시겠다고 약속하시기 때문이다. 중생은 물론 뒤이어 오는 거룩한 성화의 작업에 있어서도 우리가 가지고 행사하는 모든 능력은 중생때 성령께서 주입해 주시는 새로운 영적 생활의 원리로부터 생겨 나오는 것이다. 우리는 옛 조상들의 거룩한 모범을 따라 이 모든 일의 완성을 위하여 성령께 간구해야 하는 것이다.

제 6 장

어거스틴의 실례를 통하여 본 회심의 방법

어거스틴 자신이 기록한 그의 「회심기」(回心記)를 통해 회심이 인간들의 마음에 미치는 영적 작용의 정도 및 효과와 관련하여, 회심(conversion)의 외적인 수단과 방식이 무엇인지를 알아보기로 한다.

복음의 모든 교리들 가운데서 성령의 강력한 역사에 의한 중생의 교리만큼 격렬하고 다양한 반대에 부딪치는 것이 없는 것처럼, 어떤 사람이 그러한 중생의 경험이나 그것이 이루어진 경로와 방식을 고백하는 일만큼 세상에서 경멸을 받는 일은 없다. 뿐만 아니라 스스로를 기독교인이라고 부르는 어떤 사람들 가운데서는 중생을 이야기하는 일 자체가 하나의 비난거리가 되고 있으며, 중생의 은총에 관심을 기울일 것을 촉구하는 것은 곧 스스로 현명하고 이성적이라고 생각하며 자랑하는 많은 사람들에게는 개인의 명성을 잃어버리게 되는 것을 의미하게 되었다. 이러한 현상은 현대에 와서 생겨난 것이 아니라 아주 일찍부터 있어왔던 것으로 보인다. 아벨에 대한 가인의 적대감도 바로 이러한 오만하고 왜곡된 성향의 한 갈래에 지나지 않는 것이었다. 이스라엘의 경우 또한 그 대표적인 예라고 할 수 있는데, 외적으로는 참된 종교에 대해 고백하면서도 이삭처럼 약속의 자녀가 됨으로써 경험하게 되는 내적 능력에 대해 고백하는 사람들을 비웃는 경우이다. 그 이후의 세대에서도 이러한 현상은 얼마든지 찾아볼 수 있다. 따라서 성 어거스틴은 그의 여러 가지 커다란 죄악들을 고백하여 그의 회심에 있어서의 하나님의 은혜를 강조함으로써 이러한 예견되는 비웃음에 대비하고 있다. 그는 말하기를, "나의 하나님 당신에 의해 내던져지거나 깨어져 본 적이 없는 오만한 사람들로는 저를 비웃도록 내버려 두소서 저는 저의 부끄러움을 고백하여 당신을 찬양하겠나이다"라고 하였다.[47] 따라서 우리는 중생의 진리와 그것의 실행 및 그것에 대한 고백이 여전히 같은 취급을 받는다고 해서 이상하게 생각할 것은 없다. 죄로 인해 비천하게 되어본 적이 없고 은혜에 의해 구원을 받아보지 못한 사람들로는 실컷 비웃도록 내버려 두자. 어찌되었건 중생은 하나님의 영의 거룩한 사역으로 인정되어야 할 것이며, 그에 관한 모든 진리는 예수 안에서 있는 그대로, 그리고 사실대로 공언되어야 할 것이다.

1. 인간의 부패된 본성을 제거하시고 치료하시는 성령의 방법

우리는 이미 우리의 타락된 본성에 대하여 취급하였다. 그러나 그러한 타락된 본성이 외부적으로 나타나는 모습과 관련하여 몇 가지의 사실들을 추가하여 살펴볼 수 있다. 그렇게 함으로써 우리는 성령께서 우리의 부패된 본성을 제거하시고 치료하시는 방법에 대하여 좀더 나은 이해를 할 수 있을 것이다. 우리는 다음의 사실들을 관찰할 수 있다.

---

47) Austin's Confessions, Book 4, chap. 1

(1) 인간의 타락된 죄의 원리

  우리의 성질에 포함되어 있는 타락된 죄의 원리는 아주 일찌기부터 작용하기 시작한다. "악인은 모태에서부터 멀어졌음이여 나면서부터 곁길로 나아가 거짓을 말하는도다"(시 58:3). 여기서 의도된 것은 다만 사람들이 습관적으로 악하고 방탕하다는 것을 말하려는 것이라고 주장하는 것은 헛된 일이다. 왜냐하면 사람들이 성장한 후에 어떤 종류의 악한 행위에 빠지게 되든지 간에 그들은 모두가 모태에서 날 때부터 도덕적으로 동일하기 때문이다. 아이들은 태어나자마자 거짓말을 할 수는 없다. 그러나 여기서 그들은 거짓말을 한다고 기록되어 있다. 따라서 이 구절이 의미하고 있는 것은 어린 아이의 부패된 본성으로부터 나오는 외고집적인 행동들인 것이다. 말하자면, 규율에 어긋난 모든 것, 즉 우리의 창조의 법칙과 우리의 순종의 법칙에 맞지 않는 모든 것이 곧 거짓말인 것이다. 어거스틴이 들고 있는 많은 경우의, 그와같은 어린 아이 상태에서의 비정상적인 행동들 가운데 특별히 한 가지 이야기는 주목할 만하다. "점점 나는 나의 위치를 알게 되었고 내가 바라는 것을 이루어 줄 사람들에게 나의 뜻을 표시하고픈 특정한 욕망을 가지게 되었다. 그러나 나는 할 수 없었다. 그래서 나는 곧잘 발버둥치고 격렬히 울었으며, 나의 뜻이 잘못 이해되었거나 내가 바라는 것이 나에게 해로왔기 때문에 나의 뜻을 들어 주지 않았을 때 나는 나의 부모나 유모에게 격노하였고, 할 수 있는 한 그들을 때리거나 마음 상하게 하려 했으며 소리내어 울부짖음으로써 복수를 하려고 했다."[48] 주위의 모든 것이 자기의 뜻대로 되지 않을 때 어린 아이에게서 나타나

____

48) Book 1, chap. 6, 7.

는 이러한 마음과 뜻과 욕구의 비정상적이고 왜곡된 작용은 그것이 좌절되었을 때 수반되는 분개 및 소규모의 자기 복수와 함께 모두가 우리의 타락된 본성으로부터 나오는 것이며, 그 본성에 깊이 뿌리 박고 있는 부패된 죄의 습관의 결과들인 것이다. 본래 하나님께서는 우리의 성질을 그렇게 창조하시지 않았다. 그것은 다른 피조물들의 경우보다 훨씬 더 나쁜 상태인 것이다. 다른 피조물들의 경우 그들의 어린 것에서 그와같은 뒤틀린 행동은 볼 수가 없다. 그들에게서는 다만 타고난 본능에 대한 규칙적인 순응이 우세하게 작용하고 있음을 볼 수 있다. 뿐만 아니라 수많은 어린 아이들의 죽음이 죄가 그들에게 전가된 때문인 것을 입증하고 있는 것처럼(롬 5장) 어린이들에게서 보는 그와같은 비정상적인 행동들은 그들 속에 죄가 내재되어 있음을 증명해 주는 것이다.

(2) 타락한 본성은 점점 자라간다

우리가 타고 나는 여러 가지 능력들과 우리의 육신의 힘이 증가되어 감에 따라 이러한 외고집적인 행동 원리는 보다 더 자주, 그리고 보다 더 성공적으로 활동을 하게 된다. "어릴 때와 청년의 때가 다 헛되니라"(전 11 : 10). 어릴 때와 청년의 때에는 모든 종류의 헛된 행동들과 어리석은 상상들에 마음을 쓰게 되고, 강한 욕구를 느끼게 되며, 그릇된 언행을 하게 된다. 어거스틴의 「신앙고백서」 제1권은 바로 이러한 주제에 대해 훌륭한 설명을 하고 있는데, 병적인 불평과 함께 젊은 시절의 허영 및 그와 관련된 죄악을 묘사하고 있다. 아마도 어떤이들은 순진한 어린이들에게는 아무런 도덕적 악이 없다고 생각할지 모른다. 그러나 어거스틴의 생각은 그렇지 않았다. 그는 말하기를, "그것은 순진함이 아니다. 똑같은 원리와 똑같은 마음의 습관이 보다 성숙한 나이와 보다 커다란 사건들에

이어져 보다 큰 죄들을 낳게 되는 것이다"라고 하였다. 과연 하나님에 대한 참된 존경심과 죄에 대한 분명한 확신을 가진 자로서 어린 시절의 그러한 잘못된 행동들—많은 사람들의 경우 부끄럽게 간과해 버리는 것이지만—에 대한 기억이 없는 사람이 누가 있는가?

(3) 타락한 본성은 실제적인 죄악으로 연결된다

이러한 일반적인 비정상성은 여러 가지의 실제적인 죄악들로 연결된다. 필자는 여기서 우리의 정신 능력과 분리될 수 없는 자연의 순리 및 양심의 명령과 도덕적 선악에 대한 지성의 작용에 거스려 하는 행동을 의미하는 것이다. 이러한 것들 가운데서 우리는 특별히 거짓말을 들 수 있다. 우리의 성품이 죄를 범하게 된 첫번째 동기가 바로 거짓말 때문이었고, 모든 죄에는 꼭 어떤 모양으로든지 거짓말이 숨겨져 있다. 그런데 이 거짓말하는 죄에 어린이들은 매우 자주 빠지게 된다. 얼마나 빈번히 어린이들은 엉겹결에 가장 사소한 문제에 있어서까지 거짓말을 하게 되며, 얼마나 자주 그들은 꾸지람을 모면키 위해 미리 짜낸 거짓말로 자기들의 잘못을 숨기려고 노력하는가! 거룩한 사람 어거스틴도 그 자신의 이 죄에 대하여 몹시 슬퍼하고 있다. "(오, 하나님) 저는 당신 앞에서 제가 얼마나 깊은 더러움의 구렁텅이로 내던져져야 할지를 모르겠읍니다. 저는 저 자신보다도 더 더러운 것을 위해서, 혹은 장난으로, 혹은 헛된 것들을 추구하여 수많은 거짓말로 선생님과 부모님을 속이지 않았읍니까?" 시편 기자 역시 그가 "나로부터 그릇된 입술을 제하여 버리소서"라고 기도할 때 이러한 젊은 시절의 악을 염두에 두고 있는 것 같다. 어린이들이 부모나 어른들로부터 허락되지 않은 것을 훔쳐내는 것도 역시 같은 성질의 죄악이다. "부모의 물건을 도적질

하고 죄가 아니라 하는 자는 멸망케 하는 자의 동류니라"(잠 28 :
24). 어거스틴 역시 고백하기를, "자기의 물질적인 욕구를 만족시키
기 위해서, 혹은 친구들에게 주려고 가끔씩 부모님의 물건을 훔쳤
다"고 말했다.

(4) 죄는 점점 자라 기반을 구축한다

사람들이 자라감에 따라 죄는 점점 더 튼튼한 기반을 구축하
게 된다. 정욕은 점점 더 커지고 사람들이 그것을 실행할 수 있는
단계에 이르게 되면 눈에 띄게 강해진다. 정욕의 도구가 되는 여러
가지 정신 기능들과 감각 기관들, 그리고 육체의 부분들은 날마다
점점 더 그것의 명령에 고분고분하게 되어지고 점점 더 그것으로부
터 압력을 받아 그것의 뜻에 쉽게 따르게 된다. 왜냐하면 죄는 모
든 것을 자기에게 유리하도록 변화시키기 때문이다. 뿐만 아니라,
오늘날에는 정욕의 대상도 매우 증가되어 있다. 여러 가지 복잡한
일상사와 더불어 유혹은 점점 증가한다. 그 중에서도 특히 널리 유
행하고 있는 타락된 대화가 그 중요한 요인이 되고 있다. 이렇게
하여 많은 젊은 사람들은 이 모양 저 모양으로 엄청난 실제적인 죄
악에 빠져들고 만다. 모든 젊은이가 다 그렇지 않다는 것은 오직
그것을 막아 주는 은총의 덕분인 것이다. 따라서 사도는 말하기를,
"청년의 정욕을 피하라"고 하였다(딤후 2 : 22). 이 정욕은 만일 하
나님의 은혜에 의해 정복되지 않는다면 청년들에게 있어 거세게 타
오르는 것이다. 다윗 역시 이런 의미에서 하나님께 기도하여 가로
되, "여호와여 내 소시의 죄와 허물을 기억지 마시옵소서"라고 하였
다(시 25 : 7). 실로 이러한 젊은 시절의 죄를 회상하는 것은 자주
노년의 고통이 되는 것이다(욥 20 : 11). 어거스틴은 그가 젊은 시
절에 빠졌던 음행 및 부정과 같은 커다란 죄악들에 관해 대강 고백

한 후, 그가 겸손하게 그 죄악들을 고백하는 이유를 다음과　같이 덧붙여 말하고 있다.[49] "오, 나의 하나님, 나는 이 죄악들을 당신에게가 아니라 당신 앞에서 우리 민족에게, 아니 전 인류에게 공표합니다. 이로 인하여 지금 쓰고 있는 나의 이 글에 무슨 일이 일어나도 좋습니다. 내가 그렇게 하는 이유는 곧 나와 이 글을 읽는 모든 사람들이 과연 우리가 당신께 부르짖음으로써 벗어나야 할 수렁이 얼마나 깊은 것인가를 알도록 하기 위해서입니다." 사람들이 이와 같은 커다란 죄악에 빠지게 될 때 하나님께서는 가끔씩 그것을 통해 그들의 양심을 일깨움으로써 그 죄악은 물론 다른 여러 가지 죄악들을 함께 깨닫게 하는 효과를 얻어내신다. 그렇게 함으로써 위대한 외과 의사이신 하나님은 해로운 독약을 오히려 치료제로 변화시키시고, 옛날 그리스도를 십자가에 못 박은 이야기를 듣고 마음에 찔림을 받았던 유대인들처럼 사람들로 하여금, "형제들아, 우리가 어찌할꼬"라고 외치도록 만드시는 것이다. 그러나 다른 사람의 경우 하나의 죄에 빠지는 것은 단지 또 다른 죄의 추구에로 들어가는 입구에 지나지 않는 수가 있다. 억제의 경계선이 무너지면 인간의 정욕은 고삐가 풀어져 모든 나머지의 장애물들도 부수어 버리고 극단에까지 치우치게 되며 결국 하나님의 회복의 은총이 겨우 미칠 수 있는 마지막 지점에까지 다다르게 된다. 그 이유는 나음과 같다.

(5) 죄가 극으로까지 자라가는 이유

"감각을 잃고 자신을 방탕에 내맡기어 모든 부정을 탐욕스럽게 저지르는" 많은 사람들에게는 범죄에로 이르는 통상적인 경로가 있다. 먼저 습관적인 범죄는 그들로부터 죄의식을 앗아가 버린다. 이

---

49) Confess. Book 2, chap. 1, 2, 3.

어 그들은 세상의 돌아가는 모습을 보고 마침내 부끄러움을 잃어버리게 되고 자기들이 좋아하는 죄를 탐욕스럽게 추구하게 된다. [50] 따라서 세상에는 죄인들의 다양한 경로가 있고, 그 가운데는 어떤 이들의 죄악이 다른 이들의 보다 더 큰 죄악을 정당화해 주는 것처럼 보이는 경우가 있다. 하나님을 향하여 다른 사람들보다 좀더 나은 상태에 있지 않은 사람들은 이러한 사실에 놀랄 뿐만 아니라 그것을 죽도록 싫어할 것이다. 그런데 이러한 차이는 우리의 성품―모든 사람에게 있어 똑같이 타락된―으로부터 나오는 것이 아니라 하나님의 억제하시는 은혜로부터 나오는 것이다. 이 은혜를 통해 하나님은 어떤 사람들은 그들이 결코 넘어서지 못할 범위 안에서 지키는 반면, 어떤 사람들은 정욕과 유혹의 결합 속으로 빠져 모든 종류의 악을 행하도록 내버려 두신다. 더우기 어떤 특정한 몇 가지 죄들은 체온에 의해서 촉진되는 독특한 경향을 가지는 것도 있으며, 또 어떤 사람들은 외적인 환경이나 생활조건으로 인해 유혹에 쉽게 빠져 그로 인하여 여러 가지의 악을 저지르게 되기도 한다. 모든 사람들에게 있어 죄를 범하는 옛사람의 성품은 똑같은 것이다. 차이는 오직 하나님의 은혜에 기인한다. 그분은 어떤 사람들을 위하여 은밀한 가운데 유순하고 온화한 좋은 기후를 준비하시어 그들의 마음을 즐겁게 하고 그들로 하여금 관능적인 즐거움에 관심을 기울이지 않을 수 있도록 지켜 주신다. 그리고 어떤 사람들을 위하여서는 그들의 교육과 직업과 주변 사회의 변화에서 공공연한 방탕에 접하지 않을 수 있도록 인도하심으로써 그들의 성향(inclinations)에 균형을 유지할 수 있게 하신다. 바로 이러한 사상이 어거스틴에 의해 훌륭하게 표현되고 있다. "오, 하나님, 나는 당신을 사랑하고 당신

---

50) See Confess, Book 2, chap. 6.

께 감사드리며 당신의 이름 앞에 고백하렵니다. 당신은 나의 허물과 못된 행동들을 용서해 주셨기 때문입니다. 나는 그것을 당신의 은혜와 자비의 덕분으로 돌립니다. 곧, 당신은 나의 죄를 얼음처럼 녹아 없어지게 만들어 주셨기 때문입니다. 뿐만 아니라, 나는 내가 짓지 아니한 죄도 모두 당신의 덕분으로 돌립니다. 사악함 자체를 사랑했던 내가 당신의 도움이 없었더라면 어떻게 그 죄들을 짓지않을 수 있었겠읍니까? 나는 이제 인정합니다. 나에게는 모든 죄가 용서되었다는 것을 인정합니다. 이에는 내가 자발적으로 지었던 모든 죄는 물론, 당신의 인도하심을 통해 내가 짓지 않을 수 있었던 모든 죄도 전부 포함되는 것입니다. 스스로의 약함을 생각해 볼 때 과연 어느 누구가 감히 자기의 순진함을 자기 자신의 힘으로 돌리고, 나아가 죄를 용서하시고 회심시키시는 당신의 자비가 마치 자기에게는 덜 필요했던 것인양 당신을 덜 사랑할 수 있는 자가 있겠읍니까? 당신의 부르심을 받고 당신의 음성을 들은 자로서 내가 고백했던 것과 같은 죄들을 피할 수 있었던 자, 곧 아픔을 통해 나음을 입었던 나와는 달리 아프지 않아도 되는 은혜를 받았던 자로 하여금 나를 비웃지 않게 하소서."

2. 죄된 인간을 향한 은혜의 방법

　하나님으로부터 회복될 수 있는 최후의 지점에 이르기까지 우리의 타락된 성격이 보여주는 행동들에 대한 지금까지의 짤막한 설명은 우리를 향한 그분의 은혜의 작업에 대해 무엇인가를 암시해 준다. 이제 그 은혜의 작업의 방법에 대하여 살펴보기로 하자.

　[1] 우리의 타락된 본성의 잔재 속에는 아직도 천상적인 불꽃에 대한 일말의 빛줄기가 남아 있다. 그것은 곧 선과 악, 보상과 채벌,

하나님의 존재 및 모든 것을 다 보시는 그분의 눈빛, 그리고 기적적으로 주어지는 그분의 도움 등에 대한 타고난 인식과 그분의 권능에 대한 두려움인데 이것들은 성직자들과 부모님들의 가르침이 있을 때 급속히 향상되고 증가되는 것들이다. 그런데 하나님께서는 종종 젊은이들에게서 그와 같은 인식들을 자극하시어 그들로 하여금 하나님에 대한 생각과 적용을 통해 그것들이 단순한 자연적 현상이 아니라는 것을 알게 하신다. 많은 사람들이 그들의 젊은 시절에 모르고 맞이하였던 이와같은 하나님의 방문을 기억할 수 있을 것이다. 바로 이러한 문맥에서 어거스틴은, "그가 학교에서 매맞는 것이 두려웠을 때 하나님께 간절히 기도했다"는 사실을 우리에게 이야기하고 있으며, 나아가 그가 말씀으로부터 받은 몇 가지 일반적인 가르침에 대해서도 언급하고 있는 것이다. 똑같은 원리에서 그는 그가 병의 발작으로 놀라게 되었을 때(그의 생각대로) 천국에 가기 위하여 세례받기를 간절히 원했지만 당시 그의 아버지가 기독교인이 아니었기 때문에 세례를 받을 수가 없었던 것이다. 대부분의 경우 이러한 천상적인 불빛에 대한 인식은 수많은 파렴치한 죄악에 빠진 사람과 같이 지내게 될 때 약화되고 드디어는 소멸된다. 그러나 소수의 경우는 성령께서 여러 가지 수단을 통해 그 마음에 은혜의 씨앗을 심어주고 이어 그들은 그 씨앗을 점점 자라나게 하는 것이다.

[2] 하나님께서는 성령을 통해 사람들의 외적인 상황에 대해서도 역사하신다. 곧 그분은 외적인 상황을 통해 소수의 사람들로 하여금 그분에 대해 꾸준히 생각하게 하시고, 그분으로부터 멀리 떨어지지 않게 하시며, 그분의 진노의 위험에 대하여 고려하도록 만드시는 것이다. 이것은 거의 믿기가 어렵다. 그러나, 우리의 매일의 경험은 그것을 입증해 주고 있다. 만일 사람들이 성경을 읽고, 설교를 통해 들은 말씀에 따라 살며, 그들의 종교적 의무를 이행할 뿐만

아니라 하나님을 전파하는 일정한 생활 형태를 갖춘다면, 어떻게 하나님에 대한 꾸준한 생각과 그분과의 관계 및 그분의 뜻에 대한 꾸준한 관심에 도달하지 않을 수 있겠는가? 하나님은 이 지점으로부터 그들을 허영의 거대한 힘에서 구해 내시는 작업을 시작하신다. 이러저러한 수단을 통하여 하나님은 그들의 마음을 고정시켜 그분을 꾸준히 생각할 수 있도록 만드시는 것이다. 그 수단들을 살펴보면 다음과 같다.

① 갑작스럽고 놀라운 심판을 내리심으로써 하나님은 "죄에 대한 그분의 진노를 나타내신다." 왈도(Waldo)는 함께 들판을 걷던 친구가 벼락을 맞아 죽는 것을 보고 영향을 받아 회심하게 되었다. 마찬가지로 시편의 기자는 바다에서 일어나는 폭풍을 보고 놀란 사람들의 생각과 감정을 묘사하고 있으며(시 107 : 25 이하), 요나의 배의 선원들이 당했던 것도 역시 같은 경우이다(욘 1 : 5). 뿐만 아니라, 한때는 "여호와가 누구관대 내가 그 말을 들어야 하느냐?"고 외쳤던 바로 왕도 그 이튿날 천둥과 번개로 놀란 후에는 "여호와께 구하여 이 뇌성과 우박을 그만 그치게 하라"고 부르짖었다(출 9 : 28). 대부분의 사람들은 모두 이와같은 하나님의 권능에 대한 경험을 한 두 번씩 하는 것이다.

② 개인에게 고통을 주심으로써 인도하시는 경우가 있다(욥 33 : 19, 20 ; 시 78 : 34, 35 ; 호 5 : 17). 고통은 통상 분노를 발하게 한다. 그리고 분노는 죄를 생각케 한다. 고통은 곧 죄를 생각나게 하기 위해 하나님께서 보낸 하나님의 사자인 것이다. 고통의 기간은 곧 생각하는 기간이고 만일 사람이 극도로 강퍅하게 되지 않았다면 그들은 반드시 그 고통을 누가 보냈으며 왜 보냈는지에 대해 생각하게 되는 것이다.

③ 시리아인 나아만에게서 보는 것과 같은 주목할 만한 구원과

자비를 통해서도 역사하신다(왕하 5 : 15 이하). 임박한 위험과 고
난으로부터의 갑작스럽고도 기대되지 않았던 구원은 사람들의 마음
을 깊이 감동시키어 그들로 하여금 하나님의 능력과 임재와 선하심
에 대해 확신하게 하는 동시에 그들이 그러한 구원을 받을 만한 가
치가 없다는 생각을 갖게 하여 일시적으로라도 하나님의 뜻에 대한
감사와 복종을 하게 하는 효과가 있다.

　④ 다른 사람들의 대화를 주목해 들을 때 많은 사람들은 그 대
화의 원인과 결과가 무엇인지를 알고 싶어하게 된다. 마찬가지로
사람들은 타인의 행동을 모방하는 성질이 있는 것이다.(벧전 3 : 1,
2)

　⑤ 하나님의 말씀을 읽거나 전파하는 것은 아마도 가장 중요한
수단일 것이다. 성령께서 그분의 사역을 시작하실 때 이 방법을 사
용하신다(고전 14 : 24, 25). 사람들이 죄를 확신하게 되는 것은 율
법에 의해서이지만, 그러나 그것은 어떤 사람들에게 있어서는 무시
된다. 따라서 그것은 그 자체로서 죄에 대한 확신을 이끌어내는 힘
이 있는 것이 아니다. 오직 특정한 일부의 사람들을 향해서만 성령
께서는 그 율법이 특별한 힘을 가지고 나타나게 하시기를 기뻐하시
는 것이다.

3. 은혜에 대한 인간의 반응

　하나님께서 죄를 인식시키거나 회심시키기로 작정하신 사실들의
영혼에 이와 같은 하나님의 보살핌의 경우들이 한 가지도 없을 수
는 없다. 그러나 우리가 본보기로 제시하였던 거룩한 사람 어거스
틴은 그 자신의 경험을 통해 그러한 보살핌의 손길이 어떠한 장애
물들에 의해 수포로 돌아가게 되는가를 설명해 주고 있다. 앞에서

이야기한 대로 어거스틴에게는 그의 어머니의 설득과 권고를 통해 하나님께서 주신 많은 경고들이 있었다. 뿐만 아니라, 역시 앞에서 이야기했던 대로 그는 그 자신의 병과 그의 사랑하는 친구의 죽음을 통해서 하나님의 인도하심을 받았다. 그러나 이 모든 경고들이 그에게는 아무 소용이 없었는데, 그는 그 이유를 그 자신의 타고난 무지와 부패된 본성의 탓으로 돌리고 있으며, 그와 함께 나쁜 친구의 영향과, 그가 살고 있었던 곳의 세상 돌아가는 모습으로부터 받은 영향도 함께 언급하고 있다. 그러나 여기서 어거스틴의 설명을 자세하게 옮겨 적는 것은—물론 그 자체로서는 참고해 볼 만한 충분한 가치가 있는 것이지만—오히려 지루한 일이 될 것이다. 다만 필자가 말하고 싶은 것은 필자의 판단으로 볼 때 고대와 현대를 막론하고 어느 성자들도 회심과 관련된 성령의 비밀스러운 작용에 관하여 어거스틴 만큼 정확한 탐구와 관찰을 한 사람은 적었으며 더구나 그를 능가하는 사람은 더욱 없었다는 사실이다. 뿐만 아니라 어느 누구도 유혹이나 다양한 생활 조건으로 인해 일어나는 결과를 포함하여 인간의 마음에 작용하는 사단, 혹은 원죄의 활동방식에 대해 그처럼 자세히 추적한 사람은 없다. 또한 어거스틴은 죄의 속임수가 사람들의 마음을 사로잡아 하나님의 은혜의 역사를 회피하게 하고 무효하게 하는 방식들에 대해서도 훌륭한 발견들을 하였고, 그럼에도 불구하고 우세하게 역사하시는 하나님의 은혜의 능력을 그 작용방식과 함께 누구보다도 명확하게 묘사하였다. 그런데 이 모든 일들은 바로 그 자신의 경험에 의해 예시되고 있는 것이다.[51]

---

51) 어거스틴의 성격이나 그에 관한 오웬(Owen) 박사의 판단도 이를 비난하지는 못할 것인데, 세례의 역사에 관하여 쓴 지혜롭고 선한 자들의 의견 가운데서 '유아세례에 관하여 경주한 어거스틴의 역작'이라는 제목을 가진 장에 대하여 쓰려고 잉크에 필을 담근 근래의 캠브리지의 로

사람들을 하나님의 구원의 지혜에로 부르실 때에 성령은 그들로
하여금 죄를 깨닫게 하신다. 이러한 깨달음의 일반적인 성격은 곧

빈손씨의 비난에 의하면 다음과 같이 말했다. 그는 이르기를 "어거스
틴은 항상 성자는 되지 못했다"라고 전제하면서 자신의 악의에 찬 견지
를 가미한 수 많은 부적절하고도 비방적인 보고를 상세하게 퍼뜨렸다.
로빈손씨는 그를 하나님과 인간으로부터 모든 선과 공의를 앗아가는
교리들을 증대시키고 있다고 비난하고 또 어거스틴을 '지속적으로 심
하게 마시는 술꾼'으로 일컫는 그의 대적들 중 어떤 자들의 비방을 인
용한 바이일(Bayle)씨의 말을 인용하여 그를 고발했으나 이 잘 알려지
지 않은 험담들을 정당화하기 위하여 부분적으로 남의 것을 인용한 그
의 고백의 모든 구절은 어거스틴이 중생치 못했던 상태에서마저도 음
주벽이 그의 결함들 가운데 결코 거론조차 되지 않았다는 사실을 입증
하려고 썼음이 분명하다(Book 10, chap. 31). 나는 이 주제에 대하여
나에게 편지를 보낸 매우 존경할만한 두 사람의 말에 따라 이 사건에
관한 로빈손씨의 행위에 대한 나의 감상적인 표현을 감히 남기고자 한
다.
　—"로빈손이 쓴 어거스틴의 성격에 관한 내용은 두드러지게 솔직치
못하고 인색하여 그의 의도적인 시도에 따라 모든 명석한 지도자들이
반드시 추구하는 그러한 그의 성격이 곤욕을 치루었다. 그는 회의론적
인 저자들 중의 거두인 바이일의 추종자였던 것으로 여겨지나 그가 감
행한 어거스틴에 대한 상스럽고도 추한 대우는 그의 스승을 훨씬 능가
했다. 그 스승과 그 학자는 둘 다 이 탁월한 자의 회심에 대한 거룩하
신 이의 은혜의 능력을 인정하는 대신 모든 사람들에게 그 효험에 대
하여 그들이 얼마나 이방인적인 입장을 취했는지를 선포하고 있다. 그
들은 악의에 찬 즐거움으로 그로 하여금 신랄한 슬픔으로 탄식케 하여
(그래서 그가 풍성한 은혜의 주권을 칭송한) 강력한 빛 가운데로 자신
을 정립시킨 젊은 때의 무례한 행동에만 치중하고 있을 뿐 진리와 성
결을 위하여 고된 노력을 경주한 40세 이후의 생애는 간과하고 있다.
이와 협사한 노력을 칼빈의 성격에 관해서도 경주해 왔으나(Servetus의
경우는 표면상의 일에 근거한 것임) 이 경우의 역사적인 증거는 계승
되어진 시기상의 거리감으로 인하여 그렇게 모호해져버렸다고는 볼 수
없다. 만일 어떤 사람이 회의주의로 인하여 너무도 멀리 버려져 인간
의 심령에 대한 하나님의 영의 사역에 대적하기로 결의했다면 어거스
틴에 대한 로빈손, 퍼킨스(William Perkins)씨, 박터(Richard Baxter)
씨, 가-디너(Colonel Gardiner), 화이트필드(George Whitefield)씨, 더
하여 말하지만 성 바울 자신과 협사한 입장에 놓이게 되는 일이 얼마
나 쉬울까 ?
　　　　　　"Yours & C　E. W"

죄인의 교만한 마음을 고정시켜 죄에 대한 정당한 고려를 하게 하는 것인데, 이것은 다시 말하여 적당한 애정과 함께 필요한 만큼의 죄의식을 죄인의 완고한 마음에 심어 주는 것을 뜻한다. 앞서 언급하였던 여러 가지 경고들은 깊은 잠 속에서 듣는 부르심의 목소리와 같다. 즉 그것을 듣는 사람은 몸을 움직여 일어나려고 하지만 잠

또 다른 학식있고 경건하며 유용한 저자는 자신을 이렇게 표현하고 있다. "나는 '세례의 역사'를 쓴 저자가 어거스틴을 추하게 비방하는 것을 보았다. 당신은 그것을 고통스럽게 여길 필요는 없다. 나는 그 사람이 무엇을 의미하는지 거의 이해할 수 없다. 주께서 어거스틴과 더불어 다투신 그 수년 동안 진정한 회심자들의 대개가 그러하듯이 죄를 짓고 회개하며, 앞뒤로 비틀거렸다. 그의 고백은 매우 추잡했던 회심 이전의 상태를 묘사했고, 그가 '나의 나 된 것은 하나님의 은혜'라고 말한 때처럼 그 말의 진의를 그렇게 절실히 깨달았던 자는 아무도 없었으며, 그리고 그러한 일은 실로 어거스틴과 마찬가지로 회심한 이후의 성 바울의 도덕적 성품 속에서도 쉽게 찾아볼 수 있었던 얼룩이기도 하다. 나는 꾀 많은 그의 저서를 읽고 여러 곳에서 신실함, 담백함, 겸손 그리고 경건의 강력한 증표들이 나타나 있었던 사실들을 외면할 수 없다. 나는 이러한 관점에서 영감을 받지 못한 기자가 이와 같은 사실을 거론한 자를 일찌기 보지 못했다. 솔직한 사람이라면 그 누구나 그가 살았던 당대의 미신과 교양 없음을 반드시 참작하게 될 것이다. 그러나 당신이 비단 그와 더불어 의견을 달리하는 입장에 놓였다고 하더라도 다만 그의 경건과 선함에 대하여 경탄치 않을 수 없을 것이다. 로빈손은 그를 '저속하다'고 했으나 도드리지(Doddridge) 박사는 그를 '교양있고 경건한 어거스틴'이라고 불렀다. 그러나 유독 그만을 특별히 거론할 이유는 무엇인가? 그것은 너무도 낡은 이야기다. 아무런 반대 의사 없이 그를 지지하는 일에 찬성한다. 그가 쓴 'de Civitate Dei'는 배움과 창의력에 대한 놀라운 기념비와도 같은데, 기본(Gibbon)은 이에 대하여 '그것은 활력에 넘쳤으며, 서투르게 이루어진 것이 아니다'라고 했다. 우리는 어거스틴의 생애에 관하여 그를 40여 년간이나 친해 온 초대 교회의 장로 포시디우스(Possidius)가 쓴 저서 중에서 그를 극구 지지한 사실을 볼 수 있다. 모사임(Mosheim)은 그의 창조적 재능과 경건에 대해서 매우 훌륭하게 말하고 있다. 소시니안(Socinian)의 한 사람인 라드너(Lardner) 박사는 그를 전적으로 존경하여 마지 않았다. 그러므로 그 누구라도 로빈손이 한 비난에 의하여 판단하는 일이 없기를 바란다."

"Yours & C J. MINER"

의 힘을 이기지 못하고(어거스틴이 표현했던 대로) 다시 누워 잠들게 되는 것이다. 그러나 깨닫게 하시는 역사의 효력은 계속해서 남게 되고 사람들은 그것으로부터 스스로를 분리시킬 수가 없는 것이다.

중생하지 않은 사람의 교만한 마음으로 하여금 죄와 죄의 성격 및 경향에 대하여 생각하게 하는 일은 매우 힘든 일이다. 그의 마음의 어두움과 말로 다할 수 없는 교만함은 그러한 생각을 하지 못하게 만든다. 우리는 이러한 놀랄 만한 교만함을 우리의 자녀들과 하인들과 친척들에게서 매일 목격하고 있는 것이다. 그들의 마음을 붙들어 죄에 대해 생각하게 한다니 그 얼마나 어렵고 불가능한 일인가! 설득이나 논쟁, 그리고 간청이나 애원은 물론 그들에게 좋아 보이는 어떠한 방법에 의해서도 그들을 이길 수는 없다. 그들은 모든 수단과 방법을 동원하여 그 일을 막고 그들의 집과 재산들을 평온하게 보존하려고 할 것이다. 그러나 성령께서는 이들의 마음을 죄에 고정시키신다. 그분은 사람들을 책망하시고 "그들의 죄를 그들의 목전에 차례로 베푸시어"(시 50 : 21) 그들로 하여금 과연 그들이 어떠한 방향으로 돌아서야 하는지를 주목하게 하신다. 바로 이러한 까닭에서 다윗도 "내 죄가 항상 내 앞에 있나이다"라고 하였다(시 51 : 3). 그들은 그들의 죄를 등 뒤에 감추고 그에 대한 생각을 없애 버리려고 애를 쓰지만 '하나님의 화살'은 그들의 마음에 강하게 박히게 되는 것이다.

이처럼 사람들의 마음이 죄에 대한 생각으로 고정됨에 따라 죄의식 역시 그들의 마음, 즉 그들의 양심과 생각을 사로잡게 된다. 단순한 죄에 대한 명상은 거의 아무런 소용이 없다. 죄를 깨닫게 하는 이 일에 관계되는 요소로 성경은 죄의식, 걱정, 슬픔, 파멸의 두려움 등을 보여주고 있다(행 2 : 37 ; 24 : 25). 그러나 이 모든 일에 있어 주원인이 되는 것은 성령이시다. 그분만이 소기의 목적을 위해 모든 수단들을 효과적으로 만드시는 것이다. 만일 그분의 직접적인 간섭이 없다면 우리는(죄를 알게 하는) 율법을 일생 동안 듣는다 하여도 단 한 번의 감동도 받지 못할 것이다. 한편, 하나님께서는 당신의 현명하고도 거룩한 섭리를 통해, 자기가 부르시고 회심시키려는 자들의 외적 환경을 강력히 통제하심으로써 소기의 목적에 도움이 되도록 하신다는 사실은 마땅히 우리의 주목을 받을 만한 것이다. 그들의 기호(inclinations)와 계획은 물론 그들의 실망까지, 그리고 그들의 거주지와 그들의 친척, 사교 및 생활의 여러 관계까지 모두가 회심이라는 거대한 목적을 돕도록 섭리되는 것이다. 어거스틴은 하나님의 섭리에 대한 그의 사색으로부터 하나님께서 그를 카르타고로부터 로마로, 또 로마로부터 다시 밀라노로 보내어 매주일마다 암브로스(Ambrose)의 설교를 듣게 하셨던 것을 자세하게 기록하고 있는데, 그는 결국에 가서 그와 같은 하나님의 인도를 통해 자신이 회심하게 되었다고 말하고 있다. 또한 그는 그의 이야기에서 시종일관 한편으로는 그 자신의 다양했던 계획—흔히 완고하고도 외고집적이었던—에 대해 이야기하는 반면 다른 한편으로는 모든 상황을 막론하고 그를 축복된 결과로 이끌어 가시는 강력한 하나님의 섭리의 역사에 대해 이야기하고 있다.[52] 그는 다음과 같이 말 하였다. "산 자의 나라에서 나의 희망이 되시는 당신은 내 영혼의 구원을 위해 나를 이 지역 저 지역으로 옮겨 다니게 하셨읍니다. 당신은 나를 자극하여 카르타고로부터 떠나게 하셨고, 로마에서는 여러 가지 유혹을 통하여 나를 그곳으로 이끄셨읍니다. 당신은 죄 가운데 빠져서 죽은 생명을 사랑하던 사람들을 통해 이 모든 일

---

52) Book 5, chap. 7, 8, 9.

을 행하셨지요. 여기서는 난폭한 일을 행하고 저기서는 헛된 마음
에 이끌리는 일을 약속하심으로써 당신은 나의 잘못된 길을 고치고
바로잡기 위하여 나와 저들의 완고한 고집을 은밀히 사용하셨읍니
다”.

그러나 많은 사람들은 이러한 하나님의 인도하심을 저버리고 전
보다 더 방탕한 죄에 빠지게 된다. 어거스틴 역시 그가 여러 번의
숨막힐 듯한 확신을 경험한 후에 점점 완고하고 무감각해져서 그가
곧 죽어서 지옥에 갈 것이라고 생각할 만큼 심했던 열병 속에서도
이전에 그보다 덜한 위험에 빠졌을 때와는 달리 하나님의 자비와
구원을 바라지 않았었다고 털어놓고 있다. 이러한 고집스러운 결과
를 일으키는 데는 여러 가지 이유가 있다. 대부분의 경우 그것은
우리의 정욕의 힘이 작용하기 때문이다. 정욕을 완전히 정복하지
못하고 다만 억제하고 저주하는 데서 그친다면 그 힘은 점점 커져
서 우리의 모든 확신을 뒤엎어버릴 것이다. 즉 어떤 날에는 확신의
강한 힘으로 정욕이 지옥에 떨어진 것처럼 보이겠지만 바로 그 다
음 날에는 수많은 죄를 짓고 허겁지겁 지옥으로 달려가는 정욕의
모습을 보게 되는 것이다. 그러나 하나님의 감동시키심을 무효로
만드는 데는 또 다른 요인들이 있다. 예를 들어, 영적인 인도하심으
로 오해하게 하는 경우가 있다. 말하자면 한 번도 들어보지 못한 것
을 사람들에게 가르치고 그들의 상처를 약간 치료해 주지만 오히려
그들을 그릇된 길로 벗어나게 하는 세력들이 있는 것이다. 어거스
틴에게도 이런 일이 있었다. 주님을 찾기 시작할 무렵 그는 마니교
도(Manichees) 집단의 이단 사상에 빠지게 되었는데 그것은 그의 모
든 확신을 물거품으로 만들었던 것이다. 또 다른 이들은 그들의 헛
된 친구들에 의해 상처를 받기도 한다. 그 친구들은 우정을 가장하
고 끈질기고도 교활하게 그들을 다시 세상으로 이끌어 내고자 온갖

노력을 아끼지 않는 것이다. 어거스틴 역시 그를 로마에서의 여러 가지 유희들과 구경거리들로 이끌고자 유혹했던 그의 몇몇 친구들에 대해 진지하게 털어놓고 있다. 이 외에도 죄에 대해 확신할 때 사람들의 마음에 있게 되는 경외심은 그 사람의 영혼이 그에 대해 조금 익숙해지고 또 아무런 실제적인 악이 뒤따르지 않는 것을 보게 되면 점차로 줄어들게 되는 경향이 있다. (전 8 : 11 ; 벧후 3 : 4)

그러나 어떤 사람들에게 있어서 성령은 이러한 확신의 사역을 복스러운 결과로 이끄시기를 기뻐하신다. 이러한 경우 거기에는 타락된 마음과 확신하는 마음 사이에 커다란 갈등이 뒤따르게 되는데 이것은 특히 상습적인 죄를 범하는 데 익숙해져 있는 사람이나 어떤 지배적인 정욕을 이기지 못하는 사람들에게서 심하게 나타난다. 이것은 율법이 강력한 힘으로 양심에 부딪쳐 오기 때문에 영혼이 처하게 될 영원한 위험을 직면하고 모든 죄를 포기해야 할 필요성을 느끼게 되기 때문이다. 이렇게 하여 이제는 죄가 자극되고 유발될 때, 영혼은 이전에 자기 자신의 능력 안에 있었다고 생각했던 그 죄와의 투쟁을 스스로의 힘으로 할 수 없음을 깨닫기 시작한다. 이 결과, 죄는 율법으로 말미암아 기회를 얻어 사람들 속에서 각종 탐심을 이루게 되는 것이다. 결국 이전에는 스스로를 살았다고 생각하던 사람들이 이제는 자기들은 죽었고 죄가 살아났다는 것을 발견하게 된다. (롬 7 : 7— 9)

그러나 죄에 대한 확신은 아직도 스스로의 힘으로 인생에 대한 수정이나 개혁을 이루도록 노력하게 한다. 이것은 그렇게 하지 않으면 멸망하게 된다는 율법의 요구를 만족시키기 위해 불가피한 일이다. 그러나 이러한 노력은 항상 또 다른 종류의 죄와 유혹을 불러들일 뿐이다. 최소한의 유리한 상황이나 자극에 의해서도 곧장 우리 속에 내재하는 죄의 힘은 우리의 모든 결심들을 약화시키게 되고, 그 결과 우리의 영혼은 곧 옛 지배자의 힘에 스스로를 맡겨 버리게 된다는 말이다(호 6:4). 어거스틴도 그가 커다란 확신은 하였지만 아직 완전히 회심하지는 않았던 시기에 겪은 경험을 다음과 같이 말하고 있다.[53]“나는 다름 아니라 바로 나 자신의 무쇠 같은 의지의 사슬에 의해 묶여 있었다. 나의 대적은 나의 의지를 사로잡아 그것으로 나를 묶는 사슬을 만들었던 것이다. 외고집적인 의지로부터 부정한 탐욕이 나왔고, 그러한 탐욕에 자주 항복하다 보니 하나의 습관이 형성되었다. 그리고 이러한 습관에 저항하지 않게 되자 그것은 곧 일종의 필연이 되었다. 바로 이것, 즉 하나의 연결된 고리—따라서 나는 이것을 사슬이라고 불렀다—에 의해서 그는 나를 가혹하리만큼 단단히 묶었던 것이다.” 뿐만 아니라 그는 또한 개혁을 향한 자신의 노력이 얼마나 나약하고 무기력한 것이었는지에 대해서도 말하고 있다. “나는 마치 잠에 빠진 사람처럼 세상적인 쾌락의 길에 사로잡혀 있었다. 하나님을 향하려는 나의 생각들은 일어나려고 애를 쓰지만 졸음에 정복되어 또 다시 잠에 빠지게 되는 사람의 미약한 움직임과도 같은 것일 뿐이었다.” 어거스틴은 또한 고백하기를, 비록 그가 자신의 확신의 긴박함 때문에 죄의 영향력으로부터 해방되게 해달라고 기도는 하였지만, 자기 속에서 그 죄의 힘이 너무나도 우세하게 작용하였기 때문에 그가 기도했던 죄와 헤어지기 싫은 은밀한 미련과 욕구를 느꼈다고 말하고 있다(고백록 7장). “나는 순결을 위해 당신께 기도했읍니다. 나는 말하기를, 나에게 순결과 절제를 주십시오. 그러나 아직은 주시지 마십시오 라고 하였읍니다. 왜냐하면 나는 당신이 나의 기도를 너무 빨리 들어주셔서 곧바로 저의 탐욕의 질병을 고쳐 주실까봐 두려웠읍니다. 나

---

53) Book 8, chap. 5.

는 그 탐욕이 완전히 꺼지기보다는 오히려 채워지기를 바랐던 것입니다.”

　개혁을 향한 이러한 노력은 흔히 굉장한 혼란과 고통을 야기시킨다. 왜냐하면 오래지 않아 영혼은 갈기갈기 찢어져서 타락된 본성의 힘과 죄에 대한 확신의 공포 사이에서 갈등을 겪게 되기 때문이다. 이러한 상황은 이전의 확신을 새롭게 하거나, 영혼이 아직 익숙해져 있지 않은 영적인 생명과 힘의 원리를 은밀히 의지 속에 심어주게 될 때 일어나게 된다. 어거스틴의 경우가 바로 이런 것이었다. 아직 죄의 영향력 아래 붙들리어 유혹이 있기만 하면 곧 이전의 습관으로 되돌아가곤 하던 때에 그는 폴리티아누스(Politianus)로부터 종종 듣는 이야기가 있었다. 그것은 즉각적으로 세상을 버리고 하나님을 섬기는 일에 헌신했던, 궁중에서 일하는 저명한 두 사람의 신하의 회심에 대한 이야기였다. 하나님께서는 이 이야기를 이용하여 그를 한층 더 일깨우고 놀라게 하시기를 기뻐하셨던 것이다. 이에 대하여 그는 다음과 같이 말하고 있다. “즉, 폴리티아누스의 그와같은 이야기를 통하여 하나님께서는 그로 하여금 자기 자신에 대해 생각하게 하셨고, 또한 자기 자신의 더러움과 악함에 주목하게 하셨는데 그 결과 그는 끔찍스러운 당혹감에 사로잡혔던 것이다.”

　필자가 말하는 대로 이러한 효과는 은혜의 원리를 의지 속에 은밀히 전달해 주는 데서 비롯되는데, 영혼 속에서 영혼을 다스리도록 계획된 이 은혜의 원리가 곧 죄를 왕좌로부터 효과적으로 몰아내기 위해 싸움을 시작하기 때문이다. 이제 성령은 완전한 정복을 목표로 육체에 대항하여 싸우기 시작한다. 미약한 확신으로 인해 양심과 의지 사이에 갈등이 있었지만 이제는 의지 자체 안에서 싸움이 벌어지게 되는 것이다. 하나님의 은혜로 인해 이전에는 지배적이었던 습관적인 죄된 성향이 방해를 받게 되기 때문이다. 우리가 본보기로 살펴보고 있는 어거스틴의 경우에서도 이러한 예를 볼 수 있다. 그는 다음과 같이 이야기하고 있다. "오, 나의 하나님, 내 속에 새로이 생긴, 즉 나로 하여금 당신을 사랑케 하는 새로운 의지는 아직 그 힘이 미약하여 오랜 동안의 습관에 의해 확고히 굳어진 나의 이전의 의지를 이기지 못했읍니다. 그래서 나의 두 의지, 곧 하나는 옛것이고 하나는 새것이며, 하나는 육적이고 하나는 영적인 두 의지는 서로 다투어 나의 영혼을 분열시켰읍니다. 그때 나는 내가 성경에서 읽은 것, 곧 육체가 얼마나 성령의 소욕을 거스리며 성령이 얼마나 육체의 소욕을 거스리는가를 경험을 통해 알게 되었읍니다. 나는 두 가지 소욕을 다 가지고 있었지만 내 속에서 과거 비난했던 소욕보다 승인했던 소욕에 더 치중해 있었읍니다. 내가 비난했던 것에 더 치우치지 않을 수 있었던 것은 대부분 나는 내가 기꺼이 자진해서 행하였던 것을 마지못해 참고 있었기 때문이었읍니다."54)

영혼의 이러한 혼란이 야기될 때 하나님께서는 자주 복음의 전파나 혹은 다른 몇 가지 수단을 통해 합당한 진리의 말씀으로 그것을 가라앉히신다. 이러한 소동의 한 가운데서 그분은 오셔서 말씀하신다. "잠잠하라, 고요하라." 이 말씀과 함께 그분은 자신의 은혜의 능력을 통해 반역하려는 힘을 물리치시고 죄의 힘을 정복하시며 인간의 마음으로 하여금 영원히 죄를 포기하도록 결심하게 하신다. 어거스틴도 이러한 상황을 경험하였다. 주님이 주시는 공포를 겪을 그 당시 그는 마치 미친 사람과도 같이 때로는 기도하고, 때로는 울부짖으며, 때로는 홀로, 때로는 친구와 함께, 때로는 걷기도 하고, 때로는 땅바닥에 드러눕기도 했다고 한다. 그러다가 그는 어떤 이상

---

54) Book 8, chap. 5.

한 계기에 의해 성경을 한 권 펴서 읽도록 권고를 받았다. 그때 마침 그의 옆에 있었던 책이 바울의 로마서였는데 그 책을 펴자마자 그의 눈에 들어온 구절이 바로 다음의 구절이었다. "그러므로 우리가 낮에와 같이 단정히 행하고 방탕과 술 취하지 말며 음란과 호색하지 말며 쟁투와 시기하지 말고 오직 주 예수 그리스도로 옷 입고 정욕을 위하여 육신의 일을 도모하지 말자"(롬 13 : 13, 14). 이 말씀을 읽은 즉시 그의 모든 혼란된 갈등은 끝이 났다고 한다. 그는 자신의 전 영혼이 전능하신 은혜의 능력으로 말미암아 하나님의 뜻에 복종된 것을 발견하였고, 이제는 죄를 버리고 하나님께 의지하기로 결심하였으며, 그렇게 함으로써 있게 될 예수 그리스도를 통한 승리와 관련하여 커다란 확신을 갖게 되었다고 한다. 즉각적으로 그는 이 사실을 먼저는 그의 친구에게, 그리고는 그의 어머니에게 알렸다. 친구에게는 회심의 사실을 이야기하였고 어머니에게는 말할 수 없는 기쁨에 대해 이야기했다고 한다. 이 이야기의 결말을 그 자신의 말로 직접 들어보도록 하자. "이 구절들을 읽고 난 후 나는 더 이상 읽지 않았읍니다. 아니, 그럴 필요가 없었읍니다. 왜냐하면 그 구절의 마지막 부분을 읽었을 때, 마치 평화와 안전의 빛이 나의 마음에 주입되기라도 한듯 모든 어두운 의심의 그림자가 사라져 버렸기 때문입니다. 나는 그 부분을 표시해 놓고 책을 덮은 후 나에게 일어난 일을 알피우스(Alpius)에게 조용히 이야기했읍니다. 그러자 그도 또한 내가 모르고 있는 사이에 그에게도 일어나고 있었던 일에 대하여 이야기하였읍니다. 그는 내가 읽은 것이 무엇인지 보기를 원했읍니다. 내가 그것을 그에게 보여주었을 때, 그는 내가 보았던 깃보다 더 많은 것을 보았읍니다. 아니 그보다는 내가 그 구절에 뒤이어 오는 말씀을 보지 못했다고 하는 것이 옳겠지요. 그것은 곧 "믿음이 연약한 자를 너희가 받되"라는 말씀이었읍니다. 그는 이 말씀을 자기에게 적용해 본 후 나에게도 그 말씀을 들려 주었읍니다. 그 훈계의 말씀에 의해 커다란 확신을 하게 된 그는—이 점에 있어서 그는 항상 나를 능가하였다—지체없이 자기를 나와 연관지었던 것입니다. 이 일이 있은 후 곧 우리는 나의 어머니께로 가서 일어난 모든 일을 이야기했읍니다. 어머니는 기뻐하셨고, 우리가 그 일이 어떻게 되어진 것인가를 이야기하자 기쁨과 승리에 넘쳐 하나님 당신을 찬양하였읍니다. 오 하나님, 당신은 진정 우리가 구하고 알아야 할 것보다도 더 많은 것을 우리에게 해 주실 수 있는 분이십니다.” 어거스틴 자신이 말하고 있는 대로, 그가 이것을 기록한 것은[55] “인간의 과장된 교만을 제압하기 위해서”였다. 알피우스의 예를 통해 우리는 하나님께서 얼마나 다양한 방식으로 인간들의 회심을 이루어내시기를 기뻐하시는가를 알 수 있다. 어떤 사람들은 강한 확신이나, 깊은 굴욕 및 커다란 정신적 고통을 통해 평화와 휴식으로 나아오게 하시는 반면, 또 어떤 사람들은 아무런 외적인 혼란도 없이 부드럽고 조용하게 예수 그리스도에 의한 하나님의 구원의 지식으로 나아오게 하시는 것입니다.

4. 죄에 대한 분명한 자각

죄에 대하여 확신케 하는 이 일에 있어 사람들은 또한 그들이 처하게 될 영원한 상태와 관련하여 두려움과 공포를 겪게 된다.

1 영혼이 율법에 의해 죄를 확신하게 되면 일반적으로 그것은 그 확신한 죄로 인해 영혼이 처하게 될 영원한 위험에 대한 깊은 인식과 이해를 동반하게 된다. 왜냐하면 율법은 그것이 가진 모든

---

55) Book 8, chap. 12.

힘을 다하여 양심에 부딪쳐 오기 때문이다. 사람은 율법을 부분적으로 고려할지 모르지만, 율법은 사람을 부분적으로 고려하지 않는다. 그것은 그 빛에 의하여 죄를 확신케 할 뿐만 아니라 그 권위에 의하여 죄인을 정죄하고 죽이기까지 하는 것이다. (롬7 : 9)

② 죄에 대한 깨달음은 항상 사람의 마음을 동요시키고 혼란시키어 슬픔과 부끄러움을 느끼게 한다. 죄를 깨닫고서 인간이 처음 느꼈던 감정은 부끄러움이었다(창 3 : 7). 그리고 그것은 항상 슬픔의 감정을 동반한다(행 2 : 37). 영원한 진노에 대한 두려움 역시 이에 수반되는데, 그 두려움은 영혼을 속박하고(히 2 : 15) 또한 고통을 동반한다. 이렇게 하여 죄를 확신하게 된 사람은 율법의 형벌이 사실이라는 것을 믿게 되고 두려움에 떨게 된다. 그러나 이러한 두려움은 그와 아울러 사람들로 하여금 그들이 처한 현재의 고통과 장래의 비참한 상황으로부터 어떻게 하면 구출될 수 있는가를 희미하게나마 생각하게 만든다. 우리는 무엇을 해야 하는가? 구원을 받기 위해 무엇을 해야 하는가가 우리의 끊임없는 질문이 되는 것이다. (미 6 : 8 ; 행 2장 ; 16 장)

③ 이러한 두려움과 공포는 확실히 영혼으로 하여금 여러 가지의 의무를 실행하게 한다. 즉 그것은 기도하게 하고, 죄를 절제하게 하며, 삶의 전체적인 변화를 추구하게 한다.

④ 우리는 이러한 효과를 단순히 인간의 노력이 작용하여 그들의 상황을 올바로 평가하도록 하는 것이라고 볼 수는 없다. 왜냐하면, 현재의 고통은 물론 장래의 위험에 대한 문제들이 인간들의 마음에 제기되어 그들에게 압박을 주고, 그들로 하여금 신중한 고려를 하게 하며, 그에 따르는 합당한 결론을 이끌어내도록 한다고 하여도 그것만으로는 아무런 영향을 미칠 수가 없기 때문이다. 바로 이러한 의미에서 우리는 율법이 "종의 영"(롬 8 : 15)으로 불리우는

하나님의 은밀한 능력을 동반한다고 말하는 것이다. 이 종의 영은 사람들의 마음에 깊은 영향을 주기 위하여 저주감을 일으키며, 때로는 두려움과 떨림, 즉 공포와 절망으로 마음을 채우기도 하는 것이다.

⑤ 이러한 일은 대개 성년의 시기에 회심을 한 자로서 외부의 상황으로부터 영향을 받기 쉬운 사람에게서 자주 발견되는데, 특별히 공개적인 죄에 깊이 빠졌던 사람들에게서 쉽게 발견된다. 그러나 회심에 앞서 있어야 하는 두려움과 공포의 양이 얼마 만큼이어야 하고 그 모습이 어떤 것이어야 하는가에 대해서는 일정한 규칙이 있을 수 없다. 왜냐하면, 슬픔과 절망과 두려움은 마땅히 있어야 할 것이 아니기 때문이다. 다만 그것들은 마땅히 있어야 하는 것인 죄에 대한 확신에 자주 동반되는 것일 뿐이다. 그것들은 율법의 교훈에 속한 것이 아니라 율법의 저주에 속한 것이다. 즉, 그것은 율법이 필요로 하는 것이 아니라 율법이 짐 지워 주는 것이다. 믿은 후에 있게 되는 복음으로 인한 슬픔은 우리의 마땅한 의무이다. 그러나 이 합당한 슬픔 역시 율법의 저주의 결과이지 그것의 명령은 아닌 것이다. 아울러 이러한 문제 전체에 있어서도 하나님께서는 자신의 주권을 행사하시어 사람들의 영혼을 말할 수 없을 만큼 다양하게 인도하신다는 사실을 명심해야 한다. 그분은 어떤이들은 죽음과 지옥의 문 앞에서 건지어 자기의 사랑 안에서 휴식하게 하시는 반면, 어떤이들의 길은 쉽고 평탄하게 하신다. 어떤 사람은 어두움 가운데서 오랫 동안 방황하게 되지만, 어떤 사람은 단 한 번의 은혜로운 방문에 의해서도 자기의 영혼 속에 그리스도의 모습을 형성하게 되는 것이다.

⑥ 그러나 비록 회심에 앞서 필요한, 죄에 대한 확신의 결과가 어느 정도이어야 하는지도 규정할 수 없지만, 일반적으로 두 가지의

사실에 대해서만은 충분한 확신이 있어야 한다는 것을 알아야 한다. ①죄에 대한 확신, 즉 죄의 상태와 경로 및 실제적인 죄에 대한 깨달음은 영혼으로 하여금 율법의 저주와 하나님의 진노를 싫어하게 할 만큼 충분한 것이어야 한다. 따라서 적어도 하나님께서는 자기가 긍휼을 베푸실 모든 사람들을 "죄 아래로 이끌어 가두시는 것이다." 이것은 "모든 입을 막고 온 세상으로 하나님의 심판 아래 있게 하려 함인" 것이다(롬 3 : 19 ; 갈 3 : 22). 이러한 일이 없다면 아무도 예수 그리스도를 믿을 자가 없었을 것이며, 또 앞으로도 없을 것이다. 왜냐하면 어느 정도로까지 지치고 목말라서 구원을 찾아 헤매지 않는 사람을 그분은 결코 부르시지 않기 때문이다. ②오로지 예수 그리스도에 의해 복음에 제시된 방법 말고는 영혼을 현재 처하고 있는 상황과 그것이 두려워하고 있는 것으로부터 구해낼 수 있는 방법이 전혀 없으며, 뿐만 아니라 하나님께서도 또다른 약속이나 허락을 하시지 않았다는 사실에 대해 충분한 이해와 단호한 결심이 있어야 한다.

　⑦ 이렇게 하여 죄를 확신하게 된 사람의 임무는 예수 그리스도와 그의 안에 나타난 하나님의 의(요 1 : 18)에 대하여 묻고 탐구하고 알아내는 일이다. 그는 그가 겪고 있는 율법의 형벌의 내용을 고백해야 하고 그 결과가 무엇이든지 간에 하나님의 거룩하심을 인정해야 한다. 그는 구원의 수단으로 제시되는 모든 것들을 너무 성급히 믿어서는 안된다. 사람들이 갖는 두려움과 미신적인 생각들은 흔히 잘못된 방법을 제시하는 수가 있기 때문이다. 천주교의 생명은 이처럼 미사(mass), 연옥(purgatory), 고해성사(penanies), 면죄(indulgences), 금욕(abstinence) 등에서 보는 것처럼 죄 된 양심을 유인하여 진정시키는 여러 가지의 제도에 있다고 하겠다. 실로 거룩한 하나님의 율법 자체는 생활의 개혁을 통해 사람들의 양심에 일종의

합법적인 의를 제시하고 권면하는 데 그 의의가 있는 것이다. 순종하려는 참된 욕구가 없이는 진정한 회심이 있을 수 없다는 것은 사실이다. 그러나 이 모든 일에는 하나의 속임수가 있을 수 있다. 말하자면, 만일 어떠한 생활의 개혁이 앞서 말한 대로 죄된 양심을 진정시키는 데 그 목적을 둔다면, 결국 그것은 상한 갈대 지팡이로서 그것을 의지하는 손을 찔러 들어간다는 사실만을 입증해줄 뿐이라는 말이다. 왜냐하면 비록 율법이 항상 죄로부터의 절제, 즉 죄인에게 있어서의 생활의 개혁을 요구하는 것은 사실이지만, 그러나 그것은 그러한 생활의 개혁을 이미 빠져 있는 죄로부터 영혼을 구출해줄 수 있는 수단으로서 제시하는 것은 아니기 때문이다. 만일 율법이 사람들의 마음으로 하여금 그러한 목적을 생각하게 한다면 그것은 다만 사람들을 그것의 저주 아래로 가두는 일 외에 아무런 일도 할 수 없을 것이다.

서로 뒤얽힌 여러 가지의 유혹들을 경계하는 일도 죄를 확신한 사람의 임무 중의 하나다. 아직 충분한 정도의 슬픔과 굴욕을 겪어보지 않은 사람은 조그만 부주의에도 곧잘 유혹에 빠지게 되기 때문이다. 실로 우리가 살펴본 대로 그 충분한 정도의 경험의 양이 얼마인지는 율법은 물론 복음에도 규정되어 있지 않은 것이다. 어떤 사람들은 자기들을 믿음에 이르도록 설득하는 사람들이 자기들의 죄가 얼마나 큰 것인가를 모른다고 생각하고 자기들의 죄는 너무나 커서 하나님도 어찌할 수 없다고 상상함으로써 하나님의 은혜를 과소평가하기도 한다. 그러나 그들을 설득하는 사람들은 그리스도께서는 가장 큰 죄인이라도 부르신다는 사실을 잘 알고 있는 것이다.

5. 그리스도에 의한 회심의 작업

회심의 작업은 예수 그리스도에 의해 완성되는데, 그것은 하나님께 대한 믿음을 발생시키고 작동시킴으로써 이루어진다. 이제 우리는 이러한 사실을 가능한 한 간단하고 명확하게 살펴보기로 한다.

[1] 이것은 복음의 고유하고도 독특한 사역인데, 약속을 처음 주실 때부터 항상 동일한 것이었다. "율법은 모세로 말미암아 주신 것이요 은혜와 진리는 예수 그리스도로 말미암아 온 것이라."(요 1 : 17 ; 롬 1 : 16 ; 벧전 1 : 23 ; 엡 3 : 8 등)

[2] 이러한 목적을 위해서는 복음, 즉 예수 그리스도에 의한 구속과 의와 구원에 관련된 복음의 원리가 죄인들에게 선포되고 알려져야 할 필요가 있다.

[3] 복음의 선포는 믿음 및 순종과 관련된 하나님의 뜻에 대한 계시와 동반된다. "하나님의 보내신 자를 믿는 것이 하나님의 일이니라"(요 6 : 29). 이러한 명령, 곧 생명과 구원을 얻기 위해 그리스도를 믿으라는 명령을 복음이 우리에게 가르치는 것은 우리로 하여금 불신앙의 죄에 의해 야기되는 여러 가지 악한 결과들을 피하게 하기 위해서이다. 왜냐하면 그리스도를 믿지 않는 것은 예수 그리스도에 관한 하나님의 증거를 거부하는 것으로서, 곧 그분을 "거짓말 하는 자로" 만드는 것이기 때문이다. 뿐만 아니라, 그것은 아들의 피를 흘려서까지 잃어버린 죄인들을 긍휼히 여기시는 하나님의 사랑과 은혜에 대한 모욕으로서 하나님의 위험에 대한 가장 큰 도발인 것이다.

[4] 복음에 선포된 대로, 그리스도께서는 특별히 우리의 믿음을 위하여 십자가에 못 박히시고 또한 부활하셨다(요 3 : 14 ; 갈 3 : 1). 이러한 사실은 죄를 깨달은 모든 사람들로 하여금 그에게 나아와 생명과 구원을 얻도록 초청하신다는 것을 포함하고 있는 것이다.(사 45 : 2 ; 65 : 1)

⑤ 그리스도께서 죄인들을 위해 내어준 바 되신 최종적 목표 또한 복음에 선포되어 있다. 그것은 곧 그들을 "그들의 죄에서 구원하는" 것이며(마 1：21), 그들이 두려워하고 있는 바, "장래 노하심에서"(살전 1：10) 그들을 건지는 것이다. 말하자면 복음은 율법의 저주를 피할 수 있는 한 가지 길이 있다는 것을 선포하고 있는 것이다(시 130：4；욥 33：24；행 4：12). 그것은 곧 예수 그리스도의 속죄를 통해 우리가 하나님의 의가 되는 것이다(롬 3：25；고후 5：21；갈 3：13). 하나님께서는 그 속죄를 기뻐하셨으며, 우리가 그 사실을 인정하고 받아들이는 것은 하나님의 뜻이다.(고후 5：18；사 53：11；롬 5：10, 11)

⑥ 죄를 깨달은 사람들이 그리스도를 믿으면 용서함을 받고 의롭다 하심을 얻게 된다고 약속되어 있는데, 그것은 그리스도께서 행하시고 대신 겪으신 모든 것이 그들에게 전가되기 때문이다.(롬 8：3；10：3, 4；고전 1：30, 31)

⑦ 사람들을 압도하여 그리스도를 받아들이게 하기 위하여 복음은 수많은 논증과 권유와 격려와 권고와 약속의 말씀들로 채워져 있는데, 이 모든 말씀들은 하나님의 사랑과 은혜와 미쁘심을 설명하고 선포하기 위한 것이다.

⑧ 하나님께서 자신의 마음과 뜻을 선포하시는 여러 가지의 방법들 가운데서 그분은 흔히 몇몇 특별한 말씀이나 약속, 혹은 구절로 하여금 죄인의 마음에 깊은 영향을 주도록 하시는데 그 예는 우리가 앞에서 살펴본 바와 같다. 이렇게 하여 죄인의 영혼은 우선은 그것이 부여받은 믿음을 행사하도록 자극되며, 이어서 하나님께서 그의 기쁘신 뜻을 따라 다양한 정도로 나누어 주시는 안식과 화평과 위로 속으로 들어가게 되는 것이다.

⑨ 이렇게 그리스도에 대한 믿음을 행사하는 것은 그와 불가분

리적으로 모든 거룩한 순종에 온전히 마음을 쏟는 것은 물론, 모든 알려진 죄를 버리고 삶의 완전한 변화와 개혁을 이루어내는 결과를 필수적으로 동반하게 된다. 왜냐하면 그리스도 안에서 하나님의 사랑을 발견하게 되면 영혼은 곧 이전에 범했던 여러 가지 죄로 인해 경건한 슬픔으로 가득차게 되고, 그 결과, 이제 영혼의 기능들이 새로와지기 때문에 더 이상 거룩함을 사랑하는 것은 피할 수가 없게 되기 때문이다. 이것은 마치 새로 태어난 어린 아기가 자연스런 생활의 여러가지 행동들을 피할 수 없는 것과 마찬가지다. 따라서 세상적이고 신성모독적인 삶의 경로를 좇아 살면서 어떤이들이 믿음에 의한 의를 전파함으로써 거룩한 생활을 경시하게 한다고 비난하는 사람들의 비난은 헛되고 어리석은 것이다. 오히려 그들이 비난하고 있는 사람들은 모두 하나도 빠짐없이, 마음을 정결케 하고 생활을 개혁하지 않는 믿음은 참된 믿음이 아니라 다만 헛되고 죽은 믿음에 지나지 않으며, 만일 그러한 믿음에 의지하게 되면 결국 영혼은 속임을 당하게 된다고 가르치고 있는 것이다. 이들은 또한 무지하고 그릇되게 그들을 비방하는 사람들보다도 훨씬 더 확실한 교리와 훨씬 더 훌륭한 논증을 통하여 보다 더 완전한 거룩한 생활이 필수불가결함을 역설하고 있는 것이다.

　⑩ 이렇게 하여 하나님께로 회심한 사람들은 초대교회 시기에 그들의 신앙고백을 통해 교회 안으로 받아들여져서 신비한 삶에 참여하게 되었다. 그리고 이것이 그들로 하여금 미쁘신 자와의 교제로 들어가게 하는 평상적인 방법이었기 때문에 그것은 그들 모두들 가운데서 사랑을 강화시키는 효과적인 수단이 되었다. 그것은 곧 그들로 하여금 모두 합심하여 주 예수 그리스도의 은혜를 간절히 바라게 하는 것이기 때문이었다.[56]

　이것이 인간을 새롭게 창조하는 일에 있어서 성령께서 하시는 두

번째 위대한 사역이다. 지금까지 살펴본 대로, 우리는 그리스도의 신비스런 몸의 지체를 형성해가는 성령의 사역에 대해 간단히 묘사하였다. 그러나 이 전체 교리가—비록 영국 국교의 가장 학식있는 고위 성직자들에 의해 지속적인 지지를 받아오던 것으로 알려졌지만—현재 우리들 자신들 가운데의 몇몇 사람에 의해 조롱을 받고 있다. 그리고 교리 자체가 타파되고 있기 때문에 그 교리와 관련된 모든 체험 역시 광신적인 것으로 비난받고 있다.

이러한 더러운 영들의 오만과 부정함을 제거하기 위하여 필자는 어거스틴의 체험을 토대로, 회심케 하시는 성령 사역의 몇 가지 실례들을 확증하였다. 그 이유는 이 교리를 비방하는 몇몇 사람이 가

---

56) 나는 심프리시아누스(Simplicianus)에 의하여 어스틴(Austin)에 연관된 플라톤주의 철학자 빅토리누스(Victorinus)의 교회 교제의 허락에 관한 견해에 대하여 언급하고자 한다.
"로마에서 의례적으로 격식을 갖춘 말을 외워서 그들의 믿음의 고백을 신도들이 보는 앞 높은 곳에서 선언해야 할 때가 이르던 때에 빅토리누스에게는 장로들에 의하여 때때로 소심한 자들에게 관대하게 허용되었던 일 곧 개인적으로 고백해도 좋다는 제의가 주어졌다. 그러나 그는 오히려 구원에 대한 믿음의 고백을 대중들 앞에서 할 것을 택했다. 그것이 비록 구원에 관한 일이 아니기는 하였어도 그가 수사학에서 배운바 대로 대중에게 참으로 잘 어울리는 어조로 고백했다. 제어하기 힘든 군중들 앞에서 자신들의 소신을 전하는 일을 두려워하지 아니하는 온유하고 겸손한 양 떼 앞에서 그의 거룩한 말씀을 선포하는 일을 두려워하지 말아야 함은 너무도 지당한 일임에는 틀림 없었다. 그가 말을 하려고 단상에 올라서자마자 그를 알고 있는 모든 사람들(그리고 그들 중 그를 알지 못한 자?)은 축하하는 목소리로 그들 옆에 자리한 자들에게 그의 이름을 반복했고, 거기에는 빅토리누스! 빅토리누스! 라고 웅성거리기 시작했다. 그들은 즉시 그를 보려고 시선을 들고 그의 이야기를 들으려고 주의를 한데 모았다. 그러자 그는 경탄하리만큼 대담하게 진정한 믿음을 선포했고, 거기에 참석한 모든 사람들은 물론 사랑과 즐거움으로 그를 가슴에 맞아 들이기를 원했던 것은 그가 행한 그 일이 그들로 하여금 그를 안아주게 하는 팔이 되었기 때문이다." 이 구절 가운데서 교회 단체들에 속한 그리스도인의 본래의 질서, 권징 그리고 열렬한 사랑에 대하여 많은 것을 터득하게 되었을 것이다.

증스럽게도 그들 자신의 우수하다고 생각하는 기지(conceit)로 의기양양해하고 있는데, 만일 그들이 계속해서 자기들을 부풀리어 동화에 나오는 개구리처럼 배가 터지게 될 때, 그들로 하여금 그들의 가장 성실한 찬미자들까지라도 저 유명한 진리의 승자요, 자신이 살았던 시대의 빛이었던 어거스틴의 불후의 위트(wit)와 우미(grace)와 학식에 결코 경쟁하지 못하게 하기 위해서였다.

제 4 부

제 1 장

복음이 가르치는 성화와 거룩의 본질

중생은 성도를 성화(Sanctification)시키는 한 과정이다. 중생을 거쳐서 성화의 단계에 이르게 된다. / 평강의 하나님은 성화와 거룩(holiness)의 창조자이시다.(살전 5:23) / 거룩의 본질이 무엇인지 증거할 필요가 있다. / 거룩은 복음과 그 진리를 독특한 것으로 믿는 마음을 말한다. 육적인 이성(reason)을 가진 눈으로는 이 거룩을 구별해 내지 못한다. 이것은 성도 스스로에 의해서도 온전히 깨달을 수 없는 것이다. 거룩이라는 과정을 통과하여야 영생에 들어갈 수 있는 것이다. 거룩하여야만 하나님의 영광을 드러낼 수 있고 이것이 하나님께서 우리에게 요구하시는 것이다. 거룩은 하나님께서 우리에게 하신 약속이다. / 그리고 계속해서 우리에게 명하는 말씀이다. 이 약속과 명령을 순종하는 사람에게 상급이 있다.

1. 중생은 성도를 성화로 인도한다

하나님의 택함을 받은 사람은 중생(regeneration)하고 회심(conversion)을 한다. 이것은 성령의 새로운 창조에 있어서 두번째 부분(part)이라고 이미 설명한 바 있다. 성령께서는 사람들을 하나님의 아들로 삼기 위하여 먼저 몸을 입고 이 땅에 태어나게 하시고, 하나님의 뜻을 따라 순종하고 고난받게 하시고, 신비스러운 몸을 준비하시고 영적으로 살아 있는 지체가 되도록 하신다. 그리고 우리의 생명 되시는 그리스도와 연합하여 그의 지체가 되게 하시고 그리스도는 우리의 머리가 되게 하셨다(골 3:4). 성령께서는 이러한 일을 시작하시고 계속해서 우리를 보호하시고, 온전하게 하시고 거룩하게 하신다. 여기에 대한 본질과 성격을 이제 고찰하고자 하는 것이다.

사도 바울은 데살로니가전서 5장에서 데살로니가 교우들을 위해 뜨겁게 기도하면서(살전 5:23) 성도들이 해야 할 복음적인 임무에 대해서 무게있는 권면을 많이 하였다. "평강의 하나님이 친히 너희로 온전히 거룩하게 하시고 또 너희 온 영과 혼과 몸이 우리 주 예수 그리스도 강림하실 때에 흠 없게 보존되기를 원하노라." 나는 이 말씀을 간단히 다음과 같이 옮기고 싶다. "평강의 하나님, 바로 이 하나님께서 너희를 온전히 거룩하게 변화시켜 주셔서 온 영과 혼과 몸이 흠 없이 보존되기를 원하노라." 왜냐하면 거룩하게 되는 것은 명령이며 또한 하나님에 의하여 거룩하게 되어야만 모든 은혜와 임무를 감당할 수 있기 때문이다. 인간의 힘은 유한하고 하나님의 능력은 무한하기 때문에 하나님의 능력이 사람들 위에 임하여야만 그리스도인의 사명을 감당할 수 있는 것이다. 그러므로 사람들은 하나님의 명령을 따라야 하는 것이다. 사도는 하나님에게 기도하기를 이와 같이 데살로니가 사람들을 거룩하게 만들어 달라고 하였다. 이렇게 되어야만 데살로니가 사람들이 하나님을 신실하게 확실히 믿을 수 있기 때문이다. 이상과 같이 기도한 사도 바울은 단언하기를 "너희를 부르시는 이는 미쁘시니 그가 또한 이루시리라"(24절)고 하였다. 사도의 이러한 확신은 그 어떤 것에 의하여 되어진 것이 아니라 유효적으로 사람들을 부르신 하나님을 경외하고 그분을 신실하게 믿는 믿음에서 결론되어진 것이다. 사람들을 부르신 하나님께서는 그들을 틀림없이 온전히 거룩하게 하시고 예수 그리스도께서 강림하실 때까지 그들을 깨끗이 보존시키실 수 있는 것이다.

2. 거룩케 하시는 하나님

이와같이 거룩하게 하시는 분은 하나님(God)이시다. 하나님은 모든 거룩함의 영원한 샘이시고 기초가 되신다. 거룩을 창조할 자는 없다. 다만 하나님에 의해서 거룩하게 되어질 수 있다. 그래서 본문에서도 강조적으로 쓰여진 것을 알 수 있다.— $\alpha \nu \tau o \varsigma\ \delta \varepsilon\ \acute{o}\ \theta \varepsilon o \varsigma$ (Even God himself)—하나님 외에는 사람을 성화시킬 수 없다는 말이다. 만일 하나님께서 사람을 성화시키시지 못한다면 다른 것은 두말할 것도 없이 이 일을 할 수 없다. 그러므로 하나님이 사람을 거룩하게 하실 수 있는 것이다. 하나님께서는 스스로, 은혜로, 당신의 능력으로, 당신을 위하여, 당신의 영광을 위하여 사람을 거룩하게 하신다. 이렇게 하시는 것은 하나님께서 '평강의 하나님'(the God of peace)이시기 때문이다.

사도는 여러번 하나님을 '평강의 하나님'이라고 하였다. 이는 하나님께서 평강의 하나님으로서 우리를 거룩하게 하시기 때문에 사도가 그렇게 말한 것 같다. 그렇기 때문에 우리는 평강의 열매와 평강의 유익을 하나님과 함께 얻게 되는 것이다. 하나님께서는 그리스도에 의하여 우리를 하나님과 화해시키시고 평강을 소유하게 하신다. 그리하여 우리를 거룩하게 하신다. 더 나아가 하나님은 우리의 본성과 인격을 성화하셔서 하나님과 평강한 관계를 계속 유지하도록 하신다. 이 결과 우리는 하나님과 평강한 상태로 친교를 계속하며 하나님을 향해 행동하고 우리의 의무를 다하는 열매를 맺게 된다. 하나님과 평강을 계속해서 유지하게 되는 것은 거룩(holiness) 이다. 거룩은 영적인 위기를 막아주기도 한다. 거룩은 우리 속의 남아 있는 적대 감정을 제거해 준다. 사도는 우리가 전체적으로 성화된다고 말하고 있다(ὁλοτελεῖς). 즉 우리의 어느 기능이나 부분이 본성 그대로 남아 있는 것이 아니라, 본성(natwe) 전체가 하나님의 지배를 받는다고 하는 말이다. 그리하여 우리를 온전하고 완전하게 성화시켜 주신다는 것이다. 이 사상을 다르게 표현하면 다음과 같다. 하나님은 우리의 전 본성(whole natwe)을 성화시키셔서 완전한 영과 완전한 혼과 완전한 몸을 가지게 하시고 그리스도께서 오실 때까지 하나님의 평강 안에서 흠 없이 우리를 완전하게 보존하신다는 말이다.

여기서 말하는 성화는 우리들의 전 본성이 성령에 의하여 직접적으로 이루어지는 하나님의 사역이다. 성화는 우리를 그리스도와 계속해서 평화를 유지하게 한다. 여기에서 우리는 그리스도의 모습으로 변화되며, 완전하게 하나님과 평화(peace)를 유지하게 된다. 그리하여 티 없이 보호를 받으며 살고, 끝까지 하나님과 은혜스러운 상태를 유지할 수 있는 것이다.

3. 거룩의 본질—복음과 그 진리를 독특한 것으로 믿는 마음

사람을 성화시키는 사역의 본질은 유효적인 것이어서 그 결과 사람들은 거룩함에 이르게 된다. 이것은 우리들에게 필요한 사역이므로 부지런히 사모하여야 한다. 성화의 진리는 중요하기 때문에 여기에 대항하고 반대하려는 이론도 있다. 그러나 성화의 교리는 실로 절대적으로 필요한 것이다. 이 세상에서 우리의 제일 중요한 임무를 수행하기 위해서는 성화가 무엇인지 바르게 알아야 하겠고, 우리가 진실로 거룩하게 되어야 하겠다.

1 좀 애매모호하긴 하지만 성경에서 말하는 성화(sanctification) 에는 두 종류가 있는데 이것은 전제로 말해져야 할 줄 안다. 첫째는 사람과 물건에 관한 것으로 이들은 하나님에 의하여 임명되고, 지정되어, 거룩하게 되어서 하나님을 섬기는 일에 특별히 바쳐지고 구별된 경우이다. 여기에는 제사장, 레위인, 방주, 제단, 장막, 성전 등이 있는데 이것들은 모두 성화된 것들이다. 두번째는 우리가 지금 다루고 있는 것인데 첫번째 것들과 같이 목적과 쓰임에 의해서 나누어지는 것이 아니라 성화의 결과 또는 효과에 대한 것이다. 이것은 거룩한 요소와 교통함으로 이루어지는, 실제적이며 내적으로 거룩하게 되는 것을 말한다.

성령의 성화 사역은 교리적으로 제한은 있지만 특별히 진리(truth) 와 복음의 은혜(grace of the gospel)와 연관이 있다. 거룩이란 복음에 있는 진리가 우리들의 영혼에 심어지고 새겨지고 실현되는 것이다. [57] 그래서 우리 주님께서는 당신의 제자들을 위하여 기도하실 때에 "저희를 진리로(the truth) 거룩하게 하옵소서 아버지의 말씀은 (thy word) 진리니이다"(요 17 : 17)라고 하셨다. 주님은 우리를 위하여 거룩하게 되셨고, 희생제물이 되시기 위하여 거북하게 되신 분이다. 그러므로 우리도 진리 안에서 거룩하게 되어야 한다. 왜냐하

---

57) 그것은 에베소서 4 : 24에서 하나님께서 요구하고 계신 경건과 성결을 선포하는 말 곧 $\acute{o}\sigma\iota o\tau\eta\varsigma$ $\acute{\iota}\eta\varsigma$ $\alpha\lambda\eta\theta\epsilon\iota\alpha\varsigma$, "진리의 거룩함"—복음이 유래되고, 그것과 부합하여 구성되어 있으며 또 복음 그 자체가 $\alpha\lambda\eta\theta\epsilon\iota\alpha$ $\acute{\eta}$ $\varkappa\alpha\tau'$ $\epsilon\upsilon\sigma\epsilon\zeta\epsilon\iota\alpha\upsilon$, "경건에 따라 이루어진 진리"—이라는 말로 일컫고 있다.

면 "우리를 자유롭게 하는 것은 진리이기" 때문이다. 진리는 죄와 율법으로부터 우리를 의롭고 거룩하게 한다. 예수님은 진리이시다. 진리 안에는 자연과 율법은 포함되지 않는다. 자연은 전적으로 부패하였고 진리를 거스린다. "모세에 의해 주어진" 율법은 끝이 있다. 그러나 "예수 그리스도로 말미암아 임한 은혜와 진리"는 영원히 존재한다. 이 세상에는 거룩한 요소가 전혀 없으나 복음의 진리와 약속을 따라 성령의 교통하심(communicated)과 예수 그리스도로 말미암은 거룩(holiness)은 언제나 흘러 넘친다(flowing). 세상에는 이와 비슷한 것들이 많은 있을 것이다. 외부적으로 나타나는 행동들, 그리고 그것들의 여파들이 있을 것이다. 외적으로 제복을 입은 것같이 드러내는 경우도 있을 것이다. 이것은 저들의 신념에 의해 일어나는 열심의 결과에 불과한 것이다. 저들 속에는 거룩의 본질이 없다. 그들은 스스로 자신을 속이고 있는 것이다. 실로 이런 사람들 속에는 경건의 신비스러운 모습은 전혀 없다. 타락한 본성은 최고로 높은 승리의 면류관으로부터 사람을 타락시키고, 욕되게 하고, 떨어뜨리는 일을 한다. 그리스도의 인격은 "몸을 입으신 하나님"으로서 낮고 천한 곳에 임하셔서 은혜를 베풀어 주신다. 그리스도의 전 인격은 사람의 몸을 입으시고 순수한 인성으로 오셨고, 하나님의 아들로 오셨다. 그는 순종과 고난에 모본을 보이셨다. 그가 가르치셨으나 육적인 이성의 능력으로 가르친 것이 아니라 그의 성령과 교통하시면서 거룩한 인격으로 진리와 도덕적 덕성(moral ritue)을 가르치셨다. 이 세상의 천하고 육적인 마음을 가진 사람은 그리스도의 은혜, 복음의 영광, 우리의 본성을 회복시키시는 신비스러움, 우리를 회복시키셔서 하나님과 교제할 수 있는 신분으로 만들어 주신 하나님의 모든 계획을 매우 무가치한 것으로 간주할 것이다. 사람에게 제일 중요한 성품은 도덕적 덕성이다. 이것은 이 세상에서 더 확장하고 넓힐 수 있는 가치, 사용, 만족, 모든 명예, 능력, 이익, 기쁨보다 능가하는 것이다. 그래서 도덕적 덕성은 존경받는 것이고 여기에 대하여 교육을 하는 것이다. 또한 좋은 덕목이 있을 때 그리고 이것을 탁월하고 아름답게 사용할 때 칭송을 듣게 되고 이것을 다른 사람에게 베풀어줄 때 이교도들까지도 배우고 묵상하려고 할 것이다. 지혜로운 이교도들은 이것을 배워 존경을 받을지 모르나 그러나 이것을 완전히 깨닫지는 못한다. 덕성을 연습하여 유명하게 된 경우가 있는데 이들은 여러가지 조건하에서도 의롭고, 절제있고, 평온하게 살아가고 있다는 것이다. 그리하여 그리스도인이라고 자처하는 사람들을 부끄럽게 하였다. 지난 날에는 공격적이고 저주를 하던 사람이 도덕적인 면에서 덕목을 가지고 살아갈 수 있는 일은 그리스도의 영을 받아 믿는 신자가 진리로 거룩하게 되어야만 한다. 이렇게 된 사람은 공격적이고 저주하던 생활을 떨어버리고 내던진 사람이다. 사람들은 이렇게 변화된 사람들을 관심을 가지고 살피며 찾게 된다. 그러나 위선적인 사람들은 이런 사람을 싫어하고 멸시하고 멀리하려고 한다. 그리고 자기들만의 공허한 이름을 기뻐하고, 시들어 버리고 생명 없는 졸렬한 덕성을 위선적으로 답습한다. 이것이 이교도들의 덕목의 특징이다. 저들은 사람이 본성적으로 요구하는 것을 부지런히 찾으려고 하는 데에서 유발된 것으로 부패한 사람들에게서 나타난 것인데 이것이 우리들을 속일 수는 없는 것이다.

　2 복음적인 거룩에 관해서 알아보고 묻는 것은 우리의 의무이다. 왜냐하면 이것은 심오하고 신비한 것이기 때문이다(사람들은 이것을 좋은 것으로 말해야 함에도 불구하고 어떤 사람들은 이것을 나쁘게 말한다). 육적인 이성(理性)을 가지고는 복음적인 거룩을 구별할 수 없기 때문에 이러한 오류가 일어나는 것이다. 어떤 의미에

서 우리는 이것을 지혜로운 욥과같이 말할 수 있을 것이다. "그런
즉 지혜는 어디서 오며 명철의 곳은 어디인고 모든 생물의 눈에 숨
겨졌고 공중의 새에게 가려졌으며 멸망과 사망도 이르기를 우리가
귀로 그 소문은 들었다 하느니라 하나님이 그 길을 깨달으시며 있
는 곳을 아시나니 이는 그가 땅끝까지 감찰하시며 온 천하를 두루
보시며 바람의 경중을 정하시며 물을 되어 그 분량을 정하시며 비
를 위하여 명령하시고 우뢰의 번개를 위하여 길을 정하셨음이라 그
때에 지혜를 보시고 선포하시며 굳게 세우시며 궁구하셨고 또 사람
에게 이르시기를 주를 경외함이 곧 지혜요 악을 떠남이 명철이라
하셨느니라"(욥 28 : 20— 28). 이것이 지혜이다. 이와같은 지혜의
길과 지혜의 거처는 사람의 자연적인 이성과 지혜로는 알 수가 없
는 것이다. 그러나 자연적인 사람은 열심으로 지혜를 구하는 것을
멸시한다. 이러한 일은 바리새인들에게서 찾아볼 수 있다. 이들은
형식적인 의(義)를 찾았던 사람들이다. 이들은 자기의 임무를 직접
수행하며 실천하는 사람들을 찌르고, 앙심을 품으면서 미워하였다. 이
것은 복음적인 거룩을 이루는 일에 정면적인 적대행위였다. 그들은
성화가 무엇인지 몰랐기 때문에 이것을 미워하였다. 그들은 성화의
자리에 다른 것을 놓았기 때문에 성화를 멸시하고 핍박까지 하였다.
③ 믿는 사람들도 성화(Sanctification)를 생소하게 느낄 때가 있다.
그리고 성화의 참된 성격, 원인, 효과, 유익 등을 이해할 경우도 있다.
성화는 우리 스스로 된다고 이해하지 않는다. "성화는 하나님의 영
(the Spirit of God)에 의하여 우리 속에 일어나는 일"이다. 그러므
로 우리는 이 사실을 배워야 한다. 때때로 믿는 사람들이 성화되
고 거룩하게 되는 것을 이상하게 여기는 것은 성화가 어떻게 이루
어지는지에 대하여 아는 바가 없기 때문이다. 오! 우리는 얼마나
우리 자신을 모르고 있는가! 우리가 무엇인지, 어디서 왔는지, 우리

들의 자연적인 능력이나 기능을 가지고는 이것들을 잘 모르는 것이다! 우리들의 영혼에 대해서 우리는 얼마나 모르는 것이 많은가! 그러나 성령에 의해서는 무엇이든지 알 수 있는 것이다. 그러므로 어두워진 심령은 성령으로 말미암아 변화된 새로운 성질에 대하여 이질감을 느끼게 되는 것이다. 새롭게 되는 것은 위로부터 되는 것이며, 하나님으로부터 되어지는 것이다. 우리들의 자연적인 이성으로는 이것을 깨닫지 못한다. 새롭게 된다는 것—이것은 놀라운 일이다. 이것은 초자연적인 사역이다. 초자연적인 사역은 초자연적인 계시에 의해서만 알 수 있는 것이다.

④ 성화는 우리의 삶을 감금하는 것이 아니라 영원과 영광으로 통과하는 것이라고 생각해야 한다. 죽음도 영원과 영광을 깨뜨리지 못한다. 그리고 우리에게서 그것들을 빼앗아가지도 못한다. 인생의 삶은 잠깐이지만 믿음으로 살아드린 보상의 열매는 영원한 것이다. 주 안에서 죽는 자는 모든 수고를 그치고 쉬게 되는데, 이것은 "저희의 행한 일에 따름이 있기" 때문이다(계 14 : 13). "하나님이 불의치 아니하사 너희 행위와 그의 이름을 위하여 나타낸 사랑으로 이미 성도를 섬긴 것과 이제도 섬기는 것을 잊어버리지 아니하시느니라"(히 6 : 10). 거룩은 어떤 열매가 있는 것이 아니다. 그리스도의 제자들에게 냉수 한 그릇 준 일도 없다. 그러나 이렇게 행한 일들이 영원히 기억된다는 것이다. 그리고 영생의 보상이 있다는 것이다. 천하를 얻고도 제 생명을 잃으면 유익한 것이 없는 것이다. 이 세상에서 모든 것을 소유했다고 하더라도, 그리고 그것이 아무리 귀중하다고 하더라도 불에 타버리거나 다 소비해 버린다면 그것은 '건초나 보리의 그루터기'와 같은 것이다. 적어도 거룩의 은밀한 열매가 있어야 '금과 은'같은 하나님의 귀한 보물을 얻을 것이고, 영광스러운 성도의 기업을 소유하게 될 것이다. 거룩해지는 일

을 잊지 않도록 힘써야 하며, 죄와 대항해서 승리할 수 있는 은밀한 노력을 해야 한다. 내적으로 깨끗하고 외적으로는 열매가 있고, 죄에게 굴욕당하지 않고, 유혹을 뿌리칠 수 있어야 하며, 자신을 부인하며, 만족해 하여야 한다. 내가 안다고 하는 모든 것은 실제로는 아무것도 모르는 것이다. 거룩은 다시 소생할 수 있는 것이고, 나를 점검하는 것이고, 영생을 보장받는 것이다.

그러나 이것이 전부는 아니다. 거룩의 요소와 본질은 영원히 계속될 것이다. 어떤 은사는 사용하면 없어지고 쓸모없는 것도 있다 (고전 13:8). 어떤 은혜는 특별한 일을 한 뒤에는 사라지고 마는 것도 있다. 즉 미래나 보이지 않는 것에 대한 믿음과 희망같은 것은 시간이 지나면 없어지기도 한다. 그러나 성화 속에는 모든 것이 포함되어 있다. 현재 온전한 본질을 가지고 거룩하게 된 성도는 영원히 거룩하게 존재하는 것이다. 우리가 가지고 있는 영광스럽고 영원한 조건은 매우 중요하다는 것을 우리는 잘 알고 있다. 이것은 모든 위로의 근거가 되는 것이며 주된 기쁨의 한 부분이 되는 것이다. 우리들의 몸은 회복이 되지 않아 가련하게 되어 죽고, 먼지가 되고, 썩어, 부패하지만, 다시 일어날 것이고 생명이 회복되어 불멸의 존재가 되는 것이다. 그리하여 고통이 없고, 병들지 않고, 연약하여지지 않고, 피곤하지 않고, 그리스도의 영광스러운 몸과 같이 될 것이다. 이러한 사실이 이해가 되지 않는 사람도 있을 것이다. 그러나 이러한 사실을 생각한다고 하는 것은 두말할 것도 없이 기쁜 일이다. 이러한 몸은 지금 우리들과 같이 생기와 활기를 가진 사람으로서 흑암, 무지, 공허, 불안정으로부터 나온 상태이며, 영적으로 볼 때 하늘에서부터 멀리 떨어져 있는 사람도 아니다. 이것이 성화의 전부는 아니다. 우리는 적고(poor) 낮은(low) 것이긴 하지만 계속해서 은혜를 받고 있으며, 계속해서 깨끗하게 되고 있으며,

온전하게 되고 있는 것이다.

사랑은 가장 좋으신 하나님에게서 떨어지지 않도록 우리를 굳게 지켜주며, 믿음은 우리의 영원한 머리가 되시는 그리스도에게 연합되어 있게 해준다. 우리가 하나님의 길과 규례 안에 살고 있을 때 기쁨이 있는 것이고, 하나님의 면전에 있을 때에 즐거움이 있는 것이다.

우리가 그리스도의 형상을 이룰 때에 모든 사랑을 할 수 있는 것이다. 이것이 지금 우리가 소유할 수 있는 완전하고도 영적인 요소들이다. 이렇게 되어질 때 완전히 거룩하게 되었다고 할 수 있고 온전한 성도가 되어 영광으로 들어갈 수 있는 것이다. 이 세상에서 거룩한 마음이 얻을 수 있는 것은 거룩한 마음의 성향과 기질, 그리고 모양이다. 그리고 하나님께 순종하고, 하나님에게서 떨어지지 않는 힘을 얻을 수 있다.

우리의 연약하고 불완전한 요소들은 변질되지 않는 영광스럽고 완전한 습관을 형성해 주고, 변덕 없는 행동을 하게 하여 하나님을 기쁘시게 하고, 자신도 기뻐하게 되는 것이다. 여기에서는 성화의 교리를 밝히 알려주고, 성화의 유익이 무엇인지 인식시키는 데 강조점을 두었다.

⑤ 이 세상에는 영적으로 영광스럽고, 천부적으로 영광스러운 것이 있다. 왕의 딸인 교회는 "그 안에 모든 영화를" 가지고 있다(시 45 : 13). 교회의 내면은 성령의 은혜로 장식되어 있다. 이것을 영광스러운 곳이라고 부른다. 이 가운데서 거룩한 신자의 성장이 있게 되며 "영광으로 영광에 이르게" 되며 (고후 3 : 18), 영광스러운 은혜의 자리에서 또 다른 곳으로 변화하는 것이다. 그리하여 그리스도의 의로우심이 우리들 위에 임하심으로 아름다운 성도가 되는 것이다. 이러한 성도는 하나님이 보실 때 아름답고 그 안에는 참으

로 영적인 영광이 있는 것이다. 이것은 하늘의 첫번째 열매이다. 이
것은 영원한 빛이고, 영원한 생명의 요소이다. 우리가 하나님에게
영원히 연합되어 있을 때 사랑의 온전한 본질이 증거되는 것이다.

⑥ 하나님이 우리들에게 요구하시는 것이 있다. 실로 하나님이 우
리에게 원하시는 것이 있다. 그것은 우리가 사람된 도리를 온전히
하는 것이다. 이는 실로 우리들이 알아야 하고 부지런히 찾고 적극
참여해야만 알 수 있는 일이다. 하나님이 우리를 종으로 삼으신 것
은 하나님과의 관계를 바로 알고 우리의 임무를 바로 알도록 하는
데 있다. 만일 주님께서 원하시는 바를 우리가 안다고 할 것 같으
면 열심을 다해서 그 뜻을 이루어드려야 하지 않겠는가?

하나님은 우리가 거룩하게만 되기를 요구하시지 않으신다. 거룩
하게 되는 것은 물론이고, 믿음으로 속죄받고, 만족한 상태에 있기
를 요구하신다. 이교와 천주교의 미신에 뿌리내린 우리의 본성이
뿌리부터 새롭게 되기를 원하신다. 그리하여 머지 않아서는 의롭게
되기를 원하신다. 왜냐하면 우리는 "그리스도 예수 안에 있는 구속
으로 말미암아 하나님의 은혜로 값없이 의롭다 하심을 얻은 자가
되기" 때문이다(롬 3 : 24). 우리의 힘으로 의롭게 되는 것이 아니다.
우리는 이것이 필요한 줄도 모른다. 생명과 구원은 우리가 구매하
는 것이 아니다. 우리는 우리의 의무도 이행하지 못하는 무능한 존
재다. 하나님의 은혜가 아니고는 아무것도 하지 못한다. 영생은 하
나님의 선물이다(free gift). 우리가 마땅히 받을 어떤 것에 의하여
보상으로 받은 것이 아니다. 거룩해야 하는 것처럼 우리는 우리의
의무를 다해야 한다. 로마교회나 유대 바리새인들이 과도하게 행함
을 강조하는 것처럼 우리가 행하는 것이 아니라, 우리가 마땅히 행
하여야 할 바를 행하면 되는 것이다.

육신적인 이성(reason)은 하나님께서 요구하시고 필요로 하시는

것이 무엇인지, 또는 요구하시지 않으시는 것이 무엇인지 알지를 못한다. 그리고 선한 일이 무엇인지 또는 칭찬받을 일이 무엇인지조차도 파악하지 못한다. 그래서 육적인 이성을 가진 사람은 선행을 할 수 없는 것이다. 그리고 하나님의 명령에 대해 그 권위를 인정하지 않는다. 그뿐만 아니라 우리 안에 하나님의 형상이 회복되어야 할 필요성도 알지 못한다. 이 땅에서 하나님과 교통하는 것(communion)이 필요한 줄도 알지 못하고, 영광 가운데서 하나님과 함께 기뻐하는 것도 모른다. 저들은 하나님께 거룩하게 순종하는 지혜도 없고 하나님께 감사할 줄도 모르고, 하나님께 영광을 돌릴 줄도 모른다.

참으로 구원받는 복음의 빛이 예수 그리스도의 복음으로 말미암아 우리들의 심령에 먼저 들어왔다. 그리하여 우리들은 잘못을 깨닫기 시작하였다. 우리가 복음 안에서 세례를 받는 것과 같은 커다란 증거를 받지 않았다 할지라도 믿음으로 말미암아 우리는 하나님의 지혜로 마음 속에 있는 불평하는 것을 깨끗이 제거하였다.

7 하나님의 명령 외에 생각할 것이 있는데 그것은 성화(sanctification)이다. 하나님께서 이 일을 우리 안에 이루어 주시겠다고 귀한 약속을 해주셨다. 우리를 성화시키시는 것은 선행(good work)을 위한 것이다. 이것은 우리가 원해서 되는 것이 아니다. 우리 자신은 성화를 알지도 못했다. 그리고 우리 자신에 의해서 거룩하게 되는 것도 아니다. 우리의 필요에 의해서 되는 것도 아니고 우리의 이성으로 되는 일도 아니다. 하나님의 은혜로 말미암아 우리 안에 약속하신 하나님의 말씀대로 이루어지는 것이다. 성화를 위해서 하나님은 여러 차례 약속을 하셨다. 하나님이 말씀하시기를 "내가 돌과 같은 마음을 제하여 버리고 살과 같은 마음을 주겠다." — 내가 너희에게 새 마음(new heart)을 주겠다 — 내가 너희 안에 새 영(new

spirit)을 주겠다. 내가 나의 법을 너희 마음에 기록하겠다(write) —
내가 너희 마음에 나를 경외하는 마음을 주겠다—너희로 내 율례
를 행하게 하리니 너희가 내 규례를 지켜 행할지니라"(참고, 렘 31
: 33 ; 32 : 39 ; 겔 36 : 26, 27). 성화(sanctification)와 거룩하게 됨(ho-
liness)은 전적으로 이와같은 약속에 근거하여 이루어지는 것이다. 죄
의 오염(defilements)으로부터 깨끗하게 되는 것은 마음으로 언제든
지 하나님을 경외하고 하나님의 길을 따라 걸어감으로 이루어지고,
여기에서 성화가 되고 또는 거룩하게도 되는 것이다. 하나님께서는
이 모든 약속을 직접 우리 안에 역사하신다.(to work)

좀 탈선하는 것 같지만 우리는 여기에서 두 가지를 생각해야 하
겠다. 성화에 대한 우리의 임무에 대해서는 하나님이 명령을 하셨
고, 하나님의 은혜에 대해서는 약속을 하셨다는 말이다. 이것을 모
순된 것같이 생각하는 사람도 혹간 있다. 명령이란 약속을 위한 어
떤 여지가 없는 것이고, 약속이란 명령의 권위가 없는 것이라고 생
각한다. 만일 거룩하게 되는 일이 우리의 의무라면 여기에 은혜라
는 것은 있을 수 없는 것이다. 그리고 만일 거룩하게 되는 일의 은
혜의 결과라면 거기에는 의무라는 것이 있을 수 없는 것이다. 이와
같은 논쟁은 '육체적 지혜'의 산물이다. '위로부터 온 지혜'는 우
리에게 다른 것을 가르친다. 실로 성화에 있어서 은혜와 행함은 상
반되는 것이다. 즉 모순이라는 말이다. "만일 성화가 행함으로 된
것이라면 은혜는 없는 것이고, 만일 성화가 은혜로 되었다면 행함이
없는 것이다." 그렇지만 우리의 의무와 하나님은 은혜는 성화의 문
제에 있어서 상반되거나 모순되는 점이 없다. 성화를 위해서 우리
의 의무(duty)와 하나님의 은혜는 상호 필요한 조건이 되기 때문이
다. 우리는 하나님의 은혜가 없이는 우리의 의무를 행할 수 없고,
하나님이 우리에게 은혜를 주셨다 할지라도 우리가 우리의 의무를

이행하지 않는다면 하나님이 주신 은혜의 목적이 이루어지지 못하는 것이다. 하나님이 우리를 거룩하게 하시기 위해서 의무를 이행하라고 명령하신 사실을 거부하는 자는, 우리를 거룩하게 하시려고 하나님께서 주신 은혜의 약속을 거부하는 자와 똑같다. 이 사람은 결국 성경 전체를 거부하는 자이다. 그러므로 만일 우리가 거룩하게 되기를 바랄진대 이 두 가지를 바르게 생각해야 한다. 명령을 생각할 때 우리의 양심은 마땅히 하나님의 명령에 대한 권위를 높여야 하며, 거룩하게 되기 위하여 하나님의 명령에 순종해야 한다. 순종은 명령의 권위를 인정하는 것이다. 우리는 반드시 명령의 당위성, 공정성, 유익성을 깨달아야 한다. 우리의 봉사는 합리적인 봉사이어야 하며 하나님의 길을 따라가야 한다. 하나님의 명령을 지킴으로 말미암아 받는 바 보상도 크다는 것을 또한 알아야 한다. 그러므로 우리는 거룩하게 되는 일, 의롭게 되는 일, 선하게 되는 일을 사랑하고 즐거워해야 하는 것이다. 거룩하게 되는 것은 그 본질이 새롭게 되는 것(new nature)이다. 여기에는 미련하게 되는 일이 없는 것이다. 그리고 곧게(upright) 선 것이고, 변질되지 않는 것이고, 편안한 것이고, 즐거운 것이다. 우리는 약속을 중요시해야 한다.

① 우리가 무능한 감각을 가지고 즉각적으로 하나님의 명령을 따를 때에 우리 자신의 힘으로 명령을 순종하는 것이 아니라 "우리 하나님의 충만한 능력"으로 순종한다고 믿어야 한다.

② 우리가 은혜를 사모할 때 우리를 도와주시고 위로해 주시는 하나님의 배려가 준비되어 있어 언제든지 우리에게 주신다. 약속된 은혜가 아니고서는 우리는 결코 제일 작은 거룩의 정도에도 도달하지 못한다. 그리고 은혜의 제일 적은 요소도 우리는 받지 못한다. 우리가 사모하는 은혜를 하나님은 충분히 준비해 두시고 무한한 관대함으로 우리들에게 공급하시는 것이다.

③ 우리가 믿음으로 행하고 모든 거룩한 순종을 위해서 공급하시는 하나님의 은혜는 약속에 대하여 기도하고 기다릴 때 주신다.

④ 우리가 특별히 시험을 받고 특별한 의무를 감당할 때 특별히 생각해야 할 것이 있는데, 그것은 일반적인 약속은 우리를 안전하게 해주지 못한다는 것이다. 그러나 믿음의 훈련은 특별히 어려울 때 도움이 되고 조력이 될 수 있다.

⑧ 이제 우리가 계획한 중요한 문제에 가까이 왔다. 성령께서는 모든 믿는 자들을 직접, 그리고 독특한 방법으로 거룩하게 하신다고 나는 주장한다. 그리고 성령님은 모든 사람들을 성화시키는 분이시다. 즉 성령님은 성화의 창시자이시다. 나는 이러한 주장을 확정하고 주장할 필요는 없다고 생각한다. 앞에서도 언급하였지만 성령께서는 모든 신적인 은혜를 직접 주시는 분이시다. 그 외에도 우리가 일반적으로 선언할 것이 있는데 성령님은 "하나님이 택하신 모든 사람들을 거룩하게 하신다"는 것이다. 이것은 의심할 여지가 없는 것이고 더 이상의 증명이 필요치 않는 것이다.

제 2 장

성화의 진보적 사역

성화는 진보한다고 말할 수 있다. / 그 방법과 수단에 의해 성화는 증가한다(increased). 특별히 믿음과 사랑에 의한 신앙의 훈련이 끊임없이 요구되고 있다. 경우에 따라서는 은혜스러운 경험도 요구된다. / 성화의 성장은 때로 감각 없는 나무에 의해서 설명되기도 한다. / 은혜로운 사역은 놀라운 것이다. / 발전적 성화의 본질을 반대하는 것들은 사라졌다.

성화(Sanctification)에 대하여 일반적으로 관련이 있는 몇 가지를 생각해 보고자 하나 여기에 대해서는 다음 장에서 설명하고자 한다. 그리하여 좀 특별하게 다루면서 설명하려고 한다. 모든 것이 본 주제에 다 포함되었다고 생각지 않고 앞으로 필요한 성화의 본질과 영광스러운 일에 대하여 몇 가지 이정표(way-marks)를 세우고자 한다.

성화는 하나님의 영의 직접적인 사역이다(Sanctification is an immediate work of the Spirit of God). 성화는 믿는 자의 영혼을 죄의 오염과 더러움에서 깨끗하게 하는 것이다. 깨끗하게 한다는 것은 인간의 본성(natures)을 변화시킨다는 말이다. 그리하여 하나님의 형상을(the image of God) 사람들 속에 새롭게(renewing) 갱신하는 것이다. 그렇게 되므로 새롭게 된 사람은 영적이며 은혜스러운 생활 습관이 형성되어 하나님께 순종하고, 새로운 약속을 따라가며, 예수 그리스도의 삶과 그 죽으심의 덕을 세우며 살게 되는 것이다. 더 간단히 말한다고 할 것 같으면 중생이란 성령에 의하여 우리의 본성이 전적으로 혁신(renovation)되는 것이고, 예수 그리스도를 통하여 하나님의 형상이 우리 속에 이루어지는 것이라 하겠다. 사도는 이것을 간략하게 표현하고 있다. "그런즉 누구든지 그리스도 안에 있으면 새로운 피조물이라"(new creatuve)(고후 5 : 17). 나는 여기에서 우선은 일반적인 문제를 다루고, 그 다음에는 성화의 본질(true nature)과 결과(effects)에 대해서 생각하고, 그 다음에는 특별히 이것을 반대하고 문제시하는 부분을 다루려고 한다.

　성화가 하나님의 영(the Spirit of God)의 사역이라고 하는 것은 이미 앞에서 증거하였다. 그리고 이 사역은 신자들의 영혼 속에(in), 그리고 위에(on), 실제적이고 내적이며 능력있는 역사(work)로 임한다고 하는 것도 이미 앞에서 증거하였다. 중생과 성화는 다른 것이다. 주된 차이는 역사하는 양식(manner)에서도 확연히 나타난다. 중생의 사역은 단번에(instantaneous) 완성된다. 이것은 단독적으로 창조적인 행위로 되어지는 것이다(creating act). 그래서 중생은 점차적으로 어떤 차등을 두고 일어나지 않고 동시적으로 일어난다. 그러므로 사람은 중생하였거나 아니면 중생하지 못한 사람으로 대별되고 그 이상의 사람은 있을 수 없다. 그러나 성화는 진보적이며 발전적으로 일어난다. 이 사람은 저 사람보다 더 거룩하게 될 수 있고 저 사람이 이 사람보다 성화된 성품이 뒤떨어질 수 있는 것이다. 성화는 이처럼 차등이(degrees) 있는 것이다. 성화의 시작은 있으나 한번에 완전이 끝나는 것이 아니고 점차적으로(gradually) 일어난다는 말이다. 여기에 대한 연구를 우리가 앞으로 발표하며 설명하여 분명하게 할 것이다.

1. 성화는 점진적으로 성장한다.

　성경을 살펴보면 성화는 우리들에게서 증가하며(increase) 성장하도록(growth) 자주 일어난다. 또 이렇게 성화된다고 성경은 약속하고 있다. 사도 베드로는 여기에 대하여 다음과 같이 증거하고 있다. "…너희 굳센 데서 떨어질까 삼가라, 오직 우리 주 곧 구주 예수 그리스도의 은혜와 저를 아는 지식에서 자라가라"(grow or increase, in grace, 벧후 3 : 17, 18). 성화는 우리의 영혼이 타락하지 않는 정도에서 만족하게 여기는 것이 아니라 주님의 은혜 속에서 강하여지고 열심히 섬기고 봉사하는 것이 향상되는 것까지 요구하고 있는 것이다. 데살로니가서에서는 성장하라고 명령을 하고 있다. "…이것이 당연함은 너희 믿음이 더욱 자라고(exceeding growth) 너희가 다 각기 서로 사랑함이 풍성함이며…"(살후 1 : 3). 사도 바울은 "하나님이 자라게 하심으로 자라느니라"(increasing, 골 2 : 19)고 가르치고 있다. 거룩하게 되는 것은 성장되는데, 이것은 하나님이 요구하는 바이며 하나님이 자라게(increase) 해주시는 것이다. 우리는 이 사실을 받아들이고 적극 만족스럽게 인정해야 한다.

　성화가 시자되는 것은 땅에 씨를 심는 것과 같은 것이다. 거룩하게 되는 것은 씨가 땅에 떨어져 싹이 나고 성장하는 것과 같다. 성화는 성화의 씨가 심령에 심어지고 보호받고 길러지는 것이다(nourished). 성화는 성화의 본질(nature)이 심겨지고 뿌리가 내리고 싹이 나고 성장하여 열매를 맺는 것이다. 성화의 요소는 하나님이 심어주시는 씨이다. 이것이 처음에는 작지만 우리의 마음 속에 선하고 정직한 심성을 받아들이게 한다. 이렇게 되는 것도 하나님의 영에 의한 것이다. 그래서 이 요소(principles)가 보호받고 길러지고 뿌리 내리고 열매를 맺게 되는 것이다. 이와같이 처음에는(성화의 요소가) 심겨지고 다음에는 자라는 것이다. 이것은 모두 성령의 사역이다. "너희 속에 착한 일을 시작하게 하신 이가 그리스도 예수의 날까지 이루실 줄을 우리가 확신하노라"(빌 1:6)고 하신 말씀과 같이 거룩하게 된 사람은 '선한 일'(good work)을 한다. 거룩하게 된 사람은 두 가지 방면으로 역사를 하는데 그것은 다음과 같다.

첫째, 우리가 받아 누리는 은혜는 경건의 연습을 통해서 강화되고 증가된다. 은혜는 외부적인 어떤 경우에 따라서 받는 것이 아니라 절대적으로 필요하기 때문에 하나님이 주시는 것이다. 은혜는 실제적인 생활에 나타나는데 그것은 믿음과 사랑과 같은 것이다. 이러한 은혜는 차등이 있다(degrees). 그러므로 성장에도 차이가 있는 것이다. 우리는 작은 믿음과 큰 믿음에 관해서 읽었고, 약한 믿음과 강한 믿음에 관해서도 읽었다. 이것은 사실이다. 본질적으로 믿음은 같은 것이다. 그러나 정도에 있어서는 차이가 있다는 말이다. 사랑에 있어서는 차이가 있다는 말이다. 사랑에 있어서도 열렬한 사랑이 있고 상대적으로 차가운 사랑이 있다. 그러므로 성화의 사역에 있어서 믿음은 점진적으로 증가되는 것이다. 그래서 주님의 제자들은 우리 주님에게 기도하기를 "우리에게 믿음을 더하소서"(눅 17:5)라고 하였다.―이것은 믿음의 빛을 더 달라는 것이며, 굳게 믿을 확신을 더 달라는 것이며, 믿음의 **행위**를 더 달라는 것이며, 어떠한 비난도 강력하게 대항할 수 있는 믿음을 더 달라는 것이다. 그리하여 더욱 효과적으로 어려운 일도 순종하며 잘할 수 있게 해달라는 것이다. 그래서 도전하는 형제의 잘못도 용서해줄 수 있도록 해달라는 것이다. 사도 바울은 에베소 교회 성도들을 위하여 기도하기를 "믿음으로 말미암아 그리스도께서 너희 마음에 계시게 하옵시고 너희가 사랑 가운데서 뿌리가 박히고 터가 굳어져서 능히 모든 성도와 함께 지식에 넘치는 그리스도의 사랑을 알라"(엡 3 : 17, 18)고 하였다. 즉 사랑이 자라서 성도들의 모든 의무(duty)를 잘 감당할 수 있게 해달라고 기도하였다. 지금도 성령께서는 이와 같은 은혜들을 강화시키시고 계시다.

　1 성령께서는 성도들을 고무 자극하셔서 실천하도록 하신다. 성도들은 실천하는 훈련에 의해서 자라고 강하게 된다. 하나님의 영께서는 종종 그리고 합리적으로 적당한 일을 성도들에게 주시고 고무, 진작시키신다. 특별히 말씀을 성도들에게 가르치시고, 하나님을 예배하는 여러 가지 방법을 가르쳐 주셨다. 그리스도 안에서 하나님께서는 약속을 세우시고, 사랑과 믿음의 적절한 일들을 우리들에게 주셨다. 이러한 은혜스러운 일들은 성도가 훈련을 통해서 이루어드릴 수 있다. 이 가운데 제일 중요한 것은 우리가 말씀을 받았다는 것이다. 만일 우리가 말씀에서 아무 유익도 얻지 못한다고 생각한다면 이것은 매우 커다란 실수를 하는 것이다. 우리는 우리가 기억하고 있는 것 이상을 생각해야만(일할 때에도 마찬가지이지만) 우리에게 유익이 돌아온다는 것을 알아야 한다. 믿음, 사랑, 그리고 여러 가지 은혜들은 성도들에게 알맞은 일들을 하도록 격려한다. 이와같은 일들을 하지 않을 때 성도들의 신앙은 부패하고 오므라들고 만다. 그러므로 성도들은 믿음의 훈련을 통해서 살아 있는 신앙을 유지하고 그리고 삶을 유지하는 것이다. 성령께서는 "그리스도의 것(내것)을 가지고 너희에게(우리에게) 알리신다"고 하셨고(요 16 : 14), "성령께서 너희에게(우리에게) 모든 것을 가르치시고 내가(그리스도) 너희에게 말한 모든 것을 생각나게 하시리라"(brings to re-

membrance)(요 14 : 26)고 말씀하셨다. 여기에 믿는 자들을 유익하게 하고 강하게 하는 비밀이 있는 것이다. 복음 안에는 이러한 유익이 있는 것이다. 때때로 사람들은 이러한 것들을 느끼지 못할 때가 있다. 이러한 의미에서 믿음과 사랑의 수많은 행동들이 있는 것이다. 이러한 은혜들은 성도들을 강하게 해주는 요소들이다. 따라서 거룩함은 증가가 되는 것이다. 이런 성도는 실제적이며 그리고 내적으로 거룩이 이루어지는 것이다. 모든 은혜들은 "성령의 열매들"(갈 5 : 22)이다. 마음 속에 성령의 씨를 심은 사람은 열매를 거두게 된다. 우리는 성령의 유효한 도우심이 없으면 어떠한 은혜스러운 행동도 하지 못한다. "너희 안에서 행하시는 이는 하나님이시니 자기의 기쁘신 뜻을 위하여 너희로 소원을 두고 행하게 하시나니 모든 일을 원망과 시비가 없이 하라"(빌 2 : 13, 14). '너희 안에"라는 말은 우리들의 몸, 즉 육체적(flesh)인 요소를 말하는 것이 아니라 우리들 자신을 말하는 것이다. "우리들의 육체에는 선(善)한 것이 없다." 그러나 신자의 속에는 성령이 계시다(dwelling). 성도들 속에 계신 성령께서는 훈련을 통하여 성도들을 유효적으로 은혜를 충만히 주신다. 이로 말미암아 성도들은 성장하고 튼튼하게 되는 것이다. 그러므로 우리는 성령을 근심시키지 않기 위해 주의해야 한다. 우리가 성령을 슬프게 하면 성령께서는 그의 은혜스러운 도움을 우리들에게서 거두어가신다.

　②　성령께서는 신자들에게 믿음의 진리와 실제, 그리고 탁월함을 경험하게 하여 그들을 거룩하게 하신다. 경험이란(experience) 것은 은혜로운 양식(food)이다. 그러므로 경험은 성도를 성장시키고 강화시킨다. 믿음으로 얻어진 하나님의 사랑과 은혜는 믿음의 맛(taste)이고, 이러한 믿음의 맛은 성도를 무게있게 하고 키를 크게 한

다. 이렇게 하여 하나님께서는 믿음이 약한 교회를 기르신다. 그리고 하나님은 교회가 그의 능력과 신실하심을 경험하도록 하신다. “너는 알지 못하였느냐, 듣지 못하였느냐─네가 어찌하여 이르기를 내 사정은 여호와께 숨겨졌으며 원통한 것은 내 하나님에게서 수리하심을 받지 못한다 하느냐”(사 40 : 28, 27). 하나님은 우리의 사정을 아시고 우리를 지키시고 기르시고 먹이신다. 사도 바울은 하나님께로부터 받은 위로를 실제적으로 증거하고 있다. 사노는 여러 가지 환난 가운데서도 하나님의 위로가 있었고 그로 인하여 기쁨이 넘쳤던 사실을 고백하였다(고후 7 : 4). 여기에서 우리가 증거해야 할 것이 있다. 그것은 “너희는…하나님의 선하시고 기뻐하시고 온전하신 뜻이 무엇인지 분별하도록 하라”(롬 12 : 2)는 말씀이다. 믿음이 무엇인지 모르는 사람도 그가 믿는 것들의 실제적이고 능력있는 특별한 경험에 의해서 그의 믿음이 성장하고 강화될 수 있다고 생각한다. 그렇다고 누구든지 이러한 경험을 모두 하는 것은 아니다. 다윗은 그의 경험을 통하여 믿음에 용기를 가지게 되었었다. 다윗은 종종 이러한 경험을 하였다. 다윗은 어려울 때에 주께 부르짖어 구원을 얻고 수치를 당치 아니하였다. 시편 22편에서 다윗의 고난은 예수 그리스도의 고난을 예언적으로 기록하였는데 이것은 그 자신의 고난이기도 하였다. 이제는 성령께서 우리들에게 영적인 경험들을 하게 하신다. 성령의 사역과 직임은 성도들을 위로하는 것이다. 성령께서는 교회의 위로자(the Great comforter)로서 역사(work)하신다. 그리고 성령께서는 교회를 다스리신다. 성령께서는 성도들에게 영적이며 지각할 수 있는 실제적이며 능력있는 경험을 주신다. 영적인 위로에 대한 다른 뜻에 대하여 나는 잘 모르지만 분명히 아는 것은 성령의 위로는 결코 실패하는 일이 없다는 것이다. 성령께서는 예수 그리스도 안에서 성도들의 심령(soul) 속에 하나님의 사랑과 은혜를 맛볼 수 있도록 주신다. 성도들은 성령의 위로를 거절할 수 없다. 이로 말미암아 성도들의 컨디션이 좋아지게 되는 것이다. 여기에서 알 수 있는 것은 "성령께서는 우리들의 마음 속에 하나님의 사랑을 넓게 심어 주신다." 우리는 이러한 모든 은혜들은 소중히 여겨야 하며 이렇게 할 때에 은혜는 더욱 증가하는 것이다.

③ 성령께서는 우리들 속에 이러한 은혜들을 직접적이며 실제적으로 증가하도록 역사(working)하신다. 성령께서는 먼저 은혜들을 창조하시며 그 다음에는 은혜들을 증가하게 하신다. 그렇게 하여 "약한 자가…다윗 같겠고 다윗의 족속은 하나님 같게"(슥 12 : 8) 하신다. 즉 성령께서는 연약한 자들, 믿음이 약한 자들, 사랑이 없는 사람들에게 은혜를 공급하셔서 강하고 활동적인 그리스도인들이 되게 하신다. 이와같은 약속은 성경에 많이 나타나 있다. 우리는 이 문제를 위하여 계속해서 간구해야 하겠다.(엡 3 : 16, 17 ; 골 1 : 10 ; 사 40 : 29 ; 시 138 : 8)

둘째, 은혜는 때때로 신앙적인 활동을 통해서 받는다. 그렇다고 은혜가 실제적인 활동, 즉 믿음과 사랑이 있는 곳에서만 필요한 것은 아니다. 이렇게 볼 때에 거룩함은 하나에 또 다른 것을 더할 때 증가하는 것이다. 즉 거룩하게 되는 것은 실제생활과 여러 가지 상황을 통해서 이루어진다는 말이다. 그리고 하나님의 지혜로운 섭리(providence)는 우리들의 고난, 유혹, 긍휼, 기쁨, 비굴함 등과 관계가 있다. 이와 같은 것을 가지라고 베드로는 우리들에게 권면하고 있다. "이러므로 너희가 더욱 힘써 너희 믿음에 덕을, 덕에 지식을, 지식에 절제를, 절제에 인내를, 인내에 경건을, 경건에 형제 우애를, 형제 우애에 사랑을 공급하라"(벧후 1 : 5—7). 이와 같은 것은 우리들에게 주신 약속들이며, 하나님의 성품을 우리들에게 심어 주시는 말씀이다. 이와 같은 것이 우리들을 만족하게 할 수 있는 것일까? 사도는 그렇다고 대답하고 있다. 부지런하게 모든 은혜스러운 활동을 계속하면 하나님의 성품(divine nature)을 가지게 된다는 것이다. 한 가지 은혜에다 다른 은혜를 더하는 것은 성령께서 하시는 일이다. 왜냐하면 성령께서는 우리들의 일들(affairs)과 조건들 위에 필요한 은혜와 은혜스러운 활동들을 명령하셨기 때문이다. 교회의 모든 고난(afflictions)은 이러한 계획(design)과 목적(end)이 있다. 사도 야고보는 이것을 다음과 같이 가르치고 있다. "내 형제들아 너희가 여러 가지 시험을 만나거든 온전히 기쁘게 여기라, 이는 너희 믿음의 시련이 인내를 만들어 내는 줄 너희가 앎이라 인내를 온전히 이루라 이는 너희로 온전하고 구비하여 조금도 부족함이 없게 하려 함이라"(약 1 : 2—4). 우리들의 모든 시련들은 성령에 의해서 그리스도의 지도(direction) 하에 존재하는 것이다. 시련이 우리에게 있는 것은 목적(end)이 있는 것이다. 시련받는 믿음은 훈련(exercised)을 시키는 것이고 인내를 가지게 하며 은혜를 더 받게 하는 것이다. 이와 같은 관점에서 성령께서는 우리들의 의무를 유효하게 상기시키고 훈련을 통해서 받는 은혜가 무엇인지 알게 한다. 이러한 시련이 우리들의 믿음을 좋게 하느냐 아니면 낙담시키느냐 하는 논쟁이 있다. 그리고 계속되는 시련 속에서 과연 인내하는 훈련이 되느냐 아니면 구원해 달라고 하면 간혹 구원을 받느냐 하는 논쟁도 있다. 그러나 하나님께서 우리를 시련 가운데서 구원해 주신다. "주께서 너희에게 환난의 떡과 고생의 물을 주시나 네 스승은 다시 숨기지 아니하시리니 네 눈이 네 스승을 볼 것이며 너희가 우편으로 치우치든지 좌편으로 치우치든지 네 뒤에서 말 소리가 네 귀에 들려 이르기를 이것이 정로니 너희는 이리로 행하라"(this is the way, walk in it, 사 30 : 21) 할 때 우리는 바른 길로 가면 되는 것이다. 우리가 어쩔 줄 모르고 어떻게 행하여야 할 줄을 알지 못할 때 우리는 '혈육'과 의논하려고 할 때가 있을 것이다. 그러나 야고보는 우리들에게 좋은 방법을 가르치고 있다. 우리가 어떻게 행하여야 할지 알지 못할 때 혈육과 의논하지 말고, 믿음으로 행하고, 인내하면서 하나님께 복종하라고 가르치고 있다. 지금 우리의 거룩함이 증가되는 것은 성령의 사역이다. 성령께서는 우리를 중생케 하시고 우리를 성장하게 하시고 계속해서 성장할 수 있도록 실제적인 은혜를 공급하신다. 이것은 계속되는 하나님의 영향에 의존하는 것이다. "나 여호와는 포도원지기가 됨이여 때때로 물을 주며 밤낮으로 간수하여 아무든지 상해하지 못하게 하리로다"(사 27 : 3). 여기에서 말하는 물은 성령이시다. 하나님 아버지는 그의 포도원을 돌보신다. "나 여호와는…밤낮으로 간수하여 아무든지 상해하지 못하게 하리로다." 주 그리스도는 머리가 되시고, 샘이 되시고 모든 것을 공급하시는 보고가 되신다. 성령님은 충분한 원인이 되신다. 성령님은 우리들에게 주시는 모든 것들과 연관을 시켜 주시고 우리들에게 주시는 한 가지 은혜로 우리를 살려 주시고, 우리의 의무도 완수할 수 있게 해주시고 이렇게 함으로써 우리에게 은혜가 더욱 증가가 되는 것이다. 이러한 관점에서 사도 바울은 다음과 같이 고백하고 있다. "내가 그리스도와 함께 십자가에 못 박혔나니 그런즉 이제는 내가 산 것이 아니요 오직 내 안에 그리스도께서 사신 것이라"(갈 2 : 20). 영적인 삶이라고 하는 것은 성령에 의해 사는 삶이고, 성령 안에서 행하는 것이다. 이 모든 삶은 그리스도와 직접 관련된 것이기도 하다.

진정한 은혜를 가지고 있는 사람은 없다. 진정한 은혜를 소유한 분은 성령이시다. 성령님은 그의 은혜로 사람들을 다스리시고, 사람들에게 은혜를 계속 공급하시고, 사람들을 지켜주시고, 모든 난제를 해결해 주시고, 사람들을 억압으로부터 자유케 하시고, 은혜를 증가하여 충만하고 온전하게 해주신다. 그리하여 우리들의 손을 붙들어 주시고 약한 무릎을 강하게 해주신다. 우리는 성령님과 함께 할 수 있다. 그는 상한 갈대를 꺾지 아니하며 꺼져가는 등불을 끄지 아니하고 진리로 공의를 베풀어 주신다. 반면에 어떤 사람도 은혜를 받지 않고는 어떠한 은혜스러운 행동을 일순간도 할 수 없는 것이다. 성령의 도움이 없이는 "아무것도 할 수 없다." 그래서 하나님께서는 성도들에게 당신의 사랑과 은혜를 주신다. 성령께서는 모든 은혜를 성도들에게 공급하시어 약하고 낙심한 심령에게 힘을 주며 영광을 드러나게 하신다. 성령은 모든 사람들의 믿음의 터 위에 아무도 생각할 수 없는 은혜를 주시며 역사하신다.[58]

2. 은혜와 성화는 나무와 식물의 성장과 같다

나는 여기서 본 주제에 대해서 성경이 가르치는 바와 유사한 면을 생각하려고 한다. 특별히 성경에서 은혜와 성화가 점진적으로 증가한다는 말씀을 고찰해 보고자 한다. 은혜와 성화는 나무와 식물

---

58) 그러나 만일 그 시작 뿐만 아니라 그것을 증대하는 일 그리고 성결케 하는 모든 행위가 하나님의 영으로부터 오는 것이라고 한다면, 은혜 안에서 자라기 위하여 왜 우리가 어떤 수고를 한다거나 우리 자신들의 노고를 사용해야 할 필요가 있을 것이냐고 말하게 될 것이다.
이 과제에 대해서는 여러 면으로 생각해 보아야 한다. 인간들은 하나님의 유효한 은혜와 우리의 근면한 순종 사이에 일관성이 있다는 것을 믿지 아니할 것인데, 그것은 그들이 성경이 선포하는 것과 체험이 입증하는 것을 믿지 않음에 기인하며, 이는 그들의 육신적 이성으로 그것을 이해할 수 없기 때문이다. 이 과제에 대하여 베드로후서 1 : 3의

이 성장하는 것과 같다. "내가 이스라엘에게 이슬과 같으리니 저가 백합화 같이 되겠고 레바논 백향목 같이 뿌리가 박힐 것이라. 그 가지는 퍼지며 그 아름다움은 감람나무와 같고 그 향기는 레바논 백향목 같으리라"(호 14 : 5, 6). "대저 내가 갈한 자에게 물을 주며 마른 땅에 시내가 흐르게 하며 나의 신을 네 자손에게 나의 복을 네 후손에게 내리리니 그들이 풀 가운데서 솟아나기를 시냇가의 버들같이 할 것이라"(사 44 : 3, 4). 우리는 여기에 대해서 몇 가지 유사한 교훈적 견해를 설명해야 하겠다.

　1　나무와 식물의 생리는 성장한다고 하는 것이다. 이들은 외부의 우발적인 도움으로 성장하는 것이 아니고, 그들 자신의 생식(seminal)의 방법과 뿌리의 모세관 현상으로 인한 수분의 공급으로 성장하는 것이다. 이와같이 성화의 진보도 다른 곳에서 찾아지는 것

사도의 대답을 살펴 보자. "그의 신기한 능력으로 생명과 경건에 속한 모든 것을 우리에게 주셨으니 이는 자기의 영광과 덕으로써 우리를 부르신 자를 앎으로 말미암음이라 이로써 그 보배롭고 지극히 큰 약속을 우리에게 주사 이 약속으로 말미암아…신의 성품에 참예하는 자가 되게 하려 하셨으니"라고 했다. 만일 하나님의 능력으로 경건을 얻도록 모든 것을 주셨다고 한다면─만일 그 덕으로 우리의 부패를 정복하는 거룩한 성품을 받았다면─우리의 노고는 무엇에 필요한 것인가? 우리 안에 모든 것을 이루셨다고 하신 것은 우리는 태만하고 방심하며 안일하게 있으면서 그것을 하나님께만 미루어도 된다는 말인가? 아니다. 이에 대하여 사도는 하나님의 은혜를 방임하도록 주신 것이 아니라고 말하고 있다. 이는 거룩함을 더하게 하는 열심을 증가하도록 동기를 부여하려 한 것인데, 그는 곧 이어 5절에서($\kappa\alpha\iota\ \alpha\dot{v}\tau\dot{o}\ \tau o\tilde{v} \tau o\ \delta\epsilon$), "그러나 또한 이로 인하여"(한글 개역 성경, '이러므로…하라') 즉 바꾸어 말해서 거룩하신 이의 능력이 우리 안에서 역사하시므로 '너희는 더욱 힘써…더하라'고 하였다. 이 반대자들과 우리의 사도는 이 일에 대하여 상반된 견해를 가졌는데, 그들은 근면에 실의를 주려 하였으나 그는 그것에 대하여 참으로 지대한 동기를 유발케 하였다.

이 아니라 심령 속에 있는 뿌리에서, 그리고 씨에서 성장의 요인을 찾아야 할 것이다. 모든 은혜는 불멸의 씨(immortal seed)이며 그 속에는 살아 있는, 그리고 성장하는 요소가 들어 있다(요 4 : 14). 사람 속에는 생명과 능력이 없다. 그리고 은혜도 그 속에는 없다. 따라서 사람이 자기의 임무를 수행할 수 있는 것은 자연의 빛에 의한 것이며 또는 말씀의 확신에 의하여 할 수 있는 것이다. 그러나 만일 그 마음에 영적인 생명의 요소가 없을 때에는 그들은 거룩의 열매를 맺을 수 없는 것이다.

2 나무와 식물은 위로부터 물을 공급받아야 한다. 그렇지 않으면 생식의 능력을 상실하게 된다. 만일 물이 말라 버린다면 나무는 바싹 마를 것이고 더 나아가서는 썩어 없어질 것이다. 그러므로 하나님께서도 그리스도인들이 성장하는 것을 하나님께서 물을 주시는 것으로 설명하셨다. "내가 이슬같이 임하리라." "내가 물을 주리라." —특별하신 말씀으로 하나님은 말씀하셨다. 이와같이 하나님은 성령님을 실제적으로 성도들에게 공급하셨다.

3 나무와 식물의 성장은 은밀해서 쉽게 감지할 수 없다. 그러나 그들의 성장 결과를 보고서는 성장의 정도를 알 수 있다. 특별히 사려깊고 주의깊은 관찰력을 가진 사람은 약간의 성장까지도 인식할 수 있다. 이와 마찬가지로 사려깊은 사람은 성도의 성화의 성숙 정도를 알 수 있다. 성화의 성장을 알 수 있는 것은 그 사람 속을 보아서 알 수 있는 것이 아니고, 다른 사람의 관찰로 인해서 알 수 있는 것도 아니고, 그의 열매(fruits)와 결과(effects)로 성화의 성숙(progress) 정도를 알 수 있는 것이다. 특별히 어떤 사람은 "시냇가에 심기운 버드나무처럼" 눈에 뜨이게 발육하고 성장하는 경우도

있다. 반면에 성장 속도를 알 수 없는 사람도 있다. 그러나 분명히 알 수 있는 것은 사람은 성장한다고 하는 것이다. 우리도 반드시 성장해야 한다. 어떤 사람은(꽃봉오리가 터져 꽃이 피는 것같이) 식물이 갑자기 쑥쑥 자라듯이 성화의 측면이 성장하는 사람도 있다. 이렇게 성장한 성도는 믿음과 사랑과 겸손과 관대함이 여러 가지 경우에 강력한 실천 의지로 이웃에게 나타난다. 다시 말해서 나무와 식물은 생명과 성장의 요소가 있기 때문에 시들고 자라지 못하는 나무와 식물과는 현저한 차이가 있는 것을 알 수 있다. 하나님의 정원에 심겨진 모든 신자들은 시냇가에 심겨진 나무와 같다. 어떤 나무는 무성하게 잘 자라지만 또 어떤 나무는 썩어 죽는 것도 있다. 그러나 좋은 나무는 잘 자라는데, 이것은 신비스러운 것이다.

이상에서 살펴본 대로 분명히 성화는 진보하는 사역이다. 이것은 우리 안에서 중생과 같이 단번에 완성되는 것이 아니다. 그리고 단번에 성화에 필요한 것을 얻고 그것이 끊어지는 것도 아니다. 샘이 넘쳐서 시내가 되고 시내가 넘쳐서 강이 되고 강물이 모여서 바다가 되는 것과같이 은혜가 계속해서 우리에게 넘칠 때 성화는 계속 진보하게 되는 것이다. 그래서 영화의 길로 나아가는 것이다. 왜냐하면 "의인의 길은 돋는 햇볕 같아서 점점 빛나서 원만한 광명에 이르게"(잠 4 : 18)되기 때문이다. 돋는 햇볕은 아침에 잠시 동안 구름에 가려 있는 것 같다. 그러나 태양이 점점 떠오르므로 햇볕은 밝고 온전하게 빛나게 되는 것이다. 이와 같이 성령도 우리에게 임하여 우리를 온전히 거룩하게 하는 것이다. 성령은 성도들을 지혜롭게 하며 인내하게 하며 능력을 주어서 말할 수 없는 유익을 계속해서 준다(시 66 : 8, 9 ; 시 31 : 17). 부지런히 자신의 마음을 살피는 사람은 누구인가? 그리고 자신 안에 있는 은혜스러운 사역을 경험한 사람이 있는가? 그리고 하나님의 영의 사려깊고 능력있는 사역을 사모하지 않는 사람이 있는가? 우리들 속에 있는 성화의 요소는 약하다. 그러나 우리들 안에 있는 성화의 요소를 우리는 보존하고 강화해서 부패와 유혹에 의해서 압도당하지 않도록 해야 할 것이다. 하나님의 영광스러운 사역들 가운데는 예수 그리스도에 의한 구원 사역이 있다. 우리는 우리들 속에 있는 거룩한 씨와 요소를 보존하여 바다 속에서 빛을 발하는 등대와 같이 우리에게 엄습해 오는 부패와 유혹의 세력에 대항하면서 거룩한 빛을 발하여야 하겠다. 우리들이 순종하려고 하는 데에는 자범죄 같은 많은 장해물들이 있다. 이러한 것에서 성령께서는 우리를 치료하시고, 굳게 세워주시고, 뒤로 물러서지 않게 하시면서 우리들의 부패한 요소를 고쳐 주신다. 사람들은 영적인 생활을 열심히 찾고 유지하기 위해서는 아무리 적은 죄와 어리석음도 있어서는 안된다. 지금 우리가 게을러도 죄와 우매함의 부분이 있어서는 안된다.

3. 성화는 '은혜의 성령과 간구'로 된다.

　의심할 것 없이 모든 신자들은 어느 정도 성경 말씀과 경험에 의해서, 성화에 대해서 납득은 하고 있다. 성화의 방법은 학습으로 되는 것이 아니고 마음 가운데 기도를 통해서 된다고 할 수 있다. 성화는 '은혜의 성령과 간구'에 의해서 되어지는 것이다. 기도할 수 있는 신자는 기도를 함으로, 그리고 성화의 성령(Spirit of Sanctification)이 성도들 가운데 역사함으로 성도가 거룩하게 되는 것이다. 만일 우리가 지혜롭게 기도를 통하여 우리들의 마음 속에서 역사하는 성령의 사역을 생각한다면 우리는 우리들 마음 속에 역사하시는 성령의 은혜스러운 사역에 대해서 대단히 많이 이해하는 것이다. 그러면 성령께서는 우리들에게 어떻게 기도하라고 가르치시는지 살펴보기로 하겠다.

① 하나님은 우리들에게 영적인 통찰력을 주시겠다고 약속하셨다. 그리고 계약의 은혜를 주시겠다고 하셨다. 그래서 우리는 무엇을 구해야(ask) 하는 것이다.

② 하나님은 우리들이 필요한 것이 무엇인지 우리 자신들에게 알려 주셨다. 그리고 이러한 것들을 깊이 감지할 수 있는 능력을 주셨다. 우리는 이와 같은 필요를 참거나 제거할 필요가 없다.

③ 새로운 피조물이 된 그리스도인들은 자신을 보존하고 진보시키고 향상시키기 위하여 활동해야 한다. 이러한 것들에 대한 대답은 성령의 우리를 향한 성화의 모든 사역에 의해서 가능하다. 왜냐하면 성화의 사역은 유효하게 교체할 수 있는 예수 그리스도를 통한 계약에 있어서 은혜스럽고 자비로운 열매이기 때문이다. 이렇게 하여 성령께서는 우리들에게 영적으로 필요한 것을 제공해 주시고, 새로운 피조물이 생명과 활력을 갖도록 하여 주신다. 따라서 우리는 스스로 성령의 사역을 정확히 찾아내어서 바르게 기도를 해야 한다. 여러분들은 기도할 때 우리가 먼저 해야 할 일이 무엇이라고 생각하십니까? 연약하지만 굴복시켜야 할, 그리고 마침내는 부서져야 할 '죄의 몸'을 먼저 생각하는 것은 아니신지요? 성령의 은혜가 당신을 날마다 새롭게 하고 성령의 은혜가 증가해서 당신을 강하게 하여 준다고 생각지는 않으십니까? 성화가 당신의 심령 속에서 점점 증가하여 당신이 완전하게(perfection) 된다고 생각하십니까?

4. 성화의 발전적 성장의 반대에 대하여

어떤 사람은 이렇게 말할지도 모른다. 성화의 사역은 계속적으로 발전되는 것이 아니라고 생각하여 그것을 발견도(find) 못했고, 그렇게 전망하지도 않는다고 하는 사람이 있을지 모른다. 그래서 최근보다는 오래 전에 더욱 큰 은혜를 받았다고 할지 모른다. 그래서 그들 가운데는 불평하는 사람이 많다. 그들은 약해지고, 생명력 없고 결과 없는 것을 근거로 말한다. "우리들의 옛날이 더 좋았어, 젊었을 때가 더 좋았어!"라고 말한다.

그러나 나는 이러한 주장에 대해서 단호히 나의 주장으로 역설하고자 한다. 우리가 주장하는 것이 이러한 사람들에 의해 반대로 받았고 불평의 소리도 들었다. 여기에 대해 좀 살펴보고자 한다.

⑴ 은혜의 본질과 성화의 일반적 진보를 위해 역사하는 성령은 한 분이시다. 그리고 하는 일은 같은 일이다. 그러나 여기에 대해서 기분 나쁘게 생각하고 비정상적인 것으로 생각하고 방해하는 것은 전혀 다른 것이다. 성화의 사역에서 먼저 고려해야 할 것은 성화의 사역은 강화되어지고(thriving) 진보되어 간다는 것이다. 이 법칙은 예외 없는 것이고 책임있는 법칙이다. 좋은 조건과 양질의 음식을 먹는 어린이는 키가 자라고 건강하게 될 것이다. 그러나 내적으로 장해가 있거나 질병이 있을 때, 또는 추락해서 부상을 입으면 연약하게 되거나 성장하지 못하게 될 것이다. 우리가 중생할 때 우리는 새로 태어난 어린이와 같다. 그리고 일반적으로 우리가 '순수한 말씀의 우유'를 먹으면 우리는 '성장'하게 된다. 그러나 만일 우리가 유혹을 당하거나 타락하거나 태만하거나 세상과 짝하여 살면 의심할 것 없이 우리는 생명을 잃거나 성장하지 못하게 될 것이다. 이것은 진리를 더 강화하는 주장이다. 만일 성화의 사역이 모든 면에서 점차적으로 진보가 없다고 하면 그는 죄중에 빠졌거나, 육체적인 유혹에 빠졌거나, 죄악 세상을 사랑하고 있기 때문일 것이다.

2 성화는 어떤 심령이든지 분명히 강화시킨다고 하는 것이다. 이러한 차이는 다른 사람을 볼 때 더욱 현저하게 알 수 있다. 이것으로 성화를 구별할 수 있다고 보아야 할 것이다. 여기에 관해서는 이미 그 이유를 앞에서 언급한 바 있다. 나는 여기에서 주의해야 할 것이 있다는 것을 먼저 밝히고자 한다. 그것은 사람은 환경과 조건과 시간에 따라서 그의 심령 상태가 변화한다는 것이다. 사람은 자기가 좋아하는 것을 추구하게 되어 있다. 그래서 만일 어떤 사람이 정욕에 사로잡혀 있다면 그는 정욕적인 것을 추구할 것이고, 자기의 임무가 무엇인지 모르는 사람은 게으를 것이고, 거짓말하는 것에 습관이 배어 있는 사람은 속이기를 잘할 것이고, 세상에서 고난받는 것이 자신의 심령에 유익하다고 생각하는 사람은 고난을 자초할 것이고, 음식 먹는 예의범절을 지키기를 좋아하는 사람은 예절있게 식사를 할 것이다.—이러한 사람들에게 내가 줄 것이라곤 아무것도 없다. 사람들이 성화가 무엇인지 몰라도 성화는 그 사람을 강하게 성장시켜 준다. 그렇지 않다고 하면 그 심령은 더욱 더 부패해갈 것이다. 우리는 이러한 환경과 조건에 빠져 있는 사람을 일깨워야 하며 타락하여 거의 죽을 정도로 혼미한 가운데 있는 심령을 살려내야 한다. 그리고 맹렬한 불과 어두움과 슬픔으로부터 저들을 구출해 내어야 한다. 겸손하고 진실하게 하나님과 동행하는 사람들은 어떻게 해서라도 저들에게 성화된 모습을 보여 주어야 한다. 비록 저들이 무엇인지 잘 모른다 할지라도 거룩함이 무엇인지 먼저 믿는 우리들이 보여주어야 한다.

왜냐하면 성경에 본 주제에 대한 약속—복음적 약속—이 대단히 많다. 이것이 믿음의 진정한 대상이라고 할 수 있다. 이 약속들은 하나님께서 하신 계약(covenant)에 대한 설명이기도 하다. 약속이 그대로 이루어진다는 것은 하나님의 신실하심(faithfulness)을 증명하는 동시에 우리의 공로는 없다는 것이다. 그러므로 우리는 공개적으로 하나님의 약속을 거역하거나 방해해서는 안된다. 우리는 하나님의 신실하신 약속이 우리들 안에서 성취되도록 해야 한다. 비록 우리가 하나님의 약속에 대하여 민감하지 못하다고 하더라도 하나님의 약속이 이루어지도록 해야 한다. 다시 말해서 우리가 거룩한 가운데서 계속 성장해야 하는 것은 우리의 임무이다. 그리고 이것은 하나님께서 우리에게 요구하시는 바이기도 한 것이다. 우리는 하나님께서 우리의 성화를 도와주시고 또한 직접 거룩하게 하신다는 사실을 믿어야 한다. 그리고 우리가 살고 있는 현실의 모든 것을 주장하시는 분이 하나님이시라는 것을 알아야 하겠다. 이러한 근거로 볼 때 믿는 자는 하나님 안에서 거룩하게 성장해야 한다는 것이다. 그리고 비록 그가 민감한 경험은 하지 못했다 하더라도 내 생각으로는 영적인 영향으로 인한 강력한 사역보다는 안정된 환경 가운데서 거룩하게 되는 것이 더 좋다는 것이다. 왜냐하면 이러한 환경과 조건이 성화의 진보와 발전을 방해하지 않을 것이기 때문이다. 그리고 마음 가운데 있는 의기양양한 것은 위험하고 헛된 것이고 쓸모없는 것이다. 왜냐하면 우리가 믿게 되는 것은 결코 느낌 (sense)에 의해서 되는 것이 아니기 때문이다. 우리는 겸손해야 하며 하나님을 언제나 경외하여야 한다. 이렇게 함으로 우리는 자신의 욕구를 만족시키려고 하지 않으며 계속적으로 주의깊은 신앙 생활을 하게 되는 것이다.

앞에서도 언급한 바와 같이 성화의 사역에 어려운 일이 있는데 그것은 본 사역이 은밀하고 신비하다는 것이다. 그러므로 거룩의 본질이나 실재(實在)가 거룩한 사람들 속에서 발견되지는 않았다. 그러나 나는 이것이 어떤 사람들에게서, 또는 많은 사람들 가운데서 발견될 수 있기를 바라는 것이다(그러나 어떤 사람에게서도 이것을 발견할 수는 없을 것이고 단 예수 그리스도에게서 발견할 수 있을 것인데 특히 예수님께서 하나님을 경외하는 가운데서 발견될 수 있을 것이다). 그래도 성화의 본질은 동일하게 은밀한 방법으로 진보되며 성화의 정도에 차이는 있지만 눈에 뜨일 정도는 아니라는 것이다. 식물이나 나무가 성장한 것 같은 것을 우리는 쉽게 알아볼 수 있으나 성장하고 있는 것은 알 수 없다. 사도는 우리들에게 다음과 같이 말했다. "겉사람은 후패하나 우리의 속은 날로 새롭도다"(고후 4:16). 겉사람이 후패한다고(perishing) 하는 것은 자연적으로 우리의 몸이 점점 죽음과 부패한 쪽으로 달려가고 있다는 말이다. 그러나 우리의 몸이 죽거나 썩는 때는 거의 알지 못한다. 치명적인 질병이 우리에게 엄습할 때에는 우리의 최후가 가까와졌다는 것을 감지할 수 있고 또 나이가 많아 늙고 약해질 때에도 언제, 또는 어떻게 죽을는지는 정확히 알 수 없지만 점점 죽음이 가까이 오고 있다는 것을 알 수 있는 것이다. 그러므로 이렇게 죽음의 길로 달려갈 때 우리의 속사람(inward man)은 은혜로 새롭게(renewed) 되는 것이다. 우리가 성장하고 또는 부패하는 것은 신비한 것이고 그것을 안다고 하는 것도 어려운 것이다. 그러나 이러한 인생의 길에 대하여 의문을 갖지 못하고 게으른 사람은 하나님과 함께 걷는다고 하는 것을 의심하게 되고, 자신이 어디로 가고 있는지 알지 못한다. 그리고 그의 인생 여정이 하나님과 가까이 가고 있는지 또는 멀어져 가고 있는지조차 알지 못한다. 열매가 없고 진보가 없는 그리스도인에 대하여 쓸 때 그에게 은혜가 증가하고 있는지, 아니면 점점 부패한 길로 달려가고 있는지에 대하여 언급할 수 없다. 다윗은 성화의 사역이 매우 중요한 것을 알고 하나님에게 자기의 마음을 살피시고 악한 행위가 있나 보시고 영원한 길로 인도해 달라고 하였다. (시 139:23, 24)

　다시 말해서 그리스도인을 난처하게 하는 유혹이나 타락은 그 심령을 때때로 혼란에 빠지게 한다. 그래서 성장하고 있는지 아닌지에 대하여 바른 판단을 할 수 없게 된다. 바다에 배가 떠 있다. 배가 폭풍에 의하여 심하게 흔들릴 때 제일 기술이 좋은 선원이라도 배의 속도와 항로를 정확하게 유지하며 성공적으로 항해하는 일이란 심히 어려운 일이다. 이와 마찬가지로 은혜에도 도전하는 적이 있어 우리를 향한 은혜를 차단하고 우리를 혼미한 가운데 빠지게 하려는 세력이 있다는 것이다. 우리에게 도전하고 있는 부패성과 유혹이 우리에게 은혜를 받지 못하게 하는 것을 알 수 있다. 그러나 때때로 강한 바람이 나무에 불어닥쳐도 오히려 그 바람이 나무의 열매를 영글게 하는 것처럼 부패성과 유혹이 우리를 흔든다고 하여도 오히려 은혜의 열매를 맺게 한다는 말이다. 강한 바람이 나무에 불어닥쳐도 가지를 흔들어 대고, 꽃봉오리를 떨어뜨리고, 뿌리를 흔들고 나무 전체를 살지 못하게 위협을 해도, 땅을 바람이 파괴하지는 못할 것이다. 그래서 나무는 더 깊이 땅 속을 향하여 뿌리를 내리게 되어 결국 나무에는 좋은 열매가 맺게 되는 것이다. 우리의 심령에 유혹과 부패의 강풍이 불어닥쳐서 온통 뒤흔들어 놓으면 우리의 심령은 크게 동요할 것이다. 이로 인하여 믿음의 수고를 더하고 슬픔을 당할 것이다. 그리고 열매 맺는 시간이 좀 지체될 것이다. 그러나 그 뿌리가 뽑아지지 않은 이상에는 오히려 믿음과 사랑의 온유하고 겸손하고 인내하는 뿌리가 더 깊이 박혀서 거룩한 성품은 실제적으로 향상되고 마침내는 눈에 보이는 열매가 충만히 열리게 되는 것이다.

　절대적인 지혜로 모든 인생들에게 성령으로 은혜를 베푸시는 하나님은 성령의 은혜를 바꾸시기도(changes) 하시고 돌리시기도(turns) 하신다. 그래서 우리가 그 길을 쉽게 따라가지 못할 때도 있다. 때때로 은혜의 사역은 그 자체에 커다란 확증이 있는 것이다. 그래서 사람들은 대단한 경험을 하게 되는 것이고 그의 거룩한 임무에 대해서 크게 기뻐하는 것이다. 은혜로운 사역에는 사랑의 경험도 있다. 그래서 이 사랑은 젊은이들에게 놀라운 활력을 불어넣어 사랑의 고백도 하게 한다. 그러나 주님은 은혜의 유세(streams)를 좋은 면에서 다른 채널로 바꾸시기도 하신다. 주님은 겸손한 **연습**, 경건한 슬픔, 시험에서 오는 갈등의 기쁨 등이 우리들에게 있어야 한다는 것을 아신다. 그래서 주님께서는 이러한 것들을 사람들에게 주신다. 그래서 사람들은 삶의 고통, 유혹, 또는 여러 가지의 경우를 경험하는데, 이것은 새로운 사역을 실천하기 위한 것으로 은혜를 새로운 훈련(new exercise)으로 바꾸어 주신 것이다. 이러한 훈련에서 사람들은 사랑의 활력이나 영적인 기쁨과 의무를 발견하지 못하고 은혜가 소멸되고 마는 것이 아닌가 생각을 하게 된다. 그러나 이러한 훈련을 통하여 성화의 사역이 실제로 강화되고 유효하게 되는 것이고, 거룩한 심령이 건강하게 자라는 것이다.

③ 많은 사람들이 은혜와 거룩한 생활 가운데서 크게 부패하는 것을 보게 된다. 그리하여 아주 오랫동안 타락하는 경우가 있다. 여기에 대하여 성경은 충분히 증거하고 있다. 그리고 우리도 신앙생활하는 가운데 이러한 경험을 한다. 그러면 그 사람은 실질적으로 성화되지 않은 사람이 아니냐고 반문할 것이다. 정말로 거룩하게 된 사람이 타락할 수 있을까? 하나님이 허락하시지 않을 것이라고 생각할지 모른다. 그러나 우리는 이러한 일이 우리들 가운데서 어떻게 일어나고 있는지 증명을 해야만 한다. 이것은 성화의 점진적인 진보라는 측면에서 볼 때 너무나 반대적이기 때문이다. 여기에 대한 주장을 하려고 하면 증명을 해야 할 것이다. 그러면 좀 살펴

보기로 하자.

　이러한 타락은 간혹 있는 일이며 이상스러운 일이다. 이것은 우리들의 영적인 상태에 병이 났다는 증거이다. 그러나 이것이 곧바로 진단되지 않는 데에 그 문제가 있다. 여러분 가운데 여러분의 임무에 대해서 냉담하고, 임무를 수행하지 않고, 선한 일을 뒤로 미루고, 자기 마음에 무관심하고 세상에 열중하는 사람이 있는가? 이러한 일은 거룩한 상태에 속한 일이 아닌 원수들의 일이다. 원수들은 우리들의 영적인 기관에 질병과 병균을 집어 넣어 우리의 심령을 병들게 한다.

　비록 우리가 성령의 사역으로 성장하여 거룩하게 되었다고 하더라도 성화의 효과적인 부분에는 우리 자신의 사역(our own work)과 우리의 의무(duty)가 있어야 하는 것이다. 성령께서 우리를 살피시고 온전하게 만들어 주시고 우리의 성장을 방해할 요소를 제거시켜 주셨다고 하더라도, 만일 우리가 어떠한 죄든지 허락하고 거기에 빠져버린다고 하면 우리가 아무리 잘 성장했고 많은 사람들이 이 사실을 안다고 하더라도 우리는 결국에는 전면적으로 부패하게 될 것이다. 우리의 몸에 치명적인 병균이 들어가서 질병을 일으킨다면 우리 몸의 일부분만 병드는 것이 아니라 몸 전체가 손상을 당하는 것처럼, 우리가 어떠한 정욕에 빠지면 영적인 면에서 일부분만 병드는 것이 아니라 전체 심령이 손상을 입는 것이다. 그래서 우리의 영혼은 약해지고 순종해야 될 우리의 의무 또한 약해지는 것이다.

　그밖에 우리들에게 요구하는 사항이 있는데 그것은 우리의 성화가 강화되어지고 진보해야 한다는 것이다. 이것은 우리를 택하신 목적이며 주님의 명령에 순종하기 위한 것이다. 우리에게 특별한 은혜를 주시는 것은 우리로 하여금 어떠한 상황에서도 적절하게 대항하고 준비시키기 위한 것이다. 그런데 만일 우리가 이러한 영적인 일에 게으르거나, 의무를 이행하지 않거나, 은혜받기 위한 훈련에 참여하지 않는다면 의심할 것 없이 우리는 우리 자신이 부패한 것이고 '다 죽은 것이나 다름없다'는 것이다. 이렇게 나의 주장을 변호하면서 여기에 대하여 간단히 더 언급하고자 한다.

성화의 사역이 강화되고 진보된다고 하는 것은 성화의 본질이다. 성화의 사역은 성령께서 더욱 증가되도록 계획하셨고 계속해서 똑같은 목적과 결과를 위하여 역사하신다. 그러므로 은혜의 증가를 위해 우리는 '더욱 힘써'야 한다(벧후 1 : 5). 그리고 우리는 '영적인 것을' 나타내야 하며(고후 7 : 7), "각 사람이 동일한 부지런을 나타내어 끝까지 소망의 풍성함에 이르러야"(히 6 : 11) 한다. 만일 우리의 성장이 느리고 우리의 임무에 대하여 나태하다면 성화의 사역은 은혜스럽게 잘 진행된다고 보기 어렵다. 여기에는 세 가지 단계의 게으른 측면이 있다.

① 그들은 이미 완전하다고 생각한다. 이런 사람들은 교만하며 미련한 속임수로 자신을 속인다. 그리고 모든 본성과 복음적인 거룩한 임무를 파괴한다. 우리는 우리를 택하신 은혜로운 사역에 기꺼이 순종해야 한다. 만일 내가 이미 모든 것을 얻었고 복음에도 순종을 다하였다고 생각한다면 이 사람은 멸망의 길을 걷게 될 것이다(빌 3 : 12— 14 참조). 사도는 다만 뒤에 있는 것을 잊어버리고 앞에 있는 것을 잡으려고 푯대를 향하여 위에서 부르신 부름의 상을 위하여 좇아간다고 고백하고 있다. 현세의 삶에서 절대적으로 완성되었다고 하는 사람은 아무것도 얻지 못한 것이며 거절된 삶을 산 것이나 다름없다. 최후는 복되고 영광된 것이며 이 목표를 향해서 최대의 부지런함으로 따라가고 추구해서 도달해야만 하는 것이다.

② 우리는 이미 거룩하게 되었으니 성화에 대하여 열망할 필요가 없다고 하는 사람은 은혜의 관점에서 볼 때 어리석은 상상에 잡혀 있는 사람이며, 이것도 아니고 저것도 아닌 사람이라고 할 수 있다. 그러나 만일 어떤 사람에게 설복당하고 영향을 받는 사람은 아직도 깊은 은혜에 젖어 있다고 하더라도 의심의 여지가 있는 것이다. 다른 어떤 것들에게 설복을 당하라고 우리를 부르신 것이 아니다. 사단(Satan)은 우리를 거룩한 곳에서 분리하여 그의 손아귀에 넣고 우리를 조종하려고 하지만 우리가 거룩하게 되면 사단의 영향력은 별것이 아닌 것이다. 그리고 인간의 마음에서 나온 어떠한 사상도 은혜의 본질을 대항하고 거역할 수는 없는 것이다. 왜냐하면 은혜를 더 받으려고 죄에 거할 수는 없기 때문이다(롬 6 : 1, 2). 사도가 죄를 싫어하는 이유는 바로 이러한 이유에서 기인된 것이다.

③ 성화를 반대하는 심령 속에는 피곤과 낙담이 일어난다. 사람들은 너무나 많이 이러한 어려운 상황을 발견한다. 성화를 반대하는 곳에는 부패와 유혹이 있고 세상의 일들만 있다. 이 사람들은 힘이 없고 결국에는 세상에 항복하고 만다. 그러나 성경은 이러한 사람들에게 용기를 주고 있다. 여기에서 우리는 저들에 대해서 우리의 의견을 주장할 필요가 없다고 본다.

제 3 장

성화의 목적과 거룩의 실체

신자의 유일한 실체로서의 성화, 성화의 증명과 확
증/이론적인 면과 실제적인 면에서의 성화에 대
한 오해와 그 발견/신자들 속에 있는 성화의 올바
른 좌소 또는 실체.

1. 신자의 실체로의 성화와 그 증명

우리가 다음으로 연구 조사할 문제는 성화의 사역에 있어서의 개
인적인 문제이며 또한 어떠한 사람이 거룩하게 되느냐 하는 것이다.
이 문제는 모든 성도들의 문제이며, 불신자는 무관하며 신자들만의
문제이다. 예수 그리스도로 말미암아 하나님을 진실하게 믿는 모든
신자들은 성화될 수 있다. 이것은 그들을 위한 것이고 그들만의 것
이고 우리들만의 것이며 다른 사람과는 무관한 일이다. 예수님께서
도 이 문제에 대하여 기도를 하셨다. "저희를 진리로 거룩하게(sa-
nctify) 하옵소서. 아버지의 말씀은 진리니이다"(요 17 : 17). 이것은
또한 제자들에게 대한 그의 약속이기도 하다. "나를 믿는 자는 성
경에 이름과 같이 그 배에서 생수의 강이 흘러 나리라 하시니 이
는 그를 믿는 자의 받을 성령을 가리켜 말씀하신 것이라 "(요 7 : 38,
39).[59)]

1 "믿음이 없이는 기쁘시게 못하나니 하나님께 나아가는 자는 반드시 그가 계신 것과 또한 그가 자기를 찾는 자들에게 상 주시는 이심을 믿어야 할지니라"(히 11 : 6). 하나님을 기쁘시게 하는 사람은 거룩하게 된 사람이다. 그러므로 믿음이 없는 사람은 어떠한 유익도 얻지 못한다. 하나님을 기쁘시게 할 수 있는 것은 우리의 거룩이다. 거룩의 일부분(part)이나 거룩의 요소만 가지고서는 하나님을 기쁘시게 할 수 없다. 다시 말해서 하나님은 성도들의 성화의 부분이나 요소 정도는 기뻐하시지 않는다는 말이다. 하나님을 기쁘시게 하는 일은 하나님의 명령이며 하나님이 싫어하시는 일을 하지 말라고 하는 것도 그분의 명령이다. 거룩은 하나님에게 순종하는 요소가 포함되어 있는 동시에 그밖의 다른 것들에 대해서는 대항하는 요소가 있다. 그러므로 성화는 다른 사람들은 가지고 있지 않은 것을 소유하고 있는 것이기 때문에 불신자들은 하나님을 기쁘시게 할 수 없다고 사도는 선언하였다.

---

59) 믿는 사람을 성화시키시는 분은 성령이시다. 이것은 약속이다. 성령께서는 사람들에게 믿음을 주시고, 믿음을 가진 사람을 거룩하게 하여 주신다. 성령께서는 사람을 선택하시고 중생시키시고, 성화시키시고, 위로하시고, 은사를 주시고, 하나님의 지존하신 뜻과 기쁨을 위하여 스승이 되신다.

　중생하지 못한 사람이 중생을 위하여 성령님께 기도할 수 있는가? 사람이 택함을 받았을 때 자신이 택함을 받았다는 것을 알 수 있을까? 사람은 그의 선택을 잘 모른다. 선택은 하나님의 은밀하신 목적에 의하여 되어지는 일이다. 선택을 받음에 있어 사람에게 어떤 자격이 필요한가? 선택에는 자격의 제한 조건이 없다. 죄를 깨달은 사람은 성령으로 말미암아 하나님께 기도하여 참상으로부터 구원을 받아야 한다. 우리가 구원받는 것은 특별한 은혜이다. 우리의 구원은 그리스도 안에서 하나님의 은혜와 긍휼하심으로 받은 것이다. 이러한 돕는 은혜를 받기 위하여 우리는 더욱 기도하여야 한다. 죄 씻음과 용서를 확신한 사람은 그 안에 중생의 씨가 있는 것이다. 그러므로 이러한 사람은 더욱 더 계속해서 기도하여야 한다.

② 예수 그리스도께서는 자기를 믿는 사람은 거룩하게 된다고 하셨다. "그 눈을 뜨게 하여 어두움에서 빛으로, 사단의 권세에서 하나님께로 돌아가게 하고 죄 사함과 나를 믿어 거룩케 된 무리 가운데서 기업을 얻게 하리라"(행 26:18). 사람이 성화되고 거룩하게 되는 방법과 수단은 그 안에서(in Him) 그를 믿음으로 된다고 하는 말씀이다. 예수님은 성화와 거룩의 방법이 다른 것으로 된다고 정의하신 적이 없다.

③ 믿음은 우리가 거룩하게 되는 원인이며 도구이다(instrument). "마음을 아시는 하나님이 우리에게와 같이 저희에게도 성령을 주어 증거하시고 믿음으로 저희 마음을 깨끗이 하사(purify)"(행 15:8, 9). 우리의 마음을 깨끗하게 할 수 있는 것은 믿음(faith)이며 우리를 깨끗게 하시는 분은 하나님이시다(God purifies our hearts by faith). 그 외의 다른 것으로는 우리의 마음을 깨끗하게 할 수 없다. 마음이 깨끗하게 되지 않고는 거룩하게 될 수 없는 것이다. 세상에 있는 것으로는 사람을 거룩하게 할 수 없고, 사람의 마음을 깨끗하게 할 수 없고, 거룩한 일을 할 수도 없다. 왜냐하면 "깨끗하지 못한 것은 깨끗하지 못한 것을 행하기" 때문이다. 최고의 순종은 하나님을 받아들이는 것이며 하나님을 받아들인다는 것은 믿음을 받아들인다는 말이다. 그리고 순종하는 믿음이란 하나님을 받아들이는 것을 말한다. 여기에서 거룩이 솟아 나오는 것이고 신자는 생명력을 가지게 되는 것이다. "너희는 저를 죽은 자 가운데서 살리시고 영광을 주신 하나님을 그리스도로 말미암아 믿는 자니 너희 믿음과 소망이 하나님께 있게 하셨느니라 너희가 진리를 순종함으로 너희 영혼을 깨끗하게 하여(have purified your souls in obeying the truth) 거짓이 없이 형제를 사랑하기에 이르렀으니 마음으로 뜨겁

게 피차 사랑하라."(벧전 1 : 21, 22)

④ 모든 은혜는 본래 그리스도 예수 안에 있는 것이며 예수 그리스도와 함께 있는 것이다. 아담(Adam) 안에서 하나님의 형상을 잃어버린 사람이 다시 하나님의 형상을 회복하는 길이 준비되어 있었는데, 그것은 그리스도 안(in)에 감취어진 보물과 같은 것이다. 그리스도는 두번째 아담(the second Adam)으로서 이 땅에 오셨다. 하나님 아버지께서는 모든 사람이 그리스도 안에 거하는 것을 기뻐하셨다. 그리스도 안에 우리가 거할 때 은혜 위에 은혜를 받게 된다. 우리는 그를 받아들이고 그와 도덕적인 관계를 가지며, 그와 연합하여 살게 된다. 그리스도와 성도의 관계는 포도나무와 가지의 관계와 같다. "나는 포도나무요 너희는 가지니 저가 내 안에 내가 저 안에 있으면 이 사람은 과실을 많이 맺나니 나를 떠나서는 너희가 아무것도 할 수 없음이라"(요 15 : 5). 우리가 지금 살아있고 그리스도 안에 거하게 된 것은 믿음으로 된 것이다. 그리스도가 아니고서는 우리는 최소한의 거룩한 성품을 가질 수 없다. 그러므로 그리스도인이 다만 그리스도로 말미암아 성화되고 거룩하게 된다는 사실은 명확한 것이며, 부인할 수 없는 일이다.

2. 성화의 오해에 대하여

그러므로 우리는 성화의 문제에서 많은 치명적인 잘못을 발견해낼 수 있다. 그것은 이론적인 면과 실제적인 면에서 발견해낼 수 있다. 어떤 사람들은 그리스도와 특별한 관계 이전에도 거룩하게 될 수 있다고 하고, 그리스도와의 연결(bond)도 없이 거룩하게 된다고 주장한다. 왜냐하면 이렇게 주장하는 사람들은 성화는 도덕적으로 정직하고 덕성을 가지는 것 정도로 생각하기 때문이다. 그렇다고 이교도들에게서 볼 수 있는 겸손을 부정하는 것은 아니다. 그리고 성화가 본질적으로 빛을 따라서 열심을 가진다고 되는 것도 아니다. 그러면 예수 그리스도에게서 필요한 것은 무엇인가? 나는 보통 사람들이 해야 하는 것처럼 도덕적 덕성을 가져야 한다고 생각한다. 그리고 사람들이 가질 수 없는 은혜를 가져야 한다고 생각한다. 그러나 우리의 거룩함은 그리스도에게서 오는 것이다. 어떤 사람은 우리의 성화가 그리스도와 무관하다고 주장한다. 이것은 그리스도를 그의 영광으로부터 끌어내리고 복음을 내동댕이치는 일이다.

또 다른 주장이 있다. 저들은 선과 악의 개념을 본성적인 빛으로 설명하려고 한다. 그리고 이러한 개념을 율법적인 확신으로 증거하려고 한다. 그래서 큰 효과를 얻는다. 왜냐하면 사람의 영혼은 죄, 의, 심판에 대해 유효하게 깨닫기 때문이다. 사람이 하나에서 구출을 받으면 다른 하나에 도달하게 된다. 그래서 최후에는 잘 된다고 보는 견해이다. 이러한 확신은 아직 개선될 여지가 남아 있다. 이것은 인간의 즐거움을 위한 것이고 실수와 미신적인 것이다. 죄를 지으면 회개하고, 서약하고, 금욕하고, 고행하면 된다고 생각하는 자들도 있다. 빛은 진리를 받아들인다. 빛(the light)은 삶을 변화시키고 임무를 배가시키고 죄를 짓지 않도록 하며, 종교적으로 뜨겁게 신앙을 고백하게 한다. 이러한 사람은 거룩하게 될 수 있는 좋은 희망이 있는 것이다. 그리고 세상을 향해 선하게 행하고, 하나님의 교회를 받아들인다. 그리고 진정한 복음적 성화에 대해 생소해 하는 사람들에게 설명한다. 사람들은 근본적으로 잘못된 이성(reason)을 가지고 있기 때문에 첫번째로 그리스도에 대하여 관심을 갖지 않는다. 그리고 홍수가 나면 다 무너져 버릴 것을 알지 못하고 모래 위에 집을 짓는다.

　성화가 절대적으로 필요하다고 확신하는 사람은 이 문제에 관해서 지혜롭게 생각을 해야 한다. 성화된 사람은 그의 사명을 힘써 감당해야 하며, 많은 일을 물질을 기울여서 해야 하며, 여러 가지 면에서 절제도 해야 한다. 마지막 날에 자신은 거룩하지 않은 사람들 가운데에서 발견되지 않을 것을 생각하며 지금 세상을 생각해야 한다. 그중 특별히 많은 젊은이들을 생각해야 한다. 이들은 곧 종교적인 확신을 가질 사람들이기 때문이다. 이것은 다른 사람들에게서도 마찬가지이다. 왜냐하면 이 사람들도 나중에는 의롭게 되어 그들의 의무를 모두 감당할 것이기 때문이다. 이들의 순종은 처음 보다 더욱 쉽게, 그리고 기쁘게 이루어지는데 이것은 현저히 보이는 현상이다. 그러나 그들의 임무들은(duties) 날마다 늘어날 것이다. 그밖에 그들은 그들이 한 일에 대하여 만족하지 않는다. 그리고 계속해서 무엇인가 일하기를 원한다. 이러다가 사람들이 신앙을 잃어버릴 경우도 있다. 그래서 신앙이 나빠지고 바닥까지 내려가서 행동하고 생각 없이 살다가 마지막 심판날에 심판을 받게 될 것이다. 우리는 이러한 치명적인 악을 저지해야 한다. 우리는 실제적으로 거룩하고, 계속 진보 성장하는 믿음과 영원한 거룩함을 소유해야 한다. 우리가 첫번째로 해야 할 일은 예수 그리스도와의 관계가 확실해야 된다는 것이다. 그리고 그 관계가 원숙해야 한다는 것이다.

　그리고 여기에서 그리스도의 의(righteousness)를 비방하면서 칭의(justification)의 교리를 내버려야 한다고 주장하는 몇몇 사람들의 비방과 중상을 저지해야 한다는 것을 제안하고자 한다. 왜냐하면 저들의 외치는 주장은 수치심도 없고 염치도 없는 것이기 때문이다. 저들은 주장하기를 구원은 단순히 외부로부터 들어온 의(righteousness)에 의해서 얻어진다고 주장한다. 그래서 깨끗하지 않아도 구원받을 수 있고, 거룩하지 않아도 구원받을 수 있고, 의로운 의무에 대해서 게을러도 구원받을 수 있고, 순종하는 일에 게을러도 구원받을 수 있다고 주장한다. 이러한 체면도 없이 중상을 하는 경솔하고 지각 없는 주장은 앞에서 언급한 것처럼 터무니없는 것이다. 우리는 앞에서 믿음으로 의롭게 된 사람은 특별히 성화되고 거룩하게 된다고 증거한 바 있다. 그러므로 우리는 믿음으로 정의된(justified) 사람은 틀림없이 성화되고 거룩하게 된다고 단언하는 바이다.

3. 성화의 바른 좌소와 실체

모든 신자들, 그리고 오직 믿음으로 사는 사람들, 거룩하게 된 사람들 속에는 거룩하게 된 무엇이 있다. 성화의 사역은 올바른 좌소(seat)와 실체(subject)가 있다. 여기에 대해서는 다음에 언급하기로 하겠다. 왜냐하면 이 문제는 단순히 외적인 명칭으로 되는 것이 아니기 때문이다(구약 성경에서 말하는 거룩과 같이). 그리고 일시적인 행동으로 결정되는 것이 아니고 우리가 변호할 수 있는 일련의 행동으로 나타내질 수 없는 것이기 때문이다. 성화는 우리 안에 실재하는 것이며, 지속적으로 거주하는 것이다.

이제 성화의 실체에 대해서 생각해 보기로 하자. 성화의 주체는 신자의 전 인격에 있는 것이다(the whole person). 성화는 영혼의 한 가지 기능적인 문제가 아니며 몸의 일부분의 문제도 아니다. 성화는 전 영혼(whole soul)과 온 몸(whole body)의 문제이며, 모든 믿는 신자의 완전한 본성(entire nature)의 문제이다. 여기에 대해서는 반드시 설명이 되어져야 한다.

[1] 우리의 전 본성은 본래 하나님의 형상으로 창조되었다. 우리의 전 영혼은 그 기능과 능력면에서 틀림이 없었다. 이것이 하나님

의 모양인 것이다. 몸은 하나님의 계획대로 된 것으로 자연적인 필요를 위해서 만들어진 것이 아니라 우리의 본질상 필요한 부분으로서 하나님의 형상과 관계가 있는 것이다(was interested in the image of God). 이것은 본래적으로 의로운 협동에 의해서 된 일이다.

　② 죄가 들어옴으로 인해서 하나님의 형상은 손상을 입었고 그리고 그것을 잃어버렸다. 이것은 우리 영혼의 어떠한 하나의 능력이(one power) 소멸된 것이 아니고, 한 부분(part)이 떨어져 나간 것이 아니며, 기능이 떨어져 나간 것이 아니라 우리의 전 본성(whole nature)을 잃어버린 것이다. 따라서 성경은 우리의 본성이 전적으로 타락했다고 말하고 있다. 그래서 우리의 본성적인 능력, 마음, 의지, 사랑—전 영역이 타락(depravity) 했다는 것이다. 그래서 이러한 기능들—마음의 생각과 모든 계획들—이 항상 악하였다 (창 6:5). 따라서 사람들의 모든 외적인 행동들은 이러한 상태에 있었으므로 모두 악하였다. 이러한 사람들의 하는 일이란 "열매 없는 어두움의 일들" 뿐이었다. 육체는 부정(obliquity)과 죄와 짝하여 살았고 몸의 지체들은 더럽고 부정한 일에 노예가 되었다.(롬 6:19;3:12–15)

　성화는 이러한 우리들의 전체적인 본성을(whole nature) 전면적으로 온전한 모습으로 수리하는(reparation) 것이라고 할 수 있다.

　① 따라서 이 사람을 '새 사람'(new man)이라 부른다. "하나님을 따라 의와 진리의 거룩함으로 지으심을 받은 새 사람을 입으라(put on the new man)"(엡 4:24). 죄의 본질에 매여 있던 사람은 옛 사람(old man)이라고 부른다. 왜냐하면 이 사람은 전인적(全人的)으로 죄를 자행하였기 때문이다. 그리고 거룩의 본질에 싸여 있는 사람은 새 사람(new man)이라고 부른다. 왜냐하면 이 사람의 전 인격이 가지고 있는 것은 거룩한 일과 거룩한 목적을 가지고 있기 때

문이다.

2 성경은 이 마음을 전 영혼(whole soul)으로 말하고, 영혼의 모든 기능을 수행할 수 있는 것으로 언급하고 있다. 이 마음은 성화의 사역에 대하여 관심을 가질 뿐만 아니라 성화는 어떻게 되는가에도 주목한다. 따라서 새 마음이라고도 하는데 이 마음은 하나님의 약속에 의하여 우리들에게 주어진 것이다.

3 이 사역은 우리들의 영혼과 몸에 영향을 주는 것으로 특별히 언급되어진다. 그래서 성화된 영혼과 몸의 능력(powers)과 기능(faculties)은 분명한 차이가 있다. 여기에 대해서는 이미 앞에서 증거한 바 있다. 중생의 사역과 회심의 사역에 대하여 논술할 때도 말했지만 우리들의 능력과 기능은 보존되고 더욱 향상되어간다. 성화의 시기에는 특히 우리의 능력과 기능이 적합한 목적을 수행하기에 합당하도록 된다는 말이다.

4 우리는 더 이상의 증거가 필요하지 않다고 생각한다. 사도가 데살로니가 교인들을 위해서 기도한 것처럼 성화를 위해 기도해야 한다. "평강의 하나님이 친히 너희로 온전히 거룩하게 하시고 또 너희 온 영과 혼과 몸이 우리 주 예수 그리스도 강림하실 때에 흠 없게 보존되기를 원하노라"(살전 5 : 23). 이 말씀은 우리의 전 본성(whole nature)과 전 인격(whole persons)이 깨끗하고 온전하며 "온 몸이 깨끗하게"(요 13 : 10) 되라는 것이다. 사도는 우리의 전 본성을 말할 때 두 부분, 즉 혼과 몸으로 구분하였다. 혼(soul)은 ①영(the spirit)과 ②혼(the soul)으로 생각할 수 있는데, 영(the spirit)은 마음(mind) 또 지적인 기능으로서 깨닫는(understand) 일을 하며, 혼(the soul)은 성정(the affections)과 일반적으로 아는 일(acknowledge)을 한다고 볼 수 있다. 그래서 사도는 '온전히' 또는 '전면적으로' 거룩하게 되고 거룩한 모습이 보존되기를 위하여 기

도하였다. 그러나 이것이 전부는 아니다. 우리의 몸은 본질적으로 필요하고 중요한 부분으로 되어 있다. 몸에는 우리의 혼이 함께 연합되어 있다. 그래서 한 개체의 인격이 되는 것이다. 몸은 본질상 타락할 수 있는 주체로 되어 있다. 우리의 몸은 어느 곳에 참여하고, 그에 따르는 물건에 의하여 부패할 수 있다는 것이다. 몸은 영혼을 가지고 있으며 어른으로부터 어린 아이에 이르기까지 본래적으로 오염된 것들과 가까와질 수 있다. 그밖에도 몸은 부패한 현실에 굴복하고, 무질서한 동작에 휩쓸리고, 우발적이고 자극적인 것으로 인해서 죄를 짓게 된다. "그러므로 너희는 죄로 너희 죽을 몸에 왕 노릇하지 못하게 하여 몸의 사욕을 순종치 말고 또한 너희 지체를 불의의 병기로 죄에게 드리지 말고 오직 너희 자신을 죽은 자 가운데서 다시 산 자같이 하나님께 드리며 너희 지체를 의의 병기로 하나님께 드리라"(롬 6 : 12, 13). 우리는 몸으로 죄로 오염되고 심판받을 죄에 참여하지 말고, 부패와 멸망의 길에 자신을 노출시키지 말고, 죄로 인하여 들어온 사망의 일에 참여하지 말아야 한다. 그러므로 우리의 몸으로 성화되고 거룩하게 되는 일에 관심을 가지고, 또한 이것이 필요한 줄을 알고, 이러한 일에 참여하여야 한다.

(1) 우리의 인격의 성화를 위하여 거룩한 일에 참여해야 한다. 우리의 영혼이 거룩한 원리에 소속하도록 최우선으로 배려해야 한다. 그리고 우리의 몸도 거룩한 일에 적극 참여하여 우리 본성의 중요한 부분이 거룩하게 되도록 해야 한다.

(2) 하나님의 은혜로 인한 특별한 영향 아래 자신이 있도록 해야 한다. 사람들은 도덕적으로도 영향을 받게 되어 있다. 그러므로 우리는 "우리의 몸이 그리스도의 지체인 것"(고전 6 : 15)을 알고 머리 되신 그리스도의 은혜스러운 영향을 받아야 한다.

(3) 성화의 사역은 성령께서 우리에게 오셔서 거하시는 것이다. 우리의 몸은 성령께서 계시는 성령의 전이다(고전 6 : 19). 하나님의 전은 거룩한 것이다(내가 이렇게 고백하는 것은 거룩이란 하나님에게 특별히 헌신하는 사람을 가리킨다). 거룩한 사람은 우리의 지체를 "의에게 종으로 드려 거룩함에 이른 것"(롬 6 : 19)을 말한다. 그리고 거룩한 임무를 그 몸으로 이루어 드리는 것을 말한다. 이 사람은 하나님에게 대하여 깨끗하고 거룩하게 된 사람이다. 이러한 사람은 마지막 날에 복된 부활을 위해서 잘 준비된 사람이며 그리스도의 영에 의하여(by) 살며 그 안에(in) 살면서 거룩하게 된 사람이다.(롬 8 : 10 ; 빌 3 : 20 ; 고후 4 : 14 등)

　　그러므로 우리의 전 인격은 이 사역의 주체가 된다. 성화는 우리의 전 인격에 영향을 주는 것이다. 복음적인 거룩은 도덕적인 덕성만 변화되는 것이 아니고, 또한 일부분만 변화되는 것이 아니라 복음적인 성화는 인간의 모든 성정을 변화시키는 것이다. 그래서 사람들은 말하기를 성화된 사람은 마음이 밝아지고, 사랑하게 되고, 생활이 전폭적으로 바뀌어지고 참으로 거룩하게 된다고 하였다. 성화의 최대의 관점은 우주적이라는 데에 있다. 성화의 주체가 우주적으로 변화된다는 것이다. 만일 우리 안에 성화되지 않은 어떤 것이 남아 있을 때에, 죄는 그곳에 세력을 구축하고 거기에 자기의 왕관을 씌워 놓는다. 그리고 거기서 왕 노릇하면서 그 사람을 다스린다. 성화의 사역이 어느 정도 불완전하게 이루어질 경우 전인격 속에는 죄를 다시 붙잡아둘 여지가 남아 있게 되고 이것은 계속해서 싸움과 갈등을 일으키게 된다. 그러나 완전히 성화된 사람은 죄를 허락하지 않고 죄가 침입하지 못하게 되어 계속해서 싸우거나 갈등을 일으키지 않는다.

5 이렇게 볼 때 사람들은 얼마나 헛되게 죄악 때문에 걱정을 하는지 모른다. 그러므로 우리들은 참된 성화가 우리의 몸에서 온전히 이루어지도록 최선을 다 기울여야 한다. 은혜는 우리의 본성을 변화시키지 못한다. 우리의 본성은 병들 때도 있고 건강할 때도 있고 강인할 때도 있고 우울증에 빠질 때도 있고 혈기를 부릴 때도 있고 친절할 때도 있다. 이러한 것들은 도덕적인 성품에 속한다. 도덕적인 양상은 전 인격에 관계되는 일이다. 그러나 도덕이 전인격을 변화시키는 것은 아니다. 그러나 성화로 인한 전 인격이 변화되면 과거에 가지고 있던 마음이나 기질—죄 짓던 불안한 마음, 혈기, 절제하지 못하는 것—등이 개조된다. 실로 성화는 우리의 전 인격에 효과를 가져온다. 성화된 사람은 진리를 알고 진리의 실제를 발견한다. 위장된 은혜는 인간의 체질을 변화시키지 못한다. 가장된 은혜는 인간들 목전에서 그의 무질서한 격정에 대하여 변명이나 일삼게 되며 하나님 앞에서 겸손한 것이 아니라 사람들 앞에서, 사람들을 위하여 겸손한 체한다. 왜냐하면 인간의 본성이 본래 그렇기 때문이다. 그렇다고 성화가 도덕적인 것이 전부는 아니다. 만일 은혜(grace)가 인간의 격정, 교만, 진노, 부절제 등을 치유하지 못한다면 인간의 체질은 계속 그런 방향으로 기울어져 갈 것이다. 거룩하게 되면 무엇을 하며 외적으로 어떠한 일을 하게 되는지에 대해서 나는 구체적으로 잘 모르겠고 성화된 수자 또한 모른다. 그러나 그리스도의 은혜가 임하면 "이리가 어린 양과 함께 거하며 표범이 어린 염소와 함께 누우며 송아지와 어린 사자와 살찐 짐승이 함께 있어 어린 아이에게 끌려"(사 11 : 6) 가는 것처럼 가장 사납고 잔인한 본성들이 온순하며 온유하며 친절하게 변화될 것이라는 말이다. 이런 일은 세상에서 더 많이 증가될 것이다. 사람도 성화되

면 이렇게 변화될 수 있는 것이다.

제 4 장

죄의 오염, 죄의 결과, 씻음

성화의 첫번째 논리는 깨끗하게 되는 것이다. / 같은 이해로서의 세례 / 죄로 인한 영적인 오염의 성격, 방법, 여유, 부도덕과 퇴폐라고 부르는 것, 우리는 우리 스스로 죄를 씻을 수 없다. 죄는 율법으로 해결되지 않는다. 인간의 어떤 조작으로도 죄를 해결하지는 못한다.

1. 성화는 깨끗게 되는 일이다

여기에서는 앞에서 이미 언급한 성화(sanctification)에 대해서 논리적으로 더 깊이 고찰해 보고자 한다. 죄의 오염으로부터 우리의 본성을 깨끗하게 하는 일은 하나님의 영(the Spirit of God)이 하시는 일이라는 것이다. 깨끗하게 하고 거룩하게 되는 일은 세상과 반대가 되는 일이다. 죄 씻음 받지 못한 사람은 거룩하지 않은 사람이다. 깨끗하게 된 사람은 거룩한 사람이다. 깨끗하게 되는 원인은 아래와 같다.

① 깨끗하게 되는 원인은 하나님의 영에게 있다. 하나님의 영(the Spirit of God)은 사람을 온전하게 하시는 능력이 있으시다. 사람을 온전하게(whole) 하시는 것은 하나님의 약속이다. "맑은 물로 너희에게 뿌려서 너희로 정결케 하되 곧 너희 모든 더러운 것에서와 모

든 우상을 섬김에서 너희를 정결케(be clean) 할 것이며"(겔36 : 25) "이는 주께서 그 심판하는 영과 소멸하는 영으로 시온의 딸들의 더러움을 씻으시며(washed) 예루살렘의 피를 그 중에서 청결케 하실 때가 됨이라"(사 4 : 4). 불과 물(fire and water)은 율법에서는 전형적으로 깨끗하게 하는 수단으로 사용되었다. 영적으로 모든 것을 깨끗하게 하시는 동인(動因)으로서의 성령은 이 두 가지(물과 불)와 비교된다고 할 수 있다.

② 깨끗하게 되는 원인은 그리스도의 피에 있다. 성령에 의해서 우리 영혼을 깨끗하게 하는 것은 그리스도의 피이다. 그리스도의 피는 우리를 깨끗하게 한다. "이는 곧 물로 씻어 말씀으로 깨끗하게 하사 거룩하게 하시고 자기 앞에 영광스러운 교회로 세우사 티나 주름잡힌 것이나 이런 것들이 없이 거룩하고 흠이 없게 하려 하심이니라"(엡 5 : 26, 27). "그가 우리를 대신하여 자신을 주심은 모든 불법에서 우리를 구속하시고 우리를 깨끗하게 하사 선한 일에 열심하는 친 백성이 되게 하려 하심이니라"(딛 2 : 14). "영원하신 성령으로 말미암아 흠 없는 자기를 하나님께 드린 그리스도의 피가 어찌 너희 양심으로 죽은 행실에서 깨끗하게 하고 살아 계신 하나님을 섬기게 못하겠느뇨."(히 9 : 14)

③ 성화는 우리의 의무로서 우리는 명령을 받았다. 이것은 우리를 죄로부터 깨끗하게 씻는 방법이며 처방이다. "너희는 스스로 씻으며 스스로 깨끗게 하여 내 목전에서 너희 악업을 버리며 악행을 그치라"(사 1 : 16). "예루살렘아 네 마음의 악을 씻어 버리라 그리하면 구원을 얻으리라"(렘 4 : 14). "이 약속을 가진 우리가 하나님을 두려워하는 가운데서 거룩함을 온전히 이루어 육과 영의 온갖 더러운 것에서 자신을 깨끗게 하자."(고후 7 : 1)

④ 이러한 약속들과 교훈들을 통해서 응답을 받으므로 성화가 이

루어진다. 우리는 그리스도 안으로 들어가서 복음을 고백하고 외부적으로 세례를 받는다. 이것은 무엇보다도 내적으로 중생의 씻음을 나타내는 표시이다(딛 3 : 5). 이것은 물질적인 물을 가지고 외적으로 씻으므로 육체적인 더러운 것들이 외적으로 씻겨진 것을 나타내는 예식이다. 더 중요한 것은 성령의 은혜로 말미암아 우리의 영혼과 양심이 내적으로 깨끗함을 받는 것이다. 즉 "육적인 죄의 몸을 벗어 버리는 것"(골 2 : 11)이다. 여기에는 모든 죄의 오염이 포함되어 있는 것이다. 그러므로 성화에 대하여 설명을 하려면 우선 다음의 세 가지를 살펴 보아야 할 것이다.

① 죄로 인한 영적인 오염

② 죄의 결과

③ 죄를 씻는 방법

　첫째로 이것을 주장할 필요가 있는 것은 아니다. 성경에서는 죄의 본질이 어떤 것이라고 하는 것을 전체적으로 가르치고 있다. 부정하고 더러운 죄에 대해서 성경은 반복적으로 언급하고 있다. 그래서 세상은 죄의 오염으로 꽉 차있고, 퇴폐풍조가 넘치고 있다고 가르치고 있다. 이것은 하나님께서 몹시 싫어하시는 것들이다. 이것들은 피, 상처, 종기, 문둥병, 악창, 그리고 무서운 질병 등으로 비유해서 언급되었다.

　그밖에도 신자들이 감각적으로 그 무엇인가를 경험하면서 죄악도 경험을 하는 것이다. 성도들은 죄를 짓고 죄 속에 있는 것을 부끄러워하고, 자기를 미워하고, 영혼 깊은 곳에서 곤혹을 느끼고 있다. 성도들은 자기 자신들이 이러한 것들을 구별할 줄 안다. 그리고 하나님의 거룩하심에 적합하지 않다는 것도 안다. 또한 하나님과 깊은 교제(communion)을 위해서도 이러한 것들이 합당하지 않다는 것을 안다. 그러면서도 그리스도의 피로 죄 씻음을 받기 위해서 열심히 기도하지 않는다. 그리고 죄로부터 거룩하게 되기 위한 값진 약속을 실행에 옮기지 않는다.

둘째로는 죄의 오염에 대해서 생각해야 하겠다. 어떤 사람은 죄 짓는 것을 생각한다. 이 죄를 해결하기 위해서 희생제를 드려야 하고 그 결과 깨끗함을 받아야 한다고 생각한다. 죄책은 용서를 받아야 한다. 그러나 성경은 사람은 내적으로 원죄를 가지고 있다고 말한다. 이것은 개인적으로 성화되면 해결되는 죄이다. 사람들 가운데는 '깨끗하지 못한' 것이라고 부르는 독특한 형태의 부패성이 있다. 사도는 "음행을 피하라. 사람이 범하는 죄마다 몸 밖에 있거니와 음행하는 자는 자기 몸에게 죄를 범하느니라"(고전 6 : 18)고 하였다. 여기서 우리가 주목해야 할 것은 모든 죄는 깨끗하지 못한 것이지만 깨끗하지 못한 것은 죄가 아니라는 것이다.

죄의 부패성은 성질상 그것이 하나님의 거룩하심에 직접적으로 대항하게 되어 있다. 그래서 사도는 "불법을 보지 않는 깨끗한 눈을" 가지라고 하였고 "심히 싫은 일은 내 영혼이 싫어한다"고 하였다. 죄는 수치심을 가지게 하고 하나님의 거룩함을 빼앗아 간다. 그래서 사람들은 얼굴을 붉히고 수줍어 하고, 얼굴에는 어쩔줄 모르는 모습을 하게 되고, 야비한 행동을 하게 되고 시선은 땅을 향하게 되고 죄의 부도덕함을 가지게 된다.

반대로 하나님의 거룩하심은 절대적으로 완전하며 청렴결백해서 거룩한 사람을 결백하게 만든다. 하나님은 거룩하심으로 당신이 하시고 싶은 일을 행하시는데, 그의 율법에서 특별히 거룩하심을 보여 주신다. 하나님은 거룩하시기 때문에 거룩하지 않은 것이 거룩하신 하나님과 함께 할 때 그를 따라 거룩하게 된다.

죄의 오염과 부패성은 사람을 타락하게 하고 무질서하고 어지럽게 하고, 수치스러운 부정직함을 가지게 한다. 하나님의 거룩하심은 율법에 잘 표현되어 있다.

2. 죄의 본질과 하나님의 법칙

　죄에는 원죄(original sin)와 자범죄(actual sin)가 있다. 원죄는 우리의 본성이 하나님의 거룩하심과 일치하지 않는 것이다. 이것은 창조의 법에 나타나 있다. 따라서 모든 인간은 태어나면서 이 원죄 —아담이 지은—를 가지고 태어나는 것이다. 자범죄(본죄)는 하나님과 하나님의 거룩하심과 일치하지 않는 것이다. 이 죄는 특별히 율법에 명령한 것을 위반할 때 범한다. 그러므로 모든 죄의 본질은 하나님의 법칙(rule)과 일치하지 않는 데서(inconformity) 야기되는 것이다. 이제 이 법을 살펴보기로 하자.

　1 이 법은 하나님의 권위가 표현된 것이고 교훈과 거룩함이 포함되어 있다. 죄책은 죄에서 온 것이다. 죄는 공포심을 만든다. 이것이 죄책의 첫번째 느낌이다(sense). 그래서 아담(Adam)은 죄를 짓고 말하기를 "내가 동산에서 하나님의 소리(the voice)를 듣고 내가 벗었으므로 두려워하여(afraid) 숨었나이다"(창 3 : 10)고 하였다.

　2 법에는 하나님의 거룩하심이 나타나 있다. 그래서 죄는 하나님의 거룩하심과 특별히 일치하지 않는 것이다. 이 죄는 더럽고, 추하고 부도덕하다. 이것도 수치심을 가지게 한다. 그래서 아담(Adam)은 죄를 짓고는 부도덕함을 알고 그의 수치심을 **가렸던** 것이다. 죄는 사람을 부끄럽게 한다. 우리가 순종해야 할 분은 우리에게 법을 주신 최고의 입법자이시다. 이 법에 그의 최고의 권위가 들어 있고 그의 거룩하심이 들어 있다. 그의 권위에 도전하는 것이 죄이다. 죄는 죄책을 수반한다. 이것은 죄인의 양심에 있는 두려워하는 마음이 있기 때문이다. 하나님의 거룩하심을 생각할 때 죄는 부도덕하

고 더럽고, 부끄러운 마음을 만들어낸다. 그러므로 성화는 죄의 오염으로부터 죄인을 깨끗하게 하는 것이다.

이렇게 볼 때 실제적인 부도덕함은 육체적이거나 물질적인 것이 아니라 영적인 데에 있다. 예수님께서 말씀하시기를 사람을 더럽게 하는 것은 그 사람에게 들어가는 것이 아니라 그에게서 나오는 것이라고 하셨다. "입에 들어가는 것이 사람을 더럽게 하는 것이 아니라 입에서 나오는 그것이 사람을 더럽게(defile) 하는 것이니라"(마 15 : 11). 영적으로 말해서 하나님과 하나님의 말씀은 거룩하다. 사람은 죄를 짓고 죄책으로 인하여 두려워하는 마음을 가지게 된다. 그리고 죄의 부도덕함으로 인해서 수치심을 가지게 된다. 여기에서 우리는 율법과 복음이 우리를 가르치고, 같은 목적(end)을 성취한다는 것을 깨닫게 된다. 율법(law)의 교훈은 거룩한 반면 저주가 포함되어 있다. 그리고 죄를 해결하는 방법은 제사를 통해서 희생을 드림으로 죄 용서를 받는 것이다. 그리하면 하나님은 죄의 본질을 치료하셨다고 선언하신다. 같은 율법에 의해서 그리고 같은 제도에 의해서 죄 씻는 방법이 다양하다. 제사 제도도 다양하여 우리의 부도덕함을 씻기에 충분하였다. 너무 많은 제물들, 그리고 너무 많은 고기와 술들로 인해서 많은 자연적인 질병이 만연했고, 예기치 않은 돌발 사건이 일어났고, 이로 인해 죽는 사람도 일어났다. 율법대로 제사를 지내지만 과연 깨끗하게 된 것일까? 오히려 종교적으로는 부정하지 않았을까? 여기에서 우리는 영적으로 죄의 부도덕함을 배워야 한다. 제물을 드리고 제사를 드리며 죄 씻음 받기 위해서 시위를 한다고 깨끗해지는가? 외부는 오히려 더 지저분하고 깨끗지 않은 것이 아닐까? 이것은 오히려 내적으로, 그리고 영적으로 깨끗하게 되는 것을 미리 예표적으로 보여 주는 것이다(히 9 : 23 등). 그렇다, 우리는 죄로부터 부도덕함을 떨쳐 버릴 수 없고,

부도덕함으로부터는 수치심을 지워버릴 수 없다. 그래서 우리는 부끄러움과 부도덕함의 상처를 가지게 되는 것이다. 이교도들도 이러한 죄의식으로부터 자유를 얻지 못하고 있다. 그래서 저들은 수세식(washings), 희생의식, 신비스러운 의식으로 이러한 죄의식을 깨끗이하고 정화하려고 한다. 어찌해서 우리의 본성은 타락하여 죄를 짓고 그로 인해 수치심을 떨어버리지 못하고 있는 것일까? 여기에 대하여 우리는 좀 살펴보아야 하겠다. 그러면 인간이 수치심을 가지는 목적은 무엇일까?

1 영혼이 가지고 있는 영적인 아름다움은 하나님과 일치하려고 하기 때문이다. 은혜는 아름다움을 준다. 그래서 그리스도에 대한 말씀에 "왕은 인생보다(the children of men) 아름다와(fairer)"서 "은혜를 입술에 머금으니(was poured)"(시 45 : 2)라고 하였다. 교회가 주님의 은혜를 간절히 사모할 때, 주님은 교회에게 '아름답다'(fair)고 하셨다(아 1 : 5 ; 6 : 4 ; 7 : 6 ; 엡 5 : 27). 이 아름다움은 창세로부터 하나님께서 우리에게 주신 형상 가운데 포함되어 있는 것이다. 이 아름다움은 모든 질서를 존중하는 마음, 조화를 이루는 마음, 좌우로 기울어지지 않는 우리들의 본성이 포함되어 있다. 하나님은 아름다움을 이루어 나가도록 우리들에게 모든 기능과 행동할 수 있는 기준을 주신 것이다. 그러므로 죄(sin)라고 하는 것은 여기에 정면으로 반대되는 것이다. 죄는 영혼의 아름다움을 파괴시키고 얼룩지게 하고, 더럽게 하고 구겨지게 한다. 이것이 죄의 부도덕성이고 더러운 면인 것이다.

2 거룩함은 영혼의 영예이기 때문이다. 거룩함은 영혼을 진정으로 고상(moble)하게 만들어 준다. 왜냐하면 모든 영예는 하나님에게 있다. 이 영예가 우리에게 전달되는 것인데, 우리와 하나님이 밀접한 교제를 할 때에 이 영예는 우리에게 임하는 것이다. 따라서

이 영예를 소유한 사람은 거룩한 사람이다. 지금도 우리는 거룩함에 의하여 영예를 얻게 된다. 그리고 우리는 창조될 때 부여받은 하나님의 형상(the image of God)을 가지고 있는데 이것이 거룩한 요소이며 또한 우리에게는 영예스러운 것이다. 그러므로 죄는 하나님의 형상과 반대되는 것이다. 죄는 천하고 비열한 것이고 무가치한 것이다. 이것이 죄의 본질이다. 그래서 죄인은 "음부까지(hell) 스스로 낮추었으며(debased)"(사 57:9)라고 한 것처럼 죄인은 스스로 음부로 내려가게 되는 것이다. 사람은 절대적이며 끝까지 완악하게 될 수 없는 것이다. 왜냐하면 그토록 죄 짓는 야비한 감정 속에는 양심이라는 것이 있기 때문이다. 사람이 눈을 떠서 자기의 수치를 보게 될 때에 자신이 너무 너무 비열하고, 천박스럽고, 부도덕한 죄인임을 발견하게 되는 것이다. 이것은 몹시 무섭고 큰 병에 걸려 있는 사람이지만 자신 속에 있는 병균을 발견하지 못할 때에는 죽을 수밖에 없지만, 그 병균을 찾고 그 병을 치료할 때는 자신의 생명을 다시 찾고 건강하게 살아가는 것과 같은 것이다. 그렇다, 말로 형언할 수 없는 더럽고 추악한 죄를 지은 사람이라 할지라도 하나님의 거룩하심을 찾을 때 살 길이 있는 것이다.

3. 죄로인한 영적 오염의 성격, 방법, 이유.

이제는 죄로 오염된 수치심이 습관과 행동에서는 어떻게 나타나는가 살펴보자.

① 본성적으로 우리 영혼의 모든 기능은 그의 습성에 나타나게 되어 있다. 타락한 죄인들은 그 수치심마저 타락하고 부패하였다. 그래서 본성적으로 모두가 깨끗하지 못하다.

② 우리가 행하는 모든 자범죄는 우리의 부패한 기능에서 기인

된 것이다. 모든 죄는 본질적으로 부패한 것이다. 그래서 사도는 모든 죄에서 우리들을 깨끗하게 하라고 충고하였다. "그런즉 사랑하는 자들아 이 약속을 가진 우리가 하나님을 두려워하는 가운데서 거룩함을 온전히 이루어 육과 영의 온갖 더러운 것에서 자신을 깨끗게 하자"(고후 7:1). 자긍하며, 자기를 사랑하며, 욕심 많고 믿음 없는 것과 같은 내적이면서 영적인 죄들은 부패한 곳에 참여하게 한다. 이것은 육적이고 정욕적인 죄에도 빠지게 한다. 그러므로 무질서하게 뒤범벅이 된 세상에서 우리 그리스도인들은 자기에게 맡겨진 의무를 최상으로 실천 실행해야만 이러한 죄와 더러운 것들에게 말려들지 않게 된다. "대저 우리는 다 부정한 자 같아서 우리의 의는 다 더러운 옷 같으며 우리는 다 쇠패함이 잎사귀 같으므로 우리의 죄악이 바람같이 우리를 몰아가나이다."(사 64:6)

세상에 태어난 사람은 모두 똑같이 깨끗하지 못하다. 습관도 거의 비슷하다. 그러나 자범죄를 짓는 데에서는 다르다. 죄를 짓는 데 있어서는 다양해서 정도의 차이는 있다. 죄의 성질과 사건의 비중으로 볼 때 큰 죄는 그의 오염 또한 크게 나타난다. 그리고 우상숭배 같은 행위를 죄로 보지 않는 사람이 있는데 우상숭배는 하나님 앞에서 제일 큰 죄(the greatest of sin)이다(겔 16:36, 37). 또한 하나님을 노엽게 하고 사람을 타락시키는 죄가 있는데 그것은 음행이다. 음행의 죄는 매일같이 자행할 수 있는 죄이며 끊임없이 연속해서 자행하는 죄이며 계속해서 증가하는 죄이다. 그래서 이 죄는 "개가 그 토하였던 것에 돌아가고 돼지가 씻었다가 더러운 구덩이에 도로 눕는"(벧후 2:22) 것과 같은 것이다.

나는 간단하게 전체적인 죄를 언급하였으나 성경에서는 죄에 대하여 매우 자주 여러 곳에서 지적하면서 가르치고 있다. 죄는 하나님을 섬기는 기관에서 기록되기 시작하여, 고집스럽게 하나님을 대항하는 죄인들에게까지 언급되었다. "불의를 하는 자는 그대로 불의를 하고 더러운 자는 그대로 더럽"게(계 22:11) 되어 죄를 자행한다. 성화의 본질을 발견하기 위해서는 죄를 보는 견해에 개선이 있어야 한다. 나는 여기에 대하여 세 가지 견해를 밝히려고 한다.

①깨끗하지 않은 곳에는 불결한 것이 남아 있기 마련이다. 여기에는 어떠한 거룩함도 진정 있을 수 없다. 왜냐하면 전적으로 부패한 심령 속에는 거룩함이 없기 때문이다. 나는 거룩한 것을 이 세상에 있는 사람 가운데에서는 온전히 찾아낼 수 있다고는 생각하지 않는다. 그러나 진정으로 성화된 사람은 그 속에 거룩한 것이 있을 수 있다. 이 거룩함은 최초로, 진정으로 온전히 사람을 깨끗하게 하는 것이다.

②우리가 이 더러운 것을 씻어버리지 않고서는 하나님의 기쁨에 결코 참여할 수 없다. "죄로 오염된 것"을 가지고는 새 예루살렘에 들어갈 수 없다(계 21:27). 깨끗함을 받지 못한 죄인과 그리스도의 죽음이 헛되다고 말하는 사람이 율법과 복음 저 너머에 있는 하나님의 복된 즐거움에 참여할 수 있다고 생각할 수 있는가? 그러므로 죄 씻음 받는다고 하는 것은 영혼의 영원한 구원을 위해서 매우 중요한 일인 것이다.

③성령의 특별한 도움이 없이 우리들 스스로 죄악으로부터 자유함을 얻는다고 하는 것은 불가능한 일이다. 이것은 진리이다. 그러나 우리가 할 일이 전혀 없는 것은 아니다. 우리는 우리들 스스로를 씻으라는(wash) 명령을 받았다. 죄로부터 우리들을 깨끗이 하라는 명령을 받았다. 그리고 이와 비슷한 명령을 받았다. 그러나 이 말씀은 우리들 스스로의 힘(power)만으로 된다는 의미는 아니다. 성경은 우리들에게 은혜의 방편으로서 우리들에게 임하는 하나님의

사역과 우리의 의무(duty)가 조화를 이루므로 우리가 깨끗하게 될 수 있다고 가르친다. 결코 우리들에 의해서(by)되는 것이 아니라는 말이다. 즉 성령의 사역과 우리의 의지(wills)가 작용하여(actuated) 이 사역이 온전하게 이루어지는 것이다. 우리는 우리 자신의 노력으로 어떤 것도 할 수 없다. 따라서 죄의 오염으로부터 우리 자신을 우리 자신의 힘으로 깨끗하게 할 수가 없다. "내가 눈 녹은 물로(snow-water) 몸을 씻고 잿물로 손을 깨끗이 할지라도 주께서 나를 개천에(ditch) 빠지게 하시리니 내 옷이라도 나를 싫어하리라"(욥 9 : 30, 31)라고 욥이 말했다. 여기에 보면 세제(cleansing)가 있다. 몸이 더럽다고 세제를 가지고 씻는다는 말이다. 내가 씻는 노력을 한다는 것이다. 그러나 하나님 면전에서는 부도덕과 더러움이 모두 드러난다는 것이다. 선지자는 인간이 자기의 죄를 씻는다고 하는 것은 '헛된 일'이라고 하였다. "주 여호와 내가 말하노라 네가 잿물로 스스로 씻으면 수다한 비누를 쓸지라도 네 죄악이 오히려 내 앞에 그저 있느니라"(렘 2 : 22). 여기에도 세제를 가지고 씻는 말씀이 있다. 이것은 비유이다. 이 말씀은 우리가 아무리 노력하고 힘써도 그 결과는 실패 뿐이라는 말씀이다. 나의 노력만으로 우리의 죄를 씻는 일은 허사라는 것이다. 어떤 사람은 자기의 죄를 회개의 눈물로 씻었다고 하였다. 그러나 성경에서 가르치는 회개는 그런 것이 아니다. 눈물은 흘려서 비누와 잿물의 효과를 내는 것으로 생각하는 것은 잘못이다. 율법에는 합법적으로 죄를 씻는 의식이 있다. 그러나 이것은 만족한 것이 못된다(히 9 : 13). 율법의 의식은 하나의 상징이며 예표이다. 그러므로 하나님께서는 우리의 죄악을 실제적이며 분명이 제거하고 새롭게 씻는 방법에 대해서 약속을 하셨다. "그 날에 죄와 더러움을 씻는 샘(fountain)이 다윗의 족속과 예루살렘 거민을 위하여 열리리라."(슥 13 : 1)

죄 문제를 해결하기 위해 가장 허황되고 헛된 일을 하는 사람들은 가톨릭 교회 사람들이다. 죄의 상처를 치료하고 해결하는 방법을 저들이 조작해냈다. 그러나 이것은 죄를 씻는 것에 대하여 무식한 조작품에 불과한 것이다. 칭의의 사역에서와 마찬가지로 저들은 하나님의 의(righteousness)에 굴복하지 않았다. 저들은 성화의 사역에서도 은혜의 성령이 무지하다는 것만을 드러내고 말았다. 그리고 그리스도의 피의 효과에 대해서도 무지함을 드러냈다. 저들은 그들의 생각한 바를 실제로 확립하여 세워(sep up) 놓으려고 하는 것이다. 그래서 저들은 우리들의 모든 불의한 본성을 씻는 방법은 세례라고 하였다. 그리고 원죄의 오염도 저들 스스로 해결할 수 있다고 하였다. 저들은 사람들이 더러운 옷을 쉽게 바꾸어 입을 수 있는 것과 마찬가지로 죄의 오염과 본죄의 오염을 깨끗이 씻는 일은 쉬운 일이라고 하였다. 저들은 거룩한 물을 뿌리고 사제에게 죄를 고백하면 속죄받는다고 하였다. 이것은 놀라운 효과가 있다고 저들은 주장하였다. 실로 죄를 사람에게 고백하고 용서를 받는다고 하는 것은 저들이 육체를 위하여 대단히 놀라운 것을 만들어낸 것이다. 이러한 사실은 세상도 잘 알고 있다. 그렇다고 사제들이 육체적으로 어떤 유익을 얻을 수 있는가 하면 그렇지 않고 아무런 유익도 없다. 사제들과 죄 있다고 하는 사람들과의 힘 없고 무가치한 대화 속에서 사제들이 존경을 받거나 안전을 보장받을 수 있는가 하면 그렇지 않다. 아무것도 저들은 보장받지 못한다. 사람들을 위하고, 대중들을 위하면서 다른 일에 몰두하던 사제들은 저들의 죄에 대하여 오랜 동안 스스로 문제만 야기시키게 되었던 것이다. 이것은 면죄부를 판매하는 방법으로 신속히 전개되었는데 이것은 사제들에게 전면적으로, 그리고 안전하게 자기 자신들 모두를 맡기는 것이었다. 이것은 저들이 처음에 고안해낸 것과는 전혀 같은 것이 아니다. 결국 저들의 양심은 편안하지 못했다. 그리고 만족하지도 않았다. 저들의 아픔은 때때로 모든 죄를 은폐하려고 하는 자체를 뚫고 들어왔다. 그래서 저들의 죄는 아직도 저들과 함께 있는 것이고 수치심과 두려움은 저들에게서 사라지지 않고 있는 것이다. 이러한 와중 속에서 저들은 마지막 수단을 스스로 만들어 돌파구를 마련하였는데, 그것은 다른 세상으로 피하여 안심을 하자는 것이다. 이것이 곧 연옥(purgatory)이다. 지난 날의 모든 죄는 이곳에서 모두 말소시킨다는 것이다. 그래서 세상에서 지은 모든 죄의 오염과 불결한 것을 여기에서 깨끗이 씻는다는 것이다. 그러나 연옥의 모든 일은 우화에 근거한 것이다. 그리고 이것은 성령의 성화사역과 그리스도의 피로 거룩하게 되는 사역에 필적하는 것을 저들이 발명해낸 것에 불과하고 저들이 상상했던(imaginations) 것을 세워(set up) 놓은 것에 불과하다. 그래서 이것은 죄로 인하여 거룩해지지 않은 사람과 계속해서 죄를 짓고 있는 사람에게 대단한 용기를 주고 있다. 지금까지 사람들이 만들어 사용하는 것 가운데 이러한 용기를 주는 것이 없었다. 그러므로 이러한 허황된 상상을 접어버리고 우리는 우리를 진실로 깨끗하게 해주는 근본이 어떤 것인지 묻고 또한 찾아야 할 것이다.

제 5 장

성령과 그리스도의
피에 의한 죄 씻음

죄 씻음이 이루어지는 과정 / 그와 관련된 성령
의 역사 / 같은 목적을 위해 희생되는 그리스도의
피의 효력 / 곧, 죄를 깨끗하게 하는 그리스도의 피
와 성령에 의한 그 효력의 적용 / 죄 씻음의 수단이
되는 믿음 / 역시 같은 수단으로서의 고통의 사용.

죄의 더러움으로부터 믿는 자들을 깨끗하게 하는 일과 관련하여
성경은 여러 가지 다양한 요인들을 기록하고 있다. 즉 그 주된 동
인(動因, the efficient cause)으로서는 성령을, 그 일을 가능케 하는 근
거(the procuring cause)로서는 그리스도의 피를, 그 수단이 되는 도
구(the instrumental causes)로서는 믿음과 고통을 각각 들고 있는 것
이다.

1. 정결케 하시는 성령의 역사

하나님의 영에 의해 우리가 정결하게 된다는 사실은 이미 증
명한 바와 같은데, 이것은 우리의 중생에 있어서의 그분의 역사와
특성으로 보아서도 분명한 일이다. 말하자면 그분은 모든 타락된

죄의 근원이 되는 우리의 본성의 부패된 기능들을 다시 새롭게 만드시는 것이다. 이처럼 성령의 은혜로써 우리의 마음(minds)과 우리의 중심(hearts)과 우리의 성정(affections)이 새롭게 되면, 그 결과로 우리는 우리의 습관적인 죄악들로부터 깨끗하게 되는 것이다. 우리가 우리의 마음에 구원의 빛을 더 많이 받으면 받을수록, 또한 우리가 우리의 성정에 천상적(天上的)인 사랑을 더 많이 받고, 우리의 중심에 기꺼이 순종하려는 마음을 더 많이 받으면 받을수록, 우리는 더욱 더 순결해지는 것이며, 더욱 더 죄의 타락으로부터 깨끗하게 되는 것이다. 이전의 타락된 본성의 법칙은 부정하고 더러운 것이지만, 새로운 피조물, 곧 성령에 의해 영혼에 심어진 은혜의 법칙은 순전하고 정결한 것이며, 깨끗하고 거룩한 것이다.

　성령은 또한 그분의 은혜를 통해 우리의 영혼을 강하게 하여 모든 거룩한 본분을 다하게 하고, 모든 실제적인 죄악들을 대항하게 만듦으로써 우리를 정결케 하시기도 한다. 실제적인 죄악들을 범함으로써 우리의 타고난 부패성은 점점 더 증가하게 된다. 그러나 성령은 그분의 은혜로운 역사를 통해 그러한 실제적인 죄악들을 범하지 않을 수 있게 하심으로써 영혼을 더러움으로부터 지켜 주시고, 새로운 약속(new covenant)의 교훈을 따라 그것을 순결하고 거룩하게 보존해 주신다. 그러나 다음과 같은 의문이 생길 수 있다. 즉, 어떻게 하여 영혼은 성령의 역사가 있기 이전과 이후에 그것이 접촉하였던 모든 더러움으로부터 해방될 수 있는가의 문제이다. 육체에 있을 동안 다소나마 죄로 더럽혀지지 않는 사람은 아무도 없기 때문이다. 이처럼 우리가 죄로 더럽혀지는 것이 사실이라면 어떻게 우리는 깨끗해지게 되는가? 필자는 대답한다. "하나님께서는 미쁘시고 의로우사 우리 죄를 사하시며 모든 불의에서 우리를 깨끗게 하실 것이요"라고 말이다. 그러나 무슨 수단을 통해 이것이 성취되는가? 이에 대하여 성경은 다음과 같이 대답한다. "그 아들 예수의 피가 우리를 모든 죄에서 깨끗하게 하실 것이요."(요일 1 : 7 이하)

2. 그리스도의 피의 효력

따라서 우리의 성화를 가능하게 하는 중요한 근거는 바로 그리스도의 피인 것이며, 이것은 성령에 의해 우리의 영혼에 특별하게 적용되게 되는 것이다. 복음의 신비에 속해 있는 진리 중 이보다 더 명백한 것은 없다. "우리를 사랑하사 그의 피로 우리 죄에서 우리를 해방하시고"(계 1 : 5), "그리스도께서 교회를 사랑하시고 위하여 자기를 주심같이 하라 이는 곧 물로 씻어 말씀으로 깨끗하게 하사 거룩하고 흠이 없게 하려 하심이니라"(엡 5 : 26). 이것은 곧 모든 믿는 자들의 믿음과 경험이 확증해 주는 것이다. 그들의 믿음과 경험은 그들이 자기들 나름대로 상상해낸 것이 아니다. 그것들은 하나님의 진리와 약속들에 근거하여 만들어지는 것으로, 그들에게 민감한 영적인 위안과 기쁨을 가져다 준다. 그들은 이와 같은 그리스도의 피에 의한 성화를 믿고 간구하며 또한 그들 안에서 나타나는 성화의 열매들을 발견하는 것이다.

"그리스도의 피"라는 말은 그의 희생의 피가 가지고 있는 능력과 효력을 의미한다. 그리고 일반적으로 희생의 피는 두 가지 의미로 간주되는데, 한 가지는 하나님께 드려지는 속죄의 의미요, 또 한 가지는 다른 물건들 위에 뿌려짐으로써 얻어지는 죄 씻음의 의미이다. 모든 화목제(propitiatory sacrifice)에 있어서 피의 일부는 단의 사면에 뿌려져야 했으며(레 1 : 11), 속죄제(sacrifice of expiation)의 피는 속죄소(mercyseat) 앞에 일곱 번 뿌려져야 했다(레 16 : 14). 그리스도의 희생의 피도 같은 의미로 생각되어져야 한다. 즉 그는 자기의 피를 하나님께 속죄물로 드렸던 동시에, 그 피는 성령에 의해 믿는 자들의 양심에 뿌려져 그들을 죽은 행실로부터 깨끗하게 하였던 것이다(히 9 : 12—14). 이러한 의미에서 그 피는 우리의 성화(sanctification)와 관련하여 '피 뿌림'(the blood of sprinkling)이라고 불리워진다(벧전 1 : 2). 왜냐하면 우리는 "예수의 피 뿌림을 통하여 성령의 거룩하게 하심으로 순종함을" 얻게 되기 때문이다.

희생된 그리스도의 피는 그것이 흘려졌던 때와 꼭 같은 힘과 효력을 항상 가진다. 여타의 희생 제물의 피는 그것이 흘러나오자마자 곧 사용되어야 했다. 만일 그것이 식어서 응고되면 그것은 제물로 드리거나 뿌려도 아무 소용이 없다(레 17 : 11). 피로 하여금 죄를 속하게 제정하신 것은 생명, 즉 동물적 영혼이 피에 있기 때문이다. 그러나 그리스도의 희생의 피는 항상 따뜻하여 그 속에는 언제나 꼭 같은 생명의 영과 성화의 능력이 살아 움직이고 있다. 따라서 하나님께로 나아가는 우리의 길은 항상 '새롭고 산 길'($\zeta \omega \sigma \alpha$ $\kappa \alpha \iota \, \pi \rho o \sigma \phi \alpha \tau o \varsigma$)인 것이다(히 10 : 20). 이것은 그 의미에 있어서 그리스도께서 항상 '새롭게 죽으신다'는 것과 같은 뜻이다. 따라서 언제든지 희생된 그리스도의 피에 실제로 참여하게 되는 모든 사람들은, 이전에 예표로서 제사장 곁에 서서 피와 물로 뿌림을 받았던 사람과 꼭 같이 참된 죄 씻음을 받게 되는 것이다. 왜냐하면 성령께서 부지런히 선포하시고 있는 대로, 이전에 율법적이고 예표적으로 행하여졌던 모든 희생제물을 통한 속죄와 죄 씻음이, 그리스도의 단번의 희생과 피뿌림으로 실제적으로는 물론 영적으로 모두 이루어졌기 때문이다. 이러한 까닭으로 우리의 점진적인 성화 또한 끊임없이 이루어지고 있는 것인데, 이것 역시 계속적으로 반복되던 매일 매일의 희생을 통해 이미 예표된 것이다. 이로써 우리는 복음에 나타난 여러 가지 의식들을 통해 특별한 죄 씻음의 효력을 전달받게 되는데, 이것은 성경에 분명하게 진술되어 있는 것이다(엡 5 : 26). 또한 안식일에는 평일의 두 배의 희생을 드린다는 사실에 의해서도 이미 예표된 것이다. 이러한 죄 씻음의 효력에 의해 우리는 옛날 속죄일에 드렸던 커다란 희생으로 예표된 바와 같이, 우리의 모든 대소 간의 죄악으로부터 정결케 되는 것이다. 뿐만 아니라 우리는 우리의 모든 영적인 부패를 인하여 계속적으로 그리스도께 의지하게 된다. 이렇게 하여 그리스도의 피는 그것의 정결케 하는 효력과 관련하여 율법의 모든 율례들—그 중에서도 특히 '붉은 암송아지'의 재와 관련된 율례를 이루시고 성취하시는 것이다. 이 붉은 암송아지의 재의 율례(민 19장)는 어떠한 방식으로든지 부정하게 된 모든 자들을 즉시 깨끗하게 할 수 있는 대표적인 제사의식으로서, 이 의식을 행하지 않는 자는 총회 중에서 끊어 내시도록 되어 있었다(20절). 우리의 영적인 부정함을 치료해 주는 그리스도의 피는 바로 이 붉은 암송아지의 재와 조금도 다를 것이 없다. 이러한 이유에서 그리스도의 피는 "죄와 더러움을 씻기 위해 열려진 샘"(슥 13 : 1)으로 묘사되고 있으며, 이에 참여하기를 게을리하는 사람은 자신의 부정함 가운데서 영원히 멸망하게 될 것이다.

　우리는 나아가 다음과 같은 의문을 가지게 된다. 즉 어떻게 그리스도의 피가 우리를 우리의 죄로부터 깨끗하게 하는가와, 어떻게 하면 우리가 그것에 참여할 수 있는가의 문제이다. 첫번째 문제와 관련하여서는 문제의 부정함이 육체적인 것이 아니라 영적인 것이라는 사실을 주목해야 한다. 그것은 곧 하나님의 거룩함에 대한 죄의 부적합성이다. 따라서 그것은 하나님께는 불쾌한 것이 되며 우리에게는 부끄러움을 가져다 준다. 이제 그리스도의 피의 정결케 하는 힘이 관계하는 곳에서는 어디에서나 하나님의 보시기에 불쾌한 모든 역겨움이 제거된다(죄로부터가 아니라 죄인으로부터). 그리하여 이전에는 죄인이었던 자가 이제는 완전하게 씻기우고 깨끗하게 된 자로서 하나님 앞에 서게 되는 것이다(사 1 : 16, 18 : 시 51 : 7 ; 엡 5 : 25 등). 그것은 또한 양심으로부터 부끄러움은 제거하고 영혼으로 하여금 하나님 앞에 담대히 나아가게 한다. (히 10 : 19 이하)

우리가 그리스도의 피에 참여하게 되는 방법과 관련하여 우리는 다음의 사실들을 관찰할 수 있다.

１ 우리로 하여금 죄의 부패성과 그에 의하여 더러워진 우리의 모습을 발견하게 하시는 것은 성령이다. 죄에 대한 확신이라는 외부적인 수단에 의해서 일깨워진 타고난 양심의 힘으로도 이와 비슷한 일이 일어날 수 있긴 하지만, 그 자체로서는 결코 우리를 그리스도의 피에까지 인도해 주지 못한다. 우리의 더러운 모습에 대한 이와 같은 발견과 확신은 성경의 역사에 의해 이루어지는 것으로서, 우리를 자기 혐오와 굴욕의 감정으로 채우게 된다. 바로 이러한 감정에서 세리장 삭개오는 멀찌감치 떨어져서 부끄러워하며 아무런 확신도 갖지 못한채 예수님께로 가까이 다가가지 못했던 것이다. 뿐만 아니라 구약시대의 거룩한 사람들도 하나님께 고백하기를, "부끄러워 낯이 뜨뜻하여 감히 하나님을 향하여 얼굴을 들지 못하겠다"고 하였다.

２ 성령은 우리에게 유일한 참된 치료제, 즉 유일한 정결의 수단을 제시하고 선포하고 제공해 주신다. 이러한 목적과 관련하여 얼마나 많은 그릇된 방법들이 고안되었던가에 대해서는 이미 살펴보았다. 뿐만 아니라 모든 사람들은 그들 나름대로의 길을 모색하려고 만반의 준비를 갖추고 있다. 그들은 그들의 죄를 씻기 위하여 각각 자기 나름대로의 비누와 약품을 사용하려고 한다. 이처럼 비록 정결하게 하는 샘이 우리들 가까이에 있기는 하지만, 하갈의 경

우와 같이 성령께서 우리의 눈을 열어 주시지 않으면 우리는 그것을 볼 수가 없다. 우리에게 그것을 보여주시고 우리를 그것에로 이끌어 주시는 분은 바로 성령인 것이다. 이처럼 우리를 정결하게 하는 샘으로 인도해 주는 것은 '아들을 영화롭게' 하기 위한 성령의 사역 가운데서 특히 훌륭한 부분이며, 이 일을 이룸에 있어 성령은 우리에게 아들의 영광을 나타내신다(요 16 : 14). 죄의 부패성에 대한 참된 영적인 인식을 가지게 되는 것과, 그리스도의 피의 정결케 하는 힘을 볼 수 있게 되는 것은 은혜로운 성령의 역사를 통해 일어나는 결과 가운데서도 특히 두드러진 것의 하나이다.

③ 우리 안에서 믿음을 일깨워 주시는 것도 성령이다. 이 믿음을 통해 우리는 그리스도 자신을 받아들이게 되고 그의 피의 정결케 하는 힘에 참여하게 되며, 그밖에 그의 중재(仲裁)를 통해서 얻어지는 모든 유익에도 참여하게 된다. 그의 피가 하나님께 드려졌다는 사실을 믿음으로써 그는 우리의 화목제물이 되며, 그의 피가 우리에게 뿌려졌다는 사실을 믿음으로써 그는 우리의 성화의 근거가 된다. 그리고 죄로부터 영혼을 정결케 하기 위해서는 그리스도의 피에 대한 믿음의 보다 특별한 작용이 우리에게 요구된다. 새롭게 된 양심은 모든 죄의 부패성을 인식할 수 있다. 그러나 그리스도의 피에 대한 보다 특별한 적용(application)이 없이는 죄의 부끄러움으로부터 해방될 수 없다. 믿음을 통해서만 새롭게 된 양심은 그리스도의 정결케 하는 샘으로 나아올 수 있다. 그것은 마치 병자들이 고침을 주는 연못으로 나아와 씻음받을 때를 기다리는 것과 마찬가지다. 다윗 역시 그의 커다란 죄악들에 의해 그가 접촉하게 된 더러움에 관하여 하나님께 부르짖기를, "우슬초로 나를 정결케 하소서 내가 정하리이다. 나를 씻기소서 내가 눈보다 희리이다"고 하였다(시 51 : 7). 다윗은 여기서 문둥병으로부터 정결함을 받을

수 있게 하는 의식(레 14 : 5 이하)을 암시하고 있거나, 아니면 모든 종류의 율법적인 부정함을 정결케 하는 좀더 일반적인 율례, 곧 붉은 암송아지의 재로 만든 깨끗하게 하는 물(민 19 : 9)을 암시하고 있다. 왜냐하면 이 두 가지 정결의 방법이 모두 우슬초와 함께 피, 또는 물을 뿌리도록 되어 있기 때문이다(히 9 : 13, 14). 필자가 말하고 있는 대로, 다윗이 이와 같은 율례들을 암시하고 있는 것은 분명하다. 그러나 이 율례들을 말하려는 것이 다윗의 의도가 아니라는 사실 또한 분명한 것이다. 왜냐하면 그가 저질렀던 것과 같은 죄악들을 가진 사람들을 우슬초로 정결케 한다는 율례가 율법에는 전혀 없기 때문이다. 따라서 그는 시편에서 고백하기를, 자기의 경우에 있어 "주께서는 제사와 예물을 기뻐 아니하셨다"고 말하고 있다. 이렇게 볼 때, 그가 암시하고 있는 율례들로써 의도하고 있는 것은 바로 그리스도의 피인 것이다. 이 그리스도의 피에 의해서 그는 모세의 율법으로 의롭다 하심을 얻지 못하던 모든 일에서 의롭다 하심을 얻을 수 있었던 것이다(행 13 : 39). 역시 같은 방식으로 모든 믿는 자들도 그들의 죄로부터 정결케 되기 위하여 그리스도의 피를 스스로에게 적용하게 된다. 이 일이 있기 전까지는 그들은 다만 그들을 정죄하여 두려움과 부끄러움을 느끼게 하는 죄의식만을 가지게 될 뿐이다.(히 10 : 1—3)

그리스도의 피를 스스로에게 적용시키는 이 일은 네 가지로 구분될 수 있다. ① 우리를 정결케 하기 위한 복음의 약속들에 계시된 대로, 희생된 그리스도의 피를 영적으로 바라보고 그에 대한 합당한 고려를 하는 것이 필요하다. "나를 앙망하라 그리하면 구원을 얻으리라"고 하나님께서는 말씀하신다(사 45 : 22). 이것은 우리를 구원하시는 일 전체는 물론, 그와 관계된 모든 수단들과 관련하여 하신 말씀이다. 우리가 그것에 참여하게 되는 길은 그분을 바라봄으로써

이다. 왜냐하면 "광야에서 뱀이 들려진 것과같이" 인자(人子)도 그의 희생을 통해 십자가에 들려졌기 때문이며(요 3:14), 복음이 또한 그 사실을 우리에게 전해 주고 있기 때문이다(갈 3:1). 이제 분명한 바와 같이, 광야에서 이스라엘 백성들이 고침을 받을 수 있었던 수단은 들려진 뱀을 바라보는 것이었다. 이 점에 있어 믿음은 최초로 작동하기 시작한다. 즉, 그것은 복음에 제시된 대로 우리를 정결하게 하는 유일한 수단인 그리스도의 피를 영적으로 바라보는 것이다. 이제 우리가 그리스도의 피를 오래도록 주시하면 할수록, 그 피를 우리에게 적용하는 일에서 우리는 더욱 더 큰 성공을 거두게 될 것이다. ②우리에게 제시된 위대한 목적을 효과적으로 이루어내기 위해 믿음은 실제로 그리스도의 피에 의존해야 한다. 왜냐하면 그리스도의 피에 대한 믿음을 통하여 하나님께서 그를 화목제물로 받으셨듯이, 역시 그리스도의 피에 대한 믿음을 통하여 그의 피는 우리에게 뿌려져 성화의 근거가 되기 때문이다. ③이 일에 있어 믿음은 뜨거운 기도를 통해 하나님의 약속들과 관련해서 작용하게 된다. 왜냐하면 이 모든 일들을 인하여 이스라엘 족속들은 하나님을 찾게 될 것이기 때문이다. 이 기도라는 수단에 의해 영혼은 거의 그 스스로의 자비에까지 나아가게 되는 것이다. 뿐만 아니라 성경도 또한 우리에게 그렇게 하도록 가르치고 있는 것이다(히 4:15, 16). ④그리스도의 피로써 정결케 되려면 하나님의 진리와 신실하심을 묵묵히 받아들이는 것이 필요하다. 이렇게 함으로써 우리는 곤혹스러운 부끄러움으로부터 해방되게 하며, 하나님 앞에 담대히 나아갈 수 있게 되는 것이다.

④ 성령은 실제로 그리스도의 피의 정결케 하는 힘을 우리의 영혼과 양심에 전달해 줌으로써 우리로 하여금 부끄러움으로부터 해방되어 하나님께로 담대히 나아가게 하신다. 믿는 자들에게 그리스

도의 중재로써 얻어지는 모든 유익을 적용시켜 주는 전체의 일은 실로 성령의 고유한 사역인 것이다. 뿐만 아니라 이 일은 그리스도의 피뿌림과 씻기심을 통해 영혼을 정결케 하려는, 모든 믿는 자들이 그들의 열렬한 기도를 통해 간절히 바라는 일이기도 하다. 이와 같은 성령의 권고는 평화와 함께 하나님을 향한 거룩한 담대함을 그들에게 부여해 주는 것으로서, 이것이 없다면 그들은 다만 그들 자신의 부패성에 대한 의식으로부터 부끄러움과 당혹감만을 느끼게 될 뿐인 것이다.

3. 죄 씻음의 수단이 되는 믿음

믿음은 우리를 깨끗하게 하는 일의 수단이 된다. "믿음으로 저희 마음을 깨끗이 하사"(행 15 : 9)라는 구절로써도 그것을 알 수 있다. 참된 믿음의 두 가지 확실한 증거는, 내적으로는 마음을 정결케 하는 것이며, 외적으로는 사랑으로 행하는 것이다. ① 이 두 가지는 믿음을 시험해 볼 수 있고 또 마땅히 시험해 보아야 하는 시금석이 된다. 우리는 "성령을 통해 진리를 순종함으로 우리 영혼을 깨끗하게 하는" 것이다(벧전 1 : 22). 말하자면 우리는 진리에 대한 우리의 본래적인 순종인 믿음을 통하여 우리의 영혼을 깨끗하게 한다는 말이다. 따라서 믿지 아니하는 자들과 더러운 것은 같은 것이다(딛 1 : 15). 왜냐하면 그들은 그들 속에 깨끗하게 할 수 있는 아무런 수단을 갖고 있지 않기 때문이다. 그러나 우리는 믿음에 의하여 정결케 되는데, 그것은 믿음 그 자체가 우리의 성품을 하나님의 형상으로 회복시켜 주고, 그렇게 함으로써 우리를 우리의 본래적인 부패성으로부터 해방시켜 주는 중요한 힘이 되기 때문이다(골 3:10, 요 17 : 3). ② 우리가 앞서 언급한 것과 같은 그리스도의 피의 정결케 하는 효력과 영향력을 받게 되는 것도 믿음에 의해서이기 때문이다. 믿음은 우리를 계속적으로 그리스도에게 붙어 있게 하는 은혜로운 힘이다(신 4 : 4 ; 수 23 : 8, 행 11 : 23). 만일 믿음으로 예수의 옷에 손을 대었던 여자가 그로부터 자기의 혈루병을 낫게 하는 힘을 얻어낸 것이 사실이라면, 그에게 계속적으로 붙어 있는 우리들이 그로부터 우리의 영적인 더러움을 씻어낼 만한 힘을 얻어내지 못할 수가 있겠는가? ③우리를 더럽히는 정욕들을 점차적으로 제어해 주고 가라앉혀 주는 것도 믿음의 중요한 작업이다. 이러한 목적을 위해 믿음은 성령의 공급하는 힘과 예수 그리스도로부터 오는 능력을 받게 되는데, 이것은 우리가 그리스도 안에 거함으로써 가능한 일이다(요 15 : 3, 4, 5). ④믿음은 우리에게 제시되는 모든 동기들을 통해 우리를 자극함으로써 우리로 하여금 죄의 더러움으로부터 스스로를 지키는 일에 힘쓰도록 만든다. 이러한 동기들의 예로는 현재 하나님의 전능하신 약속에 참여 하는 것(고후 7 : 1)과, 장래에 영광 중에서 하나님을 기뻐하는 것(요일 3 : 2) 등을 들 수가 있다.

4. 고통의 의미

죄로부터 정결케 되는 일은 또한 고통(afflictions)의 덕분이기도 하다. 따라서 우리의 불순물들을 없애주는 이 고통은 하나님의 풀무, 곧 그의 연단하는 그릇(fining·pot)으로 불리워진다(사 31 : 9 ; 48 : 10). 그것은 또한 불이라고도 불리워지는데, 이 불에 의해 사람들은 그들의 공력(功力)을 시험받게 되고, 그들의 잡동사니들을 다 태워 순수한 금과 은을 연단하게 된다(고전 3 : 13). 그리고 그들은 성령께서 그들에게 전달해 주는 효력에 의해 이 일을 수행한다. 그리스도의 십자가에 의하여 그들은 이미 그들의 모든 악이 속해 있던 첫번째 언약의 저주로부터 벗어나 새로운 은혜의 언약 안으로 옮겨졌기 때문이다. 고통의 급류 속으로 던져진 십자가 나무(the tree of the cross)가 이미 그들을 건전하고 치료받을 수 있게 만든 것이다. 그리스도께서 새 언약의 머리가 되시기 때문에 그의 지체가 당하게 되는 모든 고통은 근본적으로 그의 것이 되며(사 63 : 9), 나아가 그 고통들은 모두 우리로 하여금 더욱 더 그분께 순종하도록 만들어 준다. 고통들이 모여서 우리에게 축복된 결과를 가져다 주는 데는 몇 가지 방법이 있다. ①고통은 죄를 기뻐하지 않으시는 하나님의 모습을 상징해 주기 때문에 믿는 자들로 하여금 죄의 혐오스러움에 대해 신선한 관점을 갖게 해준다. 고통이 비록 하나님께서 우리를 사랑하시기 때문에 주시는 것이긴 하지만 그 사랑은 타락을 막고 없애려는 의도와 혼합된 사랑인 것이다. 또 그 외에 어떤 다른 의도가 있다고 하더라도 고통은 항상 하나님의 징계(cha-stisement)인 것이며, 무엇인가를 징계한다는 것은 곧 무언가 잘못된 것이 있다는 말이다. 따라서 우리는 모든 고통을 당할 때에 우리의 저지른 범과(犯過) 중에서 합당한 원인을 찾아내어 고치는 것이 가장 안전한 길이다.[60] 이처럼 고통을 통해 죄를 생각함으로써 사람들은 자기들을 혐오하게 되고 죄를 부끄러워하게 된다. 이러한 혐오와 부끄러움은 그들로 하여금 치료책을 강구하도록 만들기 때문에 이것이 정결케 되는 첫 단계가 되는 것이다. ②고통은 모든 창조된 선한 것들로부터 아름다움과 매력을 앗아가 버리는데, 이 때문에 우리의 성정은 그러한 미와 매력에 과도히 집착하게 된다. 하나님은 이 세상의 모든 꽃들을 고통에 의해 시들게 하심으로써 그것들

---

60) 여자가 행한 것과 같다. (왕상 17 : 18) 하나님이 가르치신 것과 같다. (시 89 : 30 ; 애 3 : 33,　34)

이 위안을 줄 수 없다는 사실을 발견하게 하신다. 그렇게 하심으로써 그는 우리의 성정과 사물 간에 있기 쉬운 무질서한 교섭(우리의 마음을 더럽히는)을 가로막으신다. 왜냐하면 사물을 대하여 우리의 마음과 성정이 조금만 과도히 작용하게 되어도 우리는 부정하고 더러워지게 되기 때문이다. 우리는 마음을 다하여 하나님을 사랑하라는 명령을 받고 있기 때문에 사물을 향한 우리의 부절제는 곧 사물을 죄 많은 것으로 만들게 되는 것이다. ③고통은 마음과 육신의 부패된 정욕을 일으키는 우리의 성정의 모난 부분을 둔화시켜 준다. 마치 미치고 격노한 듯이 전장으로 달려가는 말과도 같이 언제나 정욕의 요구에 따를 준비가 되어 있을 뿐 아니라 때로는 영혼으로 하여금 죄를 추구하도록 몰아가는 우리의 원기왕성한 성정은 고통을 통해 완만하게 수그러들게 되는 것이다. ④이러한 고통들을 인하여 하나님께서는 성령의 모든 은혜들이 지속적이고도 부지런하며 활발하게 발휘되도록 자극하신다. 이렇게 됨으로써 영혼을 죄의 더러움으로부터 씻기는 작업이 수행되는 것이다. 고통의 기간은 모든 은혜들이 각별하게 발휘되는 특별한 기간인 것이다. 왜냐하면 만일 고통의 때에 은혜가 발휘되지 않는다면 영혼은 스스로를 지탱하거나 위로할 수 없기 때문이다. 고통의 때에 성령의 은혜 말고는 어떠한 위로도 소용이 없다. 아무리 달콤한 것이라 할지라도 고통을 당하고 있으면 괴롭고 쓰라린 것에 지나지 않게 되는 것이다. 따라서 우리는 고통의 때를 지날 때에 믿음과, 사랑과, 하나님 안에서의 기쁨에 의존해야 하는 것이다.

지금까지 우리는 우리의 성화의 일부에 대해 살펴 보았다. 이에 대해 필자가 비교적 길게 설명하였던 것은, 거룩함이 단지 도덕적인 덕을 실행하는 데 있다고 주장하는 사람들에 의하여 성령과 그리스도의 피에 의한 성화가 전적으로 무시되고 있기 때문이다. 필자가 말한 모든 것이 아마도 지나치게 열정적인 것이라고 생각될지도 모른다. 그러나 그것이 그렇게 생각될 이유는 전혀 없으며, 만일 있다면 그것은 오직 그 말들이 성경으로부터 취해진 것이기 때문일 것이다. 실로 거룩함을 실행하기를 싫어하는 사람들에게 거룩함의 본질을 가르치는 것은 헛된 일인 것이다.

그러나 우리는 논의를 끝마치기에 앞서 어느 정도 우리 자신을 되돌아 보고, 또한 성화의 문제와 관련된 우리의 관심사에 대해서도 얼마간 고찰해 보아야 할 것이다.

첫째, 이제부터 우리는 우리 자신의 타고난 상황과 조건에 대하여 살펴보는 것이 바람직하다. 그것들을 되돌아보는 것은 우리 모두에게 유익한 일이 되며, 아직 그것들에 머물러 있는 사람들에게는 그것들에 대하여 충분히 아는 것이 필요하기 때문이다. 우리의 모든 성품에는 부패가 퍼져 있다. 이것이 우리를 하나님 보시기에 혐오스럽게 만드는 것이며, 또한 그분으로부터 분리된 상황에 처하도록 만드는 것이다. 이것은 마치 구약시대에 율법적으로 부정케 된 자들이 진(陣) 밖으로 내어 보내져 하나님의 은혜스러운 임재에 대한 모든 약속으로부터 분리되었던 것과 같다(민 5 : 2). 이러한 부패성으로부터 벗어나기 위해 사람들이 그들 스스로 무엇을 하든지 간에 그것은 다만 그 부패성을 감출 뿐이며 그것을 제거해 버리지는 못한다. 아담도 무화과 잎으로 그의 벗은 것을 가렸지만 그의 부끄러움을 근본적으로 치료하지는 못했다. 어떤 사람들은 육체의 외적인 장식 외에는 그들의 영적인 더러움을 덮어 줄 아무런 보호물도 가지지 못한다. 그러나 이러한 외적인 장식은 그들의 더러움을 증가시켜 줄 뿐이며, 그것을 감추어 주기보다는 오히려 더욱 분명하게 해준다. 세상에는 가장 큰 더러움이 가장 큰 화려함으로 가식되어 있는 것이다(사 3 : 16 이하). 우리 스스로 하는 모든 것은 단지 감추는 것이지 근본적으로 씻어내는 것이 되지 못한다. 그리고 만일 이처럼 씻어져서 깨끗하고 정결케 되지 못한 상태로 죽는다면 우리는 결코 거룩한 하나님 앞의 복된 자리로 받아들여질 수 없는 것이다(계 21 : 27). 사람들이 헛된 말로 우리를 속이지 못하게 해야 한다. 우리로 하여금 '담대하게' 하나님 앞에 나아갈 수 있게 하는 것은 몇 가지 선한 일을 하는 것도 아니요, 또 종교를 외적으로 고백한다고 해서 되는 것도 아니다. 때가 너무 늦게 되면 부끄러움이 우리를 덮어 버리게 된다. 당신이 성령에 의해 씻겨지고, 또 그리스도의 피에 의해 씻겨지지 않는 한 당신은 결코 하나님의 나라를 유업으로 물려받지 못한다(고전 6 : 9—11). 당신의 벗은 부끄러움이 드러나게 되면 당신은 성도들과 천사들에게, 당신 스스로에게, 그리고 서로서로에게 매우 무시무시한 모습이 될 것이다(사 66 : 24). 따라서 당신의 자랑과 부, 그리고 당신의 미와 장식과 직책이 당신을 대신해 줄 수 없게 될 때 당신이 천하고 더러운 피조물로서 파멸하기를 원치 않는다면 늦지 않았을 때에 하나님께서 제정하신 유일한 정결의 방법에 대하여 주의하기를 게을리하지 말라. 그러나 만일 당신이 당신의 더러움을 사랑한다면, 만일 당신이 당신의 부패성을 자랑한다면, 그리고 만일 당신이 당신의 외적인 장식으로 스스로 만족해 한다면, 당신에게는 아무런 치료의 방법도 있을 수 없으며 당신은 영원히 멸망할 수밖에 없는 것이다.

이것이 바로 모든 사람들의 타고난 조건이다. 따라서 만일 어떤 사람들이 깨끗하게 되기 위해 무엇을 해야 하느냐고 묻는다면 필자는 그들을 인도하여 "죄와 더러움을 씻기 위해 열려진 샘"으로 안내해줄 것이다.

1 우리는 우리의 타고난 죄의 본질과 결과에 대해서 알도록 힘써야 한다. 이와 관련하여 성경은 자세하게 이야기하고 있지만 일

반적으로 사람들은 그에 대하여 주의를 기울이지 않는다. 그들은 다소간 죄의식을 느끼긴 하지만 죄의 더러움이 어떠한가에 대해서는 깊이 주의하지 않는다. 결과적으로 그들은 하나님의 의로부터 벗어나 그분의 거룩한 형상을 닮지 못하고 부정하게 되는 것이다. 따라서 이러한 부정함으로부터 깨끗하게 되려는 사람들은 먼저 그 부정함에 대해서 확실하게 아는 것이 필요하다. 그리고 비록 우리가 성령의 도움이 없이는 이 일을 제대로 이행할 수 없긴 하지만, 그래도 우리에게는 다음과 같은 의무들이 요구되는 것이다. ①우리는 성경을 자세히 살펴 보아야 한다. 성경은 우리들 스스로의 모습을 비추어 주는 거울인 것이다. 성경을 통해서도 스스로의 일그러진 모습을 깨닫지 못하는 사람은 타락한 채로 살다가 저주받은 채로 죽을 수밖에 없다. ②자신의 타락된 상황과 관련된 성경의 증거를 이미 받은 사람은 그 증거를 통해 자신을 살핌으로써 자신의 더러운 모습을 한층 더 확실하게 깨닫게 된다. 수많은 사람들은 그들이 읽고 들은 것으로부터 자기들이 본질상 부패되어 있다는 사실을 배우지만, 그들은 그 사실을 부인하고 여전히 그들 안에서 부패된 모습을 발견하지 못하게 된다. 그러나 그들이 실로 그들의 영혼을 완전한 율법의 거울 앞으로 가져와 그들의 진상이 어떠한가를 보게 된다면, 그들은 그들의 생각이 얼마나 헛된 것이고, 그들의 심정이 얼마나 무질서한 것이며, 그들의 마음의 작용이 얼마나 왜곡된 것인가를 알게 되는 것이다. 실로 그들은 거울 속에 비친 불결한 사람을 향하여 "부정하다! 부정하다! 부정하다!"고 외쳐댈 것이다. ③하나님의 빛과 인도함을 받기 위하여 기도하는 것은 우리 모두의 의무이다. 예로부터 사람이 자기 자신을 아는 것은 인간이 가진 지혜의 최고적 성취로 간주되어 왔다. 어떤 사람들은 자신을 살피려고 하지 않고, 어떤 사람들은 그것을 두려워하며, 또 어떤 사람들은 단지 게으름으로 인하여 그 일을 경시한다. 그러나 자신의 죄로부터 정결케 되기를 원하는 사람들은 마음을 담대히 하여 스스로를 살펴야 한다. 그리고 또한 앞서 말한 여러 가지 방법을 사용하여 자기 자신들의 어두움과 자기 마음의 허물을 깨달아야 하는데, 이때 그들은 그들 본성의 부패성을 발견함에 있어서 하나님께서 성령의 초자연적인 빛을 통해 그들을 인도하고 도와 주시기를 열심히 기도해야 한다. 이것이 없이는 그들은 결코 아무런 유용한 발견도 할 수 없는 것이다.

② 참으로 죄의 더러움으로부터 정결케 되기를 바라는 사람들은 우선 그 죄의 더러움으로부터 영향을 받고 그에 합당한 깨달음을 가질 수 있도록 힘써야 한다. 성경을 읽은 사람이라면 누구라도 하나님께서 자주 사람들을 방문하심으로써 그들로 하여금 그들의 죄를 인하여 부끄럽고 당황하도록 만드신다는 것을 안다. 이러한 부끄러움에는 두 가지가 있다. 첫째로는 율법적인 부끄러움, 즉 죄에 대해 율법적으로 깨달음으로써 오는 부끄러움이 있다. 타락 직후의 아담에게도 이러한 부끄러움이 있었다. 그것은 두려움과 공포를 동반하는 부끄러움이다. 다음으로는 복음적인 부끄러움, 즉 죄의 악함과, 그 죄를 용서하시고 정결케 하시는 하나님의 은혜의 풍성함에 대한 두 가지 혼합된 깨달음으로부터 오는 부끄러움이 있다.[61] 여기서 필자가 말하고 있는 것은 첫번째 의미의 것인데, 그것은 우리의 본성이 정화되기에 앞서 오게 되는 부끄러움이다.

③ 이렇게 하여 죄를 깨닫게 된 사람들로 하여금 이제는 그들이 그들 스스로 그 죄를 정결케 할 수 없음을 충분히 인식하도록 해야

---

61) 이것은 선지자에 의해서 충분히 나타났다. (겔 16 : 60)

한다. 사람들이 죄의 더러움을 깨달음에 따라 그들은 그것을 정결케 하려고 노력하게 된다. 그러나 여기서 많은 사람들은 커다란 실수를 범하게 된다. 그들 자신의 슬퍼함과 회개함, 그리고 그들 자신의 통회의 눈물과 생활의 수정이 그들을 정결케 해줄 수 있다고 생각하는 것이다. 그러나 비록 그것들은 그 자체로서는 선한 것이나 흔히 남용되기 쉽고, 사람들로 하여금 그리스도께 나아가지 못하게 하는 효과적인 장애물로 변하기 쉽다. 왜냐하면 율법적인 회개에 의지하게 될 때 우리는 틀림없이 우리의 영혼으로 하여금 하나님이 받으시는 유일한 회개인 복음적인 회개로 나아갈 수 없게 만들기 때문이다. 뿐만 아니라 단순한 생활의 개혁은 우리의 본성을 혁신시키려는 노력에 지나지 않는 것이며 실제적으로는 그 노력과도 상충되는 것이다. 이러한 일들이 어떤 형태로 수행되건 간에 그것들은 우리를 깨끗하게 하기에 전적으로 불충분하다. 그러나 이 점을 충분히 인식할 때까지는 아무도 올바른 정결의 방법을 찾지 않을 것이다. 따라서 우리는 죄인들로 하여금—그들이 믿건 안믿건 간에—그들이 본질상 부패되어 있으며, 따라서 그들은 스스로를 깨끗하게 할 수 있는 힘이 없다는 사실을 듣고 알게 하여야 한다.

4 그러므로 죄인들은 하나님이 제정하신 유일하고 효과적인 치료의 방법이 무엇인지를 잘 알도록 해야 한다. 세상이 창조될 때부터 하나님의 계시의 한 가지 위대한 목적은 사람들을 올바른 정결의 길로 인도하는 것이었다. 반면에 사람들을 하나님으로부터 멀어지게 하기 위해 사탄이 사용하였던 한 가지 중요한 방법은 사람들의 어둡고 미신적인 생각에 걸맞는 수많은 정결의 길을 제시해 주는 것이었다. 따라서 우리는 하나님이 제정하신 정결의 방법을 찾는 일에 부지런해야 하는데, 그 이유는 하나님께서 그것을 특히 강조하셨기 때문이다. 이것은 율법과 복음 모두에 나타나 있는 여러

가지 율례들과 약속들과 교훈들로 보아서도 분명한 사실이다. 올바른 정결의 방법을 알아내는 일은 또한 매우 어려운 일이기도 하다. 그것은 복음이 가진 신비의 일부로서 육신적인 이성에 의해서는 매우 미련한 것으로 생각되는 것이다. 오래 전에 흘려진 그리스도의 피 뿌림에 의하지 않고는 우리가 우리의 죄로부터 정결케 될 수 없다는 사실은 쉽게 받아들여지치 않는다. 따라서 사람들은 이 교리에 대해 자세히 조사하지 않을 수 없게 되고, 일단 그것의 진리에 만족을 얻게 되면, 그들의 마음은 그들 자신과 남들의 맹목적인 신념들이 제시하였던 여러 가지 헛된 치료의 방법들을 버릴 수 있게 된다.

⑤ 그러나 이제 문제가 되는 것은 어떻게 하여 죄 많고 부패된 영혼이 그리스도의 피의 정결케 하는 효력에 참여하게 되는가의 문제이다. 필자는 대답한다. 그리스도의 피의 정결케 하는 힘은, 그것을 우리의 영혼과 양심에 효과적으로 적용시켜 주시는 성령의 역사와 함께 새 언약의 약속에 제시되어 있다고 말이다(벧후 1 : 4). 그리고 약속에 제시되어 있는 선한 일들에 참여하게 되는 유일한 길은 믿음을 통해서라고 대답하겠다. 아브라함도 역시 믿음을 통해 약속을 받았으며, 우리도 또한 그래야 한다. 이것은 약속들이 우리에게 제시되기 때문이 아니고 우리가 그 제시되는 약속들을 믿기 때문이다(롬 4 : 19이하 ; 10 : 6이하). 우리가 약속의 모든 이익과 유익을 받느냐 안 받느냐는 전적으로 우리가 약속에 믿음을 합하느냐 않느냐에 달려 있다. 말하자면 그것은 하나님의 능력과 신실하심에 기초하여 그분이 우리에게 약속하신 모든 것이 이루어질 것을 믿는 것이다. 하나님께서 정하신 대로, 우리는 이 믿음을 통하여 약속에 참여하게 된다. 따라서 이 믿음은 그리스도의 피의 정결케 하는 효력에 참여할 수 있게 하는 유일한 수단이 된다. 하나님께서는 약속

을 통해 믿음에 그와 같은 능력과 효력을 부여하셨다. 복음의 약속 안에서 이러한 믿음이 우리에게 제공되어 있다. 이 약속들에 대한 믿음을 통해서만 우리는 그리스도의 피에 관심을 가지게 되고 그것에 참여할 수 있게 되며, 그 효력을 실제로 덧입게 되는 것이다.

6 이 경우 믿음은 간절한 기도에 의하여 그 영향력을 발휘하게 된다. 다윗이 그의 무서운 죄과를 인하여 새롭고도 완전한 죄 씻음의 필요를 느꼈을 때 그가 다시 깨끗하고 정하게 되기 위하여 하나님께 드렸던 간구는 얼마나 간절한 것이었는가! (시 51편) 어떠한 영혼이라도 진실로 그리스도의 피에 의한 죄 씻음을 얻기 위해 하나님의 길로 나아오게 되면 더없이 진지하고 간절한 기도를 하나님께 드리게 된다. 이러한 간절한 기도를 들으시고 그리스도께서는 그의 피의 정결케 하는 효력을 우리에게 전가하여 주는 것이다.

둘째, 이처럼 "중생의 씻음과 성령의 새롭게 하심으로," 타락된 본성으로부터 해방된 자들에게도 몇 가지 교훈이 주어질 수 있다. "너희 중에 이와 같은 자들이 있더니 주 예수 그리스도의 이름과 우리 하나님의 성령 안에서 씻음과 거룩함과 의롭다 하심을 얻었느니라"고 한 사도의 말처럼, 이제 그들은 분명히 그들의 부패된 본성으로부터 해방된 것이다. 이같은 사람들에게 다음과 같은 몇 가지 의무들이 있다고 하겠다.

(1) 그들은 그들이 해방된 바 있는 비참한 상황을 기억하고 계속적으로 자기를 낮추어야 한다. 이것은 믿는 자들의 마음에 커다란 영향을 주어 그들을 겸손하게 하며, 자랑하지 못하게 한다. 그처럼 천하고 부패된 피조물들이 과연 무슨 자랑할 것이 있을 수 있는가? 하나님께서는 그의 백성들로 하여금 그들의 현재의 상황은 물론 그들의 과거의 모습과 상황을 기억하게 하심으로써 자신들을 낮추도록 하시는 것이다. 다윗이 그의 커다란 죄악과 그의 회개에 대하여

모든 겸손한 생각을 했을 때에도 그는 그의 과거의 상황에 그 초점을 맞추고 있다. "내가 죄악 중에 출생하였음이여 모친이 죄 중에 나를 잉태하였나이다"(시 51 : 5). 마찬가지로 우리의 사도도 역시 성도들이 자주 이전의 상황을 기억할 것을 권면하고 있다(엡 2 : 11 이하). 이렇게 함으로써 모든 참된 믿는 자들은 커다란 영향을 받게 된다. 그들이 그들의 이전의 상황, 곧 완전히 부패되고 부정하였던 모습을 생각하게 될 때 과연 무슨 더 이상의 할 말이 남을 수 있겠는가? 아마 입이 있어도 말을 못하게 될 것이다. 이러한 결과로 그들은 그들의 고백과 간구에서 스스로 깊은 겸손을 가지게 되는 것이다. 그러나 이와같은 겸손한 고백이 일부 사람들로부터 비웃음과 조롱을 받고 있는 것이 사실이다. 그들은 정당한 부끄러움과 자기 겸손을 거짓이나 위선으로 생각하며, 심지어는 그것에 사람들을 처형해도 좋을 만한 커다란 죄악이 포함되어 있다고 생각한다. 실로 우리는 하나님의 거룩함과 죄의 악함이 무의미하다고 주장하는 이와 같은 엄청난 불경스러움을 이제껏 보고 들으면서 살아오고 있는 것이다.

(2) 믿는 자들을 그들의 본래적인 부패성으로부터 벗어나게 하는 이 시초적인 구원은 영원한 감사의 요인이 된다. 그리스도께서 열 사람의 문둥병자들을 깨끗게 하셨을 때 그는 그들이 그에게로 돌아와 사례하는 것이 얼마나 당연한 그들의 의무이었나를 분명하게 보여 주신다. 그럼에도 불구하고 그 열 사람 중 아홉 사람은 모두 이 점에서 실패하였던 것이다. 이러한 사실을 생각함으로써 믿는 자들은 자신들의 마음에 영향을 받아 모든 합당한 감사와 영광과 경배와 찬송을 예수 그리스도께 돌려 드리게 된다. 말하자면 그들은 마땅히 "우리를 사랑하사 그의 피로 우리 죄에서 우리를 해방하신 그에게 영광과 능력이 세세토록 있기를 원하노라"(계 1 : 5, 6)

고 말해야 하는 것이다.

　재차 언급하거니와 우리는 우리의 타고난 육체에 보편적인 부패성이 있다는 사실 뿐만 아니라, 모든 실제적인 죄를 수반하는 부패성이 있다는 사실을 설명하였다. 따라서 이로부터 믿는 자들은 다음의 사실들을 깨달아야 한다.

　① 죄는 물론 죄의 모든 활동—그것이 얼마나 은밀하게 작용하든지 간에—에 대해 경계해야 한다. 이러한 이유 때문에 죄에 대해 경계하는 것은 은혜로운 영혼의 증거가 된다.

　② 우리의 모든 나날들을 주 앞에서 겸손하게 지내야 한다. 죄에 대한 우리의 끝없는 경계에도 불구하고, “죄를 범치 아니한 의인은 세상에 하나도 없기” 때문이다. 이 점에서 완전하다고 자처하는 사람들은 그들 스스로 하나님과 자신들에 대한 무지를 드러내는 것일 뿐만 아니라, 그들 자신의 자만과 어리석음을 노출시키는 것이다. 만일 우리가 하나님과 관계를 가졌다면 우리가 스스로를 속이고 감출 필요가 어디에 있는가? 하나님은 물론 우리의 영혼도 우리가 행하는 모든 행위에서 우리가 다소간 부패되어 있음을 알고 있다. 육체에 있는 정욕의 작용과, 우리의 성정의 불규칙적인 작용, 그리고 우리의 생각의 어리석음과, 우리의 헛된 말들에 대해 정확하게 설명할 수 있는 사람이 과연 누군가? 이 모든 것들은 부패되고 있는 것이다. 필자는 고백한다. 필자의 영혼도 사람들의 미친듯한 자만—곧 불쌍한 죄인들이 그들의 고백과 간구에서 느끼게 되는 깊은 겸손을 조롱하는 인간들의 자만을 혐오한다고 자신있게 말할 수 없음을 고백한다. 아, 슬프도다! 우리의 본성이 하나님의 거룩하심을 경멸하고, 또 그 자체의 악함을 알지 못하고서 거룩한 하나님 앞에서 불쌍한 죄인들이 느끼는 가장 낮은 겸손을 아무런 두려움 없이 경멸할 수 있다니 얼마나 슬픈 일인가!

(3) 우리는 또한 죄를 그 뿌리와 원리로부터 버릴 수 있도록 계속 노력하여야 한다. 죄의 원리는 그것이 얼마나 손상되고 상처받든지 간에 여전히 모든 믿는 자들의 안에 남는다. 그리고 우리를 유혹하고 부추기어 우리로 하여금 죄를 생각하고 실행하게 하는 것은 우리 속에 있는 죄의 뿌리이다. 이러한 죄의 뿌리와 죄의 원리는 다소간 약간의 세력을 가지고 있으며, 하나님의 은혜에 의해서 다소간 억제되고 극복된다. 우리가 그 세력에 따르게 되면 죄는 우리 안에서 성하게 되어 여러 가지 부패된 행위들을 낳게 된다. 따라서 만일 우리가 스스로를 지키고 우리의 부정함을 증가시키지 않으려면 우리는 우리 속에 있는 죄의 뿌리와 죄의 원리를 버리도록 힘써야 한다. 우리가 선한 열매를 기대한다면 먼저 그 나무를 선하게 만들어야 하는 것이다. 악한 뿌리를 캐내지 않으면 악한 열매를 맺을 수 밖에 없는 것이다.

(4) 이렇게 볼 때 우리는 또한 다음과 같은 필요성을 느끼게 된다. 즉, 우리는 성령으로부터 나오는 예수 그리스도의 정결케 하는 힘과, 우리를 죽은 행실로부터 깨끗하게 해주는 그의 피뿌림을 계속적으로 바라보아야 한다. 우리는 매일 우리 스스로를 더럽힌다. 따라서 만일 우리가 매일 그리스도의 정결케 하는 샘으로 나아가지 않는다면 우리는 곧 완전히 불결하게 되어 버린다. 우리의 양심은 여러 가지 죽은 행실로 가득 채워지게 되고, 그 결과 우리는 살아계신 하나님을 섬길 수 없게 되는 것이다. 한 영혼이 그 자신의 부정함을 인식하고 자기 겸손의 감정으로 가득 차서 그러한 인식에 합당한 열정을 가지고 계속적으로 그리스도를 바라본다면 그 영혼은 잘 하는 것이다. 세상의 모든 참된 믿음의 소유자들은 이러한 외무에 무관심하지 않다는 것을 필자는 알게 되었다. 실로 그들이 그 의무를 충실히 수행하면 할수록, 그들의 믿음은 더욱 더 참된 것

이라는 증거를 받게 되며, 그들은 주님 앞에서 더욱 더 겸손히 행하
게 되는 것이다.

제 6 장

성화에 있어서
성령의 적극적 사역

내적으로 초자연적인 습관(habit)을 갖게 하고 또
한 은혜의 요소로서의 거룩의 성질 / 영적인 습관
의 본성과 성질 / 영혼이 거룩한 행동을 하도록 하
는 우주적이고 계속적이고 영속적인 경향 / 여기에
동반된 능력 / 마음, 의지, 성정에게 부여된 의무
수행의 재능 / 많은 논쟁의 증거로서 결과된 복음의
은혜와 도덕의 차이점, 특히 그리스도의 중재에 대
한 증거.

여기에서는 성도들의 성화에 나타나는 성령의 적극적인 사역(po-
sitive work)을 고찰하고자 한다. 왜냐하면 성령께서는 죄로 오염된
사람들의 본성을 깨끗하게 씻어줄 뿐만 아니라 그 영혼이 거룩하게
되도록 적극적이며 계속적이며 중요하게 교통을 하기 때문이다. 따
라서 성령께서는 거룩하게 된 사람들의 모든 행동과 의무를 돕고
인도하여 주신다. 나는 여기에서 성령의 사역에 대해서 두 가지 측
면으로 살펴보고자 한다.

첫째, 성도들의 영혼에 대한 은혜는 초자연적 원리 또는 습관을
갖게 한다. 여기에 대해서는 하나님의 영의 사역과 보호가 있다.

그 결과 성도들은 하나님을 향해 살아드릴 수 있고 하나님이 요구하시는 것에 순종할 수 있다. 이것은 자연적인 습관들이나 지식 또는 도덕과는 본질적으로 다른 것이다. 그리고 이것들은 얻어질 수 있고 또한 진보될 수 있다.

둘째, 성령의 직접적 사역은 내적으로나 외적으로 우리들에게 모든 행동에 있어서 거룩한 순종을 요구한다.

첫번째 주장에 대해서는 다시 네 가지로 정리할 수 있다.
1. 성화는 성도들에게 확실한 습관과 원리를 갖게 한다.
2. 성화는 성도들의 영혼이 거룩한 행동을 하도록 한다.
3. 성화는 성도들에게 하나님을 향해 살아드릴 수 있는 능력(power)을 주며 하나님에게 거룩한 순종을 할 수 있는 힘을 준다.
4. 성화는 세상의 모든 습관과는 본질적으로 다른 습관을 가지게 한다.

우리는 여기에서 영광스럽고 아름답고 거룩한 본질을 볼 수 있다. 이들은 우리가 이루어 나갈 수 있는 것들이다. 왜냐하면 나는 이러한 것들을 이해할 수 있고 또한 그렇게 큰 문제는 아니라고 믿기 때문이다. 여기서 말하고자 하는 문제는 살아 있는 모든 사람들의 눈으로는 숨겨져 있기 때문에 볼 수 없는 성화의 본질(essence)과 성질(nature)에 대한 것이다. 그리고 성경은 어떻게 가르치고 있는가, 나는 어떻게 믿고 있는가, 내가 경험하고자 하는 것은 무엇인가 하는 점을 최선을 다해 연구하여 언명하고자 하는 것이다.

1. 거룩한 요소와 거룩한 습관

성화는 은혜로 인한 초자연적인 습관을 갖게 하고, 또한 영적인 삶의 원리를 갖게 한다. 나는 여기에서 습관(habit)이라고 부르려고 한다. 이 습관은 일반적으로 가지게 되는 습관이 아니라 성화의 결과로 얻어지는 절대적인 것이다. 물론 생활의 습관과 공통점이 있을지는 모르나 성화에서 얻어지는 습관은 영적인 생활과 은혜 생활면에 덕성이 있고 능력이 있다. 그래서 우리의 영혼에 먼저 영적인 덕성과, 영적인 능력과 영적인 원리들이 주입되어 진실로 거룩한 행동의 모든 동인(動因)을 만들어낸다. 성화는 단독으로 순종하는 행동을 만들어내는 것이 아니라, 먼저 사람들의 성격을 선하게 만들어 준 뒤 아 마음으로 순종을 하게 한다. 왜냐하면 거룩하지 않은 사람도 순종이라는 것을 행하기 때문이다. 가인(Cain)의 제사와 아합(Ahap)의 회개는 모두 물질적이며 외견상으로 순종의 행위를 보여 주었다. 그러나 저들에게는 거룩한 행동은 없었다. 그들을 거룩하게 만든 일도 없었다. 사람들은 자기의 물건을 가난한 사람들을 위하여 나누어줄 수 있고 음식을 나누어 주어 먹게 할 수 있다. 그렇다고 이런 사람들이 거룩한 사람인가 하면 그렇지 않을 수도 있는 것이다. 아브라함(Abraham)이 그의 아들을 드린 행위가 한 번이었지만 그 행위는 거룩한 것이었다. 그러나 가인과 아합과 부자들 가운데는 거룩한 요소도 없고 거룩한 행동을 한 흔적이 없는 것이다. 그리고 습관적으로 마음의 성향이 경건한 임무나 순종하는 의무가 외적으로 나타난 적도 없다. 거룩한 사람은 먼저 거룩한 요소와 그와 비슷한 행동이 습관적으로 나타나게 되어 있다. 왜냐하면 진정으로 거룩하게 된 사람은 내적으로 초자연적인 은혜의 요소를 소유하고 있고 모든 행동 가운데 거룩함이 나타나기 때문이다. 진정으로 성화된 사람 속에는 언제든지 이러한 것이 있다. 따라서 거룩한 사람은 실제적으로 거룩한 훈련을 한다. 그래서 그들은 거룩한 의무를 항상 준비하며 그들에게 임무가 부여될 때에는 거룩한 임무를 순종하면서 영향력있게 잘 감당하는 것이다.

믿는 사람들의 이러한 습관에 대해서는 성경에도 분명한 증거들이 있다. 하나님께서는 옛날에 이미 그의 백성들의 마음에 할례를 행하라고 말씀하시면서 여기에 대한 약속을 하셨고―내가 그들에게 새 마음을 주겠다. 새 영을 주겠다는 약속―마음에 법을 새겨 주셨다. 신약 성경에도 이러한 약속이 많이 있다(요 3 : 6, 7). 우리는 영으로 거듭나게 된다. 우리가 새로 태어나는 것은 영으로 되는 것이다. 영적인 성질과 영적인 효과는 우리들 안에 무엇인가를 존재하게 한다. 이것들은 우리 안에 계속 머물러 있으면서 육과 죄에 대하여 견제를 한다. 이러한 사람을 새로운 피조물(new creature)이라고 한다―이 사람은 살아 있는 피조물의 성품(nature)을 가지고 있는데 이것이 하나님의 성품인 것이다. 이 성품이 모든 행동의 요소가 되는 것이다. 이 성품이 계속해서 거룩하고 은혜스러운 습관과 요소를 가지게 하는 것이다.

그러므로 우리는 교회의 머리가 되시는 그리스도와 연합되어 있는 것이다. 그리하여 우리는 "그 몸의 지체가 되는 것"(엡 5 : 30)이다. 이브(Eve)는 아담(Adam) 안에 있었다. 그녀는 그와 동일한 성품을 가지고 있었다. 그녀는 그에게서 나왔다. 그러므로 우리도 그에게서 온 존재들이다. 그리고 우리도 그와 동일한 신성(divine nature)을 가지고 이 땅에 왔다. 왜냐하면 "주와 합하는 자는 한 영이니라."(고전 6 : 17)고 하였기 때문이다. 이것은 얼마나 놀라운 은혜인가! 이것은 우리를 그리스도와 하나로 만든 그리스도의 거룩한 본성과 같은 것이다. 우리는 얼마나 놀라운 특권을 가지고 있는 것인가! 우리 영혼이 얼마나 영예스럽고 안전한 것인가! 여기에서 오는 우리의 의무는 무엇인가? 우리는 얼마나 그리스도의 은혜와 사랑을 열망하는가! 그리고 얼마나 그의 은혜를 묵상하는가! 이렇게 사는 것이 우리의 삶이다. 그러나 우리는 이런 것들을 온전히 알지 못한다. 왜냐하면 이런 것들은 "그리스도와 함께 하나님 안에 감취어 있기"(골 3 : 3) 때문이다.

1 따라서 우리는 우리의 임무를 수행하고 또한 순종하는 것에 만족하지 않아야 한다는 것을 배워야 한다. 아무리 훌륭하고 필요한 일을 하였다고 하더라도 우리의 마음이 중요한 거룩의 요소가 이루어지지 않았다면 자만해서는 안되는 것이다. 정직한 행위를 조금 하였다고, 그리고 쓸모있는 임무를 조금 감당하였다고 대만족을 하여서는 안된다. 이러한 일은 그가 거룩하게 성화된 만큼 실천하게 되어 있는 것이다. 그의 마음이 성화되지 않고 아무리 이러한 일을 많이 한다고 하더라도 하나님은 이러한 인간의 수고를 인정하시지 않으시고 오히려 모두 거절하신다. 먼저 거룩하게 되고 깨끗하게 된 뒤에 선한 일을 해야 할 것이다(사 1 : 11—16). 만일 영혼이 거룩한 것을 소유하기 위한 준비가 되어 있지 않다는 그는 모든 것을 잃어버리게 될 것이다.

도덕적인 임무 또는 경건한 모습은 좋은 것이다. 이러한 것들은 사람에게 용기를 준다. 그러나 사람들이 도덕적인 임무와 경건한 일을 그 목적에 맞지 않게 적용할 때 이것들은 그것의 진정한 가치를 상실하게 된다. 세상에서 나쁜 사람(bad men)이 선한 행동을 할 수 없는 것이다. 저들에게 도덕적인 덕성의 열매를 기대하는 것은 한낱 소망에 불과한 것이다. 성화되지 못한 사람에게서 종교적으로 경건한 임무를 감당하는 것을 보기란 어려운 일이다. 아무리 저들이 노력을 한다고 하더라도 우리 이상은 할 수 없다(우리 주님께서 청년에게 말씀하신 것처럼). 우리가 저들에게 말을 해줘야 한다. "한 가지 내가 원하는 것이 있다"고 하신 것처럼 저들에게 믿음을 가지도록 해야 하겠고, 그리스도를 영접하도록 해야 하겠고, 복음적으로 거룩하게 되는 영적인 원리에 대하여 말을 해주어야 한다. 우리의 이러한 수고가 없다면 저들을 모두 잃어버리게 될 것이고 마지막 날에(the last day) 심판을 면하기 어려울 것이다. 저들은 은혜받을 길이 없을 것이고, 순종도 할 수 없게 될 것이다.

또 다시 살펴보아야 할 것은 진정으로 마음 속에 거룩의 요소가 있느냐 하는 것이다. 마음 속에 거룩의 요소가 있을진대 그 사람의 생애는 대단히 큰 유익이 있을 것이다. 그래서 그는 하나님의 은혜와 복음에 동의하여 그의 삶의 계획을 펼쳐 나가며 살게 될 것이다. "모든 사람에게 구원을 주시는 하나님의 은혜가 나타나 우리를 양육하시되 경건치 않은 것과 이 세상 정욕을 다 버리고 근신함과 의로움과 경건함으로 이 세상에 살고 복스러운 소망과 우리의 크신 하나님 구주 예수 그리스도의 영광이 나타나심을 기다리게 하셨으니 그가 우리를 대신하여 자신을 주심은 모든 불법에서 우리를 구속하시고 우리를 깨끗하게 하사 선한 일에 열심하는 친 백성이 되게 하려 하심이니라"(딛 2:11—15). 만일에 나무가 좋으면 그 열매 또한 좋은 것이 열리고, 나무가 나쁘면 그 열매 또한 나쁜 것이 열리게 되어 있다. 이와 마찬가지로 내적으로 성화된 체하면서 외식하는 사람이 있다고 하면 그는 진실로 그의 삶 가운데에서 외로운 열매를 맺지 못할 것이다.

② 무엇 때문에 사람이 거룩하게 되는 길을 다양한 측면에서 찾고 있을까? 기독교에 동의하고 신앙을 고백한 사람은 모두 거룩하게 될 수 있다. 그리스도인이 거룩하게 되는 것은 절대적으로 필요한 일이다. 그러나 그리스도인들이 거룩하게 되는 훈련을 할 때에 어떤 사람들은 잘못된 방법으로 훈련을 하고 또 다른 사람들은 또 다른 방법을 추구하게 된다. 그리하여 어떤 사람들은 도덕적 덕성

을 가지는 것이 거룩하게 되는 길이라고 하고, 반면에 다른 사람들은 거룩하게 되는 일이 미신적인 것으로 오해하여 거기에 몰두하는 것을 보게 된다. 이러한 것은 거룩하게 되는 것이 무엇인지 모르는 소치에서 비롯된 것이다. 이렇게 오해에 빠진 사람들은 한편으로 미신적인 행위에 몰두하고 다른 한편으로는 죄를 사랑한다. 성화의 본질은 앞에서도 증거하였지만 깊고 오묘한 것이다. 그래서 성령의 조명이 없이는 이해하지 못하는 것이다. 세상은 이것이 무엇인지 모른다. 그래서 세상은 이것을 미워한다. 죄를 사랑하는 것 또한 사람들의 마음에 은밀한 영향을 준다. 죄를 사랑하는 사람들은 그 심령이 전적으로 변화하는 것을 두려워하고 몹시 싫어한다. 그렇기 때문에 모든 죄를 근절해야 한다. 사람들은 도덕과 미신에 헌신하기를 잘한다. 그리고 모든 것을 자연적인 양심으로 해결하고 만족을 얻으려고 하고 또한 종교적으로도 문제를 해결하려고 한다.

③ 여기에서 우리가 배우는 것은 성화가 얼마나 위대하고 탁월한 사역인가 하는 것이다. 성화는 진실로 그리고 실제로 거룩하게 되는 위대한 일이다. 이것은 사람이 알 수 있는 것이다. 성화의 사역은 너무나 큰 사역이기 때문에 그리스도의 피로 말미암고 성령의 영향으로(influence) 말미암은 "하나님의 평강"이 그 심령 속에 반드시 임하게 되어 있다. 성화는 어떤 공공의 유익을 위해서 주어지는 것은 아니다. 그리고 성화는 영광스러운 원인과 수단을 위해서 신적인 지혜나 무한한 지혜를 가지고 어떤 능력을 행하는 것은 아니다. 그러므로 우리는 성화의 암영(暗影)으로(shadow) 우리 자신들을 속이지 말아야 한다.

2. 거룩한 행동과 성행

거룩한 요소와 거룩한 습관(habit)은 거룩한 행동을 하도록 하며, 그러한 성향을 갖도록 하며, 거룩한 일에 종속하도록 한다. 이것이 거룩한 요소의 본질이다. 거룩한 습관은 성화가 가지고 있는 재산이다. 이것은 또한 성화의 요소이다. 성화는 분명한 목적이 있고 행동의 방향도 분명히 있다.

성화는 분명한 목적이 있다. 이것은 우리가 하나님을 향해 살아 드리는 것이다. 우리는 하나님을 좋아하도록 지음을 받았다. 그리고 우리는 하나님을 향해서(to God) 살도록 지음을 받았다. 그러나 우리는 "하나님과 불화하며 살게 되어졌다. 그래서 하나님의 생명에서 떨어지게 되었다." 처음에 우리는 본성적으로 하나님과 떨어져서 살아가도록 되어 있지 않았다. 우리 심령의 성향도, 행동도, 의무도 하나님을 향해서 움직이게 되었었다. 그러나 하나님의 생명에서부터 떨어진 뒤에는 모든 것이 엉망이 되어 버렸다. 우리는 본질적으로 새롭게(renewed) 되어야만 했던 것이다. 우리는 하나님에 관해 확신을 잃어버렸고 외적으로 하나님의 감동을 받지 못했다. 그러나 내적으로 진실한 요소가 남아 있어서 영적인 것에 육적인 마음이긴 하지만 관심을 갖게 되었고 그것에 마음을 기울이게(bent) 되었다. 그래서 하나님의 마음과 일치할 수 있고 영적으로 선한 행동을 할 수 있는 새로운 요소를 향해서 이 마음은 기울어지게 되었다.

성경은 이러한 마음의 성향을 가리켜서 경외하는 마음, 사랑하는 마음, 기뻐하는 마음, 그리고 그 밖의 성정으로 부르고 있다. 이들은 모두 자기 자신들의 마음이 기울어지는 대상을 향한 표현 방법들이다. 그래서 하나님께서 이스라엘 백성들에게 명령하시기를 "다만 그들이 항상 이같은 마음을 품어 나를 경외하며(fear) 나의 모든 명령을 지켜서 그들과 그 자손이 영원히 복받기를 원하노라"(신 5:

29)고 하신 것이다. 그리고 약속의 말씀도 해주셨다. "나 여호와가 말하노라 그러나 그날 후에 내가 이스라엘 집에 세울 언약은(promise) 이러하니 곧 내가 나의 법을 그들의 속에 두며 그 마음에 기록하여 나는 그들의 하나님이 되고 그들은 내 백성이 될 것이라"(렘 31 : 33), "내가 그들에게 일치한 마음을 주고 그 속에 새 신을 주며 그 몸에서 굳은 마음을 제하고 부드러운 마음을 주어서 내 율례를 좇으며 내 규례를 지켜 행하게 하리니 그들은 내 백성이 되고 나는 그들의 하나님이 되리라"(겔 11 : 19, 20). '새 마음'(new heart) 이라고 하는 것은 새로운 성품(nature)을 말한다. 이 마음의 결과는 "항상 하나님을 경외하게 된다." 또한 새로운 영적인 마음은 하나님의 뜻과 하나님의 명령을 향하는 성향을 가지게 되고 영적인 것에 관심을 기울이게 된다. 그리고 하나님과 깊은 교통을(communion)하며 기뻐하며 만족하게 된다.

"영의 생각은 생명과 평안이니라"(롬 8 : 6)고 하였는데, 이것은 거룩하게 된 마음은 영적인 것을 추구하고 찾게 되어 하나님을 향해 살아드리게 되므로 하나님과 함께 기쁨과 평안하게 살게 된다는 것이다. 본질상 사람은 육적인 것을 좋아하게 되어 있다. 그리고 마음은 '땅엣 것'을 추구하게 되어 있다. 그러나 거룩하게 된 마음은 위엣 것을 찾고 위엣 것을 생각하게 된다(골 3 : 1, 2). 이렇게 된 것은 우리들이 "죽었고 생명이 그리스도와 함께 하나님 안에 감취었기" 때문이다(골 3 : 3). 그래서 다윗(David)은 고백하기를 "나의 영혼이 주를 가까이 따르니 주의 오른손이 나를 붙드신다"(시 63 : 8)고 하였다. 다윗은 열심으로 주님을 따르고 주님과 함께 살아가므로 하나님과 함께 즐겁게 살게 되었다. 사도 베드로도 음식 먹는 것을 비유로 다음과 같이 말했다. "갓난 아이들같이 순진하고 신령한 젖을 사모하라 이는 이로 말미암아 너희로 구원에 이르도록 자라게 하려 함이라"(벧전 2 : 2). 이 말씀은 변함없이 말씀을 사모하고 말씀을 영의 양식으로 섭취하라는 것이다.

그러므로 내가 의도하는 바가 무엇인지 이해가 되었으리라고 생각한다. 모든 사람은 그 나름대로의 성질(disposition)이 있고 행동 양식이 있다. 이것을 주도하는 것이 그 사람의 본성(nature)이다. 거룩한 요소는 이 본성(nature)을 가지고 있다. 이 본성에 의해서 그 사람의 성질이나 행동 양식이 결정된다고 볼 수 있다. 이 본성이 거룩한 행동을 하는 요소를 가지고 있을 때 그의 행동은 거룩한 양상을 가지게 되고 이 사람을 가리켜 성화되었다, 또는 거룩하게 되었다고 한다. 거룩한 요소는 전 영혼으로 하여금 거룩한 행동을 보편적으로(universally), 끊임없이(constantly), 영구적으로(permanently)하게 한다.

(1) 보편적으로 나타나는 성화의 의무(universally)

모든 성화의 의무는 그 성질상 예외 없이 보편적이라는 말이다. 이것은 하나님의 명령에 근거를 두고 있다. 이 명령이 어떤 사람에게는 어렵고, 어떤 사람에게 자연적인 곳으로 기우는 성향 때문에 부딪치게 되고, 어떤 사람에게는 세속적인 관심 때문에 귀찮게 되기도 한다. 그러나 사람 속에 은혜스러운 요소가 있으면 그는 은혜스러운 곳으로 향하게 될 것이다. 우리의 구습은 하나님의 명령을 따르기에는 힘이 든다. 사람은 세상에 살면서 어떤 부분은 자기의 의무를 잘 수행하고, 어떤 부분은 죄에 속해 있고, 또 다른 부분은 정욕에 빠져 있게 하려고 한다. 그래서 주님께서 젊은 부자 청년에게 그의 세속적인 유익을 모두 내버리고 십자가를 지고 따르라고 하셨다. 나아만(Naaman)은 이스라엘의 하나님에게 순종하기로 약속할 때에 그의 집에는 약속이 이루어졌고 그는 큰 유익을 얻게 되었다. 믿는 사람들이 스스로 자기의 할 바 임무를 망각하고, 죄 짓고, 당장의 부패한 성정에 빠질 때가 있는데 이것은 놀라운 일이다. 그러나 이러한 죄 짓는 습관은 영원히 거룩한 원리와는 조화를 이룰 수 없는 것이다. 이것은 빛과 어두움, 물과 불의 성질과 같은 것이다. 이 두 가지 성질은 서로 멀고 다른 성질의 것이지만 쉽게 합치기도 잘한다. 따라서 성화는 모든 다른 요소들과 구별이 잘 되지만, 하나님에게 순종하는 의무를 수행하는 일도 구별되게 잘 해야한다. 성화는 부분적으로 일어나는 변화가 아니라 보편적으로, 전체적으로 일어나는 전인격적 역사이다.

(2) 믿는 신자들에게 있어서 성화의 의무는 끊임없이(constantely) 일어난다

거룩하게 된 사람은 '항상' 하나님을 경외한다. 우리들은 때를 따라 정욕적인 시험에 빠져 어려움을 당하고 시험에 빠져 고난을 당할 때가 있다. 이것은 사실이다. 은혜스러운 일은 때때로 다른 것들에 의해 힘을 잃고 약화되기도 한다. 그러나 거룩한 성질의 본성은 샘 솟는 물이 계속해서 아래로 흘러내려 가는 것처럼 때를 따라 몰려오는 반대 세력과 뒤집어 엎으려는 못된 세력이 있다 하더라도 여기에 굴하지 않고 계속해서 앞으로 전진하는 것이다. 세상적인 사람도 때때로 순종이라고 하는 것을 수행한다. 그러나 고통이 몰아쳐오고 위협이 오고 환난이 엄습하면 순종하는 마음은 어디로 갔는지 찾아 볼 수가 없게 된다. 그러나 주님에게 돌아와 주님과 일치하는 삶을 사는 사람은 항해하는 사람이 격렬한 바람을 만나고 위험한 물결이 엄습해 온다고 하더라도 격랑의 폭풍과 싸우며 안전한 항구로 배를 몰고 들어가는 것처럼 세상의 죄악과 싸우면서 계속해서 천성을 향해 달려가는 것이다. 비록 곁에서 도와주는 사람 없고 앞으로 가는데 잘 가도록 도와주는 사람이 없지만 계속 앞으로 앞으로 가야하는 것이다. 거룩의 요소는 계속적이며 끊임없이 흐르는 물과 같은 것이다. 이 세상에 폭풍, 역풍, 거센 물결과 같은 온갖 장애가 있다 하더라도 거룩한 사람은 중단 없이 길을 가야 하는 것이다.

(3) 성화의 임무는 또한 영구적인(permanent) 것이다

성화의 사역은 결코 중단될 수 없는 것처럼 성화된 사람의 순종하는 행동도 결코 중단할 수 없는 것이다. 모든 행동에서 하나님을 기쁘시게 한다는 목표를 이루기 위하여 계속해서 하나님께 순종을 해야 한다. 이것은 "영생하도록 솟아나는 샘물"(요 4 : 14)처럼 쉼 없이 용솟음쳐 흘러야 하는 것이다. 샘 솟는 물이 영원하고 결코 멈추지 않는 것처럼 영광스러운 곳에 안전하게 갈 때까지 우리는 하나님께 순종하는 일을 멈추어서는 안되는 것이다. 여기에 대해서 약속이 있었다. "내가 그들에게 복을 주기 위하여 그들을 떠나지 아니하리라 하는 영영한 언약을 그들에게 세우고 나를 경외함을 그들의 마음에 두어 나를 떠나지 않게 하고 내가 기쁨으로 그들에게 복을 주되 정녕히 나의 마음과 정신을 다하여 그들을 이 땅에 심으리라"(렘 32 : 40, 41). 우리가 하나님을 경외하고 섬기는 일은 영원하고 끝이 없는 일이다. 이것은 진실이다. 사람이 다윗(David)의 경우와 같이 일순간에 유혹에 빠져 정욕이 불타 자신을 태우는 경우가 있다. 이것은 물론 부도덕한 일이다. 그러나 그리스도의 중재로 하나님과 신실한 관계에 있는 그리스도인은 결코 그 관계를 무효로 할 수 없는 일이다.

영적인 삶을 사는 사람의 모든 행동은 끊임없이 계속된다는 사실은 반드시 인정되어져야만 한다. 그러나 우리의 몸에는 영적인 것을 반대하는 것이 아직 남아 있다. 이것을 성경은 육체, 정욕, 죄의 몸, 우리 안에 거하는 죄라고 칭하고 있다. 이것을 사도는 쉽게 설명하고 있다. "육체의 소욕은 성령을 거스리고 성령의 소욕은 육체를 거스리나니 이 둘이 서로 대적함으로 너희의 원하는 것을 하지 못하게 하려 함이니라"(갈 5 : 17). 죄와 은혜가 동시에 한 마음 속에 있을 수 없다. 이것은 진실로 그렇다. 본질적으로 육체적인 면이 전적으로 그 사람을 지배하면 그 영혼은 죄를 짓게 되고, 반대로 은혜가 강하면 죄의 세력은 약화되고 감소가 되어 죄를 짓지 않게 된다. 그러므로 죄가 우리를 "지배하고 다스리지 못하도록" 해야 한다. 따라서 죄가 자라서 통제할 수 없을 지경에 이르지 않도록 주의를 강화해야 하는 것이다.[62] 그러나 죄가 결단코 믿는 자의 영혼을 빼앗거나 내동댕이치지는 못한다. 그러나 죄가 우리 속에 남아서 영적으로 강화되고 유익하게 되는 영혼을 잡아당기고, 유혹하고, 시험하는 공작은 계속할 것이다. 은혜의 요소가 하나님을 향해 나아가는 일을 온전히 하지 못할 때 죄는 민감하게 반작용을 하여 우리를 넘어뜨리려고 한다. 거룩한 요소는 필요불가결의 요소이며 영혼이 하나님에게 순종하려고 하는 행동을 할 때 보편적으로 역사하는 요소이다. 이렇게 행하려고 하는 경향이 탁월할 때 영혼의 거룩한 모습은 계속적으로 유지되는 것이다. 우리의 마음에 선을 행하려고 하는 자유롭고 진실한 성향을 가지고 있을 때 이것을 파괴하려는 반대 세력이 들어오면 그때 성령께서는 우리의 본성을 회복시키셔서 열매를 확실히 맺도록 도와주신다.

---

62) 독자는 오웬(Owen) 박사의 논문 ― '내재하는 죄의 잔류' 그리고 '신자들의 죄에 대한 절제' ―에서 이 주제에 대하여 훌륭한 방법으로 다룬 것을 보게 될 것이다.

3. 순종의 힘

　성화는 은혜의 습관을 수반하는 능력(power)이 있고 은혜의 습관을 행하려는 경향과 성질도 가지고 있다. 성화는 그 영혼이 거룩한 순종을 하도록 할 뿐 아니라 거룩한 의무를 감당할 수 있는 능력도 가지게 한다. 본질상 우리는 영적인 일을 수행할 '힘이 없으나' 중생(regeneration)의 은혜와 성화(sanctification)의 은혜로 말미암아 하나님을 향해 살아드릴 수 있는 힘과 능력을 우리는 부여받는다. "오직 여호와를 앙망하는 자는 새 힘을 얻으리니 독수리의 날개치며 올라감 같은 것이요 달음박질하여도 곤비치 아니하겠고 걸어가도 피곤치 아니하리로다"(사 40 : 31). 다시 말해서 여호와를 바라고 기다리는 사람에게는 순종할 수 있도록 힘을 주시고 또한 피곤함을 모르고 하나님과 함께 걸어갈 수 있도록 힘을 주시고 하나님과 달려갈 때에 하나님은 더욱 힘을 주시고 새롭게 하여 주신다는 것이다. 같은 은혜로 말미암아 우리는 "그 영광의 힘을 좇아 모든 능력으로 능하게 하심을"(골 1 : 11) 받고, "그 영광의 풍성을 따라 그의 성령으로 말미암아 너희 속 사람을 능력으로 강건하게" 하심으로 속 사람(in the inner man)이 강하게 되고, 우리는 "내게 능력 주시는 자 안에서 내가 모든 것을 할 수 있느니라"(빌 4 : 13)고 하신 말씀처럼 모든 것을 할 수 있는 능력을 하나님께로부터 받고 이 위에 "그의 신기한 능력으로 생명과 경건에 속한 모든 것을"(벧후 1 : 3) 받는다. 그래서 하나님께서는 사도에게 "내 은혜가 네게 족하도다. 이는 내 능력이 약한 데서 온전하여짐이라"(고후 12 : 9)고 말씀하셨다. 병들고 시험에 있었던 사도는 놀라운 능력을 발휘하였다. 성도는 하나님을 향해 사는 사람이고 의 앞에서 사는 사람이고 성화 앞에서 사는 사람이다. 성도는 영적인 생명의 요소를 가지고 있는 사람이고, 성도는 여기에 생명이 있고 능력이 있고 목적이 있는 것이다. 그러므로 우리는 능력을 가지고 있다. 이 능력은 우리의 마음 속에 있고—의지 속에 있고—성정 속에 있다.

　1　마음 속에 있는 능력(power in the mind)은 영적인 매너에 있어서 영적인 것을 구별할 수 있는 영적인 빛과 영적인 능력을 가지고 있다. 성령께서는 우리의 마음을 비추셔서 우리로 하여금 영적인 생활과 교통할 수 있게 해주시고, 그리스도 안에 있는 하나님에 관한 지식을 우리에게 주신다. 그렇다. 마음 속에 있는 이러한 능력은 구원의 조명에 의해서 우리가 가지게 된 것이고 이것은 우리의 성화된 행위에 있어서 가장 뛰어난 활동을 하게 하는 것이다. 우리들에게 경외하는 마음이나 고난이 없다면 우리는 영적인 것들을 보지 못한다. 그러나 그리스도의 영이 오셔서 거룩하게 되는 은혜를 주신 곳에는 자유가 있다. 여기에서 우리는 "수건을 벗은 얼굴로 거울을 보는 것같이 주의 영광을 보매 저와 같은 형상으로 화하여 영광으로 영광에 이르니 곧 주의 영으로 말미암음이니라"(고후 3 : 18 ; 참조, 엡 1 : 17, 18)고 한 말씀처럼 자유와 영광을 누리게 되는 것이다.

　신자들의 능력이 모두 똑같은 것이 아니라는 것은 사실이다. 어떤 사람은 지식 수준이 낮고, 어떤 사람은 무식하고, 어떤 사람은 게으르고 나태한 것과 마찬가지로 그리스도인들이 모두 성화되었다고 하더라도 영적인 매너에 있어서 복음에 나타난 영적인 일들을 이해하는 데에는 충분한 성령의 조명이 필요하지만 영적인 성숙의 정도(degree)는 각기 다르다. 똑똑한 그리스도인은 하나님의 일에 대한 영적인 통찰력을 가지고 있고 믿음과 순종이 필요하다는 것을 또한 인식하고 있어 이것을 실행한다. 하나님께서 우리에게 성령을 주신 목적은 이러한 것들을 알게 하시기 위함이다. "우리가 세상의 영을 받지 아니하고 오직 하나님께로 온 영을 받았으니 이는 우리로 하여금 하나님께서 우리에게 은혜로 주신 것들을 알게 하려 하심이라”(고전 2:12). 그러므로 우리 그리스도인들은 계속해서 성령의 빛이 증가되고 확장되도록 노력하여 영적인 진보가 있도록 해야 한다. 이러한 노력 여하에서 성도들의 영적인 수준의 격차가 있게 되는 것이다.

　②　의지 속에 있는 능력은(power in the will) 영적인 일들에 대해서 승낙하고 선택하고 포용할 수 있는 자유의 능이 포함되어 있다. 믿는 사람들은 영적인 선을 행할 수 있는 자유의지(free will)를 가지고 있다. 왜냐하면 과거에는 자유의지가 본질상 죄 짓는 일에 노예가 되었고 악을 행하는 일에 속박을 받고 있었지만, 이제는 하나님의 일에 대해서 자유스럽고 의지적으로 선택하여 빛을 발하고 사랑할 수 있게 되었기 때문이다. 그리스도인이 자유의지를 지녔다고 하는 것은 진리이다. 그리고 이것은 복음 안에 있는 것이다. 자유에 대한 진리의 교훈을 우리가 소유하게 된 것은 성령으로 말미암아 하나님의 아들 된 그리스도의 말씀에서 그 근거를 찾을 수 있다. “진리를 알지니 진리가 너희를 자유케 하리라.” “그러므로 아들이 너희를 자유케 하면 너희가 참으로 자유하리라”(요 8:32, 36). 다른 곳에서는 우리가 자유를 찾을 길이 없다. 다른 곳에 있는 자유는 사람들이 위장한 자유인 것이다.

　③　성정 속에 있는 능력(power of affections)

　본래 성정은 죄의 종노릇과 죄의 도구로 전락하였으나 여기에서는 하나님과 밀접한 관계를 맺어주는 것으로 사용된다. (신 30:6)

　거룩하게 된 사람은 모두 거룩한 순종을 하는 능력이 있다. 그리고 그러한 성향(propensity)도 있다. 여기에는 고유한 두 가지 요소가 있는데 그것은 준비성(readiness)과 용이성(facility)이다.

①준비성(readiness) : 우리 마음 속에는 모든 장애물을 물리치는 준비가 되어 있다. 마음 속에는 죄악, 세상, 영적인 나태, 불신앙 등을 막아주고 방해하는 요소가 준비되어 있다. 그래서 예수님께서도 말씀하시기를 "마음에는 원이로되(spirit ready) 육신이 약하도다"(막 14 : 38)라고 하셨다. 이러한 장애되는 것들은 중생하지 못한 사람들 가운데서 크게 작용한다. 그래서 저들에게는 모든 선한 일이 책망거리가 된다. 저들은 부분적이나마 믿는 사람들의 마음에 영향을 준다. 이것은 부부 간에도 비슷하다. 그리고 이러한 맥락에서 볼 때 그리스도인들이 신부로서 신랑 되시는 그리스도를 맞이함에 있어 준비가 되지 않은 경우도 있다(아 5 : 2, 3). 진정한 그리스도인에게는 죄의 작은 부분이나 시련이 있어서는 안된다. 그러나 그리스도인에게 장애물이 있을 경우에 삶의 원리와 거룩한 요소와 영적인 능력에 장애를 받거나 이것들을 빼앗기게 된다. 절대적으로 우세한 능력을 가졌다고 하더라도 장애물이 뚫고 들어가 그리스도인에게 해를 준다면 그는 모든 순종의 의무를 잘 감당하지 못하게 된다. 그러므로 그리스도인은 마음 속으로부터 모든 순종의 의무를 이루어드려야 겠다고 하는 습관적인 준비(habitual preparation)를 하고 있어야 한다. 자유스럽게 믿는 그리스도인에게는 다양한 정도이긴 하지만 이러한 장애물이 남아 있다. 그래서 세상적으로 기울어지고 약화된 그리스도인은 여기에서 넘어지게 되는 것이다. 그러므로 우리는 항상 주님을 향해서 순종할 것을 준비하고 있어야 하는 것이다. 이렇게 준비하고 있을 때 우리의 눈에는 아름답고 놀랍고 영광스럽고, 순종하고 싶은 것 등 모든 것들이 보이게 된다. 이것은 성화된 사람의 눈에만 보이는 선한 것들이다. 우리는 이러한 일에 마음이 기울어지도록 항시 준비하고 살아야만 한다. 이렇게 될 때 마음은 기쁘고 즐거운 것이다. 다윗(David)은 고백하기를 "주의 말

씀의 맛이 내게 어찌 그리 단지요 내 입술에 꿀보다 더하나이다"
(시 119 : 103)라고 하였다. 말씀을 달게 먹는 일과 순종하기 위한
준비는 동시에 발생한다.

　②용이성(facility) : 성령께서는 성화된 사람들에게 순종을 잘 할
수 있도록 용이함을 주셨다. 사람의 습관과 본성이 무엇이든지 쉽
게 할 수 있도록(do with ease) 도와주셨다. 은혜의 요소는 사람의 습
관(habit)에 주입되어 새로운 본성(a new nature)을 만든다. 여기에
는 죄와 사탄과 유혹의 도전도 있다고 나는 생각한다. 그러나 우리
에게는 아직까지 쉽게 순종할 수 있는 요소와 본질이 있는 것이다.
그 이유는 세 가지로 나누어 생각할 수 있다.

　• 용이성이 우리의 마음과 의무 사이에 알맞게 들어왔기 때문이
다. 즉 율법이 우리 마음판에 새겨졌다. 따라서 그리스도의 명령도
우리를 슬프게 하지 않는다. 그리스도의 명령이 이상하거나 비이성
적이거나 짐이 되지 않는다. 그리고 새로운 피조물에게 합당하지
않은 면이 전혀 없다. 따라서 주님의 말씀은 "지혜의 모든 길이며
이 길은 기쁨의 길이며 평강의 길이다. "

　• 용이성은 거룩하게 행하고 거룩한 의무를 잘 할 수 있도록 우
리의 마음을 부드럽게 해준다. 부드러운 마음은 용이성을 준다. 용
이성은 믿음과 사랑, 거룩하게 된 새로운 생각과 묵상을 영혼 속에
되풀이하여 심어준다. 특히 매일의 기도 연습과 성경책 읽는 것과
거룩한 일 또는 사람을 사랑하고 긍휼을 베풀어 주고 관대함을 가
지는 마음을 통해서 거룩한 마음을 끓어오르게 한다. 이렇게 함으
로 마음은 그리스도의 멍에와 익숙하게 되는 것이며 따라서 거룩한
일이 자연적이며 쉽게 실천이 되는 것이다. 그리고 이 일은 생활을
통해 경험을 하게 되는데, 그럴 때마다 어렵다는 것을 새삼 발견하
게 될 것이다.

• 이 일은 그리스도와 성령의 도움으로 이루어지는 일이다. 그리스도의 도움으로 새로운 피조물이 되는 것이며 그의 성령의 계속적인 도움과 공급으로 새로운 피조물이 되는 것이다. 그리스도께서 힘있게 도와주실 때 그의 멍에는 쉬운 것이고 그의 짐은 가볍게 되는 것이다.

어떤 사람들은 그의 의무를 실행되는 데 있어서 용이성을 도무지 발견하지 못하겠다고 말한다. 그들은 무엇을 좀 하려고 하면 원치 않은 일이 발생하고, 반대에 부딪치고, 생각하면서 책을 읽으면 용이성은 커녕 더 답답하고 되는 일이 없다고 불평을 한다.

여기에 대해 해답하고자 한다.

1 이러한 사람들은 그렇게 방해가 일어날 때에 시험해 보아야 한다. 만일 저들이 영혼 내부의 성향으로부터 멀어지고 본의 아니게 그리스도의 멍에를 지고 있다면 저들은 슬퍼할 것이다. 저들은 이러한 곳에서 헤어나오려고 할 것이다. 만일 저들이 헤어나오지 못하였다면, 노력하고 애쓰지 않았기 때문이다. 저들은 믿는 사람들보다 불평을 많이하고 정도는 다르지만 경험도 없는 사람들이다. 문제는 밖에 있는 것이 아니라 자기 자신에게 있는 것이다.

2 저들은 자신의 어려운 의무를 감당하기 위하여 계속해서 주도면밀하게 계획을 하였는지 묻고 싶다. 은혜의 요소는 변함없이 주어지는 것이고, 이것은 용이한 일이다. 만일 우리가 계속해서 순종하지 않는다면 쉽게 되는 일이란 결코 있을 수 없을 것이다.

3 마음을 곤란하게 하는 유혹은 사람을 피곤하고 불안하고 괴롭게 만들고, 어렵게 만들어서 불평을 하게 한다. 이러한 일이 자주 일어나는 사람은 우리의 주장에 대해서 비난하지 못할 것이다. 우

리는 다만 특별한 일은 접어두고라도, 은혜의 요소는 우리의 마음에 거룩한 의무를 수행할 수 있게 한다는 사실을 알아야 하겠다. 그리고 이 은혜는 계속해서 주어진다는 것이다. 우리는 이것을 사랑하게 되므로 은혜스러운 의무를 감당하게 되는 일은 쉽고 재미있게 되는 것이다.

4. 세상과 본질적으로 다른 습관

이렇게 볼 때 우리는 우리들의 마음 속에 있는 거룩한 습관과 거룩한 요소가 계속해서 머물러 있게 하기 위해서는 이것을 찾아야 한다. 그리고 우리는 거짓된 것에 속아서는 안된다.

1 우리는 복음적 성화에 대하여 충분히 생각지 않으면 안된다. 복음적 성화는 좋은 목적을 위해서 죄악을 버리고 하나님을 향해 살게 한다. 죄는 고통, 죄의식, 죽음에 대한 공포 등을 만들어 낸다. 극소수이긴 하나 완고하게 방탕하게 사는 사람이 있지만 잠시 동안이지 복음적으로 거룩해진 사람은 그 인생을 고치고 약속을 따라 바르게 살고자 힘쓴다. 이 사람은 옛날에 지었던 죄를 내버리고 양심을 따라서 자기가 수행할 수 있는 사명을 감당한다. 특별히 하나님에 의하여 자기에게 어려움이 있다 하더라도 "아침의 구름같고 새벽의 이슬"같은 인생인 것을 깨닫고 좋은 일을 하며 산다. 이러한 일들이 복음을 순종하는 것과는 다른 것이지만 자신을 영원히 멸망시키는 일인 줄도 모르며 열심히 세상을 사는 것이다.

2 여기에서 우리가 배우는 점은 선물이나, 어떠한 유용한 것이나, 그럴 듯한 고백을 함으로 거룩하게 된 것이 아니라는 것이다. 이런 것들이 세상에서는 통할 수 있는 매우 커다란 방법이지만 이것

은 양쪽 편을 모두 속이는 방법이다. 은사(Gifts)는 성령에 의한 특별한 선물이다. 그러므로 은사는 매우 높여야 하고 사모해야 한다. 은사는 교회에서 매우 유용한 것이다. 은사는 사람에게 주어지는 것이다. 은사를 주신 것은 그 사람을 거룩하게 할 뿐 아니라 그의 의무를 잘 감당하라고 준 것이다. 은사는 여러 방면에서 도움을 주는데 기도와 설교에 그리고 많은 의무를 수행하는 데 특히 커다란 도움을 준다. 그리고 성도들에게 높은 수준의 신앙을 갖게 하고 또한 신앙 고백도 하게 한다. 성화가 이루어지지 않으면 그 사람은 자기의 마음을 속이게 된다. 그러므로 모든 사람을 진실로 거룩하게 하는 은혜의 습관과 은혜의 요소가 그 본성과 특성에 있는지 시험해야 한다. 이것은 앞에서도 언급했던 이야기이다. 이것은 빨리 될 수도 있고 천천히 될 수도 있다.

　최소한 사람은 도덕성을 가질 수 있고 도덕적 의무를 수행할 수 있다. 그러나 혼자 있을 때에는 위선적이 될 수도 있다. 우리는 여기에서 특별히 보통 은혜와 구원받는 은혜에는 차이가 없다는 증거를 하고자 한다. 어떤 사람은 도덕성은 은혜이고 은혜는 도덕성이며, 그 외에는 아무것도 없다고 주장한다. 충만한 은혜로 거룩하게 된 사람은 복음을 따라 살며 도덕을 지키면서도 산다. 그리고 한결같이 산다. 그러므로 나는 여기에서 두 번째 문제에 대해서 언급하고자 한다. 여기에서는 거룩한 습관 또는 은혜스러운 거룩함의 요소에 대하여 증거하고자 한다. 그리고 이것은 마음의 다른 습관과는 어떻게 다른지 그 차이점에 관해서도 증거하고자 한다. 마음의 습관은 지적인지 또는 도덕적인지, 자연적인 것인지 또는 얻어진 것인지에 대해서도 그 차이점을 찾아보고자 한다. 그리고 일반 은혜와 그 결과는 무엇인지에 대해서도 찾아 보고자 한다. 성화는 어떤 사람이든지 모두 나누어 가지는 것인지에 대해서도 살펴보고자 한다.

이러한 진리에 관한 주장은 참으로 충분히 증거되어져야 한다. 영적인 습관에 관한 연구와 영적인 것의 본질(nature)과 성질(properties)에 관한 연구는 매우 중요한 것이다. 그리고 더 나아가서 이러한 것들의 차이점에 대해서 증거하는 일은 매우 소중한 일이다.

첫째, 거룩의 기초가 되고 샘이 되는 하나님의 선택의 사랑에 대하여 살펴보고자 한다. "창세 전에 그리스도 안에서 우리를 택하사 우리로 사랑 안에서 그 앞에 거룩하고 흠이 없게 하시려고 그 기쁘신 뜻대로 우리를 예정하사"(엡 1 : 4, 5) 하나님께서 우리를 거룩하게 하시려고 창세 전에 우리를 택하셨다. 이것은 우리를 거룩하게 하시려는 하나님의 계획으로 시작이 되었다. 그러므로 이것은 하나님의 특별 사역이고, 특별한 목적을 이루기 위한 일이었다. 거룩하게 되는 일은 하나님께서 성령으로 말미암아 사람의 속에 역사(works) 하심으로 되는 것이다. 왜냐하면 하나님이 그 사람들을 택하셨기 때문이다. 그밖에는 아무 것도 없다. 왜냐하면 하나님께서는 "처음부터 우리를 택하사 성령의 거룩하게 하심과 진리를 믿음으로 구원을 얻게"(살후 2 : 13) 하시려고 하셨기 때문이다. 구원은 하나님께서 우리를 택하신 계획의 최후 목적이다. 우리가 구원을 받게 된 것은 성령으로 성화되었기 때문이다. 사람 속에는 도덕성과 경건성이 있을 수 있다. 그리고 도덕적 의무도 실행할 수 있는 요소도 있다. 사람들이 가지고 있는 이러한 힘과 요소를 가지고서는 하나님이 택하시고 성령으로 거룩하게 되어 구원받는 것과 같은 열매를 맺지 못한다. 우리가 구원받게 된 것은 하나님이 우리를 택하여 주셨고 그 다음 거룩하게 됨으로써 가능한 것이다. 하나님의 택하심이 없이 성령의 성화로만 구원받는 것이 아니다.

둘째, 특별히 거룩하게 되는 원인은 그리스도의 중보에 있다. 복음적인 거룩이라고 하는 것은 우리를 위하여 예수 그리스도께서 값을 치르신 것을 말한다. 이것은 우리를 위한 약속에 근거를 두고 있는 것이다. 이것은 그리스도께서 실제적으로 중재하시고 탄원하셔서 얻은 것이다. 우리는 이 사실을 성령의 교통으로 말미암아 확신하게 된 것이다. 왜냐하면 성령은 하나님의 영이시기 때문이다. 또한 예수님께서도 하나님께로부터 오셨기 때문이다. "너희는 하나님께로부터 나서 그리스도 예수 안에 있고 예수는 하나님께로서 나와서 우리에게 지혜와 의로움과 거룩함과 구속함이 되셨느니라."(고전 1 : 30)

① 예수님은 그의 제사장직을 통하여 우리를 성화(sanctification) 시키셨다. 우리는 예수님의 피로 우리의 죄를 씻었기 때문에 이로 말미암아 우리의 영혼도 적용을 받아 깨끗함을 받게 되었다.

② 예수님은 실제적으로 우리의 본성을 성화시키셔서 우리를 거룩한 것들과 교통하도록 하셨고 그의 중재로 말미암아 온전히 거룩하게 하셨다. 예수님은 우리들이 거룩하게 되도록 기도해 주셨다. "저희를 진리로 거룩하게 하옵소서 아버지의 말씀은 진리니이다. "(요 17 : 17) 그리스도의 중재가 아니고서는 우리에게 은혜가 주어질 수 없는 것이고, 우리가 보호받을 수도 없는 것이고, 기도에 대한 응답도 받지 못한다.

③ 예수님은 우리에게 거룩함을 주시는 법이고 척도이다. 그리고 우리를 거룩하게 하는 말씀과 교훈을 주신 분이시다. 예수님은 천성적으로 빛이시고 법이시다. 그는 거룩의 법이나 척도에 저촉을 받지 않으신다. 법이나 교훈들이 부분적으로는 옳고 부분적으로는 그른 것이 없다. 사람을 추론해서 생각할 수 없는 분이 바로 예수

님이시다. 예수님은 스스로 법을 기록하신 적이 없으시다. 그는 성화에 있어서는 오리지날이시다. 그리스도로 말미암아 회복된 우리들의 거룩함과 그리스도의 거룩함을 적당한 비례를 둔다는 것은 가당치 않은 짓이다. 예수님은 우리가 거룩하게 된 방법으로 거룩하게 되신 분이 아니시다. 이것은 그리스도의 교훈에 있는 가르침에 분명히 나타나 있다. 그러므로 이 교훈은 우리가 모두 순종해야 한다. 우리가 거룩하게 되는 것도 주님께서 요구하신 것이다. 우리가 요구하였기 때문에 우리가 거룩하게 된 것이 결코 아니다. 우리의 성화는 이러한 근거와 같이 거룩의 근본 되시는 예수님과 일치되도록 해야 한다. 그것은 그리스도의 말씀과 교훈을 깊이 생각하고 그대로 순종하는 것이다. 거룩에는 물질적인 것이 포함되어 있지 않다. 복음이 요구하는 것이 전부이다. 그리고 어떠한 형식도 없다. 그러므로 우리는 복음이 요구하는 바를 실천해야 한다. 성화에는 외적인 것도 있다. 그것은 하나님이 우리를 외적으로도 거룩하게 하셨기 때문이다. 외적으로 나타내어야 할 성질은 빛이다. 빛을 발해야 한다. 그리고 양심을 일깨워야 한다. 정확하게 똑바르게 행동해야 한다. 물질적으로도 의무를 다해야 한다. 율법이 요구하는 모든 의무를 먼저 준행해야 한다. 복음적인 거룩함의 의무도 감당해야 한다. 죄에 대하여 아파하고, 죄에 대하여 경건한 슬픔이 있어야 하고, 날마다 우리의 영혼을 씻어야 하고 그리스도로 말미암아 믿음과 사랑을 가지고 하나님과 교통해야 한다. 이러한 것들을 율법적으로 실천해야만 하느냐고 생각하기 이전에 보편적으로 전체적으로 하나님이 요구하시는 바를 순종한다고 생각하며 실천해야 할 것이다. 여기에는 꼭 형식이 있는 것은 아니다. 형식이 믿음을 가지게 하고 거룩하게 하는 것은 아니다. 믿음에 대한 교훈에 의하면 "구원을 얻게 하는 하나님의 능력"이 있고 들음에 의해서는 "믿음이 생기고" "성령을 받게" 된다. 우리는 복음이 요구하는 말씀에 외적으로 순종해야 하며 복음을 증거해야 한다.

④ 예수님은 우리들의 성화의 모본이 되신다. 우리를 거룩하게 하시려는 하나님의 계획은 "그 아들의 형상을 본받게"(롬 8 : 29) 하시는 데에 있었다. 하나님은 우리를 그의 아들의 본성(nature)과 같이 깨끗하게 하시려고 계획하셨다. 그의 인격이 거룩하셨던 것과 같이 우리의 인격도 거룩하게 하시려고 계획하셨다. 그의 은혜가 영광스러우셨던 것과 같이 우리의 은혜도 영광스럽게 계획하셨다. 그의 대화가 순진하고 유용하였던 것과 같이 우리의 대화도 순진하고 유용하게 계획하셨다. 예수님의 생각이 크고 깊으셨던 것과 같이 우리의 생각도 크고 깊게 계획하셨다.

예수님은 비유를 통해서 우리들이 해야 할 일들을 가르치셨다. 비유는 교육을 하는 데 있어서 가장 보편적이고 유효한 방법이다. 시기적절한 예수님의 교훈은 우리들도 모방해서 사용할 수 있다. 예수님이 베푸신 자연적이고 도덕적인 가르침은 능력이 있고 효과가 있는 것이었다. 여기에서 그리스도의 인격에 있는 거룩한 모습이 우리에게 동시에 주어진다.

예수 그리스도는 성화의 유일한 본보기가 되신다. 이 세상에는 예수님같이 성화에 있어서 완전한 본보기가 되는 사람은 없다. 이 교도들의 건방진 표상들은 결점으로 가득차 있고, 오점과 불완전의 대표적인 것들을 집대성한 것에 불과하다. 저들의 비유는 다양하다고 하지만 졸렬하기 짝이 없고 거룩하고 온전하다고 하지만 추하기 그지없다. 그러나 예수님의 은혜와 예수님의 하시는 일들은 모두 절대적이고 온전하다. 이들은 우리의 목표들이며 우리의 흠모할 대상들이다. 이보다 더 높은 모본이 우리에게는 없다.

예수 그리스도는 이러한 목적을 위해서 위로부터 임명을 받으신 분이시다. 하나님께서 그의 독생자를 보내신 것은 바로 이 목적을 위한 것이다. 예수님은 우리들의 본성(nature)과 형상(image)의 표본(example)이시다. 그는 우리들 속에 그의 형상을 회복하시고 우리들에게 거룩한 순종을 실행하게 하신다. 이러한 일을 위하여 그는 먼저 우리들을 죄로부터 돌아서게 하신다. 그는 우리를 천사와 같은 본성을 갖도록 하시기 위해 오신 분이 아니시다. 천사가 우리들에게 고난을 견디고, 시험을 묵묵히 이겨낼 수 있는 표본을 보여준 일이 있었는가? 또 이런 일들을 천사가 할 수 있는가? 없다! 천사가 우리의 본성을 온전케 하고, 성화를 온전히 이루고, 흠 없이 깨끗하고, 죄인들로부터 우리를 분리시킬 수 있는가? 없다!

　예수 그리스도의 모본은 그 동기, 제도, 목적에서 독특하게 효과가 있다. 그렇기 때문에 우리는 시시때때로 "그리스도를 보아야" 하고 "그를 바라보아야 한다"(사 45:20; 슥 12:10). 그리하여 의롭게 되어야 하고 또한 거룩하게 되어야 한다. 하나님의 약속과 우리가 그리스도를 바라보는 것으로 인해서 우리 가운데 있는 성화는 성장하고(growth) 증가되는(increase) 것이다. 그래서 사도는 "우리가 다 수건을 벗은 얼굴로 거울을 보는 것같이 주의 영광을 보매 저와 같은 형상으로 화하여(are changed into the same image) 영광으로 영광에 이르니(from glory to glory) 곧 주의 영으로 말미암음이니라(by the Spirit of the Lord)"(고후 3:18)고 선언하였다. 그밖에 우리가 생각해야 할 것은 그리스도께서 우리들의 모본으로 실천하신 바를(did) 우리도 실천해야 한다는 것이다. 예수님은 자기 자신을 위하여 행하신 것이 아니라 우리를 사랑하시기 때문에 모든 것을 우리를 위하여 행하셨던 것이다. 그러므로 우리는 그를 닮아야 하고 더욱 영적으로 은혜스러운 영향을 많이 받아 예수님이 사신 것처럼 우리도 살고, 예수님이 행하신 것처럼 우리도 행해야 할 것이다. 예수님은 당신이 계신 현장에 하실 수 있는 것을 하셨고 다른 목적에서 하신 것이 아니라 사랑하시기 때문에 단순히 행하셨다.

그러므로 이상과 같이 살펴볼 때 주 그리스도께서는 우리를 거룩하게 변화시켜 주셨다는 것을 알 수 있다. 우리가 성화된 것은 그리스도로 말미암아 되었다는 뜻이다. 실로 우리는 허물 많은 존재들이었다. 그러나 우리의 공로는 하나도 없이 다만 그리스도의 공로를 힘입어 거룩하게 된 것이다. 우리는 우리들에게 큰 모본을 보이신 그리스도의 인격, 영광, 아름다우심을 더욱 그리고 계속해서 묵상하여 그리스도의 형상과 모양을 닮아야 하겠다. 그리스도인이라고 자처하며 또한 그렇게 불리는 많은 사람들이 이교도들의 행위에 대해서 말하기를 좋아하고, 어느 때는 그들의 행위를 흠모까지 하는 모습을 보게 된다. 끔찍스런 일이다! 저들을 닮아보려고 하는 것인가! 그럴 때에 그들을 보면 우리 주 예수 그리스도 안에 있는 은혜에 대해서 전연 생각을 하지 않고, 그리스도를 따라 살려고 하지 않는 사람같이 보인다. 그리스도인들이 때로 이교도들의 덕행에 더 깊은 관심을 가지는 것을 볼 때 그리스도 예수 안에 있는 은혜는 어디로 갔는지 답답하기조차 하다.

우리는 항상 어떻게 하면 그리스도를 잘 믿고, 바르게 실천하고, 우리의 최대의 목표를 이루어 드릴까 하는 것을 깊이 생각해야 하겠다. 어떤 사람들이 미련스럽게 말씀을 범하고 날마다 죄책을 가지고 어둡게 사는 것처럼 우리는 살지 말아야 하겠다. 믿음의 행위와 세상 생활을 반으로 나누어 사는 그리스도인들도 있다. 이렇게 하지 않도록 해야 한다. 그리스도를 믿음으로 우리는 구원을 받았고 의롭게 되었고 성화된다. 그러므로 우리는 믿음의 의무(the duty of faith)를 감당해야 한다. 그리스도께서는 우리를 위하여 죽으셨고 우리의 죄를 속량해 주셨다. 이것이 우리를 위해 예수님께서 고난당하시고 죽으신 첫번째 이유이다. 그러나 이것이 전부는 아니다. 예수님은 우리에게 모본과 본보기를 보여주셨다. 그는 저주받으셨고 이름 그대로 죽으셨고 전체 삶을 포기하시면서까지 우리에게 모범을 보여주셨다. 이것을 우리는 배워야 한다. 그리고 예수님의 모본을 게으름 없이 우리의 삶에서 실천해야 한다. 죄악을 믿음으로 물리치고 그리스도와 동일한 삶을 살도록 힘써야 한다. 그러므로 우리는 그리스도를 본받기 위해서 그를 깊이 묵상하고 그의 길을 따라야 한다. 그리고 주 예수 그리스도께서 친히 실천하신 의무를 우리도 온전히 실천함으로 그의 거룩하심과 형상과 생각이 우리 인격 속에 온전히 이루어지도록 하여야 한다.

　5　우리의 머리 되시는 그리스도의 복음적인 거룩하심과 세상의 자연적이고 도덕적인 습관과 의무와는 근본적으로 큰 차이가 있다. 그리고 그리스도의 영적인 요소와 세상 사람들의 요소와는 근본적인 차이가 있다. 그러나 그리스도의 은혜로 말미암아 우리는 그와 연합(union)할 수 있게 되었고, 계속적인 은혜로 연합된 관계는 지속될 수 있다. 이러한 증거로 볼 때 은혜와 도덕성의 차이를 알게 된다. 사람이 그리스도의 도덕성을 가지게 되고 그리스도와 우리가 연합할 수 있다고 하는 것은 복음적 은혜에 의한 것이다. 복음적 은혜가 아니고서는 우리의 본성에는 변화가 일어나지 않을 것이고 거룩하게 될 수도 없는 것이다.

　하나님은 어떤 사람에게든지 예수 그리스도 안에서(in), 예수 그리스도에 의해(by), 예수 그리스도를 통하여(through) 은혜를 주신다. 예수님은 하나님과 사람 사이에 중보자이시다. 하나님은 절대적인 신이시며 모든 은혜와 성화의 무한한 근원이 되신다. 그는 모든 은혜의 하나님이시다―그는 은혜의 창조자이시며 소유자이시며, 나누어 주시는 자이시다. 하나님은 피조물과 은혜의 방편으로 교통하시며, 그의 본성으로 교통하신다. 하나님은 태초에 사람을 만드실 때에 당신의 형상대로 창조하셨고 인간은 그 형상을 계속해서 가지고 있어야만 하였다. 이 형상으로 인간은 하나님과 교통하는 것이기 때문이다. 그러나 인간이 타락한 이후, 그리고 죄가 들어온 이후 사람은 하나님과 교통할 수 있는 본래적인 방편을 잃어버리게 되었다. 그러므로 거듭나지 아니한 사람은 하나님과 다시 교통할 수 없게 되었다. 그래서 모든 사람에게 거듭남이 필요하게 되었다. 예수님께서도 여기에 대해 말씀하시기를 “사람이 거듭나지 아니하면 하나님 나라를 볼 수 없느니라”(요 3 : 3)고 하셨다. 그리고 “육으로 난 것은 육이라”(요 3 : 6)고 하셨다.

하나님과 교통하기 위해서는 중보가 되시고 교회의 머리가 되시는 그리스도의 인격 안에서(in), 그리고 그리스도의 인격에 의해서(by) 주시는 은혜의 방편이 있어야 한다. 다시 말해서 그리스도가 아니고서는 사람이 하나님과 직접적인 교통을 한다는 것은 불가능한 일이라는 것이다. 태초에도 모든 것은 그리스도에 의해 창조되었다. 그는 그의 말씀의 능력으로 모든 것을 만들었다. 우리의 타락한 심성을 다시 일으키고 부추기고 온전케 하는 일은 새로운 창조(new creation) 사역이다.

하나님은 신자들 속에 참되고, 유효하고, 거룩하게 하시는 은혜로 역사하신다. 그렇다, 이러한 은혜는 믿음으로 받는 것이다. 그의 은혜로 그리스도인이 거룩하게 되는 것이다. 그의 은혜로 그리스도인이 더욱 더욱 진실되게, 성화되는 것이다. 우리 주 예수 그리스도께서 오심으로 말미암아 믿는 자들이 흠없이 보존될 수 있는 것이다. 이것으로 말미암아 믿는 자가 중생하고 성화되는 것이다.

그리스도의 영으로 말미암아 그리스도인 안에는 무슨 역사이든지 일어난다. 그리스도의 덕성으로 말미암아 그리스도인들이 그리스도와 연결되는 것이다(are united to Christ). 이것은 그의 인격 때문에 일어나는 역사이다. "우리가 유대인이나 헬라인이나 종이나 자유자나 다 한 성령으로 세례를 받아 한 몸이 되었다"(고전 12 : 13). 우리가 그리스도와 연합되는 것은 성령께서 우리를 그리스도의 은혜로 교통하게끔 역사하기 때문이다. 성령께서는 우리를 가르치시고 보존하시고 거룩하게 하셔서 온전한 신비스런 몸을 이루도록 하신다. 그리하여 천국을 유업으로 소유하도록 하신다. 주 예수 그리스도는 교회의 머리가 되신다. 이 말에는 두 가지 뜻이 포함되어 있다. 하나는 그리스도께서 우리를 다스리시고 지배하신다는 의미로서 그를 정치적인 머리(the political Head)로 이해하는 것과, 다른 하나는 그리스도께서 그의 지체들에게 은혜를 주시고 생명력 있는 영향을 주신다는 의미로서의 영적인 머리(the spiritual Head)인 것이다. 그리스도인들은 그리스도로부터 거룩하게 되고 순종하게 되는 모든 은혜를 받는다. 그리스도인들에게 그의 은혜가 공급되지 않는다면 그 심령은 말라버리게 되어 결국은 죽게 될 것이다. "우리가 살게 되는 것은 그가 살아 계시기 때문이다."[63]

우리는 앞에서 모든 복음적인 성화의 직접적인 동인(動因)은 하나님의 영이라는 것을 증거한 바 있다. 이것은 또한 은혜스러운 약속에 의한 열매이며 결과라는 것도 증거한 바 있다. 여기에서 우리는 하나님의 형상이 회복되게 된 것이고 새롭게 된 것이라는 것을 알게 되었다. 우리는 무지와 염치없는 곳에서 헤메었으나 복음이

---

63) 우리는 포도나무 가지이고 그리스도는 포도나무로 비유되었다. 가지가 나무에 붙어 있으면 많은 과실을 맺는다. (요 15 : 1-5) 비슷한 교훈으로 감람나무 비유도 있다. (롬 11장) 그리고 산돌(living stone)로 비유되었다. (벧전 2 : 4, 5) 그외에도 특별한 증거가 많이 있다. (참고 요 1 : 15 ; 엡 4 : 7 ; 골 2 : 9)

우리 속에서 거룩하게 되어야 한다는 것을 알게 하므로 이제는 거룩하게 된 것이다.

외국인들은 성경에서 가르치는 성령과 은혜의 약속, 순종 등에 대해서 익숙하지 못하여 영적인 것에 대한 말을 하거나 성령의 교훈에 대해서 말을 하면 아주 싫어하였다. 그래서 우리는 저들을 새로이 가르쳐야 한다. 저들이 신비한 복음에 대해서 무지할 때 영광스러운 진리를 메마르고, 생명력 없고, 시들어버린 철학적 말 재주나, 이교도들의 신앙 정도로 전락시킬 위험성이 있다는 것을 잊지 말아야 한다.

덕성을 가지고 사는 사람들은 천국으로 가는 삶이란 덕을 실천하는 것이라고 말한다. 덕성은 있다. 그러면 덕성이란 무엇인가? 어떻게 사는 것이 덕스럽게 사는 것인가? 여기에 대해서 많은 사람들이 소란스럽게 말을 많이 하였다. 어떤 사람들은 이러한 덕성을 이방 종교에서는 찾아볼 수 없는 것이라고 하였다. 나는 그리스도인들이라고 불리는 사람들에게서 덕성을 많이 발견하기를 바란다. 사람들은 물질적으로 좋은 것은 어떤 것이고, 어떤 것이 인류에게 쓸모가 있는지에 대해서도 잘 알고 있다. 그러나 정확히 그것들이 무엇이냐고 물으면 대답을 못하는 것이 현실적인 실정이다.

어떤 사람들은 도덕성은 성경에서 우리에게 선포한 율법을 지키는 것의 연장이라고 말한다. 저들은 말하기를 죄가 들어오기 전과 복음 아래에서의 종교는 하나이고(one) 모두 같았다고 한다(the same). 그러나 그리스도께서 몸을 입으시고 오실 때 또는 그 이전에 종교는 하나이며 모두 같았다고 할 수 있겠는가? 여기에 대해 이론이 없을 수 있겠는가? 그러나 하나님을 믿고, 도움을 받고, 순종하는 우리의 신앙은 변화되지 않았다. 이것은 경건의 비밀이며 우리는 감히 상상조차 할 수 없는 진리이다.

만일 도덕적 덕성에 대해서 말하자면 예수 그리스도를 능가할 사람이 있겠는가? 예수님을 생각하면서 묻고 싶은데 과연 사람이 예수님의 마음, 습관, 성질 등을 그대로 가질 수 있을까? 예수님과 관계 없는 사람이 예수님의 이러한 거룩한 삶을 알기나 할까? 세상에 도덕적 덕성이 있다고 하지만 하나님이 우리를 영원히 택하신 그 거룩한 덕성만 할까? 그리고 우리를 사랑하시기 때문에 우리를 택해주신 하나님의 도덕적 덕성을 따라갈 세상의 덕성이 있을까? 하나님이 법을 주시고 새로운 마음을 주셨는데, 그 무엇이 또 인간의 마음을 새롭게 할 수 있을까? 영적인 생명을 주시고 영적인 요소를 주셔서 하나님을 따라 살도록 우리를 인도하신 성령님의 유효한 사역(operation)과 같은 것이 이세상에 또 있을까? 우리를 위하여 피로 값주고 사신 예수 그리스도와 같은 분이 이 세상에 또 있을까? 그리고 계속해서 우리를 위하여 중재하시는 그리스도와 같은 분이 또 있을까? 우리 안에 하나님의 형상을 이루어 주시고 그리스도를 따라 살아가게 할 수 있는 것이 그 어디에 또 있을까? 만일 이렇게 할 수 있는 존재가 있다면 그는 모든 것을 온전케 하는 성령이시든가, 가장 지혜로운 사람 예수님이시든가, 모든 것을 만드신 하나님이실 것이다. 도덕적 덕성을 주장하는 사람은 그것이 무엇인지조차 모르는 사람이다. 도덕은 그 표준이 하나님이시고 그 근거가 하나님이시다. 이 세상에서 제일 위대한 도덕론자는 한 분이신데 그 분은 하나님이시다. 세상의 도덕론자는 죽었고 죽을 것이고 다만 공허한 이름만 남길 뿐이다.

제7장

거룩한 사람의
행실과 의무

거룩한 사람의 적극적 의무 / 내적 또는 외적으
로 / 거룩한 사람의 행동에 유효하게 역사하시는 성
령, 성령의 유효한 사역에 대한 다양한 논쟁과 이
에 대한 증명의 필요성.

앞장(제6장) 초두에서 나는 두 가지 주장을 한 바 있다.

첫째, 성도들의 영혼에 대한 은혜는 초자연적 원리, 또는 습관을 가지게 한다. 이에 대해서는 하나님의 영의 사역과 보호가 있다. 그 결과 성도들은 하나님을 향해 온전히 살아드릴 수 있고 하나님이 요구하시는 것에 순종할 수 있다. 이것은 자연적인 습관들이나 지식 또는 도덕성과는 본질적으로 다른 것이다. 그리고 이것들은 얻어질 수 있고 또한 진보될 수 있다. 이상의 문제에 대해서는 앞장 (former chapter)에서 상세히 언급하였다. 본장에서는 두 번째 주장에 대하여 자세히 논술하고자 한다.

둘째, 성령의 직접적 사역은 내적으로나 외적으로 우리들에게 모든 행동에 있어서 거룩한 순종을 요구한다.

복음을 순종하는 모든 행동과 의무는 두 가지로 요약해서 간단히 언급할 수 있다.

1. 하나님의 명령을 적극적으로 순종하는 것은 하나님의 뜻과 목적이 있기 때문이다.
2. 하나님께서 금지하신 말씀이 있기 때문이다.

첫 번째 종류의 행동과 의무에는 내적인 것과 외적인 것이 있다. 거룩한 행동에는 내적인 것이고 외적인 효과는 없다. 그러나 외적인 행동과 외적인 의무는 거룩한 부분이 전연 없고 외적인 것 자체뿐이다. 은혜의 내적인 행위로 성화되는 것은 아니다. 두 사람이 똑같은 명령을 받고 그 의무를 이행하였다. 외적으로 똑같은 태도와 양식(manner)으로 명령을 수행하였다. 그러나 복음적으로 거룩한 의무를 이행하였는가 살펴볼 때 한 사람은 이행하였으나 다른 사람은 이행하지 않았다. 이 두 사람은 아벨(Abel)과 가인(Cain)이었다.

１ 거룩한 의무는 다만 내적인 것이다. 나는 믿음의 모든 행위를 하고, 사랑을 하고 소망을 가지고, 하나님을 경외하며 기뻐하려고 한다. 이것은 하나님이 가지고 계시는 목적이다. 그러나 외적으로 어떠한 의무도 감당하지 않는다면 아무 쓸모가 없는 것이다. 이와 같은 것은 우리의 영적인 생활 속에 주로 가지고 있는 것들이다. 이 외같은 일을 실천할 때 우리의 영혼이 건강하게 된다. 이것을 가리켜 영적으로 건강하다고 말한다. 우리가 외적으로 의무를 이행하지만 하나님의 생명에서 멀리 떨어져 있는 사람들을 많이 본다. 그렇다. 때때로 사람들은 자기의 결함을 보충하려고 무던히 힘쓴다. 그래서 많은 의무를 행한다. 그러나 이런 사람들은 "살았다 하는 이름은 가졌으나 죽은 자들이다."(계 3 : 1)

２ 또한 외적인 의무는 그것의 목적과 결과를 보고서 분류할 수 있다. 하나님께서는 스스로 그리스도인의 의무(duty)에 대해서 목적

과 결과를 세워 놓으셨다. 예를 들자면 기도와 찬양에 대한 목적과
결과가 있는 것과 같은 것이다. 이와같은 성질은 첫 번째 항목에
속하는 것이다. 다른 한편으로 사람은 의무의 목적과 결과에 대해
서 다양한 능력을 가지고 있고 그것들과 하나님의 관계에 대해서도
알고 있다.

이러한 모든 행동과 의무는 내적이며 또한 외적이다. 그리고 이
것들은 하나님과 우리 자신들에게 알맞는 목적이 있고 또 다른 사
람에게도 목적이 있다. 우리가 거룩한 행동을 할 때에는 우리 안에
성령께서 특별하게 사역을 하시고 계실 때이다. 우리는 이 일에 대
하여 더 자세히 그리고 분명하게 살펴보아야 한다.

(1) 모든 믿는 자들 속에는 거룩한 의무를 실천하려고 하는 습관
    적인 성향이 있다.
(2) 믿는 자는 스스로 어떠한 의무를 내적으로 또는 외적으로, 하
    나님에게 또는 사람에게 실질적으로 발휘할 수 없다. 그러므
    로 하나님이 함께 해주셔야 거룩한 일을 하더라도 감당할 수
    있고 어떠한 의무라도 감당할 수 있는 것이다.
(3) 그러므로 나는 여기에서 하나님의 영(the Spirit of God)의 실
    제적인 도움, 조력 그리고 내적인 사역에 대해서 증거하고자
    한다. 하나님의 영의 사역은 필요한 것이고, 요청되는 것이며
    주어지는 것이다. 하나님의 영은 우리들의 마음 속에 각종
    거룩한 행동을 만들어 주며 우리가 행하는 모든 의무 속에는
    하나님의 영의 뜻과 성정(性情)이 들어 있는 것이다.

우리들의 일상생활이 하나님의 섭리(providence)에 의하여 이루어
지듯이, 우리들의 영적인 생활은 하나님의 은혜로 말미암아 이루어

진다. 본질적으로 하나님께서 우리들에게 생명의 요소를 주셔서 우리는 살아가는 것이다. 그래서 우리는 알맞게 준비된 활기찬 행동을 하기 위하여 관습적인 능력을 가지고 있어야만 한다. 그러므로 우리는 하나님의 동시발생적인 협력이 없이는 아무것도 알 수 없는 것이다. 왜냐하면 "우리는 그를 힘입어 살며 기동하며 있기"(행 17 : 28) 때문이다. 누구든지 하나님의 협력적인 사역이 없다면 그 자신이 스스로 할 수 있는 일이라곤 아무것도 없다. 하나님은 스스로, 그리고 절대적으로 존재하시는 제일 원인이시며, 행동의 원인이시며, 새로운 존재의 창조자이시다.

　우리의 영적인 생명도 마찬가지이다. 우리는 영적인 존재로 만들어졌다. 우리는 하나님을 향해서 살 수 있도록 만들어졌다. 이러한 요소가 없는 사람은 영적으로 죽은 사람이고, 이 사람은 영적으로 선한 일을 전혀 할 수 없다. 영적인 생명의 요소를 가지고 있는 그리스도인에게 요청되는 것은 거룩한 사람이 되어야 한다는 것이다. 그리하여 이 사람은 영적인 덕성에 의해서 실제적인 의무를 실천해야 하는 것이다. 하나님의 은혜를 특별히 받지 못한 사람은 영적으로 선한 일을 전혀 할 수 없다. 이 사람은 세상적으로 행동하고 활동을 한다. 이 사람은 하나님의 섭리와 능력에 대해서 절대적으로 무관하다. 하나님의 섭리 시역과 은혜 시역은 비슷하다. "우리는 그의 만드신 바라 그리스도 예수 안에서 선한 일을 위하여 지으심을 받은 자니 이 일은 하나님이 전에 예비하신 우리로 그 가운데서 행하게 하려 하심이니라"(엡 2 : 10). 하나님께서 아무것도 없는 가운데 창조적 능력으로 모든 것을 만드셨을 때 하나님은 그 모든 피조물들에게 그들 자신의 능력을 남겨 주시지 않고 하나님께서 그들이 존재할 수 있도록 생명의 요소와 일할 수 있는 요소를 주셔서 계속 살아갈 수 있도록 하셨다. 하나님의 능력이 계속해서 그들에게 영향력을 주시지 않았다면 모든 존재와 구조는 와해되고 녹아져서 아무것도 남지 못했을 것이다. 이런 점에서 새로운 창조도 마찬가지이다. "우리는 하나님의 만드신 존재들이다." 우리는 하나님께서 직접 설계하시고 만드셨는데 선한 일을 하기에 적합하게 창조하셨고 하나님을 따라 살아가도록 만드셨다. 새로운 피조물도 하나님이 지원하시고 보존해 주신다. 하나님의 영향력 있는 능력이 계속해서 새로운 피조물(new creature) 위에 임하시지 않으면 그는 기진맥진하여 말라죽어 없어지고 만다. 이것이 전부는 아니다. 하나님은 새로운 실제적 은혜를 공급하셔서 효과적으로 각자의 모든 의무를 감당하도록 하신다. 여기에 대해서 우리는 확실히 해둘 필요가 있다.

첫째, 성경은 증거하기를 우리는 우리 스스로의 힘으로는 아무것도 행하지 못한다고 한다. 그러나 우리가 힘과 능력을 받으면 어떤 것이라도 할 수 있다고 한다. 그래서 우리 주님께서는 믿어 거룩하게 된 제자들에게 말씀하시기를 "나를 떠나서는 너희가 아무것도 할 수 없음이라"(요 15 : 5)고 하셨다. 주님 없이 또는 주님에게서 떨어져서는 포도 나무에서 그 가지가 떨어지거나 갈라져서 열매가 열리지 않는 죽은 가지처럼 된다는 말씀이다. 믿는 자에게 계속적으로 영향력있는 은혜가 공급되지 않거나, 그리스도로부터 영적으로 생명력 넘치는 영양소를 공급받지 못하면 "아무것도 할 수 없다"는 것이다. 즉 열매를 맺을 수 없다는 말이다. 하나님을 향한 우리 마음의 움직임과 성정은 구체적인 행동으로 나타나는데, 그것은 믿음의 행위, 사랑의 행위 등 모든 행동으로 표현된다. 이런 것들이 결국 열매를 맺게 하는 신앙의 모습들이다. 그래서 이런 것들은 모두 외적인 순종의 의무들로 나타나게 되는 것이다. 따라서 우리 주님께서는 성도들이 하지 못하는 일과 실제적으로 은혜가 공급되지 않는 곳에 은혜를 주셔서 저들로 하여금 영적인 일, 선한 일을 할 수 있도록 하신다.

우리의 사도도 같은 진리를 증거하였다. "우리가 그리스도로 말미암아 하나님을 향하여 이같이 확신이 있으니 우리가 무슨 일이든지 우리에게서 난 것같이 생각하여 스스로 만족할 것이 아니니 우리의 만족은 오직 하나님께로서 났느니라."(고후 3 : 4, 5)

이것은 사도가 그리스도의 은혜로 말미암아 하나님을 믿어 그의 사역을 감당할 때에 성공적으로 주의 일을 감당하게 된 것이 이른바 자기의 능력에 있었던 것이 아니라 도와주신 하나님의 은혜에 있었다는 고백이다. 사도는 이같은 표현을 다른 곳에서도 하였다. 그는 자기 자신에게 얼마든지 그의 공로를 돌릴 수 있었으나 그렇게 하지 않았다. 오히려 자기 자신의 능력을 부인하고 오직 하나님께 영광을 돌렸던 것이다. "나는 나 자신을 높이지 않겠노라"하는 정신으로 사도는 봉사하였다. 나는 내 속에 이러한 겸양지덕이 없음을 솔직하게 고백한다. 바울 사도와 같은 사람이 그리 흔하지는 않다고 나는 생각한다. 그러나 우리는 바울처럼 봉사해야 하지 않겠는가! 사도는 그토록 탁월하게 그의 임무를 성공적으로 수행했음에도, 아니 영적인 의무를 무엇이든지 다 이루어 드렸으면서도 그가 높아지는 것을 그는 원하지 않았다. 사도는 그의 의무를 감당하는 초기부터 생각하면서(thinking) 하였다고 말하고 있다. 행동이 나오기 전에 생각했다고 하는 것은 마땅한 논리이지만 이것 또한 쉬운 일이 아니라는 것이다. 우리도 먼저 마음에 품고 충분히 생각한 뒤에 우리의 의무를 온전히 감당해야 하겠다. "하나님의 충분한 도우심"이 있을 때 우리는 모든 의무를 잘 감당할 수 있다. 하나님의 은혜는 모든 일을 감당하는 데에 꼭 필요한 것이다. 사도는 하나님의 은혜를 어떻게 받을 수 있는지 다음과 같이 말하였다. "하나님이 능히 모든 은혜를 너희에게 넘치게 하시나니 이는 너희로 모든 일에 항상 모든 것이 넉넉하여 모든 착한 일을 넘치게 하게 하려 하심이라"(고후 9:8). 하나님은 우리들에게 모든 은혜를 넘치게 주신다. 그리하여 우리가 일을 쉽게 할 수 있도록 도와주신다. 그래서 우리는 여러 가지 선한 일과 거룩한 의무들을 잘 감당하게 되는 것이다. 이것은 성령으로 말미암아 우리에게 주어진 은혜의 효과이며 또한 결과이다. 성령님은 모든 신성한 일들을 직접 만드시는 분이시며, 모든 거룩한 일을 할 수 있도록 우리에게 능력을 주는 분이시다.

둘째, 모든 은혜스러운 행동과 선한 의무들은 하나님의 영의 직접적인 사역이시다. 성경에서는 이와같은 특별한 진리를 증거하고 있다. 우리는 이에 대해서 몇 가지로 간략하게 살펴볼 수 있다. 여기에서는 이것을 세 가지로 축소해서 증명하고자 한다.

[1] 성령께서 인도하시고 안내하시고 행동하게 하시는 성경 구절은 대단히 많다. 성령은 살아 계셔서 역사하시는 분이시다. 그래서 성령은 살게 하고, 행하게 하고, 일하게 하고 우리 안에 거하신다. 이것은 일반적인 표현들이다. 그러나 우리의 심령에 대한 성령의 활동은 성령의 역사에 순응하여 우리 심령도 같이 움직일 때 작용을 하신다. 우리의 순응이란 복음을 따라 하나님에게 순종하게 되는 것을 말한다. "성령을 좇아 행하라"(갈 5:16)―성령을 좇아 행하라는 말씀은 성령께서 우리들을 도우시는 은혜를 공급하시는 것을 따라 하나님에게 순종하라고 하는 것이다. 왜냐하면 그 다음에 "그리하면 육체의 욕심을 이루지 아니하리라"(갈 5:16)고 하였기 때문이다. 그리고 "성령의 인도하시는 바가 되면"(갈 5:18)이라는

말씀이 있다. 성령을 좇아 행하고 육체의 욕심을 따라 행하지 않는 사람은 성령의 인도하심을 받게 된다는 말이다. 그리하면 우리의 부패한 요소에 의해서 타락하지 않는다는 말씀이다. 그러므로 우리는 "육신을 좇지 않고 그 영을 좇아"(롬 8 : 4) 행해야 하겠다. 육신을 좇는다는 것은 죄의 요소 속에 들어가 사는 것이고 본죄를 행하는 것을 말한다. 그러므로 우리는 성령을 좇아 행하여야 한다. 그리하면 성령께서 우리 안(in)에 계셔서 역사하시고 우리는 은혜로 모든 은혜스러운 행동과 의무를 효과있게 잘 감당하게 된다. 그리고 우리는 게으르지 말아야 할 것을 명령받고 있다. 그리고 부지런하라는 명령도 겸하여 받고 있다. 따라서 우리는 우리의 의무를 감당하는 데 있어 부지런하게 임해야 할 것이다. "우리 안에 거하시는 성령으로 말미암아 네게 부탁한 아름다운 것을 지키라."(딤후 1 : 14)

2 성령님은 우리 안에 있는 모든 은혜스러운 행동들을 창조하시는 분이시다. "오직 성령의 열매는 사랑과 타락과 화평과 오래참음과 자비와 양선과 충성과 온유와 절제니 이같은 것을 금지할 법이 없느니라"(갈 5 : 22, 23). 이 모든 행동들(actings)은 성령께서 만드시는 것이다. 이것들은 성령의 열매들이다. 이것들은 습관으로 나타날 뿐만 아니라 훈련과 연습을 통히어도 나타난다. 다른 성경에서는 이러한 행동들을 보편적으로 설명하고 있다. 이것도 특별한 은혜로 되는 것이다. 그러나 경건의 연습으로도 이러한 결과를 얻을 수 있다. "빛의 열매는(the fruit of the spirit) 모든 착함과 의로움과 진실함에 있느니라"(엡 5 : 9). 여기에서는 세 가지로 설명하고 있다. 또 다른 곳에서는 은혜스러운 행동, 모든 의무의 순종 모든 부분에서 거룩하라고 명령하고 있다.(빌 1 : 19 ; 겔 36 : 27 ; 11 : 19, 20 ; 렘 32 : 39, 40)

③ 성령께서는 특별한 은혜로 우리를 훈련시키신다. "우리가 성령으로 믿음을 좇아 의의 소망을 기다리노니"(갈 5:5). 믿음을 좇아 의의 소망을 기다린다고 하는 것은 성령으로 소망을 가진다고 하는 말이다. 우리가 이 세상에서 믿음으로 말미암아 기다리고 또한 기대해야 할 것은 믿음으로 의롭게 되는 것이다. 이것은 우리들 스스로 되는 것이 아니고 성령으로 말미암아 되는 것이다. "우리는 하나님의 성령으로 봉사하며"(빌 3:3), "우리는 성령 안에서 형제를 사랑하였노라"(골 1:8)(개역 성경: "성령 안에서 너희 사랑을 우리에게 고한 자니라"), "너희가 진리를 순종함으로 너희 영혼을 깨끗하게 하여 거짓이 없이 형제를 사랑하기에 이르렀으니 마음으로 뜨겁게 피차 사랑하라.(벧전 1:22;엡 1:17;행 19:31;롬 5:5;8:15, 22, 26;살전 1:6;롬 14:17;15:13, 16)

세째, 여기에서는 앞에서도 언급했지만 성령의 역할에 대해서 직접 증거하려고 한다.

"너희 안에서 행하시는 이는 하나님이시니 자기의 기쁘신 뜻을 위하여 너희로 소원을 두고 행하게 하시나니"(빌 2:13). 여기에서 의미하는 뜻은 우리의 순종과 구원문제이다. 여기에 대해서는 12절에 더 잘 나타나 있다. "그러므로 나의 사랑하는 자들아 너희가 나 있을 때뿐 아니라 더욱 지금 나 없을 때에도 항상 복종하여 두렵고 떨림으로 너희 구원을 이루라." 두렵고 떨림은 구원받는 데 필요한 요소이다. 모든 은혜스러운 사역은 내적으로는 우리의 의지가 있어야 하겠고 외적으로는 적당히(proper) 의무를 이행하는 것이 있어야 한다. 즉 내적인 요소와 외적인 요소가 모든 은혜의 사역이라면, 내적으로는 의지(wills)가 있어야 하며, 외적으로는 의무(duties)를 실행하여야 한다는 것이다. 따라서 여기에서 우리에게 기대하는 바는 우리를 연단하고 훈련하여 은혜 위에 세워서 알맞는 사역을 감당하게 하는 데 있다. 그러나 우리의 의무를 감당함에 있어서 우리 스스로 우리의 의무를 감당할 수 있느냐 하면 전혀 없다는 것이다. 먼저 하나님께서 우리들에게 은혜를 주셔야 우리는 은혜스럽게 우리의 거룩한 의무를 감당할 수 있고 여기에 우리가 하고자 하는 결의적인 행동이 있어야 이 일을 온전히 이루는 것이다. 사도는 고백하기를 "그러나 나의 나 된 것은 하나님의 은혜로 된 것이니 내게 주신 그의 은혜가 헛되지 아니하여 내가 모든 사도보다 더 많이 수고하였으나 내가 아니요 오직 나와 함께 하신 하나님의 은혜로라"(고전 15 : 10)고 하였다. 사도는 복음을 위하여 고난받고 수고하고, 그리고 복음을 전파하게 된 것은 자기 자신의 힘으로 행한 것이 아니기 때문에 자랑할 것이 없고 하나님의 은혜—하나님이 주신 힘으로 감당하였다고 하면서 하나님에게 그 은혜를 감사로 돌리는 것이다. "내가 아니요"(yet., not I)—내가 하였다고 하면 잘못이지만 내가 아니라는 것이다. 이것은 그가 잘못하고 실수하였기 때문에 그것을 하나님에게 돌리려는 것이 아니다. 그가 그렇게 많은 일, 큰 일을 하게 된 것은 자기 속에 있는 하나님의 영의 자유로운 은혜에 있었다는 것이다. "내가 아니요, 오직 은혜라"(Not I, but grace)고 사도는 단언하고 있는 것이나.

제 8 장

죄의 본성, 죄의 원인, 죄를 죽이는 것

성화의 두번째 부분인 죄를 죽이는 것 / 이 명칭의 의미 / 죄의 본성에 대한 설명 / 우리 속에 있는 죄를 죽이는 목적 / 죄와 은혜의 모순성 / 성령은 우리 안에 있는 죄를 죽이시는 분이시며 죄를 죽이는 원인이시다 / 성령께서 효과를 거두시는 방법 / 그 의미와 의무의 필요성―성령의 인도와 그 관리법 / 그리스도의 죽음으로 인한 중대한 영향 이에 대한 성령의 적용, 죄를 죽이는 것과 이에 대한 성령의 적용.

성화의 의무는 두 가지로 정리할 수 있다.

1. 성화의 의무는 하나님의 뜻이고 적극적으로는 성화의 의무를 이루기 위한 하나님의 명령이다.

2. 성화의 의무는 하나님께서 금지하신 것을 이루어드리기 위한 것이다.

첫째, 우리는 모든 그리스도인들에게 주신 은혜의 요소가 증가되고 훈련되는 것이라고 주장한다.

둘째, 우리는 여기에서 죄의 뿌리와 열매를 약화시키고 시들게 하고 없애버리는 데에 대한 제안을 하고자 한다. 우리는 어디에서든지 우리에게 성화되어야 한다고 말씀하시는 성령의 말씀을 들었다. 우리는 죄악을 극복해야 한다는 명령도 들었다. 일반적으로 성화는 은혜를 주고 받는 데서 이루어진다. 고난과 은혜는 어떤 목적을 향상시키거나 개량시켜서 그것을 이루게 한다. 여기에는 두 가지 일들이 포함되어 있다.

1) 의무의 본질.

2) 성령에 의해서 우리 안에 이루어지는 의무의 양식(manner). 내가 주로 관심을 가지고 있는 것은 마지막 문제이다.

의무에 대해서 우리에게 명령한 말씀이 많이 있다는 것은 잘 알려진 일이다. "그러므로 땅에 있는 지체를 죽이라. 곧 음란과 부정과 사욕과 악한 정욕과 탐심이니 탐심은 우상숭배니라"(골 3:5). 우리는 우리의 지체에 대해서 이해해야 한다. 지체를 우리의 몸의 일부분으로 이해해서는 안된다. 지체들은 때로 음란과 같은 악한 육체의 열매들을 맺으려고 하는데 이것들을 죽여야 한다는 것이다. '땅에 있는'것이란 세상적이고, 정욕적인 것, 음란한 것을 말하는 것이다. 이러한 것들을 땅에 있는 우리의 지체들(members)이라고 부르는 것이다. 왜냐하면 이것들은 모두 죄의 요소들이고, 죄가 들어오는 경로이고, 죄를 만들어내는 것들이기 때문이다. 이것을 다른 말로는 '죄의 몸'(the body of Sin) 이라고도 부른다. 특별히 '지체' (members)라고 부를 때에는 정욕적이고 음란한 행위를 행할 때이다. 이러한 사욕(邪慾)과 정욕(情慾)은 옛 사람의 죄악이며 타락한 성품의 사람들이 자행하는 육체적인 죄악이다. 지체들이라고 암시적으로 표현한 것은 온 몸의 지체들이 한 마음 한 뜻대로 잘 움직이고 돕는 것을 비유한 것으로 육체적인 죄악을 행하는 데 있어서 서로 잘 순응하고 협조하여 죄악을 도모하기 때문이다. 우리는 이러한 죄악을 경계하고 조심하여야 한다. 그래서 사도는 다음과 같이 우리에게 교훈하고 있다. "그러므로 너희는 죄로 너희 죽을 몸에 왕노릇하지 못하게 하여 몸의 사욕을 순종치 말고 또한 너희 지체를 불의의 병기로 죄에서 드리지 말고 오직 너희 자신을 죽은 자 가운데서 다시 산 자같이 하나님께 드리며 너희 지체를 의의 병기로 하나님께 드리라"(롬 6 : 12, 13). 그리고 계속해서 다음과 같이 교훈하고 있다. "너희 육신이 연약하므로 내가 사람의 예대로 말하노니 전에 너희가 너희 지체를 부정과 불법에 드려 불법에 이른 것같이 이제는 너희 지체를 의에게 종으로 드려 거룩함에 이르라."(롬 6 : 19)

이와같은 커다란 의무를 감당하려면 여기에 대해서 우리는 세분해서 생각해야 하겠다. 나는 세 가지로 살펴보고자 한다. ①의무의 명칭 ②의무의 본질 ③의무를 효과적으로 성취할 수 있는 방법.

1. 의무의 명칭

의무의 명칭을 살펴보기 위해서는 '죽이라'(땅에 있는 지체를 죽이라, 골 3 : 5)는 말의 의미를 살펴보아야 하겠다. 이러한 목적을 위해서 사용되는 단어가 두 개 있는데, 첫 번째 단어는 네그로사테($\nu\epsilon\kappa\rho\omega\sigma\alpha\tau\epsilon$, nekrosate, 골 3 : 5)로서 이 말의 뜻은 '누르다, 억제하다, 파괴하다, 또는 부패한 본성의 모든 힘과 정력을 끊다, 세상적이고 육체적인 것[64]으로 기울어지는 성향을 근절시키다'이다. 이 단어

---

64) $N\epsilon\kappa\rho o\omega$은 eneco, morte, macto이다. 이는 죽음이다. 또는 죽음으로 파괴시키다 라는 뜻이다. 이 말은 사도 바울에 의해서 사용이 되었다. 이 말은 로마서 4 : 19 ; 히브리서 11 : 12에 잘 나타나 있다.

는 계속되는 어떤 행동이 있을 때 그 행동을 유발시키는 세력(po·
wer)을 죽이고, 행동을 못하게 하여 그 목적이 달성될 때까지 그것
을 없애버리는 것(taking away)에 사용된다.

또 다른 단어는 같은 목적에 사용되는 말인데 다나투테($\theta\alpha\nu\alpha\tau o\cdot$
$\upsilon\tau\varepsilon$, thanatoute, "영으로써 몸의 행실을 죽이면 살리라" 롬 8 : 13)
이다. 이 단어의 뜻은 '죽이다'이다. 그러나 이 단어의 시상은 현
재이다. 그러므로 계속해서 그리고 항상 행하여야만 한다는 뜻이다
(to denote that it is a work which must be always doing). "너희가
육신대로 살면 반드시 죽을 것이로되 영으로써 몸의 행실을 죽이면
살리니."(롬 8 : 13)

이와같은 의무는 그리스도의 죽음과 관계가 있다. 그리스도께
서 십자가에 죽으심으로 말미암아 그리스도의 의무는 가치있고, 효
과있고, 모범적인 원인이 되셨다.

"우리 옛 사람이 예수와 함께 십자가에 못 박힌 것은 죄의 몸이
멸하여 다시는 우리가 죄에게 종노릇하지 아니하려 함이라."(롬 6 :
6)

"내가 그리스도와 함께 십자가에 못 박혔나니 그런즉 이제는 내
가 산 것이 아니요 오직 내 안에 그리스도께서 사신 것이라. 이제
내가 육체 가운데 사는 것은 나를 사랑하사 나를 위하여 자기 몸을
버리신 하나님의 아들을 믿는 믿음 안에서 사는 것이라."(갈 2 : 20)

"그리스도 예수의 사람들은 육체와 함께 그 정과 욕심을 십자가
에 못 박았느니라."(갈 5 : 24)

"그러나 내게는 우리 주 예수 그리스도의 십자가 외에 결코 자랑
할 것이 없나니 그리스도로 말미암아 세상이 나를 대하여 십자가에
못 박히고 내가 또한 세상을 대하여 그러하니라."(갈 6 : 14)

이상의 성경 말씀에서 우리는 깊은 교훈을 받는다. 우리는 사람

이 십자가 위에서 죽는 것같이 죄가 죽는다는 사실을 배웠다. 이상의 성경 구절이 의도하는 것은 우리의 의무(duty)와 그리스도의 죽음(death)이 관계가 있다는 것이다. 우리와 우리들의 죄는 그리스도와 함께 십자가에 못 박혔다고 성경은 말하고 있다. 그래서 우리의 죄악이 죽었다는 것이다. 그러면 우리는 왜 그리스도의 죽음을 자랑하는가? 그것은 그리스도의 죽으심이 우리의 죄에 효과를 주었고, 우리의 의무를 감당할 수 있게 하였기 때문이다. "우리가 항상 예수 죽인 것을 몸에 짊어짐은 예수의 생명도 우리 몸에 나타나게 하려 함이라."(고후 4:10)

2. 의무의 본질

우리는 여기에서 의무의 본질이 무엇인지 생각해 보아야 하겠다.

① 죄에 대한 고난은 우리들에게 지워진 책임이다. 여기에서 전적인 순종이 시작되는 것이다. 어떤 사람이라도 하늘 아래에서는 자력으로 언제 어디서나 자기의 죄를 해결할 수 있는 사람은 없다. 죄에 대한 책임 문제를 해결한 사람은 성화를 위해서 진력할 수 있게 된다. 죄 용서를 받지 않고 절대적으로 온전한 사람처럼 행동하는 사람은 뻔뻔스러운 사람이고 끊임없이 입을 벌려 거짓말을 하는 사람이다.

② 죄에 대한 책임은 항상 우리들에게 지워져 있다. 죽여야 할 죄의 요소를 계속해서 우리가 가지고 있기 때문이다. 성경은 말하기를 "우리 안에 죄가 거한다"고 했고, "우리와 함께 있는 것은 죄악이라"고 하였다. 그리고 우리는 "지체의 법"을 가지고 다닌다고 하였다. 이러한 것은 미련스러운 행동, 속임수, 위장, 유혹, 배반, 적대감정, 현혹시키는 것 등으로 나타난다.

③ 우리 속에 있는 죄는 고난으로 나타나는데 이것은 우리의 책임이라.

  (1) 죄의 뿌리와 죄의 요소는 본질적으로 모든 사람들이 가지고 있는 것이다. 이 죄가 우리를 악한 곳으로 넘어지게 한다. 이 사람을 옛 사람(old man)이라고 부른다. 옛 사람은 새 사람(new man)을 대항한다. 새 사람은 하나님으로부터 의롭고 거룩하게 지으심을 받은 사람이다. 새 사람은 죄를 죽인 사람이다. 이것이 새 사람의 의무이다.

  (2) '죄의 몸'은 죄로 기우는 성향이 있고, 죄 짓는 행동을 하는 기질이 있고 죄 짓는 요소가 있다. '죄의 몸'은 "육체의 부정과 정욕을 행하고" "불법의 음행" 등을 자행한다.

  (3) 이러한 것들의 결과와 열매는 죄를 실제적으로 짓는 것이다. 이것을 본죄(actual sin)라고 한다. 그리고 "죄를 도모하고" 마음 속—내적—으로 끊임없이 죄 짓고, 외적—행동—으로는 실제적으로 죄를 짓는다. 이것이 자범죄(본죄)이다. 여기에 대해 사도는 자세히 언급하고 있다(갈 5:19이하;골 3:5). 이러한 모든 것들은 반드시 우리들이 죽여야 할 책임이 있다.

④ 죄의 요소, 죄 짓는 것, 죄의 결과는 하나님의 영에 의하여 우리 속에 이루어진 거룩한 요소, 거룩한 사역, 거룩한 열매 등을 정면으로 대항한다.

  (1) 본질상 성령의 요소와 죄의 요소는 정면으로 대립하게 되어 있다. "육체의 소욕은 성령을 거스리고 성령의 소욕은 육체를 거스리나니 이 둘이 서로 대적함으로 너희의 원하는 것을 하지 못하게 하려 함이니라."(갈 5:17)

    믿는 사람 속에도 이와 같은 반대의 요소가 있어 갈등을 일으킨다고 로마서 7장에 언급하고 있다.

(2) 죄의 요소와 성령의 요소는 그들의 행동에서 정면으로 충돌
한다. 육체의 욕심(정욕)과 성령의 욕심(desires), 육체를 따
라가는 것과 성령을 따라가는 것, 육체를 따라 사는 것과 성
령을 따라 사는 것 등 모든 행동에서 성령과 죄는 정면으로
충돌을 한다. 이것은 죄의 몸과 은혜의 생명이 서로 방향이
다르기 때문이다. "육신을 좇지 않고 그 영을 좇아 행하는
우리에게 율법의 요구를 이루어지게 하려 하심이니라 육신을
좇는 자는 육신의 일을 영을 좇는 자는 영의 일을 생각하나
니 육신의 생각은 사망이요 영의 생각은 생명과 평안이니라."
(롬 8 : 4— 6)

"그러므로 형제들아 우리가 빚진 자로되 육신에게 져서 육
신대로 살 것이 아니니라 너희가 육신대로 살면 반드시 죽을
것이로되 영으로써 몸의 행실을 죽이면 살리니 무릇 하나님
의 영으로 인도함을 받는 그들은 곧 하나님의 아들이라."(롬
8 : 12— 14)

(3) 죄의 열매와 성령의 열매는 외적으로 분명히 다르다. 죄의
열매는 본죄를 행하고, 음행과 간음 등과 같은 것을 맺지만
(사도는 여기에 대하여 자세히 언급하고 있다. 갈 5 : 19—
24), 성령의 열매는 사랑과 기쁨과 평안과 같은 은혜스러운
열매를 맺는다.

⑤ 은혜와 죄 사이에는 항상 싸움이 있다. 죄는 은혜를 계속해서
파괴해 버리려고 한다. 여기에서 아픔이 발생한다. 은혜와 죄의 요
소는 그 바탕이 정반대의 것이기 때문에 항상 서로 작용에 따른
반작용을 한다. 은혜는 우리 영혼을 살찌게 하고 건강하고 증진시
키고 필요한 것이지만 죄는 우리 영혼을 약화시키고 부패케 한다.

죽여야 할 죄 속에는 세 가지 요소가 들어 있다.

(1) 하나님이 택하여 세운 사람들에게 베푸시는 하나님의 은혜는 매우 소중한 것이다. 그러나 죄는 하나님의 은혜를 차단시키고 정복하고 허사가(vain) 되게 하려고 갖은 노력을 다한다.

(2) 은혜의 요소는 거룩한 의무에 순종하려고 한다. 그리고 영혼으로 하여금 계속해서 훈련을 하게 하여 활기있게 하고 움직이게 한다. 그리고 죄에게 패하기 잘 하는 육체를 제어해 준다. 죄는 이러한 은혜를 잃어버리게 하고 쓸모없게 만들어 버리려고 한다.

(3) 은혜의 요소와 은혜의 행동들은 계속해서 적용을 하며 은혜를 유지하는데, 죄의 요소와 행동들은 반대로만 일관하는 성질이 있다. 모든 은혜는 모든 죄를 대항한다. 은혜는 정욕을 없애버리고 특별히 은혜만 있게 하려고 한다. 은혜는 언제나 죄를 효과적으로 물리치려는 준비를 하고 있다. 이것이 은혜 받은 자들의 신비한 고통이다. 어떤 사람들은 은혜를 사람이 창조해 내는 것으로 알고 있는데 이것은 무식하고 무지한 소치이다. 은혜는 외적으로 죄가 들어올 때 막아주며, 육체적으로 죄 짓지 못하게 보호해 주며, 도덕적으로 들어오는 타락한 요소들을 물리쳐 준다.

6 죄에 대한 우리의 가장 큰 의무는 죄를 억제하고 죽이고 처형시키는 것이다.

(1) 죄는 모든 악한 방향으로 세력을 확장하고 실제적으로 범행을 하기 때문에 우리는 죄를 처단해야 한다. 그렇지 않으면 죄가 우리 속으로 침입한다. 죄는 모든 것을 무조건 반대한다. 그리하여 병들게 하고, 파괴하고, 죽이고 멸망시킨다.

(2) 죄를 처단해야 할 이유는 그것이 격렬하기 때문이다. 부름받

은 우리 성도들은 까다롭지 않고 신사적인 성품을 가지고 있
다. 그래서 죄가 들어오면 그것과 씨름을 하여 물리치지 못
하고 무관심하게 지날 때가 있다. 그러나 우리는 유혹과 죄
와 싸워야만 한다. 그렇지 않으면 죄가 먼저 싸움을 걸어와
서 우리를 쓰러뜨리고, 상처를 입히고, 현혹시켜 버리고 만다.
이렇게 되어서야 도와달라고 울부짖을 것이 아니라 죄는 멸
망받을 적이라고 생각하고 격렬하게 죄와 더불어 싸워서 물
리치고 죽여야 한다.

(3) 죄의 최후 목적은 우리를 파괴시키는 것이기 때문에 우리는
먼저 죄를 파괴시켜야 한다. 죄는 모든 것을 죽인다. 죄도 생
명이 있다. 죄의 생명은 모든 자연인(natural men)속에 들어
가 그들을 지배하고 통치하고 있다. 은혜가 그 영혼 속에 들
어가면 죄가 더 높아지려고 한다. 그러나 하나님의 은혜가
더욱 크게 임하면 죄는 설 자리를 잃어버린다. 그러나 죄가
죽은 것이 아니다. 죄는 계속 그 사람을 지배하려고 한다.
죄가 죽지 않았기 때문이다. 우리의 최종적인 의무는 모든
사람을 저주스러운 생활을 하게 하는 죄를 부수고 파괴해서
전멸시키는 것이다. 죄를 남겨두면 내가 죽는 것이고 죄를
죽이면 내가 사는 것이다.

이상의 증명에서 알 수 있는 것은 죄를 죽이는 일이 점차적으로
진행된다는 것이다. 우리는 죄를 죽이는 일을 매일같이 우리의 의
무로 알고 실천해야 한다. 죄가 계속해서 약화되지 않고서는 죄는
죽지 않는다. 우리는 죄의 힘을 파악할 줄 알아야 한다. 우리는 계
속적으로 죄의 요소와 죄의 활동을 주시하여야 한다. 이것이 우리
의 의무이고, 이것이 우리의 소명이다. 우리의 대화 속에, 우리의

외지고 가난함 속에, 우리의 기쁨 속에, 우리가 하는 모든 일 속에서 죄의 활동을 주목하고 경계해야 한다. 만일 우리가 게으르다면 우리는 도리어 죄로 말미암아 고난을 당하게 된다. 모든 실수나 게으름은 모험이다.

우리가 우리의 의무를 수행하는 데 있어 실수가 많았음을 크게 두려워해야 한다. 어떤 사람들은 죄를 쉬운 일로 보아 넘긴다. 그러나 성령께서는 죄를 파괴하고 죽이라고 명령하고 계시지 않는가? 이것은 쉬운 일이 아니다. 모든 생명체는 자기의 생명을 보존하려고 한다. 죄도 자기의 생명을 보존하려고 한다. 그런데 아무도 죄를 죽이려고 하지 않는다. 죄를 향해 일격을 가하려고 하지 않고 죄를 죽이지 않으면 죄는 살아남게 되어 있다. 그리고는 사람이 죽게 될 것이다. 다시 말하지만 우리 속에 있는 죄의 요소는 우리 자신들이다. 아픔없이는 죄를 죽이지 못한다. 오른손을 자르고 오른눈을 뽑는 아픔이 있어야 한다. 정욕이 우리의 육체에 기쁨을 주는 것 같지만 이것을 죽여야 한다. 감정적 격렬함이 없이는 이것을 죽이지 못한다. 음난의 죄는 치명적인 죄이다. 많은 사람들은 특별한 죄에 일반적으로 관심이 많은 것 같다. 그래서 소소한 죄에 대해서는 무감각하고 큰 죄는 신경을 곤두세운다. 소소한 죄도 죄이다. 우리는 죄의 요소는 대소를 막론하고 근절시켜야 한다. 죄의 몸은 거룩한 몸을 죽이려고 한다. 그리고 뿌리와 모든 가지까지 죽이려고 한다. 첫 번째 우리는 죄에 대하여 실패하였다. 그러나 나중에는 성공하도록 하자.

3. 의무를 효과적으로 성취할 수 있는 방법

우리는 여기서 영향력 있는 죄를 죽이는 방법과 양식(manner)을 생각해야 하겠다. 성령께서는 우리 안에 있는 죄를 죽이는 사역을 하시는 분이시다. 성령께서는 죄를 죽이시는 분이시다. 이것은 또한 우리들의 의무이다. 우리는 성령의 은혜로 죄를 죽이는 일을 실천해야 한다.

"너희가 영으로써 몸의 행실을 죽이면(mortify) 살리라."(롬 8 : 13)

우리는 몸의 행실을 죽여야 한다. 우리는 육체를 죽여야 한다. 그러나 우리 스스로의 힘으로는 이것을 할 수 없다. 이것은 성령 안(in)에서 또는 성령에 의해서(by) 될 수 있는 일이다.[65] 여기에 대해서 사도는 로마서 8 : 2에서부터 13장까지에서 증거하고 있다. 그리스도인들의 마음 속에 있는 죄의 세력과 죄의 치세는 성령에 의해서 약화되고 손상을 받아 마침내는 멸망받고 만다는 것이다. 이러한 일은 확고하게 증거되었고 널리, 그리고 충분하게 증명되었다. 우리는 여기에서 성령께서 효과적으로 역사하시는 양식(manner)에 대하여 살펴보고자 한다.

① 모든 죄를 죽이는 근거는 우리 안에 계시는 성령이시다. 성령께서는 당신의 전(temple)이 되는 그리스도인들의 인격 속에 거하신다. 그러나 죄로 오염되고 타락한 사람의 심령 속에 성령께서 계신다는 것은 적당하지 않다. 성령께서는 죄와 죄의 영향력이 미치는 곳에 계시는 것을 기뻐하시지 않으신다. 그래서 성령께서는 죄를 옮겨 놓으시고 그 대신 성도를 소유하신다. 성령께서는 그 사람 안에 계시면서 그의 거룩하심으로 그 사람을 거룩하게 만드신다. 이것이

---

65) 우리가 성령을 받으면 영적인 삶을 살게 된다. 이것은 은혜로운 삶이다. 그리스도인이란 성령 안에서 태어난 사람이다. 그리스도인은 자연적인 능력 위에 성령의 은혜를 받은 사람이다.

우리 안에 있는 죄를 척결하는 첫 번째 근거가 되는 것이다. 이것은 은혜스러운 일이다. 그 다음에는 우리가 해야 할 의무가 남아 있다. "너희 몸은 너희가 하나님께로부터 받은 바 너희 가운데 계신 성령의 전인 줄을 알지 못하느냐 너희는 너희의 것이 아니라"(고전 6 : 19). 다시 말해서 너희는 너희 몸이 하나님이 계시고자 하는 전(temple)인 줄 알아야 하며, 하나님의 영이 계시도록 해야 된다는 것이다. "너희가 하나님의 성전인 것과 하나님의 성령이 너희 안에 거하시는 것을 알지 못하느뇨 누구든지 하나님의 성전을 더럽히면 하나님이 그 사람을 멸하시리라 하나님의 성전은 거룩하니 너희도 그러하니라."(고전 3 : 16, 17)

[2] 우리는 여기에서 죄를 척결하시는 성령의 실제적 사역과 방식, 성령께서 죄를 죽이시는 방법, 그리고 우리로 하여금 죄를 죽이도록 하시는 성령의 사역에 대해서 살펴보려고 한다. 우리는 사악하고 부패한 죄를 습관적으로 짓던 죄인들이었다. 이 죄를 죽이시는 분은 성령님이시다.

(1) 성령께서는 우리들의 마음 속에 있는 좋지 않은 습관관 요소, 성질, 행동 등을 뽑아 버리시고, 정반대의 마음을 주시고 좋은 습관, 요소, 성격, 행동 등을 심어 주신다. 죄는 죽시 않는다. 죄는 죽임 받아야 죽는다. 죄는 스스로 죽는 일이 없다는 말이다. 죄는 전쟁과 갈등을 일으킨다. 죄는 항상 정반대로 행한다. 죄는 무자비하게 행동하고 파괴하고 황폐케 하는 주모자다. 죄는 만성적이고 고질의 좋지 않은 성질을 가지고 있다. 그래서 끊임없이 질병과 전쟁을 일으킨다. 결국 죄는 모든 것을 붕괴시키고 만다. 이것이 문제이다. 육과 영은 서로 화합하지 못한다. 육은 정욕과 죄악을 행하려고 획책한다. 그래서 사도는 말하기를 "내가 이르노니 너희는 성령을 좇

아 행하라 그리하면 육체의 욕심을 이루지 아니하리라"(갈 5 : 16)
고 하였다. 육체의 욕심을 갖지 않는 것이 죄를 죽이는 일이다. 그
리고 성령을 따라 행하는 것이 죄를 죽이는 일이다. 그러나 "육체
의 소욕은 성령을 거스리고 성령의 소욕은 육체를 거스리나니 이
둘이 서로 대적함으로 너희의 원하는 것을 하지 못하게 하려 함이
니라"(갈 5 : 17). 하나님의 영이 우리 속에 거하여 역사하면 육체
의 정욕이 대항을 하지만 우리가 성령을 좇아 행하면 육체의 욕심
은 사라져서 성령의 뜻을 행하게 되는 것이다. 성령으로 말미암아
새롭게 된 사람은 성령의 유효한 도우심으로 육체의 정욕을 행하지
않는 것이다. "그리스도 예수의 사람들은 육체와 함께 그 정과 욕
심을 십자가에 못 박았느니라"(갈 5 : 24). 그리스도인들은 정과 욕
심을 십자가에 못 박았기 때문에 정과 욕심이 죽었다는 말이다. 그
래서 정과 욕심으로 인한 죄를 짓지 않게 되는 것이다. 성령을 좇
아 산다고 하는 것은 성령을 따라 행하는 것을 말한다. "만일 우리
가 성령 안에 산다면 우리는 성령 안에서 살아야 한다"고 사도는
선언하고 있다. 다시 말하면 만일 우리들 속에 영적인 생명의 요소
를 가지고 있다면 우리는 죄를 파괴시키고 황폐케 하고 죽이기 위
해서 행해야 한다는 것이다. 은혜 안에서 성장하고 거룩함 속에서
강하게 된 그리스도인은 죄악을 크게 멸절시키게 된다. 그러므로
우리는 계속해서 생명력있고 활력있게 됨과 동시에 거룩함이 증대
되어야 한다. 이렇게 되면 죄는 점점 약해지고 미약해지게 된다. 우
리가 은혜를 더 많이 받고, 은혜 가운데에서 더 많이 행하면 죄는
반대로 더욱 연약해지고 기력이 없게 된다. 우리에게 성령의 열매
가 많으면 많을수록 육체의 일은 더욱 적어지게 된다. 이것이 죄를
파멸시키는 좋은 방법이다. 죄를 향해서 율법을 가져다 보여주고,
죄를 깨끗이하는 교훈을 선포하고, 명령의 권위를 제시하고, 죄에 대

해서 엄격하고 단호하게 꾸짖는다고 죄를 이기는 것이 아니다. 죄의 위협과 악의 현실을 생각해 보라. 그리하면 더욱 절실하게 죄를 척결해야 된다고 결심하게 될 것이다. 우리가 우리의 의무를 감당하게 될 때 결국에 가서 죄는 죽게 될 것이고 우리의 영혼은 살게 될 것이 아니겠는가! 사도는 우리들에게 이와 정반대의 영적 형편을 로마서 7:7—9에서 말하고 있다. 죄가 우리 속에 있을 때 율법으로 말미암아 우리의 마음은 초조하게 되고 성나게 되고 결국에는 죄책이 증가하게 된다. 그러므로 우리들 속에 계시는 성령께서 이 죄를 죽여야만 된다. 이것이 결국 우리의 심령이 거룩하게 되는 길이다.

(2) 성령께서는 죄를 죽이는 사역을 그의 은혜를 통하여 실제적으로 공급하고 지원한다. 왜냐하면 죄를 척결하는 데에는 성도들이 성화되어 적극적으로 그들의 의무를 실행하는 것도 필요하지만 신적인 도움이 필요하기 때문이다. 그래서 사도는 죄와 은혜의 상호 갈등에 대해서 깊게 생각하다가 다음과 같은 결론에 도달하였다. "우리 주 예수 그리스도로 말미암아 하나님께 감사하리로다"(롬 7:25). 왜냐하면 죄의 세력을 대항할 수 있는 은혜스러운 지원이 예수 그리스도로 말미암아 자기에게 공급되었기 때문이다. 우리가 받는 유혹은 죄로 말미암아 오는 것인데 우리가 유혹에 걸려들면 죄가 승리를 한 것이다. 이것은 특별한 유혹에서도 마찬가지이다. 그러나 예수께서는 사도에게 다음과 같이 대답해 주셨다. "내 은혜가 네게 족하도다"(고후 12:9). 이 말씀은 그리스도의 영(the Spirit of Christ)이 우리들이 유혹을 당할 때에 능히 유혹을 이기고 부패한 세력을 정복할 수 있는 충분한 은혜를 주신다는 말씀이다. 이 말씀은 본문에 "에피코레기아스 투 푸뉴마토스($\epsilon\pi\iota\chi o\rho\eta\gamma\iota\alpha\varsigma\ \tau o\upsilon\ \pi\nu\epsilon\upsilon$

ματος, epixoregias tou pneumatos)로 나타나 있다. 이 뜻은 '더욱 증가된 도움'(additional supply)인데 이것은 우리가 요구한 도움보다도 더 많은 도움을 줄 때에 사용되며, 매일 매일의 규정된 양식보다 더 많은 양식(beyond)을 줄 때에 사용되는 말이다("예수 그리스도의 성령의 도우심으로 내 구원에 이르게 할 줄 아는고로…"빌 1 : 19). 또한 히브리서 4 : 16에는 "카리스 에이스 유카이론 보에데이안" (χαρις εις ευχαιρον βοηθειαν, xaris eis euxairon boetheian)이란 말이 사용되고 있다.("때를 따라 돕는 은혜를 얻기 위하여 은혜의 보좌 앞에 담대히 나아갈 것이니라", 히 4 : 16). 신앙 생활을 하는 데에는 이러한 돕는 은혜를 기다리기도 하고 얻기도 하는 것이다. 그렇기 때문에 믿음은 매우 중요한 것이고, 믿음은 우리의 의무를 감당하는 데에 필수적인 부분이다. 이것은 공허한 이론이나 공상이 아니다. 만일 그리스도께서 우리의 머리로서 영향력을 행사하시지 않으시고, 만일 그리스도께서 우리의 생애 가운데 계시지 않으시고, 만일 우리의 삶이 그리스도 안에 있지 않는다면, 우리는 그리스도로부터 아무것도 받지 못하고, 그리스도로부터 영적인 힘을 기대하거나 공급받지 못할 것이다. 이러한 그리스도의 돕는 힘으로 우리는 실천적으로 죄를 죽일 수 있는 것이다. 우리는 이러한 도움을 얻기 위해서 그리스도의 은혜를 부지런히 찾고 기다려야 한다. 왜냐하면 예수 그리스도께서는 우리들에게 도와주시는 은혜를 자유스럽고 풍부하게 주신다 하더라도 우리들에게 있어야 할 의무는 부지런히 주님의 은혜를 갈망해야 하는 것이다. 그럴 때에 예수 그리스도께서는 우리들에게 우리들이 갈망한 것들을 주시는 것이다. 만일 우리가 기도하는 데에 게으르고, 묵상하는 데에 게으르고, 성경책 읽는 일에 게으르고, 말씀 듣는 일에 게으르고, 하나님께 예배드리는 데에 게으르다면 우리는 그 어떠한 것도 기대할 수가 없는 것

이고 어떠한 도움이나 공급도 받을 수 없는 것이다. 그러므로 우리는 은혜를 받기 위하여 우리의 부패한 모습들을 내어버리고, 은혜를 받는 실제적인 훈련(exercise)가운데 깊이 들어가야만 한다. 왜냐하면 죄와 은혜는 거의 비슷한 힘으로 상호 반작용을 하기 때문이다. 그러므로 만일 우리가 분노와 사욕과 세상을 사랑하는 것과 하나님을 의심하는 것과 같은 일을 한다면 부패한 세력의 노예가 될 수밖에 없는 것이다. 그리고 은혜받는 일과 정반대되는 일만 골라서 계속적으로 나아간다면 우리는 죄의 세력하에 있으면서 계속해서 고난을 받게 될 것이다.

(3) 우리를 지도하시고 도와주시는 성령께서는 우리들에게 죄를 박멸하는 방법을 가르쳐 주셨고 죄를 죽이는 사명을 또한 주셨다.

　① 우리는 죄를 죽이는 본질과 방법과 목적을 잘 알아야 한다. 그리고 이러한 것에 대해서 알려고 해야 한다. 왜냐하면 일부 어리석은 사람들이 이 일에 대해서 어리석은 생각을 하고 있기 때문이다. 저들은 죄의 본성과 그것의 파급되는 영향에 대해서도 미련하게 생각하고 있는 것이다 그러므로 우리는 성령으로부터 복음의 은혜와 복음의 의무에 대해서 배워야 한다.

　미련스럽게 생각하는 사람들의 일반적인 의견은 대부분 무질서한 열정과 사악한 생활을 일삼는 사람들의 관찰을 따른다는 것이다. 그리고 저 사람들은 자연의 빛과 옛날의 철학자들에 의해서 다양하게 주장되어 온 것들을 모순 없는 사실로 받아들인 사람들이다. 여기에서 말하고자 하는 것은 저들이 많은 교육을 받았지만 그것은 사람들의 마음에서 나온 무질서한 욕망과 열정을 정복하고자 하는 근거에서 만들어진 것들을 실제적인 무질서보다 더 높지 않은 죄에 정복되어 있다는 사실이다. 저들은 자기 자신의 마음이 부패한 것을 모르고 있다. 그리고 자기 자신이 발견한 것이라면 무엇이든지 반대하지 않고 받아들인다. 도덕을 생각하고는 있지만 마땅히 죽을 죄에 해당하는 종류의 것인데도 헛된 영광과 갈채를 받는 일이라고 하면 아무리 악한 영향이 일반에 널리 퍼져나간다고 하더라도 저들은 이것을 반대하거나 물리쳐 버리지 못한다.

만일 우리가 이러한 일들을 교황주의자들에게서 보게 된다면 우리는 모두 실망할 것이다. 무지의 진상이 저들에게 있다. 저들은 스스로 헤아릴 수 없는 잘못을 발명해냈다. 그래서 저들은 엄격하게 훈련하며 금식하며, 고행과 같은 생활을 한다. 그러나 이와같은 여러 가지 일을 완수하였을 때 저들은 만족지 않다는 것을 알게 된다. 죄를 물리치지 못했고, 양심도 평안하지 못한 것을 발견하게 된다. 이렇게 하여 그들 자신이 연옥으로 가야 한다고 생각하여 연옥을 만들었다. 저들은 여기에서 모든 것이 바르게 될 것이라고 희망을 한다. 저들은 세상을 떠나 연옥에 가서는 낙심하고 불평하는 일이 없다고 한다. 연옥에서는 외적으로 엄격한 일이 없다고 한다. 그래서 금식, 철야, 금욕 등이 거기에는 없다고 한다. 우리의 본성이 들어가는 마지막 장소라고 한다. 그래서 우리는 교황주의자들의 공허한 일을 보는 것이다. 저들은 외적으로 나타나는 죄를 처단하지 못한다. 우리는 육체적인 본성은 필요없는 것으로 생각한다. 그리고 영적인 목적을 경시하지 않는다. 나는 외적인 죄를 죽이는 것도 중요하지만 내적인 죄를 죽이는 것이 더 중요하다고 생각한다(저들은 위선적으로 하려고 하지만). 이것은 진실이다. 내적인로 인간은 항상 육체가 하고 싶은 것을 생각하고, 성욕에 빠져 성욕을 채우는 일을 생각하고, 세상과 짝하여 살려고 하고, 나태하게 살려고 계획하고, 쾌락을 즐기며 살려고 획책한다. 그렇다, 교수들이 생활을 절약하는 데 함께 동의하였다. 그래서 그들은 다이어트를 많이 하고, 옷을 간소하게 입고, 공허한 대화로 시간을 낭비하지 않고, 음담패설도 하지 않기로 하였다. 이것은 매우 고상한 생활방식이다. 그러나 이러한 외형적인 절약이 삶의 목적을 달성해 주는 것은 결코 아니다. 많은 사람들이 많은 것을 발명해냈다. 그리고 많은 것을 고안해냈다. 그러나 이러한 것들이 우리의 목표를 위한 약속들과 하나님의 축복이 될 수 있는가! 그럴 수 없다! 인간들에게서 나오는 것은 덕성이나 어떤 효과도 없다. 저들은 영적인 의무들을 경시하고 존중하지 않는다. 그래서 제롬(Jerome)은 자신에게 있었던 사실 한 가지를 진실하게 우리들에게 들려주고 있다. 그가 유다(Judea)의 무시무시한 사막지대에 살고 있었을 때, 그의 마음은 로마(Rome)에서 스포츠를 즐기고 주연(酒宴)에도 참석했었다고 하였다. 이와같이 곰곰이 궁리하고 고안을 하면 죄를 죽일 수 있는 방법이 있는 것이다. 우리를 훈련시키고 우리에게 우리의 의무를 감당할 수 있도록 인도하시는 분은 하나님의 성령이시다.

　② 이와같은 의무를 바르게 수행하는 것이 필요하다. 우리의 의무는 믿음으로 행해야 하며 하나님의 영광을 위하여 행해야 한다. 의무를 수행하는 데에도 목적이 있는 것이다. 기도의 의무, 묵상의 의무, 철야의 의무, 절제의 의무, 지혜의 의무, 유혹에 대한 용의주도한 의무 등에는 각각 독특하게 그 목적이 있는 것이다.

　일반적인 훈련을 통해서 감당하는 우리의 의무로는 충분하지 않다. 그러나 죄를 죽이기 위해서 용의주도하게 계획된 속에서(in) 또는 계획에 의해서(by) 각각의 독특한 경우에 알맞게 우리는 대처하고 적용해야만 한다. 그리하면 우리는 우리의 의무를 완전히 감당하여 죄를 정복하게 되는 것이다. 아무도 사람은 자기 자신이나, 조건, 환경, 유혹, 특별한 부패성 등에 대해서 지혜로운 생각을 하지 못한다. 다윗(David)은 여기에 대해서 다음과 같이 말했다. "내가

또한 그 앞에 완전하여 나의 죄악에서 스스로 지켰나니…"(시 18
: 23). 아마도 다윗(David)은 자기의 죄악을 알고 미리 예방을 한
것같이 보인다. 그러나 그는 불의에서 자기를 지키지 못했을 뿐만
아니라 죄악인 줄을 알면서도 죄악을 가장 쉽게 저질렀다. 이런 것
을 살펴볼 때 우리는 우리의 의무가 죄의 세력하에서 황폐되지 않
도록 잘 적용해야 하겠다. 그리고 우리의 의무를 유용하고 필요하
게 상황에 맞추어서 잘 수행해야 하겠다. 그래서 우리의 의무가 가
장 독특하고 특별하게 그리고 필요하게 관리가 되어야 하겠다. 때
때로 사람들은 우리들 자신에게 위험한 일이 일어나고, 괴로운 일
이 일어나고, 무질서한 격정과 억제할 수 없는 열정이 일어날 때 기
도한다고 하고 혼자 조용히 묵상을 한다고 할 때가 있다. 때때로
사람들은 죄가 세상에서 들어오고, 세상적으로 나가서 살려고 하고
유혹을 받게 되면 자신을 살피고 절제한다고 할 때가 있다. 때때로
사람들은 죄 지을 기회를 피하고 유혹의 기회를 도피하는 것이 지
혜롭고 조심스러운 사람인양 생각하기가 쉽다.

이러한 우리의 모든 의무를 바르게 수행하려면 그 방향과 목적을
알아야 할 것이다. 여기에는 두 가지 방법이 있으니, 곧 도덕적인
방법과 실제적인 방법이다.

① 도덕적으로 의무를 수행하는 방법
나는 여기에서 죄와 죄의 세력으로 말미암아 불평하고 간절히 청
원하는 기도 문제를 예로 들어 설명하고자 한다. 먼저 생각해야 할
것은 죄와 죄의 확산으로 인한 불평으로 인하여 기도하는 일이다.
영혼이 "하나님에게 자기의 불평을 털어 놓을 수 있다. 그리고 하
나님 앞에 자기의 어려운 문제를 내어놓을 수 있다." 이와같은 사

실이 성경에 있다. (시 142 : 2, 시편 102편의 제목을 참고해 볼 것)
다윗(David)은 또한 이렇게 기도하였다. "하나님이여 내 기도에 귀
를 기울이시고 내가 간구할 때에 숨지 마소서 내게 굽히사 응답하
소서 내가 근심으로 편치 못하여 탄식하오니…"(시 55 : 1, 2). 다윗
의 기도는 쓸쓸하고 슬픈 것이었다. 이 기도를 보면 타락하고 길을
잃은 사람들에 의해서 하는 기도, 멸시받고 책망받을 내용의 기도
가 담겨져 있다. 그러나 이 기도는 하나님께서 받으심직한 기도인
것이다. 여기에서 그리스도인들은 그들 심령의 안식처와 피난처를
발견할 수 있는 것이다. 세상이 이러한 것을 비웃을지 모른다. 그
러면 비웃게 내버려 두자. 하나님에게 뜨거운 사랑과 순수한 사랑
을 찾고, 거룩한 것을 찾고, 하나님의 뜻과 마음에 동의하고 싶은
뜨거운 마음을 하나님은 기쁘시게 받아주신다. 이로 말미암아 이 사
람은 그리스도와 일치할 수 있는 것이다. 처음에는 불평하고, 하나
님과 멀어지고 죄의 세력에 포로가 되었지만 이것을 몹시 슬픈 일
로 알고 괴로와하며, 감히 말할 수 없고 책임을 져야 할 모든 죄악
을 자인하고 겸손하게 하나님께 돌아오면, 이러한 사람을 하나님은
어린 아이가 부모의 품에 돌아올 때 품어 주시고 보호해 주시는 것
처럼 하신다. 이러한 죄에 대해서 아파하고 괴로와 부르짖을 때 그
리고 죄의 거짓됨과 격렬함으로부터 나올 때 하나님은 그를 영접해
주시고, 그를 도와주시고, 지원하시고, 포근히 감싸주시는 것이다. 하
나님은 이렇게 하셔서 신자들을 그의 자녀들로 삼으시고 하나님은
아버지가 되신다. 하나님의 자녀가 된 그리스도인은 죄를 가장 큰
원수(the greatest enemy)로 알게 된다. 하나님의 자녀는 영으로 그
죄와 직접 대항하여 싸운다. 하나님의 자녀가 죄악과 대항하여 싸
울 때 죄 지은 자가 불평하고 탄식하는 것을 멸시할까? 그는 그
원수를 속히 멸하려고 하지 않고 오히려 하나님께로 돌아오기를 기

다릴 것이다(참고, 렘 31 : 18— 20). 세상 사람들은 이 땅에서 세속적인 이익에만 급급하던 사람이 하나님을 믿게 되고 하나님의 자녀가 된다는 것을 이상하게 생각하고 믿으려고 들지 않는다. 그러나 세상에서 죄 짓고 자기 이익만 위해 살던 사람이라고 할지라도 하나님의 부르심으로 하나님의 자녀가 될 수 있는 것이다. 그리스도인들은 죄를 그들의 가장 큰 대적자로 보고 있다. 그리고 세상에서 가장 큰 고통은 바로 죄악이라는 사실도 안다. 죄 짓고 불평하던 자가 불쌍히 여김을 받고자 하면 허락해 주어야 한다. 그를 용서해 줄까 또는 원수를 갚을까 생각지 말고 불쌍히 여겨야 한다.

　기도에는 죄를 정복할 수 있는 은혜를 공급해 달라고 하나님께 청원하는 내용이 들어 있어야 한다. 여기에 대해서는 증명이 필요치 않으리라고 생각한다. 기도를 하는 사람이라면 마땅히 이러한 간구가 있어야 하기 때문이다. 특별히 사람의 마음은 죄를 멸할 수 있도록 만들어졌기 때문이다. 여기에 대한 응답은 성령으로 말미암아 우리들에게 나타난다. 성령께서는 하나님의 뜻을 따라 우리를 위하여 간구하시고 계시다. 이러한 성령의 간구가 죄를 죽이는 사역으로 나타난다. 왜냐하면 성령께서 역사하시기 때문이다.

② 실제적으로 의무를 수행하는 방법

　이 방법은 같은 목적을 위하여 실제적인 효과를 거두게 한다. 이 방법이 바르게 시행될 때 죄는 약화되고 파괴될 것이다. 왜냐하면 뜨거운 기도, 습관, 건강한 생활의 리듬, 영으로 거룩하게 되려고 하는 성향 안에(in) 있고, 성향에 의하여(by) 사는 사람은 모든 죄를 매우 싫어하고 미워하기 때문이다. 그리고 이러한 사람은 영적인 힘이 증가되고, 더욱 성장되고, 강화된다. 그리스도인은 성화의 목표를 추구함에 있어 영적으로 기대하는 가장 높은 수준에는 결단코 올라가지 못한다. 그 목표를 위해 기도를 해도 거기에 미치지 못한다. 오히려 그리스도인들은 그 목표에서 내려와서 종종 죄의 영향을 받고, 죄와 짝하고, 죄에 기울어지고, 죄에 굴종을 할 때가 있다. 그러므로 우리가 영적인 균형이 꼭 잡히고 흔들리지 않고 건강한 생활리듬을 가지고 계속 살아간다는 것은 얼마나 복된 일인가! 이렇게 실제적으로 의무를 감당할 때 가장 좋은 목표에 도달하게 되는 것이다.

4. 그리스도의 죽음이 의무를 성취케 한다.

성령께서는 이 사역의 목적을 그리스도께서 죽으심으로 우리들 가운데에서 성취하신다. 그러나 이것을 이해하지 못하는 사람들이 이 세상에는 많다. 더우기 세상 사람들은 그리스도의 죽으심을 멸시한다. 저들은 그리스도께서 세상의 죄를 위하여 죽으신 것이 아니라 자기의 죄 때문에 죽었다고까지 극언을 서슴지 않는다.

그리스도의 죽으심은 죄에 대해서 특별한 효과가 있다. 그리스도의 죽으심은 죄를 죽게 하는 데 특별한 영향력이 있다. 여기에 대한 증거가 성경에 대단히 많다. 예수님이 죽으신 십자가는 멸시와 죽음의 형틀이었으나 제자들은 이것을 자랑하였다. "그러나 내게는 우리 주 예수 그리스도의 십자가 외에 결코 자랑할 것이 없으니 그리스도로 말미암아 세상이 나를 대하여 십자가에 못 박히고 내가 또한 세상을 대하여 그러하니라"(갈 6 : 14). "우리가 알거니와 우리 옛 사람이 예수와 함께 십자가에 못 박힌 것은 죄의 몸이 멸하여 다시는 우리가 죄에게 종노릇하지 아니하려 함이니라"(롬 6 : 6). 다시 말해서 그리스도의 죽으심의 덕으로 죄가 죽게 되었다는 것이다. 그리스도께서 죽으심으로 죄에 대한 제물이 되셨다. 이는 우리들의 죄를 속죄하시기 위함이었다. 예수님의 죽으심은 우리들 모두에게 적용이 되었다. 예수님의 죽으심은 죄의 세력을 능가하는 것이고, 죄를 정복하시는 것이고, 죄를 뿌리뽑는 것이었다. 여기에서 우리는 그리스도와 함께 장사된 것이고 그리스도와 함께 다시 살아난 것이다. 따라서 우리는 보증의 세례를 받은 것이다.[66] 옛 사람이 그리스도와 함께 십자가 못 박혔다고 하는 것은 두 가지 이유에서 근거한 것이다.

(1) 일치성(Conformity)

그리스도는 새로운 창조의 머리가 되신다. 우리를 위한 하나님의 모든 계획이 그 안에 있다. 그는 하나님 안에서 첫 번째 모본이 되시는 분이시다. 우리는 "그 아들의 형상(the image of his Son)을 본받게 하기 위하여 미리 정하심"을 받았다(롬 8 : 29). 사도는 그리스도의 부활을 예로 들면서 그 순서를 말하기를 "그러나 각각 자기 차례대로 되리니 먼저는 첫 열매인 그리스도요 다음에는 그리스도 강림하실 때에 그에게 붙은 자요(thy that are Christ's)"(고전 15 : 23)라고 하였다. 이것은 우리 안에서 그대로 성취되는 일이다. 모든 것들은 우리 안에서 그리스도와 유사하게(resemblance) 이루어지며

---

66) "무릇 그리스도 예수와 합하여 세례를 받은 우리는 그의 죽으심과 합하여 세례 받은 줄을 알지 못하느뇨 그러므로 우리가 그의 죽으심과 합하여 세례를 받음으로 그와 함께 장사되었나니 이는 아버지의 영광으로 말미암아 그리스도를 죽은자 가운데서 살리심과 같이 우리로 또한 새 생명 가운데서 행하게 하려 함이니라."(롬 6 : 3, 4) 세례를 받는다는 것은 그리스도와 함께 죽고 그리스도와 함께 생명을 소유하는 것을 말한다. 옛사람은 죄로 말미암아 죽음 가운데서 살아왔는데, 거룩한 순종으로 새로운 생활을 하는 사람은 세례를 받으므로 새로운 생명을 받아서 새롭게 살아가는 것이다.

그리스도와 일치하게(conformity) 이루어진다. 특별히 우리는 그의 은혜로 "그의 죽으심을 본받아 연합한 자가 되었고"(롬 6:5) 그리하여 "그의 죽으심을 본받는 자"(빌 3:10)가 되어 "그리스도와 함께 죽었다"(골 2:20). 이것이 그리스도와 일치하는 점이다. 또한 그리스도와 연합되는 점이다. 그리스도와 일치하는 점은 우리의 자연적인 죽음에서 되는 것이 아니라, 우리가 그리스도의 생명을 나누어 가질 때 가능한 것이다. 그리스도는 우리의 죄를 위하여 죽으셨다. 그리고 죄의 원인을 해결하시고 고치시기 위하여 죽으셨다. 그리고 그리스도는 하나님의 능력으로 다시 살아나셨다. 이것과 똑같이 하나님은 모든 믿는 자들 속에서 역사하실 것이다. 믿는 자들 속에는 죄의 본질이 있다. 죄의 본질을 소유한 사람은 죽게 되어 있다. 죄는 우리를 죽게 하는 것이다. 그러므로 우리는 죄 때문에 죽는다. 따라서 우리는 죄를 죽이게 되는 것이다. 그리고 예수님이 다시 살아 나신 것처럼 우리들도 새 생명으로 살아나게 된다. 그리스도 안에서 역사하셨던 같은 성령께서 같은 목적을 따라서 그리스도의 모든 지체들(members)에게 응답하시고 똑같이 역사하실 것이다. 이것이 일치성이다.

(2) 유효성(efficacy)

죄를 파괴하시기 위한 그리스도의 죽으심의 덕은 우리에게 효과가 있다. 그리스도의 죽으심은 수동적이고, 무능력하고, 무기력해서 죽으셨고, 죽음의 표본(example)을 위해 죽으신 것이 아니라, 예수님과 같이(likeness) 우리 안에서 능력을 나타내시기 위한 것이다. 그리스도의 죽으심은 하나님의 목적(end)을 이루시기 위한 의식(ordinance)이다. 따라서 하나님은 우리들에게 그리스도를 통한 의식의 효과(efficacy)를 주셨다. 이것은 "그리스도의 고난"에 참여하고 "교제를 나눔"으로써 이루어진다. 우리는 그리스도의 죽음에 연합되었고 일치되었기 때문에 그리스도의 죽으심이 우리에게 유효한 것이다. 그리스도의 죽음은 죄의 죽음(death of sin)이 계획되어 있었다. 죄로 죽을 사람들을 그대로 죽도록 내버려 두시지 않고 그들을 살리시기 위해서 대신 죽으셨다. 만일 그리스도께서 죽지 않으셨다면 죄는 어떤 죄인의 속에 있는 것이든지 결코 영원히 죽지 않았을 것이다.

이렇게 묻는 사람이 있을 것이다. 어떻게 그리스도의 죽음이 우리에게 적용될 수 있느냐고. 또 이렇게 묻는 사람이 있을 것이다. 어떻게 우리는 이 목적을 위하여 그리스도의 죽음을 우리 자신들에게 적용할 수 있느냐고. 나는 이렇게 대답하고자 한다. 우리가 할 수 있는 방법은 믿음과 사랑이라고.

① 믿음으로(by faith)

그리스도의 효능(virtue)이 우리에게 전달되는 방법은 만남(by touching)으로 된다. 복음서에 보면 병든 여인의 이야기가 있다. 이 여인은 여러 해 동안 병으로 고생을 많이 했다. 그러나 이 여인이 예수님의 옷자락을 만지게 될 때(touch) 예수님의 병 고치는 효능이 나타나 그 여인에게 임했다. 그 즉시 그 여인의 출혈이 멈추어졌다(마 9 : 22). 여기에서 여인이 예수님의 옷자락을 만진 것은 그의 외부를 만진 것이 아니라, 믿음으로 예수님을 만난 것을 말한다. 믿음으로 그 여인이 예수님에게 갔을 때 병 고치는 효능(virtue)이 그에게서 나와서 여인이 낫게 된 것이란 말이다. 왜냐하면 예수님께서 그 여인에게 "딸아 안심하라 네 믿음이(thy faith) 너를 구원하였다"고 말씀하셨기 때문이다. 그러면 여인이 예수님의 옷자락을 잡았다(touching)고 하는 것은 무슨 뜻이 있는 것일까? 그것은 그리스도의 병 고치는 능력이 그 여인에게 독특하게 적용되었음을 다만 증거하는 표(only a token)인 것이다. 혹은 자신의 목적을 위하여 독특하게 예수님에게 접근한 그 여인의 믿음의 표(only a token of her faith)인 것이다. 같은 시간에 많은 군중이 예수님을 에워쌌다. 그러나 아무도 유익하게 된 사람이 없었다. 다만 가난하고 병든 여인만 유익하게(benefited) 되었던 것이다. 여기에는 대단히 커다란 상징이 들어 있다. 이 여인은 한 손으로는 대중 앞에서 자기의 신앙을 고백한 것이며 다른 한 손으로는 특별한 믿음을 붙잡고 있는 것이다. 예수님 주변에 군중들이 많이 모여 있었는데 거기서 이 여인은 자신의 신앙과 순종을 고백한 것이다. 그렇기 때문에 예수님의 병 고치는 능력이 다른 사람에게는 미치치 않았던 것이다. 그러나 그 시간에 어떤 한 사람, 비록 가난하고, 비록 조금 떨어져 있는듯 하지만, 예수님에게 가깝게 다가와서는 특별한 믿음으로(by special faith) 예수님에게 손을 댄 그 여인은 건강하게 되었던 것이다. 그리고 그 영혼도 고침을 받게 되었던 것이다.

　그러나 여기에서 어떻게 죄를 죽일 수 있을까? 그러면 광야에서 이스라엘 사람들이 어떻게 고침을 받았을까? 놋 뱀을 본 사람이 아니었던가? 이것이 지금까지 내려오던 하나님의 정하신 의식(ordinance)과는 다르기 때문에 쳐다보지 않은 사람은 어떻게 되었는가? 전능하신 능력을 가지신 하나님은 당신의 목적을 이루시기 위해서는 효과적인 방법을 만드시는 분이시다! 그리스도의 죽으심은 죄를 처형하시는 것이다. 믿음으로 이것을 바라보고 자기에게 적용하는 사람에게는 하나님의 효능과 능력이 마침내는 임하지 않겠는가? 그 외에도 그리스도의 죽으심을 믿음으로 받아들이고 행하는 사람은 독특한 효력이 임하여 죄를 이기고, 죄를 파멸시킬 수 있게 된다. 그러므로 그를 바라보자! 색안경을 쓰고 보면 모든 것이 똑같은 색으로 보이듯이 그리스도를 바라보는 사람은 모두 죄를 정복할 수 있는 것이다.

더우기 그리스도를 실제적으로 믿고 행동하며 그와 연합(union)하여 사는 사람은 많은 유익을 얻게 된다. 이러한 사람은 세상에는 없는 그리고 땅에서는 얻을 수 없는 모든 은혜를 받게 되는 것이다. 우리는 실제적으로 훈련을 통해서 그리스도와 교통할 수 있다. 그래서 그리스도의 죽으심을 생각하며 우리는 죄를 죽이는 은혜를 소유하게 되며, 여기에서 그리스도와 함께 죽고, 십자가에 못 박히고, 장사지낸 바가 될 수 있게 되는 것이다.

반면에 이러한 진리를 멸시하고, 죄의 세력하에 살려고 하는 사람들도 있다. 이 사람들은 자기들이 구원의 문제도 발명해서 사용을 한다. 그리고 말하기를 성공했다고 한다. 이러한 사람의 마지막이 과연 성공이 보장된 것인가!

또한 믿음의 훈련을 부주의하게 하고 태만하게 하는 사람도 있다. 기도와 묵상을 태만히 하고, 죄의 근거가 어디에 있는지, 그리고 죄의 세력이 남아 있는지의 여부를 살피려고 하지 않는다.

그러나 그리스도의 죽으심과 깊은 관계가 있다고 믿는 사람, 믿음으로 거룩한 행동을 하는 사람, 그리스도와 같이 살려고 하는 사람들이 있다. 이 사람들은 계속해서 죄가 죽는 것을 경험하게 된다.

② 사랑으로(by Love)

우리가 할 수 있는 또 하나의 방법은 사랑이다. 그리스도께서 십자가에서 죽으신 것은 우리를 사랑하신 것이다. 우리를 사랑하시는 커다란 표시를 예수님은 죽으심으로 증거하셨다. 왜냐하면 예수님께서는 모든 죄인을 사랑하셨기 때문이다. 예수님께서는 "서로 사랑하라"고 가르치셨다. 그래서 예수님께서는 저 옛날에 "내 사랑은 십자가에서 죽는 것”이라고 말씀하셨다. 그리스도의 죽으심에서 우리는 그의 헤아릴 수 없는 은혜, 그의 무한하신 겸손, 그의 고난에 대한 인내심, 가장 눈에 띄는 승리적인 능력을 볼 수 있다. 이와같은 것은 복음서에 잘 나타나 있다. 성경책을 보면 예수님께서 과연 “우리 앞에서 분명히 못 박히신 사실을 볼 수 있다.” 우리는 그를 믿음의 눈을 통하여 볼 수 있고, 그의 진실한 사랑을 통하여 볼 수 있다. 믿는 자들의 영혼은 십자가에 못 박히신 그리스도를 직시할 수 있다. 지금도 십자가 위에 달리신 주님을 볼 수 있다. 그래서 동일한 사건 또는 일치하는 사건이 계속해서 일어나는 것이다. 사랑의 본질은 사랑하는 마음 또는 대상을 사랑하는 것과 같은 종류의 사랑을 산출해낸다. 그러므로 나는 사랑으로 이 일을 이룰 수 있다고 확신한다. 십자가에 달려 죽으신 그리스도의 사랑으로 충만한 사람의 마음은 그의 모양과 형상이 변화될 것이다. 그리고 이 마음은 죄를 효과적으로 죽일 것이다.

5. 성령께서 믿게 하시고 구원하신다.

　성령께서는 계속해서 믿는 자들을 발견하시고 믿게 하시고 구원하신다. 그리고 죄의 본질을 억제하시고 죄의 목적이 살아 움직이지 못하게 다스리신다. 그리고 성도의 한 손에는 아름다움, 탁월함, 유용함, 거룩의 필요함을 주시고 다른 한 손에는 하나님을 생각하고, 그리스도를 생각하고, 복음을 생각하고, 자기 영혼에 대하여 생각하는 힘을 주신다. 성령께서는 사리를 판단하는 이성적인 고려보다는, 죄를 죽이는 일을 잘 하는 마음을 갖도록 하신다. 왜냐하면 사람들의 마음 속에는 고집과 완강함이 깨뜨려버릴 수 없는 이성과 논리가 있기 때문이다. 죄에 대한 확신과 의롭게 되는 것은 성화를 이루는 전초 작업이고 이 일은 우리 안에 계시는 성령에 의해 이루어진다(요 16 : 8). 성령은 우리의 마음, 지혜, 양심, 사려깊은 생각 등을 쓸모있게 최상으로 만드신다. 그러나 성령께서 이렇게 독특하게 영향을 주시지 않는다면 우리들의 마음, 지혜, 양심, 사려깊은 생각 등은 영향력을 갖지 못한다. 성령께서 우리들의 본성적인 이성과 동기를 쓸모있게 만들어 주시면 우리의 이성과 동기는 죄를 죽이고 거룩하게 되며, 이름은 선한 것을 붙잡고 있게 된다. 그리고 영혼을 거룩한 의무에 붙들어 매고 옛날로 돌아가려고 하는 모든 장애물들과 유혹들을 대항하고 물리친다.

이상과같이 나는 성도를 거룩하게 하시는 성령의 사역에 대하여 간략하게 그 윤곽을 묘사하였다. 많은 것들을 커다랗게 벌려 놓은 것 같으나 그러나 나는 내가 의도하였던 바를 충분히 검토하였다고 생각한다. 성경과 경험에 대한 논쟁이 있었으나 진정한 복음적 성화에 대한 나의 연구는 만족한 편이라고 생각한다. 성화된 많은 사람들이 지나치게 교만하고 무지한 사람들에 의해서 도전을 받고 있는 것을 나는 잘 알고 있다. 그러나 복음으로 말미암아 거룩하게 된 사람들은 실제적으로 도덕적 덕목을 가지고 있으므로 불신자들에게 좋은 영향을 줄 것이다.

부 록

제1편

기도할 때의 성령의 역사

1. 기도의 영으로서 성령의 역사

하나님의 성령의 역사는 성도들에게 일반적이고도 독특하게 나타난다. 전자는 중생과 성화에서 나타나고 후자는 다양한 사역에서 나타난다. 성화가 다양한 사역에 포함된 것은 그러한 요청이 있었기 때문이다. 그것은 우리들의 기도와 간구를 위하여 성령께서 도와주시고 또한 지원하시기 때문이다. 이것을 부인하지는 못할 것이다. 여기에 대해서는 많은 역사가 실제적으로 많이 나타났지만 성경에도 여기에 대한 주장이 많이 기록되어 있다.

우리는 이 목적에 대해서 이미 특별한 약속을 받았다. "내가 다윗의 집과 예루살렘 거민에게 은총과 간구하는 심령을 부어 주리니…"(슥 12 : 10). 성령을 충만하고도 넘치도록 부어주시겠다는 하나님의 약속은 의심할 것 없이 분명히 결정된 것이다. 하나님은 "다윗(David)의 집"과 "예루살렘(Jerusalem) 거민"들에게 이 약속을 하셨다. 다시 말해서 하나님은 성령을 "하나님의 모든 영적인 교회"(the whole spiritual Church of God)에 주시겠다고 약속을 하신 것이다. 왜냐하면 "다윗의 집"과 "예루살렘 거민"은 하나님의 모든 영적인 교회를 대표하기(represented) 때문이다. 그는 "은총의 성령" (the Spirit of grace)이시다. 그를 이렇게 칭한다. 왜냐하면 하나님의 은혜(the grace of God)를 우리들에게 주시는 최상의 주권적인 원인(the Sovereign cause)이 성령님께 있기 때문이다. 성령의 은혜를 받는 데 있어서 우리들의 공적은 그 어떤 것도 있을 수 없기 때문이다(딛 3 : 4-6). 성령님은 우리들 안에 있는 모든 은혜의 조성자(author)이시고, 근원이시고, 유일의 원인이시다. 우리가 하나님의 은혜와 사랑을 받는 것은 그가 우리를 사랑하시기 때문이고 우리는 그의 사랑을 받기만 하면 되는 것이다.

이와같이 해서 그는 "간구의 영"(a Spirit of Supplications)을 부어 주신다. 다시 말해서 은총과 긍휼하심을 받을 수 있는 기도를 할 수 있도록 해주신다는 것이다. 그래서 성령께서는

1) 우리들 안에 기도의 의무(duty)를 감당할 수 있는 은혜스러운 성향을 주셨다.

   우리는 본래 하나님과 사귀는 것을 전적으로 반대해 왔다. 그리고 하나님과 직접 교통(communion)하고 조용히 우리들의 의무를 감당해야 함에도 하나님을 멀리해 왔다. 이러한 우리들에게 성령께서 우리의 마음을 준비해 주시고 기도할 수 있도록 마음을 붙들어 주시고 기도의 영을 주셔서 영적으로 기도할 수 있는 마음을 주셨을 뿐만 아니라 기쁨으로 기도할 수 있도록 해 주셨다.

2) 성령께서는 기도의 능력을 주셨다. 성령께서는 사람들의 마음 속에 교제할 수 있는 선물을 주셨다. 교제를 통하여 사람들에게 유익한 것을 주셨다. 그것이 곧 '기도'이다. 모든 성령의 은혜를 특별히 기도의 방법(way)을 통해 주시고, 기도의 훈

련(exercise)을 통해 주신다.

　우리는 이 약속(promise)의 성취함을 이미 받았다. "너희가 아들인고로 하나님이 그 아들의 영을 우리 마음 가운데 보내사 아바 아버지라 부르게 하셨느니라"(갈 4:6). 성령께서는 사람들에게 믿음을 주셔서 신자가 되게 하시며 신자에게는 양자(養子)의 특권까지 받게 하셨다. "영접하는 자 곧 그 이름을 믿는 자들에게는 하나님의 자녀가 되는 권세를 주셨으니…"(요 1:12). 성령은 "아들의 영"(the Spirit of the Son)이라고도 불리운다. 왜냐하면 하나님께서 제일 먼저 아들 되시는 예수 그리스도에게 성령을 주셨고, 그 아들에 의해서 또한 성령이 믿는 사람들에게 주어졌기 때문이다. 그리고 성령의 역사로 말미암아 예수님과 믿는 사람들이 새로운 관계(new relation)를 가지게 되었기 때문이다. 성령께서는 믿는 사람들을 외국인이나 낯선 사람이나 종으로서 하나님과 교제케 하시지 않으시고, 하나님의 자녀들로, 하나님의 상속자로, 그리고 하나님의 유업을 받을 자로 교제하도록 하여 주셨다. "하나님이 우리에 주신 것은 두려워하는 마음이 아니요 오직 능력과 사랑과 근신하는 마음이니"(딤후 1:7), "너희는 다시 무서워하는 종의 영을 받지 아니하였고 양자(養子)의 영(靈)을 받았으므로 아바 아버지라 부르짖느니라"(롬 8:15). 우리는 두려워하는 종의 영을 받지 않았기 때문에 하나님과 먼 거리에 있지 않고 가깝다. 그리고 우리는 능력의 영을 받았고 힘있는 영을 받았기 때문에 우리에게 주어진 의무를 잘 이행할 수 있고 그리고 순종을 잘할 수 있게 되었다. 그래서 우리를 충성되이 여기시고 우리에게 직분을 주시는 것이다(딤전 1:12). 성령은 우리에게 하나님을 사랑하게 하고, 우리 안에서 역사하는 사랑의 영은 하나님 안에서 우리에게 기쁨을 주신다. 그리고 우리들로 하여금 하나님을 향해서 하나님의 자녀들로서 성장하게 하신다. 성경은 우리들에게 겸손한 마음($\sigma\omega\phi\rho o\nu\iota\sigma\mu o\nu$), 진지한 마음, 건전한 마음을 주신다. 성령의 유효적인 사역으로 말미암아 믿는 사람들은 하나님을 아바 아버지(Abba, Father)라고 부를 수 있게 되었다. 이는 우리를 하나님 아버지께 나아가도록 하심이다(엡 2 : 18). 아바(Abba)라는 말은 시리아(Syriac) 또는 갈대(Chaldee)어로 아버지를 부르는 말이다. 그리고 유대 사람들 가운데에서도 사용되는 말이다. 그리고 아버지($\pi\alpha\tau\eta\rho$)는 헬라(Greeks) 말이다. 아버지라는 말은 이방인들도 많이 사용하였다. 그래서 아버지(Father)라는 말은 유대인들이나 이방인들이나 잘 알고 있는 용어이고 관심이 많은 말이다. 그래서 믿는 사람들이 하나님을 아버지라고 부르는 것은 거룩한 담대함과 가깝고 친근한 신뢰감을 주는 이중의 의미가 있는 것이다.[67] 성령께서는 우리들에게 하나님을 아바 아버지(Abba, Father)라고 부르게 하시어 우리들에게 믿음과 사랑과 기쁨과 같은 은혜스러운 성정을 갖게 하시며, 기도의 훈련을 통해서 이러한 은혜와 성정을 실제적으로 얻게 하신다.

신약 성경을 보면 두 가지 측면에서 성령의 약속이 있다. 그것은 성령께서 성도들에게 간구의 영을 주시고 또한 이것을 성취시켜 주신다는 것이다. 이와 같은 독특한 역사에 대한 증거는 충분하다. 그리고 하나님의 백성들이 기도할 때 성령께서 가능하게 하신다는 특별하고도 은혜스러운 역사에 대한 증거 또한 충분하다. 그러면 하나님의 백성들 가운데서 역사하시는 성령의 역사와 그 목적과 결과가 무엇인지 살펴보기로 하자.

---

67) 유대인들은 바벨론 사람들의 탈무드에서 "종들과 하녀들(몸종들)은 그러한 자를 아바(Abba) 또는 임마(Imma)라고 부르지 아니한다"고 말한 적이 있다. 아바라 함은 아버지만이 아니라 나의 아버지를 의미한다.

2. 기도에 대한 성령의 역사

　성령께서는 우리들에게 기도가 무엇인지 알게 하시고, 기도할 마음을 주신다. 따라서 성령께서는 기도가 필요없다고 하는 사람이 없도록 기도하고 싶은 마음을 주셔서 기도하게 하신다. "이와같이 성령도 우리 연약함을 도우시나니 우리가 마땅히 빌 바를 알지 못하나 오직 성령이 말할 수 없는 탄식으로 우리를 위하여 친히 간구하시느니라"(롬 8 : 26). 사도 바울은 성령께서 우리의 연약함을 아서서 기도해 주신다고 증거하고 있다. 그리고 성령께서 친히 연약한 우리를 위해서 기도해 주신다고 증거하고 있다. 성령께서 우리를 위해 기도하신다고 하는 것은 우리도 기도할 수 있고 또한 기도를 해야만 한다는 것을 가르치는 말씀이다. 예수님께서도 주기도(Lord's Prayer)에서 우리에게 기도를 가르쳐 주셨다. 성령께서는 우리에게 기도하도록 기도의 마음을 주셔서 기도하지 않고서는 아무일도 되어지지 않는다는 것을 가르쳐 주신다. 성령께서 우리에게 이러한 마음을 주시지 않으신다면 우리는 무엇이 필요한지, 무엇을 구해야 하는지조차 모르고, 하나님의 약속도 우리에게서 성취되지 못하는 것이다. 기도의 문제에 있어서 성령께서 우리에게 주신 것은 무엇인지 살펴보기로 하자.

(1) 하나님의 성령께서는 우리에게 부족한 것을 깨닫게 해주신다.

　🔳 어떤 그리스도인에게 믿음이 있느냐 없느냐 하는 것을 알수 있는 것은 그 사람이 기도를 하느냐 안 하느냐 하는 것을 볼 때알 수 있다. 사도들은 기도하기를 "주여, 우리에게 믿음을 더하소서"라고 하였다. 그리고 가난하고 가련한 사람은 기도하기를 "주여, 나의 믿음 없는 것을 도와 주소서"라고 하였다. 믿음 없는 것을 도

와달라고 기도하고, 믿음을 더 달라고 기도하는 마음은 불신앙의 마음으로는 구할 수 없는 것이고, 자연적인 마음이나 죄책을 가진 마음으로도 구할 수 없는 것이고, 세상의 양심이나 율법을 아는 마음을 가지고도 구할 수 없는 것이고, 어떤 사람에게 교육을 받아가지고도 구할 수 없는 것이다. 성령이 아니고서는 기도할 수 없고, 성령이 아니고서는 내가 부족한 것이 무엇인지조차도 알지 못하는 것이다. 성령께서는 나의 부족을 알게 하시고, 기도해야겠다고 하는 마음을 주신다.

② 기도는 우리의 타락한 본성의 문제를 해결하는 열쇠이다. 즉 우리의 부패한 본성, 우리의 어두워진 총명, 심술궂은 우리의 의지, 영적인 것들을 싫어하는 마음 등을 고칠 수 있는 것은 기도이다. 그리고 은밀한 정욕의 문제 등을 해결하고 하나님의 거룩하심과같이 거룩하게 살게 하는 것은 기도이다. 믿는 사람들이 이러한 여러 가지 문제를 해결하는 것이 기도라고 하는 것은 기도를 통하여 특별히 죄를 고백할 수 있기 때문이다. 기도를 통하여 하나님은 죄를 용서해 주시고 긍휼을 베풀어 주시고, 죄를 모두 옮겨 주시고, 날마다 우리의 영혼을 하나님의 형상으로 닮아가도록 새롭게 하여 주신다. 이러한 것을 아는 지식은 우리들에게서 나온 것이 아니다. 이상과 같은 심각한 문제들에 관해서 어떤 느낌이나 감정을 먼저 가지게 하는 것도 성령이시다. 이러한 감정이나 느낌이 없는 사람은 죄에 대해 자각심도 없고 아파하는 마음이 없기 때문에 회개가 되지 않는다. 인간의 본성은 소경이기 때문에(nature is blind) 이러한 눈을 가지고서는 죄를 죄로 보지 못한다. 이러한 사람은 자만에 사로잡혀 있고, 어리석고, 죄에 대해 무감각하고, 죄를 죄인지도 모르는 채 인사불성(insensible)으로 살아간다.

③ 우리가 기도할 때에는 마음 속에 있는 죄를 회개하게 하고

하나님과 그리스도와 은혜와 성화와 영적인 특권에 대해 관심을 가지게 된다. 우리가 내적으로 거룩하게 되는 것은 우리가 부족한 것을 알고 기도하므로 말미암아 성령께서 은혜를 베풀어 주심으로 되는 것이다. 그러나 우리는 영적인 것들에 대한 영적인 개념들도 모른다. 그럼에도 불구하고 하나님의 성령께서는 우리들에게 영적인 은혜들을 주신다. 하나님의 영적인 은혜가 없이는 우리는 기도가 무엇인지, 영적인 것에 대한 의미가 무엇인지도 모른다. 인생의 목적이 무엇인지 모르고 하나님에게 영광을 돌리지 못하는 사람은 영적인 유익을 얻지 못한다.

　4 기도할 때에 우리는 일시적인 것에 대해, 그리고 현세에 대해 가지던 관심이 바꾸어진다. 일시적이고 현세적인 욕구는 세상 사람들의 본능적인 욕구이다. 이런 사람들은 하나님의 뜻에 복종하기보다는, 그리고 영적인 것을 사모하기보다는 세상적인 것에 집착하며 산다. 그러나 기도하는 사람으로 바뀌어질 때 그는 헛된 일을 위해 살지 않게 된다. "헛된 생명의 모든 날을 그림자같이 보내는 일평생에 사람에게 무엇이 낙인지 누가 알며 그 신후에 해 아래서 무슨 일이 있을 것을 누가 능히 그에게 고하리요"(전 6 : 12). 이와 같은 것을 우리는 "하나님에게서 배워야" 하겠다.

(2) 하나님의 성령은 우리에게 하나님의 약속 가운데에 준비되어 있는 은혜와 긍휼을 알려 주신다

　하나님께서 우리에게 약속하신 기도에 대한 문제는 무엇인가? 우리가 원하지도 않았는데 하나님께서는 우리에게 부족함이 없도록 미리 약속을 해놓으셨다. 그러므로 우리는 하나님께서 무엇을 약속해 주셨는지 알아야 한다. 하나님께서는 우리의 필요를 우리들 자신보다도 더 잘 아시고 분명히 아시고 약속을 해놓으셨다. 우리는 하나님께서 약속하신 사실조차 모르고 있을 때 하나님께서는 이 사실을 우리에게 기쁨으로 가르쳐 주셨다. 우리는 이 사실을 다른 어떤 방법에 의해서 알 수 있는 것이 아니라, 하나님의 약속들을 배움으로써 더욱 확실히 알게 되는 것이다. 그러면 누가 이 사실들을 가르쳐 주는가? 우리는 하나님의 성령에 의해서 이것을 확실히 알 수 있는 것이다. 왜냐하면 어떤 사람도 하나님의 일을 알지 못하지만 하나님의 성령은 아시기 때문이다. "사람의 사정을 사람의 속에 있는 영 외에는 누가 알리요 이와같이 하나님의 사정도 하나님의 영 외에는 아무도 알지 못하느니라"(고전 2 : 11). 하나님의 은혜스러운 약속, 사랑의 약속, 긍휼하신 약속, 친절한 약속을 성령께서는 잘 아시기 때문에 우리에게 하나님의 약속을 자유스럽게 가르쳐주신다.

(3) 성령께서는 성도들에게 올바른 목적을 위해서 기도하고 구하도록 가르쳐 주신다

사람들은 적당한 목적을 위해서 기도하도록 기도의 유익을 하나님께로부터 받았는데 이것을 모두 잃어버렸다. 여기에 대해서 사도 야고보(James)는 단언하여 말하고 있다. "너희가 구하여도 받지 못함은 정욕으로 쓰려고 잘못 구함이니라"(약 4 : 3). 기도는 우리에게 필요한 것이다. 기도를 통하여 받는 것은 유용한 것이어야 한다. 하나님이 받으심직한 기도는 우리에게 필요한 것을 구하는 것이어야 한다. 잘못되고 어리석은 목적을 위한 기도는 하나님이 기뻐하시지 않으시고 허락도 하시지 않는다. 더럽고 추악하고 헛된 영광을 위한 내용의 기도는 하나님이 받으시지도 않고 허락하시지도 않는다. 그래서 성령께서는 "우리의 약점과 결점을 위한" 배려를 성경에 마련해 놓으시고 우리를 후원해 주신다. 그리고 "우리가 반드시 기도해야 할 점"을 우리에게 가르쳐 주신다. 또한 성령께서는 하나님의 뜻대로 성도를 위하여 간구해 주신다(롬 8 : 27). 그래서 우리 안에서(in), 우리에 의하여(by), 우리가 할 수 있도록 우리를 가능케 해 주신다. 성령님은 우리를 "하나님의 마음에 맞도록" 기도하게 하신다. 하나님은 성령의 마음을 잘 아신다. 하나님은 성령님의 기도와 간구하시는 문제를 잘 아시고 그 목적도 잘 아신다. 하나님은 성령의 간구를 들으시고 허락하신다.

　하나님의 성령께서는 기도할 문제를 성도들에게 가르쳐 주실 뿐만 아니라 그들이 구하는 목적도 가르쳐 주신다. 그래서 성령께서는 성도들을 계획하신 대로 인도하신다.

　　(1) 모든 기도의 성공은 하나님께 영광을 돌리려고 하는 올바른 태도와 경향에 있다. 우리가 이러한 목표를 세우지 않고 기도할 때 하나님께서도 우리에게 특별하신 지원을 해주시지 않는다. 하나님의 특별한 도움이 없이는 우리에게 유익이 없고, 쉽게 되는 일이 없고, 성화도 이루어지지 않는다.

　　(2) 하나님께서는 기도를 통하여 성도들을 지켜주신다. 성도들은 기도를 통하여 성화가 증진되며, 하나님과 일치하여 살고, 하나님과 더 가깝게 교제할 수 있다. 기도를 통하여 이러한 목표가 달성되지 못한다면 기도하는 사람들은 스스로 증오의 대상이 될 수밖에 없고 기도하는 것 자체를 싫어하게 될 것이다.

3. 기도의 방법과 성령의 역사

　성령께서는 사람의 마음 속에 기도하고 싶은 마음을 주신다. 또한 성령께서는 기도의 귀중성을 알게 해주시고 기도할 수 있는 센

스를 갖도록 도와주신다. 그리고 마음을 기도할 수 있도록 밝게 해 주신다. 그리고 인간의 의지와 성령을 기도 앞에 죽게 하시고 냉담하게 하신다. 소멸해 가는 성령의 덕으로는 기도의 은사는 받을지 모르지만 그 영혼에는 아무런 유익이 없고 그 영혼에 힘을 주지 못하고 증진도 없다. 그러나 성령께서 우리 속에서 "은혜와 간구의 영"으로 온전하게 역사할 때에는 우리들은 기도 속에서 하나님의 뜻과 하나님의 사랑에 순종하게 된다. 성령께서는 신자들의 마음 속에 기도를 통하여 "비애와 경건한 슬픔"을 가지게 하시어 간절히 간구하게 하신다. 이것으로 말미암아 말로 형언할 수 없는 뜨거움과 기쁨을 가지게 되는 경우가 있다. 이 마음이 커져서 때로는 특별한 경험을 하게 되는 것이고 이웃에게는 좋은 영향을 줄 수 있게 되는 것이다. 성령께서도 우리를 위하여 기도하실 때 말할 수 없는 탄식을 하시면서 기도하신다(롬 8 : 26, 27). 이것은 성령께서 우리를 위하여 중보의 기도를 하신다는 말씀이다. 성령께서 당신의 신실한 성도들을 위하여 그들이 할 수 없는 기도를 대신 하나님께 하신다.[68] "이는 성령이 하나님의 뜻대로 성도를 위하여 간구하심이니라"(롬 8 : 27). 성령께서는 우리에게도 탄식(groan)하며 기도하게 하신다(롬 8 : 23). 그래서 우리로 하여금 겸손하게, 슬프게, 진실하게 기도하게 하신다. 우리는 성령께서 말할 수 없는 탄식으로 우리를 위해 기도하실 때 우리도 마음 속에서부터 고통하며 하나

[68] 그가 보편적으로 $\sigma\upsilon\nu\alpha\nu\tau\iota\lambda\alpha\mu\beta\alpha\nu\epsilon\tau\alpha\iota$ 라고 하므로 그의 동의와 그것이 시행됨으로 그에게 도움을 준 사실을 나타내는 것으로써 이전에 그의 사역을 표현한 것은 이 임무를 우리 자신의 힘에 지나는 것으로 간주하게 했던 것처럼 그의 특별한 활동은 여기서 $\upsilon\pi\epsilon\rho\epsilon\nu\tau\upsilon\gamma\chi\alpha\nu\epsilon\iota$ 라고 하므로 그의 소송 의뢰인을 위한 대변자의 부과적 중재와 같이 선포되어 있다.

님께 간절히 기도하게 되는 것이다. 이것을 말로 표현한다는 것은 어렵지만 초자연적인 거룩한 기도를 하나님께 하는 모습이라고 할 수 있다. 하나님께서는 성령의 마음도 감찰하시고 우리의 마음도 감찰하신다. 믿는 사람들의 마음이 "우리의 마음을 감찰하시는" 하나님과 통할 수 있는 통로는 기도이다. 우리는 하나님께 기도할 때 우리의 연약함을 자백해야 하며 특별히 고난이나 유혹이 있을 때에는 더욱 간절히 간구해야 한다. 만일 우리가 이런 점에 주의를 기울이지 않는다면 우리는 믿음을 잃어버리게 되거나 게으르게 될 것이다. 우리는 마음을 다하고 영혼을 다하여 항상 기도의 의무를 감당해야 한다. 우리 주님께서는 평상시와 똑같이 아니 그 이상으로 진심으로 고난의(Agony) 기도를 하셨다. 은혜의 연습으로서가 아니라 매우 뜨거운 마음으로 힘을 다하여 기도하셨다. 이와같이 우리도 특별한 일이 있을 때 성령의 도우심을 받고 열심히 기도해야 하겠다. 그리고 항상 기도하는 습관을 가져야 하겠다. 그리하여 기도의 의무를 모든 의무와 함께 성실하게 감당해야 한다.

성령께서는 우리에게 기도할 때에 하나님에게 효성스러운 마음을 가지게 하시며, 거룩한 즐거움을 가지게 하신다. 그래서 하나님을 아바, 아버지라고 부르며 기도하게 하신다. 구체적으로 여기에 대해서 살펴보기로 하겠다.

(1) 은혜의 보좌로서의 하나님 앞은 우리가 사모하고 흠모한 주소이며 장소이다

"그러므로 우리가 긍휼하심을 받고 때를 따라 돕는 은혜를 얻기 위하여 은혜의 보좌 앞에 담대히 나아갈 것이니라." "그러므로 형제들아 우리가 예수의 피를 힘입어 성소에 들어갈 담력을 얻었나니…"(히 4 : 16, ; 10 : 19). "긍휼하심을 받는 곳"은 예수 그리스도를 나타내는 말이고 '은혜의 보좌'는 하나님 앞을 말한다. 은혜의 보좌는 예수 그리스도로 말미암아 준비된 곳이다. 여기에서 죄인들에게 은혜를 나누어 주시고, 긍휼을 나누어 주신다. 이 은혜와 긍휼을 우리에게 나누어 주시려고 하나님은 우리를 기다리시고 계시는 것이다. "그러나 여호와께서 기다리시나니 이는 너희에게 은혜를 베풀려 하심이요 일어나시리니 이는 너희를 긍휼히 여기려 하심이라 대저 여호와는 공의의 하나님이라"(사 30 : 18). 만일 하나님께서 우리를 하나님의 자녀로 삼아주시지 않고 가까이 해 주시지 않으신다면 우리는 하나님을 아바 아버지(Abba, Father)라고 부르지도 못했을 것이다. 하나님을 우리에게 계시하신 하나님의 성령께서는 우리를 인도하시고 하나님을 알게 하시고 기도하게 하시어 우리에게 모든 것을 가능하게 하도록 해주시는 것이다.

(2) 하나님과 우리들과의 관계를 아는 것

아버지로서의 하나님과 우리들과의 관계를 아는 것은 필연적으로 기쁨을 가져다 주는 일이다. 우리는 하나님에게 다른 호칭을 사용하여 부를 수 있다. 그러나 아버지라고 하는 칭호는 우리의 아버지로서 그리고 최고의 복음적 숭배의 대상이시라는 고백적 칭호이다. 그리고 기도를 들으시는 하나님이시고 응답하시는 사랑의 하나님이심을 나타내는 말이다. 성령께서는 우리의 마음들을 묶어 모두 아버지께 나아가도록 하신다. 이것을 사도는 다음과 같이 거룩하게 묘사하고 있다. "이는 저로(그리스도) 말미암아 우리들이 한 성령 안에서 아버지께 나아감을 얻게 하려 하심이라"(엡 2 : 18). 어떤 입술이나, 어떤 마음도 이 말씀과 같이 영적으로 달콤하고 만족한 하늘의 평온함을 말로 표현하지는 못할 것이고, 마음으로도 묘사하지는 못할 것이다. 하나님과 우리와의 관계를 바르게 알 때에

바른 기도를 할 수 있는 것이다. 그래서 성령께서는 친히 우리가 하나님의 자녀라고 하는 것을 알려 주신다. "성령이 친히 우리 영으로 더불어 우리가 하나님의 자녀인 것을 증거하"신다. (롬 8 : 16)

(3) 우리는 은혜의 보좌 앞에 담대하게 나아갈 수 있다.

"그러므로 형제들아 우리가 예수의 피를 힘입어 성소에 들어갈 담력을 얻었나니…우리가 마음에 뿌림을 받아 양심의 악을 깨닫고 몸을 맑은 물로 씻었으니 참 마음과 온전한 믿음으로 하나님께 나아가자"(히 10 : 19, 22). 하나님께 나아갈 때 '두려워하는 영'으로 나아가는 것이 아니고, 기쁨을 빼앗긴 마음으로 나아가는 것이 아니다. 성령은 "은혜의 영이시며 간구해 주시는 영"이시며 우리를 양자로 삼아 하나님을 아바 아버지라고 부르게 하시는 '양자의 영'이시다. 주님의 영이 계신 곳에는 자유가 있다. "주는 영이시니 주의 영이 계신 곳에는 자유함이 있느니라"(고후 3 : 17).[69] 주의 영은 우리에게 자유를 주신다. 기도할 때에는 말의 자유를 주신다. 어떤 사람과 말을 할 때에도 언어의 자유를 가진다. 언론의 자유에 대하여 자신을 가지게 된다. 위급할 때에도 언어의 자유를 가진다. 믿는 사람이라고 항상 언어의 자유를 가지는 것은 아니다. 신자가 하나님의 은혜를 사모하지 않고, 유혹을 받고, 영적으로 기분이 나쁘고, 영적으로 담력을 잃을 때에는 말을 조심해서 해야 한다. 그러나 양자의 영을 받은 모든 그리스도인은 그 뿌리와 원리를 가지고 있기 때문에 항상 성령이 지원을 받으며 살아간다.

기도의 자유에서 얻을 수 있는 것은 성령으로 말미암아 성도들에게 주시는 응답이다. 성도들은 기도의 응답에 대한 확신과 자신을

---

69) $\pi\alpha\rho\rho\eta\sigma\iota\alpha$ is as much as $\pi\alpha\nu\rho\eta\sigma\iota\alpha$.

가진다. 우리의 기도에 대해 응답이 없을 때도 있다. 하나님의 응답이 없는 것도 기도의 응답이다. 하나님은 우리에게 필요치 않은 것은 주시지 않으시기 때문이다. 우리는 우리의 의무를 거룩하게 이루어 드림으로 하나님을 기쁘시게 해야 한다. 그리고 은혜의 보좌 앞에 담대히 나아가 하나님과 인격적으로 교제하며 기쁨을 나누어야 한다. 사람들은 하나님이 말씀하신 내용을 이해하지 못하고 두려워하지도 않을 경우가 있다. 하나님은 우리에게 힘을 주시고 함께 하신다. 더우기 하나님은 우리를 맞이해 주시고 지켜 주신다.

☐ 성령께서는 그리스도인들의 영혼이 예수 그리스도를 열망하도록 해주신다. 이것은 성령께서 우리에게 하나님을 영접하고 믿도록 하는 방법과 같은 것이다. 이러한 마음이 기도하게 되는 근본이 되는 것이다. 우리는 예수님의 이름으로 기도한다. 이것은 구약 성경에서는 볼 수 없는 것이고 신약 성경에서만 볼 수 있는 것이다. 우리는 오직 그를 통해서만 아버지께 갈 수 있다. 그는 우리를 위해서 드리신 바 되어 새롭고 산 길을 예비하셨고 우리를 가장 거룩한 곳으로 들어가게 하셨다. 이곳에까지 도달하지 못한 믿음은 공허한 것이고 영적 유익을 얻지 못한다. 그러나 우리를 이러한 곳까지 인도하시는 분은 성령이시다. 이것이 성령의 역사이고 ‘아들의 영’으로서의 탁월한 결과인 것이다. 이로 말미암아 성도들은 새롭게 하심을 입는 경험을 하게 된다. 중보자 그리스도 안에서 믿음으로 기도하는 훈련을 하지 않는 사람의 마음은 더 나은 영적 진보를 경험하지 못한다.

4. 개선되어야 할 점

만일 우리가 이것에 대해서 안다면 우리는 행복하다고 할 수 있다. 만일 우리가 이것을 실천한다면 우리는 행복하게 될 것이다. 여기에 대해서 우리는 두 가지 의무를 가지고 있다.

(1) 우리는 "은혜의 성령과 간구하시는 성령"의 놀라운 특권을 받기 위해서는 계속적으로 하나님께 영광을 돌려야 한다.

왜냐하면 이것은 하나님과 계속해서 교제하는 가운데 이루어지는 것이기 때문이다. 하나님과 계속해서 교통함이 없을 때 사람들은 혹 암 중에서 헤매이게 될 것이고 하나님과 영영 멀어지고 말게 된다. 믿음의 모든 역사는 기도하는 것이라고 해도 과언은 아닐 것이다. 왜냐하면 "누구든지 주의 이름을 부르는 자는 구원을 얻으리라" (롬 10 : 13)고 하였기 때문이다. 언제나 하나님 앞에 나와서 자유와 능력을 받는 특권을 가진 사람은 긍휼하신 하나님의 보물을 받은 사람이다. 세상 사람은 이러한 보물을 그 마음 속에 소유하지 못한다. 하나님의 교회는 어떠한 조건하에서든지 성도들의 피난처이며, 구원의 방주이며, 은신처가 되는 곳이다.

율법 아래보다 복음 아래서 이렇게 큰 은혜를 성도들에게 주신 것은 커다란 특권이며 하나님에게 찬양을 드려야 할 일이다. 율법 아래서는 속박을 받았었지만 양자(養子)의 성령을 받은 지금은 자유를 얻게 되었다. 구약의 율법 아래 있었던 것과는 전혀 다른 신분을 소유하게 된 것이다. 이것으로 말미암아 성도는 하나님께 감사를 드려야 한다. 옛날에는 이러한 권세를 극히 소수의 사람만 받았으나 이제는 많은 사람들이 받게 되었다. "우리 주 예수 그리스도의 이름을 부르는 자는 언제 어디에서나" 이러한 특권을 받을 수 있게 되었다. 세계 도처에 있는 시온(Zion)산의 모든 성도들은 성령의 유효적 사역으로 말미암아 하나님께 기도와 간구를 드리게 되었다. "만군의 여호와가 이르노라 해 뜨는 곳에서부터 해 지는 곳까지의 이방 민족 중에서 내 이름이 크게 될 것이라. 각처에서 내 이름을 위하여 분향하여 깨끗한 제물을 드리리니 이는 내 이름이 이방 민족 중에서 크게 될 것임이니라”(말 1 : 11). 이러한 영광스러운 것을 하찮은 것으로 여기고, 생명 없는 것으로 생각하고 육적인 것으로 생각하는 사람들이 있다. 그러나 우리는 하나님을 경배하면서 영광을 돌려야 하며, 하찮고 생명 없고 죽을 것들은 내버려야 하겠다. 모든 사람은 성령 안에서 기도할 수 있다. 모든 세계 안에 있는 성도는 모두 똑같이 어디에서나 기도할 수 있다. 감방에서도 기도할 수 있고 골방에서도 기도할 수 있다. 어디에 있는 사람이든지 한 성령으로 말미암아 아버지께로 나아갈 수 있는 것이다. 큰 은혜를 받은 사람들에게 하나님은 영광받으시기를 기뻐하신다.

　2　성령의 은사(gift)를 사용하는 것은 우리의 의무이다.

　우리는 성령으로 말미암아 언제든지 자유스럽게 기도할 수 있는 능력을 받을 수 있다. 그런데 우리는 개인적으로나 가족 식구들과 함께 기도를 하지 못하는데 그 이유는 무엇인가? 기도는 개인의 의무이다. 기도를 통해서 은혜스러운 일을 할 수 있다. 모든 죄를 회개할 수 있고 모든 복을 받을 수 있는 통로가 기도이다. 우리의 모든 순종이 기도에서 시작되고, 현재와 미래의 모든 축복이 기도하느냐 안하느냐에 달려 있다. 기도하는 일을 어렵게 하고 좌절시키는 것은 무엇일까? 부패한 심령은 기도하기 싫어하고 기도에 대해 반감을 가지고 있다. 기도할 때 주의가 산만해지는 이유는 무엇일까? 하나님의 사람들은 이러한 경험을 많이 하고 있고 이것을 잘 알고 있다. 우리는 이러한 여러 가지 결점들을 고치지 않으면 안된다. 기도를 통하여 우리는 은혜의 보좌 앞에 자유롭게 그리고 담력을 가지고 나아갈 수 있다. 기도를 통하여 우리는 하나님을 아바 아버지라고 부르짖을 수 있다. 성령께서는 우리게 하나님의 자녀가 되는 특권을 주셨다. 그런데도 어리석게 기도에 게으른 사람은 누구인가? 회개하기를 더디하는 사람은 어떤 사람인가? 이렇게 하는 사람은 성령을 얼마나 슬프시게 하는 것인가! 그리고 우리의 심령은 얼마나 손상을 당하는 것인가! 우리가 날마다 기도해야 할 의무에 게으를 수 있단 말인가? 성령의 은혜스러운 호의를 어떻게 무시할 수 있단 말인가? 기도하지 않고 습관적으로 육적으로만 살아갈 수 있을까? 아, ─얼마나 안타까운 일인가! 사람들은 기도할 수 있는 성령의 은사를 받았음에도 불구하고 기도할 줄 모른다. 심령으로 속 사람이 기쁨으로 은사를 받았음에도 불구하고 기도할 줄 모른다. 이것이 얼마나 큰 죄인가! 오늘날은 특별히 유혹이 많고 위험이 도처에 많이 있기 때문에 우리는 더욱 기도의 의무를 다해야 한다. 만일 우리가 세상적인 말은 적게 하고 기도를 더 많이 한다면 모든 일이 더욱 잘 되어질 것이다.

(2) 우리는 성령 안에서 은사를 활용해야 한다.

이와같은 은사를 받은 사람은 은사를 소중히 여겨야 하며 은사를 활용해야 하며 증진시켜야 한다. 은사는 자유롭게 우리에게 주어진 것이다. 이것을 우리는 소중하게 간수해야 한다. 은사는 복음적 달란트이다. 우리에게 주어진 달란트를 우리는 증가시켜야 한다. 이것을 실천해야 하겠다.

1 우리는 자신의 마음과 영적인 상태와 영적인 조건을 계속적으로 생각하고 계속해서 살펴보아야 한다. 일반적으로 우리의 마음 상태는 다양하게 변화 된다. 어떤 때에는 허위에 빠질 때가 있고, 어떤 때에는 유혹의 습격을 받아 쓰러질 때가 있고, 어떤 때에는 시험에 빠질 때가 있다. 이러한 상황에 있는 자신을 우리는 발견할 수 있다. 이럴 경우 우리를 도와주시는 분은 성령님이시다. 만일 우리

가 성령님에 대한 우리의 의무를 게을리한다면 성령님의 도우심을 계속해서 받을 수 있겠는가? 우리가 성령님의 도우심을 기대할 수가 있겠는가? 유혹이 시작될 때에 기도할 생각을 하지 않는 사람은 죄 가운데 살게 되고 잘못된 행동을 하게 될 것이다. 특별히 부패한 일이 있을 경우 유익을 얻고자 하는 사람은 그때 기도를 해야만 한다. 그리고 죄와 더불어 싸워야 한다. 그리스도인은 언제든지 자신을 살펴볼 줄 알아야 하며 자신을 판단할 줄 알아야 하며 문제가 일어날 때에는 기도해야 한다. 입을 크게 열고 기도하는 자에게 채워주시고 은사뿐만 아니라 능력도 주셔서 우리의 생애 가운데서 우리의 의무를 감당하게 하신다.

② 우리는 계속해서 성경을 연구해야 한다. 성경은 우리 자신을 가장 잘 볼 수 있는 거울이다. 왜냐하면 성경은 현재의 나 자신을 보게 해주며 내가 행해야 할 바를 보여주며, 우리 모두를 보여주며, 하나님의 은혜로 말미암아 우리가 어떤 사람인지를 볼 수 있게 하기 때문이다. 성경은 우리의 단점을 가르쳐 주고, 우리의 행동을 가르쳐 주고, 우리의 방향을 지시해 주며, 우리의 부족한 점을 가르쳐 준다. 성경은 우리에게 무엇을 위해 기도할까 하는 것을 가르쳐 주고, 기도의 방법을 가르쳐 주고, 왜 기도가 응답되지 않는지에 대해서도 가르쳐 준다. 날마다 성경을 읽는 사람들은 대부분 하나님을 잘 믿는 사람들이다. 성경을 읽는 사람은 양심적으로 하나님께 순종하며 살게 된다. 기도하지 않고 찬송하지 않는 사람들은 성경 말씀도 공부하지 않는다. 계속해서 성경을 읽지 않고, 기도하지 않고, 찬송하지 않는 그리스도인은 유익함을 얻지 못한다. 이 사실을 성경은 우리에게 교훈하고 있다. 우리는 성경을 읽고 교훈을 받고 마음에 굳게 간직하고 실제로 실천하며 살아야 한다.

③ 우리는 하나님의 영광에 대해서 깊이 묵상해야 한다. 성경에

서 기도의 모본을 살펴볼 때 하나님의 이름이나 칭호를 볼 수 있다. 또한 그 이름 위에는 하나님의 능력과 전능하심이 나타나 있는 것을 기억해야 한다. 하나님은 당신의 이름을 우리에게 계시하셨다. 이것은 하나님의 능력과 전능하심을 나타내 주시는 목적에서 계시하신 것이다. 우리는 하나님께서 계시하시고 나타내 주신 이름을 불러야 한다. 여기에는 또한 거룩한 존경과 경건한 경외심이 있어야 한다. 우리는 담대하게 은혜의 보좌 앞에 나아갈 수 있다. 그리스도 안에서 하나님께서 우리에게 예비해 놓으신 곳이 은혜의 보좌이다. 지금도 은혜의 보좌가 있다. 은혜의 보좌는 위엄과 영광이 있는 곳이다. 하나님은 항상 은혜의 보좌에 계신 분이시다. 이 사실에 대해 우리는 믿음과 확신을 가지고 있어야 한다. 기도는 우리가 우리의 방패가 되시고 바위가 되시고 상급이 되시는 하나님께 나아가는 것이다. 그러므로 우리는 거룩하신 하나님의 신성을 깊이 묵상하면서 기도해야 한다.

④ 우리는 중재자이시고 중보자 되시는 그리스도를 깊이 묵상해야 한다. 그리스도께서 중보자이시라는 것을 그리스도께서 친히 우리에게 말씀하셨다. 그리스도께서는 대제사장으로서 우리의 중보자가 되셨다(히 4:15; 10:19). 그리하여 우리는 성소에 들어갈 수 있는 담력을 얻었고 성소에서 하나님께 간구할 수 있게 되었다. 그뿐만 아니라 우리는 기도를 통하여 은혜와 은사를 더 많이 받게 되었고 이로 말미암아 우리는 더욱 힘을 얻게 되었고 따라서 더욱 강건하게 되었다. 그리하여 우리는 기도를 통하여 우리에게 유익을 주시는 은혜의 보좌에서 주 그리스도의 효과적인 도움을 받게 되었다. 이러한 은혜를 받기 위해서 우리의 마음은 언제나 준비되어 있어야 하며 훈련되어야 한다. 기도는 모든 믿는 사람들에게 있어서 첫 번째로 중요하게 실천해야 할 것이며 이것으로 우리는 우리의

믿음이 복음적이냐 또는 아니냐 하는 것을 알 수 있다.

⑤ 기도의 은사는 자주 훈련함으로써 개선될 수 있다. 모든 습관은 연습을 거듭함으로 인하여 다져지는 것이다. 반대로, 사용하지 않고 훈련하지 않으면 그것은 습관이 되지 않을 뿐만 아니라 도리어 연약해지고 만다. 어떤 사람들은 매우 좋은 기도의 은사를 받았다. 그런데도 개인적으로 또는 공적으로 기도의 훈련을 하지 않고 게을리할 때(은밀한 기도조차 아니하고 큰 죄까지 짓는다면) 기도의 능력(ability)을 잃어버리고 만다. 그리하여 언제 어디서 기도를 하든지 간에 입이 열리지 않게 된다. 반대로, 열심히 그리고 자주 기도의 훈련을 하면 기도의 은사가 증가될 뿐만 아니라 하나님의 약속하신 기도의 축복을 모두 받아 누리게 되는 것이다. 이것은 복음적인 은사에 대한 영원한 법칙이다. "무릇 있는 자는 받아 풍족하게 되고 없는 자는 그 있는 것까지 빼앗기리라."(마 25 : 29)

⑥ 우리는 기도의 의무를 계속해서 잘 감당해야겠다고 하는 뜨거운 마음의 결심을 해야 한다. 사람들이 아무리 기도를 많이 한다고 하더라도 만일 기도하는 데에 싫증을 느끼고, 활기가 없고, 생기가 없고, 형식에 치우친다면 영적인 유익을 기대할 수 없다. 마음 속에서부터 뜨거운 마음, 기도하고 싶은 마음이 끓어 오르고 커질 때 그 기도는 생명력이 있는 것이다. 전 심령이 기도의 문제로 인하여 기도의 형(型)틀이 짜여져 있어야 하고 그 속에 들어가 기도에 전념해야 하며 언제나 기도로 육을 쳐 복종시켜야 한다. 이것이 우리의 의무이다.

우리의 의무는 기도하는 것이다. 우리는 기도의 은사를 활용(use)하여 기도의 목표를 달성해야 하겠고 우리에게 주시겠다고 약속하신 은혜를 받아야 한다. 우리는 성령의 모든 은혜를 생각하면서 기도의 문을 통해 주시기로 약속하신 축복을 받아 누리기 위해 관심을 기울이고 신속하게 기도하기를 힘써야 한다. 그럴 때에 특별히 믿음과 사랑과 기쁨이 심령 속에 넘치게 되는 것이다. 이것은 하나님께서 약속하신 것이다. 우리는 사회 속에서, 가정에서, 교회에서 기도의 훈련을 계속해서 해야 한다. 기도의 의무를 잘 감당할 때에 복음의 사명과 가정에 대한 사명을 모두 감당할 수 있는 것이다. 기도의 은사는 받은 것으로 다 되는 것이 아니라 훈련으로 되는 것이다. 은사를 받아가지고 숨겨 놓거나 훈련하지 않는다면 경건의 모양은 있을는지 모르지만 은밀히 혐오감을 사게 될 것이다.

제 2 편

보혜사로서의 성령의 역사

우리 주님께서 이 세상을 남기시고 떠나실 때 제자들을 남겨 두시고 가시게 되었다. 더 이상 제자들을 직접 가르치시며 돌아보실 수 없게 되었다. 주님은 제자들을 계속해서 똑같이 도와주시고 사랑하시고 은혜를 베풀어 주신다고 하셨고 이 사실을 제자들에게 말씀하시며 큰 확신을 그들에게 주셨다. 그리고 그의 생명을 제자들과 우리를 위해 주셨다. 예수님은 지상에서 두 가지 방면에서 역사하셨는데 하나는 하나님을 향한 사역이고 다른 하나는 우리들을 위해서 하신 사역이다. 예수님은 지상에서 이러한 이중적인 사역을 완수하셨다. 하나님을 향해 예수님은 인성으로 자신을 제물로 드리셨고, 사람들을 위해서는 죽으심으로 구원을 완성하셨다. 그리고 하늘로 승천하셨고 성도들에게는 성령을 보내주셨다. 예수님은 성령님을 그의 사역을 따라서 파라클레테(paraclete), 즉 보혜사(保惠師, Comforter)라고 이름하셨다. 슬픔에 잠겨 있는 제자들에게 예수님은 그 이름을 약속하셨다(요 14 : 16 ; 16 : 7, 8). 성령의 사역은 지금도 계속되고 있다. 성령은 교회를 보호하시고, 기르시고, 구원하시고, 위로하신다. 그래서 모든 시험과 고난 가운데 있는 교회를 보호하시고 위로하신다. 성령에 대해 증거하신 바를 살펴보자.

1 성령님은 무한히 겸손하시다.

성령님은 본질상 모든 만물 위에 계신다. 성령님은 하나님이시며 영원히 축복하시는 분이시다. 성령님의 사역은 신적인 높은 신분을 가지신 동시에 모든 피조물 위에 역사하시고 비하의 신분도 가지고 계시다. 성령님은 겸손하신 하나님이시다. 성령님은 보혜사의 사역을 감당하시면서 더욱 아버지 하나님께 복종하시며 불쌍하고 벌레 같은 이 세상 사람들을 돌보아 주신다.

2 성령님은 말할 수 없는 사랑을 주신다. 고린도서에서 성령님 앞에서 기도하기를 "사랑과 평강의 하나님"이라고 이름하였다(고후 13 : 11). 사랑의 하나님과 우리가 교통하게 되는 것은 성령에 의해서 되는 것이다. 우리에게 하나님의 사랑을 주시는 분은 성령님이시다. 사도는 그리스도의 중재하심으로 '성령의 사랑'(Love of the Spirit)을 우리가 받게 되었다고 하였다. "형제들아 내가 우리 주 예수 그리스도로 말미암아 성령의 사랑으로(the love of the Spirit) 말미암아 너희를 권하노니 너희 기도에 나와 힘을 같이하여 나를 위하여 하나님께 빌어"(롬 15 : 30). 성령께서는 우리를 훈련하시고 우리와 교통하시므로 우리에게 사랑을 갖게 하신다. 사랑은 우리에게 매우 요긴한 것이다. 사랑을 생각해 볼 때 이것은 성령께서 우리에게 주신 민감하고도 무한한 것이다. 이것은 성령의 사역과는 본질적으로 명백히 다른 것이다. 우리의 고통을 위로하시는 성령은 우리에게 직접 사랑의 열매를 맺게 하신다. 성령께서는 우리를 단 한 번 위로하시고 또는 영적으로 단 한 번 회복시키시고 모든 일을 끝내는 것이 아니라 무한하신 사랑으로 계속해서 역사하신다. (사 66 : 13 ; 57 : 16— 20)

3 성령님은 전능하신 능력을 가지고 계시다. 사도는 성령님의 크

고 놀라운 능력을 증거하였다. 그래서 성령님은 연약한 그리스도인 들을 후원해 주신다고 증거하였다. "이는 너희 안에 계신 이가 세 상에 있는 이보다 크심이라(Greater)"(요일 4 : 4). 그리스도인들 안 에 거하시는 성령님은 능력이 많으시다. 성령님은 그리스도인들을 멸망시키려는 사단(Satan)의 능력보다 더 크신 능력을 가지고 계시 다. 누가 믿는 사람들을 낙심시키고, 두렵게 하고, 낙담시킬 수 있 는가? 그 누구도 전능하신 하나님에게서 그리스도인들을 제거할 자는 없다. 우리가 교회의 형편을 살펴보고 세계 속에 있는 그리스 도인들을 살펴볼 때에 그들의 믿음이 얼마나 연약한가 하는 것을 알 수 있다. 그리고 얼마나 그리스도인들이 두려워하며 사는가 하 는 것도 잘 안다. 또한 그리스도인들이 너무나도 낙심을 잘 한다는 것도 잘 안다. 그리스도인들은 훈련과 연단을 위하여 유혹과 재난 과 고난을 받을 때도 많다. 이러한 훈련은 분명히 그리스도인들의 믿음을 위하여 필요한 것이다. 그리스도인들은 이러한 경우 무한하 신 능력을 소유하신 성령님의 위로를 받게 되는 것이다.

1. 성령님의 내주하심

보혜사 성령께서 믿는 사람들에게 첫 번째로 약속을 하셨는데 그 것은 성령께서 믿는 사람들 안에 살아계신다(dwell in)는 것이다. 이 사실을 우리는 굳게 믿어야 한다. 우리는 성령께서 어떠한 방식(man- ner)으로 우리 안에 거하시는지 충분히 그리고 확실하게 표현하지 는 못한다 하더라도 성령께서 우리 안에 살아 계시다는 사실을 믿 어야 하는 것이다. 이런 약속은 구약 성경에서 대단히 많이 찾아볼 수 있다. 하나님께서는 성령을 믿는 사람들 안에(in) 주시겠다고 새 약속(new covenant)의 덕목으로 분명히 언급하셨다(겔 36 : 27 ; 사

59 : 21 ; 잠 1 : 23). "또 내 신을 너희 속에 두어 너희로 내 율례를 행하게 하리니 너희가 내 규례를 지켜 행할지니라"(겔 36 : 27). 또한 우리는 성령님께 기도할 수 있다. 성령께서는 우리를 위해 기도도 하시지만, 우리가 기도하는 바를 들으시고, 하나님께서 성령님께 주신 것들을 우리에게 주신다는 사실을 우리는 믿어야 한다. 우리가 아무리 자주 그리고 열심히 기도를 많이 한다고 하여도 성령께서 기도하시는 것 이상은 못한다. 예수님께서는 성령께서 우리 안에 내주하심(inhabitation)에 대해서 직접 제자들에게 약속해 주셨다. "저는 너희와 함께 거하심이요(dwelleth with) 또 너희 속에(in) 계시겠음이라"(요 14 : 17). 이 약속에 대해 사도는 "만일 너희 속에 하나님의 영이 거하시면 너희가 육신에 있지 아니하고 영에 있나니"(롬 8 : 9)라고 하였다. 그리고 "예수를 죽은 자 가운데서 살리신 이의 영이 너희 안에 거하시면 그리스도 예수를 죽은 자 가운데서 살리신 이가 너희 안에 거하시는 그의 영으로 말미암아 너희 죽을 몸도 살리시리라"(롬 8 : 11)고 하였다.

성령의 은혜스러운 사역은 우리 안에서 은혜의 샘물이 되어 영생하도록 솟아난다. "내가 주는 물을 먹는 자는 영원히 목마르지 아니하리니 나의 주는 물은 그 속에서 영생하도록 솟아나는 샘물이 되리라"(요 4 : 14). 물은 성령님이시다(the water is the Holy Spirit). 우리 안에 있는 물도 성령님이시다. 성령은 샘물, 즉 영생하도록 솟아나는 물이 되어 우리 속에 거하시고 또는 내주하신다. 이러한 은혜스러운 사역에 대해 말한다는 것은 쉬운 일이 아니다. 우리에게서 나타나는 모든 은혜스러운 역사와 습관들은 성령의 역사에 의한 결과들이다. 그러나 샘물 자체는 아무것도 아니다. 샘물이란 끊임없이 이어져서 일어나는 역사(operations)를 의미하는 것이다. 샘물이 계속해서 자연적으로 쉽게 솟아 오르므로 시냇물을 맑게, 그리고 새롭게 만들어 주는 것과 마찬가지로 성령께서도 믿는 사람들을 계속해서 새롭게 위로하신다는 의미에서 샘물이라고 한 것이다. 성령께서는 항상 성도들 안에 내주하셔서 성도들에게 새로운 마음을 주시므로 성도들은 은혜스럽고 거룩하고 경건한 일(work)을 이루어 드릴 수 있게 되는 것이다.

믿는 사람들과 세상 사이에는 숨겨진 샘물과 말로 형언할 수 없이 멀고도 다른 샘의 근원이 있다. 우리는 "하나님 안에 그리스도와 함께 숨겨진 삶"을 사는 것이다. 그리스도인의 복된 삶은 세상을 향해서 죽은 것이고 세상 안에서도 죽는 것이다. 그리고 우리의 삶에서 영원히 영광을 하나님께 돌려야 한다. 사람의 눈에는 영광스러운 것이 보이지 않는다. 사도는 이것을 진리라고 말했다. "하나님 안에서 그리스도와 함께 감추어진 삶"은 참된 삶을 살게 된다. 그래서 그리스도 안에 숨겨진 삶은 인간의 본성이 드러나지 않고 그리스도에게 보호를 받으며 살게 되는 것이다. 숨겨진 삶은 멸망받는 세상과는 다른 것이다. 만일 사람이 이 세상에서 세상 사람들과 다르게 살았는지 또는 아닌지에 따라 마지막 날에 '복을 받을 사람'과 '저주를 받을 사람'으로 구분이 된다. 이것은 분명히 드러나 알 수 있다. 숨겨진 삶을 사는 사람들은 그들이 실천한 양식이 크게 다르게 나타난다. 내적으로 습관적으로 큰 차이가 있다. 믿는 사람들의 마음은 최초의 하나님의 형상으로 바뀌어진다. 이것을 측량한다고 하는 것은 생각할 수 없는 일이다. 이러한 일은 성령의 내주하심에 의존하고 있다. 솔로몬이 건축한 두 집은 큰 차이가 있다. 그 하나는 자신이 거하는 집이었고 다른 하나는 하나님이 거하시는 집이었다. 집이 두 채 있는데 외모는 비슷하다. 그러나 한 집에는 왕이 살고, 다른 집에는 강도가 살고 있다면 전자는 궁전이고 후자는 강도의 소굴이 될 것이다. 따라서 믿는 사람들에게 성령께서 내주하신다면 이 세상 어떤 사람보다 탁월한 사람이 되는 것이다.

2. 성령의 기름 부으심

믿는 사람들이란 거룩한 자(the Holy One)로부터 기름 부음을 받은 자이다(고후 1 : 21 ; 요일 2 : 20 ; 토 크리스마, $\tau o\ \chi\rho\iota\sigma\mu\alpha$, to Chrisma, be anointed, an unction). "너희는 주께 받은 바 기름 부음이 너희 안에 거하나니 아무도 너희를 가르칠 필요가 없고 오직 그의 기름 부음이 모든 것을 너희에게 가르치며 또 참되고 거짓이 없으니 너희를 가르치신 그대로 주 안에 거하라."(요일 2 : 27)

구약 시대에는 하나님께 헌신된 사람과 물건에 물질적인 기름(oil)을 부었다. 왕들, 제사장들, 선지자들, 성소, 제단, 하나님을 경배하는 모든 기구들 위에 기름을 부었다. 이 모든 것들은 장차 오실 것의 전형적 예표이다. 이것은 예수 그리스도께서 인성을 입으시고 이 땅에 오셔서 완전히 성취하셨다. 왜냐하면 예수님은 가장 거룩하시고 모든 거룩한 것들의 근원이시고 원천이시기 때문이다. 그래서 그의 이름을 구약 성경에서는 메시야라고 하였고 신약 성경에서는 그리스도라고 하였는데 그 뜻은 기름 부음을 받은 자(the anointed One)이다. 그리스도의 기름 부으심은 충만한 성령의 교통하심으로 되어졌다. 그리스도께서 기름 부으심을 받은 것은 어떤 기준이나 단위로 측량하여 부은 것이 아니라, 성령의 은혜와 은사 안에서 된 것이다.

믿는 사람들은 그리스도로로부터 직접 기름 부음을 받는다.—"너희는 거룩한 자로부터 기름 부음을 받았느니라." 그래서 예수님을 거룩한 자라고 칭하고 있다(행 3 : 14 ; 계 3 : 7 ; 단 9 : 24). 믿는 사람들이 기름 부음을 받는 것은 성령의 교통으로 되어지는 것이다. 우리는 성령에 의해 기름 부음을 받은 것이 아니라 거룩한 자(the Holy One)에 의해 기름 부음을 받았다. 여기에는 두 가지 효과가 있다. 첫째는 우리들 마음 속에 구원받는 영원한 진리의 지식을 알게 되는 것이다. "너희가 기름 부음을 받았고—너희가 모든 것을 알게 되리라."—이것은 우리들이 복음의 모든 근본과 본질적인 진리를 알아야 한다는 것이다. 이것을 알고 하나님께 진정으로 순종하여 구원을 받는 것이다. 이것을 성경에서는 "내가 너를 권하노니 내게서 불로 연단한 금을 사서 부요하게 하고 흰 옷을 사서 입어 벌거벗은 수치를 보이지 않게 하고 안약을 사서 눈에 발라"(the anointing of our eyes) 보게 하라"(계 3:18)고 하였다. 따라서 성령으로 말미암아 그리스도께서 기름 부음을 받으심으로 "그가 여호와를 경외함으로 즐거움을 삼을 것이며 그 눈에 보이는 대로 심판치 아니하며 귀에 들리는 대로 판단치 아니한다."(사 11:3)

둘째는 믿는 사람들이 왕들과 제사장들이 되는 것이다(계 1:5). 옛날에는 이 사람들에게 기름을 부었다. 이것은 그리스도께서 기름 부음을 받으시고 그의 사역을 이루실 것의 예표이다. 예수 그리스도는 가장 높으신 왕이시고, 제사장이시고, 교회의 선지자이시다. 따라서 그의 기름 부음에 참여한 성도들은 왕과 제사장과 선지자의 직분을 갖게 되는 것이다. 왜냐하면 그리스도께서 기름 부음을 받으신 같은 성령에 참여하였기 때문이다. 그러므로 그리스도인들의 이러한 직분은 하나님과 특별한 관계를 가지는 것이다. 이러한 사람들은 하나님에게 특별히 헌신된 사람들이고 성화된 사람들이다.

모든 믿는 사람들에게 기름을 붓는 것은 그들을 견고하게 하는 것이다. 그리고 안정성을 갖게 하는 것이다. 더 나아가서는 모든 속임수를 물리치고 진리 안에서 영구 불변의 믿음을 가지게 되는 것이다. 그밖의 목적은 없다. 그리스도인들을 육적인 확신으로부터 떨어뜨리려고 하는 유혹이 폭풍처럼 밀어닥친다. 진보주의자들이 가끔 말했듯이 모든 사람들이 진리를 모두 버린다고 하였으나 모두 그렇게 되는 것은 아니다. 다만 진보주의자들 자신이 시험에 빠질 따름이다. 세상의 인간은 위선자들의 아름다운 속임수로부터 안전하게 피할 줄 모른다. 그들과 논쟁할 능력도 재주도 없다. 그리고 누워서 속임수를 쓰는 교묘한 술책에 휩쓸리기를 잘한다. 이쪽에서 세차게 밀어닥치는 유혹에 대항하여 굳게 서서 육적인 것과 다혈질적인 것을 물리치지도 못한다. 그리고 저쪽에서 불같은 핍박을 가해 오면 속수무책으로 쓰러지고 만다. 그러나 기름 부음받은 그리스도인들은 결단코 쓰러지지 않는다. 사도는 이 사실에 대해 분명히 증거하였다. 그리고 어떤 구실을 하면서 넘어지는 일도 절대로 없다고 하였다.

그러면 기름을 붓는 목적은 무엇인지 살펴보기로 하자.

① '기름 부음의 교리'의 본질을 가르치는 것은 외적인 교훈과 내적인 교훈, 그리고 성령의 유효적 역사를 가르치는 데에 있다. 성령께서는 외적인 방법으로 성도들을 말씀으로 교훈받게 하신다. 그래서 계시하신 바가 무엇인지 가르쳐 주신다. 그리고 우리에게 진리를 깨닫게 해주신다. 성령께서는 우리의 눈을 열어 주셔서 분명히 그리고 영적으로 놀라운 일들을 보게 하신다. 이 세상에 이같은 교훈이 없다. 세상에는 이같이 영속적인 교훈도 없다. 그리고 이같이 효과있는 교훈도 없다. 기름 부음을 받음으로 영적인 방식을 알게 된다. 영적인 방식을 안다고 하는 것은 요지부동의 마음을 가지게 되었다는 것과 같은 것이다. 그리스도께서 기름 부음을 받으셨기 때문에 모든 억누르는 멍에를 하나님께서 부러뜨리신 것같이(사

10 : 27) 성령께서는 그리스도인들에게 기름을 부으셔서 모든 유혹의 덫을 부러뜨리신다. 이것은 복음 안에 있는 약속이다. 그리고 이 때에는 지혜와 지식이 풍성하여 평안함이 있게 된다. 왜냐하면 여호와 하나님을 경외하는 것이 보배가 되기 때문이다(사 33 : 6). 우리를 언제나 평안하게 해주는 것은 이 세상에 없다. 그러나 하나님의 지혜와 지식은 효과가 있다. 하나님께서는 우리에게 지혜와 계시의 영을 주셔서 하나님을 알게 하시고 마음의 눈을 뜨게 하셔서 그의 부르심의 소망과 뜻이 무엇인지 알게 하신다.(엡 1 : 17, 18)

② 성령께서는 기름 부으심으로 "모든 것"을 가르쳐 주신다. 이것은 약속이다. "보혜사 곧 아버지께서 내 이름으로 보내실 성령 그가 너희에게 모든 것을 가르치시고 내가 너희에게 말한 모든 것을 생각나게(remembrance) 하시리라"(요 14 : 26). "그러하나 진리의 성령이 오시면 그가 너희를 모든 진리 가운데로 인도하시리니 그가 자의로 말하지 않고 오직 듣는 것을 말하시며 장래 일을 너희에게 알리시리라"(요 16 : 13). 여기에서 '모든 것'이란 절대적인 모든 것을 의미하는 것은 아니다. 이것은 부분적으로 우리 생애 가운데 아는 것이 있다는 것을 뜻하는 것이다. '모든 것,' '모든 진리'란 우리에게는 '부분적'(in part)인 것이다. 그러나 이렇게 약속하시고 가르치신 것은 우리의 전 믿음의 생애 가운데 기쁨과 위로가 있으며 평안함을 가지게 된다는 것이다. 그것은 믿는 사람들이 시험에 넘어지지 않고 보호받고 평안함을 누릴 수 있도록 성령께서 가르쳐 주심으로 되어지기 때문이다.

③ 이러한 가르침에는 항상 사랑이 동반된다. 사랑이 없이는 교육이 되지 않는다. 그리고 이러한 가르침에는 기쁨이 수반된다. 기쁨은 순종에서 온다. 가르침을 받은 교훈을 순종할 때 기쁨이 있는 것이다. 교육에 순종함이 없다면 그 교육은 이미 교육이 되지 않은

것이다. 이것은 기름 부음에 있어서 대단히 커다란 표준이(criterion) 되는 것이다. 아무리 우리의 생각이 웅대하다고 하고, 우리의 표현이 적당하다고 하더라도 사랑이 없다면 우리의 종교적 유익함과 능력은 울리는 구리와 꽹과리 소리에 불과한 것이다. 성령 안에서, 성령에 의해서 교훈을 받을 때 우리의 마음 속에는 하나님의 사랑이 들어오게 되고 만족함을 가지게 된다.—그리하여 우리는 주님의 은혜가 얼마나 귀한 것인가 하는 것을 알게 되고 꿀, 또는 송이꿀보다 더 맛있는 것이라는 것도 알게 된다. 이때에 주님께서는 우리에게 기쁨과 즐거움과 흥미있는 마음을 주신다. 거룩한 자로부터 기름 부음을 받은 우리는 거룩한 순종을 하게 되어 실제적으로 마음과 행동이 일치하게 된다. 그리하여 우리의 영혼은 거룩하게 되고 안전하게 되는 것이다.

　나는 여기서 한 가지 더 추가해서 언급하고자 한다. 우리는 교회의 위로자이신 성령의 독특한 기름 부음에 대해 살펴보았다. 우리가 쉽게 알 수 있는 것은 성령을 영접하는 자들은 위로를 받는다고 하는 것이다. 그리하여 우리는 거룩하게 되고, 새롭게 되고 기쁨을 가지게 되며, 마음은 영적이며 유효한 교훈을 받아 구원의 진리를 분명하게 알게 되어 우리의 본성은 아름답게 되고, 마음은 사랑으로 충만하게 되어 넓어지고 기뻐하게 되는 것이다. 이것은 진리이다. 그러나 때때로 믿는 사람들이 어쩌다가 영적인 상태가 유혹으로 인해 무질서하게 되어 기름 부음받은 사람들이 가지고 있는 위로와 즐거움의 새로운 느낌(sense)을 얻지 못할 때도 있다. 그러나 성령의 은밀한 지원과 도움으로 다시 새롭게 되어 기쁨과 위로를 받게 된다. 그리스도 안에서는 거룩한 사랑과 은혜를 신비하게 경험하게 되고 영적인 것들을 깨닫게 되어 무거운 난제들을 해결하게 된다. 그리하여 그리스도인들은 허용할 수 없는 만족과 안심을 되찾게 되는 것이다. 따라서 그리스도인들이 소유하고 있는 위로는 빼앗기지 않는 것이다. 이 결과 영적인 위엄을 조금이나마 깨닫게 되는 것이다. 그리스도인들도 세상에서 커다란 환난과 고난을 만나게 된다. 그리스도인들은 하나님을 받아들일 수 있는 감각을 가지고 있다. 그리고 그들은 세상이 알지 못하고 그들 자신들도 말할 수 없는 영적인 회복을 하여 왕과 제사장들이 되는 것이다.

3. 성령의 인치심

교회의 보혜사 되시는 성령의 또 다른 사역이 있는데 그것은 성령께서 믿는 사람들을 인치시는 것이다. "우리를 너희와 함께 그리스도 안에서 견고케 하시고 우리에게 기름을 부으신 이는 하나님이시니 저가 또한 우리에게 인치시고 보증으로 성령을 우리 마음에 주셨느니라(also sealed us)"(고후 1 : 21, 22). 바울 사도는 성령께서 믿는 사람들을 인치시는 방법을 증거하였다. "그 안에서 너희도 진리의 말씀 곧 너희의 구원의 복음을 듣고 그 안에서 또한 믿어 약속의 성령으로 인치심을 받았으니 이는 우리의 기업에 보증이 되사 ㄱ 얻으신 것을 구속하시고 그의 영광을 찬미하게 하려 하심이라"(엡 1 : 13, 14). "하나님의 성령을 근심하게 하지 말자 그 안에서 너희가 구속의 날까지 인치심을 받았느니라"(엡 4 : 30). 이러한 성경 말씀을 볼 때 우리가 분명히 알 수 있는 것은 우리는 성령의 인치심을 받았다는 것이다. 우리에게 인을 치신 분은 성령 자신이시다. 그리하여 우리는 기업을 받을 사람으로 보장을 받게 된 것이다. '그 안에서'(εν ὡ εσφραγισθητε, in whom)라고 하는 말은 성령을 받아들이는 가운데에서(in) 그리고 성령을 받아들임으로 말미암아(by) "너희가…인치심을 받았다"는 것이다. 그러므로 인치심이란 성령의 특별한 행동이 아니라(no special act of the Spirit) 성령께서 우리에게 전달하시는 특별한 효과(effect)라고 볼 수 있다.

인치심에 대해서 일반적으로 알아듣기 쉽게 설명한다면 그것의 본질이 무엇인지 언급해야 하겠고 사람들 가운데서 실제로 어떻게 인을 치셨는가 하는 실례로 할 수 있다.—인치심은 자연적이거나 또는 도덕적인 행동과 같이 생각할 수도 있을 것이다. 다시 말해서 인치심을 하나의 행동으로(an act) 행(act)하여지는 것으로도 볼 수 있다. 우리는 인치심의 용도(use)와 목적(end)에 대해서도 검토해 보아야 한다. 인치심으로 말미암아 성령의 특성과 형상(image)이 사람에게 전달된다(communication). 그러므로 성령의 인치심은 성령의 형상을 사람의 영혼 속에 전달하는 것이다. 성령의 인치심은 실제적으로는 우리의 성화와 똑같은 것이라고 할 수 있다. 인치심의 목적(end)과 용도(use)는 두 가지 측면에서 살펴볼 수 있다.

1) 인치심으로 말미암아 그 사람의 행동과 의지는 안전한 보장을 받는다. 인치심을 받았다고 말하는 것은 하나님의 약속이 우리의 영혼 속에 분명하고도 견고하게 이루어질 때이다. 우리는 성령에 의해 약속들이 우리 속에서 확실하고도 안전하게 이루어지는 것으로 믿는다. 그러나 분명한 것은 하나님께서 약속하신 사람을 인치실 때에는 믿지 않는 사람이 아니라는 점이다. 인치는 것은 약속으로 끝나는 것이 아니라 사람에게—인격 속에—도장을 치는 것이다. 이 사람을 가리켜 우리는 인치심을 받았다고 한다.

2) 인을 치는 것은 보호를 위해서 하는 것이다. 귀중하고 값이 나가는 물건을 잘 싼 후에 인봉하여 그것을 안전하게 지키고 도적이 침범하여 훔쳐가지 못하게 하는 것처럼 성령께서는 믿는 사람들을 안전하게 지키시고 보호하시기 위하여 의도적으로 능력있게 도장을 치시

는 것이다. 그리하여 믿는 사람들은 "구속의 날까지 인치심을 받았기" 때문에 안전하게 보호받게 되는 것이다.

인치심에 대한 인식이 크게 확대되어 일반적으로 이해되는 경우가 있다. 그러나 인치심의 실체는(substance) 선한 것이며 또한 유용한 것이다. 나는 이러한 해석을 잠자코 받아들일 수가 없다. 왜냐하면 사람들 가운데에는 인치심에 대하여 위선적인 언급을 할 때가 있기 때문이다. 나는 여기에 대해서 불만을 가지고 있다. 만일 인치심에 대해서 그렇게 많은 생각들을 가지고 있다면 정작 인치심에 대하여 확실한 결정을 한다는 것은 어려운 일이다. 만일 인치심으로 인하여 한 가지 이상 여러 종류의 효과를 얻었다고 하면서 성령에게 인치심의 결과를 돌린다고 한다면 그것은 인치심의 특징과 성령의 하시는 일을 알지 못하는 것이다. 그외에 어떤 사람들은 인치심이란 성령의 행하신(acts)일 또는 성령의 효과(effects)가 우리에게 나타난 것으로 생각하는 사람들이 있는 것 같다. 그러나 우리들을 인치신 분은 성령님 한 분이 아니시고 우리가 성령님과 함께 인치심을 받은 것이다(we are sealed with him). 성령께서는 우리에게 하나님의 인치심이(God's seal) 임하도록 하신다.

우리의 모든 영적인 특권은 그리스도에 의해서 우리에게 전달된다. 우리가 그리스도 안에 있는 영적인 특권들 가운데 깊이 동참함으로써 우리도 영적인 특권들을 가질 수 있다. 우리가 영적인 특권들을 소유하려면 그리스도와 우리가 연합해야 한다. 그리하면 우리의 주된 목적이 그리스도와 일치하게 된다. 그리스도 안에는 모든 것이 명백하게 있다. 우리는 이 모든 것들의 본질을 배움으로써 알 수 있다. 우리는 영적인 특권들 가운데 적극 참여하도록 창조되었다. 그러므로 우리는 그리스도 안에서 기름 부음이 무엇인지 배워야 한다. 우리는 그의 인치심 가운데에서 우리의 인치심의 본질이 무엇인지 찾아보아야 한다. 앞에서도 말했지만 "우리를 인치신 분은 하나님이시다." 예수님은 당신을 인치신 분이 아버지 하나님이시라고 힘주어 말씀하셨다.—"썩는 양식을 위하여 일하지 말고 영생하도록 있는 양식을 위하여 하라 이 양식은 인자가 너희에게 주리니 인자는 아버지 하나님의 인치신 자니라(For him hath God the Father sealed)"(요 6 : 27). 만일 우리가 그리스도께서 어떻게 인치심을 받으셨는가에 대해서 바르게 배울 수 있다면 우리는 우리 자신들이 어떻게 인치심을 받았는지에 대해서도 공부해야 한다.

그리스도께서 인치심을 받으신 것은 아버지에 의해서(by)이다. 그리스도께서 인치심을 받으셨다는 것은 아버지의 충만하심이 성령에 의하여 전달되었다는 말이다. 그리하여 아버지께서는 그리스도에게 신적인 능력을 행하실 수 있는 권한을 주셨다. 예수님은 그의 모든 행동과 그의 직분에 대한 의무를 시행하실 때에 신적인 능력을 행하실 수 있는 권한을 위임받으셨다. 그래서 그리스도께서는 하나님과 함께 있도록, 그리고 하나님 면전에 설 수 있도록 허락을 받으셨다. 성령은 아버지 안에서, 아버지의 능력에 의하여 역사(operations)한다. 성경은 이 사실에 대하여 증거해 주고 있다. 예수님은 하나님의 부르심을 받으셨고 택함을 받으셨고, 영접을 받으셨고, 소유가 되셨다. 하나님의 인치심을 멸시하는 죄는 용서받을 수 없는 죄이다. 하나님께서는 어떤 사람을 당신이 인치시는 것에 대해 거의 언급하지 않으셨다. 그러나 성령께서 사람들을 인치시는 것에 대해서는 많이 언급하셨다. 하나님은 그리스도를 인치심에 대해서는 많은 언급을 하셨다. 하나님은 당신의 아들에 대하여 말씀하셨다. "그는 성결의 영을 따라" 능력을 가지게 되었다(롬 1 : 4). 또한 그는 "영으로 의롭다 하심을 받았다"고 하셨다. 이와같이 하나님은 예수님에 관해 분명하게 증거하셨다(딤전 3 : 16).   이와같이 하여 하나님께서는 그리스도를 성령과 함께(with the Holy Spirit) 교회의 머리(the Head of the church)로 인을 치셨다. 이제 우리는 어떻게 그리스도인들에게 인을 치는가에 대해서 연구해야 하겠다.

하나님께서는 믿는 사람들을 인치신다. 하나님의 은혜가 성령의 교통하심으로 믿는 사람들에게 전달된다. 그리하여 믿는 사람들에게 하나님의 신적인 능력이 전달된다. 그래서 믿는 사람들로 하여금 거룩한 부르심의 의무들을 잘 감당할 수 있도록 하신다. 하나님께서는 믿는 자들에게 당신을 영접하게 하고 영원히 구원받게 하기 위하여 보존되기를 주장하신다. 이러한 인치심의 결과 성령의 은혜스러운 역사가 믿는 사람들 안에서(in), 그리고 위에서(upon) 일어나게 된다. 그러나 인치심 그 자체는 성령의 교통하심이 믿는 사람들에게 전달되는 것이다. 여기에 대한 특권과 본질에 대하여서 우리는 더 많은 연구를 해야 하겠다.

어떤 사람이든지 유효적인 소명을 받은 사람은 여러 가지 새로운 관계를 가지게 되어 있다.—하나님에게는 자녀가 되는 것이고, 예수 그리스도에게는 그의 지체가 되는 것이고, 성도들이나 천사들과는 하나님 안에서 한 가족이 되는 것이다. 또한 성도들은 많은 새로운 일과 의무를 감당해야 한다. 물론 이러한 일이나 의무들을 전에는 알지도 못했던 것들이다. 간단히 말해서 성도들은 새로운 세계에 부름을 받은 것이며, 새로운 창조에 의해서 일어난 사람들인 것이다. 그들은 모든 것에서부터 돌아선 사람들이다. 그래서 그들은 "누구든지 그리스도 안에 있으면 새로운 피조물이라 이전 것은 지나갔으니 보라 새것이 되었도다"라고 말을 하게 된다. 이러한 상태에 도달한 사람들은 스스로 올바르게 행동을 할 수 있을까? 그리고 거룩한 지위에 서서 하나님께 응답할 수 있을까? 사람들이 스스로 이러한 일들을 충분히 할 수 있을까?

　이러한 상황에서 하나님은 그리스도인들을 소유로 삼으셨다. 그리고 하나님께서는 그들에게 성령을 주시고, 새로운 관계들을 가지게 하여 주시고, 그들의 의무를 잘 감당할 수 있도록 능력을 주시고, 새로운 원리들을 행하도록 하여 주시고, 모든 방면에서 부름을 받고 모든 일들을 잘 할 수 있도록 도와주신다. 하나님께서는 성도들에게 능력의 영―사랑의 영―건전한 마음의 영―을 주신다. 이렇게 하여 하나님은 성도들을 인치시는 것이다.

　이상의 사실들을 볼 때 하나님께서는 성도들을 영접하시고, 당신의 소유로 삼으시고, 아들들과 자녀들로 삼으신다. 그리고 인을 치신다. 왜냐하면 만일 저들이 하나님의 자녀들이 되지 못하고 인치심을 받지 않으면 당신의 성령을 저들에게 주실 수 없기 때문이다. 여기에 대해서 하나님은 매우 커다란 증거를 보여 주셨는데 하나님은 이 세상에서 누구에게든지 인을 치신다는 것이다. 여기에 대해 사도 베드로도 증거하였다. 사도는 여기에 대한 논쟁에서 분명한 대답을 하였다(행 15 : 8, 9).―"또 마음을 아시는 하나님이 우리에게와 같이 저희에게도 성령을 주어 증거하시고 믿음으로 저희 마음을 깨끗이 하사 저희나 우리나 분간치 아니셨느니라." 하나님께서는 모세의 의식에 참석하지 않은 사람도 신자로 영접해 주신다. 여기에 대하여 하나님이 "증거하셨기" 때문에 베드로는 증거하는 것이다. 그러면 어떻게 하여 신자를 만드시는가? ― 그것은 "저희에게도 성령을 주어"서 성도들로 삼으신다. 이것은 신비스러운 사역일 뿐만 아니라 하나님의 은혜스러운 역사이다. 이 믿음으로 하나님께서는 "저희 마음을 깨끗게" 하여 주신다.

　여기에서 하나님께서는 믿는 자들에게 하나님과의 관계를 확신시켜 주신다. 그 믿는 자들에게 하나님 안에서 유익을 주시고, 사랑을 주시고, 은혜를 베풀어 주신다. 하나님의 인치심은 믿는 자들에게 확신을 준다. 그래서 인치심은 계속 행해지고 있다. 그러나 이 것을 올바르게 이해하지 못할 때에는 문제가 발생할 것이다. 사람은 그 누구도 성령의 특별한 본성에 대해서 언급할 수 없다. 하나님께서 우리를 인치심으로 우리는 계속해서 확신을 가지게 되는 것이다. 우리가 확신을 가지게 되는 근거는 우리 안에(in) 성령의 어떤 역사가 있기 때문이 아니라, 우리에게(unto) 성령의 전달(교통)이 있기 때문이다. 여기에 대하여 사도 요한이 증거하였다. "그의 계명들을 지키는 자는 주 안에 거하고 주는 저 안에 거하시나니 우리에게 주신 성령으로 말미암아 그가 우리 안에 거하시는 줄을 우리가 아느니라"(요일 3 : 24). "그의 성령을 우리에게 주시므로 우리가 그 안에 거하고 그가 우리 안에 거하시는 줄을 아느니라"(요일 4 : 13). 이것은 우리가 가지고 있는 확신의 증거이다. 하나님은 우리를 택하셔서 당신과 가까운 관계를 가지도록 하셨고, 우리로 하여금 하나님을 사랑할 수 있는 관계를 가지도록 해주셨다. 또한 하나님께서는 우리에게 당신의 영을 주셔서 다른 사람에게는 주시지 않은 천상의 은사들을 주셨다. 이와같은 은사들도 믿는 자들이 확신을 가질 수 있는 요건이 된다. 만일 우리 안에 하나님의 영이 거하신다면 우리는 하나님의 것이다. "누구든지 그리스도의 영이 없으면 그리스도의 사람이 아니라."(롬 8 : 9)

이것에 의하여 하나님께서는 믿는 자들은 세상에 알리신다. 하나님께서는 믿는 자들을 당신의 것(내것)이라고 표시하셔서(marks) 세상 사람들이 주목하여 보고 또한 세상 사람들이 알아볼 수 있도록 하셨다. 하나님께서는 당신의 것들 위에(upon) 인을 치시고 이와같은 유익을 얻도록 하시는 것이다. 아무리 세상이 편견에 눈이 멀고 영적인 것들을 대항하는 세력이 널리 유행하여 그들에게 손상을 준다 하더라도 하나님께서 인치신 자들을 저들이 변절시키거나 또한 정복할 수는 없다! 저들이 영적인 은사들과 은혜가 무엇인지 알지 못하고 미워한다고 하더라도 믿는 사람들은 세상 사람들과 다르기 때문에 거기에 현혹되어 배신하지 않는다. 세상은 믿는 사람들—씨들(seeds)—을 죽이고 손상을 주려고 획책한다. 세상 사람들은 가인(cain)의 영을 가졌고, 가인의 마음을 가졌기 때문에 미워하고 보복하려고 한다. 그러나 하나님의 자녀들은 하나님의 영접을 받는 자들이고 인치심을 받은 자들이기 때문에 저들과는 다르다. 믿는 사람들의 마음과 세상 사람들의 마음은 다르다. 하나님의 인치심을 받는 원인이 세상이 있는 것이 아니라 바로 하나님에게 있는 것이다. 그러므로 인치심을 받은 사람은 세상으로부터는 분리된 사람이고 하나님에게 속해 있는 사람이다.

　이것에 의하여 하나님은 믿는 자들을 구속의 날까지 또는 영원한 구원의 날까지 인을 치신다. 왜냐하면 하나님께서 성령을 믿는 자들에게 이와같이 주셨기 때문이다. 여기에 대해서는 이미 앞에서 살펴 보았다. 하나님께서는 믿는 자들을 영원히 지켜 주신다. "나의 주는 물은 그 속에서 영생하도록 솟아나는 샘물이 되리라"(요 4 : 14) 하신 것처럼 하나님께서는 그리스도인들을 영원히 보호해 주신다.

4. 성령의 보증

　성령을 보증하시는 분으로 말할 때가 있다. 이는 우리 안에(in) 또는 위에(upon) 어떤 성령의 활동이나 사역을 말하는 것이 아니다. 다만 성령께서 보증(the earnest)이 되신다는 것이다. 이와 같은 말씀이 성경에 여러 곳 있다. "저가 또한 우리에게 인치시고 보증으로 성령을 우리 마음에 주셨느니라"(고후 1 : 22). 본문 가운데

"보증으로 성령을" 이라는 말이 원문에서는—두스 톤 아라보나 토 푸뉴마토스($\delta o v \varsigma \ \tau o v \ a \rho \rho a \beta \omega v a \ \tau o \ \pi v \varepsilon v \mu a \tau o \varsigma$)로 쓰였다. 영어 성경에서는 이것을 "the earnest of Spirit"으로 번역하였는데 이 말을 직역하면 '성령의 보증'이 된다. 이 말의 뜻은 보증하시는 분은 성령이시고 또는 성령께서는 보증하시는 분이 되신다는 것이다. "곧 이것을 우리에게 이루게 하시고 보증으로 성령을 우리에게 주신 이는 하나님이시니라"(고후 5 : 5). "이는 우리의 기업에 보증이 되사 그 얻으신 것을 구속하시고 그의 영광을 찬미하게 하려 하심이라"(엡 1 : 14). 여기에서도 보면 성령께서는 "우리들의 기업에 보증이 되신다"고 증거하고 있다. 하나님께서는 우리 안에 거하실 당신의 성령을 우리에게 주셔서, 우리를 지켜 주시고, 우리의 장래 기업에 대하여 보증해 주시도록 하셨다.

보증(an earnest)이나 증명(pledge)의 일반적 목적은 성령의 이름에도 넌지시 암시된 것처럼 우리의 미래에 대해 무엇인가 안전을 보장해 주시는 데 있다. 하나님께서는 성도들에게 당신의 지존하신 은혜와 풍성하신 은혜로 당신의 성령을 주셨다. 그리고 이것을 성도들에게 알려 주셨다. 또한 성령으로 보증을 하시도록 하신 것은 성도들에게 내세의 기업(inheritance)에 대하여 확신을 주시기 위한 것이다. 그러면 성령께서는 어떠한 방법으로 기업에 대해 보증을 하셨는지 간략하게 살펴보고자 한다.

그리스도께서는 그 자신이 모든 것들을 상속으로 받으실 분이시다. 이것을 위해서 그는 하나님의 택하심을 받으셨다. "이 모든 날 마지막에 아들로 우리에게 말씀하셨으니 이 아들을 만유의 후사로 세우시고 또 저로 말미암아 모든 세계를 지으셨느니라"(히 1 : 2). 그러므로 모든 기업은 절대적으로 그리스도의 것이다. 사람은 죄로 말미암아 하늘과 땅에서 그를 지으신 목적에 따라 받을 모든 권리를 상실하고 말았다. 그리하여 사람들이 얻은 상급이란 죽음과 지옥의 형벌뿐이었다. 그래도 하나님께서는 모든 영광스러운 것들을 버리지 않으시고 보존하시기 위하여 상속자를 준비하셨다. 사람이 죄를 범하고 그의 권리를 잃어버렸을 때 하나님께서는 당신이 가지고 계시는 공의로운 손과 죄인을 멸망시키실 수 있는 권세를 내어 버리시지 않으시고 꼭 잡고 계시다가 이것을 그의 아들에게 다른 기업과 함께 모두 기업으로 주셨다. 이 기업이 우리가 잃어버렸던 바로 그 기업이고, 우리에게 관심이 있는 기업이고, 우리 자신이 받아야 할 기업인 것이다. 이 기업 속에는 전에 우리가 가지고 있었던 구속의 기업이 들어 있다. 주 예수 그리스도께서는 그에게 속한 모든 사람들의 권리를 모두 가지고 계신다. 사람들이 잃어버린 구속의 상속을 예수 그리스도께서는 우리를 위하여 사셔서 그것을 소유하고 계시다. 이것을 예수님께서는 당신의 피로 사셔서 가지고 계신 것이다. 그리하여 예수 그리스도께서는 전체 교회를 위하여 위대하신 보관인(Great Trustee)이 되신 것이다. 예수님은 당신에게 나아오는 사람들의 상속과 이익을 가지시고 계신 것이다. 그러므로 그 어떤 사람도 이러한 권리를 가질 수 없으나 그리스도와 연합되고 그리스도 안에 있는 유익한 덕성을 소유할 수 있는 사람은 이 권리를 그리스도로부터 나누어 받을 수 있는 것이다.

우리가 그리스도 안에서 유익을 얻을 수 있는 권리를 가지고 있으므로 기업(inheritance)을 얻게 된다. 기업을 얻을 수 있는 길은 그리스도의 영에 참여함으로써 된다(롬 8 : 14— 17).—"무릇 하나님의 영으로 인도함을 받는 그들은 하나님의 아들이라. 너희는 다시 무서워하는 종의 영을 받지 아니하였고 양자의 영을 받았으므로 아바 아버지라 부르짖느니라 성령이 친히 우리 영으로 더불어 우리가 하나님의 자녀인 것을 증거하시나니 자녀이면 또한 후사 곧 하나님의 후사요 그리스도와 함께 한 후사니 우리가 그와 함께 받아야 될 것이니라.” 양자의 영 또는 아들의 영에 의해서 우리는 하나님의 자녀들이 되는 것이다. 만일 우리가 하나님의 자녀가 되었다면 우리는 하나님의 후사(상속자)가 된 것이며 그리스도와 함께 한 후사(heirs)가 된 것이다.

　그러면 성령께서는 우리의 기업에 대해서 어떻게 보증하시는지 살펴보자. 성령에 의해서, 다시 말해서 성령의 전달에 의해 기업이 우리에게 임하게 된다. 그래서 우리는 그리스도와 함께 한 후사가 되는 것이다. 그리고 우리에게 권리를 주시고 자녀의 칭호를 주셔서 은혜스럽고 영광스러운 기업을 얻게 하신다. 이 기업은 크고도 온전한 것이다. 성령께서는 우리가 구속될 때까지 보증이 되신다. 사람이 기업을 얻는 칭호를 분명히 얻은 다음에도 실제적으로 기업을 얻기 까지에는 오랜 시간이 걸린다. 사람은 그때까지 많은 어려움과 갈등을 갖게 된다. 성령의 보증은 우리에게 주어지고 그 결과 우리는 그리스도와 함께 공동의 후사가 되는 것이다. 성령은 우리를 안전하게 지켜주셔서 기업을 얻는 칭호를 가지게 하신다. 그러나 우리가 기업을 확실히 소유할 때까지에는 많은 영적인 시험을 받고 우리의 몸은 죽음과 부패에 유혹을 받게 된다. 우리들이 실제적이고도 완전한 기업에 들어가서 기업을 소유하려면 우리의 영혼은 모든 죄와 유혹에서 구원받아야 하며, 우리의 몸은 무덤의 먼지로부터 구원을 받아야 한다. 이렇게 하여 보증을 받은 사람은 누구든지 기쁨을 소유할 수 있다. 이것을 가리켜서 ‘몸의 구속’이라고 부른다. (롬 8 : 23)

　이와같이 하여 우리는 “성령의 처음 익은 열매”가 되는 것이다 (롬 8 : 23). 다시 말해서 성령은 그 자신이 장래 영광의 보증이 되셔서 열매를 맺게 하신다. 사도 바울은 성령의 보증을 받은 그리스도인은 현재의 고난에서도 자유를 얻는다고 증언하고 있다. 그리고 그는 현실에 살고 있는 우리의 몸은 구속을 기다리게 된다고 하였다(롬 8 : 23). 그리고 속으로는 탄식하며 온전한 구속을 기다린다고 하였다. 그리고 그는 증거하기를 성령의 교통으로 말미암아 우리가 첫 열매를 맺게 된다고 하였고 "하나님의 영이 있는 곳에는 자유가 있다"고 하였다. 비록 우리가 하나님의 자녀이지만 이 세상에 우리가 살고 있는 한 죄가 아직 남아 있기 때문에 갈등하게 되므로 자유를 누릴 수 있는 신분을 가지긴 하였으나 능히 온전한 자유를 누리지 못한다고 하였다. 그러나 하나님의 영이 우리들에게 구속의 첫 열매를 맺게 하시고 참된 자유를 누리게 하시고 위로를 받게 하시는데 이때는 완전한 구속이 성취된 후이다.

보혜사 성령으로부터 기쁨을 얻게 된 믿는 사람들은 영적인 유익과 권세를 가지게 된다. 여기에 대해서 살펴보면 다음과 같다.

[1] 믿는 사람들은 이 세상에서 기쁨을 얻고 모든 복음적인 권세를 가지게 된다. 이것은 성령의 인격 속에서 얻어지는 것이다. 그리스도께서는 이 사실에 대해서 그의 제자들에게 약속해 주셨다. 이것은 예수님께서 제자들에게 남겨주신 위대한 유산이다. 이 유산은 아버지에 의해서 예수님에게 주어진 것이다. 아버지는 모든 것을 당신의 뜻대로 하신다. 아버지께서는 성령에 의해서 교회 위에 유산을 전달해 주신다. 교회는 아버지를 영접하고 상을 보상으로 받는다. 아버지는 "영혼이 고통할 때와 만족할 때를" 보신다. 아버지는 성령을 믿는 사람들에게 주셔서 말로 할 수 없는 유익을 가지게 하신다. 이 속에서 믿는 사람들은 기름 부음을 받고 인치심을 받는다. 이 속에서 그들은 보증을 얻고 불멸의 첫 열매와 영광스러운

첫 열매를 맺는다. 한 마디로 말해서 이 속에서 그들은 그리스도와 함께 모든 영예와 영광에 참여하게 되는 것이다. 여기에서 믿는 사람들의 상태는 명예스럽고, 안전하고, 안락하게 된다. 그리고 받아 누리기로 약속된 기업은 변함이 없는 것이고 이로 인하여 그들은 구원을 받게 되는 것이다. 그러므로 성령을 받았다고 하는 권세 속에는 모든 것이 다 내포되어 있는 것이다.

2 성령께서 보증하시는 권세의 위대한 점은 한 가지 길이 아니고, 한 가지가 아니고, 비슷한 것도 없고, 대신할 것도 없다는 것이다. 성령께서는 기름을 부어 주시고, 인치시고, 보증하여 주시고, 첫 열매를 맺게 해주신다. 하나님의 사랑 속에는 모든 것이 있다. 하나님의 사랑 속에는 축복과 안전이 보장되어 있다. 이것들에 대해서 성령께서는 우리에게 자세하게 증거하셨다. 하나님의 사랑 가운데 성령의 보증은 대단히 큰 것이다. 우리가 기뻐하는 것은 대단히 커다란 품위이다. 우리가 가지고 있는 미래의 영광은 가장 큰 확신이다. 이상의 것들은 성령께서 우리에게 주신 것보다 모두 위대하고 큰 것들이다.

3 성령께서는 당신의 존재에 대해 성도들에게 충분히 증거하셨다. 그리고 상속에 관한 약속을 성도들에게 하시므로 모든 성도들은 그들의 스트레스에서 헤어나오게 하며 큰 위로를 준다. 사람들은 스트레스가 쌓일 때에는 어딘가 돌파구를 찾아 희망적인 방향으로 나아가려고 한다. 그러나 성령께서는 우리들에게 희망을 가져다 주신다.

5. 성령의 적용

"하나님의 성령을 근심하게 말라"(엡 5:30). 성령은 누구신가?

성령이 하신 일은 무엇인가? 성령께서 나를 위해서 하신 일은 무엇인가? 성령께서 여러분과 얼마나 오랫 동안 함께 하시는 생각해 보았는가? 성령님은 자유로우시며, 무한하신 지혜를 가지고 계시며 거룩하시다. 성령께서 하시는 모든 일은 거룩하시다. 성령님은 거룩한 일의 대행자이시다. 성령님은 우리에게 자유롭게 오시며 가신다. 그러므로 우리는 성령님을 근심하게 하지 말아야 한다.

여기에서 성령을 근심하게(grieve) 한다는 말은 적당한 말이 아니다. 이 말은 은유적인 말이다. 은유적으로 표현한 이유는 우리에게 이해를 쉽게 하도록 하기 위한 것이다. 그러면 성령께서 무엇 때문에 또는 어느 때에 슬퍼하시는가? 착한 사람 때문에 근심하시는가, 아니면 성령을 슬프시게 하는 사람 때문에 근심하시는가? 성령님은 슬퍼하실 일이 당신 자신에게는 없으시다. 성령님은 우리가 성령님에 대하여 깨닫지 못하고 우리의 영적인 컨디션이 나빠질 때 근심하신다. 성령님께서 근심하시는 것은 우리 때문(by us)에 하시는 것이다. 근심은 감각(sense)적인 반응이다. 마음이 괴로울 때 근심이 일어나는 것이다. 친절하게 대해 주지 않고, 이해해 주지 않고, 실망할 때 근심하게 된다. 이것들은 우리가 근심하는 경우의 예이다. 이와같이 성령께서도 우리가 잘못 행할 때 근심하시는 것이다. 그러면 성령님을 근심시키지 않고, 슬프시게 하지 않으려면 어떻게 해야 할까 살펴보기로 하자. 그리고 우리가 조심해야 할 것은 무엇인지 살펴보자.

(1) 성령님을 근심시키는 데에는 우리의 행위 가운데 불친절함이 분명히 있다. 죄는 하나님을 향해서 다양한 반응을 나타낸다. 인간이 하나님께 범죄하므로 인간은 죄책(guilt)을 가지게 되고, 오염되고 그밖의 반응을 나타낸다. 그러나 성령께서 근심하시는 경우는

우리가 불친절하고, 사랑이 없고, 성령께서 우리를 사랑하고 계시다고 증거를 하여도 반응이 없을 때이다. 그는 사랑의 영이시다(the Spirit of love). 그는 사랑이시다. 우리를 향하신 그의 모든 일들이나, 우리 안에 이루시는 그의 모든 역사들은 그의 사랑의 열매들이다. 그리고 우리의 모든 기쁨이나 위로는 하나님의 사랑의 감정에서부터 기인된 것들이다. 하나님께서 우리 영혼들을 사랑하시고, 사랑을 느낄 수 있도록 해주시므로 우리는 즐거워하게 되고 위로를 받게 되는 것이다. 이러한 사랑과 기쁨에 대하여 반응을 나타내고 순종하고 모든 의무들을 이행하여 드리는 것이 우리 편에서 해야 할 일들이다. 성령께서 우리에게 이렇게 하심에도 불구하고 우리가 게으르고, 무관심하고 더우기 성령께서 가장 싫어하시는 죄악 속으로 떨어질 때 성령께서는 우리를 싫어하시고 배은망덕하게 여기신다. 그러므로 성령께서는 우리 때문에 근심하시는 것이다.

(2) 성령께서 근심하시는 경우는 기대에 어긋나서 실망하시는 때이다. 올바르게 말하자면 성령께서 실망하실 때는 하나님의 영께서 전지하시고 예견하신 것과 일치하지 않을 때와 조화되지 않을 경우이다. 우리가 실망할 경우는 기대했던 일들이 모두 정반대로 결론지어질 경우와 우리가 하고 있는 일들이 성취되지 않았을 때이다. 하나님께서 우리에게 실망하시는 것은 우리가 많은 핑계를 하며 하나님께 죄를 짓고 하나님이 원하시는 열매를 맺어드리지 못할 때이다. 하나님께서 실망하셨을 때 하신 말씀이 있다. "땅을 파서 돌을 제하고 극상품 포도나무를 심었었도다 그 중에 망대를 세웠고 그 안에 술틀을 팠었도다 좋은 포도 맺기를 바랐더니 들포도를 맺었도다"(사 5 : 2). 성령께서 근심하시는 원인은 실망하심에 있는 것이다. 한 가정에서 아버지가 자식을 잘 가르치고 기르기 위해서 많

은 재산을 쓴다. 그리고 정성을 다하여 많은 것을 들인다(expend). 그런데도 만일 그 자식이 방탕하고 게으르고 아버지의 기대를 저버린다면 그 아버지는 크게 근심하게 될 것이다. 하나님의 영께서는 우리를 위하여 많은 일을 하셨다. 성령께서는 우리를 거룩하게 하셨고 계속해서 성화되도록 하신다. 그리고 빛이 되도록 하셨고 사랑을 하셨다. 그럼에도 불구하고 우리에게 좋은 열매가 열리지 않으면 성령께서는 실망하시고 결국에 가서는 근심하시게 된다.

(3) 성령께서는 우리의 걱정이 무엇인가 하는 데에도 관심이 많으시다. 우리가 사랑하는 사람과 또는 연관이 있는 사람들과의 사이에서 근심할 경우가 있다. 어떤 마찰도 없는데 다른 사람들과의 교제가 깨어질 때도 있다. 성령께서는 이러한 심령들을 위로하시고 보호하신다. 그리고 우리의 관계를 정상화시켜 주시고자 하시고 우리를 서로 사랑하게 하신다. 이러한 사실은 이미 선포된 것들이다. 이와같이 성령께서는 우리에게 관심이 많으시다. 성령께서는 우리에게 말씀하시기를 우리의 죄 때문에 근심하신다고 하였다. 그래서 성령님과의 특별한 관계가 유지되지 못하게 된다.

그러면 성령님을 근심시키는 일들은 어떤 것들인지 살펴보자.

１ 우리가 성령의 사랑과 호의에 영향을 받지 않고 그의 마음과 뜻에 거룩한 순종으로 응답하지 않을 때 성령은 근심하신다. 그리고 우리가 기쁨과 사랑과 즐거움으로 성령님의 사랑에 동의하지 않을 때 그는 근심하신다. 성령께서는 우리에게 이것을 기대하신다. 그러나 우리가 게으르고 기쁜 마음으로 우리의 의무를 기쁘게 참여하지 않고 노예 근성으로 되어질 때 성령께서는 슬퍼하시고 근심하시는 것이다. 이것이 바로 우리가 성령을 근심시키는 일이다.

2 우리가 성령에 의하여 받은 긍휼의 표시와 느낌과 감동을 잃어버릴 때 그는 근심하신다. 우리가 우리 안에서 거하시는 성령님의 은혜와 호의와 겸손을 잃어버릴 때 그는 근심하신다. 그리고 우리에게 베풀어주신 은혜와 사랑의 교제를 잃어버릴 때 성령은 근심하신다. 이것이 바로 우리가 성령님을 근심시키는 것이다.

3 성령님을 근심시키는 것들 가운데에는 죄가 있다. 특별한 방법으로 하나님과 이웃에게 죄를 짓는 것은 성령님을 근심시키는 일이다. 여기에 대하여 바울 사도는 언급하였다(고전 3 : 15— 20). 이 말씀에 보면 사람들이 부패한 교제를 하고, 더러운 대화를 하는 것도 성령님은 기뻐하지 않으신다. 그리고 죄의 모양이나 성질은 성령님을 근심시키는 것이다.

누구든지 이러한 행동을 할 때 성령께서는 근심하신다. 이러한 사람들은 말썽꾸러기라고 말할 수 있다. 이러한 일은 옛날에도 있었다. "그들이 반역하여 주의 성신을 근심케 하였으므로 그가 돌이켜 그들의 대적이 되사 친히 그들을 치셨더니"(사 63 : 10). 이러한 일들이 지금도 일어나고 있다. 자녀들이나 다른 사람들이 악한 길로 떨어질 때 우리는 근심한다. 그리고 불쌍히 여기고 동정하기도 하며 그들의 회복을 위해 진정으로 충고도 한다. 우리가 이렇게 노력한다고 하더라도 그들이 계속해서 망할 일만 한다면 우리는 그들로 인하여 초조해 할 것이다. 그리고 우리는 근심하고 슬퍼하기 전에 분노하고 의분을 가지게 된다. 그러나 우리는 끊임없이 저들을 바르게 고치기 위한 노력을 계속해야 한다. 만일 우리가 성공하지 못하였다 하더라도 그들의 완강함에 대항해서 계속하여 저들을 바르게 고치기 위한 노력을 계속해야 한다. 그래도 우리가 더 이상 그들을 치료하지 못한다면 그들을 그대로 남겨둘 수밖에 없다. 그리고 우리는 우리와 함께 하시는 성령님께 부탁해야 한다. 그들이 우리를 떠날 때 우리는 깊은 고뇌에 빠지게 될 것이지만 옛날 노아(Noah)의 때에도 이러한 일이 있었다면 것을 이해하고 하나님께 모든 일을 맡겨야 한다. 노아가 그렇게 가르친 것은 그리스도의 영에 의한 가르침이며 회개를 촉구한 것이다. 그러나 저들은 회개하지 않았다. "저가 또한 영으로 옥에 있는 영들에게 전파하시니라 그들은 전에 노아의 날 방주 예비할 동안 하나님이 오래 참고 기다리실 때에 순종치 아니하던 자들이라 방주에서 물로 말미암아 구원을 얻은 자가 몇 명뿐이니 겨우 여덟 명이라"(벧전 3 : 19, 20). 이때에 하나님이 말씀하시기를 "여호와께서 가라사대 나의 신이 영원히 사람과 함께 하지 아니하리니 이는 그들이 육체가 됨이라 그러나 그들의 날은 일백 이십 년이 되리라."(창 6 : 3)고 하셨다. 하나님께서 당신의 역사를 중단하시는 경우는 세 가지가 있다. 이것은 약속이다.

① 하나님께서 계시하신 것을 믿지 않고 순종치 않으면 하나님은 은혜의 모든 방편을 옮겨 버리신다. "그러므로 어디서 떨어진 것을 생각하고 회개하여 처음 행위를 가지라 만일 그리하지 아니하고 회개치 아니하면 내가 네게 임하여 네 촛대를 그 자리에서 옮기리라"(계 2 : 5). 그리고 외적으로 계속해서 말씀을 주시고 인도하시지만 저들은 "듣기는 들어도 깨닫지 못할 것이요 보기는 보아도 알지 못한다"(사 6 : 9, 요 12 : 40). 이것은 하나님께서 말씀을 주셨지만 사람들이 말씀을 거역하고 대항하기 때문이다.

② 하나님의 징계를 받으면서도 견디기는 하는데 하나님의 고치심과 회복을 등한시하고 은혜로운 계획을 무시할 때 하나님은 은혜로운 방편을 옮기신다. "발바닥에서 머리까지 성한 곳이 없이 상한 것과 터진 것과 새로 맞은 흔적뿐이어늘 그것을 짜며 싸매며 기름으로 유하게 함을 받지 못하였도다."(사 1 : 6)

③사람들이 계속해서 그 마음에 하나님 믿기를 싫어하고 죄악을 저지르면 하나님은 그들을 포기하시고 그들을 그 상실한 마음대로 내어버려 두셔서 합당치 못한 일을 하게 하신다(롬 1 : 26, 28)."이를 인하여 하나님께서 저희를 부끄러운 욕심에 내어버려 두셨으니…" "또한 저희가 마음에 하나님 두기를 싫어하며 하나님께서 저희를 그 상실한 마음대로 내어버려 두사 합당치 못한 일을 하게 하셨으니."

이러한 것들을 살펴볼 때 우리들의 의무가 크다는 것을 알 수 있다. 우리는 성령께서 죄인들을 향해서 노하시고 그들을 떠나신다는 것과 그 정도를 알아야 할 의무가 있다. 그리고 성령께서 우리에게 찾아오셔서 사랑과 은혜를 주신다는 것도 알아야 한다. 다윗(David)은 죄를 짓고 "자기에게서 성령을 거두어 가실 것"을 두려워하였다. 다윗과같은 두려움이 오늘날 우리들에게도 있어야 한다. 이러한 두려움이 있을 때 죄를 경계하게 되는 것이다. 하나님은 진실하게 믿는 사람들을 버리시지 않으신다. 참된 신자들은 새로운 약속의 취지와 새로운 은혜를 반대하지 않는다. 그러나 하나님의 은혜를 거역하는 자에게서는 성령을 거두어 가셔서 그를 어두움과 슬픔 가운데 처하게 하신다.

우리는 이러한 곳으로 떨어지지 않도록 경계하고 주의해야 한다. 우리 속에 이러한 죄악들이 있을 때 성령께서는 근심하시지 않겠는가? 우리는 우리의 영혼을 사랑해야 한다. 우리는 계속해서 성령님을 근심시키거나 말썽을 일으켜서는 안된다. 성령께서는 우리가 우리의 의무에 대하여 나태할 때 근심하신다. 성령님은 우리가 정욕에 빠지거나 죄악과 짝하여 살 때에 근심하신다. 그러므로 우리는 성령님을 괴롭게 하지 말아야 한다. 우리가 성령님을 괴롭게 할 때 그는 근심하신다는 것을 우리는 기억해야 한다. 성령님은 우리를 계속 지원해 주시며 온전하게 되기를 원하신다. 사람들이 죄를 지을 때 성령님은 괴로와하시며 노하신다. 그리고 우리에게 악한 일이 무엇이며 나쁜 일이 무엇인지 알려 주신다. 그러나 성령님을 계속해서 노하게 하고 그의 교훈을 거부할 때 우리는 심한 고통을 받게 되고 내적으로는 스트레스를 받게 되는 것이다. 이러한 심령은 성령님에게 붙들림을 받아야 한다. 왜냐하면 성령님은 우리를 고통과 스트레스에서 떠나게 하시고 영원히 살려 주시기 때문이다.

우리는 성령님에게 버림받은 사람들의 비참한 상태에 대해 생각해야 한다. 우리는 다양한 양식으로 인생을 살아가는 사람들을 본다. 저들은 이 문(door) 저 문을 찾아다니며, 빵 부스러기를 찾아다니며, 극단적인 소유욕을 가지고 살아간다. 이러한 광경은 슬픈 것이다. 그리고 비참한 것이다. 이러한 사람들은 대량으로 낭비하며 방탕하게 살아가고 있는 것이다.—이러한 사람을 생각한다고 하는 것은 얼마나 슬픈 일인가! 한때(once) 커다란 빛을 받고, 큰 확신을 가지고서 상냥한 고백을 하였고, 유용한 은사들을 받았을 뿐만 아니라 많은 물질적 부요함을 받았던 사람이 비참한 자리에까지 떨어져 버렸다고 하는 말을 듣는 것은 정말 슬픈 일이다.—그의 아름다운 장식물들은 모두 탈취를 당하고, 빛을 잃어버리고, 생명을 잃어버리고, 은사들을 잃어버리고, 신앙의 고백도 잃어버리고, 세상의 똥더미(dunghill)처럼 내버려진 채 바싹 마른 모습으로 처참하게 쓰러져 있는 사람을 본다는 것은 가슴 아픈 일이다! 이러한 참상이 계속해서 증가할 때 하나님의 성령은 그런 사람에게서 떠날 뿐만 아니라 그의 대적하는 자가 되셔서 그와 싸우시고 그로 말미암아 다시는 돌이킬 수 없는 파멸에 던져 버리시는 것이다.

개혁주의 성령론

죤 오웬 지음
이 근 수 옮김

초판발행 1989. 3. 30
28쇄발행 2017. 3. 30

발 행 처 여 수 룬
등록번호 제 1-131 호
등록일자 1978. 11. 16

편 집 김 은 숙
인 쇄 남양문화사

발 행 인 이 형 수

값 25,000 원

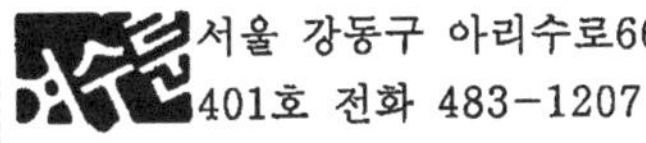

서울 강동구 아리수로66,
401호 전화 483-1207

총판(주) / 기독교출판유통
☎ (031) 906-9191~9194

그리스도와 그의 나라를 위하여

ISBN 89-7103-005-4